DIE ZEIT

Welt- und Kulturgeschichte

DIE ZEIT

Welt- und Kulturgeschichte

Epochen, Fakten, Hintergründe in 20 Bänden

Mit dem Besten aus der ZEIT,
u. a. mit Beiträgen
von Helmut Schmidt,
Dieter Buhl
und Theo Sommer

15 Zeitalter des Ost-West-Konflikts

Die Welt im Zeitalter des Ost-West-Konflikts II (1945–1991)

Zeitverlag
Gerd Bucerius GmbH & Co. KG

Herausgeber

Zeitverlag Gerd Bucerius GmbH & Co. KG
Pressehaus, Speersort 1, 20095 Hamburg

Bibliographisches Institut & F. A. Brockhaus AG

Projektleitung Dr. Hildegard Hogen
Redaktion Jürgen Hotz M. A., Klaus M. Lange, Mathias Münter-Elfner, Marianne Strzysch-Siebeck
Bildredaktion Dr. Eva Bambach (Leitung), Dipl.-Geogr. Ellen Astor
Redaktionsleitung ZEIT Aspekte Dr. Dieter Buhl

Layout Sigrid Hecker
Einband- und Umschlaggestaltung Mike Kandelhardt
Herstellung Constanze Sonntag

Bibliografische Information der Deutschen Bibliothek
Die Deutsche Bibliothek verzeichnet diese Publikation in der Deutschen Nationalbibliografie; detaillierte bibliografische Daten sind im Internet über http://dnb.ddb.de abrufbar.

Satz A–Z Satztechnik GmbH, Mannheim (PageOne, alfa Media Partner GmbH)
Druck und Bindung GGP Media GmbH, Pößneck
Printed in Germany

ISBN Gesamtwerk: 3-411-17590-7
ISBN Band 15: 3-411-17605-9

Abbildungen auf dem Einband aisa, Archivo iconográfico, Barcelona: Afrika, Aksum, Konfuzius, Byzanz, China Kolonialismus, Erster Weltkrieg, Etrusker, Franken, Französische Revolution, Hausa, Huangdi, Mesopotamien, Mykene, Osmanisches Reich, Steinzeit, Zweiter Weltkrieg; akg-images, Berlin: Erster Weltkrieg, Jungsteinzeit, Stalin; Bibliographisches Institut & F. A. Brockhaus AG, Mannheim: Ägypten, Avignon, Gandhi, Minoer, Preußen, Taj Mahal; Farb- und Schwarzweiß-Fotografie E. Böhm, Mainz: Buddhismus; A. Burkatovski, Rheinböllen: Katharina II., Skythen; M. Gropp, Unterhaching: Maya; Image Source, Köln: Kolosseum; Istituto Geografico de Agostini, Novara: Napoleon, Römer; Dr. V. Janicke, München: Mogulreich; picture-alliance/akg-images, Frankfurt am Main: Afrika – Sklavenhandel, Amerika – Unabhängigkeit, Azteken, Heinrich IV., Indianer, Karolinger, Lenin, Ludwig XIV., Luther, Marx, Maximilian I., Metternich, Mittelalter, Ottonen, Sonnenwagen von Trundholm, Völkerwanderung, Wirtschaftswunder; picture-alliance/Bildfunk, Frankfurt am Main: Bronzezeit; picture-alliance/dpa, Frankfurt am Main: Clinton, Golfkrieg, Gorbatschow, Kennedy, Kohl, Mandela, Mauerfall, UN

Die Reihe im Überblick

Anfänge der Menschheit und Altes Ägypten
Vor- und Frühgeschichte
Ägypten (3000 – 330 v. Chr.) Band 01

Frühe Kulturen in Asien
Frühe Hochkulturen in Vorderasien
(3000 – 539 v. Chr.)
Persien (539 – 330 v. Chr.)
Frühe Hochkulturen in Süd- und Ostasien I
(3000 – 221 v. Chr.) Band 02

Frühe Kulturen in Europa
Frühe Hochkulturen in Süd- und Ostasien II
(3000 – 221 v. Chr.)
Frühe Kulturen der antiken Welt
(700 v. Chr. – 500 n. Chr.) Band 03

Klassische Antike
Griechische Antike (1600 – 30 v. Chr.)
Römische Antike I (650 v. Chr. – 395 n. Chr.) Band 04

Spätantike und Völkerwanderungszeit
Römische Antike II (650 v. Chr. – 395 n. Chr.)
Völkerwanderung (395 – 565)
Vorderasien und Afrika I (850 v. Chr. – 651 n. Chr.) Band 05

Aufstieg des Islam
Vorderasien und Afrika II (850 v. Chr. – 651 n. Chr.)
Süd- und Ostasien (320 v. Chr. – 550 n. Chr.)
Die arabische Welt (610 – 1492)
Europa im Mittelalter I (550 – 1500) Band 06

Europa im Mittelalter
Europa im Mittelalter II (550 – 1500) Band 07

Frühe Neuzeit und Altamerika
Europa in der frühen Neuzeit (1500 – 1648)
Altamerika (13 000 v. Chr. – 1492 n. Chr.) Band 08

Zeitalter des Absolutismus
Süd- und Ostasien (550 – 1650)
Afrika (300 – 1800)
Europa im Zeitalter des Absolutismus I
(1648 – 1770) Band 09

Inhaltsverzeichnis

Die Welt im Zeitalter des Ost-West-Konflikts
(Fortsetzung)

Geteilte Welt im Kalten Krieg

* Nicht namentlich gezeichnete Texte liegen in der Verantwortung der Redaktion.

Auf dem Weg zum Wohlfahrtsstaat: Großbritannien

Nach der bedingungslosen Kapitulation Deutschlands zerfiel die vom Kriegspremierminister Winston Churchill 1940 geschmiedete Kriegskoalition wieder. Die nicht der konservativen Partei angehörenden Kabinettsmitglieder traten zurück. Die nun fälligen Unterhauswahlen setzte Churchill sehr früh an, wohl weil er hoffte, vom Bonus des Weltkriegssiegers profitieren zu können.

»Let us face the future« – unter diesem Motto hatte die Labour Party ihren Wahlkampf geführt und das Programm einer weitgehenden Nationalisierung vorgelegt. Die Konservativen um Churchill blieben dagegen sehr vage in ihren Versprechen und setzten die von Labour gewollte Nationalisierung mit dem Kommunismus gleich. Überraschend deutlich gewann im Juli 1945 die Labour Party mit 393 Sitzen (gegenüber 189 für die Konservativen) die Wahlen.

Neuer Premierminister wurde Clement Attlee, der bedeutende Vertreter der britischen Arbeiterbewegung und Mitglieder des britischen Kriegskabinetts in seine Regierung berief, so Herbert Stanley Morrison (Präsident des Geheimen Kronrates), Hugh Dalton (Finanzen), Stafford Cripps (Handel) und Ernest Bevin (Äußeres). Als Sprachrohr des linken Flügels der Labour Party wurde der Waliser Aneurin Bevan Gesundheitsminister. Den Ansinnen des Labourparteiführers Harold Joseph Laski widerstand Attlee. Laski hatte gefordert, dass über alle personellen und politischen Maßnahmen zuvor die Parteikonferenz der Labour Party beschließen müsste. Attlee wies dies zurück mit der Bemerkung, dass zwar das Exekutivkomitee der Partei das Recht auf Konsultation habe, nicht aber Verhalten und Handlungen des Premierministers kontrollierend infrage stellen dürfe.

Die finanzpolitische Situation Großbritanniens nach Kriegsende war äußerst schwierig. Um die Kriegskosten aufzubringen, waren im Krieg große Teile des im Ausland angelegten Kapitals (in Höhe von über einer Milliarde Pfund) veräußert worden. Jetzt fehlten dessen Zinsen; insgesamt hatte das Volksvermögen um 7,5 Milliarden Pfund abgenommen. In dieser Situation belasteten die Kosten für den Wiederaufbau des Landes, für die Pensionen und für die Umstellung der Wirtschaft von der

Kriegs- auf die Friedensproduktion den Staatshaushalt sehr. Als Finanzminister (ab 1947) setzte Cripps daher ein Sparprogramm durch.

Die 1946 von den USA gewährten Anleihen brachten große Eingriffe in die Unabhängigkeit der britischen Währungs- und Außenhandelspolitik mit sich und machten die wirtschafts- und finanzpolitische Abhängigkeit Großbritanniens von den USA deutlich. Ohne die 1947 einsetzende Marshallplanhilfe (das »European Recovery Program«) wäre die britische Wirtschaft zusammengebrochen. Als eine schwere Einbuße auch an außenpolitischem

Der britische Künstler Henry Moore schuf Anfang der 1950er-Jahre die Skulptur »Krieger mit Schild«. Während des Zweiten Weltkriegs hatte er die vor den deutschen Bombenangriffen in Tunnels Schutz suchenden Londoner in eindringlichen Zeichnungen festgehalten.

Gewicht wurde die 1949 notwendige Abwertung des Pfundes um fast ein Drittel seines Wertes empfunden.

Das Nationalisierungsprogramm der Labour Party
Mit dem Gesetz zur Verstaatlichung der Bank von England vom Dezember 1945 leitete die Labourregierung ihr im Wahlmanifest niedergelegtes Reformprogramm ein. Vor allem im Fall der Bank von England bedeutete die Nationalisierung letztlich nur die Legalisierung eines faktisch bereits seit Jahren bestehenden Zustands. 1946 führte Labour die Verstaatlichung des Steinkohlebergbaus und der Zivilluftfahrt, 1947 wesentlicher Teile des Transportwesens (unter anderem der Eisenbahnen, Häfen und Binnenschifffahrt) und 1947/48 der Elektrizitäts- und Gasgewinnung durch.

Statue von Winston Churchill vor dem Big Ben in London. Churchill war nach seinem Rücktritt 1945 erneut 1951–55 britischer Premierminister.

100001

50

Foto von der Eröffnungssitzung des Europarats in Straßburg am 10. 8. 1953. Großbritannien war dem Europarat beigetreten, lehnte aber eine Mitgliedschaft in der Montanunion ab.

Das Wahlergebnis von 1945 hatte der Labour Party das Mandat gegeben, die in ihrem Wahlprogramm versprochenen Reformen umzusetzen. Auch die Konservative Partei, und vor allem ihr Sprecher im Oberhaus, Lord Salisbury, sahen dies so und hatten es deshalb vermieden, irgendeine Opposition gegen das gesamte Gesetzgebungswerk in das Oberhaus zu tragen. Zudem hatte sich Labour auch hier abgesichert: 1947 hatte eine Parlamentsreform das zwei Jahre gültige suspensive Veto der Lords faktisch aufgehoben. Jetzt konnte ein Gesetzentwurf auch dann Gesetz werden, wenn er das Unterhaus in zwei Sessionen passiert hatte, die innerhalb eines Jahres stattfanden. Trotzdem war die Nationalisierung der Eisen- und Stahlindustrie zwischen Regierung und Opposition besonders umkämpft. Zwar schon 1948 eingeleitet, konnte sie erst nach den Parlamentswahlen 1950 endgültig erfolgen.

Mit dem Gesetz über die Sozialversicherung (1946) und der Einführung eines unentgeltlichen staatlichen Gesundheitsdienstes (1946) suchte die Regierung Attlee Großbritannien und Nordirland zu einem Wohlfahrtsstaat zu entwickeln. Schon bald wurde der Nationale Gesundheitsdienst zu einer ernsthaften Belastung des Staatshaushalts. Mit über 500 Millionen Pfund rangierte dieser Etatposten künftig direkt hinter dem Militäretat.

Nachdem bei den Unterhauswahlen 1950 die parlamentarische Mehrheit der Labourregierung auf fünf

Georg VI., König von England, regierte während des Zweiten Weltkriegs Großbritannien und Nordirland. 1948 verzichtete er auf den Titel eines Kaisers von Indien.

100880

Sitze reduziert worden war, brachte ein Jahr später der Wahlsieg der Konservativen mit 321 Sitzen gegenüber 295 für die Labour Party eine längere Periode konservativer Regierungen (bis 1964). Die Konservativen hatten es unter der Regie Lord Wooltons, des Vorsitzenden ihrer Parteiorganisation, verstanden, sich zu verjüngen und zu erneuern. In ihrem Wahlmanifest »The Right Way Road for Britain« hatten sie die Neuordnung prinzipiell anerkannt, aber versprochen, die gemeinsamen Ziele auf eine für die Briten erträglichere Weise zu erreichen. Entgegen den Ankündigungen in ihrem Wahlmanifest machten die Konservativen unter der Regierung Churchill (1951–55) nur wenige Verstaatlichungen rückgängig, darunter die der Eisen- und Stahlindustrie. Im Zeichen der sich wieder belebenden Weltwirtschaft verbesserte sich auch die britische Position im Außenhandel.

Nach dem Tod König Georgs VI. am 6. Februar 1952 bestieg seine Tochter Elisabeth als Elisabeth II. den Thron. Im April 1955 übernahm Anthony Eden als Nachfolger Churchills das Amt des Premierministers. Aus den Unterhauswahlen von 1955 gestärkt hervorgegangen, suchte die Regierung Eden die Idee einer auf dem Privateigentum aufgebauten, sozial verantwortlichen Demokratie zu verwirklichen. Es gelang ihr jedoch nicht, die fortschreitende Inflation und die wirtschaftlich folgenschwere Streik- und Lohnpolitik der Gewerkschaften einzudämmen.

Die Entwicklungen in der Außenpolitik
Mit der Verselbstständigung seiner Kolonien (Indien, Birma, Ceylon/Sri Lanka) innerhalb und außerhalb des Commonwealth of Nations setzte verstärkt der Auflösungsprozess des britischen Weltreichs ein, der sich unter den konservativen Regierungen fortsetzte. Allerdings verlief dieser Prozess der Ablösung nicht immer friedlich. Mit der Übertragung des Palästinamandats 1947 durch die Regierung Attlee an die UNO setzte der Nahostkonflikt ein. Vor dem Hintergrund seiner kolonialen Hinterlassenschaft blieb Großbritannien mit vielen ungelösten Problemen der neuen Staaten der Dritten Welt konfrontiert.

Elisabeth II., Königin von Großbritannien und Nordirland, nach ihrer Krönung im Jahr 1952

Die britische Außenpolitik im Zweiten Weltkrieg – vor allem auf den großen Weltkriegskonferenzen – ging davon aus, dass nur eine von den ›Großen Drei‹ – den USA, der UdSSR und Großbritannien und Nordirland – getragene Nachkriegsordnung von Dauer sein könne. Auf der Potsdamer Konferenz 1945 suchte Churchill, und nach ihm Attlee, in diesem Sinne zu wirken. In enger Verbindung mit der Politik der US-Präsidenten Roosevelt und Truman wirkte Großbritannien intensiv an der Gründung der UNO mit, in deren Sicherheitsrat es einen ständigen Sitz erhielt.

Im Anschluss an die deutsche Kapitulation beteiligte sich Großbritannien als eine der Hauptsiegermächte an der Besetzung Deutschlands und der wieder gegründeten Republik Österreich. 1947 schloss es mit Frankreich ein Bündnis, das 1948 zum Brüsseler Pakt mit den Beneluxstaaten erweitert wurde, um die Aggression eines möglicherweise in der Zukunft wieder erstarkten Deutschland abwehren zu können.

Angesichts des seit 1946 sichtbar werdenden Ost-West-Konflikts erhöhte Großbritannien und Nordirland noch unter der Labourregierung seine Verteidigungsanstrengungen. Es leistete einen maßgeblichen Beitrag zur Gründung der NATO (1949), stellte nach Ausbruch des Koreakrieges (1950) den UNO-Streitkräften ein britisches Truppenkontingent zur Verfügung und befürwortete den 1949 erfolgten Zusammenschluss der westlichen Besatzungszonen zur Bundesrepublik Deutschland. Die konservativen Regierungen leiteten schließlich den Aufbau einer britischen Atomstreitmacht ein.

Seit dem Ende der 1940er-Jahre unterstützte Großbritannien die Integrationsbemühungen der parlamentarischen Demokratien Europas. Es trat 1949 dem Europarat bei, lehnte aber mit Rücksicht auf seine außereuropäischen Bindungen einen Beitritt zur supranationalen Montanunion, der späteren Europäischen Gemeinschaft für Kohle und Stahl (EGKS), ab. Die Regierung Churchill und ihre Nachfolgerinnen verstärkten einerseits die angloamerikanischen Beziehungen, bemühten sich jedoch andererseits um Entspannung im Ost-West-Verhältnis und trugen entscheidend zur Einberufung der Genfer Gipfelkonferenz 1955 bei.

Die militärische Intervention britischer und französischer Truppen nach der Verstaatlichung des Suezkanals durch Ägypten 1956 belastete jedoch nicht nur die britischen Beziehungen zur UdSSR, sondern auch die zu den USA. Angesichts der scharfen Kritik im In- und Ausland an seiner Nahostpolitik sah sich Premierminister Eden im Januar 1957 schließlich zum Rücktritt gezwungen. Die politisch-diplomatische Niederlage Frankreichs und Großbritanniens zeigte, wie begrenzt nun ihr internationaler Handlungsspielraum geworden war. *

Geordnete Verhältnisse in der Zweiten Republik: Österreich

In Österreich war die Proklamation der Neutralität die Voraussetzung für die Wiederherstellung der Einheit des Landes in freier Selbstbestimmung. Wie Deutschland war Österreich nach dem verlorenen Krieg 1945 in vier Besatzungszonen aufgeteilt worden, und die Verständigung der Alliierten über die Aufhebung des Besatzungsstatuts ließ lange auf sich warten. Im Unterschied zu Deutschland gab es aber eine zentrale Regierung, zunächst provisorisch und seit den Nationalratswahlen vom 25. November 1945 demokratisch legitimiert.

1947 entschieden sich die beiden großen Regierungsparteien, die Österreichische Volkspartei (ÖVP) und die Sozialistische Partei Österreichs (SPÖ), für eine Beteiligung am Marshallplan. Die Kommunisten schieden daraufhin aus der Regierung aus, und es drohte zeitweilig eine Teilung des Landes. Die Sprecher der großen Koalition aus ÖVP und SPÖ machten jedoch deutlich, dass aus der Teilnahme am Marshallplan keineswegs eine Be-

Mit dem Plakat »7 Jahre schon! Wie lange noch?« forderte der Österreichische Gewerkschaftsbund 1952 die Beendigung der alliierten Besetzung Österreichs.

ZITAT

Aus einem Vortrag des österreichischen Außenministers Leopold Figl vom 25. 6. 1955:
Das österreichische Volk hat den Entschluss der Regierung und der Volksvertretung, in Hinkunft eine Politik der militärischen Neutralität zu betreiben, durchaus positiv aufgenommen. Es hat sich mit dem Sinn dieser Neutralität in überraschend kurzer Zeit vertraut gemacht, und kritische Stimmen sind gegenüber diesem Entschluss von Regierung und Parlament kaum laut geworden.

teiligung an der westlichen Blockbildung zu folgen habe. Ab 1952 sprachen sie sich deutlich für eine Neutralität nach der Ablösung des Besatzungsstatus aus.

Im Frühjahr 1955 ließ sich die sowjetische Regierung auf diese Formel ein. Von Urho Kaleva Kekkonen ermutigt, handelten Bundeskanzler Julius Raab und Außenminister Leopold Figl die Bedingungen für den Abzug der alliierten Besatzungstruppen aus. Um der Sowjetunion jeden Vorwand für eine künftige Intervention zu nehmen, wurde das Prinzip der immer währenden Neutralität im Staatsvertrag vom 15. Mai 1955 überhaupt nicht erwähnt. Es wurde vielmehr vom österreichischen Nationalrat in einer einseitigen Entschließung am 7. Juni 1955 proklamiert und dann am 26. Oktober 1955 in einem Verfassungsgesetz festgelegt. Die Bevölkerung begrüßte das Bekenntnis zur Neutralität als Voraussetzung für die wiedergewonnene Freiheit. Damit wurde es zu einem Bestandteil nationaler Identität, das auch ohne völkerrechtliche Festlegung verbindlich war.

Das souverän gewordene Österreich wurde 1955 Mitglied der Vereinten Nationen. 1956 trat es dem Europarat bei und 1960 der EFTA. Die österreichischen Regierungen traten für die Entspannung im Ost-West-Konflikt ein, sowohl in der Ära der großen Koalition, die bis 1966 fortdauerte, als auch in der Zeit der Alleinregierung der ÖVP von 1966 bis 1970. Mit der Bildung einer Alleinregierung der Sozialisten unter Bruno Kreisky im April 1970 wurde die österreichische Neutralitätspolitik akti-

100880

Am 15. 5. 1955 unterzeichneten die Außenminister der vier alliierten Mächte im Wiener Schloss Belvedere den Staatsvertrag, mit dem Österreich staatliche Souveränität erhielt; für die UdSSR unterzeichnete Wjatscheslaw Michailowitsch Molotow (2. von rechts).

ver: Dem schwedischen Beispiel folgend beteiligte sich Österreich an Friedensmissionen der UNO; auf Zypern und an der arabisch-israelischen Demarkationslinie stellte es Truppen zur Friedensüberwachung zur Verfügung. Im KSZE-Prozess arbeitete es aktiv mit. Wien wurde 1973 Tagungsort der Gespräche über Truppenreduzierungen in Mitteleuropa und 1979 Sitz von Einrichtungen der UNO.

1983 verlor die SPÖ ihre absolute Mehrheit. Kreisky trat daraufhin zurück, sein Parteifreund Fred Sinowatz bildete eine Koalitionsregierung mit der kleinen Freiheitlichen Partei (FPÖ). Ihm folgte 1986 Franz Vranitzky, der eine Koalition mit der ÖVP bildete. Damit lebte die große Koalition unter umgekehrten Vorzeichen wieder auf, diesmal freilich mit der Aufgabe, das Problem veralteter Strukturen im staatlichen Sektor der Industrie in Angriff zu nehmen. *Wilfried Loth*

160

Als Bundeskanzler (1945–53) und Außenminister (1953–59) hatte Leopold Figl wesentlichen Anteil am Abschluss des Österreichischen Staatsvertrags.

Aus Tradition neutral: Die Schweiz

Im Falle der Schweiz ergab sich die Neutralität aus der Tradition der föderativen Alpenrepublik. Sie war 1815 auf dem Wiener Kongress festgelegt worden und im Selbstverständnis der Schweizer tief verwurzelt. 1945 lehnte der Schweizer Bundesrat eine Beteiligung an der Gründung der Vereinten Nationen ab, weil er nicht bereit war, sich Zwangsmaßnahmen zu unterwerfen, die vom UNO-Sicherheitsrat beschlossen werden konnten. Das verstärkte noch die internationale Isolation, in der sich das Land befand, nachdem es sich geweigert hatte, an der Seite der Alliierten in den Krieg gegen das nationalsozialistische Imperium einzutreten.

Die schweizerische Außenpolitik suchte dieser Isolation auf zweierlei Weise zu begegnen: zum einen durch eine aktive Handelspolitik und wirtschaftliche Kooperation, zum anderen durch humanitäre Hilfsbereitschaft. Ende der Vierzigerjahre prägte der Bundesrat Max Petitpierre, der langjährige Leiter des Politischen Departements, dafür die Formel »Neutralität und Solidarität«. Die Schweiz beteiligte sich 1947/48 am Marshallplan und an der Gründung der Organisation für europäische wirtschaftliche Zusammenarbeit OEEC; 1958 wurde sie as-

INFOBOX

Eidgenössische Willensbildung
Ein wesentlicher Ausdruck der politischen Willensbildung in der Schweiz sind auf allen Ebenen des politischen Lebens – Bund, Kanton und Gemeinde – das Referendum und die Volksinitiative. So führten um 1960 für ihre Regionen die Kantone Waadt, Neuenburg und Genf das Frauenstimmrecht ein, gefolgt vom Bund 1971. Im Zuge einer »Totalrevision« der Verfassung billigte das »Schweizer Volk« 1981 die Gleichberechtigung der Frau.
Im Spannungsbogen zwischen weltweiter Abrüstung und Aufrechterhaltung der bewaffneten Neutralität des Landes lehnte eine Mehrheit der Bevölkerung 1989 die Initiative zur Abschaffung der Armee ab. 1992 verwarfen die Abstimmungsberechtigten den Eintritt der Schweiz in den »Europäischen Wirtschaftsraum« (EWR).

soziiertes Mitglied des Welthandelsabkommens GATT und gehörte 1960 zu den Gründungsmitgliedern der Europäischen Freihandelsassoziation EFTA. Ebenso trat sie den kulturell und wirtschaftlich ausgerichteten Sonderorganisationen der UNO bei, so 1946 der Welternährungsorganisation FAO und 1949 der Weltkulturorganisation UNESCO. 1963 wurde die Schweiz Mitglied des Europarats. Von 1972 an engagierte sie sich für den KSZE-Prozess.

Die Beteiligung am europäischen Wiederaufbau im Zeichen des Marshallplans ermöglichte es der Schweiz,

Während des Zweiten Weltkriegs wurden zur Sicherung der Staatsgrenzen der neutralen Schweiz auch Grenzpatrouillen im Hochgebirge eingesetzt.

100880

100562

Der Paradeplatz in Zürich mit dem Hauptsitz der Großbank Credit Suisse (links) und dem Hotel Savoy (Mitte) ist das Herz der Schweizer Finanzwelt.

in starkem Maße an der wirtschaftlichen Hochkonjunktur der Fünfziger- und Sechzigerjahre zu partizipieren. Damit einher ging der Ausbau des Wohlfahrtsstaats. Der Bund erhielt die Kompetenz, in das Wirtschaftsgeschehen regulierend einzugreifen, die Landwirtschaft wurde gesetzlichem Schutz unterstellt, und es wurde eine allgemeine Alters- und Hinterbliebenenversicherung eingerichtet.

Die Verbindung von Prosperität und stabiler gesellschaftlicher Ordnung, die daraus resultierte, schlug sich auch in einer stabilen Währung nieder, und diese bekräftigte wiederum die Stellung der Schweiz als internationaler Finanzplatz. Die Schweiz entwickelte sich damit zur wohlhabendsten Industrienation der Welt. Dennoch blieben Elemente der Selbstisolierung lebendig: So lehnte eine Mehrheit der Bevölkerung den vom Bundesrat 1984 empfohlenen Beitritt zur UNO ab, und gegen eine Mitgliedschaft in der EG entwickelte sich heftiger Widerstand.

Wilfried Loth

Kein Bündnis mit London: Irland

Die irische Neutralität folgte aus dem Kampf der Iren um die Unabhängigkeit von Großbritannien. Solange Nordirland noch zu Großbritannien gehört, war und ist die Irische Republik nicht bereit, dem britischen Nachbarn als Verbündete Waffenhilfe zu geben; um den Briten aber auch keinen künstlichen Anlass zu liefern, an der nordirischen Provinz festzuhalten, sichert sie gleichzeitig zu, dass das irische Territorium niemals Ausgangsbasis für einen Angriff gegen Großbritannien werden darf.

Irland hielt diese Neutralität während des Zweiten Weltkriegs durch, obwohl zunächst der deutsche Sieg über Frankreich eine Beteiligung am Krieg gegen Großbritannien nahe legte und dann mit dem amerikanischen Wunsch nach Stützpunkten neuer Druck und neue Verlockungen an die irische Bevölkerung herantraten. 1948

INFOBOX

Nordirlandkonflikt

In Nordirland, das 1920 im Rahmen einer Union mit Großbritannien Autonomie erhalten hatte, führten Spannungen zwischen der protestantischen Mehrheit der Bevölkerung und der katholischen Minderheit seit etwa 1969 zu bürgerkriegsähnlichen Auseinandersetzungen. Die katholische Minderheit, die sich besonders gegenüber den Protestanten als unterprivilegiert betrachtete, trat für die Eingliederung Nordirlands in die Republik Irland ein. Im Gegensatz dazu sehen sich die Protestanten auf immer mit der britischen Krone verbunden.
Da die radikalen Kräfte auf beiden Seiten immer stärker zu terroristischen Mitteln übergingen, suspendierte die britische Regierung die Selbstverwaltungsorgane Nordirlands – Parlament und Regierung – und übernahm die direkte Verwaltung. Auf katholischer Seite griff besonders die IRA, die Irish Republican Army, der militärische Arm der Sinn-Féin-Bewegung, zum Mittel des Terrors, dem protestantische Gruppen mit Gegenterror begegneten. Mithilfe einer Anti-Terror-Gesetzgebung bekämpfte die britische Regierung den Terror, der in den Jahrzehnten seit 1968/69 eine hohe Zahl von Menschenleben kostete.
1976 organisierten Mairead Corrigan und Betty Williams Demonstrationen von Frauen beider Konfessionen für eine friedliche Beilegung des Konflikts. Seit den 1980er-Jahren unternahmen die Regierungen in London und Dublin gemeinsame Versuche, die Gegensätze einzudämmen.

100562

Wandparolen der IRA, der Irish Republican Army. Sie bildet den militärischen Zweig der katholischen Partei Sinn Féin. Ab 1969 kam es in Nordirland zu bürgerkriegsähnlichen Auseinandersetzungen mit Großbritannien, die mittlerweile beigelegt werden konnten.

trat Irland aus dem Commonwealth aus; der Vertrag, der der Repulik die volle Unabhängigkeit gewährte, trat am 18. April 1949 in Kraft, dem Jahrestag des Osteraufstands von 1916. Gleichzeitig wurde das Land Mitglied des Europarats und der OEEC, und der Handel zwischen Irland und Großbritannien wurde zum Vorteil beider Seiten geregelt.

Die endgültige Trennung von Großbritannien ermöglichte einen pragmatischen Umgang mit dem Nordirlandproblem. Der Terrorismus der Irish Republican Army (IRA), die die Vertreibung der Briten von der irischen Insel mit Gewalt erreichen wollte, wurde auf dem Gebiet der Irischen Republik mit Erfolg bekämpft. 1965 erklärte sich Premierminister Sean Lemass zur Zusammenarbeit mit der nordirischen Provinzregierung in Ulster bereit, und 1985 wurden der Irischen Republik im

INFOBOX

»Bloody Sunday«

Ende der 1960er-Jahre kam der Nordirlandkonflikt offen zum Ausbruch. Eine Demonstration katholischer Bürgerrechtler am 5. 10. 1968 in Londonderry (heute Derry) mündete in blutige Straßenschlachten mit protestantischen Gegendemonstranten. Im August 1969 führte der Angriff militanter unionistischer Gruppen auf katholische Wohnviertel in Londonderry und Belfast erneut zu blutigen Zusammenstößen; daraufhin verlegte die britische Regierung Truppen nach Nordirland, um die Eskalation der Gewalt zu stoppen.

Das britische Militär wurde jedoch selbst immer tiefer in die Auseinandersetzungen verwickelt. Am 31. 1. 1972, dem »Bloody Sunday«, erreichte die Gewalt ihren Höhepunkt: Britische Soldaten erschossen in Londonderry 13 Teilnehmer einer verbotenen Demonstration. Die IRA, die als »Schutzformation« für die katholische Bevölkerung und als Symbol des antibritischen Widerstands seit Ende der 1960er-Jahre großen Zulauf erhalten hatte, richtete ihre terroristischen Aktionen nun gegen die britischen Truppen und die protestantisch-unionistischen Aktivisten in Nordirland, aber auch gegen Politiker und Einrichtungen in Großbritannien. Erst 1999 erklärte sich die Untergrundorganisation zu Verhandlungen über die Abgabe ihrer Waffen bereit.

Abkommen von Hillsborough mit Großbritannien gewisse Mitspracherechte in der Verwaltung Nordirlands eingeräumt.

Wirtschaftlich blieb Irland auf eine enge Zusammenarbeit mit Großbritannien angewiesen, und zur Überwindung der traditionellen Armut eines Agrarlandes benötigte es auch den Anschluss an den europäischen Markt. So stellte die irische Regierung 1961 zusammen mit Großbritannien ihren ersten Antrag auf Mitgliedschaft in der Europäischen Wirtschaftsgemeinschaft. 1965 wurde ein Freihandelsabkommen mit Großbritannien geschlossen. Zum 1. Januar 1973 konnte Irland dann zusammen mit dem britischen Nachbarn der Europäischen Gemeinschaft beitreten. Die Irische Republik fand damit allmählich Anschluss an die westeuropäischen Industriegesellschaften. Ihre Neutralität beschränkte sich auf den Ausdruck eines grundsätzlichen Vorbehalts gegen die Teilung der irischen Insel. *Wilfried Loth*

»Volksheim« mit sozialdemokratischen Hausmeistern: Schweden

Demgegenüber enthielt Schwedens Neutralitätspolitik ein Moment aktiver Vermittlung im Ost-West-Konflikt. Schweden lädt durch seine Lage und seine dünne Besiedlung nicht gerade zu Angriffen ein; gleichzeitig ist es aber auch gut zu verteidigen. Das erleichterte es den seit 1932 regierenden Sozialdemokraten, im beginnenden Kalten Krieg auf einen Beitritt zur NATO zu verzichten und beide Seiten zur Mäßigung aufzurufen.

s. ZEIT Aspekte Karl Gunnar Myrdal S. 516

Schweden stellte mit Karl Gunnar Myrdal von 1947 bis 1957 den Exekutivsekretär der Wirtschaftskommission der Vereinten Nationen für Europa, die ein Minimum an wirtschaftlicher Kooperation über den Eisernen Vorhang hinweg aufrechtzuerhalten vermochte, und mit Dag Hammarskjöld von 1953 bis 1961 einen höchst aktiven Generalsekretär der UNO. Schweden gehörte in den Fünfzigerjahren zu den engagiertesten Verfechtern der Entkolonialisierung und seit den Sechzigerjahren zu den Vorreitern der Entwicklungshilfe für Länder der Dritten Welt. Zahlreiche Befreiungsbewegungen in Afrika, Lateinamerika und Asien wurden von Schweden unterstützt, häufig auch durch Waffenlieferungen.

Gleichzeitig setzte sich die schwedische Regierung auch immer wieder für die Begrenzung des Wettrüstens ein. 1966 rief sie ein Friedensforschungsinstitut ins Leben – das Stockholm International Peace Research

Karl Gunnar Myrdal, 1947–57 Exekutivsekretär der Wirtschaftskommission der Vereinten Nationen für Europa, erhielt als Wirtschaftswissenschaftler 1974 den Nobelpreis.

Institute oder abgekürzt SIPRI –, das Daten zur Rüstungsentwicklung lieferte und Vorschläge zur Rüstungsbegrenzung und zum Krisenmanagement machte. In den Achtzigerjahren entwickelte es sich zu einem Forum der Verständigung von Sicherheitsexperten aus Ost und West.

Parallel zu diesem friedenspolitischen Engagement bauten in der Zeit von 1946 bis 1976 die Regierungen von Tage Erlander und Sven Olof Palme die sozialstaatliche Komponente eines entwickelten Industriestaats kontinuierlich weiter aus. Meilensteine waren die Einführung einer allgemeinen Volkspension 1948 und einer allgemeinen Erziehungspension 1962, aber auch das System öffentlicher Gesundheitsvorsorge, der Ausbau des Bildungswesens und die Bereitstellung kommunaler Gemeinschaftseinrichtungen fanden weite Beachtung. Sie erschienen umso nachahmenswerter, als sie mit einem lang anhaltenden Wirtschaftswachstum verbunden wa-

100562

Am 28. 2. 1986 wurde der schwedische Ministerpräsident Olof Palme von einem unbekannten Täter auf offener Straße in Stockholm ermordet.

INFOBOX

Wer war der Attentäter?

Am Abend des 28. 2. 1986 wurde der schwedische Ministerpräsident Sven Olof Palme in der Stockholmer Innenstadt auf offener Straße erschossen. Bekannt ist bis heute lediglich, dass der Attentäter aus nächster Nähe zwei Pistolenschüsse auf Palme abgab und dann floh – die Tatwaffe wurde nicht gefunden.

Die aufgeregte Suche nach den Tätern wurde von teils abenteuerlichen Spekulationen überschattet: Manche vermuteten die Täter im Kreis der kurdischen PKK, andere sprachen von einem politischen Komplott unter Beteiligung von Polizei und Sicherheitskräften. Wenige Jahre später wurde der Kleinkriminelle Christer Pettersson als Palmes Mörder verurteilt; im folgenden Jahr sprach die Berufungsinstanz Pettersson jedoch frei, da das Gericht die Identifizierung wegen Verfahrensfehlern der Polizei nicht gelten ließ.

ren. Kritik an der hohen Steuerlast, die zur Finanzierung des schwedischen Wohlfahrtsstaats notwendig war, führte allerdings 1970 zum Verlust der absoluten Mehrheit der Sozialdemokraten und 1976 zum Wahlsieg eines Bürgerblocks.

Im September 1982 konnte Palme wieder einen Wahlsieg erringen. In den folgenden Jahren gelang es ihm, den Bestand an sozialen Leistungen weitgehend zu sichern. Gleichzeitig verstärkte er sein Engagement für die Abrüstung, die durch den neuen Kalten Krieg zwischen den Weltmächten gefährdet war. Am 28. Februar 1986 wurde Palme auf offener Straße von einem Unbekannten erschossen. Die Erschütterung über diesen Mord war nicht nur in Schweden groß. Sie zeigte, welch hohen Respekt die aktive Neutralitätspolitik des schwedischen Königreichs unterdessen genoss. *Wilfried Loth*

Kompromissbereit zwischen NATO und Warschauer Pakt: Finnland

Dass Schweden nicht wie Norwegen der NATO beitrat, half seinem Nachbarland Finnland, die Selbstständigkeit gegenüber der Sowjetunion zu behaupten. Finnland hatte an der Seite des Deutschen Reichs gegen die Sowjetunion gekämpft und stand seit dem Waffenstillstand

ZITAT

Artikel 1 des finnisch-sowjetischen Bündnisvertrages vom 6. 4. 1948:
Im Falle, dass Finnland oder die Sowjetunion über das Gebiet Finnlands Gegenstand einer militärischen Aggression vonseiten Deutschlands oder eines beliebigen anderen mit diesem verbündeten Staates werden sollten, wird Finnland getreu seinen aus staatlicher Selbstständigkeit sich ergebenden Pflichten kämpfen, um diese Aggression abzuweisen. ...

Urho Kaleva Kekkonen setzte als finnischer Minister- und Staatspräsident die von seinem Vorgänger Paasikivi eingeleitete gutnachbarliche Politik seines Landes zur Sowjetunion bei Wahrung fester Beziehungen zu den westlichen Demokratien fort.

vom September 1944 unter der Kontrolle einer sowjetischen Überwachungskommission. Das legte es nahe, dass es wie die baltischen Republiken 1940 seine Unabhängigkeit verlieren und der Sowjetunion angegliedert würde.

Indessen bemühte sich die finnische Regierung unter Juho Kusti Paasikivi, seit dem Waffenstillstand Ministerpräsident und im März 1946 als Nachfolger von Carl Gustav Freiherr von Mannerheim zum Staatspräsidenten gewählt, der Sowjetführung keinen Anlass zur Intervention zu geben. Die hohen Reparationsleistungen, zu denen Finnland verpflichtet war, wurden pünktlich erbracht; Paasikivi erklärte demonstrativ, im Falle eines Angriffs über finnisches Gebiet werde Finnland zur Verteidigung der Sowjetunion beitragen; und nachdem die Sowjetunion eine Beteiligung am Marshallplan abgelehnt hatte, wies auch die finnische Regierung das amerikanische Angebot zurück.

Paasikivis Strategie des Wohlverhaltens zahlte sich aus. Im Februar 1948 schlug Stalin ihm einen Freundschafts- und Beistandspakt vor, der regelmäßige Konsultationen und ein nahezu automatisches Eingreifen sowjetischer Truppen im Krisenfall vorsah – für die finnische Demokratie eine umso beunruhigendere Perspektive, als die Kommunisten ein Viertel der Abgeordneten stellten, über sechs Ministerämter einschließlich des Innenministeriums verfügten und die Staatspolizei kontrollierten. Die finnische Regierung beharrte darauf, dass Konsultationen nur im Fall einer akuten Bedrohung stattfinden sollten und Finnland die Entscheidung über den Einsatz sowjetischer Truppen auf seinem Territorium in der Hand behalten müsse. Zu ihrer Erleichterung gab sich Stalin damit zufrieden; der Vertrag wurde in dieser Form am 6. April 1948 unterzeichnet.

In der Folgezeit griff die Sowjetunion zweimal in die finnische Innenpolitik ein: Im Herbst 1958, nachdem die finnischen Kommunisten aus der Regierung ausgeschlossen worden waren, musste diese auf sowjetischen Druck zurücktreten; zu dem zweiten Fall kam es im Herbst 1961, als Staatspräsident Urho Kaleva Kekkonen, seit 1956 Nachfolger von Paasikivi, von einem sozialdemokratischen Mitbewerber abgelöst zu werden drohte. Beide Male fand sich eine Mehrheit für eine

160

Am 19. 9. 1952 wurde als letzte Reparationszahlung der auf der finnischen Werft gebaute Fischtrawler »Zhemtschug« an die Sowjetunion übergeben. Das Foto zeigt die Werftarbeiterinnen, die auf den Schornstein »gute Fahrt« und »Danke« geschrieben hatten, was sinngemäß auch mit »Gott sei Dank, wir haben es geschafft« übersetzt werden kann.

Politik, die der Sowjetunion genehm war, und 1966 söhnten sich die Sozialdemokraten mit der sowjetischen Führung aus.

Die Stellung Kekkonens wurde dadurch gestärkt, der Kurs des Wohlverhaltens, die so genannte Paasikivi-Linie, bekräftigt. Er erlaubte Finnland keine aktive Neutralitätspolitik, wohl aber die Aufrechterhaltung enger Kontakte zu den nordischen Nachbarn und die Assoziierung mit der Europäischen Gemeinschaft. Mit der Konferenz über Sicherheit und Zusammenarbeit in Europa, die von 1973 bis 1975 in Helsinki tagte, fand die finnische Neutralitätspolitik auch international weitgehende Anerkennung. *Wilfried Loth*

Vielvölkerstaat in Titos langem Schatten: Jugoslawien

ZITAT

Aus einer Rede Titos: *Die Länder, die ihre Unabhängigkeit schon erkämpft haben, sind eine große Ermutigung und dienen als Beispiel für jene Völker, die noch unter Kolonialherrschaft stehen. Diese Völker können klar erkennen, dass sie sich wirtschaftlich, kulturell und politisch nur weiterentwickeln können, wenn sie unabhängig werden, wenn sie ihr Schicksal selbst bestimmen und wenn ihr nationaler Reichtum für ihre eigene Entwicklung aufgewendet wird.*

Jugoslawiens Sonderrolle ist mit derjenigen von Finnland und Österreich insofern vergleichbar, als sie ebenfalls aus einem Kampf um Selbstbehauptung gegenüber der Sowjetunion hervorgegangen ist. In diesem Fall handelte es sich jedoch um die Selbstbehauptung eines kommunistischen Regimes. Partei- und Staatschef Tito wollte sich jedoch trotz der Unterstützung durch die Westmächte keineswegs dem westlichen Bündnis anschließen. Vielmehr trat er für Gleichberechtigung innerhalb der kommunistischen Weltbewegung ein. Nach dem Tode Stalins erzielte er auch einen gewissen Erfolg: 1956 bestätigte die neue sowjetische Führung ausdrücklich das Recht Jugoslawiens auf einen eigenen Weg zum Sozialismus.

Mit der Niederschlagung des Ungarnaufstands Anfang November 1956 wurden jedoch die Grenzen der Gleichberechtigung sichtbar. Tito protestierte und wurde dafür von Moskau scharf angegriffen. Als Chruschtschow im Herbst 1957 zu einer Konferenz der kommunistischen Parteien einlud, die wieder ein gemeinsames Steuerungsorgan installieren sollte, fuhr Tito gar nicht erst hin; die jugoslawische Delegation lehnte die Unterzeichnung des Schlussdokuments ab, obwohl es nicht mehr als die Herausgabe allgemeiner politischer Richtlinien vorsah.

Danach setzte Tito stärker auf die Bewegung, die er durch ein Treffen mit dem ägyptischen Präsidenten Gamal Abd el-Nasser und dem indischen Ministerpräsiden-

100880

Am 27. 5. 1955 übergab Chruschtschow die »Belgrader Deklaration« (Erklärung über freundschaftliche Zusammenarbeit zwischen der UdSSR und Jugoslawien). Das Foto zeigt ihn bei einem Empfang mit Tito und dessen Ehefrau Jovanka.

100562

ten Jawaharlal Nehru im Juli 1956 auf seinem Sommersitz, der Adriainsel Brioni, eingeleitet hatte: die Zusammenarbeit der blockfreien Staaten, die den gesellschaftlichen Fortschritt auf ihre Fahnen geschrieben hatten, ohne sich der Sowjetunion unterzuordnen. Es waren dies insbesondere Staaten der Dritten Welt, und die Überwindung des Kolonialismus gehörte zu ihren ersten Zielen. Im September 1961 gelang es Tito, Vertreter von 25 Staaten zu einer Konferenz der so genannten blockfreien Staaten in Belgrad zu versammeln. Sie initiierte eine lockere Gruppierung, die sich künftig regelmäßig zu Gipfelkonferenzen traf und bis in die Achtzigerjahre auf über siebzig Mitglieder angewachsen war.

Auf die Blockfreienbewegung gestützt konnte Jugoslawien seit Mitte der Sechzigerjahre auch wirkungsvoll für Entspannung und Abrüstung eintreten. Die Praxis der Selbstverwaltung blieb freilich immer hinter den hehren Prinzipien zurück, die auch außerhalb Jugoslawiens viel Anklang fanden. Nach dem Tode Titos am 4. Mai 1980 erwiesen sich die Regelungen zur Stärkung der Teilrepubliken des jugoslawischen Vielvölkerstaats bald als ungenügend, um die Einheit des Landes zu sichern.

Wilfried Loth

In der Sommerresidenz des jugoslawischen Staatschefs Tito auf der Adriainsel Brioni begann am 18. 6. 1956 die Dreierkonferenz der Regierungschefs Jugoslawiens, Indiens und Ägyptens, auf der die verstärkte Zusammenarbeit der blockfreien Staaten verabredet wurde.

ZITAT

Tito charakterisiert Jugoslawien:

Ich regiere ein Land mit zwei Alphabeten, drei Sprachen, vier Religionen und fünf Nationalitäten, die in sechs Republiken leben, von sieben Nachbarn umgeben sind und mit acht Minderheiten auskommen müssen.

Volksdemokratie mit Widerständen: Polen

Polen war am Ende des Zweiten Weltkriegs in einem desolaten Zustand: Rund sechs Millionen Tote – darunter über 85 Prozent des jüdischen Bevölkerungsanteils – waren zu beklagen und rund 38 Prozent des Volksvermögens waren vernichtet. Schon am 15. August 1944 hatte das Lubliner Komitee die ersten wirtschaftspolitischen Weichen gestellt und die Enteignung des Großgrundbesitzes zugunsten der Kleinbauern sowie die Verstaatlichung von Industrie und Banken beschlossen.

Nach dem Kireg wachte jetzt Stalin sorgfältig darüber, dass in Polen ein Regime nach seinen Vorstellungen installiert wurde. So nahm die kommunistische Polnische Arbeiterpartei PPR unter Władysław Gomułka die Schlüsselpositionen in der 1945–47 von dem Sozialisten Edward Osóbka-Morawski geführten Regierung ein. Nur die vom Exil-Ministerpräsidenten Stanisław Mikołajczyk gegründete Polnische Bauernpartei (PSL) mit 600 000 Mitgliedern stellte sich dem kommunistischen Druck entgegen. Widerstandsgruppen im Untergrund konnten erst 1947 ausgeschaltet werden.

Der Auflage, baldige Wahlen durchzuführen, kam die Regierung erst am 19. Januar 1947 nach; aufgrund massiver Manipulationen gewann der kommunistisch dominierte Demokratische Block 394, die PSL nur 27 der 444 Sejmsitze. Nach der Wahl Bolesław Bieruts zum Staatspräsidenten, der Ernennung Józef Cyrankiewiczs zum Ministerpräsidenten und dem Inkraftsetzen der »Kleinen Verfassung« am 19. Februar 1947 begann die Verdrängung und Verfolgung missliebiger Politiker; Mikołajczyk ging im Oktober erneut ins Exil.

Ein stabiles sozialistisches Polen war für die UdSSR im beginnenden Kalten Krieg unverzichtbarer Teil der sozialistischen Staatenwelt. Und so legte Stalin – beginnend mit dem Freundschafts- und Beistandsvertrag vom 21. April 1945 – ein Netz aus Verträgen, Wirtschaftsabkommen und Vereinbarungen über das Land. Polen war 1949 Gründungsmitglied des Rates für gegenseitige Wirtschaftshilfe (RGW) und 1955 des Warschauer Pakts. Die wachsende Abhängigkeit von der UdSSR trat bei der Einführung der Planwirtschaft, der Übernahme sowjetischer Einrichtungen, der Ablehnung des Marshallplans und der zwangsweisen Verschmelzung der traditionsreichen Sozialistischen Partei (PPS) mit der PPR zur Polnischen Vereinigten Arbeiterpartei (PVAP) im Dezember 1948 zutage. Die PVAP eignete sich das Führungsmonopol in Staat und Gesellschaft an.

Nach der Ausschaltung der als »bourgeoise Nationalisten« gebrandmarkten Gruppe um Gomułka innerhalb der PVAP 1949 setzte die einseitige Industrialisierung unter Bevorzugung der Schwerindustrie und die zwangsweise Kollektivierung der Landwirtschaft ein, überwacht von dem zum Verteidigungsminister und Politbüromitglied aufgestiegenen Sowjetmarschall Konstantin Rokossowskij und zahlreichen Sowjetspezialisten. Allerdings wurde die Zwangskollektivierung des Bodens nie so umfassend wie in den anderen sozialistischen Ländern durchgesetzt. Mit der volksdemokratischen Verfassung vom 22. Juli 1952 nahm das Land offiziell die Bezeichnung »Volksrepublik Polen« an.

Da etwa 95 Prozent der Einwohner der katholischen Kirche angehörten, intensivierte man trotz der Unter-

Das 1966 erbaute »Denkmal der Helden der Westerplatte« bei Danzig erinnert an den Beginn des Zweiten Weltkriegs.

420

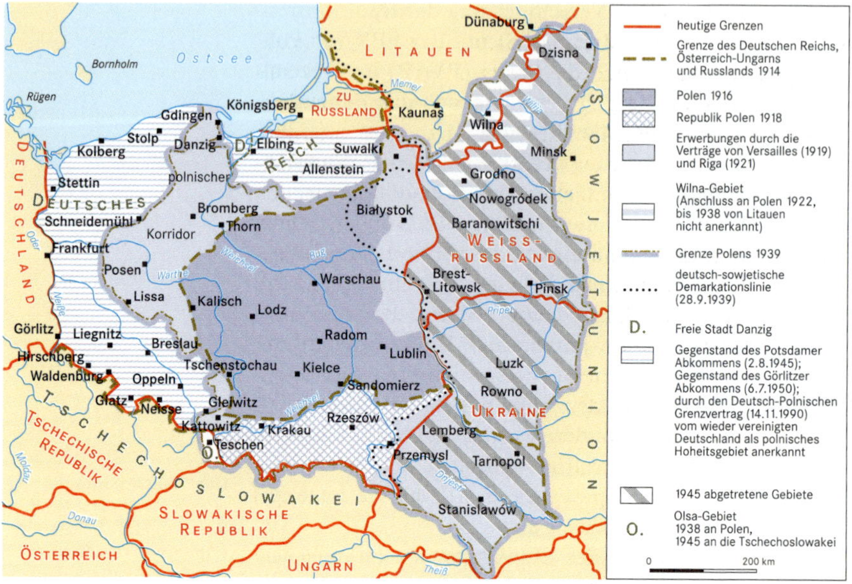

Die wechselvolle Geschichte Polens vom Beginn des Ersten Weltkriegs bis heute zeigt eine deutliche Westverschiebung der Grenzen.

zeichnung eines Modus-Vivendi-Abkommens am 14. April 1950 die Maßnahmen zur Zurückdrängung des kirchlichen Einflusses; sie erreichten mit der Verhaftung vieler Priester und des Primas der katholischen Kirche, Stefan Wyszyński, im September 1953 ihren Höhepunkt. Die Folge dieser Pressionen war jedoch, dass sich das Kirchenvolk nur enger um seine kirchlichen Autoritäten scharte. Wyszyńskis Wort galt in Einzelfällen mehr als das der staatlichen Repräsentanten.

Der XX. Parteitag der KPdSU im Februar und der Tod Bieruts im März 1956 setzten auch in Polen erste Entstalinisierungsmaßnahmen in Gang. Trotz der Freilassung politischer Häftlinge und der Lockerung der Zensur erreichte die Unzufriedenheit der Bevölkerung, vor allem wegen der schlechten Versorgungslage und der allgegenwärtigen sowjetischen Präsenz, im Posener Aufstand (Juni 1956) einen Höhepunkt. Weitere Demonstrationen und der Autoritätsverfall der PVAP brachten am 19. Oktober 1956 den rehabilitierten Gomułka an die Spitze der Partei, der unter Respektierung der sowjetischen Dominanz einen eigenen polnischen Weg zum Sozialismus einzuschlagen versprach.

Die Ära Gomułka
Die Abkehr von der Zwangskollektivierung, eine großzügigere Kirchenpolitik, die Reorganisation der Verwaltung und des Planungssystems unter stärkerer Berücksichtigung der Konsumbedürfnisse, eine begrenzte Liberalisierung auf kulturellem Sektor sowie die Berücksichtigung parteipolitisch ungebundener Kandidaten bei den Sejmwahlen vom 20. Januar 1957 trugen Gomułka einen großen Vertrauensbonus ein. Außenpolitische und blockinterne Rücksichtnahmen zwangen ihn aber bereits zu Beginn der 1960er-Jahre, einen schärferen innenpolitischen Kurs zu steuern, der zu einer Einschränkung der kirchlichen Wirkungsmöglichkeiten und der geistigen Freiheiten führte und dem nationalistisch-neostalinistischen Flügel um Innenminister und ZK-Sekretär Mieczysław Moczar Auftrieb verlieh.

Angesichts der wegen latenter Versorgungsmängel und einer großen Wohnungsnot verbreiteten Unzufriedenheit wurde der israelisch-arabische Sechstagekrieg 1967 zum Vorwand genommen, um gegen missliebige Intellektuelle vorzugehen und die meisten der verbliebenen Juden zur Emigration zu veranlassen. Nach einem Studentenstreik in Warschau im März 1968 wurde die reformfreudige parteiinterne Opposition ausgeschaltet. Preiserhöhungen am 12. Dezember 1970 lösten vor allem in den Hafenstädten schwere Unruhen mit mindestens 45 Toten aus. Gomułka und Cyrankiewicz verloren ihre Ämter.

Tadeusz Trepkowski, »Nie!«; Beitrag zu einem Plakatwettbewerb anlässlich des Völkerkongresses für den Frieden in Wien 1952

Die im Herbst 1957 von Außenminister Adam Rapacki gestartete Initiative, eine kernwaffenfreie Zone in Mitteleuropa einzurichten, fand bei der NATO keine Resonanz. Wegen der offenen Grenzfrage, der Hallsteindoktrin und dem Beharren der deutschen Vertriebenenverbände auf dem Heimat- und Rückkehrrecht konnte erst am 7. März 1963 eine Vereinbarung über die Einrichtung von Handelsmissionen mit der Bundesrepublik Deutschland getroffen werden. Die Beteiligung polnischer Truppen bei der Niederwerfung des »Prager Frühlings« im August 1968 schadete dem internationalen Prestige Polens. Die von Gomułka im Mai 1969 angebotene, von der sozialliberalen Koalition in Bonn aufgegriffene Bereitschaft, im Rahmen einer Gewaltverzichtserklärung unter Offenhaltung der Grenzfrage eine »volle

Normalisierung und umfassende Entwicklung der beiderseitigen Beziehungen« herbeizuführen, mündete nach schwierigen Verhandlungen am 7. Dezember 1970 in der Unterzeichnung des Warschauer Vertrags. 1972 nahmen beide Staaten diplomatische Beziehungen auf.

Erfolg und Scheitern Giereks

Mit einschneidenden personellen Veränderungen in der Partei sowie der Regierung, die 1970–80 Piotr Jaroszewicz als Vorsitzender des Ministerrats führte, und dank großzügiger sowjetischer Wirtschaftshilfe konnte der neue, am 20. Oktober 1970 berufene Parteichef Edward Gierek rasch die Ruhe wiederherstellen. Sein Kurs, durch Aufnahme von Anleihen im Ausland den materiellen Wünschen der Bevölkerung zu genügen und die Industrialisierung voranzutreiben, fand die volle Unterstützung des Westens. Die Lockerung der Zensur, Reiseerleichterungen, Einkommensverbesserungen sowie eine großzügigere Kirchen- und Kulturpolitik mit nationalpatriotischer Komponente begleiteten die wirtschaftlichen Anfangserfolge.

Doch wachsende soziale Spannungen, eine unzureichende Verfassungsreform am 10. Februar 1976 und Preiserhöhungen entluden sich im Juni desselben Jahres in Streiks und Aufruhr, die von der Regierung brutal unterdrückt wurden. Das zur Verteidigung der betroffenen

INFOBOX

Der polnische Papst

Johannes Paul II. war der erste polnische und seit dem Niederländer Hadrian VI. (1522/23) der erste nicht italienische Papst. Geprägt durch den volkskirchlich-konservativen polnischen Katholizismus, vertrat er theologisch eine konservative Richtung, etwa in der Aufwertung traditioneller Frömmigkeitsformen und v. a. der Marienverehrung. Große Popularität erlangte er v. a. durch zahlreiche, von ihm im Sinne einer weltweiten Seelsorge durchgeführte Auslandsreisen, unter denen der Reise in sein Heimatland Polen 1979 als dem ersten Besuch eines Papstes in einem kommunistischen Staat eine besondere Bedeutung zukommt.

Kirchengeschichtliche Bedeutung hatte u. a. das am 12. 3. 2000 in der Peterskirche vorgetragene Schuldbekenntnis und die Bitte um Vergebung für Verfehlungen und Irrtümer in der Geschichte der Kirche.

100562

Arbeiter tragen am 30. 8. 1980, einen Tag vor der Unterzeichnung des Abkommens mit der Regierung, den Streikführer Lech Wałęsa auf ihren Schultern zur Lenin-Werft in Danzig.

Arbeiter im September 1976 gegründete Komitee KOR ermutigte das Entstehen weiterer regimekritischer Vereinigungen und eines Untergrundverlagswesens. Die mit der Wahl des Krakauer Kardinals Karol Wojtyła zum Papst Johannes Paul II. (16. Oktober 1978) einsetzende religiöse Erneuerungsbewegung unterstützte die Forderung nach tief greifenden Reformen.

Die wirtschaftliche Katastrophe Polens war inzwischen nicht mehr zu übersehen. Das Land hing am finanziellen Tropf des Westens. Parteichef Gierek versuchte im Sommer 1980 die inzwischen rund vierzig Prozent der Staatseinnahmen verschlingenden Subventionen zu kürzen und hob dazu die Lebensmittelpreise um hundert Prozent an. Als die neue Preis- und Inflationswelle bei weiterhin unzulänglichem Warenangebot Polen überrollte, kam es erneut zu landesweiten Streiks, die von der Regierung nur durch zahlreiche Zugeständnisse (Vereinbarungen von Danzig, Stettin und Jastrzębie, 31. August, 2. September) und die Zulassung unabhängiger Gewerkschaften (am 17. September 1980 Gründung und am 10. November 1980 gerichtliche Bestätigung der Solidarność) beendet werden konnten. Gierek musste am 6. September 1980 Stanisław Kania als Erstem Sekretär der Polnischen Vereinigten Arbeiterpartei (PZPR) weichen. *

Panzer überrollen Budapest: Ungarn

In Budapest waren noch die Pfeilkreuzler an der Macht, als unter dem Schutz der vorrückenden Roten Armee im ostungarischen Debrecen - dem Tagungsort der ungarischen Revolutionsregierung 1849 - kurz vor Weihnachten 1944 eine Provisorische Nationalversammlung zusammentrat. Sie wählte den von den Kommunisten vorgeschlagenen ehemaligen Generalobersten Béla Dálnoki-Miklós zum Ministerpräsidenten. Die provisorische Regierung richtete im Zuge des sowjetischen Vormarsches eine neue Verwaltung ein.

Ministerpräsident Dálnoki-Miklós stützte sich auf ein Volksfrontbündnis, das unter dem Namen »Ungarische Nationale Unabhängigkeitsfront« die Partei der Kleinen Landwirte, die Ungarische KP, die Sozialdemokratische Partei, die Nationale Bauernpartei und die Bürgerlich-Demokratische Partei umfasste. Die KP war zwar die treibende Kraft der Front, doch besaß sie in der Bevölkerung kaum Rückhalt. Innerhalb der Regierung war sie dagegen stark, weil ihre Vertreter die Schlüsselministe-

160

Bei der im März 1945 in Ungarn eingeleiteten Bodenreform nach sowjetischem Vorbild wurden den Landwirten viel zu kleine Grundstücke zugewiesen.

rien besetzten: So war zwar der Verteidigungsminister ein Nichtkommunist – die ungarische Armee umfasste 10 000 Mann weit entfernt von Budapest –, aber der kommunistische Innenminister hatte die Befehlsgewalt über die vor allem in der Hauptstadt konzentrierte Polizei inne.

Am 15. November 1945 errang die Partei der Kleinen Landwirte bei den Wahlen zur Nationalversammlung mit 57 Prozent der Stimmen die absolute Mehrheit und stellte den Ministerpräsidenten: 1945–46 Zoltán Tildy, 1946–47 Ferenc Nagy. Am 1. Februar 1946 rief die Nationalversammlung die Republik aus.

Unter den Schlagworten »Mobilisierung der Massen« und »Volksjustiz« schaltete die von Mátyás Rákosi geführte KP, die 1945 lediglich 16,9 Prozent der Stimmen erhalten hatte, bis zu den Wahlen im August 1947 die konkurrierenden Parteien, vor allem die Partei der Kleinen Landwirte, durch Kompromittierung und Einschüchterung sowie Anwendung offener Gewalt politisch gleich. Bis Sommer 1948 waren fast alle Parteien verboten oder hatten sich selbst aufgelöst. Schließlich erfolgte am 12. Juni 1948 – unter Druck – die Vereinigung der Sozialdemokraten mit der KP zur »Partei der Ungarischen Werktätigen« (ungarisch »Magyar Dolgozók Pártja«, MDP; seit 1956 »Magyar Szocialista Munkáspárt«, MSzMP). An der Spitze einer von ihr beherrschten »Volksfront der Unabhängigkeit« bestimmte sie über eine Einheitsliste auch die Zusammensetzung des Parlaments. Die Partei der Kleinen Landwirte, die mit István Dobi 1948–52 noch den Ministerpräsidenten sowie 1952–66 das Staatsoberhaupt stellte, verlor ihr politisches Eigengewicht. Die Verfassung vom 20. August 1949 erklärte Ungarn schließlich zu einer Volksrepublik nach volksdemokratischem Muster.

100562

József Mindszenty, seit 1945 katholischer Primas von Ungarn, wurde 1949 als Gegner des Kommunismus zu lebenslanger Haft verurteilt. Nach seiner Befreiung während des ungarischen Aufstands lebte er bis 1971 im Asyl in der amerikanischen Botschaft in Budapest, danach in Wien, wo er 1975 verstarb.

Die Herrschaft Rákosis

Mit der Bodenreform im März 1945 begann eine Adaption des sowjetischen Sozialismusmodells. Rákosi, der lieber die sofortige Kollektivierung der Landwirtschaft betrieben hätte, musste zunächst seine Absichten noch verbergen. Doch ließ er die Grundstücksgröße so bemessen, dass die neuen Eigentümer kaum wirtschaftlich überleben konnten. Die einer einzigartigen Hyperinfla-

Imre Nagy 1955 bei einer Rede vor der Volkskammer. Seit 1953 hatte sich der ungarische Ministerpräsident für politische und wirtschaftliche Reformen eingesetzt, scheiterte aber an der sowjettreuen Opposition.

100562

tion folgende Währungsreform 1946 mit der Einführung des Forint sollte ebenso wie ein Dreijahresplan 1947–50 den wirtschaftlichen Wiederaufbau und eine beschleunigte Industrialisierung Ungarns einleiten sowie das ungarische Wirtschaftssystem an das der UdSSR anpassen. 1946/47 wurden die Grundstoffindustrien, Banken und Großbetriebe, 1948 die Betriebe mit über hundert Beschäftigten verstaatlicht. Mit einer zum Teil terroristisch bestimmten Kampagne gegen die selbstständigen Bauern betrieb Rákosi seit 1948 die Bildung landwirtschaftlicher Produktionsgenossenschaften auf »freiwilliger« Basis.

Die kirchlichen und privaten Schulen wurden ebenfalls verstaatlicht. Um den Widerstand des katholischen Klerus zu brechen, veranstaltete die Regierung Anfang 1949 einen Schauprozess gegen Kardinal József Mindszenty. Nachdem 1951 der nach Mindszenty ranghöchste Kirchenfürst, Erzbischof Grősz, ebenfalls in einem Schauprozess verurteilt worden war, unterwarf sich die katholische Bischofskonferenz Ungarns dem Regime und leistete den Eid auf die Verfassung.

Der Pariser Frieden vom 10. Februar 1947 stellte im Wesentlichen die im Frieden von Trianon (1920) festgelegten Grenzen Ungarns wieder her. Er verpflichtete Ungarn zu Reparationsleistungen vor allem an die UdSSR und bestätigte die Stationierung sowjetischer Truppen in Ungarn über den Zeitpunkt des Friedensschlusses hinaus.

Vor dem Hintergrund des ideologisch-machtpolitischen Streites zwischen Tito und Stalin über den sowjetischen Führungsanspruch in dem sich bildenden Ostblock (»Kominform-Konflikt«) setzte Rákosi die vollständige Unterordnung der ungarischen Politik unter den Willen Stalins durch. In einem Schauprozess ließ er 1949 unter anderem Außenminister László Rajk, ein führendes Mitglied der MDP, unter dem Vorwurf des »Titoismus« zum Tode verurteilen.

Seit der Umwandlung Ungarns in eine kommunistisch gesteuerte Volksrepublik baute Rákosi seine innenpolitische Machtstellung nach dem Vorbild Stalins immer stärker zu einer persönlichen Diktatur aus. Er stützte sich dabei auf eine »Staatsschutzbehörde«, die mit ihren Agenten das ganze Land überzog. Nach dem Tod Stalins im März 1953 verlor er jedoch einen Teil seiner unumschränkten Machtstellung.

Am 3. Juli 1953 wurde Imre Nagy Ministerpräsident an der Spitze einer Volksdemokratischen Blockregierung. Er verkündete eine Politik des »neuen Kurses«, die eine allgemeine Besserung des Lebensstandards und eine

Demonstration vor dem Parlamentsgebäude in Budapest während des ungarischen Volksaufstandes 1956

100002

100562

Parteichef János Kádár konnte durch einen liberalen Kurs in Politik und Wirtschaft seinen Ruf als »blutiger Liquidator« des ungarischen Volksaufstandes von 1956 abschütteln und errang ein beachtenswertes Ansehen im In- und Ausland.

stärkere Rechtssicherheit bringen sollte, vor allem die Milderung der schnellen Industrialisierung und der auf Gewalt begründeten Kollektivierung. In Gegensatz zu Rákosi geraten, ließ ihn dieser 1955 absetzen.

Nach dem XX. Parteitag der KPdSU im Februar 1956 und der von ihm offiziell eingeleiteten Entstalinisierung setzte die sowjetische Partei- und Staatsführung unter Nikita Chruschtschow die Ablösung Rákosis im Juli 1956 als Ersten Sekretär der MDP und die Ernennung des ebenfalls dogmatischen Stalinisten Ernő Gerő zu seinem Nachfolger durch.

Wachsende Unzufriedenheit mit dem diktatorischen Einparteiensystem, bestärkt durch den »Polnischen Oktober«, lösten am 23. Oktober 1956 den ungarischen Volksaufstand aus. Nachdem klar war, dass die Westmächte nicht eingreifen würden und auch die chinesische Führung nicht hinter dem Aufstand stehen würde, schlugen ihn sowjetische Truppen ab Anfang November gewaltsam nieder. Die letzten Straßenkämpfe in Budapest verebbten am 7. November. Gestützt auf die sowjetischen Truppen, sicherte János Kádár, ab Ende Oktober Erster Sekretär des ZK der neu gegründeten kommunistischen MSzMP, die politisch-ideologische Monopolstellung seiner Partei. Als Ministerpräsident leitete er eine harte Verfolgung der am Aufstand Beteiligten ein. Im Juni 1958 wurden die Führungspersonen des Volksaufstands, darunter Imre Nagy, nach einem geheimen Gerichtsverfahren hingerichtet.

100563

Von Budapester Bürgern besetzter sowjetischer Panzer während des ungarischen Volksaufstands 1956

Ab etwa 1962/63 schlug Kádár schrittweise einen Kurs der Versöhnung nach innen und der Einfügung Ungarns in die von der UdSSR geführte »sozialistische Staatengemeinschaft« nach außen ein, der bei größerer wirtschaftlicher Eigeninitiative zu einem Wirtschaftsaufschwung, zu sozialen Verbesserungen sowie zu einer gewissen geistig-kulturellen Liberalisierung führte (»Gulaschkommunismus«). So ermöglichte eine Wirtschaftsreform ab 1968 eine selbstständigere Produktionsplanung der Betriebe sowie eine begrenzte Freigabe der Preise. Die 1972 noch einmal modifizierte Wirtschaftsreform entwickelte die ungarische Wirtschaft zur relativ erfolgreichsten in den staatssozialistisch strukturierten Staaten. *

Der Versuch des »Mittelwegs«: Die Tschechoslowakei 1945–80

Mit dem sowjetisch-tschechoslowakischen Vertrag vom 12. Dezember 1943 konnte die Exilregierung unter Edvard Beneš in das Land zurückkehren. Im März 1945 reiste Beneš nach Moskau, um dort die Zusammensetzung einer Koalitionsregierung abzusprechen, die aus Vertretern der zugelassenen Parteien bestehen sollte: Volkspartei, Slowakische Demokratische Partei, Sozialdemokraten, Tschechische Sozialisten und die beiden kommunistischen Parteien der Tschechei und der Slowakei. Jede der Parteien sollte drei Minister stellen; durch die Aufspaltung der Kommunisten in zwei Parteien besetzten diese ein Drittel der Kabinettsposten, darunter vor allem das Innen- und das Unterrichtsministerium. Der Sozialdemokrat Zdeněk Fierlinger bildete am 5. April 1945 in Kaschau – im Hinterland der vorrückenden sowjetischen Truppen – diese Koalitionsregierung. Das von ihr proklamierte »Kaschauer Programm« kündigte vor allem die Errichtung eines Wohlfahrtsstaates und die Verstaatlichung der Grundindustrie sowie der Banken und Versicherungen an.

Am 4. Mai 1945 wurde Beneš Präsident der erneuerten Republik. Mit dem Volksaufstand in Prag gegen die deutsche Besatzung (4.–9. Mai) und der Übersiedlung der Regierung nach Prag (10. Mai 1945) war die Wiedererrichtung der Tschechoslowakei als Staat abgeschlossen. Die Karpato-Ukraine musste jedoch an die Ukrainische SSR abgetreten werden. Seit Mai 1945 kam es zur raschen und zum Teil brutalen Aussiedlung der Sudetendeutschen und Karpatendeutschen sowie der Ungarn.

Dank ihrer Kontrolle der Schlüsselministerien und der Massenmedien konnte die KP zur stärksten politischen Kraft aufsteigen (Wahlen vom 26. Mai 1946: 37,9 Prozent der Stimmen) und ab 3. Juli 1946 mit ihrem Vorsitzenden Klement Gottwald den Ministerpräsidenten eines Kabinetts der »Nationalen Front« stellen. Mit der Verstaatlichung der Bergwerke, der industriellen Großbetriebe, der Banken und Versicherungen sowie der Beschlagnahme des Besitzes der vertriebenen Sudetendeutschen und der tschechischen und slowakischen »Kollaborateure« hatte bereits 1945/46 nach sowjetischem Modell eine Umwandlung der Gesellschaft begonnen.

Außenpolitisch lehnte sich die Tschechoslowakei an die UdSSR an; im Sommer 1947 erzwang Stalin die Ablehnung der Marshallplanhilfe. Die Pläne von Beneš und Außenminister Jan Masaryk, aus der Tschechoslowakei ein Bindeglied zwischen Ost und West zu machen, waren damit gescheitert. Innenpolitisch erzwang die KP mit starkem Druck auf die nichtkommunistischen Regierungsmitglieder – zum Teil begleitet von Diffamierungskampagnen – im Februar 1948 eine Neubildung der Regierung und übernahm so auf verfassungskonformem Wege die Macht.

»Volksdemokratie« und kommunistische Herrschaft

Nachdem die Nationalversammlung am 9. Mai 1948 eine Verfassung nach sowjetischem Vorbild angenommen hatte, fanden am 30. Mai Wahlen statt, die der KP auf der Basis einer Einheitsliste die absolute Mehrheit sicherten. Die Tschechoslowakei wurde eine »Volksdemokratie«, in der die KP fortan die alleinige Führung besaß und die übrigen, noch bestehenden Parteien im Rahmen der Nationalen Front ihre politische Eigenständigkeit verloren. Beneš verweigerte der neuen Verfassung seine Zustimmung; er trat am 7. Juni 1948 zurück und verstarb wenige Wochen später. Außenminister Masaryk war bereits am 10. März 1948 unter nicht restlos geklärten Umständen aus dem Leben geschieden.

100562

Junge Demonstranten machten sich im August 1968 mit Lastwagen auf den Weg in die Prager Innenstadt.

Nach der Übernahme des sowjetischen Planungsmodells für die Volkswirtschaft und dem Beitritt zum Rat für gegenseitige Wirtschaftshilfe 1949 geriet die ČSR ökonomisch in starke Abhängigkeit von der UdSSR. Als Erster Sekretär der KP verfolgte Gottwald - auch unter Anwendung terroristischer Mittel - einen stalinistischen Kurs. Den Konflikt Stalins mit Tito nutzte er, um innerparteiliche Konkurrenten in Partei und Staat auszuschalten.

Nach Schauprozessen wurden prominente KP-Mitglieder unter anderem wegen »titoistischer und zionistischer Umtriebe« (KP-Generalsekretär Rudolf Slánský und Außenminister Vladimír Clementis) hingerichtet oder wegen »bourgeoisem Nationalismus« (Gustáv Husák und andere) zu langjährigen Gefängnisstrafen verurteilt. Gegen die katholische Kirche leitete die kommunistische Führung eine Verfolgungswelle ein (unter anderem gegen den Bischof und späteren Kardinal František Tomášek). In den 1950er-Jahren wurde die Landwirtschaft kollektiviert. Mit dem Beitritt zum Warschauer Pakt 1955 fügte sich die Tschechoslowakei in das von der UdSSR geführte System des Ostblocks ein. Das »Tauwetter« und die Entstalinisierung, die ab 1956 die Innenpolitik anderer kommunistischer Staaten bestimmt hatten, machte die Tschechoslowakei nicht mit.

Seit Beginn der 1960er-Jahre sah sich die Partei- und Staatsführung gezwungen, viele Opfer der politischen Prozesse zu rehabilitieren. Kritik innerhalb und außerhalb

100264

Alexander Dubček als Generalsekretär der KP am 18. 8. 1968, kurz vor dem gewaltsamen Ende des »Prager Frühlings«

der KP an der staatlichen Wirtschaftspolitik sowie am ideologischen Dogmatismus der Parteiführung leitete – in Verbindung mit wachsender Unzufriedenheit in der Slowakei – einen innenpolitischen Gärungsprozess ein.

Der zunehmend erstarkende reformerische Flügel im ZK der KP, dem unter anderem Ota Šik, Oldřich Černík, Alexander Dubček und Josef Smrkovský angehörten, einigte sich am 5. Januar 1968 auf Dubček als Nachfolger von Staatspräsident Antonín Novotný im Amt des Generalsekretärs der KP; Staatspräsident wurde im März 1968 General Ludvík Svoboda, und Černík wurde Ministerpräsident. Die Reformer wollten die Alleinherrschaft der KP bewahren, aber zugleich die Ansätze einer Liberalisierung und Demokratisierung der Gesellschaft (»Sozialismus mit menschlichem Antlitz«) verwirklichen. Das Bündnis mit der UdSSR stellten sie ebenfalls nicht infrage.

s. ZEIT Aspekte Prager Frühling S. 519

Die Wirtschaft sollte nach dem von Ota Šik entwickelten »Neuen ökonomischen Modell« (Verbindung marktwirtschaftlicher Elemente mit staatlicher Wirtschaftsplanung im Sinne einer sozialistischen Marktwirtschaft) gestaltet, die Kulturpolitik liberalisiert werden, unter anderem durch zunehmende Presse- und Meinungsfreiheit. Die Bevölkerung nahm die Reformpolitik begeistert auf. In seinem »Manifest der 2000 Worte« vom 27. Juni 1968 prangerte der rehabilitierte Schriftsteller Ludvík Vaculík den Verfall der politischen Moral im Lande an und rief zu einer Erneuerung des politischen Lebens auf. Das Manifest provozierte den Widerspruch der Parteiführung und scharfe Reaktionen auch in Moskau.

Nachträglich gerechtfertigt durch die Breschnewdoktrin, begannen in der Nacht zum 21. August 1968 Truppen des Warschauer Pakts in die Tschechoslowakei einzumarschieren (mit Ausnahme Rumäniens; zwei Divisionen der NVA der DDR verblieben in Bereitschaft in Grenznähe). Anschließend wurden fast alle Reformpläne aufgehoben. Nur die formal eingeleitete Föderalisierung der Tschechoslowakei in einen Bundesstaat der Tschechen und Slowaken, das heißt die Bildung einer »Tschechischen Sozialistischen Republik« und einer »Slowakischen Sozialistischen Republik« (1. Januar 1969), verwirklichte ein wichtiges Anliegen der Reformer.

Im April 1969 musste Dubček die Funktion des Generalsekretärs der KP an Husák, im Januar 1970 Černík das Amt des Ministerpräsidenten an Lubomír Štrougal abtreten. Nach der Unterzeichnung eines neuen Freundschaftsvertrages mit der UdSSR im Mai 1970 stellten parteiinterne Säuberungen, Massenentlassungen und

100563

Der Prager Frühling wurde am 21. 8. 1968 durch den Einmarsch von Truppen des Warschauer Pakts beendet. Die Panzer der Interventionstruppen wurden von der Bevölkerung in Prag mit passivem Widerstand blockiert.

politische Prozesse den ideologischen Gleichschritt mit der sowjetischen Partei- und Staatsführung wieder her. Schließlich wurde 1975 Husák zum Staatspräsidenten gewählt.

Unter dem Eindruck der »Schlussakte« von Helsinki (1975) entwickelte sich in der Tschechoslowakei die Charta 77, die rund 1 800 fast nur tschechische Unterzeichner hatte und die als Bürgerrechtsbewegung mit ihren Sprechern, unter anderem Václav Havel, 1980 durch die Solidarność-Bewegung in Polen weiteren Auftrieb erhielt. Mit einer Verhaftungswelle suchte die Partei- und Staatsführung die Bewegung zu unterdrücken. Den von Michail Gorbatschow in der UdSSR eingeleiteten Reformkurs lehnte die KPČ unter Husák und seinem Nachfolger als Generalsekretär der Partei (ab Dezember 1987), Miloš Jakeš, ab; im Oktober 1988 trat Ministerpräsident Štrougal zurück. Alle folgenden Reformversuche blieben erfolglos. *

Vorstoß über den 38. Breitengrad: Der Koreakrieg

Bei den Präsidentschaftswahlen im November 1948 war Harry S. Truman allen negativen Prognosen zum Trotz im Amt bestätigt worden. Außenpolitisch vollzogen die USA in seiner Amtszeit eine geradezu revolutionäre Wende, indem sie den seit George Washington geltenden Grundsatz aufgaben, keine langfristig bindenden Verpflichtungen einzugehen.

Die Schwäche der UNO und die instabile Lage in Europa ließen es jedoch geraten erscheinen, dass die USA – zusammen mit Kanada – dem Brüsseler Pakt beitraten, der dadurch 1949 zum Nordatlantikpakt (NATO) erweitert wurde. Der zunächst auf zwanzig Jahre geschlossene NATO-Vertrag sollte den Wiederaufbau Westeuropas gegen jede denkbare Bedrohung militärisch abschirmen und den Europäern Vertrauen in eine sichere Zukunft geben. Im Juli 1949 ratifizierte der Senat den Vertrag mit überwältigender Mehrheit, und beide Häuser des Kongresses billigten das Verteidigungsprogramm (Mutual Defense Assistance Program), in dessen Rahmen die neuen Verbündeten sofort 1,5 Milliarden Dollar Militärhilfe erhielten.

50

Unter dem Slogan »The Prize of Freedom« (Der Preis der Freiheit) wurde im September 1950 dieses amerikanische Pressefoto mit verwundeten US-Soldaten veröffentlicht.

Trotz dieser mutigen Entscheidungen breitete sich im Verlauf des Jahres in Regierung und Bevölkerung Krisenstimmung aus. Ende September lagen sichere Hinweise vor, dass die Sowjetunion eine eigene Atombombe getestet hatte: Damit büßten die USA nicht nur das Monopol über diese Vernichtungswaffe ein, sondern auch das Gefühl der militärischen Unbesiegbarkeit. Wenig später setzten sich im chinesischen Bürgerkrieg endgültig die Kommunisten unter Mao Zedong gegen die von den USA unterstützten Kräfte durch und etablierten im bevölkerungsreichsten Land der Erde, in dem die Amerikaner einen großen Zukunftsmarkt gesehen hatten, die Volksrepublik China. Anfang 1950 schlossen Moskau und Peking einen Militär- und Wirtschaftshilfevertrag, der die USA mit einem mächtigen »kommunistischen Block« konfrontierte.

Gesteigert wurde die Besorgnis noch durch eine Rezession im eigenen Land, die Pfundabwertung in Großbritannien und eine schwere Krise in Japan, wo die von dem amerikanischen Diplomaten George F. Kennan und dem Bankier Joseph Dodge empfohlenen Wirtschaftsreformen, der so genannte Dodgeplan von Dezember 1948, nicht zu greifen schienen. Anders als in Europa war der Wiederaufbau Japans in hohem Maße von Exportsteigerungen abhängig, die aber wegen der Kriege und Bürgerkriege in Asien und den Ländern des »pazifischen Randes« (pacific rim) nicht erzielt werden konnten.

100264

Militärkolonne auf der Fahrt entlang der entmilitarisierten Zone bei Panmunjom. Nach dem Zweiten Weltkrieg wurde Korea entlang des 38. Breitengrads willkürlich geteilt.

In dieser Situation beauftragte Präsident Truman einen Ausschuss des Nationalen Sicherheitsrats mit einer generellen Überprüfung der amerikanischen Außenpolitik. Am 7. April 1950 lag der Bericht, hauptsächlich verfasst vom neuen Außenminister Dean G. Acheson und dem Chef des Politischen Planungsstabs, Paul H. Nitze, als streng geheimes National Security Council Memorandum No. 68 (NSC-68) vor.

Das Dokument enthielt die Warnung, dass in der Auseinandersetzung mit den neuen totalitären Mächten »die Zerstörung nicht nur der USA, sondern der Zivilisation selbst« auf dem Spiel stehe. Das Ziel müsse es sein, durch eine umfassende Stärkung des eigenen Landes und der Bündnispartner den kommunistischen »Drang zur Weltherrschaft« zu brechen und »eine fundamentale Änderung des sowjetischen Systems« zu bewirken. Das setze voraus, dass die NATO mit wirklicher militärischer Macht und überlegener Schlagkraft ausgestattet werde. Konkret empfahl NSC-68 eine massive konventionelle Aufrüstung und den Bau der Wasserstoffbombe, höhere Militär- und Wirtschaftshilfen an befreundete Staaten sowie die Unterminierung der kommunistischen Regime durch psychologische Kriegführung und Geheimoperationen.

Unter normalen Umständen wäre ein solch ehrgeiziges und teures Programm – die Schätzungen der Experten lagen zwischen 37 und fünfzig Milliarden Dollar pro Jahr – im amerikanischen Kongress kaum durchzusetzen gewesen. Truman ließ NSC-68 denn auch nach einer ersten Prüfung in der Schublade verschwinden. Acheson rechnete aber schon seit Ende 1949 mit dem Ausbruch eines internationalen Konflikts in Korea, Vietnam oder Taiwan, der den Amerikanern die Augen öffnen würde.

Diese Vorhersage ging in Erfüllung, als nordkoreanische Truppen am 25. Juni 1950 den 38. Breitengrad – die nach der alliierten Besetzung im August 1945 zwischen der Sowjetunion und den USA vereinbarte Demarkationslinie – überschritten und in die Republik Korea (Süd-Korea) einfielen. Damit begann der Koreakrieg, der, wie Acheson später erklärte, das in NSC-68 vorgezeichnete Projekt vor dem Rotstift rettete.

Korea war seit Beginn des 20. Jahrhunderts auf den Status einer japanischen Kolonie abgesunken und von Tokio wirtschaftlich ausgebeutet worden. Auf den Kriegskonferenzen von 1944/45 hatten die Alliierten dem Land, das von einer Exilregierung unter Syngman Rhee repräsentiert wurde, die Unabhängigkeit zugesichert. Nach dem Zusammenbruch Japans 1945 besetzten vereinbarungsgemäß sowjetische Truppen koreanisches Gebiet nördlich und amerikanische Streitkräfte südlich des 38. Breitengrads, der die vorläufige Demarkationslinie bildete. Während die USA in ihrer Besatzungszone eine Militärregierung einrichteten, nahmen die koreanischen Kommunisten, geführt von Kim Il Sung, unter sowjetischem Schutz im Norden eine Bodenreform und andere tief greifende gesellschaftliche Veränderungen in Angriff.

Als sowjetisch-amerikanische Verhandlungen über eine gesamtkoreanische provisorische Regierung 1946 scheiterten, überwiesen die USA die Koreafrage an die Vereinten Nationen. Die UNO beraumte daraufhin freie Wahlen unter internationaler Aufsicht für ganz Korea an, die jedoch im Mai 1948 nur im Süden stattfinden konnten. Dort konstituierte sich im August 1948 die Republik Korea, an deren Spitze Präsident Syngman Rhee trat. Im Norden hielten die Kommunisten separate Wah-

ZITAT

Aus dem Memorandum »NSC-68« vom Frühjahr 1950:

Es besteht ein grundsätzlicher Gegensatz zwischen der Idee der Freiheit in einem Rechtsstaat und der Idee der Sklaverei unter der düsteren Oligarchie des Kreml... Der unerbittliche Zweck des Sklavenstaates, die Herausforderung der Freiheit zu beseitigen, hat die beiden großen Mächte zu Gegenpolen werden lassen.

len anhand einer Einheitsliste ab und etablierten am 9. September die von Ministerpräsident Kim Il Sung geführte Demokratische Volksrepublik Korea. In der Folgezeit zogen sowohl die sowjetischen als auch die amerikanischen Besatzungstruppen ab, und die Demarkationslinie verfestigte sich zu einer politischen Grenze zwischen beiden Teilen Koreas. Dennoch blieb im Norden wie im Süden die Hoffnung auf einen einheitlichen Staat lebendig.

Während Syngman Rhee auf amerikanische Hilfe baute, bemühte sich Kim Il Sung um Unterstützung durch die Sowjetunion und China. Nach Konsultationen auf höchster Ebene, die erst kürzlich bekannt wurden, gaben ihm Stalin und Mao Zedong im Frühjahr 1950 »grünes Licht« für eine Invasion im Süden, die zur Wiedervereinigung Koreas führen sollte. Offenbar war Stalin sogar bereit, einen neuen Weltkrieg zu riskieren, weil er die militärische Überlegenheit des kommunistischen Lagers in dieser Phase für gesichert hielt. Vielleicht ging es ihm auch nur darum, die Eindämmungspolitik der Amerikaner auf die Probe zu stellen.

In jedem Fall war der Überraschungsangriff des Nordens von Anfang an weit mehr als eine interne koreanische Angelegenheit, und die amerikanische Regierung zögerte nicht, die Herausforderung anzunehmen. Unmittelbar nachdem die ersten Berichte über den nordkoreanischen Vormarsch in Washington eingegangen waren,

INFOBOX

Rückkehrunwillige Kriegsgefangene

Bei den Waffenstillstandsverhandlungen belastete u. a. die Frage der Repatriierung der Kriegsgefangenen das Verhandlungsklima stark. Besonders eine Anzahl von chinesischen und nordkoreanischen Kriegsgefangenen weigerte sich, in ihre Heimatstaaten zurückzukehren. Auf der Grundlage eines Abkommens vom 8. 6. 1953 konstituierte sich nach Abschluss des Waffenstillstandsvertrages (27. 7. 1953) eine Repatriierungskommission, die die Rückkehrunwilligen in ihre Obhut nahm. Der rückkehrunwillige Gefangene konnte sich in Anwesenheit eines Mitglieds der Repatriierungskommission und eines Vertreters des Landes, in dessen Gefangenschaft er sich im Krieg befand, von einem Beauftragten seines Heimatstaates umstimmen lassen oder auf seiner Rückkehrunwilligkeit beharren.

50

Im August 1945 rückte diese sowjetische Kradabteilung an der Küste von Nord-Korea bis zum 38. Breitengrad vor.

fasste Präsident Truman den Entschluss zur Intervention. Ohne den Kongress zu konsultieren, wandte er sich mit der Forderung an den Sicherheitsrat der Vereinten Nationen, die Aggression zu verurteilen und rückgängig zu machen. Die Chancen für eine entsprechende Resolution standen gut, weil die Sowjetunion zu dieser Zeit den Sicherheitsrat boykottierte, um ihrem Verlangen nach Aufnahme der Volksrepublik China und gleichzeitigem Ausschluss Formosas (Taiwans) aus der UNO Nachdruck zu verleihen.

Tatsächlich verurteilte der Sicherheitsrat die Volksrepublik Korea bereits am 25. Juni einstimmig als Aggressor und beschloss am 27. Juni erstmals die Entsendung einer UNO-Streitmacht. Auf dieser rechtlichen Grundlage wies Präsident Truman am selben Tag amerikanische Luft- und Seestreitkräfte an, den Südkoreanern zu Hilfe zu eilen. Der siebzigjährige General Douglas MacArthur, der als Sieger des Zweiten Weltkriegs und Militärgouverneur von Japan große Popularität erlangt hatte, wurde zum Oberbefehlshaber ernannt. Drei Tage später wurden amerikanische Soldaten auf koreanischem Boden in erste Kämpfe verwickelt: Der Koreakrieg war im Gange, ohne dass der Kongress den Präsidenten zu einer Kriegserklärung autorisiert hatte. Als der isolationistische Senator Robert Alphonso Taft aus Ohio hiergegen Einspruch erhob, entgegnete Truman selbstbewusst, dass er als Oberbefehlshaber der US-Streitkräfte und Verantwortlicher für die amerikanische UNO-Politik über alle nötigen Befugnisse verfüge.

Die Einbeziehung der UNO

Die Ursachen für die Tatkraft und das entschlossene Handeln Trumans waren vielfältiger Art. Zunächst galt es zu verhindern, dass die rasch vorstoßenden nordko-

93 Prozent der Wahlberechtigten gaben bei den Wahlen am 1. 5. 1948 ihre Stimme ab. Das Foto zeigt koreanische Mütter, ihre Kinder in traditionellen Tüchern bei sich tragend, die sich für die ersten freien Wahlen in der Geschichte Koreas registrieren lassen.

160

reanischen Truppen den ganzen Süden überrollten und vollendete Tatsachen schufen.

Darüber hinaus sah der Präsident den Angriff in einer globalen Perspektive und unter historischen Vorzeichen: Kurz nach Bekanntwerden der Invasion nannte er Süd-Korea »das Griechenland des Fernen Ostens«, wo sich entscheiden werde, ob die USA – wie im Jahr 1947 auf dem Balkan – die kommunistische Expansion aufhalten könnten oder nicht. Sollte Südkorea verloren gehen, würden die Kommunisten als nächstes in Iran einmarschieren und den gesamten Nahen und Mittleren Osten zu erobern versuchen. Als historische Analogie schwebte ihm München 1938 vor, als die Demokratien versäumt hätten, Hitler Einhalt zu gebieten, und dadurch mitverantwortlich für den Ausbruch des Zweiten Weltkriegs geworden seien.

Weiterhin standen aber auch handfeste innen- und außenpolitische Interessen auf dem Spiel: Seinen vielen Kritikern im Kongress und in der Bevölkerung wollte Truman beweisen, dass er selbst und die Demokratische Partei nicht vor der »roten Gefahr« zurückwichen und dass sie es nicht zulassen würden, nach China ein weiteres Land »an den Kommunismus zu verlieren«. Durch Meinungsumfragen, die im Sommer 1950 eine überwältigende Zustimmung der amerikanischen Bevölkerung zum militärischen Eingreifen in Korea signalisierten, sah der Präsident seinen Kurs bestätigt. Nach außen galt es, die Glaubwürdigkeit der USA als Führungsmacht gegenüber den Verbündeten und Freunden zu wahren, um die bereits geschlossenen oder beabsichtigten Allianzen nicht aufs Spiel zu setzen. Wirtschaftspolitisch und strategisch gehörte Südkorea zum pacific rim, der für japanische Exporte offen gehalten werden musste, wenn der ökonomische Wiederaufbau Japans und die Einbindung Asiens in die Weltwirtschaft gelingen sollten.

Schließlich konnte ein Erfolg der UNO in Korea der Weltorganisation, die bis dahin die hoch gesteckten Erwartungen ihrer Gründer enttäuscht hatte, neuen Schwung verleihen und die Idee eines kollektiven Sicherheitssystems wieder beleben. Als der sowjetische Vertreter in den Sicherheitsrat zurückkehrte, ließ Truman die Aktion kurzerhand durch eine Resolution der Generalversammlung sanktionieren, in der die westlichen Länder noch über eine klare Mehrheit verfügten.

Desaster am Yalu – Der Verlauf des Koreakriegs
Die Lage in Korea war zunächst von schweren Kämpfen und dramatischen Umschwüngen gekennzeichnet. Obwohl die westliche Intervention offiziell als eine »Polizeiaktion« der UNO deklariert wurde, stellten die USA fast die Hälfte der Kampftruppen und den größten Teil der Schiffe und Flugzeuge. Südkoreanische Truppen

100563

Ein amerikanischer Truppentransporter wird in Korea durch eine Ehrenformation von US-Marines mit den Flaggen Koreas, der USA und der UNO empfangen (Foto von 1950).

machten etwas mehr als vierzig Prozent der UNO-Verbände aus, und die restlichen knapp zehn Prozent kamen aus weiteren 15 Mitgliedsstaaten, darunter Australien, Kanada und Großbritannien.

Die nordkoreanische Offensive hatte aber bereits zum Fall von Seoul geführt und schien nicht zu stoppen zu sein: Bis September wurden die UNO-Truppen in den südöstlichsten Winkel der Halbinsel um die Stadt Pusan zurückgedrängt. Während dieser Brückenkopf mit Mühe gehalten werden konnte, landete MacArthur seine Truppen in einer brillanten amphibischen Operation am 15. September bei Inch'ŏn nahe Seoul weit im Rücken der feindlichen Armeen. Um nicht vollends abgeschnitten zu werden, mussten die Nordkoreaner den Rückzug bis hinter die Demarkationslinie antreten.

Innerhalb von zwei Wochen kontrollierten die UNO-Truppen Seoul und den größten Teil des Südens. Beeindruckt von diesem glänzenden Erfolg, gab Truman am 27. September MacArthurs Verlangen nach, den 38. Breitengrad zu überschreiten und mit den UNO-Verbänden weiter nach Norden vorzustoßen. In Washington legte man die UNO-Resolution vom Juni 1950 nun als Auftrag aus, Nord-Korea zu »befreien« und ein »vereinigtes, unabhängiges und demokratisches Korea« zu bilden. Dabei ignorierte die Regierung Truman mehrere Warnungen aus Peking, die besagten, dass China ein solches Vorgehen als Bedrohung seiner nationalen Sicherheit ansehen werde.

Als sich die UNO-Truppen auf breiter Front dem Grenzfluss Yalu näherten, traten gewaltige chinesische Truppenverbände Ende November 1950 zu einer Offensive an, die MacArthur völlig unvorbereitet traf und zum hastigen Rückzug zwang. Anfang Januar 1951 überschritten die siegreichen Chinesen und Nordkoreaner die alte Demarkationslinie und marschierten wieder in Seoul ein. Die USA und ihre Verbündeten waren jedoch nicht gewillt, eine solche Demütigung hinzunehmen: Im März 1951 starteten sie einen Gegenangriff, der die UNO-Truppen erneut nach Seoul und bis zum 38. Breitengrad, der Ausgangsstellung vom Juni 1950, brachte.

Nachdem die Front ungefähr auf der Ausgangsstellung vom Juni 1950 zum Stehen gekommen war, erschütterte ein dramatischer Konflikt über die weitere Krieg-

ZITAT

Im Vertrag vom 4. 4. 1949 über die Gründung der NATO heißt es in der Präambel: *Die vertragschließenden Staaten... sind entschlossen, die Freiheit, das gemeinsame Kulturerbe ihrer Völker, gegründet auf den Prinzipien der Demokratie, auf die Freiheit des Einzelnen und die Grundsätze des Rechts, sicherzustellen. Sie sind bestrebt, die Stabilität und Wohlfahrt im nordatlantischen Gebiet zu fördern. Sie sind entschlossen, ihre Bemühungen um eine gemeinsame Verteidigung und um die Erhaltung von Frieden und Sicherheit zu vereinigen.*

100562

Im Zuge der verstärkten Materiallieferungen erhielt General MacArthur auch Großlandungsboote, die in ihrem geräumigen Rumpf Amphibienfahrzeuge aufnehmen konnten.

führung die US-Regierung und das amerikanische Volk. Präsident Truman und die meisten seiner Berater entschlossen sich aus innen- und außenpolitischen Gründen, auf einen Verhandlungsfrieden hinzuarbeiten, der die staatliche Integrität Südkoreas garantieren sollte. Den Hauptgegner sahen sie nach wie vor in der Sowjetunion, nicht in China, gegen das sie eigentlich gar nicht hatten kämpfen wollen. Ein Kräftemessen mit China, so erläuterte General Omar Bradley die Haltung der amerikanischen Stabschefs vor dem Kongress, wäre »der falsche Krieg am falschen Ort zur falschen Zeit gegen den falschen Feind«. Wie Truman und Acheson, fürchteten das Pentagon und der Generalstab, dass die Sowjetunion eine jahrelange Verwicklung der USA in einen militärischen Konflikt in Asien dazu nutzen könnte, ihre Position in wichtigeren Regionen der Erde, vor allem in Europa und am Persischen Golf, weiter auszubauen.

Auf der Gegenseite stand der eigenwillige und arrogante UNO-Befehlshaber in Korea, General Douglas MacArthur, der seinem Präsidenten vor aller Öffentlichkeit den Fehdehandschuh hinwarf. Überzeugt davon, dass Amerikas Zukunft in Asien, nicht in Europa liege, wollte er sich mit einem »Patt« in Korea nicht zufrieden geben. Er nahm es den Chinesen übel, dass sie ihm den greifbar nahen Sieg entrissen hatten, und brannte darauf,

Der Koreakrieg endete 1953 mit einem Waffenstillstandsabkommen. Der Versuch eines Friedensschlusses scheiterte ein Jahr später.

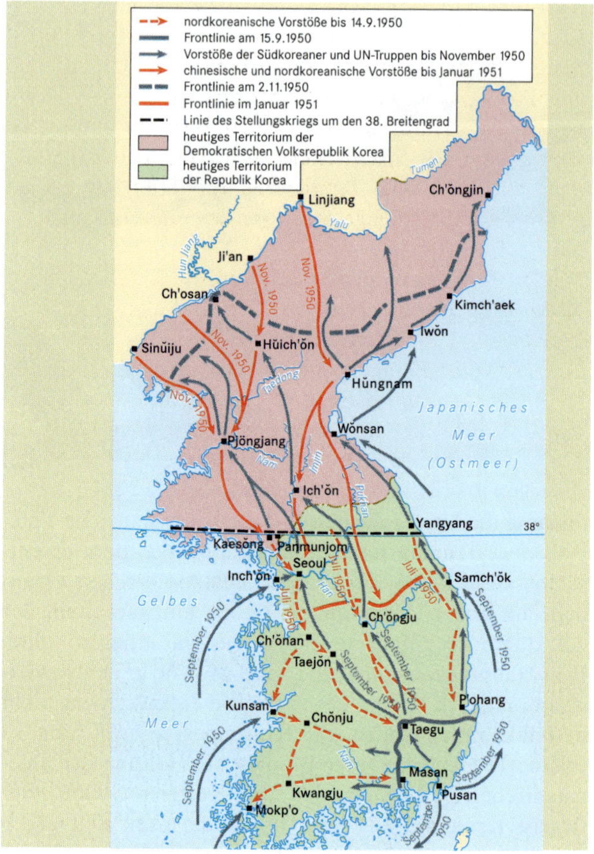

ihnen eine Lektion zu erteilen. Ungeachtet Trumans Anweisung, in Korea nur noch »die Linie zu halten«, verlangte er den Einsatz von Atombomben gegen Ziele in China und reiste nach Taiwan, um die Nationalchinesen für einen gemeinsamen Feldzug auf dem Festland zu gewinnen. In einem Brief an den Führer der Republikaner im Repräsentantenhaus, den dieser am 5. April 1951 in einer Plenartagung vorlas, griff MacArthur Trumans Politik scharf an: »Wir müssen gewinnen. Im Krieg gibt es keinen Ersatz für den Sieg.«

Nun stand aus Sicht des Präsidenten weit mehr auf dem Spiel als die richtige Strategie in Korea, nämlich die verfassungsmäßige Kontrolle des Militärs durch die politische Führung. Am 11. April 1951 beschuldigte er MacArthur der Insubordination und entband ihn von seinen Kommandos in Korea und Japan. Der General gab aber noch keineswegs auf, sondern trug sein Anliegen vor das amerikanische Volk, dessen Begeisterung für das Koreaabenteuer inzwischen zwar verflogen war, das aber ebenso wenig Verständnis für Trumans verlustreiche und kostspielige Strategie des »begrenzten Krieges« aufbrachte.

Dem heimkehrenden MacArthur wurden in San Francisco, Chicago und New York spektakuläre Empfänge bereitet, und in Washington durfte er eine flammende Rede vor dem Kongress halten. Bei einer Meinungsumfrage äußerten um diese Zeit 69 Prozent der Befragten mehr Sympathie für den charismatischen Soldaten MacArthur als für den nüchternen Politiker Truman. Dies war aber ein Strohfeuer, das im Laufe des Jahres allmählich erlosch. 1952 bemühte sich der General jedoch vergeblich um die republikanische Präsidentschaftskandidatur, die an Eisenhower fiel, und danach verschwand er rasch von der Bildfläche.

Von amerikanischen Soldaten bewachte nordkoreanische Kriegsgefangene, denen vorgeworfen wurde, an der Erschießung von Zivilisten und US-Soldaten bei Taejŏn beteiligt gewesen zu sein (Foto von 1950)

100562

Waffenstillstand und Zementierung der Teilung
MacArthurs Popularitätsverlust hing auch damit zusammen, dass Trumans Koreapolitik inzwischen erste Früchte trug. Nach dem Motto: »Wir versuchen einen Weltkrieg zu verhindern, nicht ihn zu beginnen«, hatte sich der Präsident seit dem Frühjahr 1951 um einen Waffenstillstand bemüht. Verhandlungen begannen im Juli 1951, aber sie zogen sich über zwei Jahre hin, in denen auf beiden Seiten noch viele Menschen starben. Erst als der Durchbruch in den umstrittenen Fragen des Kriegsgefangenenaustauschs und der exakten Grenzziehung gelang, konnte der Waffenstillstandsvertrag am 27. Juli 1953 in Panmunjom nahe der Demarkationslinie unterzeichnet werden.

Das Abkommen bestimmte mit geringfügigen Änderungen den 38. Breitengrad als Grenze zwischen Nord-Korea und Südkorea, etablierte eine vier Kilometer breite entmilitarisierte Zone beiderseits der Grenze und setzte eine Waffenstillstandskommission ein. Im Jahr darauf scheiterte der erste Anlauf zu einem endgültigen Friedensschluss, und in der Folgezeit verfestigte sich die

Bombardierung der nordkoreanischen Stadt Wŏnsan im März 1951

100562

Teilung Koreas immer mehr. Das militärisch überlegene Nord-Korea blieb fest mit der Sowjetunion verbündet, während Süd-Korea strategisch und wirtschaftlich in die amerikanische Interessensphäre im Pazifik integriert wurde. Investitionen aus den USA und Japan halfen, die Zerstörungen des Kriegs allmählich zu überwinden und eine leistungsfähige Industrie aufzubauen. Eine Demokratisierung des Landes unterblieb jedoch.

Jürgen Heideking †

Der Rüstungswettlauf beginnt: Die weltpolitische Bedeutung des Koreakriegs

In Amerika löste der Waffenstillstand wenig Freude aus, da von einem glänzenden Sieg wie zuvor im Zweiten Weltkrieg keine Rede sein konnte. Für eine »Polizeiaktion« und einen »begrenzten Krieg« wiederum erschienen die Verluste und die Kosten unangemessen hoch. Die USA hatten insgesamt etwa 54 200 Tote zu beklagen – fast die Hälfte von ihnen war erst nach Beginn der Waffenstillstandsverhandlungen gefallen –, und dazu wurden noch 103 000 verwundete und 10 000 vermisste oder gefangene Soldaten registriert. Entsprechend ihrem begrenzten personellen Engagement fielen die Verluste der anderen beteiligten UNO-Staaten niedriger aus. Die Zahl der getöteten südkoreanischen, nordkoreanischen und chinesischen Soldaten und die Opfer unter der Zivilbevölkerung können nur geschätzt werden, aber sie lagen sicher weit über einer Million. Finanziell wendeten die USA von 1950 bis 1953 insgesamt 54 Milliarden Dollar für die Kriegführung in Korea auf, eine beträchtliche Summe, wenn man bedenkt, dass die Gesamtkosten des Zweiten Weltkriegs 370 Milliarden Dollar betragen hatten.

ZITAT

General Douglas MacArthur zur politischen Bedeutung des Koreakriegs:
Es muss doch jedem klar sein, dass die kommunistische Weltverschwörung hier zur Eroberung der Welt angesetzt hat – nicht in Berlin oder Wien, nicht in London oder Paris, sondern hier in Korea. Verlieren wir den Krieg mit dem Kommunismus in Asien, so gerät Europa in höchste Gefahr. Siegen wir aber, so wenden wir den Krieg von Europa ab und sichern den Menschen dort die Freiheit…

Mit diesen Zahlen sind die Auswirkungen, die der Koreakrieg auf die USA und die Welt hatte, aber keineswegs erschöpfend beschrieben. In ökonomischer Hinsicht kam der Krieg einem großen Konjunkturprogramm gleich, denn die Vervierfachung der amerikanischen Rüstungsausgaben stimulierte die amerikanische Wirtschaft, und die Einberufungen senkten die Arbeitslosigkeit, womit der Auftakt zu der erstaunlichen Prosperität

100562

Im November 1952 wurde die erste amerikanische Wasserstoffbombe auf Elugelab (Eniwetok-Atoll) gezündet. Das Foto zeigt den Pilz einer späteren Wasserstoffbomben-explosion.

der Fünfzigerjahre gemacht war. Noch stärker fühlbar war der teilweise Übergang zur Kriegswirtschaft in Europa und Japan, deren Wiederaufbauprogramme – Marshallplan und Dodgeplan – nun starke zusätzliche Impulse durch amerikanische Aufträge erhielten. In einigen Ländern, darunter die Bundesrepublik Deutschland, löste der Krieg einen regelrechten Koreaboom aus.

Mit Blick auf die amerikanische Innenpolitik zeitigte der Koreakrieg, zum Teil direkt, zum Teil indirekt, positive und negative Folgen. Zu Ersteren kann man die Tatsache zählen, dass erstmals schwarze und weiße Soldaten in integrierten Einheiten kämpften, nachdem Präsident Truman 1948 die Rassentrennung in den Streitkräften offiziell für beendet erklärt hatte. Der Erfolg dieses Experiments spielte eine wichtige Rolle bei den Anfängen der Bürgerrechtsbewegung. Verfassungsmäßig bedeutsam war die Bestätigung des Vorrangs der zivilen vor der militärischen Führung, um den es beim Konflikt zwischen Truman und MacArthur im Kern ging.

Gleichzeitig steigerte Trumans eigenmächtige Entscheidung zur Intervention in Korea aber auch die außenpolitische Machtfülle der Exekutive, die sich in der Epoche der »imperialen Präsidentschaft« als sehr problematisch erweisen sollte. Schließlich entlud sich die Frustration, die viele patriotische Amerikaner angesichts der militärischen Schwierigkeiten in Korea empfanden, im McCarthyismus, der von Senator Joseph R. McCarthy angeführten Hetzjagd auf Kommunisten und angebliche Verschwörer im eigenen Land.

Von entscheidender langfristiger Bedeutung waren aber die politisch-strategischen Konsequenzen des Kriegs. Im Lichte der nordkoreanischen Aggression erschienen die Analysen und Schlussfolgerungen von

»In Korea töten amerikanische Bomben Frauen und Kinder« – Plakat mit Antikriegspropaganda der Vereinigung französischer Frauen gegen den Bombenkrieg der USA (1950).

NSC-68 so überzeugend, dass Präsident Truman das Dokument, dessen Text natürlich streng geheim blieb, am 30. September 1950 billigte und der Kongress keinen Widerstand gegen die geforderten Reformen leistete. Präsident, Regierung, Generalstab und Parlament begriffen das Geschehen in Korea als eine Bewährungsprobe für die Widerstandskraft der Demokratien, und sie gingen davon aus, dass ähnliche kommunistische »Tests« in anderen Teilen der Welt bevorstanden. Im Dezember 1950 unterrichteten die amerikanischen Stabschefs die Kommandeure amerikanischer Truppen weltweit über diese Gefahr und wiesen sie an, »ihre Bereitschaft zu erhöhen, ohne eine Atmosphäre der Beunruhigung zu schaffen«.

Unter den Prämissen von NSC-68, das erst 1975 veröffentlicht wurde, erhöhten die USA ihre Truppenstärke von 1,5 auf 3,5 Millionen Mann und steigerten die Rüs-

Denkmal für die Seelandung der UNO-Truppen in Inch'on während des Koreakrieges

100562

100264

Das Denkmal der Revolution vor dem Museum der Koreanischen Revolution in Pjöngjang

tungsausgaben zwischen 1950 und 1953 von 13 Milliarden auf etwa fünfzig Milliarden Dollar. Hatte der Verteidigungshaushalt zuvor ein Drittel des gesamten Bundesetats und fünf Prozent des Bruttosozialprodukts ausgemacht, so stiegen diese Werte nun auf zwei Drittel beziehungsweise 13 Prozent. Inbegriffen waren die Kosten für die Entwicklung der Wasserstoffbombe, die im November 1952 erstmals getestet wurde, allerdings nur wenige Monate, bevor auch die Sowjetunion über eine solche Waffe verfügte. Der Koreakrieg trug also ganz wesentlich dazu bei, den Rüstungswettlauf der Supermächte in Gang zu setzen, der bis in die 1980er-Jahre anhielt.

Zur militärischen Absicherung der Eindämmungspolitik, die NSC-68 für unerlässlich erklärt hatte, gehörten auch die Erhöhung der Auslandshilfe um mehrere Milliarden Dollar sowie der Ausbau des globalen amerikanischen Stützpunkt- und Bündnissystems. Höchste Priorität erhielt die Stärkung der NATO. Präsident Truman ernannte General Eisenhower zum Oberbefehlshaber der NATO-Streitkräfte, entsandte zusätzliche US-Truppen nach Europa und forderte die europäischen Mitgliedsstaaten zu verstärkten Rüstungsanstrengungen auf. Insbesondere warb die Regierung Truman bei den Bündnispartnern um Verständnis für die Notwendigkeit eines deutschen Militärbeitrags, der im Rahmen der geplanten Europäischen Verteidigungsgemeinschaft geleistet werden sollte. Damit stand, mit angestoßen durch den Koreakrieg, die heikle Frage der Wiederbewaffnung Westdeutschlands auf der politischen Tagesordnung.

In Asien traten die USA dem Pazifikpakt mit Australien und Neuseeland (ANZUS) bei, schlossen Militär- und Beistandsverträge mit Japan, Südkorea und Taiwan und förderten die Zusammenarbeit der südostasiatischen Staaten im Rahmen der SEATO (South East Asia Treaty Organization). Das Außenministerium erklärte nun auch den Kolonialkrieg der Franzosen in Indochina zum Bestandteil des weltweiten Kampfs gegen die kommunistische Expansion, und 1954 trugen die USA bereits drei Viertel der finanziellen Kosten.

Durch sein energisches Handeln hatte Präsident Truman die Südkoreaner vor einer kommunistischen Herrschaft bewahrt; zugleich lieferte ihm der nordkoreanische Angriff aber auch den Vorwand, ein gewaltiges Rüstungsprogramm zu verwirklichen und den Kalten Krieg zu verschärfen. *Jürgen Heideking †*

Auf dem »Großen Sprung nach vorn«: Die Volksrepublik China in der Ära Mao Zedongs

Am 1. Oktober 1949 rief Mao Zedong die Volksrepublik China aus und trat als Vorsitzender des Zentralrats der Volksregierung an die Spitze des Staats. Die Führer der neuen Republik standen vor ungeheuren Problemen. Die von der Kommunistischen Partei Chinas (KPCh) dominierte Regierung musste ihre Autorität im ganzen Lande festigen und den verbliebenen Widerstand ausschalten. Auch galt es, die von Krieg und Bürgerkrieg zerrüttete Produktion anzukurbeln, die Inflation zu stoppen und eine außenpolitische Orientierung für den neuen Staat zu finden. – Das Inselregime Chiang Kai-sheks, des Führers der Kuo-min-tang (KMT) auf Taiwan, betrachtete sich als Rechtsnachfolger der Republik China.

Die Machtergreifung Maos war in unmittelbarer Fortsetzung des Bürgerkriegs zunächst eine rein militärische Angelegenheit. Noch Anfang 1951 wurden in der südlichen Provinz Guangdong Restverbände der KMT bekämpft. Die Partei wechselte innenpolitisch zwischen Nachgiebigkeit gegen Millionen von KMT-Mitgliedern und Repräsentanten der alten Ordnung, ohne deren Sachverstand man den neuen Staat nicht hätte aufbauen können, und äußerster Brutalität gegenüber einer nur wenig geringeren Zahl derjenigen, die man als »Volksfeinde« einstufte.

So wurden von Oktober 1949 bis Oktober 1950 in vier der sechs damals errichteten Großregionen insgesamt 1,176 Millionen Menschen von Massengerichten zum Tode verurteilt und hingerichtet. Der Kreis der »Volksfeinde« wurde von Jahr zu Jahr weiter definiert. Schon im Winter 1951 entfesselte die Führung die »Drei-Anti-Kampagne« gegen Korruption, Verschwendung und Bürokratismus. Sie erfasste auch Parteimitglieder, vor allem die unmittelbar nach der Wende rekrutierten ehemaligen KMT-Funktionäre. Niemand hat über die Gesamtzahl derer Buch geführt, die in den ersten Jahren den Massenerschießungen zum Opfer fielen, sich das Leben nahmen oder in Straflagern verschwanden.

Staatsaufbau und Agrarreform

Ende 1953 konnte sich das Regime unangefochten im Sattel fühlen. Die neue Führung war imstande, dem Land mit einem einheitlichen politischen Willen entgegenzutreten. Dies lag an der dominierenden Rolle Mao Zedongs und am frühen Aufbau eines zentralisierten politischen Systems.

Während der Jahre von 1949 bis etwa 1957 behauptete sich Mao als der unangefochtene Kopf in Partei und Staat. Der Personenkult um ihn hatte schon in den frühen Vierzigerjahren begonnen. Alle Zweifel an der Maßgeblichkeit seiner theoretischen Ideen, dem 1945 im Parteistatut verankerten Mao-Zedong-Denken, waren verstummt. Die Erfolge der KPCh während des Kriegs und erst recht der Sieg von 1949 hatten Maos Strategien bestätigt und die Einigkeit der Partei gestärkt. Mao schien die Rolle des gleichsam kaiserlichen Gründers einer neuen Dynastie mit der eines revolutionär-

Die wirtschaftliche und demographische Entwicklung Chinas nach 1949

charismatischen Führers der ganzen Nation zu vereinigen. Obwohl die KPCh offiziell am Ideal der kollektiven Führung festhielt, wurde die Geschlossenheit der politischen Elite durch die einmütige Fixierung auf Mao verbürgt.

Mao war Vorsitzender des Zentralrats der Volksregierung und Chef der KPCh. 1954, als die provisorische Staatsorganisation durch die erste Verfassung der Volksrepublik neu geordnet wurde, übernahm er auch das Amt des Staatspräsidenten. Mit der neuen Verfassung erhielt das politische System eine Form, die es lange behalten sollte. Die Volksbefreiungsarmee hatte die Partei an die Macht getragen. Folgerichtig war China zunächst nach Militärbezirken organisiert worden.

Nun führten die neuen Machthaber die alte kaiserliche Territorialeinteilung nach Provinzen und Kreisen wieder ein. Lediglich die Gebiete der nichtchinesischen nationalen Minderheiten erhielten eigene Verwaltungen. Das ganze Land wurde mit einem dichten bürokratischen

Netz überzogen. Auf allen Ebenen gab es gewählte Volksversammlungen als machtlose Pseudoparlamente. Obwohl man sich Mühe gab, nichtkommunistische Kräfte symbolisch in das politische System einzubeziehen, handelte es sich im Kern doch um eine zivile Diktatur der KPCh mit einer zentralistischen Lenkung sowohl des Partei- wie auch des Staatsapparats.

Bei der Umsetzung der zentralen Beschlüsse mussten in dem riesigen Land jedoch die jeweils regionalen Besonderheiten berücksichtigt werden. Besonders wichtig war dabei der Grad der Parteipräsenz zum Zeitpunkt der Staatsgründung von 1949. Dies hatte bedeutende Auswirkung für die Politik auf dem Dorf. War in manchen Gebieten Nordchinas die Landreform im Herbst 1949 bereits abgeschlossen, so konnte sie südlich des Jangtsekiang überhaupt erst nach 1950 beginnen.

Das Agrargesetz vom 28. Juni 1950 schuf erstmals einheitliche Regelungen für das ganze Land. Sie zielten auf die Umverteilung etwa der Hälfte der landwirtschaftlich genutzten Fläche Chinas. Nach dem Eintritt der Volksrepublik in den Koreakrieg Mitte Oktober 1950 schlug die KPCh eine härtere Gangart gegen »Grundherren« und »reiche Bauern« an, die als Sympathisanten des Feindes verdächtigt wurden. Die blutigen Szenen der nordchinesischen Landrevolution wiederholten sich nahezu in ganz China. Anfang 1953 galt die Agrarreform als abgeschlossen.

INFOBOX

Volkskommunen

Bei der Bildung der Volkskommunen 1958 wurde der gesamte Boden, auch die kleinen Privatparzellen, in Kommuneeigentum überführt, ebenso geschah es mit allen Wohnhäusern. Zugleich trat die Kommune, was die Daseinsfürsorge anbelangte, an die Stelle der Familie. Kindergärten, Kantinen und Schlafsäle dienten dabei sowohl der Entprivatisierung der Lebensführung als auch der Freisetzung der Frauen für den Arbeitseinsatz. Die Volkskommunen waren auch für die Erziehung, den Ausbau der Infrastruktur und die Organisation der Miliz – überhaupt für alle Lebensbereiche – zuständig. Binnen zweier Monate wurden die bis dahin in 700 000 Produktionsgenossenschaften zusammengefassten 127 Mio. chinesischen Bauernhaushalte zu 26 600 Volkskommunen verschmolzen.

Der agrarische Umsturz geschah nicht – wie 1917 in Russland – durch spontane Erhebungen der Bauern, sondern wurde durch Parteiaktivisten in die Dörfer getragen. Erstmals in der Geschichte Chinas hatte die Zentralgewalt den Zugriff auf die Dorfebene erreicht. Die Bauern, die etwa vier Fünftel der Gesamtbevölkerung von damals etwas über 600 Millionen Menschen ausmachten, waren mobilisierbar geworden.

Zwischen Sowjetmodell und eigenem Weg – Der erste Fünfjahresplan

Auf vielen Gebieten kopierten die Führer der KPCh während der frühen Fünfzigerjahre die Sowjetunion. Westliche, vor allem amerikanische und britische Firmen sahen sich schrittweise enteignet. Peking annullierte einseitig die ungleichen Verträge aus dem 19. Jahrhundert sowie die Auslandsschulden der alten Kuo-min-tang-Regierung. Sämtliche Missionare wurden vertrieben und die chinesischen Christen als »fremdgesteuerte Marionetten« unter Druck gesetzt. Im einst kosmopolitischen Hexenkessel Schanghai und anderswo ging man hart gegen Prostitution, Glücksspiel und Drogensucht vor – Laster, die als Hinterlassenschaften des »Imperialismus« betrachtet wurden. China wurde jetzt endlich von seiner alten Plage Opium befreit.

An den Universitäten und höheren Schulen wurde der Schwerpunkt auf technisch-naturwissenschaftliche Ausbildung gelegt, und zwar auf Kosten einer literarisch-humanistischen Bildung. Viele Dozenten des neuen China kamen aus Russland oder hatten dort studiert. Russisch verdrängte das Englische als wichtigste Fremdsprache im Unterricht. So bildete sich unter sowjetischem Einfluss erstmals der Stamm eines modernen technischen Spezialistentums heraus. Bildungschancen wurden über die vormals kleine Elite hinaus ausgeweitet. Auf dem Land konnten in Winter- und Abendschulen auch Erwachsene lesen und schreiben lernen.

1949 waren die Betriebe der »bürokratischen Kapitalisten« der KMT sowie die Banken in Staatsbesitz überführt worden; private Fabrikanten und Geschäftsleute wurden bis Anfang 1956 schrittweise enteignet. Binnen weniger Jahre entstand ein leistungsfähiges Steuersystem, das überhaupt erst eine staatliche Wirtschaftslen-

100880

Dieser Propagandatrupp aus dem Jahr 1958 besteht aus Mitgliedern der Oper von Tientsin. Die traditionelle chinesische Oper wurde später verboten und durch die Revolutionsoper ersetzt.

kung ermöglichte. Der spätkaiserliche und der republikanische Staat aus der ersten Hälfte des 20. Jahrhunderts hatten nie mehr als etwa sieben Prozent des Bruttosozialprodukts kontrolliert; 1957 war die Staatsquote hingegen auf dreißig Prozent gestiegen.

Für einen sozialistischen Wirtschaftsaufbau konnte nur die Sowjetunion Modell stehen. So übernahm die Volksrepublik Prinzipien und Institutionen der zentralisierten Planwirtschaft nach sowjetischem Vorbild. Der erste Fünfjahresplan (1953–57) konnte erfolgreich umgesetzt werden. Er führte zu dem für ein Entwicklungsland erstaunlichen Wachstum des Volkseinkommens um jährlich knapp neun Prozent – ein geradezu sensationeller Erfolg im Vergleich zur Stagnation während der ersten Jahrhunderthälfte. Sowjetische Rezepte wurden weitaus weniger rücksichtslos durchgepaukt, als dies in der UdSSR selbst geschehen war.

100562

Ernte des berühmten Grüntees Longjing auf einer Teeplantage bei Hangzhou. Die landwirtschaftliche Produktion Chinas reichte in den »drei bitteren Jahren« 1960–62 nicht aus, um die stetig wachsende Bevölkerung zu versorgen. Es kam zu einer Hungerkatastrophe.

Die Industrie machte enorme Fortschritte, was aber, anders als in der UdSSR, nicht zulasten der Landwirtschaft ging. Deren Produktivität war durch die landesweite Einführung erst von Teams der gegenseitigen Hilfe, dann von Produktionsgenossenschaften erhöht worden. Anfangs durch mobilisierende Appelle an bäuerliche Freiwilligkeit, später zunehmend auch durch Zwang waren bis Ende 1956 mehr als neunzig Prozent der bäuerlichen Wirtschaften in Genossenschaften sozialistischen Typs eingebunden worden. Sie entsprachen in etwa den sowjetischen Kolchosen. Land, Vieh und Gerätschaft gehörten dabei dem Kollektiv. Nur Wohnhäuser und kleine Gartenstücke verblieben im Privatbesitz. Die Einteilung der Arbeit geschah nach Plan, bei einer Entlohnung entsprechend individueller Leistung.

Dass die Kollektivierung der Landwirtschaft im Großen und Ganzen friedlich verlief und sich die Produktion dabei sogar etwas schneller als das Bevölkerungswachstum erhöhte, hatte mehrere Ursachen: das Vertrauen vieler Bauern in die KPCh, die Tatsache, dass diese Bauern ihr Land erst kurz zuvor durch die Landreform erhalten hatten und daher an ihm nicht wie an einem alten Familienbesitz hingen, und die bedeutende Rolle örtlicher, mit den Verhältnissen gut vertrauter Kader. Die einzelnen Genossenschaften erhielten einen größeren Entscheidungsspielraum als die sowjetischen Kolchosen, und der freie Markt blieb in höherem Maße zugelassen.

Die Hundert-Blumen-Kampagne
In der Industrie war man dem sowjetischen Vorbild insofern penibel genau gefolgt, als der Aufbau der Schwerindustrie den der Leichtindustrie bei Weitem in den Schatten stellte. Die Stahlproduktion wurde zum geradezu fetischisierten Hauptkriterium wirtschaftlicher Entwicklung. Sie stieg in der Tat beeindruckend: von 1,4 Millionen Tonnen (1952) auf 5,3 Millionen (1957). Doch dabei blieb die Entwicklung der Leichtindustrie auf der Strecke und wurde der gestiegenen Nachfrage nur unzureichend gerecht, und vor allem: Es gab Anzeichen dafür, dass die Landwirtschaft zu schwach war, um selbst zum ökonomischen Entwicklungsfaktor zu werden. Dessen aber hätte es bedurft, um China nicht nur notdürftig zu ernähren, sondern durch Exporterlöse auch noch zur Finanzierung des industriellen Aufbaus beizutragen sowie der Industrie genügend Rohstoffe, vor allem Baumwolle, zu liefern. So nahm sich die wirtschaftliche Bilanz um das Jahr 1957 durchwachsen aus.

Die Kriegs- und Bürgerkriegsfolgen waren überwunden, doch führte die Entwicklungsstrategie zu neuen Problemen – zunächst auf dem Lande, bald aber auch in den Städten, wo es zu Arbeitslosigkeit und Streiks kam. Innerhalb der Führung wurde über diese Erfahrungen

160

Sicherungsmaßnahmen gegen Hochwasser. Auch heute noch werden Tausende von Menschen regelmäßig für solche Sicherungsmaßnahmen sowie für Bau- und Erdarbeiten mobilisiert.

und die nötigen Konsequenzen heftig gestritten. Mao Zedong verlor nun an Autorität. In dieser kritischen Phase der Entwicklung war es Mao selbst, der die Initiative wieder an sich zog: Sahen die anderen Parteiführer den Ursprung der Krise in einer falschen Anwendung der Prinzipien des Marxismus-Leninismus, so forderte Mao Anfang 1957 die Massen zur Kritik an der Partei auf.

Das Ergebnis war die Hundert-Blumen-Kampagne. Mit einer Freimütigkeit, die auch Mao schockierte, meldeten sich unter dieser Losung jetzt Kritiker zu Wort, die sogar das Herrschaftsmonopol der Kommunisten infrage stellten. Diese Liberalisierungspolitik wurde jäh abgebrochen – mit der Folge, dass über 300 000 Personen als Rechtsabweichler gebrandmarkt wurden. Die Umerziehungslager füllten sich mit Intellektuellen. Für Mao Zedong, der vom Widerspruchsgeist großer Teile der geistigen Elite enttäuscht war, begann eine neue Epoche des revolutionären Kampfes.

Der »Große Sprung nach vorn«

Niemals wieder sollte die KPCh so viel Freiheit der öffentlichen Debatte einräumen wie im Frühsommer 1957. Die Liberalisierung wurde durch ihr Gegenteil abgelöst,

INFOBOX

»Lasst hundert Blumen blühen«

Als maoistische Reaktion auf den Aufstand in Ungarn (1956) zielte die Hundert-Blumen-Kampagne darauf ab, Kritik zu aktivieren und der Partei- und Staatsführung Gelegenheit zu geben, das kritische Meinungspotenzial zu kanalisieren und nötigenfalls abzubremsen. Unter der von Mao Zedong geprägten Devise »Lasst hundert Blumen blühen, lasst hundert Schulen miteinander wettstreiten« brachte sie kurzfristig eine gewisse Liberalisierung des geistigen Lebens. Doch als die Welle der Kritik, die jetzt einsetzte, sich nicht, wie der Parteiführer gehofft hatte, auf Missstände in der Verwaltung und Fehler der mittleren Kader richtete, sondern rasch grundsätzlichen Charakter annahm und auf das politisch-gesellschaftliche System der Volksrepublik China zielte, wurde sie unvermittelt abgebrochen. Mit der »Rechtsabweichler-Kampagne« (1957/58), in der kritische Intellektuelle – rund 550 000 von ihnen wurden formell als »Rechtsabweichler« eingestuft – der Verfolgung und gesellschaftlichen Ächtung ausgesetzt waren, ging die KPCh zum Gegenangriff über.

100562

Soldaten halten Ehrenwache vor dem feierlich in einem Mausoleum aufgebahrten Leichnam von Mao Zedong.

eine einzigartig frenetische Aktivierung der Bevölkerung durch Massenkampagnen.

1958/59 wandte sich die Partei vom sowjetischen Modell ab und strebte die unverzügliche Verwirklichung jenes von Karl Marx proklamierten Endziels der Menschheitsentwicklung an, das die Sowjetunion in eine ferne Zukunft verschoben hatte: des Kommunismus. Der zweite Fünfjahresplan, der 1958 beginnen sollte, trat niemals in Kraft. Stattdessen wurde im Mai 1958 der »Große Sprung nach vorn« propagiert. Der propagandistisch entfachte Enthusiasmus der Bevölkerung sollte einen Ausweg aus der Krise weisen und die Produktion in allen Bereichen durch eine gewaltige Kraftanstrengung vervielfachen. Innerhalb eines Zeitraums von 15 Jahren wollte man »England einholen und überholen«. Nicht in erster Linie technische Kompetenz und rationeller Arbeitseinsatz sollten dieses Wunder bewirken, sondern das richtige, das »rote« politische Bewusstsein.

Zunächst schienen sich die hoch gesteckten Erwartungen zu erfüllen. Die Übergangsphase zum Kommunismus vollzog sich ab August 1958 durch die Konzentration der Produktionsgenossenschaften zu umfassenderen Volkskommunen. Sämtlicher Boden, auch die kleinen Privatparzellen, wurde in Kommuneeigentum überführt, ebenso geschah es mit allen Wohnhäusern. Zugleich trat die Kommune, was die Daseinsfürsorge anbelangte, an die Stelle der Familie. Kindergärten, Kantinen und Schlafsäle dienten dabei der Entprivatisierung der Lebensführung und auch der Freisetzung der Frauen

100264

Chinesische Frauen lesen im »Roten Buch«, den Aufzeichnungen der »Thesen des Präsidenten Mao Zedong«, die in Peking 1966 bekannt gemacht wurden.

für den Arbeitseinsatz. Die »Volkskommunen« waren auch für die Erziehung, den Ausbau der Infrastruktur und die Organisation der Miliz zuständig – überhaupt für alle Lebensbereiche.

Diese neuen Gemeinschaftsformen sollten einen neuen Menschen hervorbringen. Der »Große Sprung« beruhte auf dem Vertrauen in die Kraft des menschlichen Willens sowie der Bereitschaft zur Überausbeutung menschlicher Arbeitskraft, wie sie in der Geschichte des Sozialismus ohne Beispiel ist. Dieses Konzept stand damit in schroffem Gegensatz zu dem Entwicklungstempo des in China verspotteten, auf die materiellen Bedürfnisse der Menschen abhebenden »Gulaschkommunismus«, für den der sowjetische KP-Chef Chruschtschow stand.

Mao Zedong, der ideologische Urheber des »Großen Sprungs«, setzte sich mit Parteisäuberungen einstweilen gegen seine Kritiker durch. Inzwischen waren die Zahlen des wirtschaftlich Erreichten fast völlig fiktiv. Als die KP-Führer – auch Mao – im Herbst 1960 endlich den

Rückzug aus dieser Kampagne antraten, war es schon zu spät. Der in örtlichen Stahlöfen gekochte »Volksstahl« hatte sich als weitgehend unbrauchbar erwiesen. Zudem wurden viele Maschinen durch Dauerbetrieb ruiniert. Der »Große Sprung« war ein schlimmer Rückschlag für die Industrieproduktion.

1958 hatte die Landwirtschaft von ungewöhnlich günstigem Wetter profitiert. Vermutlich wurden in diesem Rekordjahr 200 Millionen Tonnen Getreide eingebracht. 1960, in einem Jahr voller Dürren und Überschwemmungen, fiel die Ernte auf 143 Millionen Tonnen zurück. In vielen Provinzen brachen infolge dieser Naturkatastrophen Hungersnöte aus. Chronische Unterernährung und Krankheiten trafen eine durch pausenlose Arbeitseinsätze völlig erschöpfte Bevölkerung. Die Schätzungen der in den Jahren 1959–61 über den Normalwert hinausgehenden Sterbefälle schwanken zwischen 14 und dreißig Millionen. Es handelte sich dabei um eine der schlimmsten Hungerkatastrophen des 20. Jahrhunderts. Von der Weltöffentlichkeit wurde sie kaum wahrgenommen, wohl weil Unruhen ausblieben und andere spektakuläre Ereignisse die Aufmerksamkeit des Auslands auf sich zogen, nämlich 1959 die brutale chinesische Militärintervention in Tibet und 1960 der Rückzug der sowjetischen Techniker aus China.

Der »Große Sprung« beruhte auf einer Missachtung objektiver Bedingungen: der technologischen Möglichkeiten der Industrie, der Leistungsfähigkeit der Landwirtschaft und auch der Opferbereitschaft der Menschen. Die Suche nach einem eigenen chinesischen Entwicklungsweg und ihr Scheitern ist mit dem Namen Mao Zedongs untrennbar verbunden.

Jürgen Osterhammel

Von beiden Blöcken gemieden: Die Außenpolitik der Volksrepublik China

Die Verfassung von 1954 gab der Volksrepublik China Machtstrukturen, die denen der Sowjetunion täuschend ähnlich waren. Niemals standen sich die beiden mächtigsten kommunistischen Parteien der Welt so nahe wie in jener Zeit. Die Grundlage dieser Eintracht war der

ZITAT

Aus einer Rede Mao Zedongs in Moskau 1957:

Die amerikanischen Imperialisten versuchen jedoch hartnäckig, sich in die inneren Angelegenheiten anderer Länder... einzumischen... Die imperialistischen Wölfe sollten daran denken, dass die Tage für immer vorbei sind, da sie das Schicksal der Menschheit gestalten und die Länder Asiens und Afrikas tranchieren konnten.

chinesisch-sowjetische Vertrag über »Freundschaft, Bündnis und gegenseitigen Beistand« vom 14. Februar 1950. Mao Zedong trat eigens eine für ihn ungewohnte Auslandsreise an, um in Moskau persönlich den Vertrag mit Stalin zu unterzeichnen. Ebenso wichtig wie das Hauptdokument waren ergänzende Vereinbarungen über wirtschaftliche und technische Hilfe der UdSSR an China.

Für die chinesische wie für die sowjetische Seite war die Allianz von Vorteil: Stalin bezog die aus seiner Sicht notorisch eigenwillige chinesische Parteiführung in die Disziplin des sozialistischen Lagers ein und konnte den USA, die den ehemaligen Kriegsgegner Japan zu einem Vorposten des Westens auszubauen begannen, in Ostasien ein Gegengewicht entgegensetzen. Mao seinerseits erhielt Entwicklungshilfe von beispiellosem Ausmaß – finanzielle Mittel und, wichtiger noch, technologisches Wissen, das für eine rasche Industrialisierung seines Riesenreichs unabdingbar war und das er aus keiner anderen Quelle hätte beziehen können.

Die chinesisch-sowjetische Allianz war, historisch betrachtet, keineswegs eine Selbstverständlichkeit. Zwar wäre die Gründung der KPCh 1921 ohne sowjetische Hilfe undenkbar gewesen, doch hatte es seit 1927 zwischen Stalin und den chinesischen Kommunisten immer wieder Spannungen gegeben. Noch während des Bürgerkriegs 1946–49 war die Hilfe des »Mutterlandes des Sozialismus« ausgesprochen dürftig ausgefallen. Dennoch

100562

Der chinesische Ministerpräsident und Außenminister Zhou Enlai (links) nahm 1955 am Treffen von 29 unabhängigen afrikanischen und asiatischen Staaten in Bandung (Indonesien) teil. Die Bandungkonferenz gilt als erster Versuch der blockfreien Staaten, das weltpolitische Gewicht der Dritten Welt zu erhöhen.

100562

Mao Zedong 1956 zwischen den beiden wichtigsten geistlichen Führern Tibets, dem Pantschen-Lama Tschökyi gyaltshan (links) und dem Dalai-Lama, Tenzin Gyatso (rechts). Die chinesische Regierung favorisierte nach der Niederschlagung tibetischer Aufstände 1959 Ersteren. Er fiel allerdings 1964 in Ungnade und wurde bis 1978 in China inhaftiert.

gab es 1950 aus chinesischer Sicht keine Alternative. Zum einen schloss die Gegnerschaft der Weltmächte im beginnenden Kalten Krieg eine neutrale Zwischenposition für China aus, zum anderen schien die UdSSR in den vergangenen Jahrzehnten genau jenes Problem gelöst zu haben, vor dem China nunmehr stand: eine nachholende wirtschaftliche Entwicklung auf nichtkapitalistischem Wege. Diese pragmatischen Motive wogen bei der Entscheidung der KPCh für eine außenpolitische Anlehnung an die Sowjetunion letztlich stärker als die ideologische Nähe zum Sowjetkommunismus.

Schon nach wenigen Monaten wurde das neue Bündnis auf eine schwere Probe gestellt. Am 25. Juni 1950 griffen Truppen des kommunistischen Nord-Korea den

INFOBOX

Annexion Tibets

Nach der Errichtung der Volksrepublik China sahen Mao und seine Parteigänger es als eine ihrer ersten innenpolitischen Aufgaben an, eine effektive Kontrolle durch die KP und ihre Organe bis in die entlegendsten Landesteile zu errichten und zu festigen. Auch Tibet, das die Republik China schon seit ihrer Gründung als Teil des Reiches beanspruchte, war Teil dieser Politik. Im Oktober 1950 drangen Einheiten der chinesischen Volksbefreiungsarmee in Tibet ein, um es zu »befreien«, und besetzten am 9. 9. 1950 Lhasa. Mit militärischem Druck erzwang die Regierung in Peking im Mai 1951 die tibetische Unterschrift unter ein 17-Punkte-Abkommen, mit dem Tibet den chinesischen Herrschaftsanspruch anerkannte.

Die Volksrepublik China begründete ihre Legitimation mit historischen (»seit der Tangzeit«), politischen (»Befreiung des tibetischen Volkes vom Feudalismus«) und wirtschaftlichen Argumenten (»Modernisierung«). Durch den Bau von Fernstraßen zu den benachbarten chinesischen Regionen und Provinzen, für den viele Tibeter unter unmenschlichen Bedingungen zwangsverpflichtet wurden, und von Flugplätzen wurde Tibet immer stärker an die Volksrepublik China gebunden.

Die wachsende Unzufriedenheit mit der politischen Vorherrschaft der chinesischen Kommunisten in Tibet führte wiederholt zu schweren Unruhen. Im März 1959 entlud sie sich in einem Aufstand, der blutig niedergeschlagen wurde. Der Dalai-Lama flüchtete nach Indien ins Exil, etwa 80 000 Tibeter flohen nach Indien, Nepal, Bhutan, Sikkim und Europa.

565

Nach der Besetzung von Tibet durch China 1959 floh der Dalai-Lama nach Indien. 1989 erhielt Tenzin Gyatso für sein Eintreten für Toleranz zwischen Völkern und Religionen auf internationaler Ebene den Friedensnobelpreis.

unter amerikanischem Schutz stehenden Süden des Landes an. Die USA traten der Aggression damals entschlossen entgegen. Die chinesische Führung war in die Angriffspläne Nord-Koreas nicht eingeweiht gewesen. Ein Krieg vor der eigenen Haustür kam ihr so kurz nach dem Sieg der Revolution äußerst ungelegen. Dass die Volksrepublik von diesem »heißen« Konflikt unberührt bleiben würde, stand allerdings nicht zu erwarten. Schon zwei Tage nach Kriegsausbruch entsandte der amerikanische Präsident Harry S. Truman die siebte US-Flotte in die Straße von Taiwan, um Chiang Kai-sheks Insel vor einem Angriff »Rotchinas« zu schützen.

Peking interpretierte dies empört als militärische Einmischung in die inneren Angelegenheiten Chinas. Als dann am 1. Oktober desselben Jahres die amerikanischen Truppen den 38. Breitengrad, also die Demarkationslinie zwischen den beiden koreanischen Staaten, überschritten, sah sich die Volksrepublik in ihrer Existenz bedroht. Drei Wochen später griffen chinesische »Freiwillige« in das Kriegsgeschehen ein. So wurde der militärische Konflikt im Kern zu einer Auseinandersetzung zwischen China und den USA. Die Sowjetunion beteiligte sich nicht an der bewaffneten Auseinandersetzung.

Als der Krieg, der China 800 000 Tote und Verwundete kostete und die Wirtschaft schwer belastete, im Juli 1953 mit einem Waffenstillstand endete, hatte sich die weltpolitische Landschaft verändert. Einerseits hatte China der führenden Militärmacht der Welt erfolgreich die Stirn geboten. Zugleich war der Volksbefreiungsarmee endgültig der Übergang von einer Bürgerkriegstruppe zur nationalen Verteidigungsstreitmacht gelungen. Auf

Mao Zedong schickte nach der Überschreitung des 38. Breitengrads in Korea durch amerikanische Truppen im Jahr 1950 chinesische Soldaten in den Koreakrieg. Dieses Eingreifen belastete lange Zeit die Beziehungen zwischen der Volksrepublik China und den USA.

der anderen Seite zementierte der Koreakrieg die chinesisch-amerikanische Feindschaft auf lange Sicht. Diese Feindschaft nahm in dem Maße zu, wie die USA ihre Militärhilfe für Chiang Kai-shek noch verstärkten. Dieser brannte darauf, von Taiwan aus das Festland zurückzuerobern. Erst Anfang der Sechzigerjahre gestand sich Washington ein, dass man wohl auf Dauer mit einem kommunistischen China werde leben müssen.

Die Anlehnung an die Sowjetunion bedeutete für China nicht – wie für Moskaus osteuropäische Satelliten – den Verzicht auf eine selbstständige Außenpolitik. Deren Entfaltungsraum war Asien. Hier betrieb Peking eine zweigleisige, in sich widersprüchliche Strategie: einerseits den Export der Revolution durch Destabilisierung der einheimischen Regierungen, andererseits eine Politik der guten Nachbarschaft und Nichteinmischung. Wichtigstes Beispiel für den chinesischen Revolutionsexport stellte dabei Vietnam dar. Pekings Unterstützung für Ho Chi Minhs nationalkommunistische Bewegung war ebenso unauffällig wie wirkungsvoll. Wichtiger wurde um die Mitte der Fünfzigerjahre jedoch die Politik der »friedlichen Koexistenz«. Unter dieser Parole profilierte sich vor allem Zhou Enlai, nach Mao Zedong und

Die Stadt Chabarowsk, Kultur- und Wirtschaftszentrum des russischen Fernen Ostens, liegt am Amur. An seinem Zufluss Ussuri, der auf weite Strecken die Grenze zwischen Russland und China bildet, war es 1969 zu heftigen militärischen Auseinandersetzungen zwischen beiden Anrainerstaaten gekommen.

100562

INFOBOX

Suche nach dem Wiedergeborenen

Nach dem Tod eines Dalai-Lama beginnt die Suche nach dem Kind, in dem der Verstorbene wiedergeboren wurde. Als Anzeichen einer Wiedergeburt gelten etwa außergewöhnliche Ereignisse bei der Geburt oder bestimmte körperliche Merkmale.

Nach dem Tod des 13. Dalai-Lama, Tubten Gyatso, im Dezember 1933 dauerte diese Suche mehrere Jahre. Zunächst wurde das Staatsorakel befragt, dann wurde eine Mönchsdelegation ausgesandt, die den heutigen 14. Dalai-Lama 1939 ausfindig machen konnte. Zur Prüfung befragte man ihn über sein voriges Leben. Man legte ihm einige Gegenstände vor, aus denen er zielsicher diejenigen auswählte, die seinem Vorgänger gehört hatten.

Die Mutter des Dalai-Lama erzählte von einem seltsamen Traum, in dem zwei blaue Drachen sie bei der Geburt ihres Sohnes begrüßt hätten. Der Dalai-Lama selbst gibt an, er habe die Mönche, die zu seinem Elternhaus kamen, stets erwartet. Er erinnert sich auch, dass ein Rabenpärchen, das bereits bei der Bestimmung einiger seiner Vorgänger eine Rolle spielte, sich wiederholt auf dem Dachgiebel seines Geburtshauses niedergelassen habe.

Liu Shaoqi der bedeutendste Politiker in den ersten zwanzig Jahren der Volksrepublik, als diplomatischer Vertreter der Dritten Welt und als Anwalt »nationaler Befreiungskriege«.

Entfremdung von Moskau

Die Zurückweisung des sowjetischen Vorbilds in der Zeit des »Großen Sprungs« drückte eine schleichende Entfremdung zwischen den Allianzpartnern aus. Frühe chinesische Kritik entzündete sich an der technologischen Abhängigkeit, in die China mehr und mehr geriet. Wichtiger allerdings waren ideologische Entwicklungen: Nach Stalins Tod 1953 konnte sich Mao Zedong als der bedeutendste Revolutionär und marxistische Theoretiker der Gegenwart fühlen, bestimmt von der Abneigung, sich der Autorität von Stalins Nachfolgern unterzuordnen. Durch die Entstalinisierung, die Chruschtschow 1956 einleitete, musste sich indirekt auch Mao getroffen sehen.

Die tiefste Ursache des von giftigen Polemiken begleiteten Bruchs zwischen China und der Sowjetunion ist aber auf der Ebene der internationalen Politik zu suchen.

100264

Auf dem Suchbaatar-Platz in der mongolischen Hauptstadt Ulan Bator steht das Denkmal für den »Roten Helden«. Die Mongolische Volksrepublik hatte sich nach Gebietsforderungen Chinas 1969 eng an die Sowjetunion angelehnt.

Im Juni 1959 sprach sich die Sowjetunion dagegen aus, China mit Nuklearwaffen oder zumindest mit der für ihre Herstellung nötigen Technologie auszustatten. Diese Weigerung wurde von Peking als Affront gedeutet. Sie traf die Pekinger Führung, kurz nachdem man wegen der Taiwanfrage an den Rand eines neuen Kriegs mit den USA geraten war. Im selben Jahr begann mit dem Besuch Chruschtschows bei Präsident Dwight D. Eisenhower ganz zaghaft ein Entspannungsprozess zwischen den beiden Supermächten, bei dem sich China durch die UdSSR ausgeschlossen fühlte. Moskau seinerseits hatte Gründe, auf Distanz zu einem unberechenbaren Partner zu gehen, der innen- wie außenpolitisch immer verantwortungsloser zu handeln schien.

Nach 1960 war die Volksrepublik unabhängig, aber eben auch einigermaßen isoliert. Während der Sechzigerjahre entwickelte sich die Sowjetunion zu einem potenziellen militärischen Gegner, der die alten Grenzprobleme aus dem 19. Jahrhundert wieder aufleben ließ und riesige Truppenkontingente an der gemeinsamen Grenze kasernierte. Schießereien zwischen sowjetischen und chinesischen Truppen am Ussuri im März 1969 eskalierten zum Glück nicht, aber der Krieg zwischen den beiden kommunistischen Riesenreichen wurde nur knapp verhindert. Zwischen 1960 und 1971 war China ein von beiden Blöcken gemiedener oder gar bedrohter Staat. Auch in Asien geriet Peking, nicht immer durch eigene Schuld, ins Abseits. *Jürgen Osterhammel*

Entmilitarisierung und Demokratisierung in Fernost: Japan

Nach Unterzeichnung der Kapitulationsurkunde an Bord eines Schlachtschiffes der US-Navy in der Bucht von Tokio begann die amerikanische Besatzung Japans. Zum ersten Mal in der japanischen Geschichte standen fremde Soldaten auf japanischem Boden, ein schweres Trauma für die japanische Führung, aber auch für die Bevölkerung.

Die amerikanische Politik gegen den pazifischen Kriegsgegner Japan unterschied sich grundsätzlich von der Politik gegenüber Deutschland: In Deutschland wurden Besatzungszonen eingerichtet, die von den vier Siegermächten jeweils nach eigenen politischen und wirtschaftlichen Vorstellungen – Entnazifizierung, Wiedergutmachung, Demontagen – geführt wurden. In Japan dagegen waren die USA von Anfang an entschlossen, allein die Zukunft des Landes zu bestimmen. Zwar gab es gemeinsame Gremien, in denen die elf Gegnerstaaten Japans im Pazifischen Krieg zusammen über das Schicksal Japans bestimmen sollten, aber die amerikanischen Besatzungsbehörden ignorierten Beschlüsse dieser Gremien.

Vom Gegner zum Verbündeten

An der Spitze der amerikanischen Besatzung stand als Supreme Commander Allied Powers (SCAP, Oberbefehlshaber der Alliierten Mächte) der amerikanische General Douglas MacArthur. Er regierte Japan selbstherrlich wie ein König; zwar gab es von Anfang an eine japanische Regierung und Verwaltung, aber über diese Organe kontrollierte der SCAP das gesamte öffentliche Leben.

Die Niederlage 1945 war für Japans Politik, die Wirtschaft und vor allem für die Bevölkerung nicht der gleiche tiefe Einschnitt – die Stunde null – wie in Deutschland; schon im Jahr der japanischen Niederlage hatte sich die weltpolitische Lage in Ostasien so verändert, dass Japan schnell vom geschlagenen Gegner zum wertvollen Verbündeten aufrückte: 1947 zeichnete sich bereits der Sieg der chinesischen Kommunisten unter Mao Zedong ab, in den ehemaligen europäischen Kolonien tobten blutige Guerillakriege, in Vietnam (Indochina) lieferten die Vietminh den Franzosen einen offenen Krieg, der in der französischen Niederlage bei Dien Bien Phu gipfelte, in zahlreichen Ländern zeichneten sich sozialistische Regierungen ab und Korea stand kurz vor dem Bürgerkrieg.

Aus Sicht der USA musste deshalb in Ostasien der Kampf gegen den Kommunismus im Vordergrund der Globalstrategie stehen und dies prägte bald auch die Besatzungspolitik in Japan. Die Sowjetunion war noch 1945 in den Krieg gegen Japan eingetreten und hatte die nördlich von Japan gelegenen Kurileninseln sowie Südsachalin annektiert, sodass Japan eine unmittelbare Grenze zur UdSSR besaß und aus amerikanischer Sicht direkt bedroht war. In den ersten Jahren nach dem Krieg hatten die amerikanischen Besatzungsbehörden entschlossen die Reste des japanischen Ultranationalismus (Faschismus) bekämpft, gegen zahlreiche belastete Politiker, Militärs und Wirtschaftsführer wurden Kriegsverbrecherverfahren eingeleitet. Sie mussten – zumindest vorübergehend – ihre Ämter und Machtpositionen räumen; aber diese Säuberungen verloren unter dem Eindruck der »kommunistischen Gefahr« schnell an Schwung, denn nicht die japanische Demokratisierung, sondern der Kampf gegen China und die Sowjetunion wurde zum Kern der amerikanischen Japanpolitik; der Kalte Krieg machte Japan zum Partner der USA.

Drei Tage nach dem ersten Atombombenabwurf über Hiroshima warfen die Amerikaner eine zweite Atombombe über Nagasaki ab.

Dennoch waren etwa um 1947 alle ultranationalistischen Massenorganisationen, die Geheime Staatspolizei

100264

und andere Polizeiorganisationen aufgelöst worden; die Besatzungsbehörden hatten die Gründung von Parteien und freien Gewerkschaften ermöglicht. In der Neujahrsansprache 1946 verzichtete der Tenno in aller Form auf seine Göttlichkeit: Der Weg für eine neue Verfassung war frei. Zuvor wurde jedoch den Hauptverantwortlichen für Krieg und Gewalt im Pazifik zwischen 1937 und 1945 der Prozess gemacht.

In einem Schauverfahren in Tokio von Mai 1946 bis November 1948 standen 28 Hauptkriegsverbrecher wegen Verbrechen gegen den Frieden vor Gericht. Urteile ergingen schließlich gegen 25 Angeklagte – die übrigen waren vorher verstorben: sieben Kriegsverbrecher wurden zum Tode verurteilt, 16 erhielten lebenslange Haft; es gab keine Freisprüche. In Verlauf und Rechtsgrundlage der Tokioter Verfahren sahen viele Japaner Siegerjustiz und Rassismus; von den elf Richtern war nur der indische Richter Staatsrechtler – und er bezeichnete in einem Minderheitsvotum das Verfahren als völkerrechtswidrig. Die hingerichteten Angeklagten, allen voran der

Unterzeichnung des Friedensvertrages zwischen Japan und den USA sowie weiteren 48 Nationen am 8. 9. 1951 in San Francisco

100563

INFOBOX

Vergangenheitsbewältigung

In seinem Buch »Erbschaft der Schuld« beschreibt Ian Buruma die Position Kaiser Hirohitos vor dem Hintergrund der Vergangenheitsbewältigung in Japan:

»Kaiser Hirohito entging nicht nur der Anklage in Tokio, er konnte noch nicht einmal als Zeuge vorgeladen werden. ... Aristides George Lazarus, Verteidiger eines der angeklagten Generäle, wurde gebeten, dafür zu sorgen, dass ›die angeklagten Militärs und ihre Zeugen bei ihren Aussagen auf jeden Fall betonten, Hirohito sei nur unbeteiligter Ehrengast der Treffen gewesen, bei denen militärische Aktionen und Programme erörtert wurden und an denen er aus protokollarischen Gründen teilnehmen musste.‹

Alle Japaner hatten Schwierigkeiten damit, offen über die Vergangenheit zu sprechen, solange der Kaiser noch lebte. Denn wenn er, obwohl er die formelle Verantwortung für alles, was geschehen war, getragen hatte, dafür nicht zur Rechenschaft gezogen wurde, konnte auch alle anderen keine Schuld treffen.«

Kriegspremier Hideki Tōjō, werden heute im Yasukuni-Schrein für die japanischen Kriegstoten als Märtyrer verehrt.

Einer fehlte vor Gericht: der Tenno. Obwohl Indien, Australien und Neuseeland sowie China und die Sowjetunion gefordert hatten, den Kaiser als Hauptverantwortlichen für den Krieg abzuurteilen, blieb er verschont; die USA, allen voran General MacArthur, deckten ihn um jeden Preis. Besonders MacArthur zeigte sich von der Persönlichkeit des Kaisers Hirohito (postum: Shōwa-Tenno) beeindruckt: Nach einem Zusammentreffen mit dem Kaiser notierte er: »Ich traf den ersten Gentleman Japans.« Aber alle Aggressionshandlungen, alle Kriegsgräuel japanischer Truppen waren im Namen des Tenno begangen worden, zweifellos war er verfassungsrechtlich verantwortlich für den Krieg, aber durch die fehlende juristische und historische Aufarbeitung der Rolle des Kaisers bleibt seine Bedeutung umstritten.

Im Verlauf der Auflösung ultranationalistischer Organisationen fanden in Verwaltung, Politik und Wirtschaft umfangreiche Säuberungen statt: Rund 200 000 Personen verloren Ämter und Posten. Diese Säuberungen sollten sich gegen all jene richten, die Japans Weg in die Demokratie hätten behindern können. Die Verfahren waren formalistisch und wenig gründlich, auch blieben die »Gesäuberten« nur fünf Jahre von öffentlichen Posten (Schule, Verwaltung) ausgeschlossen; im Laufe der verschärften Konfrontation zwischen den USA und der Sowjetunion gelangten die meisten bald wieder in verantwortliche Positionen.

Die antikommunistische Säuberungswelle

Der harte Antikommunismus der Besatzungsmacht löste Ende der Vierzigerjahre einen umgekehrten Säuberungsschub aus: Jetzt wurde jeder verfolgt, der angeblich mit dem Kommunismus sympathisierte; dieser red purge (rote Säuberung) kostete wiederum Tausende von Lehrern ihre Stellung. Zweifellos war die Lage in Japan sozial brisant und »revolutionär«: Die Menschen hungerten, auf der Linken agierten mächtige militante Gewerkschaftsorganisationen (Organisationsrate: 54 Prozent!), Sozialisten und Kommunisten beherrschten die politische Szene und das bürgerliche Lager war zerstritten.

In dieser Situation war für 1947 ein Generalstreik geplant, der mit Sicherheit der schwachen öffentlichen Struktur einen Todesstoß versetzt hätte und eben jene »revolutionäre Lage« geschaffen hätte, auf die Gewerkschaften und linke Parteien hofften. Der SCAP verbot den Streik und nahm damit der revolutionären Bewegung die Spitze; Gewerkschaften und sozialistische Parteien zersplitterten sich und verloren schnell an Rückhalt in der Bevölkerung, der red purge tat ein Übriges und die revolutionäre Bewegung fiel in sich zusammen.

1947 war auch eine neue Verfassung in Kraft getreten, die mit tatkräftiger amerikanischer Hilfe ausgearbeitet worden war; ihre wichtigsten Maßgaben waren das allgemeine Wahlrecht für Frauen und die politische Entmachtung des Tenno, der seither nur noch Symbol Japans ist. Vor allem aber wollten die amerikanischen Reformer Japan für immer die Möglichkeit nehmen, Kriege zu führen. Im berühmten Artikel 9 der japanischen Verfassung verzichtet Japan für immer auf das souveräne Recht, Krieg zu führen, »Land-, See- und Luftstreitkräfte werden nicht unterhalten«. Der Koreakrieg entwertete diesen Artikel aber schnell; nur zehn Jahre nach Abschaffung aller japanischen Streitkräfte

ZITAT

Unter dem Titel »Stress am Arbeitsplatz« schildert das Nachrichtenmagazin »Der Spiegel« (8/1997) einen Arbeitstag in Japan:
In Japan beginnt der Feierabend meist erst, wenn der Chef sich von seinem Fensterplatz im streng hierarchisch aufgeteilten Großraumbüro erhebt und das Jackett anzieht. Und dann geht es meist nicht nach Hause, sondern auf anstrengende Zechtour durch Kneipen oder Karaoke-Bars.

100264

Die Ruine des Gebäudes der Industrie- und Handelskammer von Hiroshima, der so genannte Atombombendom, ist ein Mahnmal an die Atombombenexplosion von 1945.

durch die Besatzungsmacht rüstete Japan unter amerikanischem Druck wieder auf. Heute umfasst die so genannte Selbstverteidungsarmee (japanisch jieitai) als Berufsarmee rund 300000 Mann.

Die ersten freien Wahlen wurden 1946 abgehalten und Japans Frauen machten von ihrem neuen Recht lebhaft Gebrauch. Aber es gab keine klaren Mehrheiten, sodass schließlich eine konservative Koalition unter Führung von Yoshida Shigeru (»Japans Adenauer«) die Regierung übernahm. Nach nur einem Jahr im Amt stürzte diese Regierung, ein sozialistisches Kabinett trat an ihre Stelle; aber ein Korruptionsskandal – die erste von zahllosen politischen Affären in der Nachkriegszeit – beendete nach wenigen Monaten das sozialistische Zwischenspiel. 1949 kam wiederum Yoshida an die Macht, der sich mithilfe der amerikanischen Besatzungsmacht und gestützt auf eine breite konservative Mehrheit im Parlament wirkungsvoll gegen die linke Opposition durchsetzen konnte.

Besucher auf dem Gelände des umstrittenen Yasukuni-Schreins in Tokio am 11. 8. 2001. In dem Shinto-Heiligtum, nationale Gedenkstätte für 2,5 Mio. japanische Kriegsgefallene, werden auch 14 hingerichtete Kriegsverbrecher des Zweiten Weltkriegs geehrt.

Die gesamten Fünfzigerjahre sind geprägt von erbitterten Auseinandersetzungen zwischen den Konservativen, den sozialistischen Oppositionsparteien und den radikalen Gewerkschaftsverbänden - allen voran den Lehrergewerkschaften. Im Verlauf des Koreakriegs wurde die Linke weitgehend kriminalisiert und geschwächt; die Lage klärte sich erst, als sich 1955 rechts der Mitte mehrere bürgerlich-konservative Parteien zur heutigen Liberaldemokratischen Partei (LDP) zusammenschlossen und auf der Linken verschiedene sozialistische Parteien in das Parlament einzogen. Am äußersten linken Rand führte die Kommunistische Partei Japans

(KPJ) ein Schattendasein. Die LDP stützte sich (und stützt sich noch heute) auf bäuerliche Wählerschichten und hatte hinter sich die geballte Macht der japanischen Wirtschaft; die Sozialistische Partei Japans (SPJ) verbündete sich mit den Gewerkschaften und vor allem der städtischen Wählerschaft.

Reformversuche und Wirtschaftsboom

Neben Demokratisierung und Entmilitarisierung waren grundlegende Wirtschaftsreformen Hauptzielsetzung der amerikanischen Besatzungsmacht. Dabei rangierten eine Bodenreform und die Zerschlagung der »Zaibatsu« genannten großen Konzerne ganz vorn. Die japanische Landwirtschaft hatte sich in den Zwanziger- und Dreißigerjahren mehr und mehr zu einer Pächterlandwirtschaft entwickelt, in der riesige Scharen verarmter Kleinpächter einer kleinen Zahl von Großgrundbesitzern, vor allem auch städtischen Grundbesitzern, gegenüberstanden. Letztere waren Lehrer, Ärzte oder Anwälte, die ihre Vermögen in landwirtschaftlichen Grund und Boden investiert hatten. 1941 waren 46 Prozent aller Bauern in Japan Kleinpächter, ein Prozentsatz, der sich bis 1945 nicht veränderte.

Unter amerikanischem Druck wurde jetzt Agrarland in ganz Japan zu festen Sätzen aufgekauft und an die bisherigen Pächter zu günstigen Konditionen weiterveräußert. Auf diese Weise wurden zwei Millionen Hektar zu Eigentumsland für selbst arbeitende Bauern und es entstand die typische japanische Hofgröße von durchschnittlich einem Hektar pro Familie, auf dem intensive Landwirtschaft betrieben wurde. Im Gefolge dieser Agrarreformen konnte auch die japanische Industrie profitieren: Die nicht erbberechtigten Kinder aus Bauernfamilien – meist nicht sehr gut schulisch ausgebildet – wanderten als Industriearbeiter in die städtischen Ballungszentren ab und stellten dort die billigen Arbeitskräfte besonders in den zahllosen Klein- und Mittelbetrieben, während die schulisch besser ausgebildeten Nachwuchskräfte in die Großbetriebe gingen.

Die Agrarreform war das einzige Reformvorhaben, das die Besatzungsmacht erfolgreich umsetzte; die übrigen wirtschaftlichen Strukturreformen müssen letztlich als gescheitert angesehen werden. An erster Stelle ist hier der Versuch zu nennen, die riesigen Zaibatsu-Konzerne zu entflechten. Vergeblich hatten die amerikanischen Reformer sich bemüht, die verwirrenden Querverbindungen zwischen Familien-Holdinggesellschaften, Riesenbanken und zahllosen Tochterunternehmen zu kappen und die Konzerne in Einzelunternehmen aufzulösen. Was in Deutschland zum Beispiel mit der I. G. Farben gelang, schlug in Japan fehl. Die Zaibatsu wurden zwar formell entflochten, aber sie entstanden schnell wieder als Verbundgruppen in wenig veränderter Form. Ursprünglich sollten 1 200 Unternehmen entflochten werden, schließlich wurden nur 325 ausgewählt, bevor das Programm gänzlich gestoppt wurde. Immerhin wurden die fünf größten Holdinggesellschaften der Riesen-Zaibatsu Mitsui, Mitsubishi, Sumitomo, Yasuda und Fuji aufgelöst; die Rechtsform der Holding blieb bis 1996 verboten.

Zu den wirtschaftlich relevanten Reformen muss man auch die Umgestaltung des Erziehungswesens zählen. An die Stelle der bis 1945 üblichen Trennung von Elementarausbildung und Elitebildung trat ein einheitliches Schulsystem mit neun statt sechs Jahren Pflichtschule, anschließender Oberschul- und Universitätsausbildung, das 6-3-3-System nach amerikanischem Vorbild: sechs Jahre Grundschule, drei Jahre Mittelschule, drei Jahre

INFOBOX

Japanisch-amerikanischer Sicherheitsvertrag

In dem am 21. 1. 1960 zwischen Japan und den USA abgeschlossenen Sicherheitsvertrag verpflichteten sich beide Staaten, jeden internationalen Streitfall, in den sie verwickelt werden, friedlich zu lösen. Darüber hinaus beschlossen sie: »Die vertragschließenden Parteien werden von Zeit zu Zeit und im Falle der Bedrohung der Sicherheit Japans oder des internationalen Friedens und der Sicherheit im Fernen Osten auf Verlangen eines Beteiligten Beratungen über die Erfüllung dieses Vertrages führen.

Jeder Vertragspartner anerkennt, dass ein bewaffneter Angriff gegen einen der beiden Vertragspartner in den Territorien unter japanischer Verwaltung seinem eigenen Frieden und seiner Sicherheit gefährlich sein würde, und erklärt, dass er in Übereinstimmung mit seinen verfassungsmäßigen Vorschriften und Verfahrensweisen handeln wird, um der gemeinsamen Gefahr zu begegnen.«

160

Eine Parade zum 40-jährigen Bestehen der japanischen »Selbstverteidigungsarmee« auf dem Militärstützpunkt Asaka in der Präfektur Saitama im Jahr 1994

Oberschule. Die Ausbildung wurde dezentralisiert und der Aufsicht der Gebietskörperschaften unterstellt; in jeder der 47 neuen Präfekturen wurde eine staatliche Universität gegründet, aber auch die privaten Universitäten erlebten eine Blüte. Aus der Vorkriegszeit wurde jedoch ein Grundwert übernommen, der das japanische Schulsystem wahrscheinlich zum effizientesten der Welt machte: Schulischer Erfolg beruhte auf hartem Wettbewerb.

Der Aufstieg in die jeweils höheren Schulstufen und nicht zuletzt die Aufnahme in eine gute Universität konnten nur über rigorose Prüfungsauslese erfolgen; Japans Kinder und Jugendliche arbeiteten sich – und tun es noch heute – von einer »Prüfungshölle« zur anderen. Mädchen und Jungen erwarben ein gewaltiges Faktenwissen mit Schwerpunkten in naturwissenschaftlichen Fächern; in den Fünfziger- und Sechzigerjahren – bis weit in die Achtzigerjahre – produzierte das japanische Schul- und Universitätssystem eben jene belastbaren, hervorragend vorgebildeten jungen Arbeitskräfte, die in den Unternehmen des Landes das Heer der disziplinierten und aufopferungsvollen Arbeitskräfte stellten, die zur Grundlage japanischer Exporterfolge wurden.

Bis heute gibt es in Japan keine duale Ausbildung; junge Anfänger gehen von den Universitäten und Colleges weg in die Unternehmen und werden dort im Rotationsverfahren nach den Bedürfnissen des Unternehmens ausgebildet. So investieren diese Unternehmen in

Pflücken von Teeblättern auf einer Teeplantage in der Provinz Shizuoka auf Kyōto

160

ihren Nachwuchs sehr viel, aber diese Investitionen zahlen sich aus, da japanische Arbeitnehmer – noch immer, trotz der Krise – lebenslang in einem Unternehmen verbleiben; ein großer Arbeitsmarkt ist erst in Ansätzen erkennbar. Wechselseitige Loyalität zwischen Unternehmen und Mitarbeitern festigten die Erfolge der japanischen Wirtschaft in der Aufbauphase. Frauen hatten in diesem System keinen Platz, sie wurden in die innerbetrieblichen Aus- und Fortbildungsmaßnahmen nicht einbezogen; ihr Platz war zuerst – als junge Frauen – in Massen an den Fließbändern, dann – als Hausfrauen und Mütter – in den Familien. Gleichberechtigung im Arbeitsleben war und ist ein Fremdwort in Japan.

Wiederaufnahme diplomatischer Beziehungen

Noch vor der Wiedererlangung der nationalen Unabhängigkeit begann Japan seine diplomatischen Beziehungen zu Nachbarstaaten in der Region wieder zu normalisieren. Die Wiederaufnahme diplomatischer Kontakte wurde mit jenen Staaten vollzogen, die auf Reparationen verzichtet hatten, so etwa Indien, mit dem Japan schon 1952 einen bilateralen Vertrag über die Aufnahme von

Beziehungen unterzeichnete. Fast ebenso schnell gelang die Normalisierung des Verhältnisses zu den Ländern, die Japan im Pazifischen Krieg zwar besetzt hatte, denen es aber (ungewollt) zur nationalen Unabhängigkeit verholfen hatte (Birma 1954, Philippinen 1956), und mit Ländern wie Indonesien (1958) und Süd-Vietnam (1959). Hier waren es vor allem Reparationsforderungen, die einer schnelleren Normalisierung im Weg standen, aber es gelang der japanischen Diplomatie durch geschicktes Verhandeln, die Reparationsvereinbarungen de facto als Handelsverträge zum Bestandteil der frühen japanischen Exportstrategie zu machen.

Sehr viel länger dauerte die Aufnahme diplomatischer Beziehungen mit Südkorea, obwohl die Handelsbeziehungen schon 1952 wieder aufgenommen worden waren. Japan hatte wirtschaftlich enorm vom Koreakrieg profitiert, denn als Hinterland des Kriegsschauplatzes war es Nachschubbasis und Urlaubsland für amerikanische Soldaten und UNO-Angehörige; japanische Unternehmen belieferten die UNO-Truppen. In den drei Jahren des Kriegs verdoppelten sich die Industriekapazitäten Japans. Die südkoreanische Führung hatte mit großer Bitternis gesehen, wie Japan aus dem Krieg Nutzen zog;

Schüler einer Oberschule versammeln sich vor der Halle der drei Buddhas (Sanbutsudo) des Rinoji-Tempels in Nikkō zum Gruppenfoto. Das Schulsystem wurde nach 1945 nach amerikanischem Vorbild vereinheitlicht.

237

der Hass auf die ehemaligen Kolonialherren wuchs. Dieser koreanische Hass war nur ein Hindernis, ein anderes waren die vielen Exilkoreaner in Japan – die koreanische Minderheit zählt noch heute etwa 650 000 Menschen –, von denen zwischen 1959 und 1962 gegen den Willen Südkoreas 76 000 nach Nord-Korea ausreisten. Erst 1965 wurden bilaterale diplomatische Beziehungen aufgenommen, begleitet von wütenden Protesten in Südkorea: Durch die Medien gingen Bilder fanatischer koreanischer Studenten, die sich vor der japanischen Vertretung Finger abhackten, um ihrem verzweifelten Widerstand Ausdruck zu verleihen.

160

Noch immer sind die Amerikaner auf der japanischen Insel Okinawa präsent, wie hier auf dem Luftwaffenstützpunkt Futema.

Die wilden Fünfziger

Nach Festigung des »1955er-Systems« gingen wechselnde japanische Regierungen daran, das Bündnissystem mit den USA zu reformieren. Der bilaterale Sicherheitsvertrag zwischen beiden Staaten war aus konservativer Sicht demütigend für Japan, die USA hatten jedoch eine Revision ohne japanische Verteidigungsanstrengungen abgelehnt. Jetzt verfügte Japan über eigene Streitkräfte, und 1957 konnte der damalige Regierungschef Kishi Nobusuke eine Revision in Angriff nehmen. Kishi war als Kriegsverbrecher angeklagt gewesen und hatte ohne Urteil bis 1948 in Haft gesessen. Unter Kriegspremier Tōjō war er von 1941 bis 1944 Handels- und Industrieminister gewesen. Die Tatsache, dass er nach dem Krieg Ministerpräsident werden konnte, wirft ein trübes Licht auf Japans Verhältnis zur eigenen jüngeren Vergangenheit; ein Vergleich mag das verdeutlichen: Kishi als Premier hätte in Deutschland entsprochen, Albert Speer zum Bundeskanzler zu machen.

Die USA tolerierten solche denkwürdigen politischen Entwicklungen, zumal sie nach Ende der Besatzungszeit im Friedensvertrag von San Francisco 1951 und dem anschließenden Sicherheitsvertrag nur noch indirekt Druck auf Japan ausüben konnten und ihnen im Kalten Krieg ein konservatives Japan allemal lieber war. Gegen erbitterten Widerstand der parlamentarischen Opposition, gegen Proteste der Gewerkschaften und vor allem in heftigen Auseinandersetzungen mit der radikalen Studentenbewegung (Verband »Zengakuren«) peitschte Kishi die Revision des Sicherheitsvertrages 1960 durch das Parlament. Die Opposition blockierte den Sitzungssaal; Kishis Konservative tagten heimlich in einem Seitentrakt des Parlaments und stimmten ab. In den Straßen tobten Schlachten zwischen Studenten und Polizei; sechs Millionen Bürger leisteten Widerstand; eine Studentin wurde getötet und 500 Menschen erlitten Verletzungen.

Der Kampf gegen die Verlängerung und Revision des Sicherheitsvertrages ging als »Anpo« in die Biographien einer ganzen Generation ein: Zum letzten Mal hatte sich die vereinigte Linke gegen das konservative Machtmonopol zur Wehr gesetzt – und war gescheitert. Einziger Erfolg der linken Widerstandsbewegung: Der damalige amerikanische Präsident Dwight D. Eisenhower musste seinen Staatsbesuch in Japan absagen. Kishi trat zwar zurück, aber der Sicherheitsvertrag gilt noch heute. Die Generation der gescheiterten Linken resignierte und machte sich nun daran, das große Geld zu verdienen; das Ende der Widerstandsbewegung markiert den Beginn des japanischen Wirtschaftswunders.

Diese Entwicklung spiegelte sich in den folgenden Wahlsiegen für die Konservativen: Schon im November 1960 erreichte die Regierungspartei LDP in den Parlamentswahlen 58 Prozent aller Stimmen, die Linke landete abgeschlagen und zersplittert. Der konservative Triumph hatte zwei Konsequenzen, die zur Voraussetzung für den folgenden Wirtschaftsaufschwung wurden: Japan band sich eng an die USA und konnte unter dem amerikanischen Atomschutzschild, ohne nennenswerte eigene Rüstungsausgaben, alle Kräfte auf die wirtschaftliche Entwicklung konzentrieren, und im Innern wurde ein konservatives Herrschaftsmonopol zementiert, das 35 Jahre lang unangefochten blieb. *Manfred Pohl*

Diktatur, Revolution, amerikanische Intervention: Lateinamerika

Eine »Stunde null«, in der einen oder anderen Weise zutreffend für die vom Zweiten Weltkrieg betroffenen Staaten Europas, hat es 1945 in keiner der Teilregionen Lateinamerikas gegeben. Das epochale Ereignis in der ersten Hälfte des 20. Jahrhunderts war in diesem Großraum vielmehr die Weltwirtschaftskrise ab 1929 (Große Depression). Bis dahin basierten die nationalen Volkswirtschaften auf dem Export von Rohstoffen und dem Import von Konsumgütern aus Nordamerika und Europa. Nun hatten sich die terms of trade im Güteraustausch mit den Industrieländern drastisch verschlechtert. Überall sanken die nationalen Sozialprodukte, was zu sozialen Verwerfungen mit teilweise erschreckend harten Lebensbedingungen führte. Daraus ergaben sich seit den 1930er-Jahren zwei auch nach 1945 wirksame Trends:

1. Die Große Depression setzte in Lateinamerika einen Prozess der Entfaltung heimischer Industrien in Gang. Er zielte vor allem darauf, eigene Konsumgüter zu

produzieren. Sie sollten die Importe aus den etablierten Industrieländern Nordamerikas und Europas substituieren (womit freilich keineswegs gemeint war, die Exportorientierung der Wirtschaft preiszugeben). Dieses neue lateinamerikanische Wachstums- und Entwicklungsmodell (»importsubstituierende Industrialisierung«) führte zur Ausbildung eines neu entstehenden beziehungsweise sich weiter differenzierenden Mittelstands und (in den größeren Staaten) eines zahlenmäßig starken Industrieproletariats sowie subproletarischer Armutsschichten. In bis dahin nicht gekanntem Ausmaß trat der Staat nun als Ordnungsmacht des Wirtschaftsgeschehens auf, der den Ausbau der Infrastruktur forcierte, hohe Schutzzölle

Trocknen der Kaffeebohnen auf einer Kaffeeplantage in Ecuador. Die Ausfuhr von Kaffee macht in vielen Ländern Lateinamerikas einen Großteil der Exporte aus. Als Folge der Weltwirtschaftskrise verfielen nach 1929 etwa in Brasilien u. a. die Rohstoffpreise für Kaffee und lösten einen Aufstand aus.

100264

Die ehemalige Schauspielerin und Rundfunksprecherin María Eva Perón, bald nur noch »Evita« genannt, konnte dank ihrer Popularität die Gewerkschaften und die Industriearbeiter mobilisieren, um die Freilassung ihres Mannes Juan Domingo Perón zu erzwingen.

50558

erhob, seinen Einfluss auf die Banken verstärkte, Kredite vergab und Unternehmen gründete. Damit ging zugleich der Ausbau der Verwaltung einher.

2. Das Vertrauen in die meist noch stimmrechtsbeschränkte Parteiendemokratie nahm spürbar ab. In vielen Ländern Lateinamerikas kam es jetzt zu einem Regierungs- oder Regimewechsel. Neue autoritär-diktatorische Machthaber kehrten sich dabei oft betont gegen die alten Oligarchien – gegen jene Eliteschichten und deren politische Exponenten, die das alte liberale Weltwirtschaftssystem getragen hatten. In den beiden bevölkerungsreichsten Staaten des Subkontinents, Brasilien und Mexiko, setzte sich ein neuer Regimetypus durch. Er war

gerichtet gegen einen demokratischen Parteienpluralismus, und die neuen Machthaber schworen die Massen auf populäre sozialrevolutionäre beziehungsweise nationalistische Ziele ein. Sie brachten die Korporationen (Gewerkschaften und andere Massenorganisationen) durch Reorganisation und Neugründungen in ein klientelhaftes Abhängigkeitsverhältnis zur Regierung. Dieser neue populistisch-korporatistische Regimetypus wurde später auch in Argentinien bestimmend - seit den Dreißigerjahren auch in vielen anderen Regionen Lateinamerikas. Die Auswirkungen der Weltwirtschaftskrise ließen allerdings auch - wie in Chile und Uruguay - eine Festigung demokratischer Strukturen zu.

Lateinamerika und der Zweite Weltkrieg

Der Zweite Weltkrieg sollte den Subkontinent nachhaltig beeinträchtigen. Früher oder später mussten alle Länder nach dem Kriegseintritt der USA ihre Neutralitätspolitik aufgeben. Man sah die USA als kommende politische und wirtschaftliche Führungsmacht in der Welt und witterte neue Exportchancen. Da der Krieg fast überall auch innenpolitische Entwicklungen beschleunigte, verschafften sich schließlich fast durchgängig liberale und reformerische Tendenzen Geltung.

Gétulio Dornelles Vargas' brasilianisches Regime, das den »Neuen Staat« (Estado Novo) proklamiert hatte und der rechten Spielart des populistisch-korporatistischen Typus zugehörig war, schien sich durch den Beitritt seines Landes zur Anti-Hitler-Koalition 1942 überlebt zu haben. Denn immerhin halfen brasilianische

INFOBOX

»Don't cry for me, Argentina«

In ihrer Heimat wurde Evita Perón schon zu Lebzeiten verehrt. Ihren anhaltend großen internationalen Bekanntheitsgrad verdankt sie jedoch dem 1978 am Broadway uraufgeführten Musical »Evita« von Andrew Lloyd Webber.

Das Stück um ihr ebenso glamouröses wie abenteuerliches Leben wurde zum Kassenschlager; es erhielt sieben Mal den Tony-Award, den Oscar des Broadways. Kein Wunder, denn die Geschichte um die Sängerin und Schauspielerin Evita, die ihr Weg aus einfachsten Verhältnissen an die Seite des argentinischen Präsidenten führt, ist geradezu prototypisch für das amerikanische Tellerwäscherklischee.

Soldaten an der italienischen Front Seite an Seite mit Verbänden der US-Armee den Hitler-Faschismus niederzuringen. Aus den Reihen der Streitkräfte und der Intelligenz wurde jetzt eine Demokratisierung des Landes gefordert. Vargas selbst vollzog schließlich mit der neuen Verfassung von 1946 den Übergang zur Demokratie.

160

Unter Juan Domingo Perón, der 1946 durch Wahlen legal an die Macht gelangt war, nahm Argentinien einen zunächst großen wirtschaftlichen Aufschwung. Als die Wirtschaftskraft um 1950 nachließ, nahm die Herrschaft Peróns zunehmend totalitäre Züge an.

Für Argentinien hatten die USA während des Kriegs einen Lieferboykott verhängt. Er verstärkte den hier tief verwurzelten Antiamerikanismus und führte 1943 zu einem Militärputsch. Die neue Junta, getragen von achsenfreundlichen und nationalistischen Kreisen des Offizierskorps, begann eine Kampagne gegen die vermeintliche »Zersetzung« der Gesellschaft und ließ alle politischen Parteien verbieten. Als neuer Arbeitsminister profilierte sich Juan Domingo Perón, der mit einem Paket staatlich verordneter Sozialleistungen die Massen positiv einstimmte und der Junta damit den Machterhalt sicherte.

Die sich abzeichnende Niederlage der Achsenmächte zeigte allerdings auch hier ihre Wirkung: Die Junta kam als »letzte Bastion des Faschismus« in Verruf und war im In- und Ausland isoliert. Das stärkte die argentinische Opposition, die inzwischen auch aus Kreisen der Industrie Unterstützung erfuhr. In dieser Krisensituation entmachtete das Regime den Minister im Oktober 1945 und

INFOBOX

United Fruit Company

Zur beherrschenden Machtposition im Weltbananenhandel gelangten US-amerikanische Fruchtgesellschaften (fruit companies), die mit zweifelhaften Methoden des Landerwerbs die großflächige Plantagenproduktion für den Export durchsetzten und damit riesige Gewinne erzielten. Die bedeutendste dieser Fruchtgesellschaften war lange Zeit die 1899 gegründete United Fruit Company (UFCO). Ihr gelang es schließlich, etwa 10 Prozent der nutzbaren Agrarfläche in den zentralamerikanischen Tropenländern an sich zu reißen, womit sie dort auch politisch eine beherrschende Stellung erlangte. Denn die Regierungen in der Region waren auf die Steuereinnahmen der Exportproduktion angewiesen. Die Company erwirtschaftete 1955 einen Gewinn von insgesamt 58 Mio. US-Dollar. Damit übertraf sie die gesamten Staatseinkünfte Costa Ricas im selben Jahr.

100562

Die kolumbianischen Schriftsteller Alvaro Mutis und Gabriel García Márquez (von links) zählen zu den meist ausgezeichneten Autoren Lateinamerikas. García Márquez wurde weltberühmt mit seinem Roman »Hundert Jahre Einsamkeit« (1967).

ließ ihn gefangen setzen. Doch Aufmärsche seiner Klientel erzwangen kurz darauf seine Rückkehr in die Regierung. Seine Anhänger gründeten nun die Arbeiterpartei (Partido Laborista), die ihren Kandidaten Perón bei den freien Präsidentschaftswahlen im Februar 1946 zu einem überwältigenden Sieg trug.

In allen Ländern Lateinamerikas hatte der Zweite Weltkrieg die Exporterlöse drastisch reduziert. Nach Kriegsende gab es in Europa einen enormen Importbedarf an Nahrungsgütern, auf den sich die argentinische Wirtschaft im großen Stil einließ. Aber ansonsten war Europa mit seinem eigenen Wiederaufbau beschäftigt, der unter der Schirmherrschaft der USA stand, und auch deren Wirtschaft zeigte sich zunächst wenig interessiert, in Lateinamerika Neuinvestitionen zu tätigen.

Nun wurde es geradezu zur Doktrin, dass die lateinamerikanischen Länder forciert ihre eigene Industrialisierung in Angriff nehmen müssten. Die Chefideologen dieser Doktrin besaßen ihren institutionellen Rückhalt in der 1948 als Unterorganisation der UNO gegründeten Wirtschaftskommission für Lateinamerika (CEPAL).

Machtvoll setzte die Industrialisierung in den Fünfzigerjahren ein und konnte bis zur großen Schuldenkrise der Achtzigerjahre mehr oder weniger ungebremst fortgesetzt werden, allerdings von temporären Stagnationsphasen unterbrochen.

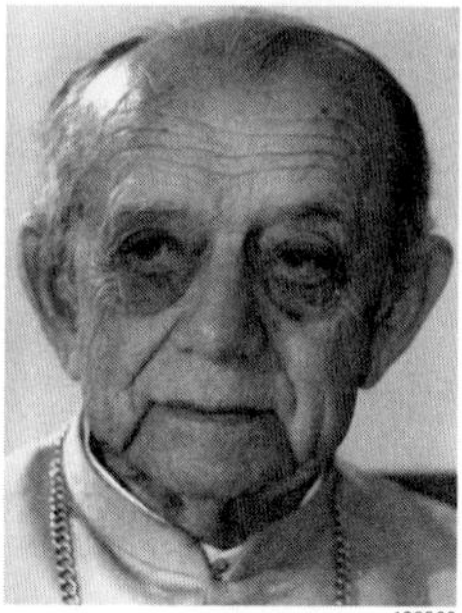

100562

Der brasilianische katholische Theologe Hélder Pessôa Câmara, 1964–85 Erzbischof von Olinda, forderte vom Staat eine gezielte Entwicklungs- und Bildungspolitik im Rahmen eines eigenständigen »brasilianischen Sozialismus«.

Der Peronismus in Argentinien

Als Perón durch die freien Wahlen von 1946 legal zur Macht gelangt war, ließ es sich für ihn komfortabel regieren: Die argentinische Wirtschaft boomte, was einen weiteren Ausbau der industriellen Kapazitäten zuließ und deren schnelle Auslastung nach sich zog. In konsequenter Weiterentwicklung seiner Politik aus der Zeit vor 1946 wurde nun den Belangen der Unterschichten nachdrücklich Rechnung getragen. Möglich war diese Politik, weil Perón seine breite Anhängerschaft reorganisierte und ihr mit dem Partido Peronista eine neue Plattform gab. Diese neue Partei schwor er ganz auf seine Person ein. Ferner nahm er den Gewerkschaften ihre Unabhängigkeit und verfügte eine weitgehende Gleichschaltung der Presse. Als zentrale Stütze seines Regimes erwies sich zudem seine Frau María Eva Duarte de Perón, genannt Evita, die sich rastlos für die Belange der Ärmsten und Benachteiligten verzehrte. Nach ihrem frühen Krebstod (1952) wurde sie geradezu als Heilige verehrt.

Um das Jahr 1950 verschlechterten sich in Argentinien die wirtschaftlichen Rahmenbedingungen. Jetzt nahm die Herrschaft Peróns totalitäre Züge an: Mittels staatlich gelenkter Propaganda wurde ein fast grotesker Personenkult um seine Person geschürt und die peronistische »Weltanschauung« von Staats wegen dekretiert. Perón ließ den »internen Kriegszustand« verhängen und schaltete die zentralen Arbeitgeber- und Arbeitnehmerverbände gleich. Auch war er bemüht, sich das Militär gefügig zu machen – vergeblich, in den Führungsstäben begann es inzwischen zu gären. Als der Diktator sich auch noch mit der katholischen Kirche anzulegen begann, rebellierten Teile der Armee und zwangen ihn 1955 zur Aufgabe. Der Peronismus war nun entmachtet, blieb aber auch weiterhin eine bestimmende Kraft der argentinischen Innenpolitik und sollte seinem Exponenten 1973 noch einmal zur Macht verhelfen.

Boliviens sozialrevolutionäre Zäsur

Lateinamerika erlebte im 20. Jahrhundert nicht viele sozialrevolutionäre Regime, die sich dauerhaft etablieren konnten. Die durch die bolivianische Revolution von 1952 und durch die kubanische von 1959 an die Macht gekommenen gehören dazu. In Bolivien konnten sich die Machthaber der Nationalrevolutionären Bewegung (Movimiento Nacionalista Revolucionario, MNR) über zwölf Jahre halten. Sie gewährten den Indios die vollen Bürgerrechte, entmachteten die Großgrundbesitzer und enteigneten die Zinnbarone. Zusätzlich verstärkten sie die Rolle der Verwaltung in ihrer Aufgabe als Lenkungsorgan der Wirtschaft. Bei alldem galt es, die einseitige Ausrichtung auf den Zinnexport zu korrigieren.

Die seit 1964 nachfolgenden autoritär-repressiven Militärregime Boliviens erklärten sich den Zielen der Revolution von 1952 gleichfalls verpflichtet und ließen die meisten Bestandteile des Reformwerks unangetastet. Aber letztlich bekamen sie angesichts von Korruption,

INFOBOX

Die costa-ricanische Sozialversicherungskasse

Im Vergleich zu den meisten Staaten der Region, die durch die Folgen von Bürgerkriegen und durch große soziale Disparitäten geprägt sind, zeichnet sich Costa Rica durch ein hohes Maß an Stabilität aus. Die sozialen Unterschiede sind geringer als anderswo in Mittelamerika und es besteht eine demokratische Tradition.

Mitverantwortlich für diese relative Erfolgsbilanz ist die CCSS (Caja Costarricense de Seguro Social), die costa-ricanische Sozialversicherungskasse. Sie wurde 1941 gegründet und 1943 in ihrer heutigen Form als autonome staatliche Körperschaft etabliert. Die Versicherung, die heute prinzipiell alle Arbeitnehmer umfasst, beinhaltet Krankenversicherungs-, Mutterschafts-, Invaliditäts-, Rentenversicherungs- und Arbeitslosenversicherungsschutz.

Trotz einiger Kritikpunkte, die u. a. die bürokratische Schwerfälligkeit des Systems betreffen, stellt sich das Modell insgesamt als Erfolg dar, denn es hat in den letzten Jahrzehnten neben der Abschaffung der Armee im Jahre 1948 und einigen weiteren Faktoren wesentlich zur friedlichen und kontinuierlichen Entwicklung des Landes beigetragen. In einer von der WHO im Jahr 2001 vorgenommenen Bewertung der Qualität der Gesundheitssysteme nahm Costa Rica einen sehr respektablen 36. Platz unter den 191 Staaten der Welt ein.

Nach dem Sturz des brasilianischen Präsidenten João Goulart im April 1964 ging die politische Herrschaft an das Militär über. Panzer sind zum Schutz vor dem Kriegsministerium aufgefahren.

160

Ineffizienz der Verwaltung und Fehlsteuerungen in der Wirtschaftspolitik die Probleme ebenso wenig wie die Revolutionsregierungen in den Griff.

Guatemala – Das Interventionsmodell der USA
Zwischen der bolivianischen Revolution zu Beginn der Dekade und der kubanischen an deren Ende fiel ein besonderer Einschnitt: In Guatemala, einem Land mit schreiend ungerechten Besitzverhältnissen an Grund und Boden, steuerte Präsident Jacobo Arbenz Guzmán (1951–54) einen radikalreformerischen Kurs, der auf eine gerechte Verteilung des Bodens zielte. Im Juni 1952 verabschiedete das Parlament ein Dekret zur Enteignung und Umverteilung des Besitzes auf dem Lande. Davon begünstigt wurden rund 100 000 Familien.

Da das Gesetz die Interessen der heimischen Großgrundbesitzer und der United Fruit Company berührte, war die Regierung innen- wie außenpolitisch bald schwersten Anwürfen ausgesetzt. Washington verwahrte sich gegen »kommunistische Umverteilungspolitik« und finanzierte eine Interventionsarmee, die den Sturz des Präsidenten herbeiführte und die alten Verhältnisse wieder herstellte. In der ersten Hochphase des Kalten Kriegs hatten die USA so für ihre künftigen Regierungen den Weg zum Erfolg gegenüber missliebigen Regimen gewiesen. Die Einwirkung war direkt, offen und gewaltsam. Die USA sollten ihn in der Folge noch mehrfach erproben. Von diesem Schlag konnte sich Guatemala jahrzehntelang nicht mehr erholen. Fortan hatten hier die Streitkräfte das Sagen. *Jochen Gaile*

Regionale Sonderentwicklungen: Mexiko und Kuba

Mexiko und Kuba weisen in vieler Hinsicht eine politische Sonderentwicklung auf. Beide Regime führen ihre Legitimität auf eine erfolgreiche Revolution zurück und beide Länder standen in einer gewissen Regimeverwandtschaft: Nach der kubanischen Revolution leitete Mexiko eine »progressive« Außenpolitik gegenüber Kuba ein und schwang sich, es Kuba darin gleichtuend, zum Fürsprecher der Dritten Welt auf. Zudem verfolgte Mexiko einen eigenständigeren Kurs gegenüber den USA, der bis in die Präsidentschaft von José López Portillo y Pacheco (1976–82) durchgehalten wurde. Danach trennten sich die Wege beider Staaten wieder.

Ein Hauptwerk des mexikanischen Architekten und Malers Juan O'Gorman ist die Universitätsbibliothek in Mexiko mit ihren Fassadenmosaiken aus farbigem Naturstein (1951–53). Die Mosaiken zeigen Szenen aus der mexikanischen Geschichte.

237

Mexiko – Die »institutionalisierte Revolution«

Das Regime der Dreißigerjahre unter Lázaro Cárdenas stützte sich auf die 1929 gegründete Revolutionspartei, die die uneingelösten Ziele der mexikanischen Revolution aus dem zweiten Jahrzehnt des 20. Jahrhunderts verwirklichen wollte. Diese Partei gab sich 1946 den Namen Partido Revolucionario Institucional (Institutionalisierte Revolutionspartei, PRI) und behauptete fortan unangefochten die politische Vorherrschaft. In ununterbrochener Folge stellte der PRI bis heute alle Staatspräsidenten.

Die Hegemonialstellung des PRI verlieh Mexiko auf lange Dauer eine bemerkenswerte politische Stabilität. Die Staatspartei profitierte dabei von dem hohen Symbolwert der mexikanischen Revolution. Dieser Tatbestand erlaubte dauerhaft die staatliche Interessenkanalisierung und Kontrolle aller wesentlichen gesellschaftlichen Verbände und Gruppen durch den PRI. Das System war keineswegs diktatorisch, aber auch nicht offen-plural im Sinne einer parlamentarischen Demokratie. Lange Zeit blieben die Machthaber unangefochten, weil die Wirtschaft nach dem Zweiten Weltkrieg hohe Wachstumsraten zu verzeichnen hatte. Diese wurden mithilfe protektionistischer Maßnahmen erzielt, die eine forcierte Industrialisierung des Landes in Gang setzten. Die Regierungen konnten auch in sozialer Hinsicht beachtliche Erfolge erzielen.

Die Schwächen des mexikanischen Systems äußerten sich in einer hohen Anfälligkeit für politische Repression und Manipulationen, wenn das Regime seinen Macht-

ZITAT

Aus der Rede Fidel Castros 1994 zum Jahrestag der Revolution:

... Gelingt die Steigerung der Produktionsziffern, dann ist der Augenblick gekommen, in dem wir uns in eine Nation von Giganten verwandeln ... und fähig sein müssen, das zu wiederholen, was wir am 1. Januar 1959 getan haben ... Es lebe die reinste aller Revolutionen! Sozialismus oder Tod!

Der kubanische Guerillaführer Fidel Castro und sein Kommandostab auf einem geheimen Urwaldstützpunkt. Unter den Kameraden befindet sich auch Dr. Ernesto »Che« Guevara, der Arzt der Rebellen (2. von links).

100562

INFOBOX

Kubakrise

Unter Fidel Castro wurde Kuba 1959 zu einem sozialistischen Staat. Daraus resultierten schwere Spannungen mit den USA, die 1961 einen – kläglich gescheiterten – Versuch von Exilanten förderten, mit einer Invasion in der kubanischen »Schweinebucht« das Castro-Regime zu stürzen. Auch das von den USA verhängte Handelsembargo führte nicht zu diesem Ziel – im Gegenteil: Der sowjetische Staatschef Nikita Chruschtschow intensivierte die Unterstützung des strategisch so günstig gelegenen Inselstaats und trug nun seinerseits zur Eskalation bei, indem er 1962 mit der Installierung sowjetischer Raketenstellungen auf Kuba begann, was eine unmittelbare Bedrohung der Metropolen der amerikanischen Ostküste bedeutete.

Die Identifikation der Abschussrampen durch amerikanische Aufklärungsflugzeuge im September 1962 hatte eine Reihe von Krisensitzungen im Weißen Haus zur Folge, an deren Ende am 22. 10. John F. Kennedy von Chruschtschow den sofortigen Rücktransport der Raketen verlangte, was dieser ablehnte. Am 24. 10. errichteten die USA eine Seeblockade gegen Kuba, worauf sich die sowjetische Kriegsflotte in Richtung auf das Krisengebiet in Marsch setzte. Der Einsatz von Nuklearwaffen schien auf beiden Seiten bevorzustehen. Am 28. 10. erteilte Chruschtschow nach einem geheimen Briefwechsel mit Kennedy den Befehl zum Abdrehen der sowjetischen Flotte und zur Demontage sowie zum Rücktransport der Raketenanlagen. Im Gegenzug zogen die Amerikaner Anfang 1963 ihre Südrussland bedrohenden Raketenstellungen in der Türkei ab.

anspruch gefährdet sah. So wurden beispielsweise im Vorfeld der Olympischen Spiele von 1968 in Tlatelolco (Mexiko-Stadt) bei schweren Studentenunruhen Hunderte von Demonstranten niedergeschossen (»Massaker von Tlatelolco«). Bei den Präsidentschaftswahlen von 1988 kam es zu dubiosen, die Öffentlichkeit jahrelang erregenden Manipulationen.

Doch das zentrale Ereignis der jüngsten Geschichte des Landes ist der Ausbruch der großen Schuldenkrise zu Anfang der Achtzigerjahre, die die Regierung zur Abkehr von der traditionellen Sozialpolitik zwang. Zwischen 1982 und 1990 sahen sich die Mexikaner einem Reallohnverlust von fünfzig Prozent ausgesetzt. Solche Einbrüche förderten aber auch die Politisierung und Demokratisierung, insbesondere der Oppositionskräfte au-

Am Rande eines Atomkriegs ringen Chruschtschow und Kennedy erbittert um den Sieg in der Kubakrise (zeitgenössische Karikatur).

885

ßerhalb des PRI. Heute gelten diese Parteien als chancengleiche Mitbewerber um die politische Macht.

Die kubanische Revolution

Kuba am Vorabend der Revolution von 1959 – das war ein Land mit harten Lebensbedingungen für die Schnitter des Zuckerrohrs, mit Slums in den großen Städten und Korruption in den Ämtern, aber es war auch ein Urlaubsparadies für wohlhabende Nordamerikaner, die mit ihrem Geld die Taschen einer dünnen Besitzerschicht füllten. Dies zu ändern und das Gewaltregime von Fulgencio Batista y Zaldívar zu stürzen, war das erklärte

100880

Gefechte während des Invasionsversuchs der von der amerikanischen Regierung unterstützten Exilkubaner 1961 in der »Schweinebucht« an der Südküste Kubas

100562

Auf einem sowjetischen Frachter werden im November 1962 durch Planen verdeckte Raketenteile zurück in die UdSSR transportiert.

Ziel einer Hand voll Guerilleros. Sie hatten sich 1956 im unwegsamen Bergland der Insel festgesetzt, gewannen nach zähem Kleinkrieg schließlich eine breite Unterstützung und zogen unter Führung des jungen Rechtsanwalts Fidel Castro Ruz zu Jahresbeginn 1959 siegreich in die Hauptstadt Havanna ein.

Die umfassenden Enteignungen der neuen Revolutionsregierung betrafen auch die auf der Zuckerinsel in großer Zahl präsenten Land- und Kapitaleigner. Das alarmierte die amerikanische Regierung, die eine Embargo- und Sanktionspolitik gegen Kuba einleitete. Ein von der CIA geplanter, von der Regierung unterstützter und von Exilkubanern durchgeführter Invasionsversuch an der Südküste Kubas (»Schweinebucht«) scheiterte im April 1961 kläglich. Ziel der Aktion war der Sturz Castros, der seine Herrschaft jetzt sogar festigen konnte. Da Kuba in der Sowjetunion inzwischen einen mächtigen Verbündeten gefunden hatte, tobte der Kalte Krieg nun vor der »Haustür« der USA. Er gipfelte in der Kubakrise von 1962, die durch die unmittelbare Konfrontation der beiden Supermächte die Gefahr eines Dritten Weltkriegs heraufbeschwor.

Kuba war zu einem Zankapfel des Kalten Kriegs geworden. Das Überleben des Regimes lag somit dauerhaft im Interesse der UdSSR. Mithilfe günstiger sowjetischer Kredite, Öllieferungen unter Weltmarktpreisen, einer Abnahmegarantie für den kubanischen Zucker sowie anderer Handelsbegünstigungen modernisierte Castro sein Land; vor allem baute er ein als vorbildlich eingestuftes Bildungs- und Sozialsystem auf und beseitigte die Arbeitslosigkeit. Der Líder Máximo (»Höchster Führer«), von charismatischer Ausstrahlung, die die Kluft zwischen bürokratischer Führung und Volk überbrücken half, propagierte den Aufbau des Sozialismus und Kommunismus. Seine Aufrufe an die revolutionäre Linke des Subkontinents, eine Guerilla nach kubanischem Vorbild zu entfachen, erwiesen sich jedoch als Fehlschlag.

Kuba selbst stürzte 1970 in eine schwere Krise der Wirtschaft und des politischen Vertrauens. Jahre neuen Experimentierens folgten – in den Siebzigerjahren übernahm Castro in Wirtschaft und Politik das sowjetische System. Mit dem Ende des Kalten Kriegs verlor Kuba seine wichtigsten Handelspartner und ist heute den harten Bedingungen des Weltmarkts ausgesetzt.

Jochen Gaile

»Die Macht kommt aus den Gewehrläufen«: Revolutionäre Strategien und ihre Umsetzung

Als im Jahre 1997 die Gebeine Ernesto »Che« Guevaras von Bolivien, wo man ihn dreißig Jahre zuvor als Guerillero nach seiner Gefangennahme erschossen und verscharrt hatte, unter den Augen der Weltöffentlichkeit nach Kuba überführt wurden, zeigte sich, dass der »Mythos Che Guevara« – und mit ihm die Idee der sozialistischen Revolution – auch nach dem Ende des Ost-West-Konflikts seine Faszination noch keineswegs vollständig eingebüßt hat.

Jede Beschäftigung mit den bedeutenden Theoretikern und Praktikern der Revolution der zweiten Hälfte des 20. Jahrhunderts führt zunächst ins 19. Jahrhundert zurück. Unter dem Eindruck der ungehemmten Entwicklung des Kapitalismus und seiner sozialen Verwerfungen hatte Karl Marx seinerzeit den (gewaltsamen) Umsturz als notwendige, das heißt geschichtsphilosophisch zwangsläufige Voraussetzung der Errichtung einer kommunistischen Gesellschaft postuliert. Doch schon die Oktoberrevolution im zaristischen Russland von 1917 unter Führung Lenins zeigte, dass sich die Realgeschichte nur sehr bedingt an die theoretischen Vorgaben von Marx hielt. Denn nicht in den hochkapitalisierten Gesellschaften Deutschlands, Frankreichs oder Großbritanniens hatte die Revolution gesiegt, sondern im noch weitgehend feudal strukturierten Russland.

Abwandlung und Anpassung revolutionärer Theorie und Praxis an die spezifischen Verhältnisse der zu revolutionierenden Gesellschaften sollten auch für die An-

Die romantisch verklärte Darstellung des revolutionären Guerillaführers »Che« Guevara fand auch bei der jungen Generation der westlichen Industrieländer Anklang.

hänger und Nachfolger Lenins kennzeichnend sein. Über die prinzipielle Berufung auf Marx und Lenin hinaus lassen sich, bei aller Unterschiedlichkeit im Einzelnen, bei Revolutionären wie Mao, Ho Chi Minh oder Che Guevara jedoch eine Reihe von Übereinstimmungen feststellen: Die eigentlichen Adressaten ihrer Aktionen, das heißt die »revolutionären Subjekte« der Befreiung, waren die Bauern, was bereits bei Lenin angelegt war (»Arbeiter und Bauern«). Die sozialistischen Konzepte zur nachrevolutionären Gesellschaftsentwicklung enthielten zumeist die Punkte Landreform, Kollektivierung und Planwirtschaft, aber auch die »führende Rolle der Partei«; die Konzepte wurden zum Teil bereits während des Kampfes in den »befreiten« Gebieten umgesetzt.

Es gab eine enge Verbindung von revolutionärer, sozialemanzipatorischer Theorie und Praxis, was sich insbesondere in der Strategie und Taktik des militärischen Kampfs zur Eroberung der Macht, der »Guerilla« (spanisch »kleiner Krieg«), äußerte. Damit verbunden war die zentrale Bedeutung militärischer Gewalt; sie wurde nicht selten ideologisch oder romantisch verklärt. Ein

Mao Zedong unterwegs auf dem »Langen Marsch« im Gespräch mit Bauern

100562

100562

Angehörige der Roten Garden schwenken zur Zeit der Kulturrevolution in China bei einer Kundgebung am Platz des Himmlischen Friedens in Peking die »Mao-Bibel« mit wesentlichen Auszügen aus Maos Schriften.

weiterer Punkt war die Betonung nationaler Elemente in der revolutionären Theorie und deren Umsetzung; sie war durch den jeweiligen kolonialen oder neoimperialistischen Kontext vorgegeben. Daneben gab es aber auch das »internationalistische« Element; es bestand in der wechselseitigen politischen, agitatorischen und materiellen Unterstützung von außen, vor allem durch die UdSSR und andere sozialistische Länder.

»Wie die Fische im Wasser« – China

Geradezu idealtypisch äußerten sich diese Merkmale in der ersten erfolgreichen Revolution nach dem Zweiten Weltkrieg, die in China von Mao Zedong angeführt wurde. Schon früh erkannte Mao, dass die Revolution auf dem Lande nur mit den Bauern als Basis siegreich sein kann. Seine Gegner im Kampf um die Befreiung von Unterdrückung waren vor allem die Kuo-min-tang (KMT) unter Chiang Kai-shek und ab 1937 auch die japanische Armee. Da beide Kontrahenten Mao in militärischer Hinsicht anfangs weit überlegen waren, war er zur Anwendung des Partisanenkampfs gezwungen. Er verband diesen mit Elementen der klassischen chinesischen Kriegskunst (Ausweichen, taktischer und strategischer Rückzug). Der militärische Kampf hatte nur dann Aussicht auf Erfolg, wenn sich die Rebellen der Unterstützung der Bevölkerung sicher sein konnten, sich im Volk »wie Fische im Wasser« bewegten.

100562

Ho Chi Minh wurde eine Symbolfigur des Kampfes der westlichen Linken gegen das »Establishment« im eigenen Land.

Die Partisanentaktik, für die Mao sich zunächst nur notgedrungen entschieden hatte, wurde nun zu einer allgemeinen Theorie des revolutionären Kriegs einer militärisch unterlegenen Truppe gegen einen überlegenen Feind fortentwickelt. Diese Theorie, so Mao, solle so lange befolgt werden, bis der Gegner in einer konventionellen Feldschlacht besiegt werden könne. Ihre härteste Bewährungsprobe erlebte die Rote Armee, als sie 1934/35 von Truppen der KMT eingeschlossen wurde und sich nur nach verlustreichem Ausbruch und langwierigem Rückzug, dem legendären »Langen Marsch«, vor der Vernichtung retten konnte. Von den anfänglich 100 000 Rotarmisten überlebten weniger als 10 000.

Nach der Kapitulation Japans 1945 und dem Sieg der in Volksbefreiungsarmee umbenannten Roten Armee über Chiang Kai-sheks Truppen 1949 begann Mao, seine von Lenin deutlich abweichende Vorstellung vom Kommunismus umzusetzen und theoretisch zu konkretisieren. Wesentliches Merkmal seines Denkens wurde dabei die Übertragung der Lehren von Marx, Engels und Lenin auf die chinesischen Verhältnisse.

Seine langjährigen Erfahrungen im Krieg führten ihn zu einer starken Betonung des militärischen Kampfs, was ihn den Satz formulieren ließ: »Die Macht kommt aus den Gewehrläufen.« Bezüglich der »gesellschaftlichen Verhältnisse« kehrte Mao den entscheidenden Gedanken des Marxismus-Leninismus um: Veränderungen dieser Verhältnisse seien Resultat des veränderten Bewusstseins und folglich nicht die Konsequenz der veränderten Produktionsverhältnisse. Dem chinesischen Volk wies Mao auch eine führende Rolle bei der internationalen Verwirklichung des Kommunismus zu. Mit anderen Worten: Das chinesische Revolutionsmodell sollte auch für den Export gedacht sein. Erster Adressat in diesem Sinne war der südliche Nachbar Vietnam.

Verhandeln und kämpfen – Vietnam

Der vietnamesische Befreiungskampf muss zunächst im Zusammenhang mit der Entkolonialisierung gesehen werden. Er richtete sich nicht in erster Linie gegen die einheimische Herrschaftsschicht wie in China, sondern primär gegen Besatzungstruppen – nach dem Abzug der Japaner 1945 waren dies französische Kolonialeinheiten, die dem Mutterland seine frühere Kolonie zurückgewinnen wollten.

Schon 1941 hatte Ho Chi Minh die kommunistisch beherrschte Befreiungsbewegung der Vietminh gegründet, die unter Führung seines langjährigen militärischen Weggefährten Vo Nguyen Giap anfänglich gegen die japanische Besatzungsmacht, dann gegen die Franzosen kämpfte. Ho Chi Minh und sein Oberbefehlshaber der Vietminh-Streitkräfte betonten konzeptionell das Nebeneinander des politischen, auf Verhandlungen und Propaganda ausgerichteten Kampfs einerseits und des militärischen andererseits, wobei beide Vorgehensweisen als untrennbare Komponenten eines einheitlichen Ganzen verstanden wurden. Beide folgten Maos Empfehlungen, auf eine gute Beziehung zwischen kämpfender Truppe und Bevölkerung zu achten.

In ideologischer Hinsicht dagegen zeigte man sich in Vietnam als entschiedene Anhänger des Marxismus-Le-

ZITAT

Ho Chi Minh 1957 über die »Befreiung der unterdrückten Völker«:

Um die nationale Revolution erfolgreich abzuschließen und die nachfolgenden Stufen der Entwicklung des nationalen demokratischen Staates in der Hand zu behalten, müssen die Arbeiterklasse und die Partei die Führungsrolle in der Revolution übernehmen. Die Revolutionen für die Befreiung der unterdrückten Länder und des Proletariats in den Ausbeuterstaaten müssen sich gegenseitig unterstützen.

INFOBOX

Wie die Fische im Wasser

Nach Mao Zedong hatte der Kampf um die Befreiung von Unterdrückung nur Erfolg, wenn die Untergrundkämpfer von der Bevölkerung unterstützt würden. In seinen militärischen Schriften forderte er daher, dass sich die kommunistischen Partisanen im Volk »wie die Fische im Wasser« bewegen müssten. Das meinte nicht nur den Verzicht auf Willkürakte gegen die Zivilbevölkerung, sondern auch den Aufbau eines Vertrauensverhältnisses zwischen kämpfender Truppe und Bevölkerung. Anders als etwa die Soldaten der Kuo-min-tang half die Rote Armee den Bauern bei der Landarbeit. Diesem Beispiel folgte in Vietnam auch General Vo Nguyen Giap, der militärische Stratege des vietnamesischen Befreiungskampfes.

ninismus, freilich nicht ohne einige Anpassungen vorzunehmen. Ho Chi Minh betonte vor allem den Zusammenhang von nationaler Befreiung und sozialistischer Revolution sowie den Zusammenhang dieser beiden Umwälzungen mit der Weltrevolution. Danach bildeten die Völker der Dritten Welt und die ausgebeuteten Klassen in den Industrieländern das »naturwüchsig« miteinander verbündete revolutionäre Subjekt. Der Bogen, den die fernöstlichen Revolutionäre somit spannten, erhöhte die agitatorische und revolutionstheoretische Bedeutung dieses Denkens für die neomarxistisch geprägte Jugend der westlichen Welt in den Sechzigerjahren ganz ungemein.

Frankreich erwies sich als zu schwach, um der Opferbereitschaft und Entschlossenheit der Vietminh erfolgreich Paroli bieten zu können. Nachdem Giaps Kampftruppen den Kolonialherren 1954 mit der Einnahme der Dschungelfestung Dien Bien Phu eine empfindliche Niederlage beigebracht hatten, willigte Paris auf der Genfer Indochinakonferenz desselben Jahres ein, sich aus der Region zurückzuziehen.

Bis zur Abhaltung von Wahlen in ganz Vietnam sollten die kommunistischen Kräfte den Norden des Landes behaupten, die nicht kommunistischen Kräfte den Süden. Mit dieser faktischen Teilung Vietnams fanden sich die Vietminh aber keineswegs ab, und aus Furcht vor einer weiteren Ausbreitung des Kommunismus in der Welt engagierten sich nun die USA in Vietnam. Sie ließen sich

ZITAT

Frantz Fanon in seinem Hauptwerk »Die Verdammten dieser Erde« (1961) über die Gewalt:

Der einzigartige Kampf des Kolonisierten mit dem Kolonialherrn ist… ein offener, bewaffneter Kampf. Die historischen Beispiele sind: Indochina, Indonesien und natürlich Nordafrika.… Dieser bewaffnete Kampf beweist, dass das Volk entschlossen ist, sich nur noch auf gewaltsame Mittel zu verlassen.

dabei in einen Konflikt hineinziehen, der sich bald zum Vietnamkrieg ausweiten sollte – einem Krieg, der trotz des Einsatzes modernsten Kriegsgeräts am Ende nicht zu gewinnen war.

Fanon und der Befreiungskampf gegen Frankreich – Algerien

Frantz Fanons Name ist in besonderer Weise mit dem algerischen Befreiungskampf gegen Frankreich verbunden. Die Texte dieses Schriftstellers und politischen Theoretikers künden von der Notwendigkeit gewaltsamer antikolonialer Revolutionen. Das verhalf ihm nach seinem frühen Tod im Jahr 1961 zu wachsendem Einfluss auf die jüngere Generation in vielen Entwicklungslän-

50

Algeriens Bevölkerung feiert die Befreiung von der französischen Kolonialmacht.

ZITAT

Che Guevaras Kampfansage an den Imperialismus (1967):
Wie licht und nah würde sich uns die Zukunft darbieten, wenn zwei, drei, viele Vietnam auf der Erdoberfläche zutage träten, mit ihrem Blutzoll und ihren ungeheuerlichen Tragödien, mit ihrem täglichen Heldentum, mit ihren unablässigen Schlägen gegen den Imperialismus... Jede unserer Taten ist ein Kriegsruf gegen den Imperialismus und ein Appell zur Einsicht der Völker gegen den großen Feind des Menschengeschlechts: die Vereinigten Staaten von Nordamerika.

dern. Im Vergleich zu Mao, Ho Chi Minh oder Che Guevara sind in Fanons Werk freilich die Berührungspunkte mit Marx und Lenin eher gering.

Die algerischen Verhältnisse waren den vietnamesischen in gewisser Weise sehr ähnlich: Die Kolonialmacht Frankreich trachtete hartnäckig danach, an ihrem Besitz festzuhalten. Die vielen weißen Kolonisten Algeriens (colons) hielten alle maßgeblichen wirtschaftlichen und politischen Schlüsselstellungen besetzt. Am 1. November 1954 löste eine radikale Gruppe der Nationalen Befreiungsfront (FLN) um Ahmed Ben Bella einen bewaffneten Aufstand aus. Als Algerien nach langem blutigem Kampf 1962 seine Unabhängigkeit von Frankreich erwirkt hatte, kam es zu einer grundlegenden Umwandlung der gesellschaftlichen und politischen Verhältnisse: Eine Million Kolonisten kehrten nach Frankreich zurück, und der FLN ergriff die Macht.

Geboren 1925 auf der französischen Karibikinsel Martinique, hatte Fanon, der farbigen Mittelschicht zugehörig, den algerischen Befreiungskampf lange begleitet. Am Zweiten Weltkrieg nahm er als Offizier der bewaffneten Streitkräfte unter Charles de Gaulles »Freiem Frankreich« teil (und nicht, wie mancherorts zu lesen ist, als Partisan). Nach dem Krieg studierte er in Frankreich Philosophie und Medizin. Schließlich kam er 1952 als Arzt nach Algerien. Tief beeindruckt von der Idee eines antikolonialen Befreiungskampfs, gab Fanon 1956 den Posten als Leiter einer psychiatrischen Klinik auf und schloss sich dem FLN an. Er war zeitweilig Botschafter der provisorischen algerischen Regierung in Ghana; zugleich arbeitete er an theoretischen Schriften zum antikolonialen Befreiungskampf.

100562

Fidel Castro und Nikita Chruschtschow am 6. 6. 1963 in Moskau

In seinem Hauptwerk »Die Verdammten dieser Erde« (abgeleitet von der ersten Strophe der »Internationale«) entwickelte er die Grundgedanken seiner politischen Überzeugung. Die Gewalt, so legte er dar, sei eine Antwort der Kolonisierten auf ein bestehendes koloniales Zwangssystem. Von ihr erwartete Fanon eine für das Individuum wie auch für die Gesellschaft befreiende Wirkung, die zudem grundlegend für die nationale Entwicklung nach Erringung der Unabhängigkeit sei.

Mit diesen Gedanken verband Fanon eine entschieden antieuropäische Einstellung: Zwar habe Europa die

INFOBOX

Ikonen der Linken

Das Doppelgestirn der Spitzenführer Ho Chi Minh und Vo Nguyen Giap, die bei der »Augustrevolution« von 1945 und im Indochinakrieg (1946–54) noch eine überragende Rolle gespielt hatten, begann nach dem Tod Ho Chi Minhs im September 1969 schnell zu verblassen: Das Führungsquartett Le Duan, Pham Van Dong, Truong Chinh und Le Duc Tho hatte die Macht übernommen.

Und doch blieben beide aktuell, v. a. Ho Chi Minh durch sein politisches Charisma: Besonders im Ausland erlebte »Onkel Ho« eine Renaissance ohnegleichen, und zwar nicht nur als Protagonist des Widerstands gegen den »US-Imperialismus«, sondern auch als Symbolfigur des Kampfes der westlichen »Linken« gegen das »Establishment« im eigenen Land. Die Parole »Ho-Ho-Ho-Chi-Minh« hallte damals durch die Straßen der westlichen Welt und war Begleitmusik aller »regimekritischen Demos« – von Berlin über Paris bis Washington.

Idee der Humanität einst hervorgebracht, diese jedoch durch den Kolonialismus zugleich auch wieder verraten. Den letzten Triumph des FLN zu erleben, sollte ihm nicht mehr vergönnt sein. Ein Jahr vor dem endgültigen Rückzug der Franzosen aus Algerien starb er 1961 in New York.

Hasta la victoria siempre! – Kuba und der Mythos Che Guevara

Wie keine zweite Persönlichkeit dieses Bezugsrahmens sollte Che Guevara weltweit die revolutionär gestimmten Gemüter inspirieren. Gleich vielen anderen revolutionären Führern war er bürgerlicher Herkunft. Er wurde 1928 als Sohn wohlhabender Eltern in der argentinischen

Die kubanische Revolution ist untrennbar mit den Namen Castro und Guevara verbunden.

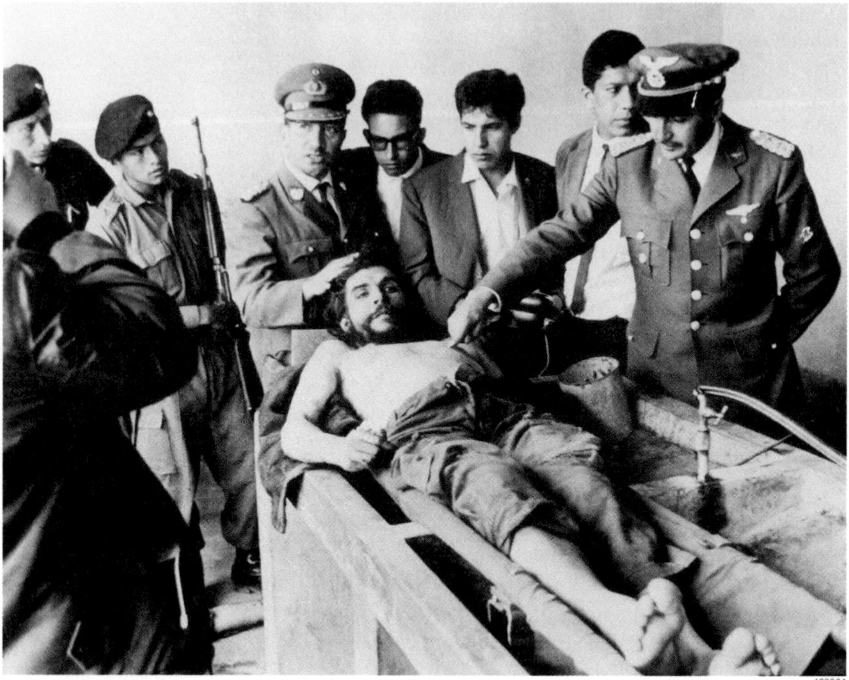

100264

Am 9. 10. 1967 wurde »Che« Guevara von einem Unteroffizier der bolivianischen Streitkräfte erschossen.

Stadt Rosario als Ernesto Guevara Serna geboren; sein späterer Spitzname »Che« (argentinisch für »He« oder »Pass mal auf!«) rührte von der häufigen Verwendung dieses Wortes durch ihn her. Nach Abschluss seines Medizinstudiums 1953 ging er zunächst nach Guatemala, 1954 nach Mexiko. Dort traf er auf eine Gruppe Exilkubaner, unter ihnen Fidel Castro.

Im November 1956 brach er mit diesen nach Kuba auf, um gegen das von den USA unterstützte Regime des Diktators Fulgencio Batista y Zaldívar zu kämpfen. Schon bald stellten sich Erfolge ein. Vor allem konnte Castro die ländliche Bevölkerung für den Guerillakampf gewinnen. Ferner gelang es ihm, durch eine geschickte Medienpolitik in den USA zu bewirken, dass die amerikanische Regierung ihre Unterstützung für Batista einstellte. Nach dreijährigem Befreiungskampf marschierten die siegreichen Guerilleros in die Hauptstadt Havanna ein. Danach wirkte Che Guevara als Präsident der kubanischen Nationalbank (1959–61) und als Industrieminister (1961–65) am Aufbau der »neuen Gesellschaft« mit.

In dieser Zeit verlegte er sich auch auf die Abfassung theoretischer Schriften, die deutlich agitatorischen Charakter trugen und zumeist von den allgemeinen Erfolgsbedingungen des sozialistischen Umsturzes handelten. Aus den Erfahrungen der erfolgreichen kubanischen Revolution zog Che Guevara vier wesentliche Schlüsse. Erstens: Eine Aufstandsbewegung kann den Krieg gegen reguläre Streitkräfte eines Staates gewinnen. Zweitens: Es ist nicht notwendig zu warten, bis alle klassischen Bedingungen für eine Revolution erfüllt sind. Drittens: Selbst der von einer kleinen Guerillagruppe gebildete »Brennpunkt« (foco) kann schließlich die Revolution entfachen. Viertens: Im unterentwickelten Lateinamerika muss der Schwerpunkt für den bewaffneten Kampf hauptsächlich auf dem Land liegen.

Geradezu mythische Bedeutung maß Che Guevara hierbei der Figur des Guerilleros bei: Einmal sollte dieser alle militärischen Tugenden zeigen – die Taktik des

Im Juli 1997 wurden die sterblichen Überreste Che Guevaras nach Kuba überführt und drei Monate später in einem Mausoleum in Santa Clara feierlich beigesetzt.

101171

schnellen »Zuschlagens« und des »Zurückziehens« anwenden, die perfekte Kenntnis landschaftlicher Gegebenheiten besitzen und ausnutzen sowie ein Höchstmaß an innerer Disziplin zeigen –, dann aber auch beseelt sein von den Idealen des gerechten Sozialreformers und bei alledem mit größter geistiger Flexibilität vorgehen. Als leidenschaftlicher Antiimperialist setzte sich Che Guevara für den revolutionären Befreiungskampf der Völker auf allen Kontinenten ein. 1967 formulierte er die berühmt gewordenen Worte: »Schaffen wir zwei, drei, viele Vietnam!«

Es kann darum kaum verwundern, dass Che Guevara die Aufgaben in der kubanischen Regierung bald nicht mehr ausreichend befriedigten. Auch seine Reisen um die Welt, wo er bei zahlreichen Auftritten öffentlichkeitswirksam für die Revolution zu werben verstand, verschafften ihm keinen wirklichen Ersatz für die revolu-

In Guinea-Bissau befindet sich das Denkmal zu Ehren der im Guerillakrieg gegen die Kolonialmacht Portugal Gefallenen.

100264

tionäre Tat. 1965 verzichtete er auf alle Ämter und die kubanische Staatsbürgerschaft. Sein Weg führte ihn zunächst in den Kongo, wo er sich den Rebellen anschloss, die im Osten des Landes gegen die prowestliche Regierung in der Hauptstadt Kinshasa kämpften. Doch schon bald zeigte sich, dass Che Guevaras »Fokus-Theorie« für den Kongo nicht anwendbar war. Hier führte der Guerillakrieg nicht zu einer massenhaften Solidarisierung der Bevölkerung mit den Partisanen, sondern war viel eher von ethnischen Rivalitäten gekennzeichnet.

Frustriert kehrte er Afrika den Rücken, um erneut in Lateinamerika für die Revolution zu streiten. In Bolivien sollte sich seine Annahme, dass die auf kubanischen Erfahrungen beruhende »Fokus-Theorie« allgemeine Gültigkeit besitze, schließlich als fataler Irrtum erweisen. An der Spitze einer aufständischen Gruppe von kaum mehr als fünfzig Guerilleros trug Che Guevara im Frühjahr 1967 den Kampf gegen das Regime des Präsidenten René Barrientos in die bewaldeten Hügel des Andenstaates. Doch die Bauernschaft mochte in dem Argentinier und seinen Guerilleros, die den Krieg in ihre Täler gebracht hatten, nicht die ersehnten Befreier sehen. So war das Unternehmen zum Scheitern verurteilt. Durch die Kämpfe mit Spezialeinheiten der Armee dezimiert und zudem eingeschlossen, ergab sich der verwundete Che Guevara mit dem kärglichen Rest seiner Mitstreiter und wurde am 9. Oktober 1967 von einem Unteroffizier der bolivianischen Streitkräfte erschossen.

Dieter Nohlen und Matthias Basedau

Amilcar Cabral, die »Sandinistas« und »Subcommandante Marcos«: Revolutionen in Afrika und Lateinamerika

Der bedeutendste Theoretiker und Organisator des Befreiungskampfs der afrikanischen Völker unter portugiesischer Kolonialherrschaft war Amilcar Cabral. Er wurde 1924 auf den Kapverdischen Inseln geboren (nach anderen Angaben in Bafatà im heutigen Guinea-Bissau), studierte Ingenieurwissenschaften in Lissabon und arbeitete in der Agrarabteilung der Kolonialverwaltung für Guinea-Bissau, ehe er 1956 die Afrikanische Partei für die

100562

Ausrufung der Republik Guinea-Bissau am 24. September 1973 durch den späteren Staatsratsvorsitzenden Luis de Almeida Cabral. Nach der Nelkenrevolution in Portugal erkannte das Land am 10. 9. 1974 die Unabhängigkeit ihrer ehemaligen Kolonie an.

Unabhängigkeit Guineas und der Kapverdischen Inseln (PAIGC) gründete. Seine Revolutionstheorie stellte eine Verbindung her zwischen nationalem Befreiungskampf und Kampf gegen Neokolonialismus sowie zwischen politischer Unabhängigkeit und »Befreiung der nationalen Produktivkräfte«. Gestützt auf den PAIGC, führte Cabral seit 1963 einen Befreiungskampf gegen die portugiesische Kolonialmacht, dessen politisch-militärische Strategie auf marxistischen Grundgedanken basierte.

Als Cabral am 20. Januar 1973 einem Attentat zum Opfer fiel, hatte der PAIGC schon große Teile Guinea-Bissaus unter seiner Kontrolle. Sein erfolgreicher Kampf stand nicht allein: In Moçambique operierte die Befreiungsfront von Moçambique (FRELIMO), und in Angola hatten sich die Nationale Front zur Befreiung Angolas (FNLA), die Volksbewegung zur Befreiung Angolas (MPLA) sowie die Nationale Union für die vollständige Unabhängigkeit Angolas (UNITA) formiert. So kam das Mutterland Portugal in schwere Bedrängnis, was im April 1974 schließlich zur »Nelkenrevolution« führte. Die einschneidenden politischen Veränderungen im

Mutterland bewirkten, dass die afrikanischen Kolonialgebiete schon alsbald in die Unabhängigkeit entlassen wurden.

Die Sandinisten

In Lateinamerika gelang es nach der kubanischen Revolution nur noch einer einzigen weiteren Befreiungsbewegung, an die Macht zu gelangen: den Sandinisten in Nicaragua. Ihr Kampf richtete sich gegen die von den USA gestützte Familienoligarchie der Somozas, die über Jahrzehnte mittels Repression und Wahlfälschung das Land beherrschte. Der 1962 von Carlos Fonseca, Tomás Borge Martínez und Silvio Mayorga gegründete FSLN (Sandinistische Nationale Befreiungsfront), benannt nach dem 1934 erschossenen Guerillaführer Augusto Sandino, verfolgte bald einen marxistisch-leninistischen Kurs und richtete sich in seiner Kampfstrategie an den kubanischen Erfahrungen und am Idol Che Guevara aus. Zunächst verliefen seine Mitte der Sechzigerjahre begonnenen Guerillaaktivitäten wenig erfolgreich, und mit der Tötung von Carlos Fonseca, dem theoretischen Kopf des FSLN, im November 1976 schien die Bewegung am Ende zu sein.

In dieser Situation riefen die Sandinisten zu einem Bündnis aller Anti-Somoza-Kräfte auf. Ermuntert durch die neue, menschenrechtsorientierte Politik der USA unter ihrem Präsidenten Jimmy Carter, wandten sich damals bürgerliche Kräfte um den Verleger Pedro Joaquín Chamorro und die katholische Kirche von dem Regime des Diktators Anastasio »Tachito« Somoza Debayle ab und begannen mit dem FSLN zu kooperieren. So geriet der Somoza-Clan immer stärker unter Druck. Die Ermordung Chamorros 1978 sollte die politischen Kräfteverhältnisse in Nicaragua dann vollends umkehren: Die USA kündigten ihre Unterstützung für Somoza auf. Als dieser im Juli 1979 außer Landes floh, hatte das breite Oppositionsbündnis gesiegt. Tatsächlich aber übernahm der FSLN mit Daniel Ortega an seiner Spitze die Macht.

Seit Beginn der Achtzigerjahre kam es in Nicaragua zu umfassenden Reformen im Bildungs-, Gesundheits- und Agrarwesen, durch den Aufbau sandinistischer Massenorganisationen auch zu weit reichenden Veränderungen des politischen Lebens. Nun begannen die USA, fest entschlossen, kein »zweites Kuba« zu dulden, den Widerstand gegen die Sandinisten zu organisieren und zu finanzieren. So formierte sich unter Führung ehemaliger Angehöriger der Nationalgarde Somozas die antisandinistische Guerillabewegung der »Contras«, die in den folgenden Jahren für eine Neuauflage des Bürgerkriegs sorgte. Die Herrschaft der Sandinisten endete allerdings auf friedlichem Wege. 1990 wurden in Nicaragua auf internationalen Druck hin freie Wahlen abgehalten, aus denen Violeta Barrios de Chamorro, die Witwe des ermordeten bürgerlichen Oppositionsführers, als Siegerin hervorging.

Vom »Leuchtenden Pfad« bis zu den Zapatisten
Lange Zeit räumten Beobachter der peruanischen Befreiungsbewegung Sendero Luminoso (»Leuchtender Pfad«) Erfolgschancen für eine Machtübernahme ein. Die Bewegung wurde 1970 von dem Philosophieprofessor Abimael Guzmán und anderen Intellektuellen in Lima gegründet und orientierte sich eng an leninistischen und maoistischen Vorbildern. Seit 1980 verstärkte der Sendero Luminoso seine Guerillaaktivitäten auf dem Land. Dabei versuchte er, die ethnischen Gegensätze, geprägt auch vom eklatanten sozialen Gefälle zwischen Stadt und Land, für sich auszunutzen. Zeitweise kontrollierten die Guerillaverbände weite Teile Perus und konnten sich als Ordnungsmacht etablieren. Doch Zwangsrekrutierungen, wahllose Ermordungen unter den Dorfbewohnern und terroristische Bombenanschläge, ab 1988

160

Ein Soldat der Guerillaorganisation »Movimento Popular de Libertação de Angola« (MPLA), die gegen die portugiesische Vorherrschaft in Angola kämpfte

DIE WICHTIGSTEN BEFREIUNGSBEWEGUNGEN IN AFRIKA UND LATEINAMERIKA	
Angola	
FNLA	Frente Nacional de Libertação de Angola
MPLA	Movimento Popular de Libertação de Angola
UNITA	União Nacional para Independência Total de Angola
Guinea-Bissau	
PAIGC	Partido Africano da Independência de Guiné e Cabo Verde
Moçambique	
FRELIMO	Frente de Libertação de Moçambique
Mexiko	
EZLN	Ejército Zapatista de Liberación Nacional
Nicaragua	
FSLN	Frente Sandinista de Liberación Nacional
Peru	
	Sendero Luminoso
MRTA	Moviemento Revolucionario Tupac Amaru

auch die Ausdehnung der Gewaltakte auf die urbanen Zentren lehrten die Bevölkerung das Fürchten. Nach der Festnahme Guzmáns 1992 büßte die Bewegung ihre strategische Handlungsfähigkeit weitgehend ein.

Lange im Schatten des Sendero Luminoso stand die guevaristische Revolutionäre Bewegung Tupac Amaru (MRTA), benannt nach dem peruanischen Revolutionär Tupac Amaru, dem Anführer eines antispanischen Aufstands in den Jahren 1780–82. In das Bewusstsein der Weltöffentlichkeit gelangte diese Guerillabewegung, als sie am 17. Dezember 1996 zahlreiche Gäste eines Empfangs in der Residenz des japanischen Botschafters in Lima als Geiseln nahm und die Forderung nach Freilassung von über 400 inhaftierten Gesinnungsgenossen erhob. Nach zahlreichen gescheiterten Vermittlungsversuchen stürmten peruanische Sicherheitskräfte vier Monate später die besetzte Botschaft, befreiten 71 der 72 Geiseln und töteten alle 14 Geiselnehmer.

Mitte der Neunzigerjahre wurde auch Mexiko von sozialrevolutionären Unruhen aufgeschreckt, die durch die

Rekruten der nicaraguanischen Sandinisten üben in einem Trainingscamp im Innern des Landes. Unter den Rebellen, die vorwiegend im Alter von 18 und 19 Jahren sind, gab es auch Zwölfjährige.

100562

Zapatistische Nationale Befreiungsarmee (EZLN) gesteuert wurden. Es handelte sich dabei um bewaffnete Indioaufstände im südlichen Gliedstaat Chiapas, die die Regierung blutig niederschlagen ließ. Logistik und Organisation der Bewegung konnte die Armee freilich nicht entscheidend treffen. Ihr Wortführer, der stets vermummt und bewaffnet auftretende »Subcommandante Marcos«, ein ehemaliger Universitätsdozent nicht indianischer Herkunft, verlangte Sozialreformen und ein Ende der Diskriminierung der Indios. Im Unterschied zu den klassischen Guerillabewegungen wollten die Zapatisten, die sich mit ihrem Namen auf den 1919 ermordeten mexikanischen Bauernführer Emiliano Zapata beriefen, nicht die staatliche Macht erobern, sondern zielten auf Friedensverhandlungen, die jedoch zu keinen nennenswerten Erfolgen führten.

Durchwachsene Bilanz

Eine generelle Bestandsaufnahme zeigt, dass revolutionären Bewegungen seit dem Zweiten Weltkrieg nur wechselhaftes Glück beschieden war. Neben den geschilderten Triumphen in China, Vietnam und Kuba sind viele Mühen ohne Erfolg geblieben oder bleiben noch ohne Erfolg, wie etwa die Bewegung des FRETILIN, der gegen die international nicht anerkannte seinerzeitige Annexion Ost-Timors durch Indonesien kämpfte. Welche Bedingungen haben den jeweiligen Triumph der Freiheitskämpfer und Guerilleros begünstigt oder verhindert?

In Asien scheinen zuallererst externe, das heißt außerhalb der betroffenen Länder selbst liegende Faktoren eine gewichtige Rolle gespielt zu haben, etwa die Lieferung von Waffen, die Bereitstellung nachrichtendienstlicher Erkenntnisse, die Gewährung von Rückzugs- und Ruheräumen und nicht zuletzt die moralische und diplomatische Unterstützung durch die UdSSR und andere sozialistische Länder. Im globalen Kontext betrachtet, scheinen auch zwischenstaatliche Kriege, meist in Verbindung mit dem Prozess der Entkolonialisierung, bedeutsam gewesen zu sein. Das gilt zum Beispiel für China in Asien ebenso wie für Algerien in Afrika.

Im Falle Kubas und Nicaraguas dürften hingegen interne Faktoren das Geschehen stärker beeinflusst haben, auch wenn die Entscheidung der USA, die Unterstützung der jeweiligen vorrevolutionären Regime aufzukündigen, nicht ohne Bedeutung geblieben ist. Nachhaltig begünstigt hat den Kampf der Guerilleros der spezifische Charakter der alten Regime, ihre Reformunfähigkeit, Willkürherrschaft und Korruption ebenso wie Wahlfälschungen und mangelnde wirtschaftliche Erfolge. Neben dem Verzicht auf Terrorakte, unter denen vor allem die breite Bevölkerung gelitten hätte, war die Bildung einer »antidiktatorischen Allianz« eine wesentliche Erfolgsgarantie für den Machterwerb revolutionärer Bewegungen.

Besondere Beachtung verdient daher die Frage nach der Bilanz revolutionärer Bewegungen nach ihrer Machtübernahme, legitimierten sich diese doch nicht zuletzt durch ein Bündel sozialer Verheißungen. Stets hat man

160

Die peruanischen Tupac-Amaru-Rebellen erlangten Ende 1996 Weltöffentlichkeit durch eine Geiselnahme in der japanischen Botschafterresidenz in Lima.

dabei mit neuen Gesellschafts- und Wirtschaftsmodellen experimentiert, was übrigens die entwicklungspolitische Theoriediskussion enorm bereichert hat. Die dauerhaft anhaltenden Erfolge sind jedoch fast durchweg ausgeblieben. Die der revolutionären Politik immanente Dritte-Welt-Orientierung (tercermundismo) solcher Staaten sollte beispielgebend eine Verbindung von Sozialismus und Demokratie manifestieren, was aber nirgends gelang.

Im Gegenteil, die Verletzung der Menschenrechte steigerte sich unter den revolutionären Machthabern teilweise noch und zeitigte bisweilen erschreckende Bilanzen. In China beispielsweise forderte der ideologische Eifer in den Jahren der Kulturrevolution schätzungsweise drei Millionen Opfer. Und aufgrund der Zwangsvereinigung Vietnams 1975 riskierten zahllose Menschen, die so genannten Boat People, unter Lebensgefahr die Flucht über das Südchinesische Meer, um so den Umerziehungs- und Arbeitslagern der neuen Machthaber zu entkommen.

Das sozialistische Kuba musste nach dem Zusammenbruch der UdSSR und dem damit verbundenen Ende der sowjetischen Transferleistungen einen dramatischen Einbruch in den Standards sozialer Wohlfahrt hinnehmen. Das »ewige« Embargo durch die USA verschärfte diese Situation noch zusätzlich, wobei diese Politik des nördlichen Nachbarn gleichzeitig als Begründung für die katastrophale Wirtschaftslage herhalten musste und so

160

Nach vier Monaten wurde das Geiseldrama in der Residenz des japanischen Botschafters in Lima Ende April 1997 mit der Erstürmung durch peruanische Militäreinheiten beendet.

160

Vor dem indonesischen Außenministerium in Djakarta demonstrieren im Juni 1998 Studenten aus Ost-Timor für ein Referendum über die Unabhängigkeit der ehemaligen portugiesischen Kolonie und fordern die Freilassung ihres inhaftierten Anführers José Alexandre »Xanana« Gusmão.

indirekt wiederum zur Herrschaftsstabilisierung des reformunwilligen Regimes beitrug.

Aber in China und Vietnam erkannten die Führer die ökonomischen Zeichen der Zeit noch rechtzeitig und führten marktwirtschaftliche Reformen ein, indes ohne dabei ihren absoluten Herrschaftsanspruch infrage zu stellen und auch nur minimale Zugeständnisse in der Frage der persönlichen Freiheitsrechte zu machen. 1989 ertränkten die Kommunisten auf dem Platz des Himmlischen Friedens in Peking die chinesische Demokratiebewegung im Blut ihrer unschuldigen Opfer. Einzig die Sandinisten in Nicaragua stellten die politische Macht auf demokratischem Wege zur Disposition.

Dieter Nohlen und Matthias Basedau

Zwischen Entspannung und erneuter Eskalation

Untergang oder Koexistenz: Atomares Gleichgewicht im Zeichen wechselseitiger Bedrohung

Der sowjetische Raumfahrttechniker Sergej Pawlowitsch Koroljow entwickelte seit 1933 Raketen, den Erdsatelliten »Sputnik I«, nachfolgende Satelliten, Sonden, Raumfahrzeuge und Trägerraketensysteme.

Als 1947 die Hoffnungen auf eine bessere Welt zerrannen und der Kalte Krieg begann, waren die USA in einer einzigartigen Position: Sie besaßen die Atombombe. Von Stützpunkten rund um die Sowjetunion herum konnten amerikanische Flugzeuge fast jeden Ort dieses Landes mit der Nuklearwaffe bedrohen. Diese beneidenswerte Lage der USA dauerte aber nur zehn Jahre. 1949 verfügte die Sowjetunion über eine Atombombe, 1954 über die Wasserstoffbombe. War Moskau in der Mitte der Fünfzigerjahre mit den neu entwickelten Langstreckenbombern erstmals in der Lage, die Vereinigten Staaten zu erreichen, so war die Sowjetunion, nachdem sie 1957 mit der Weltraumsonde Sputnik das Wettrennen ins All gewonnen hatte, auch als Erste fähig, eine Interkontinentalrakete zu entwickeln. Dieser »Sputnik-Schock« änderte die militärstrategische Situation zwischen den beiden Rivalen grundlegend. Mit einer Reichweite von 16000 Kilometer konnten diese Raketen praktisch jede Stadt in Amerika nuklear bombardieren. Die USA waren keine Insel mehr. Sie waren einem sowjetischen Nuklearangriff genauso ausgesetzt wie die Sowjetunion einem amerikanischen.

Die USA mussten in dreifacher Hinsicht umdenken. Sie waren nicht mehr der militärisch unbestrittene Weltherrscher, sondern hatten einen Rivalen bekommen; darin steckte zunächst ein psychologischer Schock. Sie konnten, zweitens, ihre europäischen Verbündeten nicht mehr pauschal dadurch schützen, dass sie Moskau zur »nuklearen Geisel« nahmen; darin lag eine taktische Herausforderung. Dass die USA jetzt einen nuklearen Raketenangriff der Sowjetunion hilflos hinzunehmen gehabt hätten, war nicht nur ein in der amerikanischen Geschichte unbekanntes Novum, sondern enthielt auch eine einzigartige strategische Herausforderung: Was konnte man tun, wenn man eigentlich gar nichts tun konnte?

Die Vereinigten Staaten haben darauf zwei Antworten gegeben: Sie entwickelten 1961 zunächst die Strategie der wechselseitig gesicherten Zerstörung und dann die der Rüstungskontrolle mit der Sowjetunion. Den Schutz ihrer westeuropäischen Verbündeten gewährleisteten sie seit 1967 mithilfe der Strategie der flexiblen Antwort, die den abgestuften Einsatz von konventionellen und nuklearen Waffen vorsah.

Die Existenz land-, see- und luftgestützter nuklearballistischer Systeme auf beiden Seiten veränderte das strategische Denken grundsätzlich. Die Idee der Abschreckung war uralt, war schon von dem römischen Militärschriftsteller Vegetius um 400 n. Chr. auf die Formel gebracht worden, dass den Krieg vorbereiten müsse, wer den Frieden wolle. Diese eher dem Alltagsdenken als der Alltagserfahrung entsprechende Maxime hatte die europäische Realpolitik zuvor angeleitet und auch nach 1947 das strategische Denken im Ost-West-Konflikt geprägt. Es galt, einen potenziellen Angreifer durch das Vorzeigen militärischer Überlegenheit abzuschrecken. Im Zweifelsfall war Angriff die beste Verteidigung. In der Logik der wechselseitigen Abschreckung galt diese Rationalität jedoch nicht mehr. Es war ausgeschlossen, mit einem nuklearen Erstschlag die Zweitschlagskapazitäten der anderen Seite total ausschalten zu können: »Wer zuerst schießt, stirbt als Zweiter.« Zwar hat die Sowjetunion diese Fähigkeit erst Ende der Sechzigerjahre erlangt, abzusehen war dies aber schon seit 1957.

Gab es gegen den nuklearen Erstschlag einer Seite keine Verteidigung, so konnte er abgeschreckt werden durch die Bereitstellung einer unzerstörbaren Zweitschlagskapazität. Sicherheit zwischen der Sowjetunion und den Vereinigten Staaten konnte also dadurch erzeugt werden, dass beide jederzeit imstande waren, sich wechselseitig umzubringen. Mutual Assured Destruction las sich das auf Englisch – wechselseitig gesicherte Zerstörung. Das aus den Anfangsbuchstaben gebildete Kurzwort MAD ließ den Irrwitz dieser Strategie anklingen. Wäre es nicht viel vernünftiger gewesen, durch die Abschaffung der Nuklearwaffen und die drastische Abrüstung der konventionellen Waffen die gegenseitige Sicher-

ZITAT

In den USA wurde durchaus auch über die Führbarkeit eines Nuklearkriegs nachgedacht. Zu welch – aus heutiger Sicht – abstrusen Aussagen man dabei kommen konnte, zeigt das Beispiel des einflussreichen Strategen Herman Kahn:

… Die Risiken bestimmter Krankheiten und genetischer Schäden (wären) für den Einzelnen zwar etwas höher, aber statistisch gesehen … nicht sehr viel größer als die, mit denen wir heute fertig werden müssen.

Der Vertrag über das Verbot von Kernwaffenversuchen in der Atmosphäre, im Weltraum und unter Wasser wurde am 5. 8. 1963 geschlossen (Chruschtschow bei einer Ansprache nach der Vertragsunterzeichnung, hinter ihm u. a. Edward Heath, Andrej Gromyko und Leonid Breschnew).

100662

heit zu garantieren? In der heißen Phase des Kalten Kriegs, in der beide Seiten auf Aufrüstung setzten, war dies offenbar nicht möglich.

MAD enthielt aber auch eine dialogische Komponente: Beide Seiten verzichteten darauf, sich gegen strategische Nuklearangriffe zu verteidigen. Sie ließen ihre Städte, ihre Gesellschaften ungeschützt, verzichteten auf Bunker und auf Raketenabwehrsysteme. Das war kein Wahnsinn, das hatte Methode. Denn: Wer seine Verteidigung vorbereitete, signalisierte damit seine Aggressionsabsicht. Würde er sich sonst so konkret auf den Zweitschlag seines Gegners vorbereiten und versuchen, ihn aufzufangen? Umgekehrt informierte der sichtbare Verzicht auf jede Verteidigungsanstrengung den Gegner darüber, dass es keine Erstschlagsabsichten gab. Auf diese Weise schuf das System der wechselseitig gesicherten Zerstörung in der Gewissheit über die beiderseitig vorhandene Nichtangriffsbereitschaft die Grundlage der Koexistenz. Wer aus dem System ausbrach, riss beide Seiten in den Untergang.

Es war ein schweigender Dialog, der durch Taten, nicht durch Worte geführt wurde. Beide Seiten verständigten sich schnell darüber, die nuklearen Waffen zu monopolisieren, sie nicht in andere, unkontrollierbare Hände geraten zu lassen. 1963 schlossen die beiden Supermächte mit Großbritannien, das neben Frankreich (1960) und China (1964) bereits seit 1952 über Nuklearwaffen verfügte, ein begrenztes Teststoppabkommen,

1967 versprachen sie sich, den Weltraum – 1971 auch den Meeresboden – von Nuklearwaffen freizuhalten, und 1968 wurde der Vertrag über die Nichtweiterverbreitung von Atomwaffen geschlossen. Zu einer Vereinbarung, die Strategie der wechselseitig gesicherten Zerstörung langsam mithilfe der Kooperation abzubauen, kam es erst 1972.

Aufrüstung und erste Kontrollversuche

Abschreckungssysteme sind strukturell instabil, weil das Streben nach Gleichheit zu immer neuen Rüstungsanstrengungen zwingt. Diesem Dilemma unterlagen auch die beiden Supermächte. Um die Zweitschlagskapazität zu sichern, mussten Washington und Moskau zweierlei tun. Sie mussten ihre landgestützten Interkontinentalraketen vor einem Erstschlag schützen. Sie mussten, zweitens, die Treffgenauigkeit aller strategischen Systeme verbessern, um die Glaubwürdigkeit des vergeltenden Zweitschlags zu erhöhen. Die Sicherung der Raketenbasen war dabei weniger stabilitätsgefährdend als die Verbesserung der Zielgenauigkeit.

Beide arbeiteten daran. Ihre Nuklearwaffen konnten zwar Städte zerstören und Landstriche verwüsten; aber Punktziele treffen, etwa ein Raketensilo, konnten sie nur

Ein britisches Atom-U-Boot bei einer Übung auf offener See. Das erste nuklear angetriebene U-Boot war die »SSN 571 Nautilus« der US-Marine, das 1954–80 im Einsatz war.

100562

ZITAT

Der Sozialdemokrat Erhard Eppler über die Friedensbewegung:

In der Friedensbewegung wirken klassische Pazifisten... zusammen mit Menschen, die erst das atomare Wettrüsten am Sinn der herrschenden Sicherheitskonzeption zweifeln ließ.... Zur Friedensbewegung rechnen sich Sozialdemokraten, Liberale, Grüne, Tausende, die von allen Parteien enttäuscht sind, und schließlich auch die Kommunisten.

durch Zufall. Hier lag denn auch der größte Antrieb für die Rüstungsdynamik. Beide Seiten bemühten sich fieberhaft, die Treffgenauigkeit ihrer Raketen zu erhöhen und die radioaktive Strahlung ihrer Nuklearwaffen zu verkleinern.

Für die Sowjetunion kam hinzu, dass sie zwar 1957 die erste Interkontinentalrakete entwickelt hatte, ansonsten aber den Vereinigten Staaten militärisch hoffnungslos unterlegen war. Sie besaß nur wenige seegestützte Raketen und kaum Langstreckenbomber. Nicht zuletzt deswegen musste sie die Herausforderung der USA, die sie 1962 in der Kubakrise gewagt hatte, ergebnislos abbrechen.

Daraufhin begann sie ein riesiges Aufrüstungsprogramm. An seinem Ende, in der Mitte der Siebzigerjahre, hatte sich die Sowjetunion im Bereich der Interkontinentalraketen eine Parität mit den USA erarbeitet und dabei auch die amerikanische Erfindung, die Raketen mit Mehrfachsprengköpfen auszustatten, erfolgreich übernommen. Weil die sowjetischen Raketen eine größere Nutzlast trugen, konnten sie sogar mehr Sprengköpfe transportieren als die amerikanischen.

Für die USA ergab sich daraus, dass sie mit der nuklearen Gleichgewichtspolitik, einer modernen Auflage der klassischen Strategie der balance of power, die Sowjetunion nicht an der Aufrüstung hindern konnten. Wenn es so weiterging, würde die Gleichgewichtspolitik dazu führen, dass immer höhere Rüstungsniveaus erreicht würden – ohne Ende und ohne einen höheren Stabilisie-

100562

Ein von der Firma Boeing entwickelter Marschflugkörper vom Typ »Air-launched cruise missile« (ALCM), der von Langstreckenbombern aus gestartet wird, vor einem Test.

50

Jimmy Carter und Leonid Breschnew bei einer Umarmung nach der Unterzeichnung des SALT-II-Vertrags in Wien am 18. 6. 1979

rungsgrad. Die sowjetische Unterlegenheit in diesem Bereich bis Mitte der Sechzigerjahre war, so zeigte sich jetzt, nicht auf die amerikanische Vorrüstung, sondern auf die Entscheidung Moskaus zurückzuführen, sie hinzunehmen. Als dies sich änderte, mussten die USA erfahren, dass sie außerstande waren, der Sowjetunion einen Rüstungsverzicht aufzuzwingen.

Aus Moskauer Sicht nahm sich das Abschreckungssystem genauso aus, nur mit anderen Vorzeichen und anderen Rhythmen. Moskau konnte im strategischen Bereich nachrüsten und sich eine Marine zulegen; es konnte im eurostrategischen Bereich mit der Modernisierung der Raketen vom Typ SS-4 und SS-5 durch die SS-20 seiner konventionellen Überlegenheit noch die nukleare hinzufügen. Aber die Sowjets erreichten nur den denkwürdigen NATO-Doppelbeschluss vom 12. Dezember 1979, dem zufolge die NATO-Staaten ab Ende 1983 die Stationierung amerikanischer Mittelstreckensysteme – Pershing II und Cruisemissile – in Westeuropa planten, bei gleichzeitigem Angebot an die Sowjetunion, bis zum Stationierungstermin über den Abbau der SS-20 zu verhandeln. Es kam also zu einer Verschärfung der Lage, zu einer Verschlechterung der sowjetischen Position.

Anfänge der Kooperation

Zunächst waren es die Amerikaner, die die Problematik des Abschreckungssystems durchschauten, indem sie herausfanden, dass die Rüstungsdynamik die Koexistenz

Nicht zuletzt die Invasion der UdSSR in Afghanistan (im Bild sowjetische Truppen auf dem Flughafen von Kabul) verhinderten die Ratifizierung des SALT-II-Abkommens durch den US-Senat.

100562

auszuhebeln drohte. Sie fügten dem System sozusagen ein kooperatives Element bei. Es nannte sich Rüstungskontrolle oder kooperative Rüstungssteuerung und beruhte auf der Devise des angelsächsischen Pragmatismus, dass man hervorlocken sollte, was man nicht

INFOBOX

Wettlauf im All

»Dies ist ein kleiner Schritt für mich, aber ein großer Sprung für die Menschheit«: So kommentierte Neil Armstrong, der am 20. 7. 1969 als erster Mensch den Mond betrat, eine der spektakulärsten technischen Leistungen des 20. Jh. Vorausgegangen war zwölf Jahre zuvor der »Sputnik-Schock«, als die Sowjets am 4. 10. 1957 mit »Sputnik 1« den ersten künstlichen Erdsatelliten ins All geschossen und damit das Zeitalter der Raumfahrt eröffnet hatten. Zwar konnten die Amerikaner bereits am 31. 1. 1958 mit ihrem ersten Erdsatelliten »Explorer 1« nachziehen. Doch war es wiederum die Sowjetunion, der auch der erste Schritt in die bemannte Raumfahrt gelang: Am 12. 4. 1961 startete sie die »Wostok I«, ein bemanntes Raumschiff, mit dem der Kosmonaut Jurij Gagarin die Erde umkreiste. Auch hier konnten die USA ein knappes Jahr später gleichziehen – im Februar 1962 umkreiste John Glenn in einer »Mercury«-Kapsel die Erde gleich dreimal. Danach geriet der Mond ins Visier von Politik und Weltraumbehörden der konkurrierenden Supermächte. Diesen Wettlauf zum Mond gewannen die Amerikaner und konnten so einen enormen Prestigeerfolg für die westliche Hemisphäre verbuchen – ein Viertel der Weltbevölkerung verfolgte die Landung am Fernsehgerät.

erzwingen konnte. Welche bessere Methode gab es, die Sowjets an ihrer Vorrüstung zu hindern, als sie vertraglich auf ein niedrigeres Niveau zu verpflichten?

Vorbereitet durch Einsichten Präsident Kennedys und bestärkt durch das Versagen der Gewaltpolitik in Vietnam, leitete Präsident Nixon 1972 mit dem Besuch in Moskau seine »Ära des Friedens« ein. In Genf wurde der Vertrag über die Rüstungsbegrenzung bei strategischen Waffen, SALT I, geschlossen, ebenso der ABM-Vertrag, der die Stationierung von Raketenabwehrsystemen zu Wasser, zu Lande und im Weltraum auf je ein Abfangsystem mit hundert Raketenabschusseinrichtungen für jedes Land beschränkte.

Der SALT-I-Vertrag war eigentlich ein Zwischenabkommen, das die Anzahl der Startgeräte für Interkontinentalraketen festschrieb, ebenso die für seegestützte strategische Raketen, aber keine Abrüstung verlangte. Dafür waren die verabredeten Obergrenzen viel zu hoch. Der wechselseitigen Aufrüstung war eine Grenze gezogen worden. Sie betraf die Zahlen der Waffen, nicht notwendigerweise deren Qualität, stellte das Wettrüsten nicht ein, modifizierte es aber. Fundamental war dagegen der Wechsel der politischen Methode. Die USA und die Sowjetunion entschlossen sich zur partiellen Zusammenarbeit, weil sie damit viel erfolgreicher die Vorrüstung des jeweils anderen begrenzen konnten als durch den im Abschreckungssystem ausschließlich verwendeten Zwang.

100563

Die im Rahmen des NATO-Doppelbeschlusses von 1979 erfolgende Stationierung amerikanischer Pershing-II-Raketen in der Bundesrepublik Deutschland führte zu einem Erstarken der Friedensbewegung (Sitzblockade vor der US-Basis Mutlangen bei Schwäbisch Gmünd).

Washington und Moskau verabschiedeten auf dem Gipfel von 1972 eine Grundsatzerklärung, die ihren Antagonismus in die »Entwicklung normaler Beziehungen« verwandelte. Sie sahen ein, »dass es im Nuklearzeitalter keine andere Alternative gibt, als die gegenseitigen Beziehungen auf der Grundlage einer friedlichen Koexistenz zu gestalten«.

Das war, nach 25 Jahren erbitterten Konflikts, eine erstaunliche Wende. Für die jeweiligen Alliierten war es sogar starker Tobak. Eine noch stärkere Prise wurde ihnen ein Jahr später verabreicht, als die USA und die Sowjetunion verabredeten, sich – falls die Gefahr eines Nuklearkriegs heraufziehen sollte – zunächst untereinander zu verständigen. Hier wurde bereits nicht mehr der

Plakat der Partei »Die Grünen« aus dem Jahr 1983

100562

Bei einer Militärparade in Moskau zum 40. Jahrestag des Kriegsendes am 8. Mai 1985 zeigte die Sowjetunion u. a. diese mobile Abschussrampe mit einer Rakete vom Typ SS-21.

Modus der Koexistenz beschworen, sondern der der Zusammenarbeit zwischen den beiden Supermächten.

Krieg der Sterne?
Dieser Wille zu Koexistenz und Kooperation löste den Ost-West-Konflikt keinesfalls auf, veränderte aber dessen Austragungsbedingungen. Beide Seiten hatten jetzt begriffen, dass sie aktiv zusammenarbeiten mussten, wenn sie verhindern wollten, dass die wechselseitige Abschreckung doch zum gemeinsamen Untergang führte. Die Koexistenz bedurfte des kooperativen Managements, wenn die gefährliche Rüstungsdynamik angehalten werden sollte. Sieben Jahre dauerten die Vorarbeiten zum SALT-II-Vertrag. Er hätte die Zahl der nuklearstrategischen Trägermittel auf 2 250 – davon 1 320 mit Mehrfachsprengköpfen, von diesen wiederum nur 1 200 auf Raketen und 820 auf landgestützten Raketen – verringern und die Rüstung beider Seiten auch qualitativ einschränken sollen, nämlich auf die Hinzufügung höchstens einer neuen, zumal kleinen Interkontinentalrakete. Die Ratifizierungen scheiterten jedoch an der amerikanischen Aufregung über die von der Sowjetunion nach Kuba gesandte »Kubanische Brigade«, an der Demütigung der USA durch die Geiselnahme ihrer Diplomaten in Teheran im November 1979 und schließlich am Einmarsch der Sowjetunion in Afghanistan. Letzterer zeigte im Dezember 1979 erneut eine imperialistisch-aggressive Sowjetunion, die das Kooperationsangebot in der Nu-

ZITAT

Der sowjetische Partei- und Staatschef Michail Gorbatschow über seine Ablehnung der Strategischen Verteidigungsinitiative (SDI) der USA:
Ja, wir sind gegen SDI, weil wir für die vollständige Abschaffung von Atomwaffen sind und weil SDI die Welt noch unsicherer macht. Doch für uns ist das eher eine Frage der Verantwortung als der Angst, weil die Folgen unabsehbar wären. Anstatt die Sicherheit zu stärken, zerstört SDI die Reste von dem, was der Sicherheit noch dienlich sein könnte.

100562

Auch uniformierte Bundeswehrsoldaten mit einem Transparent mit der Aufschrift »Nato-Soldaten gegen Atom-Raketen« nehmen an der Demonstration in Bonn am 10. 10.1981 teil.

klearrüstung durch gewalttätige Aktionen auf konventionellem Gebiet auszunutzen gedachte.

Das Abschreckungssystem strukturierte nicht nur die direkte Beziehung zwischen den Vereinigten Staaten und der Sowjetunion. Die USA mussten auch an Westeuropa denken, das nicht, wie Osteuropa für die Sowjetunion, geopolitisch ihr direktes Vorfeld bildete. Die Verbündeten dort mussten aus der Ferne durch den amerikanischen »Nuklearschirm« geschützt werden.

Solange die Strategie der massiven Vergeltung (massive retaliation) anwendbar war, konnte sie sowjetisches Wohlverhalten in Europa erzwingen. Nachdem die Sowjetunion zur nuklearen Supermacht aufgestiegen war, konnte Washington nicht mehr darauf vertrauen, einen Krieg in Europa zu gewinnen; im Gegenteil, es musste verhindern, dass es überhaupt zu einem Krieg in Europa kam. Dieser hätte sehr schnell die Leiter der nuklearen Eskalation bis nach oben durchlaufen und damit auch den direkten amerikanisch-sowjetischen Nuklearkrieg auslösen können.

Washington erfand in dieser Lage in den Sechzigerjahren die Strategie der flexiblen Antwort (flexible response). Sie klappte den amerikanischen »Nuklearschirm« über Europa nicht zu, stellte ihn aber doch weit in die hintere Ecke. Jeder Konflikt sollte erst konventionell ausgetragen und aufgefangen werden. Das stieß den Alliierten, vor allem den Westdeutschen, lange und sauer auf; sie brauchten sieben Jahre, um sich mit dieser Aufweichung des amerikanischen Nuklearschutzes abzufinden. Dabei hatten sie lange Zeit noch den Trost, von der strategischen Gesamtrechnung im Ost-West-Konflikt zu profitieren, von der »Symmetrie der Asymmetrien«. Denn die Sowjetunion war zwar konventionell im Osten Europas überlegen, dafür hatten die USA strategisch wie eurostrategisch die nukleare Oberhand. Dieses Gleichgewicht zerrann, als die Sowjetunion an der Westgrenze des Warschauer Pakts ihre eurostrategischen Nuklearsysteme modernisierte. Die SS-4 und SS-5 waren veraltet und hatten nur einen Sprengkopf. Die Mitte der Siebzigerjahre stationierten SS-20 waren hingegen höchst modern und hatten drei Sprengköpfe; die noch moderneren SS-21 und SS-22 waren zudem schon in der Entwicklungsphase.

s. ZEIT Aspekte NATO-Doppelbeschluss S. 527

Das bedeutete, wie Bundeskanzler Helmut Schmidt in seiner berühmten Rede von 1977 den Amerikanern vorrechnete, die direkte nukleare Bedrohung Westeuropas, der die USA nichts entgegenzusetzen hatten. Wer in Moskau würde glauben, dass die USA weltweite nukleare Zerstörung auslösen würden, wenn Moskau in dem kleinen Raum Westeuropa eurostrategische Nuklearwaffen einsetzte?

Präsident Carter gab eine Doppelantwort: Er drängte die NATO zu größerer konventioneller Rüstung, erhöhte aber andererseits die Glaubwürdigkeit des amerikanischen Nuklearschutzes durch die Stationierung amerikanischer Mittelstreckensysteme in Westeuropa. Dieser NATO-Doppelbeschluss von 1979 enthielt zwar auch ein Abrüstungsangebot, aber nicht im modernen Stil der Kooperation, sondern in dem alten Stil der Konfrontation.

Den Westeuropäern war Nixons und Carters Kooperationspolitik in Sachen Rüstungskontrolle mit Moskau nie ganz geheuer gewesen. Sie waren gar nicht unglücklich darüber, dass mit Ronald Reagan 1981 in den USA ein Präsident die Regierung übernahm, dessen offensive Ostpolitik der europäischen Tradition sehr nahe zu stehen schien. Dass er die Erwartungen noch übertraf, indem er den Rüstungskontrollprozess kurzerhand unter-

ZITAT

Linus Pauling, der 1954 den Nobelpreis für Chemie und 1962 für seinen Anteil am Testverbot für Kernwaffen in der Atmosphäre den Friedensnobelpreis erhielt, zum Stand der Abrüstung:
Der einzige Fortschritt, den man bisher in Abrüstungsfragen erzielt hat, liegt darin, dass sich die früheren Kriegsminister jetzt Verteidigungsminister nennen.

brach, das amerikanische Rüstungsbudget um fünfzig Prozent aufstockte und die Verlegung amerikanischer Mittelstreckenraketen nach Europa in einen konfrontativen Akt umfunktionierte, war ihnen freilich auch wieder nicht recht. Die »neue Eiszeit« im Ost-West-Konflikt, die mit Reagan anbrach und bis Ende 1983 andauerte, ging ihnen ebenso gegen den Strich wie zuvor die »Wärmeperioden« unter Nixon und Carter.

Die Sowjetunion unter der Führung der alten Garde rechtfertigte den amerikanischen Druck. Hatte Reagan die Verhandlungen um eine Erweiterung des nuklearen Teststoppabkommens kurzerhand von der Tagesordnung abgesetzt, so unterbrach Moskau die Verhandlungen über die Mittelstreckenraketen (INF) im November 1983 ebenso abrupt.

Zwei Techniker zersägen 1988 in Tucson, Arizona, eine Cruise-Missile. Nach dem INF-Vertrag von 1987 wurden diese Mittelstreckenraketen mit atomaren Sprengköpfen vernichtet.

100562

100562

Die Aufnahme zeigt die Zerstörung von in der Bundesrepublik Deutschland stationierten Pershing-II-Raketen und ihrer Startsysteme im Zusammenhang mit dem so genannten INF-Vertrag.

Aber Reagan stach sie aus, als er im März 1983 das entscheidende Tabu im System der wechselseitigen Abschreckung brach. Er ordnete nicht nur die Errichtung von Schutzbauten in Amerika, sondern vor allem den Aufbau eines boden- und weltraumgestützten Raketenabwehrsystems, der Strategischen Verteidigungsinitiative (SDI), an. Das waren, nach der Logik des Nuklearzeitalters, zwei eindeutige Offensivsignale.

Was den Spitznamen »Krieg der Sterne« bekam, kündigte nicht nur die Kooperation in der Rüstungskontrolle, sondern die fundamentale Übereinstimmung im Aggressionsverzicht, die Grundlage des Abschreckungssystems, auf.

Der amerikanische Kongress machte jedoch einen großen Strich durch die Rechnung der amerikanischen Aufrüster. Gestützt auf den Aufruhr der öffentlichen Meinung in den USA und in Europa, zwang der Kongress den Präsidenten auf den Weg der kooperativen Rüstungssteuerung zurück. Reagan war Politiker genug, um diese Zeichen der Zeit zu erkennen. In seiner Grundsatzrede vom 16. Januar 1984 leitete er – ebenso wie ab 1985 der neue sowjetische Machthaber Michail Sergejewitsch Gorbatschow – eine außenpolitische Wende ein, die zur Wiederaufnahme der Rüstungskontrollverhandlungen in Genf 1985 und schließlich zur amerikanisch-sowjetischen Verständigung von Reykjavík am 11. und 12. Oktober 1986 führte. Der INF-Vertrag vom 8. Dezember 1987 beseitigte alle nuklearen Mittelstreckenraketen größerer Reichweite (1 000 bis 5 500 Kilometer)

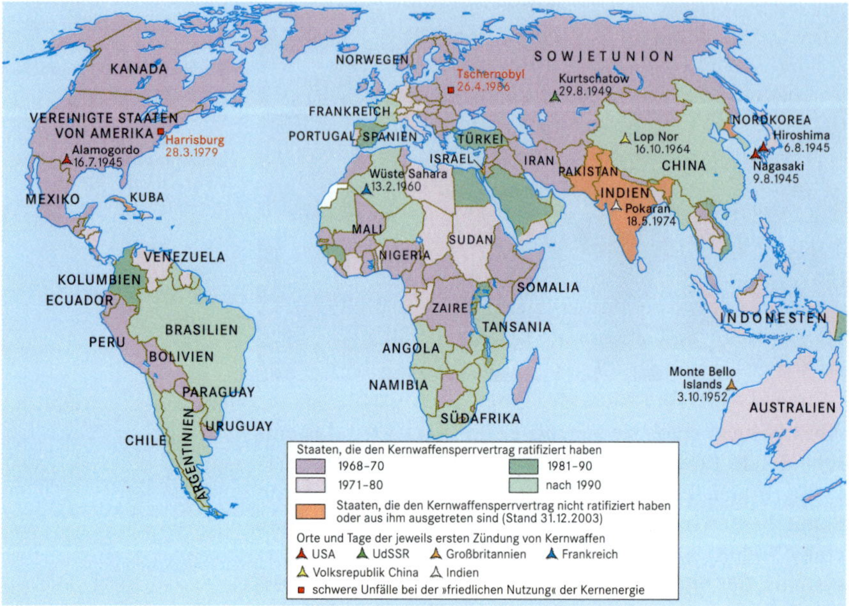

Der Kernwaffensperrvertrag, der Vertrag über die Nichtweiterverbreitung von Kernwaffen, wurde 1968 von den USA, der Sowjetunion und Großbritannien unterzeichnet. Zu den wenigen Ländern, die ihm nicht angehören, zählen Indien, Pakistan, Israel und Nord-Korea, das 2003 wieder austrat.

innerhalb von drei Jahren und innerhalb von eineinhalb Jahren auch die Raketen kürzerer Reichweite (500 bis 1 000 Kilometer) in Europa.

Den Abschluss der von ihm in START umbenannten Verhandlungen über eine nun tatsächliche Verminderung und nicht nur Begrenzung der Interkontinentalraketen, die seit 1982 parallel zu den INF-Gesprächen geführt worden waren, hat Reagan nicht mehr als Präsident erlebt. Der START-I-Vertrag, der beide Seiten verpflichtete, innerhalb von sieben Jahren die Zahl ihrer nuklearen Trägersysteme auf eine Obergrenze von jeweils 1 600, die Zahl der Gefechtsköpfe auf jeweils 6 000 zu reduzieren, wurde 1991 unterschrieben und 1994 in Kraft gesetzt. Der START-II-Vertrag, der bis zum Jahr 2003 eine Halbierung der in START I erlaubten Potenziale an Gefechtsköpfen brachte und alle landgestützten Interkontinentalraketen mit Mehrfachsprengköpfen verbot, wurde 1993 abgeschlossen und 1997 zwar von den USA, aber bisher nicht vom russischen Parlament ratifiziert.

Immerhin: Reagan hat auch diesen Fortgang der Kooperationspolitik, den Schritt von der Rüstungskontrolle zur Abrüstung eingeleitet und vorangetrieben. Ab 1985 wurde er dabei tatkräftig von dem neuen Staatspräsidenten Michail Gorbatschow unterstützt. Dieser war nicht nur maßgeblich am langfristigen Erfolg von Reykjavík beteiligt, sondern führte auch die Auflösung des Ost-West-Konflikts herbei, in deren Folge aus der Sowjetunion Russland als Partner des Westens hervorging.

Im Rückblick auf die Rüstungsprozesse des Kalten Kriegs zeigt sich, dass die Kernwaffen nicht nur die vertraute Logik der Machtgleichgewichte auf den Kopf gestellt, sondern die Gewaltanwendung als Möglichkeit der Konfliktbearbeitung eigentlich beseitigt haben. Der (Nuklear-)Krieg kann nicht mehr, wie zu Zeiten des Herrn von Clausewitz, als Fortsetzung der Politik mit anderen Mitteln eingesetzt werden, weil er die Welt und damit die Politik selbst zerstört. In den Kernwaffen entfaltet die Gewalt ein solches Zerstörungspotenzial, dass ihr Einsatz sinnlos wird.

Dieser Einsicht verdankt sich der Beginn der Rüstungskontrolle und ihr Übergang zur Abrüstung, deren Anfang – wenn auch sehr behutsam – auf 1986, das Treffen von Reykjavík, zu datieren ist. Die Existenz der Kernwaffen erzwingt nicht nur die Koexistenz, weil sie jede Weigerung mit dem gegenseitigen Untergang bestraft. Sie verlangt darüber hinaus die Kooperation, weil anders die Kernwaffen nicht unter Kontrolle gehalten werden können. Die Weiterverbreitung der Nuklearwaffen – wie die der chemischen und biologischen Waffen – kann nur kooperativ kontrolliert werden. Der Kalte Krieg ging 1990 zu Ende. Aber die Lehren, die er bereithält, gelten für die Zukunft und weltweit. *Ernst-Otto Czempiel*

Aufbruch zu neuen Grenzen: Die USA unter den Präsidenten Kennedy und Johnson

Mit der Wahl des 43-jährigen John F. Kennedy im November 1960 vollzog sich ein Generationswechsel und es kehrte ein anderer Stil ins Weiße Haus ein. Kennedys Parole vom »Aufbruch zu neuen Grenzen« (New Frontier) weckte besonders bei den jüngeren Amerikanern die Hoffnung, dass die innen- und außenpolitische Stagnation überwunden werden könnte.

INFOBOX

»Ich bin ein Berliner«

Im Juni 1963 besuchte John F. Kennedy auf seiner Europareise auf Einladung des Bürgermeisters Willy Brandt auch das geteilte Berlin. Während Bundeskanzler Konrad Adenauer ihm recht kühl begegnete, da er nicht glaubte, dass der junge Präsident die deutschen Interessen auf Dauer wirksam vertreten würde, gewann Kennedy durch seine Rede vor dem Schöneberger Rathaus am 26. Juni die Herzen der Bevölkerung: »Meine Berliner und Berlinerinnen ... Vor zweitausend Jahren war der stolzeste Satz, den ein Mensch sagen konnte, der: Ich bin ein Bürger Roms. Heute ist der stolzeste Satz, den jemand in der freien Welt sagen kann: Ich bin ein Berliner. ... Wenn es in der Welt Menschen geben sollte, die nicht verstehen oder nicht zu verstehen vorgeben, worum es heute in der Auseinandersetzung zwischen der freien Welt und dem Kommunismus geht, dann können wir ihnen nur sagen, sie sollen nach Berlin kommen ...

Alle freien Menschen, wo immer sie leben mögen, sind Bürger dieser Stadt Berlin, und deshalb bin ich als freier Mann stolz darauf, sagen zu können: Ich bin ein Berliner.«

»Ich bin ein Berliner« – Außenpolitische Entwicklungen

Der Präsident, der sich mit dynamischen, intellektuellen Beratern umgab, ging voller Elan an die Arbeit. Schon bald geriet die unerfahrene Kennedy-Mannschaft aber gegenüber dem aggressiv auftretenden sowjetischen Staats- und Parteichef Chruschtschow in die Defensive und war zu permanentem Krisenmanagement gezwungen. Die Amtszeit Kennedys begann mit einem Paukenschlag, als die von der CIA noch unter Eisenhower geplante Landung von 1 400 Exilkubanern im April 1961 in der »Schweinebucht« auf Kuba kläglich scheiterte. Die subversiven Operationen gegen Kuba gingen aber weiter und veranlassten Castro, sich immer enger an die Sowjetunion anzulehnen.

Nach dem ergebnislosen Wiener Gipfeltreffen vom Juni 1961 rückte das geteilte Berlin wieder ins Zentrum des Kalten Kriegs. Die Regierung Kennedy wurde vom Bau der Mauer im August überrascht, nahm diese Aktion aber hin, weil sie die essenziellen Interessen des Westens, insbesondere den freien Zugang nach Westberlin und die Überlebensfähigkeit der Stadt, nicht ernsthaft gefährdet sah. In Deutschland machte sich Ernüchterung breit, denn der Traum vom roll back war endgültig

Mit seinem Aufruf zur politischen Neubesinnung (»New Frontier«) suchte John F. Kennedy seiner Regierungsübernahme den Charakter eines Durchbruchs der jungen Generation zu geben.

100264

geplatzt und die Teilung der Nation schien dauerhaft zementiert zu sein.

Nahe an den Rand eines atomaren Kriegs führte die Kubakrise im Oktober 1962, die durch die Stationierung sowjetischer Mittelstreckenraketen auf der Insel ausgelöst wurde. Im Weißen Haus wurden eine Bombardierung oder sogar eine Invasion Kubas erwogen, aber Kennedy entschloss sich zu der weniger riskanten Seeblockade, die Chruschtschow tatsächlich zum Abzug der Raketen veranlasste.

ZITAT

Am 10. 6. 1963 rief John F. Kennedy in einer Rede an der Amerikanischen Universität in Washington zum Abbau des gegenseitigen Misstrauens auf:
Wenn wir jetzt auch nicht all unsere Differenzen beilegen können, so können wir doch wenigstens dazu beitragen, dass die Welt solche Unterschiede auszuhalten lernt.... Wir alle atmen dieselbe Luft. Wir alle sorgen uns um die Zukunft unserer Kinder. Wir alle sind sterblich.

Der Präsident war sich der Gefahren bewusst, die von dem ungeheuren Vernichtungspotenzial ausgingen, über das die Supermächte inzwischen verfügten. Deshalb befürwortete er einen Stopp von oberirdischen Atombombenversuchen und gemeinsame Schritte zur Rüstungskontrolle. Auch die Änderung der unglaubwürdigen NATO-Strategie der massiven Vergeltung in Richtung einer flexiblen Erwiderung (flexible response) sollte dazu beitragen, im Konfliktfall den Handlungsspielraum zu erweitern und das Risiko eines nuklearen Schlagabtauschs auf ein Minimum zu reduzieren. Für den Fall eines sowjetischen Angriffs arbeiteten die NATO-Strategen bis 1967 ein ausgeklügeltes Konzept abgestufter Gegenmaßnahmen aus, demzufolge die Atomwaffen in erster Linie der Abschreckung dienten und die konventionellen Streitkräfte die Aufgabe erhielten, ihre Maßnahmen jeweils an den Aktionen des Gegners auszurichten.

Das Streben nach alleiniger Kontrolle der Atomwaffen brachte Kennedy in Konflikt mit dem französischen Staatspräsidenten Charles de Gaulle, dem ein »Europa der Vaterländer« vorschwebte, das sich – unter Führung der Atommacht Frankreich – als eigenständige Kraft zwischen Ost und West etablieren sollte. Kennedys Kompromissvorschlag einer auf NATO-Schiffen stationierten »multilateralen Atomstreitmacht« (MLF) blieb im Planungsstadium stecken. Letzten Endes zogen die meisten Europäer aber das Leben unter dem »atomaren Schutzschild« der USA dem vagen Projekt de Gaulles vor.

Während sich die Lage in Europa auf der Basis des »Gleichgewichts des Schreckens« stabilisierte, griff der Ost-West-Konflikt mehr und mehr auf die Dritte Welt über, die in den Sechzigerjahren von einer Welle der Entkolonialisierung erfasst wurde. Den Bürgerkrieg im Kongo konnten die USA noch mithilfe der UNO beenden, aber danach geriet die Weltorganisation immer stärker unter den Einfluss antiwestlicher Kräfte. Deshalb entschied Kennedy, dass die USA den »Vormarsch des Kommunismus« in Asien und Afrika in eigener Regie bremsen müssten. Zum Testfall wurde Süd-Vietnam, von dessen Fall man einen Dominoeffekt in ganz Südostasien befürchtete. Kennedy glaubte den Kampf gegen die von Moskau, Peking und Hanoi unterstützte Guerillabewegung der Vietcong gewinnen zu können, indem die USA ihrerseits Erhebungen unterhalb der Schwelle zum Krieg unterstützte. Durch Wirtschafts- und Militärhilfe an Süd-Vietnam und durch die Entsendung von Militärberatern verstrickte er die USA aber immer tiefer in den

ZITAT

Martin Luther King über das Schweigen »guter« Menschen:
Unsere Generation wird nicht so sehr die Untaten böser Menschen zu beklagen haben als vielmehr das erschreckende Schweigen der guten.

INFOBOX

»Ich habe einen Traum ...«

Der amerikanische Bürgerrechtler und Baptistenpfarrer Martin Luther King vertrat eine ausdrücklich an den Rechtlosen orientierte Theologie. In seiner berühmt gewordenen Rede vom 28. 8. 1963, die den Höhepunkt der Bürgerrechtsbewegung markiert, fasste er seinen »Traum« von der Gleichberechtigung der farbigen Minderheit der USA in Worte:

»Deswegen sage ich euch, meine Freunde, dass ich trotz der Schwierigkeiten, die sich heute und morgen vor uns auftürmen, immer noch einen Traum habe. Es ist ein Traum, der tief im amerikanischen Traum verwurzelt ist. Ich habe einen Traum, dass diese Nation eines Tages zu sich selbst finden und der wahren Bedeutung ihres politischen Glaubensbekenntnisses gemäß leben wird: ›Wir erkennen die selbstverständliche Wahrheit an, dass alle Menschen gleich erschaffen sind‹.

Ich habe einen Traum, dass eines Tages auf den roten Hügeln von Georgia die Söhne früherer Sklaven und die Söhne früherer Sklavenhalter miteinander am Tisch der Brüderlichkeit sitzen können. Ich habe einen Traum, dass sich eines Tages selbst der Staat Mississippi, ein Staat, der in der Hitze der Ungerechtigkeit und Unterdrückung verschmachtet, in eine Oase der Freiheit und Gerechtigkeit verwandelt. ... Ich habe einen Traum, dass meine vier kleinen Kinder eines Tages in einer Nation leben werden, in der man sie nicht nach der Farbe ihrer Haut beurteilt, sondern nach den Eigenschaften ihres Charakters. ... Es wird ein ruhmvoller Tag sein, die Morgensterne werden miteinander singen und alle Kinder Gottes vor Freude jauchzen.«

ZITAT

In seiner Regierungsantrittsrede am 20. 1. 1961 sagte Präsident John F. Kennedy:
Und daher, meine amerikanischen Mitbürger: Fragt nicht, was euer Land für euch tun kann – fragt, was ihr für euer Land tun könnt. Meine Mitbürger in der Welt: Fragt nicht, was Amerika für euch tun wird, sondern, was wir zusammen für die Freiheit der Menschheit tun können.

Konflikt. Ob er dieses Engagement in einer zweiten Amtszeit wirklich verringert hätte, wie er vor seiner Ermordung im September 1963 gelegentlich andeutete, muss offen bleiben. Allein aus innenpolitischen Gründen wäre es jedoch kaum möglich gewesen, als »weich gegenüber dem Kommunismus« zu erscheinen.

»Ich habe einen Traum« – Innenpolitische Entwicklungen
Im Wahlkampf von 1960 plädierte der jugendlich-dynamische John F. Kennedy für einen Aufbruch zu »neuen Grenzen«. Mit dieser an den zupackenden Pioniergeist der Vorfahren erinnernden Parole von der New Frontier traf er das Lebensgefühl einer ganzen Generation, die sich aus der Lethargie und dem Immobilismus der Ära Eisenhower befreien wollte. Das Parteiprogramm der Demokraten versprach eine Ankurbelung der Wirtschaft, soziale Reformen und Fortschritte in der Rassenfrage.

Schon in seiner Rede bei Amtsantritt am 20. Januar 1961 aber widmete sich Kennedy fast ausschließlich weltpolitischen Themen, und diese Schwerpunktsetzung behielt er in seiner kurzen, krisengeschüttelten Amtszeit

INFOBOX

Martin Luther King
Der Theologe Martin Luther King gehörte in seiner Heimatstadt Atlanta der kleinen schwarzen Mittelschicht an und wurde dort sowie später in Montgomery (Ala.), wo er als Pastor tätig war, ständig mit der Rassendiskriminierung konfrontiert. Unter dem Einfluss von Henry Thoreau und Mahatma Gandhi entwickelte er den gewaltlosen Widerstand und den zivilen Ungehorsam zur wirksamen Waffe der Bürgerrechtsbewegung der amerikanischen Schwarzen. 1955/56 organisierte King einen Omnibusboykott, der zur Aufhebung der Rassentrennung in den öffentlichen Verkehrsmitteln von Montgomery führte und Vorbild für ähnliche Aktionen wurde.
King ließ sich auch durch Bombenanschläge und Verhaftungen nicht von seinem Vertrauen in das Prinzip der Gewaltlosigkeit abbringen. So trugen er und die von ihm initiierten Aktionen maßgeblich zur Verabschiedung von Gesetzen wie des »Civil Rights Acts« (1964) und des »Voting Rights Acts« (1965) bei, die alle Benachteiligungen von Schwarzen in Politik, Wirtschaft und öffentlichem Leben verboten. 1964 wurde Kings unermüdlicher Einsatz für die Gleichberechtigung mit dem Friedensnobelpreis belohnt. Doch vier Jahre später, am 4. 4. 1968, fiel er in Memphis (Tenn.) einem Attentat zum Opfer.

INFOBOX

Boykott!

Als am 1. 12. 1955 die schwarze Näherin Rosa Parks verhaftet wurde, weil sie sich im Bus geweigert hatte, ihren Sitzplatz an einen Weißen abzugeben und damit gegen die Rassengesetze verstoßen hatte, beschloss die schwarze Bevölkerung Montgomerys einen Busboykott. Der erst 26-jährige Martin Luther King wurde zum Vorsitzenden des dafür gebildeten Bürgerausschusses gewählt.

»Wir sind heute Abend hier versammelt, um denen, die uns so lange misshandelten, zu sagen, dass wir genug haben: genug davon, ausgeschlossen und erniedrigt zu sein, genug davon, herumgestoßen und brutal unterdrückt zu werden«, sagte er und erklärte die Gewaltlosigkeit zur obersten Priorität im Kampf um Gleichberechtigung.

bei. Selten war das Bewusstsein der nationalen Identität, der moralischen Überlegenheit der »freien Welt« und der Verantwortung für das Wohl der gesamten Menschheit so stark ausgeprägt wie in diesen Jahren der Berlin- und Kubakrisen. Mit John F. Kennedy und Jacqueline Bouvier »Jackie« Kennedy zogen auch moderne Kunst und Kultur ins Weiße Haus ein, und Washington wurde mit seinen Monumenten, Museen und Galerien zum symbolischen Zentrum der amerikanischen »Zivilreligion«.

Auf innenpolitischem Gebiet tat die Regierung dagegen recht wenig, um die von ihr selbst geweckten hohen Erwartungen zu erfüllen. Die günstige Konjunktur über-

100562

In einem offenen Wagen fahren der US-amerikanische Präsident John F. Kennedy, der Regierende Bürgermeister von Berlin Willy Brandt und der deutsche Bundeskanzler Konrad Adenauer am 26. 6. 1963 durch Berlin.

100880

Die Aufnahme entstand am 22. 11. 1963 kurz vor der Ermordung Kennedys in Dallas (Tex.).

deckte viele strukturelle Probleme, und in der Rassenfrage taktierte Kennedy sehr vorsichtig, da er die Unterstützung der Abgeordneten aus den Südstaaten im Kongress für seine Außenpolitik benötigte. Die Administration begnügte sich weitgehend damit, auf die anschwellende Bürgerrechtsbewegung zu reagieren und ihr mit einigen politischen Gesten entgegenzukommen.

Erst im Sommer 1963 leitete Kennedy dem Kongress den Entwurf eines Gesetzes zu, das die Rassendiskriminierung in allen öffentlichen Einrichtungen verbot und der Bundesregierung weit reichende Vollmachten einräumte. Am 28. August 1963 veranstaltete die Bürgerrechtsbewegung einen »Marsch auf Washington«, an dem über 200 000 Demonstranten teilnahmen und dessen Höhepunkt Kings bewegende Rede I have a dream »Ich habe einen Traum« bildete. Daraufhin erklärte der Präsident im Fernsehen, die amerikanische Nation werde »nicht wirklich frei sein, bis alle ihre Bürger frei sind«. Als Kennedy am 22. November 1963 in Dallas ermordet wurde, hatte der Kongress das Bürgerrechtsgesetz aber immer noch nicht verabschiedet.

Der Texaner Lyndon B. Johnson, der unmittelbar nach dem Mordanschlag vereidigt wurde, machte sich die tiefe Betroffenheit der Amerikaner über den Tod ihres Präsidenten sowie den von den Medien geschaffenen Kennedy-Mythos geschickt zunutze, um das längst überfällige innenpolitische Reformprogramm durchzusetzen. Die Bürgerrechtsgesetze von 1964/65, die vor dem Hintergrund schwerer Unruhen im Süden, aber auch in den Gettos des Nordens zustande kamen, liquidierten in rechtlicher Hinsicht endlich das Erbe der Sklaverei, als das man die Rassentrennung und die politische Diskriminierung der Afroamerikaner bezeichnen kann. Der Druck von unten und die Entschlossenheit der Regierung hatten zusammengewirkt, um diesen Durchbruch zu erzielen.

Der Erfolg beflügelte auch die organisierten Feministinnen und andere soziale Bewegungen. Der von liberalen Richtern dominierte Oberste Gerichtshof sah seine Hauptaufgabe jetzt darin, die in den ersten zehn Verfas-

INFOBOX

Das Attentat von Dallas

Am 22. 11. 1963 herrschte schönes Wetter in Dallas. John F. Kennedy und seine Frau Jacqueline hatten deshalb während ihres Besuchs in Texas um eine Fahrt im offenen Wagen durch die von begeisterten Anhängern gesäumten Straßen der Stadt gebeten. Um 12.33 Uhr bog der Autokorso mit dem Präsidenten in die Elm Street ein. Mit im Wagen befanden sich der texanische Gouverneur Conally, dessen Frau und zwei Beamte des Secret Service. Plötzlich wird Kennedy innerhalb weniger Sekunden von insgesamt drei Schüssen getroffen. Der Wagen rast in ein Krankenhaus; um 13 Uhr wird Kennedy für tot erklärt.

Als mutmaßlicher Mörder wird Lee Harvey Oswald verhaftet, dem Verbindungen zum KGB nachgesagt werden. Bevor Oswald aussagen kann, wird er zwei Tage nach seiner Festnahme von dem Nachtklubbesitzer Jack Ruby erschossen. Aufgrund der mysteriösen Begleitumstände der Tat, u. a. Einschüchterung von Zeugen, Indizien für einen vierten Schuss, ist nicht mit Sicherheit zu sagen, ob Oswald wirklich aus eigener Motivation die tödlichen Schüsse abgegeben hat oder ob eine Verschwörung von Gegnern Kennedys zu dem Attentat geführt hat. Eine endgültige Aufklärung wird wohl erst 2017 möglich sein, wenn die unter Verschluss liegenden Akten der mit den Ermittlungen beauftragten Warren-Kommission der Öffentlichkeit zugänglich gemacht werden.

Nach der Unterzeichnung des Bürgerrechtsgesetzes am 2. 7. 1964 in Washington reicht US-Präsident Lyndon B. Johnson (links) den Federhalter an den Bürgerrechtler Martin Luther King weiter und gibt ihm die Hand.

100562

sungszusätzen garantierten individuellen Grundrechte in der Praxis durchzusetzen und die Lage der Minderheiten zu verbessern. Die Liberalisierung der Pornographiebestimmungen, die Freigabe von Verhütungsmitteln (und später der Abtreibung) sowie die Bekräftigung des Grundsatzes der strikten Trennung von Kirche und Staat erregten zwar Widerspruch in konservativen Kreisen, entsprachen aber ganz der vorherrschenden Stimmung.

Den Gipfel der Ära des liberalen Konsenses markierte Johnsons Programm der Great Society, das auf der op-

INFOBOX

Benachteiligungen werden abgebaut
Im Juni 1964 verabschiedete der amerikanische Kongress den »Civil Rights Act«, der jegliche Diskriminierung aufgrund der Hautfarbe, der Religion, der nationalen Herkunft oder des Geschlechts verbot. 15 Monate danach erließ Präsident Lyndon B. Johnson eine Ausführungsbestimmung, die besagte, dass die gegenwärtigen Auswirkungen früherer Diskriminierung mittels »affirmative action«, d. h. mithilfe positiver Diskriminierung, zu überwinden seien.
Vor allem seit den 1970er-Jahren schrieben Ministerien und Gerichte immer differenziertere Prozeduren vor, um historisch benachteiligten Bevölkerungsgruppen ihren gerechten Anteil an Erziehung, Bildung und Ausbildung sowie am Stellenmarkt zu gewährleisten. In vielen Bereichen wurden z. B. Quotenregelungen erarbeitet, um Benachteiligungen abzubauen und gleiche Ausgangspositionen zu schaffen.

timistischen Annahme basierte, die Regierung könne die Armut in den USA beseitigen und für soziale Gerechtigkeit sorgen. Nach Anfangserfolgen erwies sich dies rasch als eine Illusion, die unter den Belastungen des Vietnamkriegs und der immer radikaleren Protestbewegung Ende der Sechzigerjahre wie eine Seifenblase platzte. Die tiefe Ernüchterung, die durch die Ermordung Martin Luther Kings und des Senators Robert F. Kennedy 1968 noch dramatisch verschärft wurde, leitete einen politisch-kulturellen Wandel ein, der Ende 1968 mit der Wahl des Republikaners Richard M. Nixon einen ersten sichtbaren Ausdruck fand. *Jürgen Heideking †*

Von der Watergate-Affäre zu neuem Selbstvertrauen: Die USA zwischen Nixon und George H. Bush

Richard Nixon präsentierte sich als Anwalt der schweigenden Mehrheit des amerikanischen Volkes, die Recht und Ordnung herbeisehnte und den von den Demokraten geschaffenen zentralistischen Regierungsapparat zurechtstutzen wollte. Die Wende gegen den Geist des New Deal vollzog sich aber zunächst eher in der Rhetorik als in der politischen Praxis. Der Vietnamkrieg beanspruchte die Aufmerksamkeit des Präsidenten und seiner Berater dermaßen, dass innere Reformen wie die unter der Parole New Federalism angekündigte Stärkung der Einzelstaaten im Sande verliefen. Tatsächlich nahmen Aufgaben und Umfang der Bundesbürokratie sogar noch zu. Anfangs schien es Nixon dennoch zu gelingen, die Lage zu stabilisieren. Mit der Vereinbarung eines Waffenstillstands in Vietnam und anderen außenpolitischen Erfolgen nahm er der Protestbewegung, die sich in viele Richtungen und Gruppen aufsplitterte, den Wind aus den Segeln.

Nach der klaren Wiederwahl Nixons Ende 1972 stürzten die USA aber in ihre schwerste Krise seit dem Bürgerkrieg. Zunächst zeigte das Ölembargo der arabischen Staaten, das den Jom-Kippur-Krieg im Nahen Osten 1973 begleitete, den Amerikanern die Grenzen ihrer wirtschaftlichen Unabhängigkeit auf. Dieser Ölschock beschleunigte den Strukturwandel, dem ganze Wirtschaftszweige zum Opfer fielen und der die Industrie-

s. ZEIT Aspekte
Richard Nixon
S. 540

zentren des Nordens dadurch zum »Rostgürtel« herunterkommen ließ. Dann offenbarte die Watergate-Affäre den bedenkenlosen Machtmissbrauch des Präsidenten selbst, der im August 1974 mit seinem Rücktritt dem drohenden Amtsenthebungsverfahren zuvorkam. Im Jahr darauf traf der endgültige Fall Saigons die siegesgewohnte Nation ins Mark und löste ein regelrechtes Vietnamtrauma aus.

Die Amtszeit des Nixon-Nachfolgers Gerald R. Ford bot zwar eine kurze Erholungsphase, in der auch der Kongress sein Mitsprache- und Kontrollrecht gegenüber der Exekutive wieder stärker durchsetzte. Jedoch mussten die Amerikaner unter dem Demokraten James E. »Jimmy« Carter, einem Außenseiter auf dem Washingtoner Parkett, der sich in seinem von Bescheidenheit und

Chicago Tribune
Midwest Edition

Nixon yields tapes

WASHINGTON, Oct. 23—President Nixon changed his mind at the last minute today and agreed to turn over the disputed White House tapes to United States District Judge John Sirica.
The announcement came without warning at an afternoon appearance by

Independent 'bug' prober is suggested by Richardson

House members weigh impeachment of President

Israeli-Egyptian clashes shatter 12 hour cease-fire

100264

Investigativer Journalismus hat in den USA Tradition: 1973 berichtet die »Chicago Tribune« über die Watergate-Affäre. Zwei Reporter der »Washington Post« hatten den Abhörskandal 1972 aufgedeckt, der Präsident Richard Nixon 1974 dazu veranlasste, zurückzutreten.

100562

Mehrere Untersuchungsausschüsse beschäftigten sich mit der Verstrickung Nixons in die Watergate-Affäre. Einem vom Kongress eingeleiteten Verfahren zur Amtsenthebung (Impeachment) kam Nixon am 9. 8. 1974 durch seinen Rücktritt zuvor.

Ehrlichkeit geprägten Regierungs- und Repräsentationsstil bewusst von dem seiner Vorgänger absetzte, außenpolitisch neue schwere Schläge in Iran und Afghanistan sowie ein zweites Ölembargo einstecken.

Konzeptionslosigkeit und das erfolglose Bemühen der Administration Carter, die wirtschaftlichen Probleme, allen voran die explodierenden Energiekosten und die galoppierende Inflation, in den Griff zu bekommen, kamen noch hinzu: Im Wahljahr 1980 schienen die USA auf einem historischen Tiefpunkt angelangt zu sein. Bemerkenswerterweise führte diese Kette von Demütigungen und Misserfolgen nicht zu einer Rückbesinnung auf die Werte des liberalen Konsenses, sondern festigte vielmehr den konservativen Trend. Dies wurde zur Gewissheit, als Carter bei den Wahlen im November 1980 dem ehemaligen Hollywoodschauspieler und republikanischen Gouverneur von Kalifornien, Ronald W. Reagan, recht deutlich unterlag.

Wiederkehr des Patriotismus

Als Iran die amerikanischen Geiseln nach 444-tägiger Haft just am Tag von Reagans Amtseinführung im Januar 1981 freiließ, deutete sich an, dass der neue Präsi-

INFOBOX

Watergate

Die Watergate-Affäre begann im Juli 1972 mit einem Einbruch in die Parteizentrale der Demokraten im Washingtoner Watergate-Hotel. In der Folge setzten Präsident Nixon und seine engsten Berater alles daran zu verschleiern, dass die Aktion Teil einer illegalen Kampagne war, mit der Nixons Wiederwahl Ende 1972 gesichert werden sollte. Die »Washington Post«-Reporter Carl Bernstein und Robert Woodward brachten die Wahrheit aber nach und nach ans Tageslicht.
Als Nixon im Oktober 1973 die Entlassung des vom Kongress eingesetzten Sonderermittlers Archibald Cox erzwang, wurde ein Amtsenthebungsverfahren gegen ihn eingeleitet. Schließlich bewiesen Tonbandaufzeichnungen von Gesprächen im Weißen Haus, die Nixon erst auf Anweisung des Obersten Gerichts herausgab, seine persönliche Verstrickung, sodass Nixon sich am 9. 8. 1974 zum Rücktritt gezwungen sah.

dent eine glückliche Hand haben würde. Tatsächlich schienen ihm die Erfolge zuzufallen, während Missgriffe wie der Einsatz amerikanischer Truppen während der Intervention in Libanon 1982/83 und die illegale Finanzierung der oppositionellen Contras in Nicaragua mithilfe von Waffenverkäufen an den Iran (Iran-Contra-Affäre) schlechten Beratern angekreidet oder widrigen Umständen zugeschrieben wurden.

Reagan beabsichtigte in erster Linie, das angeschlagene Selbstvertrauen der Amerikaner wieder herzustellen und die Nation aufzurichten. Das gelang ihm durch ein gewaltiges Rüstungsprogramm und Steuersenkungen, die hohe Haushaltsdefizite und Staatsschulden verursachten, aber die Konjunktur ankurbelten und die Wirtschaft auf den Wachstumspfad zurückbrachten (Reaganomics). Früher als andere westliche Länder meisterten die USA den Umbruch zur Dienstleistungs- und Hochtechnologiegesellschaft. Neue Wachstumszonen wurden der »Sonnengürtel« von Atlanta über Dallas nach San Diego sowie die Pazifikküste.

Im Medienzeitalter kamen Reagan seine Fähigkeiten als »großer Kommunikator« zugute: Mit einer Mischung aus scharfer antikommunistischer Rhetorik, patriotischen Appellen und charmanter Vertraulichkeit eroberte Reagan die Herzen vieler Landsleute. Dabei wurde nie recht klar, inwieweit ihn politische Hintermänner nur als

Houston verkörperte das Auf und Ab der Städte, die existenziell vom Öl abhängig waren. Bei hohen Ölpreisen während der 1970er- und frühen 1980er-Jahre boomte die Wirtschaft der Stadt. Als sich der Trend wendete, erlebte sie schwierige Zeiten. Heute ist Houston Teil des rasch expandierenden »Sonnengürtels« (»sun belt«) der USA.

393

Galionsfigur benutzten. Hierzu gehörten Intellektuelle, die konservatives Gedankengut wieder salonfähig machen wollten und die Meinungsführerschaft des liberalen »Establishments« bestritten, fundamentalistische Christen auf dem rechten Flügel der Republikaner, die alle Übel der modernen Gesellschaft und speziell die Abtreibung auf den Liberalismus zurückführten, und neoliberale Ökonomen, die staatliche Interventionen in die Wirtschaft ablehnten, Sozialprogramme als Ballast betrachteten, die Macht der Gewerkschaften brechen wollten und für Deregulierung und Privatisierung eintraten.

565

Für »seinen unermüdlichen Einsatz, friedliche Lösungen für internationale Konflikte zu finden«, erhielt Expräsident James (Jimmy) Earl Carter 2002 den Friedensnobelpreis.

Allen diesen Kräften gemeinsam war die grundsätzliche Kritik am liberalen Modell des Sozialstaats, das Denken und Handeln der meisten Politiker und Bürger seit dem New Deal beherrscht hatte. Sie drängten die Anhänger des liberalen Status quo in die Defensive und erreichten eine tief greifende Veränderung des kulturellen Klimas in den USA. Zwischen den polarisierten Lagern von Liberalen und Konservativen suchten neue Parteien und Bewegungen wie die Umweltschützer und die Kommunitaristen nach einem dritten Weg aus der Sinnkrise des späten 20. Jahrhunderts.

Nachdem es in Reagans zweiter Amtszeit zu einer überraschenden Entspannung mit Moskau gekommen war und unter seinem Nachfolger George H. Bush der Ost-West-Konflikt mit dem Zusammenbruch der kommunistischen Herrschaft in Osteuropa und der Auflösung der Sowjetunion endete, untermauerten die USA

INFOBOX

Der große Kommunikator

Der 40. Präsident der USA, Ronald W. Reagan, hatte vor seiner politischen Laufbahn als Schauspieler Karriere gemacht. 1937 hatte er seine erste Filmrolle in Nick Grindes »Love is in the air« gespielt. Insgesamt wirkte er in über 50 Filmen mit. Er hatte sogar gute Chancen, die Rolle des Rick in »Casablanca« (1942) zu bekommen; letztlich entschieden sich die Produzenten jedoch für Humphrey Bogart.
Während des Zweiten Weltkriegs machte Reagan Trainingsfilme für die Air Force, später war er Präsident der Gewerkschaft der Filmschaffenden, bevor er in den 1960er-Jahren als Politiker in der Republikanischen Partei Karriere machte und 1980 als bis dahin ältester Amerikaner in diesem Amt zum Präsidenten der USA gewählt wurde.

ihren Führungsanspruch in der neuen Weltordnung, indem sie 1991 eine große Allianz gegen den irakischen Diktator Saddam Husain anführten. Der Sieg im Golfkrieg gab dem Patriotismus in den USA wieder mächtig Auftrieb und verbannte das Vietnamtrauma endgültig aus dem kollektiven Bewusstsein der Nation. Da die amerikanische Wirtschaft jedoch eine schwere Rezession durchmachte, verblassten die außenpolitischen Erfolge rasch, und Bush musste sich bei den Präsidentschaftswahlen im November 1992 seinem jungen demokratischen Herausforderer William J. »Bill« Clinton, dem Gouverneur von Arkansas, geschlagen geben.

Jürgen Heideking †

Zwischen Eiszeit und Tauwetter: Die globale Gleichgewichtspolitik der USA

s. ZEIT Aspekte Vietnamkrieg S. 549

In den Amtszeiten der Präsidenten Lyndon B. Johnson und Richard M. Nixon stand die amerikanische Außenpolitik ganz im Zeichen des Vietnamkriegs. Nur die beiden Nahostkriege von 1967 und 1973, in denen die USA den Staat Israel und die Sowjetunion dessen arabische Gegner unterstützte, fanden ähnliche Aufmerksamkeit.

Johnson wollte eigentlich innenpolitische Prioritäten setzen und sein Reformprogramm mit dem Ziel einer modernen, gerechten, harmonischen Gesellschaft (Great Society) vollenden, aber nach dem Tongking-Zwischenfall im Sommer 1964, bei dem Nord-Vietnam und die USA sich gegenseitig des Angriffs auf Schiffe beschuldigten, investierte er sein politisches Kapital und die Ressourcen der USA hauptsächlich in den Vietnamkrieg. Je mehr Truppen er jedoch entsandte, desto härter wurde der kommunistische Widerstand, und desto rascher verfiel das Ansehen der südvietnamesischen Regierung in Saigon. Nachdem Johnson nach der Tet-Offensive des Vietcong Ende Januar 1968 erkannt hatte, dass der Krieg nicht zu gewinnen war, verzichtete er im März angesichts der Protestbewegung in den USA auf eine erneute Präsidentschaftskandidatur.

Sein republikanischer Nachfolger Nixon proklamierte das Ziel eines »ehrenhaften Friedens«, den er durch Bombenangriffe auf Nord-Vietnam und eine Invasion

Denkmal für die Vietnam-Veteranen in Washington, D. C.

100001

Kambodschas zur Unterbindung der Nachschubwege der Vietcong zu erreichen hoffte. Der strategische Grund für den Krieg – die Eindämmung Chinas und der Sowjetunion – war im Grunde bereits entfallen, da sich die beiden Länder inzwischen politisch entzweit hatten und China durch die Kulturrevolution zusätzlich geschwächt war.

Nach dem Waffenstillstand von 1973 trat deshalb der Aufbau einer neuen globalen Mächtekonstellation in den Vordergrund, die Nixon und sein Außenminister Henry A. Kissinger anstrebten. Sie wollten die amerikanische Außenpolitik von ihrem idealistischen Ballast befreien und ganz auf das Konzept einer realistischen, ideologiefreien Gleichgewichtspolitik ausrichten, um die internationalen Beziehungen zu stabilisieren und den Frieden zu erhalten. Der Ausgleich mit China, den Kissinger und Nixon 1971/72 erreichten, erlaubte es ihnen, die Sowjetunion durch das Ausspielen der chinesischen Karte in Schach zu halten.

Die Nixondoktrin von 1969 besagte zudem, dass die USA in Zukunft ihre Lasten mit den Verbündeten teilen und nur noch in Ausnahmefällen militärisch intervenieren würden. Auf dieser Grundlage betrieb Kissinger über Nixons 1974 nach der »Watergate-Affäre« erzwungenen Rücktritt hinaus eine Politik der Entspannung (Détente) mit Moskau, die bei der strategischen Raketenrüstung (SALT I), in Europa (KSZE) und im Nahen Osten zu konkreten Abmachungen führte.

ZITAT

Aus Präsident Reagans Rede vor dem Brandenburger Tor in Berlin am 12. 6. 1987:
Generalsekretär Gorbatschow, wenn Sie den Frieden suchen, wenn Sie den Wohlstand für die Sowjetunion und Osteuropa wollen, wenn Sie die Liberalisierung wollen: Kommen Sie an dieses Tor! Mister Gorbatschow, öffnen Sie dieses Tor! Mister Gorbatschow, reißen Sie diese Mauer ein!

INFOBOX

Gegen den Vietnamkrieg

Unter Lyndon B. Johnson begann die Zustimmung der amerikanischen Bevölkerung zum Engagement in Vietnam abzunehmen. Zunächst waren es nur kleine Gruppen von liberalen Intellektuellen, religiösen Pazifisten und feministischen Rüstungsgegnerinnen, die den Vietnamkrieg als unmoralisch und als Verrat an den amerikanischen Idealen geißelten.

Ein Zeichen setzte 1965 der 32-jährige Quäker Norman Morrison, der sich im November in Sichtweite des Pentagons selbst verbrannte und als Begründung sein Mitgefühl für die vietnamesischen Opfer der Napalmbomben nannte. Zugleich breitete sich die studentische Antikriegsbewegung aus, die im März 1965 mit dem ersten »Teach-in« an der Universität von Michigan begonnen hatte. Ihre spektakulärsten Aktionen waren Aufrufe zur Wehrdienstverweigerung und öffentliche Verbrennungen von Einberufungsbescheiden.

Auch Martin Luther King nahm bereits im Sommer 1965 öffentlich Stellung gegen den Krieg, blieb mit dieser Haltung zunächst jedoch selbst in der schwarzen Bürgerrechtsbewegung isoliert. Unter dem Eindruck steigender Verluste und wachsender Rüstungskosten und angesichts der brutalen Fernsehbilder aus Vietnam fand sein Vorwurf, der Krieg sei mit dem Rassismus und der Armut in den Gettos der amerikanischen Städte untrennbar verbunden, aber immer mehr Zustimmung.

Bürgerrechts- und Antikriegsbewegung vereinigten sich 1967 zu einem radikalen Massenprotest, der die amerikanische Gesellschaft in ihren Grundfesten erschütterte und letztlich dazu beitrug, dass die USA ihr Engagement in Vietnam beendeten.

Ein Ende der Entspannung zeichnet sich ab

Durch den endgültigen Zusammenbruch Süd-Vietnams 1975, die Massaker der Roten Khmer in Kambodscha und weitere Erfolge des Kommunismus in der Dritten Welt geriet dieser nüchtern-pragmatische Kurs aber ins Zwielicht. Viele Amerikaner gewannen den Eindruck, die Sowjetunion heimse in Europa die Früchte der Détente ein, während sie weiter aufrüste und im Rest der Welt - so etwa in Afrika mit kubanischer Hilfe - gegen die Interessen der USA agiere. In der UNO konnten die USA bei Abstimmungen häufig nur noch auf Israel, Südafrika und wenige andere getreue Staaten zählen.

Präsident James E. Carter, der 1977 den glücklosen Nixon-Nachfolger Gerald R. Ford ablöste, trat mit der

100562

Richard Nixon und Zhou Enlai während Nixons Chinabesuchs 1972

100562

1979 schlossen die USA und die Sowjetunion das SALT-II-Abkommen (im Bild u. a. Jimmy Carter, Leonid Breschnew und Andrej Gromyko) zur Begrenzung des nuklearstrategischen Waffenarsenals ab.

Absicht an, die Entspannungspolitik fortzuführen und weitere Rüstungskontrollverträge zu schließen. Außerdem legte er einen starken Akzent auf die Menschenrechtsfrage, um die durch das Vietnamdebakel angeschlagene moralische Autorität der USA zu erneuern. Das Friedensabkommen von Camp David zwischen Israel und Ägypten 1978 sowie die Unterzeichnung des ergänzenden SALT-II-Vertrags zur Rüstungsbeschränkung im Juni 1979 in Wien erwiesen sich allerdings als die letzten Akte der Entspannungsära. Danach verschlechterte sich das internationale Klima rapide durch die islamische Revolution in Iran und die darauf folgende Geiselnahme in der amerikanischen Botschaft in Teheran sowie durch den Einmarsch sowjetischer Truppen in Afghanistan im Dezember 1979. Eine Gefährdung der strategisch wichtigen Golfregion konnten und wollten die USA aber nicht zulassen.

Ihre Reaktion erfolgte rasch und entschlossen, weil der Sicherheitsberater des Präsidenten, Zbigniew Brzezinski, der gegenüber der Sowjetunion wieder eine härtere, die militärische Macht bevorzugende Linie vertrat, unter dem Eindruck der oppositionellen Gewerkschaftsbewegung Solidarność in Polen bereits einen politischen Kurswechsel angebahnt hatte. Nun stoppte Carter die Ratifizierung von SALT II durch den Senat und setzte die geheime Direktive PD 59 in Kraft, der zufolge die USA zur Führung eines erfolgreichen Atomkriegs fähig sein mussten. Wirtschaftliche und kulturelle Boykottmaßnahmen gegen Moskau untermauerte er mit der Erklärung, die USA würden militärisch eingreifen, falls eine ausländische Macht versuchen sollte, die Ölausfuhr vom Persischen Golf abzuschneiden. Diese Carterdoktrin führte umgehend zur Aufstellung einer Spezialeinheit, die für den Wüstenkrieg trainiert wurde. Um den Sowjets in Afghanistan ein eigenes »Vietnam« zu bereiten, lieferte die CIA über Pakistan moderne Waffen an die aufständischen Afghanen.

ZITAT

Der Staatssekretär für Europäische Angelegenheiten im Außenministerium, Arthur Hartmann, erklärt am 15. 5. 1974 vor dem Repräsentantenhaus zur Politik der Entspannung:
Die Entspannung hat im Übrigen nicht das Geringste mit Beschwichtigungspolitik zu tun. Wir verhandeln mit der Sowjetunion nicht aus einer Position der Schwäche heraus. Ganz im Gegenteil, die Aufrechterhaltung unserer militärischen Stärke ist eine Grundvoraussetzung für die Entspannung.

Die letzte Wende des Kalten Kriegs

Dieser drastische Kurswechsel kam aber zu spät, um Carters Popularitätskurve rechtzeitig bis zu den Wahlen wieder steigen zu lassen. Eine gescheiterte Militäraktion zur Geiselbefreiung in Iran besiegelte das politische Schicksal des Präsidenten, der im November 1980 dem konservativen Republikaner Ronald W. Reagan deutlich unterlag. Reagan war es dann auch, der die Freilassung der amerikanischen Diplomaten im Januar 1981 erreichte. Anschließend kehrten die USA – auf der von Brzezinski vorgezeichneten Linie – zu einer Politik des aktiven containment gegenüber der Sowjetunion zurück. Darüber hinaus nahmen sie nun jede Gelegenheit wahr, im Sinne des roll back den kommunistischen Einfluss in der Dritten Welt zu bekämpfen.

Während sich die internationale Position der USA zusehends festigte und das Vietnamtrauma der Bevölkerung einem neuen Patriotismus wich, setzte aufseiten der Sowjetunion und ihrer Verbündeten ein immer rascher fortschreitender Machtverfall ein. Reagans scharfe Rhetorik – in einer Rede vor fundamentalistischen Christen bezeichnete er Moskau als das Zentrum des »Reichs des Bösen« – verlieh dem Kalten Krieg einen dramatischen, unversöhnlich erscheinenden Charakter. Um den Worten Taten folgen zu lassen, setzte Reagan im Kongress ein gewaltiges Aufrüstungsprogramm durch, das den Rüstungsetat um über vierzig Prozent auf etwa 300 Milliarden Dollar pro Jahr anschwellen ließ.

Ungerührt von allen Protesten der Friedensbewegungen im eigenen Land und in Westeuropa verwirklichte die Administration den NATO-Doppelbeschluss vom Dezember 1979 und stationierte ab 1983 Mittelstreckenraketen vom Typ Pershing II und Marschflugkörper auf europäischem Boden. Weltweite Besorgnis erregte auch Reagans Ankündigung der Strategischen Verteidigungsinitiative SDI im März 1983, die ein weltraumgestütztes Raketenabwehrsystem vorsah, mit dem die USA einen atomaren Erstschlag verhindern zu können glaubten. Als die amerikanische Regierung Ende 1983 den Abschuss eines koreanischen Passagierflugzeugs, das sich in den sowjetischen Luftraum verirrt hatte, mit neuen Strafmaßnahmen gegen Moskau ahndete und als die kommunistischen Staaten im Gegenzug die Olympischen Spiele

Vor seiner Wahl zum Präsidenten residierte Ronald W. Reagan als Gouverneur von Kalifornien im State Capitol (erbaut 1869–74) in Sacramento (Calif.).

100485

1984 in Los Angeles boykottierten, schien der Kalte Krieg wieder die eisige Temperatur der Kubakrise von 1962 erreicht zu haben.

Umso überraschter waren die Amerikaner und die Weltöffentlichkeit von der spektakulären Annäherung, die sich nach der Wiederwahl Reagans ab 1985 zwischen Washington und Moskau vollzog und die den Kalten Krieg binnen Kurzem zu einer abgeschlossenen historischen Epoche machte. Über die Gründe für diesen Umschwung wird bis heute gestritten. Vieles deutet darauf hin, dass die Ursachen für den Kollaps der Sowjetunion und die Selbstbehauptung der USA weniger in politisch-strategischen Konzepten als in der inneren Stärke des amerikanischen Wirtschafts- und Gesellschaftssystems zu suchen sind. Man wird aber zugestehen müssen, dass die Außenpolitik der USA von Truman bis Bush über mehr als vierzig Jahre hinweg trotz aller Schwankungen und Rückschläge im Wesentlichen den mit NSC-68 eingeschlagenen Kurs gehalten hat. *Jürgen Heideking †*

Eine neue Führung an der Macht: Die Sowjetunion und die Warschauer-Pakt-Staaten in der Ära Breschnew

Mit dem Sturz Chruschtschows trat wieder eine kollektive Führung an die Spitze der Sowjetunion. Breschnew galt zwar unangefochten als der erste Mann der Partei; er blieb aber vom Konsens und vielfach auch von der Kompetenz seiner Mitverschwörer abhängig. Kossygin konnte als hervorragender Kenner der Dossiers und penibler Lenker des Staatsapparats eigenen Einfluss gewinnen; er war jedoch nicht in der Lage, sich die Partei unterzuordnen, und hatte auch keine entsprechenden Ambitionen. Der Dritte, wenn auch Schwächste im Bunde war Nikolaj Wiktorowitsch Podgornyj, seit 1965 Vositzender des Präsidiums des Obersten Sowjets und damit Staatsoberhaupt. So blieb es lange Zeit bei einem prekären Gleichgewicht der Macht, das Parteiführung und Regierung jedoch nicht daran hinderte, weitgehend effektiv zusammenzuarbeiten.

Die neue Führung nahm Reformen in Angriff, die sich durch größere Zielstrebigkeit und Folgerichtigkeit

100562

Willy Brandt und Aleksej Kossygin beim Abschreiten einer Ehrenformation in Moskau 1970

auszeichneten, als sie dem Einzelkämpfer Chruschtschow möglich gewesen waren. Die Trennung der Parteisektionen wurde sogleich wieder zurückgenommen. Sodann wurden die Investitionen im landwirtschaftlichen Bereich beträchtlich erhöht. Die Kolchosen brauchten weniger Agrarprodukte abzuliefern, konnten also mehr für den freien Markt produzieren. Für Kolchosangehörige wurden ein fester Lohn und eine staatliche Altersrente eingeführt. Die Industriebetriebe erhielten Mittel zur Prämienzahlung, mit denen die Leistung der Belegschaften honoriert werden konnte. In gewissem Maß konnten sie auch bei der Planfestsetzung mitreden, sodass die Produktion besser auf den Bedarf abgestimmt wurde.

Mit diesen Maßnahmen gelang es tatsächlich, die sowjetische Wirtschaft noch einmal voranzubringen. In der zweiten Hälfte der Sechzigerjahre stiegen die Zuwachsraten des Pro-Kopf-Einkommens auf durchschnittlich 5,9 Prozent pro Jahr (nach westlichen Berechnungen 5,1 Prozent). Die soziale Lage breiter Bevölkerungskreise verbesserte sich, die Kolchosbevölkerung fand Anschluss an das allgemeine Lebensniveau. Es gab auch genügend Kapital, um westliche Industriegüter zu importieren und so die technologische Modernisierung voranzutreiben. Darüber hinaus reichte die Wirtschaftskraft des Landes aus, um in der Rüstungsentwicklung einigermaßen mithalten zu können: Der Aufbau eines Arsenals von Kernwaffen, der schon unter Chruschtschow eingesetzt hatte, führte bis zu Beginn der Siebzigerjahre zu annähernd quantitativer Parität mit den USA, auch wenn es qualitativ immer noch hinter den amerikanischen Neuentwicklungen zurückblieb.

100562

Leonid Iljitsch Breschnew, seit 1964 Erster Sekretär der KPdSU, stieg nach anfänglicher Rivalität mit Kossygin zum ersten Mann der Sowjetführung auf. 1977 wurde er auch Staatsoberhaupt.

In den Volksdemokratien waren ähnliche Maßnahmen zur Steigerung der Produktivität und des Außenhandels zu verzeichnen. Besonderen Ehrgeiz entwickelte dabei die DDR. Mit dem 1963 beschlossenen Neuen Ökonomischen System der Planung und Leitung (NÖSPL) wurde den Kombinaten weitgehende Selbststeuerung zugestanden, die Kompetenzen der Betriebe wurden erweitert, das Prämiensystem wurde ausgebaut, und die Preise hatten sich an den Kosten zu orientieren. In Ungarn entwickelte sich eine sozialistische Marktwirtschaft mit offener Konkurrenz der Betriebe und gezielter Förderung privater Handwerksbetriebe. Rumänien trieb seine Industrialisierung mithilfe verstärkter Wirtschaftsbeziehungen zum Westen voran; Nicolae Ceauşescu, der nach Gheorghiu-Dejs Tod im März 1965 die Nachfolge antrat, schreckte dabei nicht einmal davor zurück, gegen den Willen Moskaus Anfang 1967 diplomatische Beziehungen zur Bundesrepublik Deutschland aufzunehmen.

Lediglich in der Tschechoslowakei tat sich wenig. Die Parteiführung um Antonín Novotný, der 1953 Klement Gottwald als Erster Sekretär der tschechoslowakischen

INFOBOX

Die Breschnewdoktrin

Im November 1968 verkündete Leonid Breschnew in Warschau die Doktrin einer beschränkten Souveränität der Staaten des »sozialistischen Lagers«. Sie diente der – nachträglichen – Rechtfertigung des Einmarsches von Truppen des Warschauer Pakts in die ČSSR (1968) zur Unterdrückung des reformsozialistischen Kurses unter Alexander Dubček, kam aber nach 1968 nicht mehr zur Anwendung. Die Breschnewdoktrin stellte eine neue, an Stalins Interpretation des Prinzips des »proletarischen Internationalismus« anknüpfende ideologische Umschreibung des sowjetischen Anspruchs auf Vorherrschaft im kommunistischen Staatensystem dar. Nach dem Machtantritt Michail Gorbatschows (1985) rückte die UdSSR durch die Betonung der Eigenverantwortlichkeit der sozialistischen Länder endgültig von ihr ab.

INFOBOX

Solidarität

Eine Preis- und Inflationswelle, verbunden mit einem unzulänglichen Warenangebot, löste im Frühsommer 1980 in Polen v. a. in den Industriezentren des Landes, in Danzig, Stettin, Kattowitz, eine Streikwelle aus. Unter dem Vorsitz von Lech Wałęsa handelte in Danzig ein überbetriebliches Streikkomitee mit der Regierung das »Danziger Abkommen« aus. Am 31. 8. 1980 unterzeichnet, beendete es die Streikbewegung und erkannte die Forderungen der Streikenden an: besonders die Bildung der vom Staat unabhängigen Gewerkschaftsorganisation Solidarność, Einführung des Streikrechts, Einflussmöglichkeiten der Gewerkschaften auf wirtschaftliche und sozialpolitische Entscheidungen, Zugang der katholischen Kirche zu Rundfunk und Fernsehen. Die Verhängung des Kriegsrechts im Dezember 1981 machte die Vereinbarungen von Danzig weitgehend gegenstandslos.

KP nachgefolgt war, fand sich erst 1963 bereit, Maßnahmen zur Entstalinisierung durchzuführen, und eine Wirtschaftsreform wurde bis Anfang 1967 verschleppt. Daraus resultierte ein rapider Autoritätsverfall, der schließlich zu Beginn des Jahres 1968 zu seiner Ablösung durch Alexander Dubček, den bisherigen Ersten Sekretär der slowakischen Partei, führte. Dubček bemühte sich um eine Versöhnung von Partei und Volk – und löste damit die Mobilisierung einer nationalen und demokratischen

160

Raketeneinheiten bei der Parade auf dem Roten Platz in Moskau anlässlich des Jahrestages der Oktoberrevolution demonstrierten militärische Stärke (Foto von 1975).

Die Aufnahme zeigt den Einmarsch sowjetischer Truppen in Kabul, Afghanistan, Ende 1979. Dieser militärische Akt belastete die Beziehungen der Sowjetunion zu den USA.

100562

Bewegung, den Prager Frühling, aus. Ein Aktionsprogramm der Partei, das am 5. April verabschiedet wurde, verhieß in vagen Worten einen »Sozialismus mit menschlichem Antlitz«; Delegiertenwahlen zu einem Parteitag, der für den August vorbereitet wurde, brachten eine breite Mehrheit für die Reformer.

Das rief alsbald Befürworter einer militärischen Intervention gegen die »Konterrevolution« auf den Plan: in vorderster Front Ulbricht und Gomułka, die ein Übergreifen der Bewegung auf ihre Länder befürchteten, daneben die Generäle des Warschauer Pakts und die Vertreter des KGB-Apparats. Nach langem Zögern und Verhandlungen mit Dubček gab Breschnew ihnen Mitte August schließlich nach. In der Nacht zum 21. August begann die Besetzung der Tschechoslowakei durch sowjetische Truppen, die von Einheiten Polens, Ungarns, Bulgariens und der DDR unterstützt wurden. Damit war der Prager Frühling zu Ende. Die Reformer verloren nach und nach ihre Ämter; schließlich wurde Dubček im April 1969 durch Gustáv Husák abgelöst, der als Opfer der Säuberungen der Gottwald-Ära gelernt hatte, mit Kompromissen zu leben.

Begründet wurde die Intervention in der Tschechoslowakei mit der »Gefahr«, die für die »ganze sozialistische Gemeinschaft« entstanden sei. Im Westen interpretierte man die eingeschränkte Souveränität der sozialistischen Staaten als Ausdruck einer besonderen Breschnewdoktrin. Tatsächlich förderte die Niederschla-

ZITAT

Nachdem Nikita Chruschtschow im Herbst 1964 aller seiner Ämter enthoben worden war, sagte er:
Das wär's, nun bin ich im Ruhestand. Vielleicht war gerade dies meine größte Leistung – dass man mich durch eine einfache Abstimmung stürzen konnte, während Stalin alle hätte verhaften lassen.

gung der Prager Reform die Entwicklung von Dissidentengruppen, die nicht mehr auf eine Reform der kommunistischen Parteien setzten, sondern auf eine Erneuerung der Gesellschaften der Ostblockstaaten von unten. Zunächst entstanden solche Gruppen in der Sowjetunion, später auch in der Tschechoslowakei und in Polen. Die Behörden begegneten ihnen mit Repressalien, konnten sie aber nicht zum Schweigen bringen.

Die Niederschlagung der Demokratiebewegung in der Tschechoslowakei konnte Arbeiterunruhen in Polen, ausgehend von Danziger Werftarbeitern im Dezember 1970, nicht verhindern. Gomułka setzte dagegen zunächst seine Ordnungskräfte ein; der Arbeitsfriede konnte jedoch erst wiederhergestellt werden, als er zurücktrat und die Regierung den Streikenden entgegenkam. Neuer Parteichef wurde Edward Gierek, der Wortführer des technokratischen Flügels der Partei- und Staatsbürokratie. Er trieb die Industrialisierung mithilfe umfangreicher westlicher Kredite voran und nahm dabei in Kauf, dass sich die Kirche und die kritische Intelligenz stärker artikulieren konnten. Der Vertrauensvorschuss, mit dem er sein Amt antrat, ging jedoch bald wieder ver-

100264

Der tschechoslowakische Politiker Alexander Dubček wurde nach dem »Prager Frühling« aus allen seinen politischen Ämtern gedrängt und aus der kommunistischen Partei seines Landes ausgeschlossen.

INFOBOX

Prager Frühling

Die Ablösung Antonín Novotnýs als Erster Sekretär des ZK der KP durch Alexander Dubček im Januar 1964 war der Beginn einer Reformphase mit breiten wirtschafts- und gesellschaftspolitischen Diskussionen inner- und außerhalb der KP. Ziel der Reformer war es – unter Wahrung der Alleinherrschaft der KP –, Ansätze einer Liberalisierung und Demokratisierung der Gesellschaft, einen »Sozialismus mit menschlichem Antlitz«, zu verwirklichen. Das Experiment wurde durch den Einmarsch von Truppen der UdSSR und vier weiterer Staaten des Warschauer Pakts am 20./21. 8. 1968 gewaltsam unterbunden. Die Nationale Volksarmee der Deutschen Demokratischen Republik war umfassend in die Vorbereitung und Planung der Aktionen integriert.
Im »Moskauer Protokoll« vom 26. 8. 1968 wurde das in die UdSSR verschleppte Politbüro der KPČ gezwungen, dem Abbau der Reformen zuzustimmen. Die Niederwerfung des Prager Frühlings bedeutete das Ende reformkommunistischer Versuche. In der ČSSR entstanden informelle Gruppen, Repräsentanten des Prager Frühlings wurden zu Trägern der sich formierenden Bürgerbewegung.

loren. Die Arbeiter waren nicht bereit, die Konsumbeschränkungen hinzunehmen, die die forcierte Industrialisierung erforderte; und die Intellektuellen fanden es zunehmend unbefriedigend, dass sie keinen Einfluss auf die Entscheidungen nehmen konnten. Im Juni 1976 führte die Ankündigung einer Erhöhung der Lebensmittelpreise zu neuen Streiks. Die Schulden, die das Land im Westen gemacht hatte, konnten aber nur noch mithilfe weiterer Konsumbeschränkung ausgeglichen werden.

Das Ende der alten Garde
In der Auseinandersetzung mit den vielfältigen Freiheits- und Unabhängigkeitsbewegungen hielt Breschnew einen mittleren Kurs zwischen Ideologen, die immer noch an die Utopie einer geschlossenen kommunistischen Bewegung glaubten, und Pragmatikern, die pluralistische Ansätze als Chance begriffen, neue Kräfte für den Sowjetstaat zu mobilisieren. Das trug ebenso zu seinem Aufstieg bei wie die Erfolge in der Entspannungspolitik, die sich nach dem Moskauer Vertrag mit der Bundesrepublik Deutschland 1970 einstellten, etwa das erste Abkommen

Die KSZE-Schlussakte wurde am 1. 8. 1975 vom sowjetischen Generalsekretär Leonid Breschnew unterzeichnet.

50

160

Ebenso wie Stalin wurde auch Breschnews Leichnam im Gewerkschaftshaus von Moskau aufgebahrt.

über die Begrenzung der strategischen Rüstung mit den USA 1972, das die Gleichrangigkeit der Sowjetunion als Weltmacht signalisierte, oder die Unterzeichnung der Schlussakte von Helsinki 1975.

Bis Mitte der Siebzigerjahre rückte Breschnew unangefochten in das Zentrum der sowjetischen Macht; im Juni 1977 übernahm er zusätzlich das Amt des Präsidenten des Obersten Sowjets. Für die Entwicklung des Ostblocks war das insofern verhängnisvoll, als Breschnew zu dieser Zeit an einer Arterienverkalkung zu leiden begann, was seine Entscheidungsfähigkeit beeinträchtigte und sich in einem Nachlassen der Reformdynamik niederschlug. Die dritte industrielle Revolution durch die Computertechnologie wurde von der Sowjetunion weitgehend verschlafen, die Wachstumsraten gingen wieder auf das Niveau der späten Sechzigerjahre zurück, und der Abstand zu den führenden Industrienationen wurde zusehends größer. Gleichzeitig stiegen die Auslandsschulden, und damit wurde das Sowjetimperium in zunehmendem Maße vom Westen abhängig. Im Dezember 1980 starb Kossygin, ohne dass ein gleichermaßen qualifizierter Nachfolger zur Verfügung stand.

Die DDR konnte sich dank finanzieller Leistungen der Bundesrepublik über Wasser halten. Erich Honecker, der im Mai 1971 den verbrauchten Ulbricht abgelöst hatte, bezahlte sie allerdings notgedrungen mit zunehmender Öffnung der Grenzen zum kapitalistischen Westen. In Polen führte die Wirtschaftskrise im Sommer

Ronald Reagan und Michail Gorbatschow tauschen am 1. 6. 1988 in Moskau die Ratifizierungsurkunden des INF-Vertrags zur Vernichtung atomarer Mittelstreckenraketen aus.

100562

1980 zu einer neuen Streikbewegung. Sie breitete sich diesmal über das ganze Land aus und führte zur Bildung einer unabhängigen Gewerkschaft, der Solidarność. Arbeiter, Kirche und Intelligenz verbündeten sich jetzt, um eine wirkliche Demokratisierung des Landes einzufordern. Ihre Bewegung wurde im Dezember 1981 durch die Verhängung des Kriegsrechts durch General Wojciech Jaruzelski niedergeschlagen, konnte aber nicht dauerhaft ausgelöscht werden. Generell machten sich Zynismus und Desillusionierung breit; die Regierenden gerieten unter einen Erwartungsdruck, dem sie zunehmend weniger gerecht werden konnten.

Nach dem Tod Breschnews am 10. November 1982 nahm Jurij Wladimirowitsch Andropow als Nachfolger zunächst die Beseitigung des Schlendrians in Partei- und Staatsführung in Angriff. Binnen eines Jahres erkrankte er aber ebenfalls, und nach seinem Tod am 9. Februar 1984 übernahm wieder eine kollektive Führung mit dem engen Mitarbeiter Breschnews, Konstantin Ustinowitsch Tschernenko, als Generalsekretär das Ruder. Tschernenkos Tod am 10. März 1985 wiederum machte den Weg für Michail Sergejewitsch Gorbatschow frei, den Andropow schon als rechte Hand ins Auge gefasst hatte. Er schien, eine Generation jünger als die in die Jahre gekommenen Weggefährten Breschnews, als Einziger in der Lage zu sein, den Reformstau zu bewältigen, der sich Mitte der Achtzigerjahre im Sowjetblock angehäuft hatte.

Wilfried Loth

Von der weltpolitischen zur europäischen Option: Großbritannien

Nach dem Rücktritt Robert Anthony Edens übernahm im Januar 1957 Harold Macmillan die Führung der Regierung. Im Zeichen einer steigenden Prosperität konnte er 1959 die Conservative Party zu einem deutlichen Wahlsieg führen: Den 365 Abgeordneten der Konservativen saßen 258 der Labour Party gegenüber. Trotz der wirtschaftlichen Aufwärtsentwicklung sah sich die Regierung Macmillan einer wachsenden Inflation und einer steigenden Arbeitslosigkeit gegenüber. Schwerpunkte der Innenpolitik waren die Schulreform und der Ausbau des Erwachsenenbildungswesens, eine aktive Industrieansiedlungspolitik in benachteiligten Regionen und der staatliche Wohnungsbau. Die Todesstrafe, 1957 bereits eingeschränkt, wurde 1965 gänzlich abgeschafft.

Problematisch für alle Regierungen, insbesondere für jene der Labour Party, war die starke Stellung der Gewerkschaften. Die Labour Party hing am finanziellen Tropf des Trade Union Congress (TUC) und war daher in arbeitsrechtlichen und sozialpolitischen Fragen dem TUC verpflichtet. 1975 waren im TUC 111 Gewerkschaften mit insgesamt rund 10,3 Millionen Mitgliedern zusammengeschlossen. Schwierig waren aber vor allem die über 350 unabhängigen Gewerkschaften, die zum Teil aus alten Handwerkergilden entstanden waren und oft nur wenige Mitglieder umfassten. Wenn deren Mitglieder in betrieblichen Schlüsselpositionen arbeiteten, konnten sie bei einem Streikbeschluss problemlos die gesamte Produktion eines Betriebes lahm legen. Diese Macht nutzten die Gewerkschaften teilweise aus und streikten die britische Wirtschaft bis an den Rand des Zusammenbruchs. Ein weiteres Problem der britischen Wirtschaft jener Jahre waren die »closed shops«, Betriebe, in denen nur Gewerkschaftsmitglieder angestellt werden durften. Dies machte die Gewerkschaftsmitglieder von den Gewerkschaften abhängig. Die Konservativen suchten daher immer wieder die Gewerkschaftsmacht einzuschränken und deren wirtschaftliche Macht zu brechen. Letztlich gelang dies erst Premierministerin Margaret Thatcher in den 1980er-Jahren.

100562

Als britischer Premierminister (1957–63) konnte Harold Macmillan das durch die Suezkrise von 1956 belastete britisch-amerikanische Verhältnis verbessern.

Im Herbst 1963 musste Premierminister Macmillan zurücktreten. Der »Profumoskandal« erschütterte nicht nur die britische Innenpolitik, sondern beschädigte auch das Ansehen Großbritanniens bei den NATO-Partnern. Kriegsminister John Profumo hatte Beziehungen zu einem Callgirl unterhalten, das militärische Geheimnisse an ein Mitglied der sowjetischen Botschaft weitergegeben hatte. Profumo hatte in diesem Zusammenhang das Parlament zu täuschen gesucht. Nachfolger Macmillans wurde Sir Alexander Frederick Douglas-Home.

Bei den verfassungsmäßig notwendig gewordenen Unterhauswahlen erreichte die Labour Party im Oktober 1964 einen hauchdünnen Vorsprung vor den Konservativen. Im Parlament besaß Labour nur 13 Abgeordnete mehr als die Opposition. Premierminister wurde Harold Wilson, der 1963 nach dem Tod Hugh Gaitskells die parlamentarische Führung der Labourabgeordneten im Unterhaus übernommen hatte. Das neue Kabinett verkündete ein sozialistisches Regierungsprogramm, unter anderem die Verstaatlichung der Stahlindustrie, die Kontrolle der Mieten und des Grundstücksmarktes.

Großbritanniens wirtschaftliche Lage

Vor dem Hintergrund einer Zahlungsbilanzkrise sah die Regierung Wilson die Sanierung des Pfundes – 1964 und 1965 waren ausländische Stützungsaktionen für die britische Währung notwendig geworden –, die Beseitigung des Handelsbilanzdefizits und die allgemeine Stabilisierung der Wirtschaft als ihre dringendsten Auf-

50558

Der Führer der Labour Party Harold Wilson versuchte als Premierminister (1964–70 und 1974–76) u. a. durch einen Preis- und Lohnstopp die britische Wirtschaft zu sanieren und die Währung zu stabilisieren.

INFOBOX

Krieg um die Falklandinseln

Unter Berufung auf die historischen Rechte Argentiniens besetzten argentinische Truppen Anfang April 1982 die Falklandinseln und Südgeorgien. Daraufhin entsandte die britische Regierung einen Flottenverband mit dem Flugzeugträger »Hermes« in den Südatlantik, und die britischen Streitkräfte errichteten eine See- und Luftblockade um die Inselgruppe. Nach der Rückeroberung Südgeorgiens durch britische Einheiten (25. 4.) setzten Anfang Mai schwere Kämpfe im Bereich der Falklandinseln ein, bei denen der argentinische Kreuzer »General Belgrano« und der britische Zerstörer »Sheffield« versenkt wurden. Nach Bildung eines britischen Brückenkopfs in der Bucht von San Carlo auf Ostfalkland stießen britische Truppen auf Port Stanley vor und zwangen am 15. 6. 1982 die argentinischen Truppen zur Kapitulation. Die argentinische Niederlage im Falklandkrieg führte zum Sturz der Militärherrschaft in Argentinien.

gaben an. Nach den Wahlen von 1966, bei denen Premierminister Wilson seine parlamentarische Basis vergrößern konnte, setzte die Regierung ihre Deflationspolitik fort, allerdings ohne langfristige positive Ergebnisse.

Insgesamt besserten sich die Lebensverhältnisse der britischen Bevölkerung bis Anfang der 1970er-Jahre deutlich. Dennoch war Großbritanneien wirtschaftlich im internationalen Vergleich kaum konkurrenzfähig. Probleme der britischen Wirtschaft waren neben den an der Produktivität gemessenen zu hohen Lohnkosten, das hohe Außenhandelsdefizit, die hohe Inflation, die zahlreichen Streiks. Die vorzeitig angesetzten Unterhauswahlen 1970 konnte wieder die Konservative Partei für sich entscheiden. Ihre Fraktion führte seit 1965 Edward Heath, der als Premierminister zwar eine ausgeglichene Zahlungsbilanz übernahm, aber die tief greifenden wirtschaftlichen und sozialen Probleme des Landes nicht dauerhaft lösen konnte. Angesichts der zahlreichen Streiks suchte Heath 1971 mit dem Industrial Relations Act, die Beziehungen zwischen Arbeitgebern und Gewerkschaften zu regulieren. Das Gesetz, das unter anderem ein Verbot der Closed Shops, Geheimabstimmung bei Streiks und die rechtliche Durchsetzbarkeit von Tarifbeschlüssen vorsah, stieß auf den entschlossenen Wi-

Die Stimmenauszählung bei den britischen Unterhauswahlen (hier in Barnstaple, Devonshire) am 28. 2. 1974 erbrachte die Mehrheit für die Labour Party und ihren Führer Harold Wilson.

160

derstand der Gewerkschaften und wurde von der Labour Party im Unterhaus scharf kritisiert.

Nach den Wahlen im Februar 1974, bei denen eine Pattsituation zwischen den Konservativen und der Labour Party entstanden war, bildete Wilson mit parlamentarischer Unterstützung der Liberalen und den schottischen und walisischen Regionalisten eine Minderheitsregierung, die unter anderem mit der Aufhebung des Industrial Relations Act und der Bestätigung des Closed-Shop-Prinzips den Forderungen der Gewerkschaften entsprach. Nach dem überraschenden Rücktritt Wilsons im März 1976 schloss sein Nachfolger als Premierminister, James Callaghan, einen Sozialpakt mit den Gewerkschaften, um die wirtschafts- und gesellschaftspolitische Entwicklung zu stabilisieren. Nach einer erneuten Streikwelle und dem Scheitern der Teilautonomiegesetze für Schottland und Wales stürzte die Regierung Callaghan am 29. März 1979 durch einen von den Konservativen im Unterhaus eingebrachten Misstrauensantrag.

Die starke Radikalisierung in der Labour Party unter der Führung Michael Foots führte zu innerparteilichen Kämpfen, in deren Verlauf die sozialdemokratisch orientierten Mitglieder, darunter solch politische Schwergewichte wie David Owen, Shirley Williams, William Thomas Rodgers und Roy Jenkins aus der Partei austraten und 1981 die Social Democratic Party (SDP) gründeten. Diese schloss mit den von David Steel geführten Liberalen ein Wahlbündnis, das sich bei den folgenden

Wahlen als »dritte« politische Kraft im britischen Parteienspektrum durchzusetzen versuchte. Nach dem 1988 erfolgten Zusammenschluss eines Großteils der SDP mit den Liberalen zu den Social and Liberal Democrats löste sich 1990 die SDP auf.

»Thatcherism«

Der Wahlsieg, den die Konservativen 1979 nach dem Misstrauensvotum erringen konnten, war eine Konsequenz aus dem Scheitern der Labour Party beim Herstellen vernünftiger wirtschafts- und gesellschaftspolitischer Zustände. Zugleich beendete er den wirtschaftlichen und gesellschaftlichen Konsens der Nachkriegszeit. Noch bis in die 1980er-Jahre hinein verfolgte die Labour Party wohlfahrtsstaatliche Ideale. Die Konservativen verließen diesen Weg jetzt; ihre neue Parteiführerin, Margaret Thatcher, sah aktive Lohn- oder Konjunkturpolitik nicht als Staatsaufgabe an. Sie hatte mit diesen Vorstellungen auf dem Parteikongress der Conservative Party 1975 gleichsam gegen Heath geputscht, was dieser ihr nie verziehen hat.

100562

Während seiner Amtszeit als Premierminister (1970–74) setzte Edward Heath den Beitritt seines Landes zu den Europäischen Gemeinschaften durch.

Thatcher vertraute auf die Kräfte des Marktes. Die Geldpolitik und deren Auswirkungen auf die Volkswirtschaft, später die Politik der Inflationsbekämpfung sollten die Ergebnisse marktwirtschaftlicher Prozesse sichern. Mit den Gewerkschaften setzte sie sich offensiv auseinander. Eine umfassende Gesetzgebung schränkte deren Macht drastisch ein. Höhepunkt der Auseinandersetzungen war der Bergarbeiterstreik 1984/85; sein Scheitern signalisiert das Ende der Gewerkschaftsmacht. Die »gemischte Wirtschaft« wurde umfassend privatisiert und zur privatwirtschaftlich organisierten Marktwirtschaft umgebaut.

In der Sozialpolitik galt nur noch die Finanzierbarkeit der Leistungen als Maßstab, entsprechend zog sich der Staat zugunsten der Privatwirtschaft zurück. Die gesellschaftlichen Folgen dieses Rückzugs, zum Beispiel größere Armut, Obdachlosigkeit, Ungleichheit in der Verteilung des gesellschaftlichen Reichtums, nahm die konservative Regierung als gegeben hin. Manches erinnerte durchaus an die Sozialpolitik der frühen 1830er-Jahre.

Margaret Thatcher und ihre konservative Regierung erreichten ihre wirtschaftspolitischen Ziele bis Mitte der

1980er-Jahre. Die Inflation war zu diesem Zeitpunkt auf rund vier Prozent gesunken, den niedrigsten Wert seit 1960. Allerdings lag die Arbeitslosenquote bei etwa zehn Prozent. Ende der 1980er-Jahre war der Staatshaushalt ausgeglichen, inzwischen erzielte Überschüsse konnten die staatliche Schuldenlast deutlich senken. Gegen heftige Proteste setzte Thatcher 1988 eine Reform der Einkommensteuer durch. Die »poll-tax« egalisierte sämtliche Einkommensunterschiede, indem sie jeden Bürger gleich hoch belastete. Der Spitzensteuersatz sank auf einen Wert, der ausländische Investoren nach Großbritannien lockte. Nach schweren innerparteilichen Auseinandersetzungen um ihre Innen- und Wirtschaftspolitik sowie um ihre starre Europapolitik trat Premieministerin Thatcher im November 1990 schließlich zurück. Ihr Nachfolger, John Major, hob die poll-tax auf, verfolgte sonst aber die bisherige Politik weiter. Bei den Wahlen 1992 errangen die Konservativen überraschend die absolute Mehrheit der Sitze im Unterhaus.

Die Politik des »Thatcherismus«, der staatsfernen Marktwirtschaft, war höchst unpopulär, auch wenn die Einsicht wuchs, dass die in Angriff genommenen Reformen notwendig waren, um den britischen Staat zu erhal-

Häuser aus der britischen Kolonialzeit in der Hauptstadt von Simbabwe, Harare. Die ehemalige britische Kolonie Rhodesien wurde nach langen Kämpfen erst 1980 unabhängig.

237

160

Die Aufnahme aus dem Jahr 1997 zeigt die ehemalige britische Premierministerin Margaret Thatcher mit ihrem Nachfolger John Major.

ten - die von Tony Blair geführte Labour-Regierung sollte später davon profitieren. Es waren vor allem die negativen Folgen dieser Politik, die die Bevölkerung abschreckte und von einem kalten Konservativismus reden ließ. Die Popularität der Premieministerin beruhte unter anderem auf der Schwäche der Opposition, dem gewonnenen Falklandkrieg 1982 und ihrer Führungsstärke, die sie auch im Kampf mit den Institutionen der Europäischen Gemeinschaften immer wieder demonstrierte.

Britische Außenpolitik

Die britische Außenpolitik der Konservativen nach dem Zweiten Weltkrieg war lange von der »Reichsidee« bestimmt. Nach dieser Vorstellung sollte der Commonwealth of Nations als politischer und wirtschaftlicher Verbund selbstständiger Staaten gemeinsam agieren. Vor allem die Dominions lehnten dies ab, da sie darin eine Fortsetzung der kolonialen Herrschaft Großbritanniens sahen. Im Gegensatz zu dieser Idee stand die Entkolonialisierungspolitik, die Attlee begonnen hatte und die Premierminister Macmillan fortsetzte. 1959 wurde gemeinsam mit Türkei und Griechenland die Schaffung der Republik Zypern vereinbart. 1980 wurden neben (Süd-)Rhodesien, das sich schon 1965 einseitig für unabhängig erklärt und einen schweren Konflikt mit Groß-

5295

Teil des Stadtteils Docklands beiderseits der Themse in London. Das aufwendige Sanierungsprogramm wurde ab 1981 unter der rigiden Wirtschaftspolitik von Margaret Thatcher durchgeführt.

britannien heraufbeschworen hatte und jetzt den Namen Simbabwe annahm, viele kleinere Gebiete in der Karibik in die Unabhängigkeit entlassen. Mit der Volksrepublik China einigte sich 1984 Großbritannien darauf, die Kronkolonie Hongkong 1999 als Sonderwirtschaftsgebiet an China anzuschließen.

Engeren politischen Bindungen an Europa standen Macmillan und seine Nachfolger im Amt des Premierministers kritisch gegenüber. Einen Beitritt zu der 1957 gegründeten Europäischen Wirtschaftsgemeinschaft lehnte Macmillan ab mit dem Hinweis auf die engen Bindungen Großbritanniens zu seinen ehemaligen Kolonien. Stattdessen wollte er mit der Europäischen Freihandelsassoziation (EFTA) dem britischen Handel wirtschaftliche Vorteile verschaffen. Bereits 1961 wandte er sich jedoch von dieser Politik ab und beantragte mit anderen EFTA-Staaten die Aufnahme in die Europäischen Gemeinschaften; der britische Beitritt scheiterte aber 1963 am Veto Frankreichs.

Während die Regierung Wilson die Aufgabe aller britischen Stützpunkte »östlich von Suez« bis 1971 ankündigte, intensivierte sie wiederum ihre Hinwendung zu den Europäischen Gemeinschaften; die Aufnahme scheiterte jedoch erneut am Veto Frankreichs, das eine tief greifende Gesundung der britischen Wirtschaft forderte. Getragen von einem starken persönlichen Engagement für die Einbindung in die Europäischen Gemeinschaften, erreichte Premierminister Heath nach langen Verhandlungen schließlich die Aufnahme seines Landes zum 1. Januar 1973.

In einem zum ersten Mal anberaumten Referendum sprach sich die Bevölkerung am 5. Juni 1975 mit 67,2 Prozent gegen 32,8 Prozent (Beteiligung 63,4 Prozent) für den Verbleib in der EG aus. In Verhandlungen mit den Organen der EG hatte die Regierung Wilson seit 1974 verbesserte britische Mitgliedschaftsbedingungen erreicht. Margaret Thatcher gelang es, die britischen EG-Beiträge nochmals deutlich zu senken. Unter John Major trat Großbritannien 1993 schließlich auch dem Vertrag von Maastricht bei, allerdings ohne die Sozialcharta anwenden zu müssen. Die innerparteiliche Kritik an der Europapolitik Majors seitens der »Euro-Skeptiker« beziehungsweise »Euro-Rebellen« (unter anderem Margaret Thatcher) hielt jedoch an; der europapolitische Kurs blieb weiterhin von einer nur zögerlichen Integration in die gesamteuropäischen Gremien bei starker Betonung nationalstaatlicher Interessen geprägt.

In ihrer Sicherheits- und Verteidigungspolitik betonten die britischen Regierungen immer ihre enge Verbundenheit mit den USA. Die Regierung Macmillan legte das Schwergewicht auf die Entwicklung von Atombomben und Trägerraketen. Ihre Bemühungen um den Aufbau einer gemeinsamen Kernwaffenstreitmacht der NATO veranlassten den französischen Präsidenten Charles de Gaulle, Frankreich aus der militärischen Integration der NATO zu lösen.

Daneben entfaltete Großbritannien aber auch starke abrüstungspolitische Aktivitäten Dazu gehörte unter anderem ein Teststoppabkommens mit den USA und der UdSSR 1963. Auch unter der Regierung Wilson wurden die Bemühungen um eine Abrüstung fortgesetzt. Der Kernwaffensperrvertrag von 1968 kennzeichnet einen der Erfolge dieser Politik. Seit der Formulierung des NATO-Doppelbeschlusses 1979 und seiner Realisierung suchte die Regierung Thatcher besonders in engem Einvernehmen mit den USA, die UdSSR zur Reduzierung ihres Waffenpotenzials zu drängen; sie unterstützte seit Mitte der 1980er-Jahre die sowjetisch-amerikanischen Bemühungen um Abrüstung (unter anderem den INF-Vertrag von 1987); das britische Mittelstreckenpotenzial blieb jedoch bestehen. *Klaus M. Lange*

Bomben auf Ulster: Der Nordirlandkonflikt

Wer durch Belfast geht, dem fallen sie auf: die in einigen Straßen blau-weiß-roten und grün-weiß-golden markierten Bürgersteigkanten und die großen, »murals« genannten Wandgemälde an den Häusern. Sie bezeichnen die Grenzen zwischen katholischen und protestantischen Vierteln und bezeugen den Anspruch der verschiedenen Terrorgruppen auf »ihr« Territorium. Nichts macht aber auch die scharfe Trennung der nordirischen Gesellschaft augenfälliger als diese Graffiti.

Nordirland zerfällt in zwei konfessionell geprägte Gemeinschaften, die Protestanten und die Katholiken. Jede der Gemeinschaften will die andere dominieren und einen ihren Vorstellungen entsprechenden Staat aufbauen. Die Katholiken befürworten den Anschluss an die Republik Irland, die Protestanten dagegen den Verbleib bei Großbritannien. Beide großen Gemeinschaften zerfallen in gemäßigte und radikale Gruppierungen, die sich untereinander ebenfalls bekämpfen. Zusammen mit den historischen Ereignissen seit der Eroberung der Insel durch England ergibt sich daraus ein höchst komplexes Konfliktmuster, dessen Lösung immer wieder gewaltsam versucht wurde.

»Home Rule means Rome Rule«

Die wirtschaftlichen, politischen, religiösen und kulturellen Faktoren, die Irland seit Jahrhunderten geprägt hatten, verhinderten dessen Integration in den größeren Verbund des Vereinigten Königreichs. Im 19. Jahrhundert setzten sich die anglisierenden Tendenzen stärker durch, das Verbot des Gälischen in der Schule und die Auswanderung hatten den Gebrauch der alten irischen Sprache stark zurückgedrängt. Die Gründung der Gälischen Liga 1893 trug dazu bei, den irischen Nationalismus wieder zu wecken.

100619

»Home Rule« bedeutete Ende des 19. Jh. zunächst die Forderung nach Bildung eines eigenen irischen Parlaments innerhalb des Vereinigten Königreiches (Poster von 1892).

Die politische Vertretung der Iren im Londoner Unterhaus war die Irish Parliamentary Party, daneben existierten einige radikale Bewegungen, die die Unabhängigkeit für Irland anstrebten. Die Irish Parliamentary Party dagegen setzte auf eine politische und wirtschaftliche Autonomie im Rahmen des Vereinigten Königreichs. 1910 konnte sie 71 der 105 Irland zustehenden Parlamentssitze gewinnen und war damit eine Größe, mit der Liberale wie Konservative im britischenUnterhaus rechnen mussten. Die Liberalen hatten sich auf eine Regelung der »Home Rule« für Irland festgelegt, jetzt schien der Weg dafür frei zu sein. Dagegen erhoben die nordirischen Protestanten schärfste Proteste. Ihr Slogan »Home Rule means Rome Rule« suggerierte eine politische und geistige Herrschaft des Katholizismus, und damit des Papstes in Rom, über die gesamte Insel.

Zwischen 1911 und 1914 organisierte sich der protestantische Widerstand gegen die Home-Rule-Gesetzgebung. Im Januar 1913 wurden die protestantischen »Ulster Volunteers«, eine paramilitärische Vereinigung, aufgestellt. Sie sollten gegen eine eventuelle Einbeziehung Nordirlands in die Home-Rule-Gesetze Widerstand leisten. Dagegen bauten die irischen Nationalisten ihre »Irish Volunteers« auf. Schon 1913 gewann die Vorstellung einer Teilung der Insel Raum in den Überlegungen irischer und britischer Politiker.

Als zu Beginn des Ersten Weltkriegs John Redmond, der Parteiführer der Irish Parliamentary Party, in einer Rede die Irish Volunteers nicht nur zur Verteidigung Irlands aufrief, sondern zum Einsatz »wherever the firing

Eamon de Valera gründete 1926 – hauptsächlich aus Mitgliedern der Sinn Féin – die Partei Fianna Fáil. 1932 wurde seine Partei stärkste Kraft im irischen Parlament und de Valera zum Premierminister gewählt (Foto 1932, rechts de Valera).

100563

line extends«, spalteten sich die radikalen Nationalisten unter ihnen ab. Aus ihnen entstand später die Irish Republican Army. Der Krieg ließ bei den irischen Nationalisten den Plan reifen, noch vor Kriegsende in einem Aufstand die Unabhängigkeit zu erzwingen. Am Ostermontag 1916 schlugen die Nationalisten los, der Aufstand beschränkte sich jedoch im Wesentlichen auf Dublin, fand im Land nur geringe Unterstützung und konnte von der britischen Regierung schnell niedergeschlagen werden. Am 29. April ergaben sich die letzten Aufständischen. Die britische Regierung regierte mit harten Strafen für die Anführer und weckte damit wieder die Sympathien in der Bevölkerung für die Aufständischen.

1917 konnten sich die irischen Nationalisten reorganisieren, vor allem die 1905 gegründete Partei Sinn Féin erhielt Zulauf. An die Spitze dieser Partei trat Eamon de Valera, der zugleich die Führungsposition bei den Irish Volunteers innehatte und so politischen und militärischen Zweig der Nationalbewegung miteinander verklammerte. Bei den Wahlen 1918 konnte die Irish Parliamentary Party nur noch sechs Mandate gewinnen, während Sinn Féin 73 Mandate erhielt. Die nordirischen Unionisten konnten sich mit 26 Mandaten konsolidieren.

Sinn Féin konnte jetzt auf dem Weg zur Republik weitergehen. Anfang 1919 bildete sich der Dáil Éireann, die Nationalversammlung der irischen Republik, aus den in das Londoner Unterhaus gewählten irischen Abgeordneten, die Protestanten allerdings lehnten dies ab und blieben dem Dáil fern; die britische Regierung verbot ihn kurzerhand. Trotzdem konnte der Dáil schon 1920 die irische Kommunalverwaltung kontrollieren. Unterschätzt dagegen wurde die Entschlossenheit und Stärke der Protestanten in Ulster.

Während einer Gedenkfeier zur 25. Wiederkehr des »blutigen Sonntags« in Londonderry werden am 2. 2. 1997 Bilder der Opfer durch die Menge getragen. Damals waren 14 Teilnehmer einer friedlichen Kundgebung in der nordirischen Stadt von britischen Fallschirmjägern erschossen worden.

100562

Ab 1919 häuften sich die Zusammenstöße zwischen Irish Volunteers und den britischen Streitkräften, vor allem der Royal Irish Constabulary. Sämtliche britischen Maßnahmen beantworteten die Irish Volunteers, die sich ab 1920 Irish Republican Army (IRA) nannten, mit verstärkter Guerillatätigkeit und Vergeltungsschlägen. Im Sommer 1921 setzte sich auf beiden Seiten die Erkenntnis durch, dass eine politische Lösung gefunden werden müsse. Zähe Verhandlungen folgten im zweiten Halbjahr 1921.

Angesichts der Uneinigkeit im Lager der irischen Nationalisten und der britischen Drohungen, die militärischen Operationen wieder aufzunehmen, entschlossen sich die Pragmatiker in der irischen Delegation, am 6. Dezember 1921 den Anglo-Irischen Vertrag zu unterzeichnen, in dem die ungeschmälerte Zugehörigkeit Irlands zum britischen Empire und die Anerkennung des britischen Königs als König von Irland festgeschrieben war. Irland erhielt damit den Dominonstatus. Die Nationalisten waren empört, weil ein Treueid auf den britischen König abgelegt werden musste, eine für sie undenkbare Vorstellung. Mit knapper Mehrheit nahm der Dáil Éireann dennoch den Vertrag an. De Valera, der die Annahme bekämpft hatte, trat zurück, sein Nachfolger wurde Arthur Griffith, der in der Verhandlungsdelega-

Bewusst provokant sind die Aufmärsche des protestantischen Oranierordens, die dieser alljährlich zum Gedenken an die Schlacht am Boyne vom 12. 7. 1690 durchführt.

160

tion pragmatisch für die Unterschrift geworben hatte. Mit dem Vertrag übergab die britische Regierung die Macht in Irland an die provisorische Regierung Irlands.

Die Spannungen zwischen Vertragsanhängern und -gegnern wuchsen. In den ersten Wahlen erreichten die Befürworter des Vertrags eine klare Mehrheit, was dessen Gegner in den offenen Widerstand trieb. Der irische Bürgerkrieg 1922/23 wurde mit aller Härte geführt, er endete erst, als de Valera der IRA die Einstellung der Kämpfe befahl.

Der irische Freistaat

In den folgenden Jahren konnte sich der irische Freistaat konsolidieren, 1926 beschloss de Valera, die republikanische Sinn Féin aus ihrer Obstruktionspolitik herauszuführen und sich wieder an den Parlamentswahlen zu beteiligen. Da sie ihm die Gefolgschaft verweigerte, gründete de Valera mit seinen Anhängern die neue Partei Fianna Fáil, die 1927 im Dáil 44 Sitze erobern konnte. Schon bei den Wahlen 1932 erreichte er mit 72 Sitzen die Mehrheit. Der seit 1923 regierende Ministerpräsident W. T. Cosgrave übergab die Regierungsgeschäfte am 9. März 1932 an Eamon de Valera, ein Zeichen, dass sich die irische Demokratie seit dem Bürgerkrieg gefestigt hatte.

In Nordirland dagegen blieb die Lage unsicher. Konfessionelle Ausschreitungen waren an der Tagesordnung, die IRA sorgte an den Grenzen zum irischen Freistaat für Unruhe. Die katholische Bevölkerung Nordirlands war über die Teilung der Insel, wie sie im Anglo-Irischen Vertrag festgeschrieben war, bestürzt und verweigerte zunächst die Mitarbeit im von den Unionisten beherrschten Parlament. Das Misstrauen zwischen den verschiedenen konfessionellen Gruppen beherrschte die Politik. Als de Valera mit seiner Fianna Fáil die Wahlen im Freistaat gewann, schrillten in Nordirland die Alarmglocken. Man befürchtete eine Bedrohung und gab der nordirischen Polizei 1933 Sondervollmachten.

De Valera und seine Fianna Fáil vertraten durchaus radikale Positionen, dies sorgte für die Duldung durch die IRA. Da diese ihre terroristischen Aktionen aber nicht einstellte, wurde sie 1936 schließlich verboten. Die neue Regierung kappte mit einer Reihe von Gesetzen die Verbindungen zu Großbritannien. So schuf sie unter anderem den verhassten Treueid auf den König ab und entkleidete das Amt des Generalgouverneurs sämtlicher politischer Funktionen.

1937 wurden die Verfassung geändert und sämtliche Bezüge auf die britische Krone entfernt. Der Staatsname Irischer Freistaat wurde durch »Irland« beziehungsweise »Eire« ersetzt, an der Staatsspitze sollte künftig ein Präsident stehen. Die britische Regierung verwies darauf, dass die neue Verfassung weder den Status Nordirlands noch die Gültigkeit des Anglo-Irischen Abkommens von 1921 berühre. Doch begannen auf irische Initiative hin Verhandlungen, um die noch offenen Probleme endgültig zu lösen.

Der 1938 ausgehandelte neue Vertrag ergab beim Problem Nordirland keine Veränderungen, in anderen Punkten gab es jedoch Verbesserungen für die irische Seite. So wurden im Irischen Freistaat sämtliche britischen Militäreinrichtungen geschlossen, was für die Neutralität Irlands im Zweiten Weltkrieg Bedeutung erlangte. Auch die strittigen Finanzfragen wurden gelöst und ein Handelsabkommen geschlossen. 1949 schließlich löste der Freistaat endgültig sämtliche staatsrechtlichen Bindungen zu Großbritannien, das die Veränderung akzeptierte aber zugleich deutlich machte, dass jede Statusveränderung in Nordirland nur mit der ausdrücklichen Zustimmung des nordirischen Parlaments geschehen dürfe.

Nordirland

Der Zweite Weltkrieg hatte Nordirlands Verbindungen zu Großbritannien verstärkt und nach dem Krieg dafür gesorgt, dass hier ein Lebensstandard erreicht wurde, den die Republik Irland nicht bieten konnte. Die Unionisten kontrollierten weiterhin die Verwaltung und sorgten dafür, dass der Anteil der Katholiken am politischen Leben in der Provinz gering blieb. Zwar versuchte die nordirische Regierung unter Terence O'Neill die Benachteiligung zu mildern, doch sahen radikale Unionisten und Mitglieder des Oranierordens (»Orangemen«) in einer Politik des Wandels und der Annäherung an die Republik Irland eine Gefährdung protestantischer Interessen und der verfassungsrechtlichen Stellung Nordirlands.

Blick auf ein Gebäude im Büroviertel Docklands im Osten Londons, das durch ein verheerendes Bombenattentat der irischen Untergrundorganisation IRA am 9. 2. 1996 zerstört wurde. Bei dem Anschlag starben zwei Menschen, über hundert Menschen wurden z. T. schwer verletzt.

100562

1968 schließlich eskalierten die Gegensätze in Nordirland und bekamen Züge eines Bürgerkriegs. Am 5. Oktober 1968 kam es in der nordirischen Stadt Londonderry, dem heutigen Derry, zwischen katholischen Bürgerrechtlern und protestantischen Gegendemonstranten zu einer blutigen Straßenschlacht. Dies markierte den Beginn des offenen Nordirlandkonflikts mit bürgerkriegsähnlichen Zuständen in den Städten der britischen Provinz Nordirland.

Die Unruhen in Derry suchte die britische Regierung mit militärischen Mitteln zu dämpfen. Da sowohl die protestantische wie die katholische Seite immer stärker zu terroristischen Mitteln übergingen und das öffentliche Leben inzwischen auf das Schwerste beeinträchtigt war, suspendierte die Regierung in London 1972 Parlament und Regierung Nordirlands und unterstellte die Provinz ihrer direkten Verwaltung. Auf katholischer Seite griff besonders die IRA zu terroristischen Mitteln. Den Gegenterror der Protestanten verübten vor allem die militanten Anhänger der von dem Geistlichen Ian Paisley geführten Democratic Unionist Party (DUP) und die Ulster Defence Association (UDA).

Ab Mitte der 1970er-Jahre trug die IRA den Terror nach Großbritannien hinein und verübte Bombenanschläge. 1985 räumte die britische Regierung der Republik Irland ein Mitspracherecht in Bezug auf Nordirland ein. Dies verschärfte den Konflikt, weil sich nun die protestantischen Unionisten von der britischen Regierung verraten fühlten.

Wut und Protest in der katholischen Bevölkerung lösen regelmäßig die Märsche der Orangemen aus, mit denen die Mitglieder des Oranierordens im Juli an den Sieg Wilhelms III. von Oranien über den katholischen König Jakob II. in der Schlacht am Boyne 1690 erinnern. Die Orangemen wählen für diese Märsche bewusst Routen, die durch die katholischen Viertel führen. In Nordirland bedeutet aber der Marsch durch einen Ort, diesen als eigenes Territorium zu besetzen.

Langsamer Wandel

1993 bot die IRA einen Waffenstillstand an, wenn ihr politischer Flügel, die Sinn Féin, zu den inzwischen begonnen Allparteiengesprächen zugelassen würde. Nachdem die IRA am 31. August 1994 den Waffenstillstand tatsächlich einhielt, folgten die protestantischen Paramilitärs am 13. Oktober. In vielen kleinen Schritten verständigten sich die Konfliktparteien auf das Allparteienabkommen (»Karfreitagsabkommen«) vom 10. April 1998, das ein Regionalparlament vorsah, in dem katholische wie protestantische Abgeordnete gleichberechtigt sitzen sollten. Die Republik Irland gab ihrerseits den in der Verfassung festgeschriebenen Anspruch auf die Vereinigung mit Nordirland auf.

Die ersten Wahlen zum Regionalparlament fanden am 25. Juni 1998 statt und sicherten der Sinn Féin zwei Kabinettsposten. Dagegen protestierten DUP und die United Kingdom Unionists. Das Abkommen entfaltete in den nächsten Jahren nur geringe Wirkung, weil keine der beiden Seiten zum Nachgeben bereit war und immer neue Vorleistungen gefordert wurden. Politisch dominierend blieben Auseinandersetzungen um die Entwaffnung beziehungsweise Auflösung der paramilitärischen Verbände, vor allem der IRA. Diese gab zwar im Herbst 2002 einen Teil ihrer Waffen ab, doch blieb der Umfang dieser Aktion unklar. Die britische Regierung suspendierte angesichts der Unfähigkeit der Konfliktparteien 2002 die nordirische Selbstverwaltung erneut und setzte für den November 2003 Neuwahlen für das Regionalparlament an. Die Hoffnung, Bewegung in die verhärteten Fronten zu bringen, erfüllte sich nicht, im Gegenteil, die Gegner des Karfreitagsabkommens von 1998 erhielten die Mehrheit und gefährden seitdem erneut den mühseligen Friedensprozess. Neue Hoffnung gab es am 28. Juli 2005, als die IRA ihren endgültigen Gewaltverzicht erklärte. *Klaus M. Lange*

Von de Gaulle zu Mitterrand: Frankreich

Mit der Verfassung der Fünften Republik vom 4. Oktober 1958 stärkte de Gaulle bewusst die Regierungsgewalt, besonders die Macht des Staatspräsidenten, auf Kosten der gesetzgebenden Organe. Er baute sie sogar noch aus, als er 1962 die Volkswahl des Staatspräsidenten durchsetzte. Die siebenjährige Amtszeit entkoppelte das Amt zusätzlich vom Parlament. Für die Dauer seiner

100563

Die so genannten Mai-Unruhen brachen 1968 wegen der Schließung einer Fakultät der Sorbonne aus. Die Solidarisierung weiterer Bevölkerungsgruppen erfasste nach Frankreich schließlich ganz Europa. Die Regierung handelte erst, als schon fast bürgerkriegsähnliche Zustände herrschten.

Amtszeit hat der französische Präsident gleichsam die Rechte eines Monarchen, der nach Belieben seine Minister berufen und entlassen kann. De Gaulles von den Premierministern Michel Debré (1959–62), Georges Pompidou (1962–68) und Maurice Couve de Murville (1968–69) geführten Regierungen konnten sich in der Nationalversammlung auf eine starke gaullistische Fraktion stützen. Erst die Nachfolger de Gaulles bekamen das Problem, mit einer oppositionellen Mehrheit in der Nationalversammlung regieren zu müssen.

Nie ließ de Gaulle einen Zweifel daran aufkommen, dass er die zentrale Figur der französischen Innen- und Außenpolitik war. Seine Reisen in die französische Provinz glichen Staatsbesuchen in den Départements, die dabei gehaltenen Reden kündigten oft neue Schritte und Maßnahmen an. Als blendender Rhetoriker setzte er auf die Kraft des Wortes und nutzte das neue Massenmedium Fernsehen gezielt für die Vermittlung seiner Politik.

Zu Beginn seiner Amtszeit musste de Gaulle vor allem zwei Probleme dringend lösen: die Inflation und den Algerienkrieg. Die Einführung des »Nouveau Franc« 1959, die mit einer Abwertung um 17 Prozent verbunden war, und eine rigorose Sparpolitik ließen die Wirtschaft gesunden und machten Frankreich zum vollwertigen Mitglied des europäischen Gemeinsamen Marktes. Auch dies war ein Ziel de Gaulle'scher Politik.

Mit vielen Emotionen belastet war das Algerienproblem, weil viele Franzosen Algerien als konstitutiven Bestandteil Frankreichs ansahen. Dagegen hatte sich in Algerien eine breite Widerstandsbewegung gebildet, die, unterstützt von den arabischen Staaten, für die Unabhängigkeit Algeriens kämpfte. Die französische Verwaltung und die Armee suchten die Unabhängigkeitsbewegung zu dämpfen und auszuschalten. Gegen den Widerstand der Algerienfranzosen, die durch die OAS (Organisation de l'Armée Secrète) Terroranschläge verübten, und von Teilen der Armee, die 1961 einen Putschversuch unternahmen, setzte de Gaulle schließlich im Vertrag von Évian-les-Bains (18. März 1962) die Entlassung Algeriens in die Unabhängigkeit durch. Eine Volksabstimmung am 8. April billigte den Vertrag.

»Frankreich ist unabhängig«

Wichtigstes außenpolitisches Ziel de Gaulles war die Wahrung der Unabhängigkeit Frankreichs und seines internationalen Ansehens. Automatisch wirkende Bündnisverpflichtungen lehnte er ab, daher löste er 1966 die französischen Truppen aus der militärischen Integration der NATO. Bei allem Streben nach einer unabhängigen und gleichberechtigten Position Frankreichs stellte de Gaulle nie die Westbindung infrage. Mit Blick auf die UdSSR kalkulierte er damit, dass diese auf keinen Fall eine militärische Konfrontation in Europa wolle. Von daher vertrat er die Meinung, dass ein Eingehen auf sowjetische Verhandlungspositionen eine Schwächung der eigenen Position zur Folge hätte.

Mit dem Aufbau einer nationalen französischen Atomstreitmacht wollte de Gaulle den militärischen Schutz Frankreichs sicherstellen, ohne auf amerikanische Hilfe angewiesen zu sein. Die europäische Integration suchte er im Sinne eines »Europa der Vaterländer« auf ihre wirtschaftlichen Ziele zu reduzieren. Eine Erweiterung der Europäischen Gemeinschaften, vor allem den Beitritt Großbritanniens, lehnte er ab, weil er die Briten als politisch unzuverlässig und zu sehr an die USA gebunden empfand. Mit der Unterzeichnung des Deutsch-Französischen Vertrages (22. Januar 1963) durch de Gaulle und Bundeskanzler Konrad Adenauer erreichte die Politik der deutsch-französischen Aussöhnung einen Höhepunkt. Alle diese Abkommen und Schritte dienten letztlich dazu, Frankreich eine Vormachtstellung in Europa zu sichern. In der internationalen Politik wandte sich die französische Regierung gegen das machtpolitische Übergewicht der USA und der UdSSR, besonders in Fragen der Abrüstung. Im Vietnamkrieg und im Nahostkonflikt bemühte sie sich um eine eigenständige Position Frankreichs.

Im Innern suchte die Opposition durch den Abschluss von Wahlbündnissen ihre Zersplitterung zu überwinden; bürgerliche Kräfte sammelten sich im Centre Démocrate (CD), nichtkommunistische Linksgruppierungen in der Linksföderation (Fédération de la Gauche Démocrate et Socialiste, FGDS). Bei den Präsidentschaftswahlen von 1965 konnte sich de Gaulle erst im zweiten Wahlgang gegen François Mitterrand, den Kandidaten der Linksföderation, durchsetzen. Damit wurde deutlich, dass de Gaulle nicht mehr unumstritten in seiner Person und seiner Politik war.

Seit dem 3. Mai 1968 kam es in Paris zu schweren Studentenunruhen, die in Verbindung mit einer durch die Gewerkschaften am 13. Mai ausgelösten Streikbewegung den Bestand der Fünften Republik infrage stellten. Um der scharfen, von Gewerkschaften, Linksparteien und Studenten jedoch unterschiedlich akzentuierten Kritik an den gesellschaftlichen und politischen Verhältnissen entgegenzuwirken, versprach de Gaulle am 25. Mai ein Reformprogramm, das unter dem Begriff der »Participation« die Beteiligung der Arbeiter an Entscheidungen der Wirtschaft in Aussicht stellte. Nach einer Einigung der Regierung und der Gewerkschaften über die Erfüllung der sozialen Forderungen der Streikenden am 27. Mai ebbte der Streik im Juni 1968 ab. Im Oktober 1968 verabschiedete die Regierung ein Gesetz über die Mitbestimmung an den Hochschulen. Als die Bevölkerung im April 1969 in einem Referendum unter anderem eine Reform des Senats und eine Regionalreform verwarf, trat de Gaulle als Staatspräsident zurück.

Georges Pompidou wurde 1969 der mit über 58 Prozent der Stimmen gewählte Nachfolger de Gaulles als Präsident der Fünften Republik. Seit 1944 war Pompidou treuer Mitarbeiter de Gaulles gewesen und setzte nach seinem Amtsantritt dessen Politik fort.

100562

Die Nachfolger des Generals

Die Präsidentschaftswahlen im Juni konnte der gaullistische Kandidat Pompidou im zweiten Wahlgang gegen Alain Poher (CD) für sich entscheiden. Gestützt auf die Premierminister Jacques Chaban-Delmas (1969–72) und Pierre Messmer (1972–74) setzte Pompidou die Außenpolitik seines Vorgängers in ihren Grundlinien fort, stimmte aber in seiner Europapolitik der Erweiterung der EG, vor allem der Aufnahme Großbritanniens, zu. In der internationalen Abrüstungsdiskussion wandte sich die Regierung gegen alle Bestrebungen, auf dem Wege über kollektive Rüstungsbeschränkungen (zum Beispiel beim Kernwaffensperrvertrag) hegemoniale Strukturen zu verfestigen, befürwortete aber die Teilnahme an der Konferenz über Sicherheit und Zusammenarbeit in Europa (KSZE).

Auch im Innern setzte Pompidou im Wesentlichen die Politik de Gaulles fort. Durch eine Verwaltungsreform schuf er 22 Regionen, die jedoch wenig Selbstständigkeit erhielten. Seit 1972 sammelte sich die Opposition in dem Parteienbündnis Union de la Gauche (Linksunion) unter

Ein Atompilz steigt über dem Mururoa-Atoll auf – seit 1960 Atommacht, erweiterte Frankreich sein Atomwaffenarsenal in den 1970er-Jahren erheblich und startete u. a. 1971 eine mehrmonatige Kernwaffenversuchsreihe.

100562

der Führung von Mitterrand (mit dem Parti Socialiste, dem Parti Communiste Français und dem Mouvement des Radicaux de Gauche).

Nach dem Tod Pompidous gewann 1974 Valéry Giscard d'Estaing, der Vorsitzende der Unabhängigen Republikaner, die Präsidentschaft gegen Mitterrand. Die von den Premierministern Jacques Chirac (1974–76) und Raymond Barre (1976–81) geführten Regierungen stützten sich in der Nationalversammlung auf eine Mehrheit von Gaullisten (seit 1976 im Rassemblement pour la République, RPR, zusammengeschlossen) und Parteien der gemäßigten Rechten und Mitte, die sich 1978 in einer Wahlkoalition, der Union pour la Démocratie Française (UDF), verbanden. Der in den 1970er-Jahren sich verschärfenden wirtschaftlichen Rezession und ihren Folgen (Arbeitslosigkeit, Inflation) suchte die Regierung mit dem ›Barreplan‹, einem Spar- und Konjunkturprogramm zu begegnen. Unter Betonung der Eigenständigkeit Frankreichs näherte sich Giscard d'Estaing in seiner Verteidigungspolitik wieder stärker der NATO. So unterstützte er den Ausbau der europäischen Institutionen, wie die Direktwahl des Europäischen Parlaments, und betrieb eine aktive Nahost- und Afrikapolitik, die auch militärische Interventionen wie zum Beispiel in Tschad einschloss.

Die Präsidentschaft Mitterrands

Bei den Präsidentschaftswahlen von 1981 siegte endlich Mitterrand. Gestützt auf die im selben Jahr gewonnene absolute Mehrheit der Sozialisten in der Nationalversammlung, leitete die Regierung von Pierre Mauroy (1981–84) ein Reformprogramm ein. Sie hob die sozialen Leistungen an, verstaatlichte Banken und Schlüsselindustrien und dezentralisierte die Verwaltung. Die hohe Arbeitslosigkeit, die Inflation und die Staatsverschuldung zwang sie jedoch zum Sparen und zu einem deutlich langsameren Ausbau des sozialen Netzes.

Der Wahlerfolg der Gaullisten (RPR) und der bürgerlichen Mittelparteien (UDF) 1986 forderte von Mitterrand die Zusammenarbeit mit diesen Kräften und damit die ›Cohabitation‹. Er ernannte Chirac zum Premierminister (1986–88); erstmals in der Geschichte der Fünften Republik gehörten jetzt Staatspräsident und

100562

Als einen Schritt zur europäischen Integration sah François Mitterrand die Einweihung des Eurotunnels zwischen Frankreich und England am 6. 5. 1994 an (Mitterand mit der britischen Königin Elisabeth II.).

Premierminister gegensätzlichen politischen Richtungen an. Beide bemühten sich daher, in der innenpolitischen Auseinandersetzung ihre Kompetenzen als Verfassungsorgane gegeneinander abzugrenzen und verfassungspolitisch zu sichern. Mit großer Mehrheit wurde im April/Mai 1988 Mitterrand erneut zum Staatspräsidenten gewählt. Er regierte zunächst wieder mit sozialistischen Kabinetten, nach dem überwältigenden Wahlsieg (80 Prozent der Sitze) der bürgerlichen Parteien bei den Parlamentswahlen vom März 1993 aber in einer zweiten »Cohabitation« mit einer bürgerlichen Koalition unter dem Gaullisten Édouard Balladur.

Zu den Präsidentschaftswahlen im Frühjahr traten gegen den sozialistischen Kandidaten Lionel Jospin zwei bürgerliche Kandidaten an, der Vorsitzende der gaullistischen RPR, Chirac, und Premierminister Balladur. Zur allgemeinen Überraschung erhielt Jospin zunächst die meisten Stimmen und erhöhte damit seine Chancen. Bei der Stichwahl am 4. Mai 1995 trug aber der ursprüngliche Favorit Chirac dann doch mit 52,2 Prozent den Sieg davon. Nach 14 Jahren sozialistischer Präsidentschaft war damit wieder ein Gaullist Präsident der Republik. *

»Plisch und Plum«: Die große Koalition in der Bundesrepublik Deutschland

Vor dem Hintergrund des kontinuierlichen wirtschaftlichen Wachstums und der hohen politischen Stabilität in der »Ära Adenauer« entwickelte die erste ökonomische Rezession des Jahres 1966 eine enorme Wirkung. Innen- und außenpolitisch bildete die große Koalition, gebildet aus CDU/CSU und SPD, eine Zäsur, weil die Regierungspartner auf vielen Gebieten versuchten, schnell und nachhaltig auf die krisenhaften Herausforderungen zu reagieren und Reparaturen in die Wege zu leiten.

Von Erhard zu Kiesinger

Krisensymptome hatten sich bereits seit längerer Zeit abgezeichnet, vor allem im Ruhrgebiet. Im Herbst 1966 kündigte sich eine Rezession an, die Ludwig Erhard, seit 1963 Bundeskanzler einer Koalitionsregierung von CDU/CSU und FDP, mit den bisherigen Instrumentarien der »sozialen Marktwirtschaft« offenkundig nicht

100562

Der CDU-Politiker Kurt Georg Kiesinger führte zwischen 1966 und 1969 als Bundeskanzler die große Koalition aus Union und SPD. Nicht zuletzt Kiesingers Verhandlungsgeschick bedingte den Bestand der Koalition.

100562

Als Bundeswirtschaftsminister war Karl Schiller (Foto von 1989) federführend an der Gestaltung des Stabilitäts- und Wachstumsgesetzes beteiligt.

mehr in den Griff bekam. Sein Sturz wurde unabwendbar, als keine Einigung mit der FDP über die Deckung des Bundeshaushalts zustande kam (angesichts einer Deckungslücke von rund vier Milliarden D-Mark und einer Preissteigerungsrate von 4,5 Prozent). Die FDP verließ die Koalition. In dieser Situation entschloss sich die SPD-Führung – Herbert Wehner erwies sich dabei als treibende Kraft – den Versuch einer großen Koalition zu wagen; die rein rechnerisch mögliche Verbindung der SPD mit der FDP schien angesichts der inneren Spannungen der Liberalen zu unsicher. Am 30. November 1966 trat Erhard zurück, am 1. Dezember wurde Kurt Georg Kiesinger, vormals Ministerpräsident in Baden-Württemberg und ehemals profilierter außenpolitischer Sprecher der Union, mit 340 gegen 109 Stimmen bei 23 Enthaltungen vom Deutschen Bundestag zum neuen Bundeskanzler gewählt. Weitere 23 Abgeordnete drückten ihren Protest durch Fernbleiben bei der Abstimmung aus.

INFOBOX

Die Studenten protestieren

Zu Beginn der 1960er-Jahre entstand in vielen Ländern eine studentische Protestbewegung. Sie ging von den USA aus und griff bald auf Europa und andere Teile der Welt über. In den USA ging die Studentenbewegung von Anfang an mit der Bürgerrechtsbewegung zusammen und übte scharfe Kritik am Vietnamkrieg.

Auch in Deutschland formierten sich die Kräfte einer »außerparlamentarischen Opposition« (APO), die sich gegen die als restaurativ empfundene »Verdrängungskultur« der »Wirtschaftswunderjahre« und gegen den Regierungsstil der seit 1966 unter Bundeskanzler Kurt Georg Kiesinger regierenden großen Koalition wandten. Der Konflikt zwischen Staatsmacht und Studentenbewegung eskalierte, als im Juni 1967 bei Demonstrationen gegen den Besuch des persischen Schahs Resa Pahlewi der Student Benno Ohnesorg erschossen wurde und am 11. 4. 1968 eine der prägenden Figuren der Studentenbewegung, Rudi Dutschke, durch ein Attentat lebensgefährlich verletzt wurde.

Die Mehrheit der Bevölkerung lehnte eine Solidarisierung mit der Studentenbewegung, die ihre Bewunderung für kommunistisches Gedankengut und Revolutionäre wie Ernesto »Che« Guevara oder Fidel Castro offen zur Schau stellte, allerdings ab.

s. ZEIT Aspekte
Die Bonner große
Koalition S. 559

100562

In seiner Zeit als Bundesfinanzminister arbeitete Franz Josef Strauß (CSU, hier bei der Vergabe von Bundesschatzbriefen) eng mit dem Wirtschaftsminister Karl Schiller (SPD) zusammen.

Innerparteilich und auch in der Öffentlichkeit erregte die »Elefantenhochzeit« beträchtliches Aufsehen. Angesichts der allgemein als sehr brisant empfundenen Krisensituation sahen zwar viele in dem Bündnis eine Koalition der Vernunft, neben schrillen Warnungen gab es aber auch nachdenkliche und berechtigte kritische Mahnungen, unter anderem von dem der SPD nahe stehenden Schriftsteller Günter Grass, der dem neuen Außenminister und Vizekanzler Willy Brandt schrieb: »Die Jugend unseres Landes jedoch wird sich vom Staat und seiner Verfassung abkehren, wird sich nach links und rechts verrennen, sobald diese miese Ehe beschlossen sein wird.« Solchen Bedenken sollte Rechnung getragen werden: Die große Koalition verstand sich ausdrücklich als Bündnis auf Zeit, wie Kiesinger in seiner ersten Regierungserklärung unterstrich. In dieser Rede verband er eine nüchterne Bestandsaufnahme über die entstandene Krisensituation mit einer präzisen Darstellung der geplanten Maßnahmen, insbesondere auf finanz- und wirtschaftspolitischem Gebiet.

Versuch einer Bilanz

Versucht man für die Regierung der großen Koalition, die umstritten wie keine andere war, in den drei Jahren ihres Bestehens eine Bilanz zu ziehen, so stehen auf der Habenseite eine Reihe wichtiger Reformgesetze. An erster Stelle ist das »Gesetz zur Förderung von Stabilität

100562

Die Notstandsgesetze erweiterten das Grundgesetz um eine Notstandsverfassung, welche die Handlungsfähigkeit des Staates in Krisensituationen sichern soll – die Gegner der Gesetze wiesen u. a. auf die Einschränkung der Grundrechte hin (Demonstration gegen die Notstandsgesetze im Mai 1968).

und Wachstum« zu nennen, die »Magna Charta« der großen Koalition und der neuen Wirtschaftspolitik. Dieses Gesetz stellte nicht nur das Instrumentarium zur Überwindung der Rezession zur Verfügung, sondern zeigte auch wie kaum ein anderes Reformprojekt den Willen zu einer durchgreifenden Modernisierung wirtschaftspolitischen Handelns. Globalsteuerung, mittelfristige Finanzplanung und »konzertierte Aktion«, das heißt gemeinsame Beratung der Tarifpartner und der öffentlichen Hand zur Interessenabstimmung zwischen Sozialpartnern und Staat, waren die zentralen Instrumente, mit denen der Rezession über eine gezielte Ankurbelung der Konjunktur begegnet werden sollte. In diesen Zusammenhang muss auch die Finanzreform eingeordnet werden, die auf eine Stärkung der Stellung des Bundes bei der Verteilung von Steuern hinauslief.

Den Zielen der aktiven Gestaltung von Wirtschaftspolitik entsprach auch das Arbeitsförderungsgesetz. Es zielte entsprechend einem modernen, umfassenden Verständnis von Sozialpolitik als Gesellschaftspolitik auf aktive Arbeitsmarktbeeinflussung durch Beratung, Umschulung und Fortbildung. Daneben gehörte das besonders von den Gewerkschaften uneingeschränkt begrüßte Lohnfortzahlungsgesetz, das die sozialrechtliche Gleichstellung von Arbeitern und Angestellten im Krankheitsfall begründete, zu den sozialpolitischen Erfolgen der Koalition.

Einen liberalen Durchbruch, wenn auch kein abgerundetes Gesetzeswerk, brachte die Strafrechtsreform, die das allgemeine und das politische Strafrecht von Bestandteilen des kaiserlichen Obrigkeitsstaates und des Kalten Krieges zu entrümpeln versuchte. Der ohne Zweifel umstrittenste und leidigste Akt der großen Koalition war die Verabschiedung der seit 1958 diskutierten Notstandsgesetze. Nach jahrelangen Debatten kam nun schließlich eine Lösung zustande, die sich als parlamentsfreundlich charakterisieren lässt und sich von der ursprünglichen Maxime »Notstand ist die Stunde der Exekutive« beträchtlich unterschied. Die starken Vorbehalte innerhalb der SPD gegen dieses Gesetz und die massive Opposition in der Öffentlichkeit, besonders bei den Gewerkschaften, führten dazu, dass die Eingriffe in die Grundrechte eingeschränkt und präzisiert, der Katalog der Notstandssituationen differenziert wurden und das Streikrecht unangetastet blieb.

Die Politik der großen Koalition war vom Geist der technokratischen Effizienz geprägt. Insbesondere das Duo der beiden »starken Männer« im Kabinett, Wirt-

INFOBOX

Herbert Wehner: Scharfzüngig

»Ob es in dieser Bundesrepublik wohl jemals einen bedeutenderen, ja gewaltigeren Politiker gab als Herbert Wehner?«, fragte im Oktober 2000 Robert Leicht in der Wochenzeitung »Die Zeit« und fuhr mit einem Augenzwinkern fort: »Diese Frage – sie zu stellen heißt, sie zu beantworten!« Tatsächlich war Wehner eine der zentralen Figuren der westdeutschen Innenpolitik nach dem Zweiten Weltkrieg. In Erinnerung geblieben ist besonders seine gefürchtete Scharfzüngigkeit. So frönte er nicht selten der Vorliebe, die Namen missliebiger Gesprächspartner oder politischer Gegner zu verballhornen. Ein Leidtragender war auch der ARD-Journalist Ernst Dieter Lueg, den Wehner während eines Fernsehinterviews vor einem Millionenpublikum systematisch mit »Herr Lüg« ansprach. Lueg behielt jedoch die Contenance und beendete das Gespräch mit »Vielen Dank, Herr Wöhner!«.

INFOBOX

»Bild schoss mit«

Rudi Dutschke, führender Kopf der außerparlamentarischen Opposition (APO), wollte mit »einem langen Marsch durch die Institutionen« das – nach seiner Überzeugung repressive und manipulative – gesellschaftliche und politische System der Bundesrepublik Deutschland verändern. Als Organisator erlangte er innerhalb des Sozialistischen Deutschen Studentenbundes (SDS) schnell eine Führungsrolle. Immer häufiger trat er als »Speerspitze« der APO in der Öffentlichkeit auf. Zwar lehnte er den Terrorismus als »Zerstörung der Vernunft« entschieden ab; er beteiligte sich jedoch führend an antiautoritären Aktionen wie der »Springer-Kampagne«, während der er die Enteignung des Springer-Konzerns forderte.
Als Dutschke im April 1968 von einem Hilfsarbeiter niedergeschossen wurde, lag es schließlich für seine Mitkämpfer nahe, den Springer-Konzern für das Attentat mitverantwortlich zu machen. Einer der Slogans der massiven nationalen wie internationalen Proteste gegen den deutschen Presseriesen lautete daher: »Bild schoss mit«.

schaftsminister Karl Schiller (SPD) und Finanzminister Franz Josef Strauß (CSU), die von der Presse in Anlehnung an die beiden Protagonisten einer Bildergeschichte Wilhelm Buschs oft als »Plisch und Plum« ironisiert wurden, verkörperte diese Haltung. Das schwarz-rote Bündnis symbolisierte darüber hinaus aber auch in besonderer Weise eine Geste nationaler Versöhnung, da die drei Spitzenpolitiker Kurt Georg Kiesinger (ehemals NSDAP-Mitglied), Willy Brandt (ehemals Linkssozialist und Emigrant in Norwegen) und Herbert Wehner (früher führender Funktionär der KPD) eng zusammenarbeiteten.

So hat diese Koalition einerseits ohne Zweifel dazu beigetragen, die seit den Fünfzigerjahren existierenden tiefen Gräben zwischen einzelnen Personen und politischen Lagern zuzuschütten, andererseits hat sie auch die Öffentlichkeit politisch sensibilisiert für die Gefahren dieses Krisenbündnisses: Zwischen 1966 und 1969 kam es zu Wahlerfolgen der rechtsextremen NPD und zum Anwachsen der außerparlamentarischen Opposition. Die große Koalition hat aber auch die Empfänglichkeit für eine Maxime verstärkt, unter der Willy Brandt 1969 als erster sozialdemokratischer Kanzler der Bundesrepublik antrat: »Mehr Demokratie wagen«. Diese Parole war zugleich eine Reaktion auf das heftige Aufbegehren großer Teile der jüngeren Generation, das sich nicht nur in Deutschland symbolisch mit dem Jahr 1968 verbindet. Aus der Rückschau lässt sich die Phase der großen Koalition daher weniger als ein Ausläufer der Ära Adenauer und Erhard, sondern eher als Ouvertüre der 1969 mit viel Elan und Pathos begonnenen neuen sozialliberalen Periode verstehen. *Christoph Kleßmann*

ZITAT

Gustav Heinemann äußerte sich bei seiner Antrittsrede als Bundespräsident am 1. 7. 1969 zur Frage der Reformierbarkeit einer Gesellschaft:
Es hilft nichts, das Unvollkommene heutiger Wirklichkeit zu höhnen, oder das Absolute als Tagesprogramm zu predigen. Lasst uns statt dessen durch Kritik und Mitarbeit die Verhältnisse Schritt für Schritt ändern!

»Mehr Demokratie wagen«: Die Bundesrepublik Deutschland in der Ära Brandt und Schmidt

Willy Brandts erste Regierungserklärung als Kanzler der sozialliberalen Koalition provozierte nicht nur in ihrem deutschlandpolitischen Teil mit der Formulierung von »zwei Staaten in Deutschland«, sondern auch und vielleicht noch mehr mit der Forderung »Mehr Demokratie wagen«. Dieser schnell zum plakativen Programm erhobene Slogan erbitterte einerseits die Opposition, weil er implizierte, dass es bislang zu wenig Demokratie gegeben habe. Zum anderen führte er vor dem Hintergrund des »Aufbruchs« von 1968 zu einem Erwartungsdruck im Hinblick auf »innere Reformen«, der leicht zum Bumerang werden konnte, sobald er nicht mehr einzulösen war. Beides hat in der Tat das politische Erscheinungsbild der Kanzlerschaft Brandts geprägt.

100562

Das von dem Arbeiter Josef Bachmann am 11. 4. 1968 verübte Attentat auf Rudi Dutschke, einen führenden Aktivisten der Studentenbewegung, ließ die Proteste zu gewalttätigen Unruhen eskalieren.

INFOBOX

Die Hallsteindoktrin

Nachdem die Sowjetunion die völkerrechtliche Anerkennung zweier deutscher Staaten (Zweistaatentheorie), d.h. auch die der DDR, gefordert hatte, verkündete die Regierung der Bundesrepublik Deutschland in ihrer Erklärung vom 29. 9. 1955 den Grundsatz, Deutschland völkerrechtlich allein zu vertreten. Ziel des von Walter Hallstein, Staatssekretär im Auswärtigen Amt, formulierten Alleinvertretungsanspruchs der Bundesrepublik Deutschland, der Hallsteindoktrin, war es, die völkerrechtliche Anerkennung der DDR zu verhindern und sie international zu isolieren. Gemäß dieses Grundsatzes durfte die Bundesrepublik Deutschland keine völkerrechtlichen Beziehungen zu den Staaten aufnehmen oder aufrechterhalten, die die DDR anerkannten; ausgenommen von diesem Grundsatz war die Sowjetunion.

Die außerparlamentarische Opposition – und ihre Folgen

Der Reformanspruch wurde von zwei Trends getragen, die das vergangene Jahrzehnt insgesamt bestimmt hatten: vom eher technokratisch gefärbten Modernisierungswillen – »Wir schaffen das moderne Deutschland« lautete das Wahlkampfmotto der SPD von 1969 – und vom Demokratisierungs- und Mitbestimmungsanspruch, der von der außerparlamentarischen Bewegung zusätzliche Schubkraft erhalten hatte. Das Jahr 1968 und die Studentenbewegung mit ihren spektakulären Aktionen sind dafür zum Symbol geworden. Was sich in der Bundesrepublik unter der studentischen Jugend Ende der Sechziger- und Anfang der Siebzigerjahre abspielte, hatte Vorläufer und Parallelen in den USA, Frankreich, Skandinavien, Italien und Japan, aber auch in Osteuropa. Allen Bewegungen gemeinsam waren ihr äußerlich spektakulärer Charakter, ihre Kurzlebigkeit (in Osteuropa durch gewaltsame Intervention), aber auch ihre einschneidende Langzeitwirkung in ganz unterschiedlicher Form und mit sehr kontroversen Beurteilungen.

Dem Sozialistischen Deutschen Studentenbund (SDS) als kleiner, intellektuell hochkarätiger Studentenorganisation, die 1961 aus der SPD ausgeschlossen worden war, gelang es, große Teile der Berliner Studentenschaft mit zwei Kampfzielen zu mobilisieren: der Kritik an den institutionellen wie inhaltlichen Studienbedingungen

Anlässlich der Unterzeichnung des Warschauer Vertrags legte Bundeskanzler Willy Brandt am 7. 12. 1970 mit dem »Kniefall von Warschau« vor dem Mahnmal für die Toten des jüdischen Getto-Aufstandes den Grundstein für die deutsch-polnische Aussöhnung und eine neue Ostpolitik.

100562

100562

Nicht nur politisch, sondern auch in Bezug auf Geschlechterbeziehung und Formen des Zusammenlebens übte die Studentenbewegung Einfluss aus. Der Kommunarde Rainer Langhans war durch seinen unangepassten Lebensstil zur Symbolfigur der 68er-Bewegung geworden (Festnahme 1967 nach einer Demonstration).

und der moralischen Empörung über den eskalierenden Vietnamkrieg der USA. Die Bildung der großen Koalition in Bonn beschleunigte die Zuspitzung der Konfrontation.

Insbesondere nachdem die Unruhen von Berlin auf die Bundesrepublik übergesprungen waren und mit dem Attentat auf Rudi Dutschke, den führenden SDS-Repräsentanten, Ostern 1968 zu gewalttätigen Straßenunruhen geführt hatten, eskalierte der Konflikt zwischen Studentenschaft und Staatsmacht weit über die anfänglich primär universitätspolitischen Ziele hinaus. Die Wortführer der Bewegung wollten ohne Zweifel eine andere Republik und ordneten ihre Aktionen in globale gesellschaftliche Zusammenhänge einer möglichen Befreiungsstrategie von »imperialistischer Unterdrückung« und stalinistischer Deformation ein. Die Vorkämpfer kommunistischer Befreiungsbewegungen in der Dritten Welt avancierten zu Vorbildern für diese globalen Visionen: Ho Chi Minh, Mao Zedong, Che Guevara, Fidel Castro.

Die schmale soziale Basis sollte bei einer differenzierten Beurteilung der »Achtundsechziger« nicht übersehen werden. Gleichwohl sind die Wirkungen der Studentenbewegung und der außerparlamentarischen Opposition (APO) erheblich größer gewesen, als diese schmale Basis es vermuten lässt. Jenseits der spektakulären Aktionen zeigten sich viele Konsequenzen erst in den Siebzigerjahren. Die bis heute nach wie vor heftig umstrittenen Ergebnisse lassen sich eher im Bereich einer »Lebensstilrevolution«, in Veränderungen der Wohnformen, des Familienlebens, der Erziehung, der Geschlechterbeziehungen, der Umgangsformen oder der Kleidung, und in einem Wandel der politischen Kultur finden. Der von Jürgen Habermas konstatierte Befund einer »Fundamental-Liberalisierung« ist schwerlich zu bestreiten; sie begann allerdings bereits in der ersten Hälfte der Sechzigerjahre.

Aber auch die fatalen Wirkungen von »1968« entfalteten sich erst voll in den Siebzigerjahren. Die Ausdifferenzierung der in den Anfängen spontan entstandenen Bewegung in eine Vielzahl von kommunistisch orientier-

100562

Dieses von der Rote-Armee-Fraktion (RAF) verbreitete Foto des am 5. 9. 1977 entführten und später ermordeten Präsidenten der Bundesvereinigung der Deutschen Arbeitgeberverbände, Hanns-Martin Schleyer, wurde zum Inbegriff des Terrorismus der 1970er-Jahre.

ten Grüppchen und die Eskalation eines schmalen Strangs der Studentenbewegung im Terrorismus der »Rote-Armee-Fraktion« (RAF) sind hier vor allem zu nennen.

Eine erste Welle von Terror begann 1970 mit der gewaltsamen Befreiung von Andreas Baader und Gudrun Ensslin, die 1968 an einer Kaufhausbrandstiftung in Frankfurt am Main beteiligt gewesen waren. Die Journalistin Ulrike Meinhof, die an dieser Aktion teilnahm, gehörte fortan neben Baader, Holger Meins und Ensslin zum eigentlichen Kern der im Untergrund operierenden RAF. Auf ihr Konto gingen zahlreiche politische Morde. Den Höhepunkt bildete 1977 die Ermordung des Arbeitgeberpräsidenten Hanns-Martin Schleyer. Entschlossenes politisches Handeln und aufwendige Fahndungsaktionen konnten dem akuten Terror der RAF schließlich

ZITAT

Egon Bahr erklärt in seiner Tutzinger Rede von 1963 die Formel »Wandel durch Annäherung«:
Heute ist klar, dass die Wiedervereinigung nicht ein einmaliger Akt ist, der durch einen historischen Beschluss an einem historischen Tag auf einer historischen Konferenz ins Werk gesetzt wird, sondern ein Prozess mit vielen Schritten und vielen Stationen… Das ist eine Politik, die man auf die Formel bringen könnte: Wandel durch Annäherung.

INFOBOX

RAF-Terrorismus

1977 erreichten die terroristischen Anschläge in Deutschland einen Gipfelpunkt. Dem Mordanschlag auf Generalbundesanwalt Siegfried Buback im April folgte im Juli der Mord am Vorstandssprecher der Deutschen Bank, Jürgen Ponto.

Am 5. 9. 1977 entführte ein RAF-Kommando den Arbeitgeberpräsidenten Hanns-Martin Schleyer; bei dem Überfall auf seinen Wagen wurden sein Fahrer und drei Leibwächter kaltblütig erschossen. Ziel der Terroristen war es, elf RAF-Gefangene freizupressen.

Doch Bundeskanzler Helmut Schmidt, der sich 1975 anlässlich der Entführung des CDU-Politikers Peter Lorenz einem Ultimatum der Terroristen gebeugt hatte und fünf inhaftierte Gesinnungsgenossen in den Südjemen hatte ausfliegen lassen, blieb unnachgiebig. Wochenlang tagte er mit den Spitzen von Koalition und Opposition abgeschirmt in einem Krisenstab und verhängte eine Nachrichtensperre. Seine Haltung bewahrte er auch, als am 13. 10. palästinensische Luftpiraten ein Flugzeug der Lufthansa mit 91 Insassen entführten und die Freilassung der elf deutschen und zweier türkischer Häftlinge forderten.

Am 18. 10. überschlugen sich dann die Ereignisse: Das Sonderkommando GSG 9 des Bundesgrenzschutzes stürmte das Flugzeug auf dem Flughafen von Mogadischu in Somalia und befreite die Geiseln. Drei Terroristen kamen dabei ums Leben, eine Terroristin wurde schwer verletzt. Wenige Stunden später begingen drei RAF-Anführer in ihren Zellen in Stuttgart-Stammheim Selbstmord, einen Tag später fand man Schleyers Leiche im Kofferraum eines Wagens in Mülhausen im Elsass.

1263

Im »stern« vom 6. 6. 1971 bezichtigten sich 374 Frauen öffentlich der illegalen Abtreibung. Die von Alice Schwarzer – nach französischem Vorbild – initiierte Aktion markierte in der Bundesrepublik Deutschland den Beginn des Kampfes gegen den Paragraphen 218 StGB.

ein Ende bereiten. Er war ein Beispiel von Gewaltverherrlichung, deren Grundlage die Mischung aus verstiegenem ideologischem Sendungsbewusstsein und zynischer Menschenverachtung kleiner Gruppen bildete, die durch das Abtauchen in den Untergrund alle Brücken zum zivilen Leben abgebrochen hatten.

Sozialliberale Reformansprüche und ihre ökonomischen Grenzen

Die Siebzigerjahre waren auch die Phase der großen Reformexperimente im Bildungswesen. Die schon 1963 von dem Bildungsforscher Georg Picht initiierte Debatte um die »deutsche Bildungskatastrophe«, aber auch der durch den Mauerbau und den versiegenden Strom qualifizierter Arbeitskräfte aus der Deutschen Demokratischen Republik ausgelöste Reformdruck führten zu einer rasanten Expansion der Bildungsbudgets in den Haushalten von Bund, Ländern und Gemeinden, zu einem steilen Anstieg der Gymnasiasten- und Studentenzahlen sowie zu erheblichen institutionellen und inhaltlichen Veränderungen im gesamten Bildungswesen. Der Anteil des Bildungsetats in den öffentlichen Haushalten stieg insgesamt von 11,2 Prozent (1965) auf 15,2 Prozent (1980), die Zahl der Gymnasiasten erhöhte sich um mehr als das Doppelte (von 958 000 auf 2,1 Millionen), die der Studenten verdreifachte sich (von 384 000 auf über eine Million). Die öffentlichen Bildungsausgaben stiegen von 1970 bis 1975 von 27,6 auf 56,2 Milliarden DM.

Die einschneidendste Reform des herkömmlichen Schulwesens bestand in der in allen Bundesländern eingeführten Schulstufenausbildung entsprechend den Empfehlungen des Strukturplans des »Deutschen Bildungsrats« von 1970. Danach sollte die Ausbildung in drei Stufen gegliedert werden (Primarstufe, Sekundarstufe I und II) und die traditionellen, strikt getrennten Schultypen Hauptschule, Realschule und Gymnasium ersetzen. Wie berechtigt oder vorurteilsgeladen die Kritik an den Schulreformen auch immer ausgefallen sein mag – unstrittig verband sich mit ihnen, vergleichbar der Entwicklung an den Hochschulen, eine einschneidende Veränderung der sozialen Rekrutierung. Politische Demokratie sollte durch mehr soziale Gleichheit ergänzt werden.

Zwar hat sich die Einkommens- und Vermögensverteilung in ihren Proportionen in der sozialliberalen Ära kaum verändert. Aber der Ausbau des Sozialstaates mit dem Ziel der Verbesserung der Situation der »Unterprivilegierten« – ein Schlüsselbegriff der öffentlichen Diskussion der Zeit – machte erhebliche Fortschritte. Dazu gehörten vor allem die Rentenreform von 1972, die Verbesserung des Mietrechts und die Reform der Krankenversicherung.

Wenn die Regierung Brandt mit dem Ruf »mehr Demokratie wagen« angetreten war, musste das auch seinen Niederschlag in einem Bereich finden, in dem Demokratie besonders strittig war: im Betrieb. 1972 wurde das Betriebsverfassungsgesetz von 1952 novelliert. Die Mitbestimmungsmöglichkeiten des Betriebsrates blieben zwar

Bei einem Fluchtversuch über die Mauer in Berlin in der Nähe der Friedrichstraße wurde im August 1962 der 18-jährige Peter Fechter angeschossen. Er verblutete im Grenzstreifen.

100880

Erste innerdeutsche Gespräche zwischen den Regierungen Brandt und Stoph fanden am 19. 3. 1970 in Erfurt und am 21. 5. 1970 in Kassel (Foto) statt.

100562

im Wesentlichen auf soziale Belange begrenzt, erfuhren hier aber deutliche Erweiterungen und Verbesserungen. Zu den kostenneutralen, aber gesellschaftspolitisch heftig umstrittenen Vorhaben gehörte auch die lange überfällige Reform des seit dem Kaiserreich im Wesentlichen unverändert gebliebenen Paragraphen 218 StGB: Vor einer durch die Frauenbewegung sensibilisierten Öffentlichkeit entwickelte sich der politische Zankapfel »Schwangerschaftsabbruch« zwischen Regierung und Opposition zum fundamentalen Grundsatzstreit um ethische Prinzipien und das Recht der Frau auf Selbstbestimmung.

Alles in allem hat sich die soziale Lage breiter Schichten in der ersten Hälfte der Siebzigerjahre beträchtlich verbessert. Die bis 1973/74 ungebremste Hochkonjunktur erlaubte sozialpolitische Spielräume. Von 1970 bis 1981 verdoppelte sich das Volkseinkommen, der Aufwand für soziale Leistungen des Staates und der übrigen Kostenträger verdreifachte sich in dieser Phase. Mit den Auswirkungen der ersten Ölkrise von 1973/74 zeigten sich aber bereits deutliche Warnsignale. Erstmals wurde die Bundesrepublik nun massiv mit einem Problem konfrontiert, das fortan zum sozialen und ökonomischen Dauerthema werden sollte: der Arbeitslosigkeit.

»Wandel durch Annäherung« – Die neue Ostpolitik

Zwei Jahre lang war Berlin nach dem Mauerbau von 1961 eine total geteilte Stadt, in der es bis auf die notwendigsten technischen Kontakte keine Kommunikation und Besuchsmöglichkeiten für die Bevölkerung gab. Auch die

Telefonverbindungen waren gekappt worden. Der Kalte Krieg zeigte sich in Berlin von seiner brutalsten Seite. Die Zufahrtswege von der Bundesrepublik nach Westberlin waren zwar prinzipiell gesichert, unterlagen aber der Kontrolle durch DDR-Grenzbehörden, die Reisende nach Belieben schikanieren konnten – und dies auch taten. Eine Autofahrt oder Zugreise nach Westberlin wurde so häufig zu einem Abenteuer.

»Wandel durch Annäherung« zu erreichen, musste unter diesen Umständen zunächst unvorstellbar erscheinen. Wie sollte man sich einem Staat annähern, der jeden Kontakt nach Westen blockierte? Die zahlreichen Fluchtversuche machten die Hoffnungslosigkeit der Bevölkerung besonders deutlich. Die Gesamtzahl der Todesopfer bei gescheiterten Fluchtversuchen aus der Deutschen Demokratischen Republik wird heute mit über Tausend angegeben. Unter den vielen Opfern in Berlin erregte das Schicksal des jungen Bauarbeiters Peter Fechter im August 1962 besonderes Aufsehen. Fechter wurde bei einem Fluchtversuch von Grenzsoldaten angeschossen und verblutete vor den Augen Westberliner Zuschauer im Grenzstreifen, ohne dass ihm Volkspolizisten zu Hilfe kamen. Allmählich setzte sich die bittere Erkenntnis durch, dass diese Grenze gewaltsam nicht zu verändern war.

1963 hielt Egon Bahr, damals Berater Willy Brandts in dessen Zeit als Regierender Bürgermeister von Berlin, in Tutzing eine viel beachtete Rede, in der er die Formel vom »Wandel durch Annäherung« prägte. Aus einer längerfristigen Perspektive war dies eine richtige Antwort auf die Herausforderung durch den Mauerbau. Denn sie fußte auf der Überlegung, dass man ein System, das durch konsequente Isolierung und Drohung nicht zu erschüttern war und hinter dem das geballte politische und militärische Potenzial der Sowjetunion stand, nur allmählich von innen heraus verändern könne. Im Kern umschrieb daher die Formel von Egon Bahr eine Politik, die am Ende des Jahrzehnts mit der ostpolitischen Neuorientierung begann, mit dem Grundlagenvertrag zwischen der Bundesrepublik Deutschland und der Deutschen Demokratischen Republik 1972 ein wesentliches Ziel erreichte und in der Schlussakte von Helsinki 1975 ihren Höhepunkt fand.

INFOBOX

Neue Ostpolitik

Unter dem Leitgedanken »Wandel durch Annäherung« trieb die sozialliberale Koalition unter Bundeskanzler Willy Brandt die Entspannung in Europa voran. Im Zuge dieser neuen Ostpolitik, die u. a. die Existenz zweier deutscher Staaten – die füreinander »aber nicht Ausland seien« – anerkannte, stand auch die Normalisierung des Verhältnisses zu Polen an.

Ergebnis dieser Neuorientierung war der Warschauer Vertrag, der am 7. 12. 1970 von Bundeskanzler Willy Brandt, dem polnischen Ministerpräsidenten Józef Cyrankiewicz und den Außenministern Polens und der Bundesrepublik unterzeichnet wurde. In dem Vertrag akzeptierte die deutsche Seite die im Potsdamer Abkommen von 1945 festgelegte, aber von früheren Bundesregierungen stets infrage gestellte Westgrenze Polens, die Oder-Neiße-Linie; Polen erklärte sich u. a. bereit, Staatsbürger mit deutscher Volkszugehörigkeit ausreisen zu lassen.

Bei seinem Aufenthalt in Warschau legte Brandt einen Kranz am Mahnmal für die Toten des jüdischen Gettoaufstands nieder. Protokollarisch nicht vorgesehen, ehrte er dabei die dem NS-Regime zum Opfer Gefallenen, indem er für eine Gedenkminute niederkniete. Die in dieser ungewöhnlichen Geste zum Ausdruck kommende Absicht des späteren Friedensnobelpreisträgers – die Bitte um Versöhnung – wurde gerade im polnischen Volk mit Anteilnahme aufgenommen und gewürdigt.

Als Folge der Ostpolitik unterzeichneten die vier Siegermächte das Viermächteabkommen, das den Status von Berlin neu regelte und vor allem Besuchsmöglichkeiten für DDR- und Bundesbürger erbrachte. Mit dem Abschluss des Grundlagenvertrags 1972 mit der Deutschen Demokratischen Republik wurde ein entscheidender Akzent in den deutsch-deutschen Beziehungen gesetzt. In der Folge dieses Vertrages wurden beide deutschen Staaten 1973 Mitglieder der UNO.

Die große Koalition unter Bundeskanzler Kurt Georg Kiesinger hatte schon erste Schritte zu einer neuen Deutschlandpolitik unternommen, indem sie zum ersten Mal überhaupt einen offiziellen politischen Kontakt zwischen Bonn und Ostberlin herstellte. Der 1967 begonnene Briefwechsel zwischen dem Bundeskanzler und dem DDR-Ministerpräsidenten Willi Stoph war ein Novum. Früher gingen offizielle Schreiben der DDR-Regierung nach Bonn stets ungeöffnet wieder zurück. Die protokollarischen Schwierigkeiten politischer Kontakte lassen sich in der Anrede des Ministerpräsidenten und Vorsitzenden des Staatsrats der DDR Willi Stoph ablesen, den Kiesinger als »Herr Vorsitzender« titulierte, um einer Anerkennung von Institutionen aus dem Wege zu gehen.

Gescheiterter Kanzlersturz – Der Streit um die Ostverträge
Erst die sozialliberale Bundesregierung war bereit, die territoriale Nachkriegsordnung in Europa prinzipiell zu akzeptieren. In seiner Regierungserklärung von 1969 sprach Brandt erstmals offiziell von »zwei Staaten in Deutschland«, die jedoch füreinander nicht Ausland sein dürften. Hinter den im folgenden Jahr abgeschlossenen Verträgen von Moskau und Warschau (1970) stand das Ziel einer verbesserten Berlinregelung und eines Arrangements mit der DDR. Über eine politische, nicht aber völkerrechtliche Anerkennung der DDR hoffte man, konkrete menschliche Erleichterungen und die Sicherung eines elementaren nationalen Zusammenhalts zu erreichen.

Parallel zu den westdeutschen Kontakten mit Moskau und Warschau waren daher die Verhandlungen der Bot-

100562

Am 27. 4. 1972 scheiterte das konstruktive Misstrauensvotum gegen Bundeskanzler Brandt. Die Abbildung zeigt den Deutschen Bundestag während der Abstimmung.

ZITAT

Aus dem Moskauer Vertrag vom 12. 8. 1970 (Artikel 3):

... sie (die Bundesrepublik Deutschland und die Union der Sozialistischen Sowjetrepubliken) betrachten heute und künftig die Grenzen aller Staaten in Europa als unverletzlich, wie sie am Tage der Unterzeichnung dieses Vertrages verlaufen, einschließlich der Oder-Neiße-Linie, die die Westgrenze der Volksrepublik Polen bildet, und der Grenze zwischen der Bundesrepublik Deutschland und der Deutschen Demokratischen Republik.

schafter der vier Siegermächte über ein Berlinabkommen angelaufen und auch erste offizielle Kontakte zwischen den Regierungen beider deutscher Staaten in Gang gekommen. Zum ersten Mal seit der doppelten Staatsgründung trafen sich ein westdeutscher Bundeskanzler und ein ostdeutscher Ministerpräsident am 19. März 1970 in Erfurt und zwei Monate später in Kassel. Es waren Besuche mit geringen politischen Erfolgsaussichten, aber starken emotionalen Begleiterscheinungen. Die Besuche sollten Deutschland dem Ziel eines »geregelten Nebeneinanders« näher bringen und machten zugleich deutlich, wie kühl die eine Seite der Annäherung der anderen Seite begegnete.

Bei der parlamentarischen Verabschiedung zeigte sich der innere Zusammenhang der einzelnen Verträge: Am 17. Mai 1972 sollte der Bundestag über die heftig umstrittenen Verträge von Moskau und Warschau entscheiden. Fortschritte in den deutsch-deutschen Beziehungen waren jedoch nur zu erreichen, wenn diese Verträge den Bundestag passierten. In der Öffentlichkeit und im Bundestag wurde um die Verträge so heftig wie nie zuvor seit der grundlegenden Weichenstellung für die Westintegration in den frühen Fünfzigerjahren gestritten. Diese Auseinandersetzungen zeigten, wie schwierig und mühsam eine neue außenpolitische Orientierung war.

Im Konflikt um die Ostverträge hatten eine Reihe von Abgeordneten aus der sozialliberalen Koalition ihre Fraktion gewechselt, sodass es 1972 keine klare Mehrheit mehr für die Regierung gab. Eine Parlamentsentschließung sollte die Zustimmung von CDU/CSU zu den Verträgen gleichwohl sichern. Ein Schlüsselsatz lautete: »Die Verträge nehmen eine friedensvertragliche Regelung für Deutschland nicht vorweg und schaffen keine Rechtsgrundlage für die heute bestehenden Grenzen.« Auf dieser Basis enthielt sich die Mehrheit der Oppositionsabgeordneten der Stimme, sodass die Verträge den Bundestag passieren konnten.

Statt »Reform« wurde unter der Regierung Helmut Schmidts »Stabilität« zum neuen Schlüsselbegriff der Politik (Helmut Schmidt auf dem SPD-Parteitag 1979).

Wenige Wochen zuvor, am 27. April 1972, hatte die Opposition versucht, durch ein konstruktives Misstrauensvotum den Kanzler zu stürzen und Brandt durch den Oppositionsführer Rainer Barzel (CDU) zu ersetzen. Überraschend erhielt dieser jedoch nicht die notwendige absolute Mehrheit. Man weiß heute, dass zumindest einer

100562

der Abweichler aus dem Unionslager von der »Hauptverwaltung Aufklärung« der DDR bestochen worden war. Um der Pattsituation zu entgehen, löste sich der Bundestag im September 1972 in einem komplizierten Verfahren selbst auf und ebnete damit den Weg für Neuwahlen, aus denen die sozialliberale Koalition gestärkt hervorging. Die SPD schaffte mit 45,8 Prozent ein zuvor und später nie wieder erreichtes Ergebnis, die FDP konsolidierte sich mit 8,4 Prozent, während die Union mit 44,9 Prozent erstmalig in der Geschichte der Bundesrepublik hinter die SPD zurückfiel. Das Wahlergebnis war insofern auch ein deutliches politisches Plebiszit für die Ostverträge.

Hatte die Opposition den Moskauer und den Warschauer Vertrag schließlich zähneknirschend passieren lassen, so stießen die Fronten in der Auseinandersetzung um den Grundlagenvertrag scharf aufeinander. In diesem Vertrag wurde die DDR staatsrechtlich, aber nicht völkerrechtlich anerkannt. Eine große Zahl von Folgeverträgen und -vereinbarungen sollte den Grundstein für ein neues Verhältnis zwischen Westdeutschland und Ostdeutschland legen. Die Präambel wies ausdrücklich auf die unterschiedlichen Auffassungen zur nationalen

INFOBOX

Die Affäre Guillaume

Einer der spektakulärsten Spionagefälle der Geschichte der Bundesrepublik Deutschland war die Guillaume-Affäre. Brisant war indes nicht so sehr das Material, das der in Diensten des DDR-Ministeriums für Staatssicherheit stehende Günter Guillaume beschaffte, sondern der Umstand, dass es sich bei dem Spion um einen engen Mitarbeiter des Bundeskanzlers Willy Brandt handelte.

Guillaume war 1956 als angeblicher Flüchtling in die Bundesrepublik eingeschleust und im Rahmen seiner nachrichtendienstlichen Tätigkeit hauptsächlich auf die Parteiarbeit der SPD angesetzt worden. Seit 1972 war er persönlicher Referent in Parteiangelegenheiten des Bundeskanzlers. Brandt zeigte sich nach der Enttarnung seines Referenten zutiefst enttäuscht. Er übernahm die Verantwortung für die Affäre und legte im Mai 1974 sein Amt nieder.

Guillaume wurde am 24. 4. 1974 als Spion verhaftet und im Dezember 1975 zu 13 Jahren Freiheitsstrafe verurteilt. Im Dezember 1981 wurde er im Austauschverfahren in die DDR entlassen, wo er in der Agentenausbildung des MfS tätig war.

Frage hin. Das Ziel war die Entwicklung »normaler gutnachbarlicher Beziehungen zueinander auf der Grundlage der Gleichberechtigung«. Ein wichtiges Element bildete der Brief zur deutschen Einheit, der sich im Wesentlichen mit dem entsprechenden Schriftstück zum Moskauer Vertrag deckte.

Die grundsätzlichen Differenzen zwischen Bonn und Ostberlin um die nationale Frage blieben somit ausgeklammert, weil sie unüberbrückbar waren. In den praktischen Regelungen hatte man der DDR aber Konzessionen abhandeln können. Sie waren ein wichtiger Schritt, um die völlige Spaltung der Nation zumindest aufzufangen und die Grenze durchlässiger zu machen. Besuchsmöglichkeiten im »kleinen Grenzverkehr«, das heißt Tagesaufenthalte von Bewohnern grenznaher Kreise der Bundesrepublik in der DDR, gehörten ebenso dazu wie die Vereinbarung über reguläre Arbeitsmöglichkeiten westdeutscher Journalisten in der DDR. Gerade diese westdeutsche Medienpräsenz und die regelmäßige Berichterstattung sollte sich später als ein sehr wichtiger Faktor des »Wandels durch Annäherung« erweisen. Der innere Zusammenhang zwischen der neuen Ost- und Deutschlandpolitik und der sich 1989/90 überraschend abzeichnenden »Wiedervereinigung« der beiden deutschen Staaten ist jedoch letztlich strittig geblieben.

ZITAT

In seinen »Erinnerungen« (1989) äußert sich Willy Brandt auch zu seiner Ostpolitik:
Ich habe weder altes noch neues Unrecht anerkannt. Ich habe nicht weggeben können, was unser nicht mehr war. Deutlicher: was nicht schon längst verspielt worden war. Ich habe den abstrakten Gewaltverzicht auf die konkreten Tatsachen bezogen, die sich aus Hitlers Krieg ergeben hatten.

Kurswechsel im Kanzleramt

Die Verschlechterung der wirtschaftlichen Lage nach der ersten Ölkrise 1973/74 und wachsende innenpolitische Schwierigkeiten in Verbindung mit den »Mühen der Ebene« in der Deutschland- und Ostpolitik, die mit soviel Elan begonnen worden war, bildeten den Hintergrund für Willy Brandts Rücktritt im Mai 1974. Der Anlass dazu war die Enttarnung des Kanzlerberaters Günter Guillaume als DDR-Spion.

Brandts Nachfolger als Bundeskanzler wurde Helmut Schmidt, der zuvor ab 1969 Verteidigungsminister gewesen war und nach dem Rücktritt Karl Schillers 1972 das Finanzressort (und kurzzeitig auch das Wirtschaftsressort) übernommen hatte. Schmidt konzentrierte seine Politik auf die Wirtschaft. Einsparungen im öffentlichen Dienst, im Sozialbereich, in Bildung und Wissenschaft

s. ZEIT Aspekte
Helmut Schmidt
S. 564

sowie eine Erhöhung der Beiträge zur Arbeitslosenversicherung sollten neben Investitionsprogrammen zur Ankurbelung der Wirtschaft führen. »Stabilität« avancierte jetzt – statt »Reform« – zum Schlüsselbegriff. Das neue Phänomen der »Stagflation«, eine stagnierende Wirtschaft bei gleichzeitig hoher Preissteigerungsrate, war jedoch kaum noch mit den Instrumenten des Stabilitätsgesetzes von 1967 in den Griff zu bekommen.

Schon im zweiten Kabinett Schmidt wurden die Spannungen zwischen Liberalen und Sozialdemokraten angesichts der Wirtschaftskrise und der wachsenden Staatsverschuldung sehr deutlich. Nach der gewonnenen Bundestagswahl von 1980, deren Ergebnis im Wesentlichen auf das auch international hohe persönliche Renommee des Kanzlers zurückgeführt werden konnte (der mit Franz Josef Strauß als Kanzlerkandidaten der Union seinen Wunschgegner erhalten hatte), traten Divergenzen in der sozialiberalen Koalition sowohl in der Außen- wie in der Wirtschafts- und Sozialpolitik offen zutage. De-

Vor Beginn einer Sitzung im Bonner Bundeskanzleramt unterhalten sich 1976 Bundeskanzler Helmut Schmidt, Bundesaußenminister Hans-Dietrich Genscher (FDP) und der SPD-Vorsitzende Willy Brandt. Die zunehmenden Differenzen innerhalb von Koalition und SPD endeten 1982 mit einem konstruktiven Misstrauensvotum gegen Schmidt.

100662

zidierte Kritik formulierte Wirtschaftsminister Otto Graf Lambsdorff (FDP) in seinem Memorandum vom 8. September 1982 (»Konzept für eine Überwindung der Wachstumsschwäche und zur Bekämpfung der Arbeitslosigkeit«).

Zu den tief greifenden Differenzen mit dem Koalitionspartner kam der zunehmend heftiger werdende Streit innerhalb der SPD, insbesondere zwischen Helmut Schmidt einerseits, großen Teilen der Fraktion, der Partei insgesamt und auch Willy Brandt als Parteivorsitzendem andererseits: Es ging um die Nachrüstung, die aus dem NATO-Doppelbeschluss von 1979 resultierte, und um das Verhältnis zur schnell anwachsenden Friedensbewegung. Die Differenzen waren grundsätzlicher Natur, und der Kanzler konnte sich in seiner eigenen Fraktion nicht mehr mit seiner Position durchsetzen, die auf konsequente Einhaltung des NATO-Doppelbeschlusses und auf Distanz zur Friedensbewegung drängte.

Die Verhandlungen über den Haushalt 1983 im Herbst 1982 führten angesichts der kaum noch überbrückbaren unterschiedlichen Positionen zum Bruch. Es gelang dem FDP-Vorsitzenden Hans-Dietrich Genscher, der seit 1974 als Außenminister und Vizekanzler amtierte, in seiner Fraktion eine Mehrheit für ein konstruktives Misstrauensvotum zu gewinnen: In der Abstimmung im Bundestag am 1. Oktober 1982 wurde der Oppositionsfüher und CDU-Vorsitzende, Helmut Kohl, mit 256 gegen 235 Stimmen bei vier Enthaltungen zum Kanzler gewählt. Seine Amtszeit sollte länger als die aller seiner Vorgänger dauern. *Christoph Kleßmann*

Zwischen Tauwetter und schleichendem Verfall: Die Deutsche Demokratische Republik in der Ära Honecker

Erich Honecker hat die Phase, in der er Generalsekretär der SED war, nicht weniger als Walter Ulbricht persönlich geprägt. Inhaltlich zeigte seine Politik außen- und innenpolitisch deutlich andere Züge, die aber zugleich einer gemeinsamen Tendenz im Warschauer Pakt entsprachen: Für Ungarn, wo sie am deutlichsten ausge-

Mithilfe der neuen sowjetischen Führung unter Leonid Breschnew hatte Honecker Walter Ulbricht aus dem Amt gedrängt (Graffito vom »Bruderkuss« Honeckers und Breschnews auf der Berliner Mauer 1990).

100136

prägt war, hat man sie spöttisch als »Gulaschkommunismus« charakterisiert.

Unter dem Diktat der »Einheit von Wirtschafts- und Sozialpolitik«

Die stärkere Orientierung an den Konsumbedürfnissen der Bevölkerung und das anfängliche kulturpolitische Tauwetter trugen Honecker zunächst Zustimmung ein und hoben die Siebzigerjahre in der Wahrnehmung der DDR-Bevölkerung, aber auch des westlichen Auslandes positiv von der asketischen Aufbaupolitik Ulbrichts ab. Heute weiß man, dass die DDR einen »Pump- und

Pomp-Sozialismus« (so das Politbüromitglied Werner Krolikowski in einer Aufzeichnung von 1990) praktizierte, mit dem Honecker die Grundlagen des Staates systematisch ruinierte.

Den wichtigsten Faktor für die langfristig vorprogrammierte Krisenkonstellation bildete das von Honecker gewissermaßen als politisches Markenzeichen initiierte Programm der »Einheit von Wirtschafts- und Sozialpolitik«. Hinzu kamen die Rücknahme der Ulbricht'schen Wirtschaftsreform und die Rezentralisierung der Planung, die verstärkte Bildung riesiger Kombinate und die Verstaatlichung der noch verbliebenen privaten und halbstaatlichen Industriebetriebe. Zwar wurde wirtschaftlicher Fortschritt als Voraussetzung für den Ausbau des Sozialstaats verstanden und soziale Verbesserungen sollten ein wichtiges Stimulans für höhere Produktivität bilden. Doch in der Praxis wurden große Teile des Volkseinkommens »schon umverteilt, bevor es erwirtschaftet war« – so rückblickend Günter Mittag, das für Wirtschaftsfragen zuständige Politbüromitglied.

Die wichtigsten sozialpolitischen Gratifikationen waren: eine beträchtliche Erhöhung der Subventionen für Grundnahrungsmittel, Energie, Mieten und öffentliche Dienstleistungen; die Einführung der 40-Stunden-Woche für berufstätige Frauen mit drei Kindern unter 16 Jahren bzw. mit zwei Kindern, sofern die Mütter im Mehrschichtensystem arbeiteten; die Ausdehnung des bezahlten Mutterschaftsurlaubs und die Möglichkeit der Freistellung für ein Jahr nach der Geburt des zweiten Kindes; zinslose Darlehen für junge Ehepaare und der Ausbau von Kinderhorten und Kindergärten; die Erhöhung der Mindestlöhne, der Renten und der Sozialfürsorgesätze. Eine familien- und gesellschaftspolitisch bedeutsame Reform war die Veränderung des Paragraphen 218. Das unmittelbar nach dem Internationalen Frauentag vom 9. März 1972 verabschiedete Gesetz erlaubte einen kostenlosen Schwangerschaftsabbruch innerhalb von zwölf Wochen nach der Empfängnis.

100562

Die Ernennung Erich Honeckers zum Generalsekretär der SED wurde zunächst als Erleichterung empfunden.

Zum Kernstück der Sozialpolitik gehörte die Beschleunigung des Wohnungsbaues. Das Parteiprogramm von 1976 verkündete die Lösung der Wohnungsfrage bis zum Jahre 1990: »Damit wird ein altes Ziel der revolutionären Arbeiterbewegung verwirklicht.« Die Erfolgsstatistik ist jedoch gerade auf diesem Feld aber mit Vorsicht zu genießen, weil sich hinter den Angaben für fertig gestellte Wohnungen und Modernisierungen viele geschönte Zahlen verbergen. Gleichwohl war der quantitative Erfolg des Wohnungsbauprogramms beachtlich. In eine Gesamtbilanz müssten jedoch auch die qualitativen Defizite sowie die architektonischen und sozialen Folgen der genormten Plattenbauverfahren und der rasante Verfall der Altbauten einbezogen werden.

Die 1971 beschlossene sozialpolitische »Generallinie« ist trotz der Ölpreissteigerungen von 1974 und 1979, von denen die DDR kaum weniger betroffen war als die westlichen Staaten, weil die Sowjetunion ihre Preise ebenfalls drastisch anhob, auch in den Achtzigerjahren nicht revidiert worden. Die SED konnte diesen Kurs nur um einen doppelten Preis aufrechterhalten: Einerseits wuchs die Verschuldung gegenüber dem Westen, dessen Kredite zunehmend in die Konsumgüterversorgung flossen, andererseits lebte die Wirtschaft von der Substanz. Die Westkredite, die 1970 nur eine halbe Milliarde Dollar betrugen, stiegen 1977 auf fünf Milliarden und bis 1981 über zehn Milliarden Dollar an. Den drohenden Kreditstopp verhinderte 1983 ein von Franz Josef Strauß vermittelter westdeutscher Bankenkredit von zwei Milliarden D-Mark.

Am 21. 5. 1970 trafen sich Willi Stoph, der Ministerpräsident der DDR, und Bundeskanzler Willy Brandt in Kassel (hier die Verabschiedung bei Stophs Abreise). Den Auftakt zu den innerdeutschen Gesprächen der beiden Politiker hatte Brandts von tumultartigen Kundgebungen begleiteter Besuch in Erfurt am 19. 3. 1970 gebildet.

100880

Der als Kulturhaus konzipierte »Palast der Republik«, 1973–76 erbaut, wurde wegen der üppigen Beleuchtung des Foyers im Volksmund auch »Erichs Lampenladen« genannt. Hier fanden dank Erich Honeckers zunächst toleranterer Kulturpolitik auch Auftritte internationaler Künstler statt.

Für dringend notwendige Ersatzinvestitionen in Gebäude und Maschinen fehlte das Geld. Aus Gründen der Einsparungen im Außenhandel wurde die Energieversorgung seit 1974 immer mehr auf Braunkohle statt Öl umgestellt. Anreize zu privaten und öffentlichen Energieeinsparungen gab es nicht und für die Modernisierung überalterter Industrieanlagen zur Verminderung des Schadstoffausstoßes fehlten die Mittel. Nirgendwo ist der schleichende Niedergang der DDR so sichtbar und spürbar geworden wie im Verfall der Städte, des Verkehrssystems, in der atemberaubenden Luft- und Wasserverschmutzung. Fatal aber war insbesondere, dass derartige globale Probleme aller Industriegesellschaften in der DDR öffentlich nicht diskutiert werden durften. Umweltinitiativen waren politischer Verfolgung ausgesetzt und die entsprechenden Daten wurden wie Staatsgeheimnisse behandelt, sodass das ganze Ausmaß des ökologischen Desasters der DDR schockartig erst nach 1989 zutage kam.

Plenzdorf, Biermann & Co.

Auch in der Kulturpolitik erscheinen die ersten Jahre der Ära Honecker zunächst in deutlich hellerem Licht als die ideologisch verhärtete Phase unter Ulbricht. Auf einer Tagung des Zentralkomitees im Dezember 1971

INFOBOX

Ausbürgerung Wolf Biermanns

Als Wolf Biermann 1976 nach einem Auftritt in Köln die Ausbürgerung mitgeteilt und damit die Rückkehr in die DDR verwehrt wurde, erhob sich massiver Widerstand: Erich Arendt, Jurek Becker, Volker Braun, Franz Fühmann, Stephan Hermlin, Stefan Heym, Sarah Kirsch, Günter Kunert, Heiner Müller, Rolf Schneider und Christa Wolf protestierten in einem offenen Brief, den im Lauf weniger Tage über 100 weitere Kulturschaffende unterzeichneten, darunter Günter de Bruyn, Ulrich Plenzdorf und Hans Joachim Schädlich.
Doch die erhoffte Wirkung blieb aus; stattdessen sahen sich die Unterzeichner nun selbst Publikationsverboten, Parteiausschluss oder gar Ausbürgerung ausgesetzt: Becker, Kirsch, Kunert und Schädlich gingen 1977 in die Bundesrepublik, Kunze folgte 1979.

formulierte Honecker den programmatischen Satz: »Wenn man von der festen Position des Sozialismus ausgeht, kann es meines Erachtens auf dem Gebiet von Kunst und Literatur keine Tabus geben«. Die kulturelle Entwicklung der folgenden Jahre war zunächst in der Tat durch eine größere Toleranz gekennzeichnet. Ein herausragendes Beispiel war die auch als Theaterstück aufgeführte Erzählung von Ulrich Plenzdorf »Die neuen Leiden des jungen W.« (1972), die eine heftige Debatte auslöste. Wenn hier ein »Aussteiger« aus der sozialistischen Leistungsgesellschaft zum Helden gemacht werden konnte, so belegte dies zumindest, dass neue kritische Formen der Auseinandersetzung mit gesellschaftlichen Zuständen möglich schienen. In das gleiche Umfeld gehört der 1973 gedrehte Film von Heiner Carow nach der Vorlage von Ulrich Plenzdorf »Die Legende von Paul und Paula«, einer der größten Kinoerfolge der DDR.

Die SED geriet jedoch in das gleiche Dilemma, mit dem sie auch durch die Entspannungspolitik konfrontiert war: Sie wurde die Geister, die sie rief, nicht mehr los und sah sich schließlich gezwungen, wieder zu den alten Methoden der direkten Intervention und Repression zu greifen. Schon im November 1976 fand die kulturpolitische Lockerung ihr abruptes Ende mit der spektakulären Ausbürgerung des Liedermachers Wolf Biermann. Man hatte dem Sänger, der seit 1965 praktisch Berufsverbot hatte, eine Tournee in die Bundesrepublik erlaubt. Drei Tage nach seinem ersten Auftritt in Köln wurde ihm die DDR-Staatsbürgerschaft entzogen und die Wiedereinreise in die DDR verboten. Zur Begründung wurde »feindseliges Auftreten« gegenüber der DDR mit seinen Liedern angeführt. Das löste eine für DDR-Verhältnisse breite Solidarisierungskampagne von Schriftstellern und Künstlern und international ein verheerendes Echo aus. Die Masse der Bevölkerung zeigte dagegen für diesen Kritiker der DDR, der sich selbst als überzeugter Kommunist und Anhänger des »besseren Deutschland« in der DDR verstand, wenig Interesse.

Dissidenten fordern die »Stasi« heraus
Zeitgleich zur wachsenden ideologischen Erstarrung des Regimes entstanden insbesondere nach der KSZE-Konferenz von Helsinki (1975) oppositionelle Gruppen. Die Aktivitäten dieser kleinen Dissidentengruppen der Achtzigerjahre gehören ebenso zur Geschichte der deutsch-deutschen Entspannungspolitik wie zur unmittelbaren Vorgeschichte der Revolution von 1989. Es ist die faszinierend bunte Geschichte einer winzigen Minderheit in

Auf dem Cover der 1968 in der Bundesrepublik Deutschland erschienenen Schallplatte von Wolf Biermann wurde die Gitarre zur Schusswaffe. 1976 reagierte die DDR-Führung auf die kritischen Töne des Liedermachers mit der Ausweisung.

s. ZEIT Aspekte
Charta 77 S. 572

einer zwar unzufriedenen, aber weitgehend angepassten Gesellschaft, in der Herrschende und Beherrschte seit den Siebzigerjahren zu komplizierten Formen des Arrangements gefunden hatten. Die Vielzahl der Gruppierungen – Menschenrechts-, Ökologie-, Wehrdienstverweigerer-, Dritte-Welt-, Frauen-, Homosexuellen-, Ärztegruppen – lässt sich kaum generalisierend erfassen. Die Evangelische Kirche, unter deren schützendem Dach sich die meisten dieser Gruppen überhaupt nur entwickeln konnten, hat für ihre Entfaltung eine Schlüsselstellung gespielt und insofern zum Auflösungsprozess der DDR beigetragen.

Diese Gruppen blieben relativ isoliert gegenüber der Gesamtgesellschaft. Sie erreichten auch nicht die internationale Aufmerksamkeit, die der verbotenen Solidarność in Polen, den oppositionellen Intellektuellen in Ungarn oder der »Charta 77« in der Tschechoslowakei zuteil wurde. Der Staatssicherheitsdienst konnte überdies in einem auch von den Dissidenten selbst nicht vermuteten Ausmaß die Gruppen infiltrieren. Gleichwohl gelang es ihm nicht, sie völlig zu zerschlagen oder unwirksam zu machen.

Heiner Carows erfolgreicher Film »Die Legende von Paul und Paula« (1973) mit Angelika Domröse und Winfried Glatzeder stellt dem kompromisslosen privaten Glück die heuchlerische Selbstverleugnung im Dienst einer Parteikarriere gegenüber.

100619

100562

Der aus kirchlicher Jugendarbeit gekommene Aufnäher mit der Aufschrift »Schwerter zu Pflugscharen« und dem Abbild der gleichnamigen Plastik (1957) des russischen Bildhauers Jewgenij Wutschetitsch wurde zum Symbol der unter dem Schutz der evangelischen Kirche keimenden Friedensbewegung.

Das 1950 gegründete Ministerium für Staatssicherheit, im Volksmund der DDR als »Firma«, »Horch und Guck« und seit den Achtzigerjahren mit dem Kürzel »Stasi« bezeichnet, gehörte von Anfang an zum Zentrum des Machtapparates. Aber erst im Zuge der Entspannungspolitik seit den Siebzigerjahren entfaltete diese sich als »Schild und Schwert« der Partei verstehende Organisation ein flächendeckendes Netz der Überwachung, Bespitzelung und gezielten »Bearbeitung« derjenigen DDR-Bürger, die nicht mehr bereit waren, sich umstandslos dem Kommando einer Parteidiktatur zu fügen. Das Anwachsen von Widerständigkeit, abweichendem und oppositionellem Verhalten einerseits und die Expansion und Professionalisierung der »Stasi« andererseits waren insofern zwei Seiten einer Medaille. Die alten Muster der Repression ließen sich in der Phase der internationalen Anerkennung der DDR und der Ost-West-Entspannung jedoch kaum noch aufrechterhalten. Das

Vorgehen der Stasi wurde raffinierter und in den Zielsetzungen immer grotesker.

»Wir müssen alles erfahren! Es darf an uns nichts vorbeigehen. Das ist eben die Dialektik des Klassenkampfes und der Arbeit der Tschekisten.« Aus dieser 1982 von Erich Mielke, seit 1957 Minister für Staatssicherheit, formulierten Zielsetzung entwickelte sich ein riesiger Informantenapparat. Die Zahl der hauptamtlichen Kader wuchs bis 1989 auf über 91 000. Daneben gab es ein Heer von inoffiziellen Mitarbeitern (IM) mit verschiedenen Funktionsbezeichnungen und unterschiedlichen Aufgaben, das Ende der Achtzigerjahre 174 200 Personen zählte.

An ihrer Informations- und Kontrollwut ist die »Stasi« in einer völlig veränderten weltpolitischen Konstellation schließlich »erstickt«. Denn die »feindlich-negativen Kräfte in personellen Zusammenschlüssen« – so hießen die Dissidentengruppen im Jargon der »Stasi« – verursachten zwar nicht unmittelbar den Zusammenbruch der DDR; aber sie wurden ein wichtiges Element in der Krisenkonstellation, die sich im Zeichen der von Michail Gorbatschow angestoßenen Politik von »Perestroika« und »Glasnost«, mit der sich beschleunigenden Wirtschaftskrise und durch die blinden Kontroll- und Repressionsversuche der Partei- und Staatsführung 1988/89 dramatisch zuspitzte. *Christoph Kleßmann*

Diktatur und Demokratie auf der Iberischen Halbinsel: Spanien und Portugal

Als nach dem Zweiten Weltkrieg Europa und die Welt gleichsam neu geordnet wurden, blieb die Iberische Halbinsel davon seltsam unberührt. Dort hatten zwei Regime überdauert, die man in Mitteleuropa zwar gerne faschistisch nannte, aber so nicht waren. Es waren autoritäre Regime, ständisch organisiert und erstarrt.

Mit ihrer Neutralität hatten die beiden Staaten den Zweiten Weltkrieg überstanden. Ihnen war nach dem Krieg die Erstarrung gemein, in die sie gesellschaftlich, politisch und wirtschaftlich verfallen waren. Zwar betrachtete die westliche Welt Spanien und Portugal als sich zugehörig, aber wegen der in beiden Ländern herrschenden autoritären Regime blieben sie auch isoliert. Aber beide Länder schafften es aus eigener Kraft, diese Regime zu überwinden, beide fast gleichzeitig, mit einer Differenz von nur wenigen Jahren: Portugal, indem oder obwohl es mit der Vergangenheit radikal brach, Spanien dagegen durch die langsame Veränderung.

Der »Estado Novo« in Portugal
In den 1930er-Jahren hatte der Universitätsprofessor António de Oliveiro Salazar als Finanzminister ab 1928 das Militär, das ihn gerufen hatte, überspielt. Mit drakonischen Maßnahmen hatte er sich die vollständige Kontrolle über die Finanz- und Wirtschaftspolitik sichern können. Die herrschenden Militärs, denen es am ökonomischen Sachverstand mangelte, mussten Salazar gewähren lassen, da nach ihrer Meinung nur seine Politik das Land aus der Wirtschaftskrise herausführen konnte. Salazar entwickelte die Lehre vom Vorrang des Haushaltsgleichgewichts und von der Rechtfertigung des starken Staates und vom Korporativismus. Da er mit seiner Politik erfolgreich war und ihn die konservativen Militärs unterstützten, errang er schnell eine überragende Stellung innerhalb der Regierung. 1932 wurde Salazar selbst Ministerpräsident, ein Amt, das er bis 1968 nicht mehr abgab.

100562

António de Oliveiro Salazar war 1932–68 Ministerpräsident in Portugal und etablierte ein autoritäres Regierungssystem.

1933 erhielt der »Estado Novo«, der »Neue Staat«, wie Salazar seine Herrschaft nannte, eine neue Verfassung, die ganz auf ihn zugeschnitten war. Auch wenn die Verfassung letztlich ein Präsidialsystem vorsah, lag die Macht doch beim Ministerpräsidenten, der unter anderem jede Verfügung des Staatspräsidenten gegenzeichnen musste. Das eigentlich nur im Ausnahmefall vorgesehene Recht der Exekutive, Gesetze zu erlassen, wurde zum Normalfall, dazu erhielt die Regierung eine eigene Gesetzgebungskompetenz. Die Nationalversammlung hatte nur eingeschränkte Rechte, weil Salazar der Meinung war, dass das Parlament durch die Vertretung von Partikularinteressen nur den Staat zerstöre. An Stelle des Parlaments sollten die »natürlichen« Zusammenschlüsse der Bürger stehen: die Berufsstände, Kirchen, Universitäten. Sie waren in der »Camera Corporativa« zusammengeschlossen, die jedoch nur Konsultativorgan blieb. Die politischen Parteien lösten sich zwar im Es-

100562

Die unblutige »Nelkenrevolution« vom 25. 4. 1974 stürzte die Diktatur von Salazars Nachfolger Marcello das Neves Alves Caetano. Einen Tag danach stoppte die Bevölkerung diesen Panzerwagen, in dem drei ehemalige Regierungsmitglieder fliehen wollten.

tado Novo auf, dennoch veranstaltete Salazar regelmäßig »Wahlen«, die sämtlich im Sinne des Regimes abliefen. Mit dem Statut der Nationalen Arbeit von 1933 wurden vor allem Arbeitgeber und Arbeitnehmer auf korporativer Basis in ein staatlich kontrolliertes, hierarchisches Zwangssystem eingebunden.

Die Wirtschafts- und Finanzpolitik verlangte vor allem von der Stadtbevölkerung große Opfer und führte zunächst in eine Rezession. Im Verlauf des Zweiten Weltkriegs veränderte sich die Ökonomie zur staatlichen Wirtschaftslenkung, die auch vor Interventionen in einzelnen Bereichen nicht zurückschreckte. Der »Acto Colonial« vom Juli 1930 legte fest, dass die Kolonien die Rohstoffe für die Industrie des Mutterlandes zu liefern und ihre Märkte für portugiesische Produkte offen zu halten hatten. Allerdings war der Handel zwischen Kolonien und Portugal gering, auch wenn Portugal der wichtigste Handelspartner Angolas war. Der allgemeinen Entkolonialisierung nach dem Krieg konnte Salazar das portugiesische Kolonialreich zwar entziehen, doch führten die portugiesischen Kolonialkriege zum Umsturz 1974.

Nach dem Zweiten Weltkrieg begann eine langsame Industrialisierung des Landes, am wichtigsten war die Textilindustrie, die Schwerindustrie blieb lange Zeit marginal. Einer der Gründe für die geringe Industrialisierung lag sicher in der geringen Bevölkerungszahl. Es fehlte einfach ein kapitalkräftiger portugiesischer Markt. Der Modernisierung Portugals leisteten Abkommen mit den USA Vorschub, die Portugal dem Marshallplan öffneten und den USA Stützpunkte auf den Azoren zugestanden.

Die »Nelkenrevolution« 1974 und ihre Folgen
1968 erlitt Salazar einen Unfall und wurde amtsunfähig. Sein Nachfolger, M. J. das Neves Alves Caetano, bemühte sich um eine Liberalisierung und lockerte unter anderem die Pressezensur. Zwar waren die Kolonien 1951 durch die neue Verfassung zu Überseeprovinzen Portugals erklärt worden, doch setzten dort energische Unabhängigkeitsbestrebungen ein. Der daraus folgende Kolonialkrieg belastete die Innenpolitik sehr stark.

160

Die »Nelkenrevolution« brachte den ehemaligen Generalstabschef António de Spínola an die Spitze der revolutionären Junta. Nach einem Putschversuch im März 1975 floh er ins Ausland.

Am 25. April 1974 schließlich putschte eine oppositionelle Offiziersgruppe um General António S. Ribeiro de Spínola. Sie bildete eine siebenköpfige Junta und übernahm die Macht. Ihr Ziel war die Schaffung einer pluralistischen Demokratie und die Entkolonialisierung. Politische Gefangene wurden freigelassen, die geheime Staatspolizei PIDE aufgelöst, die Neugründung von Parteien gefördert. Exilpolitiker kehrten zurück, so unter anderem Mario Soares und Á. Barreinrinhas Cunhal. Die Überseeterritorien - außer Macau, das 1999 an die Volksrepublik China kam - wurden 1974–75 überstürzt in die Unabhängigkeit entlassen.

Unter dem prokommunistisch orientierten Ministerpräsidenten V. dos Santos Gonçalves wurden Bahnen und Großbetriebe verstaatlicht, auch Großgrundbesitz enteignet. Der seit Mai 1974 als Staatspräsident amtierende Juntaführer Spínola trat deshalb Ende September 1974 zurück, sein Nachfolger wurde F. da Costa Gomes. Im März 1975 scheiterte ein Putschversuch der gemäßigten Kräfte um General Spínola, der daraufhin ins Exil ging. Zwischen 1975 und 1982 wechselten die Regierungen mehrfach, schließlich setzten sich die gemäßigten Kräfte durch. Der erst 1975 installierte Revolutionsrat wurde 1982 wieder abgeschafft; die Verstaatlichungen und Enteignungen wurden ebenfalls rückgängig gemacht. 1989 schließlich verabschiedete sich Portugal mit einer neuerlichen Verfassungsrevision endgültig von den sozialistischen Idealen der »Nelkenrevolution«.

Zur Festigung der Demokratie und des Parteiensystems trug unter anderem 1985 der Beitritt zur Europäischen Gemeinschaft bei. Damit war Portugal endgültig in Europa angekommen.

Die Herrschaft Franco Bahamondes in Spanien

In Spanien verstand es nach dem Bürgerkrieg der neue Machthaber General Franco Bahamnode, während der faschistischen Frühphase seiner Herrschaft die verschiedenen Gruppierungen gegeneinander auszuspielen. Die faschistische Falange büßte schnell ihre sozialrevolutionäre Orientierung ein, und im Zusammenhang mit dem Schicksal des »internationalen Faschismus« während des

Bei dem letzten öffentlichen Auftritt Francos am 1. 10. 1975 stimmten die Teilnehmer mit erhobenem Arm das Kampflied »Cara al Sol« an, die Parteihymne der spanischen Faschisten.

100264

100264

Mit der Ernennung von Adolfo Suárez zum Ministerpräsidenten im Juli 1976 begann der Demokratisierungsprozess in Spanien (Suárez bei der Vereidigung vor König Juan Carlos I. in Madrid).

Zweiten Weltkriegs verlor sie vollends ihre Bedeutung für das Regime.

Franco stützte sich in erster Linie auf das Militär, demzufolge bestand auch seine erste Regierung fast nur aus Militärs. Auch als später Zivilisten in die Regierungen aufgenommen wurden, besetzte das Militär immer die Schlüsselpositionen, wie zum Beispiel das Amt des Innenministers. Trotzdem blieb das Militär von der Formulierung der politischen Leitlinien ausgeschlossen.

Wirtschaftspolitisch bediente sich Franco durchaus im Instrumentenkasten faschistischer Politik, doch meist geschah dies dann, wenn die Rezepte den paternalistischen Vorstellungen der Oberschicht entsprachen. Francos Wirtschaftsordnung war ein Gemisch aus Vorstellungen der Falange, einzelnen Besitzinteressen, Traditionen und pragmatischen Entscheidungen.

Als Folge des Bürgerkriegs 1936–38 blieb Spanien auch nach dem Krieg politisch durch das Ausland isoliert und von der Marshallplanhilfe ausgeschlossen, die selbst das ebenso neutral gebliebene Portugal erreicht hatte. Die Regierung betrieb eine Autarkiepolitik, bei der vieles, was hätte importiert werden müssen, durch heimi-

100562

Seit 1968 starben in Spanien mehr als 800 Menschen durch Attentate der ETA (hier in Madrid) – Verhandlungen mit der spanischen Regierung scheiterten bislang u. a. an der Forderung der ETA nach einem über das Autonomiestatut hinausgehenden, unabhängigen baskischen Staat.

sche Güter ersetzt wurde. Dies verlangte starke Eingriffe in den Wirtschaftsprozess und hatte ein Absinken des Lebensstandards zur Folge. Die Arbeitslosigkeit stieg, es gab in hohem Maß Fehlinvestitionen und Qualitätsmängel in der industriellen Fertigung. Forschung und Entwicklung stagnierten; dazu untergruben Schwarzmarkthandel, Spekulationen und Privilegien die Wirtschaftsmoral.

Besserung konnte es nur mit ausländischer Hilfe und dem Zutritt zum Weltmarkt geben. Dies war ab 1953 der Fall, als auf amerikanisches Drängen die Iberische Halbinsel in das westeuropäische Verteidigungskonzept einbezogen werden konnte und die USA im Rahmen eines Militärabkommens Stützpunkte in Spanien erhielten. In den Abkommen verpflichtete sich die Regierung, den Wechselkurs zu stabilisieren und das Vertrauen in die Währung wieder herzustellen. 1956/57 kam es zu massiven Protesten der Bevölkerung, weil die enormen Preissteigerungen nicht durch Lohnerhöhungen aufgefangen wurden. Die Arbeiter erzwangen höhere Löhne, was die spanische Volkswirtschaft in eine schwere Krise stürzte. Eine Änderung der Wirtschaftspolitik und ihre Öffnung zum Weltmarkt war lebensnotwendig. Franco bildete 1957 seine Regierung um, die wirtschaftspolitisch entscheidenden Ministerien kamen dabei in die Hände entschiedener Verfechter des Wirtschaftsliberalismus.

Der 1959 vorgelegte »Stabilisierungsplan« hatte zunächst eine Rezession zur Folge, die nach dem Auslaufen des Plans 1961 zu starken sozialen Spannungen führte. Ab 1962 aber begann der Aufschwung, der den endgültigen Übergang Spaniens vom Agrar- zum Industrieland brachte.

In den 1960er-Jahren war Franco bemüht, durch Reformgesetze innerhalb der bisherigen Staatsordnung Liberalisierungstendenzen stattzugeben: Unter anderem milderte 1966 ein Pressegesetz die Zensur, das Gesetz über die Staatsorgane 1967 besaß sogar verfassungsändernden Charakter. Zugleich wollte er die starken politischen Vorbehalte des Auslands gegenüber seiner Regierung abbauen. Am 22. Juli 1969 billigten die Cortes schließlich ein Gesetz, in dem Franco Prinz Juan Carlos als seinen Nachfolger einsetzte. Am 16. Juli 1971 ernannte Franco diesen zu seinem Stellvertreter.

Die »transición«: Spanien wird demokratisch

Nach dem Tode Francos am 20. November 1975 wurde Juan Carlos am 22. November 1975 als Juan Carlos I. zum König proklamiert und am 27. November 1975 inthronisiert. Gemeinsam mit dem von ihm im Juli 1976 ernannten Ministerpräsidenten Adolfo Suárez González leitete er den Aufbau einer parlamentarischen Demokratie ein.

König Juan Carlos setzte auf einen langsamen Wandel: Die »transición« erfolgte mit Zustimmung der franquistischen Kräfte und der demokratischen Opposition, die immer wieder in Verhandlungen neue Lösungen finden mussten. Auf der Basis der von den Regierungen Francos erlassenen Gesetzen erfolgte deren Revision in den dafür von Franco vorgesehenen Mechanismen. So wurde die franquistische Legalität schließlich durch die neue, demokratische Legalität ersetzt.

Nach Wiederzulassung der Parteien fanden am 15. Juni 1977 Parlamentswahlen statt, aus denen die

Unión de Centro Democrático (UCD) als stärkste Kraft hervorging, ihr Führer Suárez González wurde als Ministerpräsident bestätigt. Am 6. Dezember 1978 nahm die Bevölkerung schließlich in einer Volksabstimmung eine neue Verfassung an, die unter anderem den Regionen Spaniens das Recht auf Autonomie zugesteht. Als erste erhielten Katalonien und das Baskenland 1979 wieder ein Autonomiestatut; die anderen Regionen folgten bis 1983.

Nach dem Rücktritt von Suárez González im Januar 1981 unternahmen Angehörige des Militärs und der Guardia civil einen Putschversuch und besetzten am 23. Februar 1981 die Cortes. Dank der Initiative des Königs, der über Rundfunk und Fernsehen zur Verfassungstreue aufrief, brach der Putsch schon einen Tag später zusammen. Am 25. Februar wurde der UCD-Kandidat L. Calvo Sotelo zum Ministerpräsidenten gewählt. 1981/82 zerfiel die politisch heterogene UCD; damit fächerte sich das ohnehin schon aus vielen regionalistischen Parteien bestehende Parteienfeld noch weiter auf.

Bei den Wahlen von 1982 errang der Partido Socialista Obrero Español (PSOE) die absolute Mehrheit und stellte mit Felipe González Márquez den Ministerpräsidenten. Damit begann eine 14 Jahre dauernde sozialistische Herrschaft. Mit sozialpolitischen Maßnahmen wie der Einführung der 40-Stunden-Woche suchte González das demokratische Regierungssystem gesellschaftspolitisch abzusichern, stieß aber in den folgenden Jahren mit seiner Bildungs- und Schulpolitik auf wachsenden Widerspruch liberal-konservativer Kreise, mit seiner Wirtschafts- und Sozialpolitik auf steigende Ablehnung in der Arbeiterschaft.

Während der Zeit der PSOE-Herrschaft wurde Spanien grundlegend modernisiert. 1986 trat Spanien der EG bei und wurde 1989 in das Europäische Währungssystem einbezogen. Damit war das Land endgültig anerkanntes Mitglied der europäischen Staatenfamilie.

Klaus M. Lange

Republik in christdemokratischer Hand: Italien

Unter der Regierung Alcide De Gasperis (1945–53) kam in Italien mithilfe des Marshallplans der wirtschaftliche Wiederaufbau in Gang.

Die Frage der Staatsform für das Nachkriegsitalien entschied eine Volksabstimmung am 2. Juni 1946: Mit 12,7 Millionen gegen 10,7 Millionen Stimmen stimmte die Bevölkerung trotz der monarchistischen Stimmenmehrheit im Süden und auf den Inseln für die Errichtung der Republik. Der seit der Abdankung seines Vaters am 9. Mai 1946 regierende König Umberto II. ging wenige Tage später ins Exil. Ministerpräsident Alcide De Gasperi übernahm die Geschäfte des Regenten, bis der Oberste Gerichtshof am 18. Juni die Republik proklamierte. Die am 2. Juni 1946 ebenfalls gewählte verfassunggebende Nationalversammlung wählte den Liberalen Enrico De Nicola zum vorläufigen Staatspräsidenten. Aus ihren Beratungen ging eine im Geist des Antifaschismus von fast allen Parteien getragene Verfassung hervor, die die Lateranverträge übernahm und damit die Stellung der katholischen Kirche akzeptierte. Mit Grundrechts-, Verfassungsgerichts- und Föderalisierungsartikeln legte die Verfassung zudem Entwicklungslinien fest: So wurden 1955 das Verfassungsgericht gegründet und 1970 Regionen mit Normalstatut geschaffen. Die von der Resistenza geforderte tiefgreifende Demokratisierung und Modernisierung von Staat und Gesellschaft scheiterte indessen am amerikanischen und am innenpolitischen Widerstand.

Im Frieden von Paris musste Italien 1947 auf fast seinen gesamten Kolonialbesitz verzichten. Triest wurde 1954 rückgegliedert, die in diesem Raum noch bestehenden Grenzfragen wurden 1975 endgültig gelöst. Südtirol und das Aostatal erhielten Minderheitenrechte. Die italienische Außenpolitik band sich in die westlichen Bündnissysteme und die europäische Integration ein: Italien war 1949 Mitbegründer der NATO und des Europarats, 1951 der Montanunion und gehörte 1957 zu den Gründern der Europäischen Wirtschaftsgemeinschaft.

Amintore Fanfani trat 1960 mit einem Programm der »Öffnung nach links« hervor, das eine Regierung der Democrazia Cristiana mit den nichtkommunistischen Linksparteien ermöglichte.

Mithilfe des Marshallplans leitete die Regierung De Gasperi (1945–53) den Wiederaufbau der Wirtschaft ein. Die Wirtschaft wuchs dank der amerikanischen Unterstützung rasch, und schon 1949 hatte Italien in vielen Produktionszweigen das Vorkriegsniveau erreicht und in der Folgezeit weit überschritten. Eine Sozial- und Agrarreform wurde zwar begonnen, aber nicht mit der notwendigen Konsequenz durchgeführt, sodass manche Grundprobleme, besonders in Süditalien, bis in die Gegenwart fortbestehen.

Der gemäßigte Reformkurs De Gasperis führte schon im Mai 1947 zum Ausscheiden der Kommunisten unter Palmiro Togliatti und der Sozialisten unter Pietro Nenni aus der Regierung und nach der im Zeichen des Kalten Kriegs stehenden Konfrontation zwischen Volksfront und Bürgerblock in den Aprilwahlen 1948 zu einer die kleineren Mittelparteien umfassenden »zentristischen« Orientierung.

Stärkste politische Kraft bis zum Beginn der 1990er-Jahre war die Democrazia Cristiana (DC), sie herrschte 1948–53 mit absoluter Mehrheit und stellte bis 1981 ununterbrochen den Ministerpräsidenten. Nach dem Verlust der absoluten Mehrheit bildete die DC zunächst Koalitionsregierungen der »rechten Mitte« (»Centro destra«), vor allem mit den Liberalen. Ab 1960 begann, auch unter dem Einfluss der Neuorientierung der katholischen Kirche durch das 2. Vatikanische Konzil, in der DC die »Öffnung nach links« (»Apertura a sinistra«): Amintore Fanfani leitete erstmals eine Koalitionsregierung, der nichtkommunistische Linksparteien angehörten.

Der christdemokratische Politiker Aldo Moro war der am längsten amtierende Regierungschef Italiens nach dem Zweiten Weltkrieg. Er wurde im März 1978 von den linksterroristischen Roten Brigaden entführt und nach 55-tägiger Geiselhaft ermordet.

Demokratie in der Krise

Die Mitte-links-Regierungen unter Aldo Moro (1963 bis 1968) und Mariano Rumor (1968–70) bemühten sich um innenpolitische Stabilität, nicht zuletzt im Zeichen der in Italien teils sehr heftigen 68er-Bewegung. Anfang der 1970er-Jahre führten jedoch Inflation, Stagnation und Arbeitslosigkeit nach vorherigem italienischem Wirtschaftswunder zu politischer Polarisierung und schnell wechselnden Regierungen. Unter Ministerpräsident Giulio Andreotti (1976–79) sollte ein breites Regierungsbündnis, unter parlamentarischer Duldung der von Enrico Berlinguer geführten Kommunisten (»historischer Kompromiss«), das Land beruhigen, dessen innere Sicherheit von rechts- und linksterroristischen Anschlägen bedroht wurde: 1978 ermordeten die Roten Brigaden den ehemaligen Ministerpräsidenten Moro, 1980 verüb-

100562

Bettino Craxi, Verfechter eines reformistischen Sozialismus, war 1983–87 italienischer Ministerpräsident. Wegen Verstrickungen in Mafia- und Korruptionsaffären wurde er zu mehrjährigen Haftstrafen verurteilt.

ten Rechtsextremisten einen Sprengstoffanschlag auf den Bahnhof von Bologna. Nach dem Bruch des Bündnisses brachten Neuwahlen keine wesentlichen Kräfteverschiebungen.

Mit Beginn der 1980er-Jahre verschärfte sich die politische und institutionelle Krise. Vor allem die Verwicklung führender Persönlichkeiten des öffentlichen Lebens in Skandale und kriminelle Delikte (so um die Freimaurerloge »P 2«, in deren Mittelpunkt der Bankrott des vom Vatikan kontrollierten Banco Ambrosiano stand) erschütterten das Ansehen des Staates. 1981 verlor die DC zum ersten Mal das Amt des Regierungschefs, 1981/82 zunächst an den Republikaner Giovanni Spadolini, danach an den Sozialisten Bettino Craxi. Indessen wurde die Sozialstaatlichkeit jetzt immens ausgebaut und differenziert; in der Folge stieg die Staatsverschuldung – unter Craxi lag sie um das Doppelte über den Steigerungsraten des Bruttonationaleinkommens.

Bei den Wahlen 1987 konnten sich die traditionellen Parteien noch einmal behaupten, die DC wurde wieder stärkste Kraft mit einem Drittel der Stimmen, doch wechselten in der Koalitionsregierung mehrmals die Ministerpräsidenten mit ihren Kabinetten.

Die Sparprogramme der Regierungen angesichts der wachsenden Staatsverschuldung und der europapolitischen Erfordernisse führten zu politischen Konflikten zwischen Regierung und Opposition sowie den starken Gewerkschaften, aber auch zwischen den Regierungspartnern selbst. Es kam zu Streiks und Massendemonstrationen. Die innere Sicherheit des Landes wurde nunmehr zunehmend bedroht von der wachsenden Durchdringung der Gesellschaft durch das organisierte Verbrechen, besonders durch die Mafia, welche gegen Ende der 1980er-Jahre allerdings auch unter größeren Verfolgungsdruck geraten war. Die Ermordung von Justizbeamten, die mit der Bekämpfung der Mafia beauftragt waren, wie des Richters Giovanni Falcone 1992, die undurchsichtige Verflechtung von Parteiwesen und Staatsinstitutionen sowie Staatsbetrieben, die Verstrickung der Parteien (besonders der DC und des PSI) in Korruptionsvorgänge, obendrein der Vorwurf der Zusammenarbeit mancher Parteipolitiker mit dem organisierten Verbrechen, endlich die ungelösten Finanzprobleme zumal der Sozialsysteme lösten 1991/92 eine schwere Krise des politischen Systems aus, die schließlich zum Zerfall des herkömmlichen Parteiensystems führte. *

Vom Armeestaat zur Republik: Griechenland

Noch während der Zweite Weltkrieg tobte, kam es in Griechenland zu erbitterten Auseinandersetzungen über den künftigen Kurs, die ab April 1946 in den offenen Bürgerkrieg zwischen der kommunistisch beherrschten Befreiungsarmee Ethnikos Laikos Apeleftherotikos Stratos (ELAS) und den Truppen der Zentralregierung führten. Eine Volksabstimmung Anfang September hatte mit 68,3 Prozent der abgegebenen Stimmen für die Beibehaltung der Monarchie gestimmt, und so kehrte Ende September König Georg II. nach Athen zurück.

Nach militärischen Anfangserfolgen bildete Weihnachten 1947 der kommunistische General Markos eine Gegenregierung. Der UNO-Sicherheitsrat bemühte sich vergeblich um die Eindämmung des Bürgerkriegs. Die von Großbritannien und den USA unterstützten Truppen der Zentralregierung gingen ab dem Frühjahr 1948 zum Gegenangriff über. Sie konnten aber erst, nachdem Jugoslawien wegen seines Konflikts mit der UdSSR die Unterstützung der Aufständischen eingestellt hatte, im Herbst 1949 die ELAS auf dem Grammosgebirge besiegen. Am 9. Oktober endete offiziell der Bürgerkrieg, der nochmals zwischen 40 000 und 45 000 Tote gefordert hatte.

König Georg erlebte das Ende des Bürgerkriegs nicht mehr, ihm war nach seinem Tod Anfang April 1947 sein Bruder Paul als König nachgefolgt. Die tiefe Spaltung des Landes machte sich auch im Parlament bemerkbar, zahlreiche Regierungen lösten sich bis 1952 ab. Erst eine Revision der Verfassung 1952 sorgte für stabilere Verhältnisse. Doch legten König Paul I. und sein Sohn und Nachfolger Konstantin II. ihre Rechte sehr extensiv aus.

Die großen Opfer und die Ausschreitungen auf beiden Seiten der Bürgerkriegsparteien vergifteten das politische Leben in Griechenland für lange Zeit. Die Furcht vor dem Kommunismus förderte rechtswidrige Verwaltungspraktiken, die schließlich auch zur Benachteiligung der Parteien der Mitte führten. Der Sieger auf dem Grammosgebirge, Marschall A. Papagos, errang mit seiner konservativen Hellenistischen Sammlungsbewegung bei den Wahlen 1952 eine deutliche Mehrheit. 1956 wandelte sich die Bewegung in die Ethniki Risospastiki Enosis (»Nationalradikale Union«, ERE). In den 1950er-Jahren verfestigten sich die Beziehungen zum Westen: Griechenland trat 1952 der NATO bei und wurde 1954 auch Mitglied des Balkanpaktes, mit dem es gemeinsam mit Jugoslawien und der Tükei dem sowjetischen Druck widerstehen wollte. 1959 vereinbarte es mit der Türkei und Großbritannien die Schaffung der Republik Zypern, schließlich trat 1962 ein Assoziierungsabkommen mit der EWG in Kraft.

Der Putsch der Obristen

Zwischen 1956 und 1963 stellte überwiegend die ERE mit Konstantin Karamanlis den Ministerpräsidenten. Er bemühte sich um die zügige Beseitigung der Kriegsschäden und modernisierte grundlegend die Wirtschaft des Landes. Aber dies geschah immer vor dem Hintergrund erbitterter Auseinandersetzungen mit der Opposition um die Grundlagen der Rechtsstaatlichkeit. Unter der Führung von Georgios Papandreu schlossen sich 1961 liberale und sozialdemokratische Kräfte in der Enosis Kendru (»Zentrumsunion«, EK) zusammen. Auf der äußersten Linken hatte sich nach dem Bürgerkrieg die Ver-

Am 21. 4. 1967 hatte eine Gruppe von Armeeoffizieren unter Oberst Georgios Papadopulos durch einen Putsch die Macht in Griechenland ergriffen. Das Foto zeigt König Konstantin II. (Mitte) mit dem neu gebildeten Kabinett Kollias am 5. 5. 1967; ganz links Papadopulos.

100563

einigte Demokratische Linke (EDA) gebildet. Ab Mai 1963 eskalierten die Gegensätze erneut, nachdem eine rechtsradikale Terrororganisation den EDA-Abgeordneten Grigorios Lambrakis in Saloniki ermordet hatte.

Karamanlis trat zurück, die folgenden Wahlen 1963 gewann die EK unter Papandreu. Schon ein Jahr später musste erneut gewählt werden, jetzt erreichte Papandreu sogar die absolute Mehrheit. Im März 1964 folgte König Paul I. sein Sohn Konstantin auf den Thron. Der erst 24-jährige König setzte im Juli 1965 Ministerpräsident Papandreu ab und löste damit einen schweren Verfassungskonflikt aus. Papandreu hatte versucht, das Militär einer wesentlich schärferen Kontrolle durch die Politik zu unterwerfen, während der König in Fragen der Armeeführung und bei der Auswahl der Minister ein Mitspracherecht durchsetzen wollte. Statt Neuwahlen anzusetzen und so die Krise zu lösen, regierte Konstantin mit kurzlebigen Kabinetten.

100562

Andreas Papandreu, Vorsitzender der Panhellenischen Sozialistischen Bewegung (PASOK), wurde 1981 griechischer Ministerpräsident.

Für Mai 1967 verabredeten die Parteien schließlich Neuwahlen. Eine konservative Gruppe Offiziere um die Obersten Georgios Papadopulos und Stilianos Pattakos trachtete dies zu verhindern und putschte am 21. April 1967. Sie errichteten eine Diktatur, schalteten die Presse gleich und unterdrückten brutal jede oppositionelle Regung. Massendeportationen und Konzentrationslager auf Jaros und Leros sorgten für Ruhe im Land. König Konstantin lehnte den Putsch ab und organisierte im Dezember 1967 einen dilettantischen Gegenputsch, der fehlschlug, und nach dem er ins Exil gehen musste. Papadopulos, inzwischen Ministerpräsident, rief am 1. Juni 1973 die Republik aus und ließ sich zum Staatspräsidenten wählen. Schon im November 1973 putschte das Militär erneut und setzte Papadopulos ab.

Das Ausland hatte den Obristenputsch zunächst heftig abgelehnt, sich aber ab 1968 zusehends mit dem Regime arrangiert. Dieses stürzte letztlich über seine Zypernpolitik. Mit der Türkei war es seit Beginn der 1960er-Jahre immer wieder zu Spannungen gekommen, die ihren Höhepunkt mit dem von dem Obristenregime unterstützen Umsturzversuch griechisch-zypriotischer Kräfte auf Zypern erreichten. Der fehlgeschlagene Putsch führte zum Sturz der Militärdiktatur.

100610

In der Außenpolitik belastet der Zypernkonflikt die Beziehung Griechenlands zur Türkei – Soldat an der Grenze zwischen dem griechischen und dem türkischen Teil der Hauptstadt Nikosia.

Das demokratische Griechenland

Unter Ministerpräsident Karamanlis kehrte Griechenland zum parlamentarisch-demokratischen System zurück. In einer Volksabstimmung im Dezember 1974 votierte die Bevölkerung für die Republik, im Juni 1975 trat eine neue Verfassung in Kraft. 1981 wurde Griechenland Mitglied der Europäischen Gemeinschaft. Nach den Parlamentswahlen vom Oktober 1981 musste die konservative, aus der ERE hervorgegangene Nea Demokratia (ND), die unter Führung von Karamanlis 1974 und 1977 die absolute Mehrheit gewonnen hatte, die Regierungsverantwortung an die Panhellenische Sozialistische Bewegung (PASOK) abtreten. Ihr Vorsitzender Andreas Papandreu, der Sohn des inzwischen verstorbenen EK-Führers Georgios Papandreu, stellte Reformen und Liberalisierungen in Aussicht. Den Parlamentswahlen im Juni 1985 folgten im Oktober desselben Jahres drakonische Sparmaßnahmen der wieder gewählten PASOK-Regierung. Die darauf folgenden schweren sozialen Unruhen gipfelten im November 1985 in einem Generalstreik.

1988 löste der in der Öffentlichkeit erhobene Vorwurf, führende Mitglieder der PASOK und Minister der von ihr gestellten Regierung seien in die Bestechungsaffäre um den früheren Direktor der »Bank von Kreta« und Verleger Giorgios Koskotas verwickelt, eine Kabinettskrise unter Ministerpräsident Papandreu aus und beschwor eine längere innenpolitische Instabilität herauf; erst nach drei Parlamentswahlen (im Juni und November 1989 sowie im April 1990) und zwei kurzlebigen Regierungen, darunter auch eine Allparteienregierung, kam im April 1990 eine knappe regierungsfähige Mehrheit der konservativen ND unter ihrem neuen Vorsitzenden Konstantin Mitsotakis zustande, die für stabile Verhältnisse sorgte. *

Im Zeichen der Hoffnung: Der KSZE-Prozess und die Schlussakte von Helsinki

Was im Rahmen der Konferenz über Sicherheit und Zusammenarbeit in Europa (KSZE) am 1. August 1975 von 35 Staaten als »Schlussakte von Helsinki« unterzeichnet wurde, war weder eine »Akte« noch ein »Schluss«. Denn das Dokument hat nicht die Qualität eines völkerrechtlichen Vertrages; es war vielmehr eine politisch verbindliche Absichtserklärung. Die Schlussakte zog auch keinen Schlussstrich, sondern gab das Startsignal für eine lockere Folge von Konferenzen – großen und kleinen, die sich im Laufe der Jahre zu einem kaum mehr überschaubaren Veranstaltungsbukett vervielfachten. In Helsinki wurde nichts zu Ende gebracht, sondern ein Anfang gemacht. Was aus diesem Prozess werden mochte, blieb damals noch völlig ungewiss. Erst im Nachhinein wurde deutlich, dass an jenem Augusttag des Jahres 1975 ein neuer Typus multilateraler Ost-West-Diplomatie aus der Taufe gehoben worden war.

Verabredet wurden in Helsinki Grundsätze des politischen Handelns. Die Schlussakte kündigte zudem neue Treffen ähnlicher Art an. Darin drückte sich die Absicht aus, die Zusammenarbeit mehr oder weniger regelmäßig fortzusetzen. Historiker und Politiker bezeichnen den Verlauf dieser von Helsinki ausgehenden Formen der geregelten und kontinuierlichen Zusammenarbeit gern als »KSZE-Prozess«. Er wurde nicht von einer internationalen Organisation mit Satzung und festgeschriebenen Verfahrensvorschriften getragen, sondern entfaltete seine Dynamik vielmehr durch lockere Übereinkünfte zu andauernder Zusammenarbeit, die dem dienen sollte, was sich jeweils als gemeinsames Interesse herausstellte. Es ging in Helsinki nicht um einklagbare Verabredungen, sondern um stabile wechselseitige Erwartungen an das Verhalten aller Teilnehmer. Gerade deswegen wurde nur einstimmig entschieden. Niemand wurde überfahren, und niemand konnte sich später herausreden, er habe nicht zugestimmt.

Dennoch ist in Helsinki eine Menge passiert. Verhandlungen zwischen Ost und West waren 1975 nichts Außergewöhnliches mehr; die USA und die Sowjetunion, NATO und Warschauer Pakt hatten schon manches miteinander vereinbart. In Helsinki saßen sich nun aber nicht die beiden Blöcke gegenüber, sondern 35 Staaten, die vom Ost-West-Konflikt betroffen waren. Natürlich machte sich die Allianzzugehörigkeit bemerkbar, aber sie war nicht mehr das allein Ausschlaggebende. Die westeuropäischen Staaten arbeiteten vor allem als »Europäische Gemeinschaft« zusammen, weniger als NATO-Mitglieder. Zwar waren auch die USA und Kanada Mitglieder der Konferenz, hinzu kamen aber auch die nicht gebundenen und neutralen Staaten Europas. So wurde in Helsinki die den Kalten Krieg charakterisierende Bipolarität durch eine multilateral (auf mehrere Partner bezogen) arbeitende Zusammenkunft durchbrochen.

Die Diplomaten vollbrachten dabei eine großartige Leistung. Denn sie traten den Beweis an, dass der Multilateralismus mit seinen Verfahren zu Übereinstimmungen führen kann, die zuvor ganz und gar unmöglich erschienen. Und sie zeigten, dass sich unüberwindliche Meinungsverschiedenheiten hinter bewusst unklar gehaltenen Formulierungen verbergen und so für eine spätere Einigung aufbewahren ließen.

Helsinki – Das Beiprogramm im Kalten Krieg

Das Bemerkenswerte an der Schlussakte aber war, dass sie sich nicht nur auf dem klassischen Feld der Sicherheitspolitik betätigte, sondern vor allem die Wirtschafts- und Herrschaftssysteme der Teilnehmerstaaten mit einbezog. Die unterschiedliche Ausrichtung dieser Systeme hatte am Beginn des Ost-West-Konflikts gestanden, war dann aber unter dem donnernden Aufmarsch der bei-

Unterzeichnung der »Schlussakte von Helsinki« am 1. 8. 1975 im Finlandia-Haus in Helsinki; von links Helmut Schmidt, Erich Honecker, Gerald R. Ford, Bruno Kreisky, Leo Tindemans. Im KSZE-Prozess saßen die Deutschen aus West und Ost zum ersten Mal in einer internationalen Konferenz gleichberechtigt nebeneinander.

derseitigen Militärmaschinerien aus dem Blick geraten. Die Schlussakte von Helsinki beseitigte diese Blickverengung und bezog gerade die politischen Sachbereiche der Wirtschaft und der Partizipation an der Herrschaft mit in die Suche nach Feldern der Zusammenarbeit ein. Waren nicht die Länder des Warschauer Pakts an einer wirtschaftlichen Zusammenarbeit mit dem Westen interessiert? Musste des Weiteren nicht dem Westen daran gelegen sein, den von der Knute des Kommunismus niedergehaltenen Menschen und Staaten in Osteuropa mehr Bewegungsraum zu verschaffen? Man meinte damals: Hier ließen sich vielleicht Gegengeschäfte vereinbaren, Päckchen und Pakete schnüren, die niemandem weh-, aber jedermann wohltaten.

Diese Verlagerung der Konfliktbearbeitung von der militärischen auf die gesellschaftliche Seite stellt die eigentliche Revolution von Helsinki dar. Die neue Sicht charakterisierte auch den sich daran anschließenden KSZE-Prozess bis zu dessen feierlicher Institutionalisierung durch die »Charta von Paris für ein neues Europa« (1990). Indem die Schlussakte den Zeigefinger der Aufmerksamkeit auf die gesellschaftliche Dimension der internationalen Politik richtete, nahm sie rechtzeitig Kenntnis von dem wichtigsten Vorgang, der sich unter der Glocke des Ost-West-Konflikts zu vollziehen begon-

Am Rande der KSZE 1975 kam es zu zahlreichen Zusammentreffen hochrangiger Politiker: von links nach rechts der britische Premierminister Wilson, der amerikanische Präsident Ford, der französische Staatspräsident Giscard d'Estaing und der deutsche Bundeskanzler Schmidt.

100562

nen hatte – der Emanzipation der Gesellschaften von ihren Regierungen.

Bei alledem darf man nicht vergessen, dass die KSZE, nach Vorgesprächen am 3. Juli 1973 eröffnet, im Zeitalter des Kalten Krieges nur einen Nebenschauplatz beanspruchen konnte. Sie war eine Art Beiprogramm, dem wenig Interesse und viel politisches Misstrauen entgegengebracht wurde. Auch musste sie erst einmal den Makel loswerden, ein von der Sowjetunion ins Feld geführtes »Trojanisches Pferd« zu sein, um den Westen zu düpieren. Denn Moskau hatte schon seit langem versucht, den Europäern ein System kollektiver Sicherheit schmackhaft zu machen, das freilich darauf zielte, den Zusammenhalt zwischen den USA und den europäischen Staaten der NATO zu schwächen und so das sicherheitspolitische Vorfeld in Europa zu kontrollieren.

1961 hatte der Bau der Berliner Mauer, 1968 die sowjetische Intervention in der Tschechoslowakei viel Nahrung für Misstrauen gegeben. Die Chancen für eine große Sicherheitskonferenz stiegen erst, als in den USA im Januar 1969 der Republikaner Richard M. Nixon an die Regierung gekommen war und in der Bundesrepublik Deutschland im Herbst desselben Jahres die »neue Ostpolitik« der sozialliberalen Koalition unter Führung von Willy Brandt ins Werk gesetzt wurde.

Nixon wollte die USA aus dem Vietnamkrieg herausführen und eine »Ära des Friedens« einläuten. In dem daraus entstehenden Klima schloss die Bundesrepublik

ZITAT

In Korb I der Schlussakte von Helsinki geht es um Fragen der europäischen Sicherheit.
So heißt es u. a.:
Die Teilnehmerstaaten erkennen ihrer aller Interesse an Bemühungen zur Verminderung der militärischen Konfrontation und zur Förderung der Abrüstung, die darauf gerichtet sind, die politische Entspannung in Europa zu ergänzen und ihre Sicherheit zu stärken.

1970/71 die Ostverträge ab, verständigten sich die vier Alliierten 1971 auf das Berlinabkommen und handelten die beiden deutschen Staaten 1972 den Grundlagenvertrag aus. Die Moskauer Gipfelkonferenz zwischen Nixon und dem sowjetischen KP-Chef Leonid Breschnew im Mai 1972 markierte dann den vorläufigen Höhepunkt dieser Phase weltweiter Entspannung.

Die weltpolitische Note der KSZE

Der Wandel des weltpolitischen Klimas ebnete den Weg für die KSZE-Vorgespräche. Sie begannen ein halbes Jahr nach der Moskauer Gipfelkonferenz von 1972 bei Helsinki und wurden über ein Dreivierteljahr fortgeführt, um ein Konferenzprogramm auszuarbeiten und wichtige Vorentscheidungen zu treffen. So sollten die Militärbündnisse außen vor bleiben und jeder Staat die gleiche Souveränität, Unabhängigkeit und Gleichberechtigung beanspruchen dürfen. Die Konferenz selbst dauerte mehr als zwei Jahre, vom 3. Juli 1973 bis zur Unterzeichnung der Schlussakte am 1. August 1975. Die verschiedenen Konferenzrunden fanden überwiegend in Genf statt, erst zum feierlichen Abschluss versammelten sich die Staatsoberhäupter wieder in Helsinki.

Somit war das Startsignal für einen Prozess gegeben, der aber vom Gang der internationalen Politik abhängig blieb. Die von Nixon eingeläutete Ära des Friedens musste allerdings schon 1978 einer Verschärfung der Ost-West-Spannungen Platz machen, die sich von 1980 bis 1983 zu einem neuen Kalten Krieg hochschaukelten.

100562

35 Staaten waren in Helsinki vertreten, die alle vom Ost-West-Konflikt betroffen waren. Das Foto entstand während der Eröffnungssitzung der KSZE im Finlandia-Haus am 30. 6. 1975.

Erst danach nahm der KSZE-Prozess schnellere Fahrt auf und entfaltete seit Mitte der Achtzigerjahre eine ausgeprägte Eigendynamik – in Moskau war inzwischen Michail Gorbatschow zum mächtigsten Mann der UdSSR aufgestiegen. Nun brachte die KSZE den Entspannungsprozess voran; sie erleichterte Schritte zur konventionellen Abrüstung und setzte »vertrauens- und sicherheitsbildende Maßnahmen« auf ihre Tagesordnung. Trotzdem blieb sie von der weltpolitischen Großwetterlage und deren Entwicklung abhängig.

Wie sich in den Jahrzehnten nach dem Zweiten Weltkrieg vielmals zeigte, stimmten die Interessen Europas und der USA nicht immer überein. Die Weltführungspolitik der USA, wie sie der bedeutende amerikanische Außenpolitiker Henry Kissinger zwischen 1970 und 1972 eingerichtet hatte, beruhte in Asien auf dem Dreieck USA-China-Sowjetunion, in Europa auf dem zwischen USA, Sowjetunion und NATO. Kissingers Devise lautete, dass es keine Alternative zur Entspannungspolitik gebe, dass deren Leitung aber in Washington zu liegen habe und im KSZE-Prozess keinesfalls zu kollektivieren sei. Seine Nachfolger haben sich an diese Devise gehal-

316

Alvar Aaltos 1962–71 erbautes Konzert- und Kongresshaus Finlandia in Helsinki war der Ort des feierlichen Abschlusses der Konferenzrunden. Die meisten Sitzungen der KSZE hatten zuvor in Genf stattgefunden.

ten. Der KSZE-Prozess war und blieb also nicht nur ein Kind der Entspannung, er hatte in den USA auch einen »Stiefvater«.

Quintessenz der Schlussakte –
Devisen gegen Demokratisierung

Die Schlussakte von Helsinki vom 1. August 1975 ist ein fünfzig eng bedruckte Seiten umfassender Text, dessen Themenbereiche den drei Sachfeldern der Politik folgen: Sicherheit, wirtschaftliche Wohlfahrt, Partizipation an der Herrschaft. Gemeinhin werden diese drei Bereiche als »Körbe« bezeichnet, weil sie gewissermaßen »eingesammelt« haben, worauf sich die 35 Teilnehmer bezüglich dieser drei Sachfelder einigen konnten. Besonders groß sind die Körbe II und III ausgefallen. Beide drücken das politische Gegengeschäft aus, das die Bedeutung der Schlussakte ausmacht: westliche Devisen gegen östliche Demokratisierung.

Korb I fiel dagegen ziemlich klein aus: In puncto Sicherheit sprachen nach wie vor die Militärallianzen das entscheidende Wort. Die Schlussakte schlug aber hier ein neues Kapitel auf, das der »vertrauensbildenden Maßnahmen«. Indem man in ihr die Ankündigung von militärischen Manövern und Truppenbewegungen sowie deren wechselseitige Beobachtung vereinbarte, wollte man »zur Verminderung der Gefahr von bewaffneten Konflikten und von Missverständnissen oder Fehleinschätzungen militärischer Tätigkeiten« beitragen. Dieser Zielstellung widmete sich der KSZE-Prozess in der Folge mit besonderer Aufmerksamkeit; er trug damit zur Verringerung der wichtigsten Gewaltursache im internationalen Staatensystem bei: der Ungewissheit.

Die in Korb I ebenfalls abgelegte »Erklärung über die Prinzipien, die die Beziehungen der Teilnehmerstaaten leiten«, enthält das erste Gegengeschäft: In den Augen der Sowjetunion sollte die KSZE vor allem dazu dienen, die Teilung Europas festzuklopfen und damit die Existenz der DDR zu garantieren. Die Westdeutschen hingegen wollten die Tür zur Wiedervereinigung offen halten. Westeuropa insgesamt zielte darauf, die »Breschnewdoktrin«, der 1968 die Tschechoslowakei zum Opfer gefallen war, auszuhebeln und den Osteuropäern im eisernen Gefüge des »Warschauer Pakts« zu mehr Be-

ZITAT

Korb II der Schlussakte vereinbart die Zusammenarbeit in den Bereichen Wirtschaft, Wissenschaft, Technik und Umwelt: *Die Teilnehmerstaaten sind der Auffassung, dass ihr Handel mit den verschiedenen Waren auf eine solche Weise erfolgen soll, dass auf den Inlandsmärkten für solche Waren und insbesondere den inländischen Erzeugern gleichartiger oder unmittelbar konkurrierender Waren keine ernstliche Schädigung … entsteht oder zu entstehen droht …*

160

Die KSZE-Konferenz in Helsinki dauerte vom 3. 7. 1973 bis zur Unterzeichnung der Schlussakte am 1. 8. 1975 – mehr als zwei Jahre.

wegungsfreiheit zu verhelfen. Ließen sich diese drei Ziele verbinden?

Das Prinzip III der abgelegten Erklärung kam der Sowjetunion entgegen, indem es die »Unverletzlichkeit der Grenzen« beschwor, dabei aber den friedlichen Wandel nicht ausschloss. In den meisten anderen Prinzipien aber wurde die Sowjetunion in die Pflicht genommen. Sie durfte nicht mehr »irgendwo« einmarschieren, wann und wie es ihr beliebte (Prinzip IV), sich auch nicht mehr in die »inneren Angelegenheiten« anderer Staaten einmischen (Prinzip VI) und musste sich zur »Achtung der Menschenrechte und Grundfreiheiten, einschließlich der Gedanken-, Gewissens-, Religions- oder Überzeugungsfreiheit« bekennen. Das bedeutete für die kommunistische Vormacht, außenpolitischen Führungsinstrumenten wie zum Beispiel der »bewaffneten Hilfe« abzuschwören, wie sie sie 1968 in der Tschechoslowakei eingesetzt hatte, ebenso auch der »Sozialistischen Ökonomischen Integration«, die sie zur Festigung ihrer wirtschaftlichen Vormacht im RGW-Raum ab 1969 betrieb. Das Prinzip VIII verpflichtete sie auf die Achtung des Selbstbestimmungsrechts der Völker, die sowohl ihren politischen Status als auch ihre sozioökonomische Ordnung ohne fremde Einmischung bestimmen sollten.

Die Ablehnung dieser Prinzipien durch den »real existierenden Kommunismus« hatte einst maßgeblich den Ost-West-Konflikt ausgelöst. Wenn sich die Sowjetunion aber jetzt der Vereinbarung nach zu diesen Prinzipien bekannte, trat sie ideologisch den Rückzug an. Dafür erhielt sie etwas, das für den Westen ohnehin selbstverständlich war: den Gewaltverzicht und die Anerkennung der europäischen Nachkriegsgrenzen, wobei ein friedlicher Wandel aber nicht ausgeschlossen werden sollte.

Korb II ist der umfangreichste; er enthält die Verabredung zur wirtschaftlichen Zusammenarbeit in Europa. Der Handel sollte gestärkt, die wirtschaftliche Kooperation ausgebaut und vor allem der Technologietransfer beschleunigt werden. Ferner wurde der Ausbau des Verkehrs beschlossen, ebenso der des Tourismus. Selbst die Kooperation beim Umweltschutz wurde nicht vergessen. Die Verabredungen über die Förderung des Handels gehen sehr ins Detail – bis hin zur Errichtung ständiger Vertretungen und erforderlicher Hotelunterkünfte.

Der industriellen Kooperation galt naturgemäß das besondere Interesse der Sowjetunion und der anderen

Mit grenzüberschreitenden Hilfsprogrammen für die Modernisierung von Industriebetrieben sollte der Besorgnis erregenden Luftverschmutzung – hier ein Heizkraftwerk in Ústi nad Labem, Tschechische Republik – entgegengewirkt werden.

160

Staaten des Rates für gegenseitige Wirtschaftshilfe (RGW). Denn es fehlte den sozialistischen Ländern an technischem Know-how, an Patenten und Lizenzen, und zwar angefangen bei der Landwirtschaft bis hin zur elektronischen Datenverarbeitung. Der Westen sagte zu, die bürokratischen und politischen Barrieren zu beseitigen, mit denen er bis dahin den Osthandel zu erschweren pflegte. Den Hauptnutzen dieses zweiten Korbes hatte gewiss die östliche Seite. Sie benötigte dringend den Zugang zur westlichen Technologie, weil sich das sozialistische Wirtschaftssystem als strukturell leistungsschwach und innovationsunfähig erwiesen hatte. Im Rückblick erkennt man hier schon im politischen Sachfeld der wirtschaftlichen Wohlfahrt jene fundamentale Schwäche, die schließlich zum Zusammenbruch des sowjetischen Imperiums und des Kommunismus führen sollte.

Wie groß diese Schwäche war, ließ sich in Helsinki an den Konzessionen ablesen, zu denen die Sowjetunion bezüglich des dritten Korbs bereit war. Er galt der »Zusammenarbeit in humanitären und anderen Bereichen«, betraf die elementare Freiheitsfrage, somit den politischen Kern des Ost-West-Konflikts. Das wusste man natürlich in Moskau auch, hoffte aber wohl, genügend Fußangeln auslegen zu können, um das Eindringen der westlichen Freiheiten zu kontrollieren und einzudämmen.

ZITAT

Korb III der Schlussakte betrifft die Zusammenarbeit in humanitären und anderen Bereichen. Hier heißt es u. a.:
Um die weitere Entwicklung von Kontakten auf der Grundlage familiärer Bindungen zu fördern, werden die Teilnehmerstaaten Gesuche auf Reisen wohlwollend prüfen mit dem Ziel, Personen zu erlauben, in ihr Territorium zeitweilig und, wenn gewünscht, regelmäßig einzureisen oder aus ihm auszureisen, um Mitglieder ihrer Familien zu besuchen.

Die im Korb III angesprochene Erleichterung menschlicher Kontakte und der Familienzusammenführung war dabei noch einigermaßen unproblematisch; das galt in gewisser Weise auch für die kulturelle und wissenschaftliche Zusammenarbeit. Neuralgisch aber war die Kooperation im Bereich der »Information« und ihrer Verbreitung. Der Abschnitt über die Verbreitung von Produkten der Druckerpresse und der elektronischen Medien ist denn auch gespickt mit Konjunktiven, Absichtserklärungen, Hinhaltungen und Versprechungen. Die vagen Formulierungen haben der UdSSR nichts genutzt. Dass sich das kommunistische Herrschaftssystem der westlichen Informations- und Bildungskultur öffnen musste, war der Anfang vom Ende. Denn so wurde den Bürgern im Ostblock die Möglichkeit geboten, das von ihrer jeweiligen Regierungspropaganda einheitlich positiv gefärbte

3046

Bild der sozialistischen Wirklichkeit mit dem Bild zu vergleichen, das die westlichen Medien verbreiteten. Jetzt drang nicht nur die »Stimme Amerikas« über den Eisernen Vorhang, sondern der versammelte breite Chor westlicher Medien.

Auch nach dem in Korb III festgehaltenen Beschluss, den Austausch in Kultur und Bildungswesen zu steigern und eine größere Verbreitung von Informationen zu erreichen, ließ die Sowjetunion außer kommunistischen Parteiblättern auch weiterhin keine westlichen Medien ins Land.

Die KSZE als Prozess

Es ist fraglich, ob die westlichen Konferenzteilnehmer in Helsinki die volle Bedeutung dessen erkannten, was sie mit der Schlussakte zustande gebracht hatten. Die kurzfristige Wirkung war ihnen natürlich klar, darauf war ja ihre Strategie gerichtet: Den osteuropäischen Staaten sollte zu mehr Bewegungsfreiheit gegenüber Moskau verholfen werden und den politischen Oppositionsgruppen im Warschauer Pakt zu mehr Handlungsspielraum gegenüber den kommunistischen Regierungen. Man zielte darauf, den totalitären Druck des kommunistischen Herrschaftssystems zu lockern sowie den Menschen und Minderheiten Luft zum Atmen zu geben.

Aber diese Strategie berührte gleichzeitig den Nerv des Ost-West-Konflikts, indem sie die Auseinandersetzung über die Rüstungsdynamik wieder zurückführte auf den originären Konflikt der Auseinandersetzung zwischen Liberalismus und Kommunismus. In langfristiger Perspektive konnte sich daraus das Konzept einer ganz neuartigen Außenpolitik entwickeln. Diese richtete sich nicht mehr nur an die Regierungen, wie das in der Staatenwelt üblich und angemessen war – sie zielte auch auf die Gesellschaften, um deren Bedeutung gegenüber der des jeweiligen politischen Systems zu erhöhen.

Die Verbesserung von Wohlstand, Bildung und Information musste die Position der Gesellschaften gegenüber ihren Regierungen stärken – sie war Außenpolitik in die Gesellschaftswelt hinein. Diese verschaffte sich gleichsam durch die »Hintertür« Zutritt, gab den Gesellschaften die Mittel an die Hand, ihren Regierungen die Gewährung der politischen Bürgerrechte und eine friedliche Außenpolitik abzuverlangen. Diese Strategie erwies sich nicht nur als ungemein modern, sondern auch als äußerst erfolgreich: Sie hat den Zusammenbruch des Ostblocks und damit das Ende des Ost-West-Konflikts mit herbeigeführt. Für dieses Ende wurde in Helsinki weit mehr als nur ein Hoffnungszeichen gesetzt.

100562

Vor dem Sitzungsgebäude der KVAE in der Stockholmer Innenstadt kam es am Tag der Eröffnungssitzung zu Friedensdemonstrationen – die KVAE war von 1983 bis 1986 eine sicherheitspolitische Ausgliederung der KSZE.

In einem kleinen vierten Teil der »Schlussakte«, einem »Körbchen« sozusagen, machten sich die Teilnehmer Gedanken über die Folgen ihrer Konferenz –, und zwar merkwürdige wie denkwürdige: »Merkwürdig« war der Beschluss, die Bestimmungen, zu denen sie soeben gefunden hatten, »gebührend zu berücksichtigen und ... anzuwenden«. Wozu wären sie denn sonst verabredet worden? »Denkwürdig« hingegen war die Absicht, die Konferenz nicht als ein einmaliges Ereignis zu betrachten, sondern als den Beginn eines Prozesses, dessen erste Stufe sogar schon fixiert wurde: Für den 15. Juni 1977, also für einen Termin knapp zwei Jahre nach Unterzeichnung der Schlussakte, sollte das Vorbereitungstreffen für die erste KSZE-Folgekonferenz in Belgrad anberaumt werden.

Dieses Vorgehen war ungewöhnlich. Viel eher wäre zu erwarten gewesen, dass man die Konferenz in eine internationale Organisation umgewandelt und ihr dadurch Dauer verliehen hätte. Auch die Vereinten Nationen sind bekanntlich nichts anderes als eine in Permanenz tagende Botschafterkonferenz. Aber in Helsinki wurde dieser vertraute Weg nicht eingeschlagen, sondern nur beschlossen, den »eingeleiteten multilateralen Prozess fortzusetzen«. So erfuhr die praktizierte Kooperation Kontinuität, ohne durch die Schaffung einer Organisation institutionell abgestützt sein zu müssen. Damit war der spezifische KSZE-Prozess geboren, ein flexibles und darum in hohem Maße politikfähiges Instrument, das gerade wegen seiner »weichen« Strukturen in der Lage war, weitere fünfzehn Jahre des Ost-West-Konflikts zu überstehen und ihn überwinden zu helfen. Der KSZE-Prozess wurde oftmals auch als ein internationales »Regime« bezeichnet, weil mit diesem Prozess die Entstehung und das Wirksamwerden von Prinzipien, Regularien und Prozeduren einherging, gegen die zu verstoßen im Laufe der Jahre immer schwerer wurde.

Dabei ging es der im vierten »Körbchen« niedergelegten Fortsetzungsabsicht zunächst wie weiland Moses: Fast wäre das »Regime« von den Wellen verschlungen worden, bevor das rettende Ufer erreicht war. In Belgrad (1977/78) kam es zum Eklat über die Menschenrechte; das Folgetreffen in Madrid (1980–83) stand im Zeichen des russischen Einmarsches in Afghanistan und der Verhängung des Kriegsrechts in Polen. Doch als das Ma-

ZITAT

In seinen »Erinnerungen« analysierte Willy Brandt den KSZE-Prozess, den er als Bundeskanzler mitgestaltete:

Besonders schwierig war die Verständigung über den so genannten Korb drei gewesen, in dem menschliche Erleichterungen und Informationsaustausch verpackt waren. Ich hätte mir ein »schlankeres« Dokument gewünscht als eines, in das so viel Auslegungsstreit schon eingewebt war. Einige der unvermeidlichen Federfuchser argumentierten, als ob Breschnew und Blockgenossen ihrer Selbstentmachtung zugestimmt hätten.

100562

Auf dem KSZE-Folgetreffen in Budapest 1994 wurde die Umwandlung in eine feste Organisationsstruktur durch die Umbenennung in OSZE (Organisation für Sicherheit und Zusammenarbeit in Europa) deutlich gemacht.

drider Folgetreffen im September 1983 beendet wurde, hatten sich die Turbulenzen im Ost-West-Verhältnis schon wieder gelegt – beginnendes Tauwetter sollte neue Zeichen der Hoffnung setzen.

So wurde die Madrider Folgekonferenz zu guter Letzt ein voller Erfolg. Sie gliederte eine eigene, in Stockholm abgehaltene »Konferenz über vertrauens- und sicherheitsbildende Maßnahmen und Abrüstung in Europa« (KVAE) aus, die bis zu ihrem Abschluss im Jahre 1986 bedeutende Fortschritte auf dem Gebiet der Vertrauensbildung und der Kontrolle erbrachte. Die Einberufung der »Verhandlungen über konventionelle Streitkräfte in Europa« (VKSE) durch die dritte KSZE-Folgekonferenz in Wien (1986–89) erhöhte die sicherheitspolitische Bedeutung der KSZE nochmals beträchtlich. Diese Konferenz konnte 1990 erfolgreich abgeschlossen werden. Darüber hinaus wurden in Madrid zahlreiche andere Folgetreffen verabredet. Sie befassten sich mit der friedlichen Streitbeilegung, mit der Informationspolitik, mit Wirtschaftsfragen und immer wieder mit der Verwirklichung der Menschenrechte. Mehr als 24 Treffen dieser Art fanden zwischen 1983 und 1990 statt, verdichteten den KSZE-Prozess und bauten so das »Regime« aus. Es war inzwischen effektiver, als es jede feste Organisation hätte sein können.

Es ist nicht übertrieben, zu sagen, dass das Ende des Ost-West-Konflikts maßgeblich von dem in Helsinki 1975 begonnenen KSZE-Prozess mit verursacht worden ist. Er erleichterte es den Gesellschaften der Länder des Warschauer Pakts, ihre Position gegenüber den Regierungen so zu stärken, dass sie diese 1989/90 stürzen konnten. Die Rückwirkung dieser Revolutionen auf die Sowjetunion führte auch dort zur Ablösung des kommunistischen Herrschaftssystems.

Die auf dem Pariser Gipfeltreffen der Staats- und Regierungschefs der KSZE-Staaten im November 1990 verkündete »Charta von Paris« sollte diese Leistung belohnen und krönen, indem sie erste Schritte zur festen Institutionalisierung der KSZE vereinbarte. Auf dem vierten Folgetreffen in Budapest 1994 benannte sich die KSZE mit Wirkung zum 1. Januar 1995 in »Organisation für Sicherheit und Zusammenarbeit in Europa« (OSZE) um.

Ernst-Otto Czempiel

Mehr Staaten, mehr Zuständigkeiten: Die Entwicklung der Europäischen Gemeinschaften

Unter der Selbstblockade der Europäer litt besonders die Politik der Entspannung gegenüber dem Sowjetblock, die die Gefahr eines Kriegs eindämmen und langfristig die Spaltung des Kontinents überwinden wollte. De Gaulle predigte sie mit Leidenschaft. Er nahm Kontakte zu den osteuropäischen Staaten auf und besuchte drei Monate nach Aufkündigung der NATO-Verträge Moskau, um die Freundschaft zwischen »Russland« und Frankreich zu beschwören. Bewirkt wurde damit jedoch nicht viel. Erst die Ostverträge der Bundesrepublik ermöglichten die Konferenz über Sicherheit und Zusammenarbeit in Europa (KSZE), die im Juli 1973 in Helsinki zusammentrat und zwei Jahre später mit einer Schlussakte endete, die die Geltung der Menschenrechte für alle Europäer proklamierte. Für das westliche Europa war das ein großer Erfolg, auch wenn er in seiner vollen Bedeutung nicht sogleich wahrgenommen wurde.

ZITAT

Herbert Gruhl, einer der Väter der Umweltbewegung, kritisierte die einseitige Zielsetzung der Europäischen Gemeinschaften:
Niemand dachte in den Fünfziger- und Sechzigerjahren daran, dass bald andere Erfordernisse auftauchen würden, die mit den bisherigen (vor allem wirtschaftlichen) Zielen in Widerspruch geraten könnten. Plötzlich sprach man dann von »Umwelt« und der Notwendigkeit ihrer Erhaltung, und der Club of Rome zog die »Grenzen des Wachstums«. Kein einziger dieser Aspekte war in den europäischen Verträgen enthalten.

Nach dem Rücktritt de Gaulles im April 1969 gab Frankreich seinen Widerstand gegen eine Beteiligung Großbritanniens am gemeinsamen Markt auf. Auf der Haager Gipfelkonferenz der Europäischen Gemeinschaften am 1./2. Dezember 1969 beschlossen die Mitglieder daher, Beitrittsverhandlungen mit Großbritannien, Irland, Dänemark und Norwegen aufzunehmen. Als Gegenleistung konnte Frankreich nun die endgültige Finanzierung des Agrarmarkts durch Eigeneinnahmen der Gemeinschaft und einen vagen Grundsatzbeschluss zur politischen Zusammenarbeit durchsetzen. Bis 1980 wollte man zudem eine gemeinsame Währung einführen.

Die Europäische Politische Zusammenarbeit (EPZ), die im Anschluss an den Haager Gipfel im Herbst 1970 eingerichtet wurde, begnügte sich mit regelmäßigen Treffen der Außenminister der Gemeinschaften und häufigen Konsultationen außenpolitischer Beamter unter wechselndem Vorsitz. Das war nicht geeignet, eine gemeinsame Außenpolitik herbeizuführen, wie de Gaulle sie im Sinn gehabt hatte; es half aber gelegentlich, europäische Interessen wirkungsvoller zu vertreten. Als die USA Abstriche bei der Entspannungspolitik machen wollten, traten ihnen die Europäer auf der KSZE und ihren Folgekonferenzen als geschlossener Block entgegen.

Anders als de Gaulle machte sich sein Nachfolger Georges Pompidou für einen möglichst uneingeschränkten Verbleib amerikanischer Truppen in der Bundes-

INFOBOX

Club of Rome
1968 wurde in Rom auf Anregung des italienischen Industriellen Aurelio Peccei der Club of Rome, ein Zusammenschluss von Wirtschaftsführern, Politikern und Wissenschaftlern aus zahlreichen Ländern, gegründet.
Ziel des auf 100 aktive Mitglieder begrenzten Club of Rome ist die Erforschung von Ursachen und inneren Zusammenhängen der Menschheitsprobleme, v. a. der wirtschaftlichen, politischen, ökologischen, sozialen und demographischen Situation, unter der Annahme, dass die Zukunft wesentlich von der Schaffung weltweiter sozialer Gerechtigkeit, Gewährleistung der Menschenrechte und Harmonie zwischen Mensch und Umwelt abhängig ist. Die »Berichte an den Club of Rome« machten ihn weltweit bekannt und trugen zur Schärfung des Bewusstseins für die globalen Probleme bei.

100264

Der französische Politiker Jean Monnet gilt als einer der Gründerväter der Europäischen Gemeinschaften. U. a. hatte er nach dem Krieg die Idee, die westeuropäische Montanindustrie zusammenzuschließen.

republik stark. Da eine Verteidigungsgemeinschaft der westlichen Europäer offensichtlich nicht zustande kam, schien ihm das notwendig zu sein, um die Westdeutschen im westlichen Bündnis zu halten und Frankreich vor sowjetischer Erpressung zu schützen. Er sperrte sich daher gegen Verhandlungen über beiderseitige und ausgewogene Truppenreduzierungen (Mutual Balanced Forces Reductions, MBFR) in Europa, wie sie die Bundesregierung anstrebte.

Als diese MBFR-Gespräche im Dezember 1973 in Wien gleichwohl begannen, lehnte er eine Beteiligung Frankreichs ab. Die Verhandlungen mit den Beitrittskandidaten führten unterdessen zur Aufnahme Großbritanniens, Irlands und Dänemarks in die Gemeinschaften zum 1. Januar 1973. Norwegen lehnte das Verhandlungsergebnis und somit den Beitritt in einer Volksabstimmung ab. Die größer gewordene Gemeinschaft legte sich auch neue Handlungsinstrumente zu: Auf dem Pariser Gipfel im Dezember 1974 beschloss man eine Intensivierung der Beratungen der Staats- und Regierungschefs. Als Europäischer Rat trafen sie sich fortan dreimal im Jahr, zum Teil zusammen mit ihren Außenministern und dem Präsidenten der Kommission, um die großen

100001

Sowohl die Sicherstellung als auch die gegenseitige Kontrolle der Güter Kohle und Stahl sollte nach dem Zweiten Weltkrieg durch die Montanunion gewährleistet werden. Mit ihr wurde der Grundstock für die Entwicklung der Europäischen Gemeinschaften gelegt.

Linien der Politik festzulegen. Außerdem sollten die Abgeordneten des Europäischen Parlaments in Zukunft direkt von der Bevölkerung gewählt werden – eine Vereinbarung, die im Juni 1979 zum ersten Mal angewandt wurde.

Nach dem Wahlsieg der Labour Party im Februar 1974 stellte Großbritannien seine Beteiligung an der Gemeinschaft noch einmal infrage. Die Regierung Wilson verlangte Subventionen für strukturschwache Regionen und eine Reduzierung der finanziellen Leistungen Großbritanniens für die Gemeinschaft. Den Kompromiss, der dabei erzielt wurde, billigten die Briten in einem Referendum am 5. Juni 1975. Die Gemeinschaft richtete einen Regionalfonds ein, mit dem die Entwicklung zurückgebliebener Regionen in den Mitgliedsländern gefördert werden sollte. Darüber hinaus entwickelte sie Aktivitäten in der Industriepolitik, der Forschungs- und Technologiepolitik, der Umwelt- und Energiepolitik und schließlich auch der Bildungs- und Kulturpolitik.

Die stärkste Ausweitung erfuhr die Gemeinschaft in den Siebzigerjahren auf dem Gebiet der Währungspolitik. 1972 wurde zunächst eine »Währungsschlange« geschaffen: Die Regierungen verpflichteten sich, ihre

Währungen um nicht mehr als 2,25 Prozent voneinander abweichen zu lassen. Nach der drastischen Erhöhung der Ölpreise, die die arabischen Länder während des Jom-Kippur-Kriegs mit Israel 1973 vornahmen, ließ sich diese Verpflichtung jedoch nicht mehr aufrechterhalten. Nachdem Frankreich die »Schlange« 1976 zum zweiten Mal hatte verlassen müssen, kam das System praktisch zum Erliegen. Als man in einem zweiten Anlauf, im Dezember 1978 das Europäische Währungssystem (EWS) beschloss, wurden daher stärkere Sicherungen zur Wahrung der Gemeinsamkeit eingebaut: Wieder galt die Vereinbarung, die Währungen nicht um mehr als 2,25 Prozent voneinander abweichen zu lassen; sie war jedoch diesmal mit der Verpflichtung verbunden, auf den Geldmärkten zu intervenieren und Maßnahmen zur Konsolidierung des Haushalts zu ergreifen, wenn sich die eigene Währung diesem Grenzwert annäherte. Auf diese Weise wurden die Mitgliedsländer angehalten, ihre Wirtschafts- und Währungspolitik einander anzugleichen.

Das EWS trat zum 13. März 1979 in Kraft. Von den mittlerweile neun Mitgliedsländern der EG beteiligte sich nur Großbritannien nicht; als Ländern mit besonders schwachen Währungen wurden Italien und Irland größere Währungsabweichungen zugestanden. Mit dem EWS war die Einführung der europäischen Währungseinheit ECU (European Currency Unit) verbunden. Sie bestand aus festen Anteilen der meisten Währungen der EWS-Staaten (Währungskorb), die der Wirtschaftskraft

160

Der britische Premierminister Harold Wilson machte eine Reduzierung der finanziellen Verpflichtungen Großbritanniens gegenüber der EG als Bedingung für den Verbleib seines Landes in der Gemeinschaft.

des jeweiligen Landes entsprachen. Der ECU diente nicht nur als Rechnungseinheit für den Haushalt der Gemeinschaft, sondern auch als Referenzgröße für die Bemessung der nationalen Währungen.

Die »Süderweiterung«

Nach dem Ende der autoritären Regime in Griechenland, Portugal und Spanien Mitte der Siebzigerjahre stellten auch diese Staaten Beitrittsanträge. Sie sorgten für neuen Konfliktstoff, weil sich damit die Zahl der strukturschwachen Regionen noch einmal beträchtlich auszuweiten und das wirtschaftliche Gefälle innerhalb der Gemeinschaft weiter zuzunehmen drohte. Auf der anderen Seite war den Politikern in der Gemeinschaft aber auch die Verpflichtung bewusst, für eine Stabilisierung der Demokratie in den südlichen Ländern zu sorgen. Die Verhandlungen mit Griechenland wurden im Mai 1979 abgeschlossen, der Beitritt erfolgte zum 1. Januar 1981. Mit Portugal und Spanien dauerte der Prozess der Einigung deutlich länger, vor allem weil Frankreich und Italien eine Gefährdung von Landwirtschaft und

100562

Blick von oben auf das Palais Berlaymont, Sitz der EG-Kommission (Mitte), und das EG-Ministerratsgebäude (links) in Brüssel im Januar 1981. Viele Jahre lang war das sternförmige Berlaymont-Gebäude ein Symbol für Europa.

INFOBOX

Die Grenzen des Wachstums

In ihrem Bericht an den Club of Rome »The limits to growth« (»Die Grenzen des Wachtums«, 1972) entwickeln die Autoren Dennis L. Meadows u. a. ein Weltmodell unter Berücksichtigung von fünf globalen Trends und deren Wechselwirkungen: beschleunigte Industrialisierung, rapides Bevölkerungswachstum, weltweite Unterernährung, übermäßige Ausbeutung der Rohstoffreserven und zunehmende Zerstörung des Lebensraumes. Ihre Schlussfolgerung lautet:
»Jeder Tag weiterbestehenden exponentiellen Wachstums treibt das Weltsystem näher an die Grenzen des Wachstums. Wenn man sich entscheidet, nichts zu tun, entscheidet man sich in Wirklichkeit, die Gefahren des Zusammenbruchs zu vergrößern. Wir können nicht mit Sicherheit vorhersagen, wie lange der Mensch die Kontrollmaßnahmen gegen das Wachstum noch hinausschieben kann, ehe er die Möglichkeit dazu verliert.«

Weinbau auf sich zukommen sahen. Zum 1. Januar 1986 traten nun auch Portugal und Spanien der Gemeinschaft bei.

Indessen machten nicht nur die Beitrittsgesuche der südlichen Länder Schwierigkeiten. Die anhaltende Wirtschaftskrise seit dem Ölpreisschock von 1973/74 ließ allenthalben die nationalen Egoismen wieder stärker hervortreten und schränkte die Handlungsfähigkeit der Gemeinschaft ein. Die reiche Bundesrepublik weigerte sich, den ärmeren Mitgliedsländern stärker unter die Arme zu greifen, Großbritannien verlangte nach dem Wahlsieg Margaret Thatchers 1979 eine abermalige Reduzierung seiner Beiträge. Für Verdruss sorgte auch die horrende Überproduktion der Landwirtschaft, die durch die von der Gemeinschaft subventionierten Garantiepreise gefördert wurde. Infolge der Rückschritte in der Entspannungspolitik, die sich seit der sowjetischen Intervention in Afghanistan Ende 1979 abzeichneten, verschärfte sich auch die latente Spannung zwischen Frankreich und der Bundesrepublik.

Immerhin zog Frankreichs Staatspräsident François Mitterrand daraus den Schluss, dass Anstrengungen unternommen werden mussten, um die Deutschen wieder stärker in die Gemeinschaft einzubinden. Mit der Zeit setzte sich auch die Einsicht durch, dass die wirtschaft-

ZITAT

Aurelio Peccei, Gründer des Club of Rome, zog ein düsteres, aber nicht hoffnungsloses Resümee:

Die Zukunft ist nicht mehr so, wie wir sie uns einst vorgestellt haben und wie sie aussehen könnte, wenn die Menschen ihre Hirne und ihre Möglichkeiten besser gnutzt hätten. Dennoch kann die Zukunft noch immer das bieten, was wir vernünftigerweise brauchen.

1984 war die Butterabsatzzentrale in Hannover mit verbilligter »Weihnachtsbutter« überfüllt.

lichen Schwierigkeiten, die durch die Neuordnung der Märkte und die wachsende Konkurrenz aus dem Fernen Osten entstanden waren, nur gemeinsam bewältigt werden konnten. Mitte der Achtzigerjahre wurde so nicht nur der Konflikt um die Süderweiterung beigelegt, auch die übrigen Konfliktfelder wurden schrittweise entschärft. Die britischen Nettozahlungen wurden in drei Schritten reduziert. Die Überschüsse in der Agrarproduktion wurden abgebaut – durch die Einführung von Milchquoten, die Senkung der Garantiepreise und die Förderung von Flächenstilllegungen. Frankreich gab seine sozialistische Reformpolitik zugunsten eines weiteren Verbleibs im Europäischen Währungssystem auf und aktivierte die sicherheitspolitische Zusammenarbeit im Rahmen der Westeuropäischen Union und des Deutsch-Französischen Vertrags.

Vor allem aber wurden eine Stärkung der Gemeinschaftsorgane und eine Verbesserung der wirtschaftlichen Leistungsfähigkeit der Gemeinschaft in Angriff genommen. Bundeskanzler Helmut Kohl, dem die europäische Verankerung der Bundesrepublik ähnlich wichtig war wie zuvor Adenauer, schloss sich hier den französischen Initiativen an; die britische Premierministerin Margaret Thatcher folgte mit Blick auf die wirtschaftlichen Notwendigkeiten notgedrungen, wenn auch immer wieder bremsend, nach. Bei einem Treffen des Europäischen Rats in Luxemburg im Dezember 1985 einigte man sich auf ein Maßnahmenpaket, das die Integration in mehrfacher Hinsicht vorantrieb: Bis zum

31. Dezember 1992 sollten alle verbliebenen rechtlichen und sonstigen Handelshindernisse in der Gemeinschaft so weit beseitigt werden, dass ein tatsächlich ungehinderter Binnenmarkt entstehen könnte. Dazu verpflichtete sich der Ministerrat, in ausgewählten Bereichen zur Mehrheitsentscheidung zurückzukehren. Das Parlament erhielt das Recht, Gesetzesvorlagen zu ergänzen und beim Beitritt neuer Mitglieder mitzusprechen.

Darüber hinaus wurden die Zuständigkeiten der Gemeinschaft, die in den letzten Jahren immer größer geworden waren, nun auch offiziell erweitert. Umweltpolitik, Forschungs- und Technologiepolitik wurden vertraglich fixiert. Die Gemeinschaft erhielt den Auftrag, sich um den Abbau der regionalen Unterschiede zu bemühen, den sozialen Dialog zu fördern und Arbeitsbedingungen zu vereinheitlichen. Hinsichtlich der Wirtschafts- und Währungsunion, die von Frankreich gefordert wurde, blieb es aufgrund des Widerstands der Bundesrepublik und Großbritanniens bei dem Verspre-

Die Europaflagge wurde 1955 vom Europarat eingeführt und 1986 von der Europäischen Gemeinschaft übernommen. Nur zufällig stimmte die Zahl der zwölf Sterne bis zur Erweiterung der EU 1995 mit der Zahl der Mitgliedstaaten überein.

3046

chen, dass man sie schrittweise verwirklichen wolle; welche Regeln für sie gelten sollten und wann sie durchgeführt werden sollte, blieb offen.

Alle diese Vereinbarungen wurden in einem gemeinsamen Vertrag niedergelegt, der die bestehenden Gemeinschaftsverträge ergänzte und zum Teil auch abänderte. Diese Einheitliche Europäische Akte (EEA) wurde am 28. Februar 1986 unterzeichnet. Nach der anschließenden Ratifikation in den Mitgliedsländern trat sie zum 1. Juli 1987 in Kraft. Jacques Delors, Präsident der Kommission seit 1985, unternahm energische Anstrengungen, die Verwirklichung des Dokuments sicherzustellen – insbesondere die Vollendung des Binnenmarkts, die jetzt große Aufmerksamkeit erfuhr.

Das »Europa-Zentrum« auf dem Kirchberg in der Stadt Luxemburg vereinigt mehrere europäische Institutionen: u.a. das Generalsekretariat des Europäischen Parlaments, den Europäischen Gerichtshof, den Europäischen Rechnungshof und den Plenarsaal des Europäischen Parlaments.

3046

Obwohl die EEA hinter den Erwartungen vieler Beteiligter zurückblieb, war damit die schleichende Krise der Gemeinschaft überwunden. Sie hatte nun die doppelte Erweiterung bewältigt und war damit zu einem grundlegenden Bestandteil der staatlichen Organisation in Europa geworden; an ihr richteten sich auch diejenigen Länder aus, die der Gemeinschaft noch nicht angehörten. Dass sich die Europäer in der zunehmend internationalen Wirtschaftskonkurrenz behaupten konnten, war unlösbar mit der Europäischen Gemeinschaft verknüpft. Damit wurde sie auch zu einer Ebene, die für das Alltagsleben ihrer Bürger unmittelbare Bedeutung gewann. Indem sich die Mitgliedsländer definitiv auf eine europäische Zukunft hin orientierten, verschwand der Nationalstaat zwar nicht aus der Geschichte, sein Fortbestehen wurde aber von der Existenz einer starken europäischen Gemeinschaft abhängig. *Wilfried Loth*

Zwischen Massenkonsum und Strukturkrise: Die Wirtschaft in den westlichen Industrieländern

Der Zeitraum von etwa 1950 bis zu Beginn der Siebzigerjahre war durch eine starke wirtschaftliche Expansion gekennzeichnet. Die westlichen, in der Organisation für wirtschaftliche Zusammenarbeit und Entwicklung (OECD) zusammengeschlossenen Industrieländer erzielten zwischen 1950 und 1973 im Durchschnitt ein preisbereinigtes Wachstum ihres Bruttosozialprodukts von 5,4 Prozent pro Jahr. Das große Wirtschaftswachstum ermöglichte eine durch fast alle Gesellschaftsschichten gehende Verbesserung des individuellen Lebensstandards und führte zu einer weiteren Ausbreitung des Massenkonsums. Dass die Fünfziger- und Sechzigerjahre eine Ära des allgemeinen Wohlstands waren, zeigt sich auch an den sehr niedrigen Arbeitslosenquoten, denen zufolge in fast allen OECD-Ländern Vollbeschäftigung herrschte. Der Zeitraum war zudem von wirtschaftlicher Stabilität geprägt.

Zwar standen wie 1951/52 oder 1966/67 am Ende der jeweiligen Konjunkturzyklen Rezessionen, es gab aber nicht wie noch vor dem Zweiten Weltkrieg regelrechte Einbrüche der Wirtschaftsaktivität. Die Grundlagen für

Im April 1959 hielt Alfred Krupp von Bohlen und Halbach als Gast des Clubs der Auslandspresse in Tokio eine Rede, in der er eine deutsch-japanische Zusammenarbeit auf wirtschaftlichem Gebiet befürwortete. Erst Jahrzehnte später intensivierte die deutsche Wirtschaft ihr Engagement in Ostasien tatsächlich.

50

diese historisch beispiellose Wirtschaftsentwicklung wurden sowohl auf der internationalen als auch auf der nationalen Ebene gelegt. Unter Federführung der USA entstanden internationale Institutionen, die zugleich Kooperation und Wettbewerb förderten: 1944/45 die für multilaterale Entwicklungshilfe zuständige Weltbank sowie der Internationale Währungsfonds (IWF), der ein festes Wechselkurssystem steuerte. Das damit stark verringerte Wechselkursrisiko war vor allem dem internationalen Handel förderlich, der 1947 mit dem Welthandelsabkommen GATT, das die Prinzipien des Freihandels verankerte, einen institutionellen Rahmen erhielt.

Der weitgehende Abbau von Zöllen für Rohstoffe und Industrieprodukte zwischen 1947 und 1967 führte zu einem anhaltenden Boom des Welthandels: Der Export der OECD-Länder wuchs von 1950 bis 1973 im Durchschnitt um 8,6 Prozent pro Jahr und stimulierte so vor allem das Wachstum in stark exportabhängigen Volkswirtschaften wie in Westdeutschland und in den Niederlanden.

Der Keynesianismus

Eine zusätzliche Verflechtung erfuhr die Weltwirtschaft durch ausländische Direktinvestitionen. In den Fünfziger- und Sechzigerjahren investierte die führende Wirtschaftsmacht USA ihre Kapitalüberschüsse in ausländische Projekte, vor allem in Westeuropa. In den Siebziger- und Achtzigerjahren folgte eine Trendwende: Zunächst engagierten sich westeuropäische »Multis«, später vor allem multinationale Unternehmen mit Stammsitz in Japan mit Direktinvestitionen in der amerikanischen Wirtschaft.

Auch auf der binnenwirtschaftlichen Ebene vollzogen sich zum Teil grundlegende Veränderungen: Nach dem Krieg setzte sich die nachfrageorientierte Wirtschaftspolitik, die der britische Ökonom John Maynard Keynes in den Zwanziger- und Dreißigerjahren entwickelt hatte, in fast allen OECD-Ländern durch. Der Keynesianismus überträgt dem Staat die Aufgabe, aktiv auf Vollbeschäf-

Mit Produkten der Unterhaltungselektronik eroberte Japan die Weltmärkte. Die Aufnahme von 1970 zeigt eine Werkhalle in Osaka, wo Transistorradios hergestellt wurden.

160

ZITAT

Bundeskanzler Helmut Schmidt über die Schattenseiten des Keynesianismus:

... Dieser in den Siebzigerjahren in Europa vielfach benutzte Ausdruck (»englische Krankheit«) fasste in zwei Worten zusammen, was im Vergleich zu anderen fortgeschrittenen Industriestaaten Europas ins Auge fiel: hohe Nominallohnsteigerungen, geringe Produktivitätsfortschritte, hohe Inflationsraten, hohe Handelsbilanzdefizite, hohe Arbeitslosigkeit.

tigung und eine gleichmäßigere Verteilung von Einkommen und Vermögen hinzuwirken. Dabei soll der Staat vor allem Einbrüche der privaten Nachfrage auffangen, indem er seine Ausgaben erhöht und dafür auch vorübergehende Haushaltsdefizite in Kauf nimmt (deficit spending).

Die generelle Ausweitung staatlicher Ausgaben in den ersten Nachkriegsjahrzehnten war zum einen darauf zurückzuführen, dass sozialstaatliche Systeme aufgebaut wurden, deren Leistungen die Empfänger durch Konsum wieder in den Wirtschaftskreislauf zurückführten, zum anderen auf umfassende öffentliche Aufträge zum Ausbau der (Verkehrs-)Infrastruktur und für die Rüstungsindustrie. Die keynesianische Wirtschaftspolitik stieß auf einen breiten Konsens bei Unternehmen und Gewerkschaften und führte zur Kooperation zwischen beiden Lagern.

Westeuropa und Japan entwickelten dabei ein stärkeres Wachstum als die USA. Dies war weniger Folge unterschiedlicher Konjunkturpolitiken als vielmehr Resultat eines Aufholprozesses, da die im Zweiten Weltkrieg zerstörten Produktionskapazitäten insbesondere in

INFOBOX

Woodstock

Als Reaktion auch auf den wachsenden Wohlstand, der in den 1960er-Jahren in den Industrieländern zur Selbstverständlichkeit zu geraten schien, regte sich in dieser Zeit erste postmaterielle Kritik an der Überflussgesellschaft. Zum Mythos der – im Zeichen von Flowerpower, Love, Peace (and Drugs) – auf eine politische und gesellschaftliche Erneuerung hoffenden Hippiebewegung wurde das Musikfestival, das vom 15. bis zum 17. 8. 1969 in der Nähe von Woodstock, einer amerikanischen Stadt im Staat New York, stattfand.

Drei Tage lang verbrachten die Besucher, eine halbe Million Menschen, im Freien unter teilweise widrigen Wetterbedingungen; geschlafen wurde, wenn überhaupt, in Zelten oder Autos. 32 Bands und Interpreten, darunter Joan Baez, Jimi Hendrix – dieser mit seiner unvergessenen Interpretation der amerikanischen Nationalhymne –, The Who, Jefferson Airplane, Crosby, Stills, Nash & Young, Santana und Joe Cocker begeisterten die Fans. Das weitgehend friedlich verlaufene Festival wurde zwar kein kommerzieller – wegen der schlechten Organisation mussten nur wenige das Eintrittsgeld bezahlen –, dafür aber ein legendärer kultureller Erfolg.

100562

Das Fernsehen bestimmte zusehends den Lebensbereich der Menschen in den Industrienationen. 1967 wurde in der Bundesrepublik die erste Testsendung in Farbe ausgestrahlt.

Deutschland und Japan ausgeglichen werden mussten. Zugleich entwickelten sich die meisten westlichen Industrieländer erst in den Nachkriegsjahrzehnten zu modernen Konsumgesellschaften, deren wirtschaftliches Fundament in der Herstellung und Nutzung langlebiger Konsumgüter (Automobile, Immobilien, Unterhaltungselektronik) bestand. Die USA hatten dieses Entwicklungsstadium zumindest ansatzweise schon in den Zwanzigerjahren durchlaufen. Die Fünfziger- und Sechzigerjahre führten deshalb auch zu einer tendenziellen Angleichung der wirtschaftlichen Leistungsstärke zwischen den OECD-Ländern.

Jahre der Krise

Die Siebzigerjahre brachten das Ende der ökonomischen Stabilität, der Vollbeschäftigung und des kontinuierlichen Wachstums. Im Zeitraum 1973 bis 1985 wuchsen die Volkswirtschaften der OECD-Länder im Durchschnitt nur noch um real 2,3 Prozent im Jahr. Mit Ausnahme Japans verzeichneten die westlichen Industrieländer in den nun häufiger auftretenden Konjunkturkrisen mitunter sogar einen Rückgang des Sozialprodukts. Die Siebzigerjahre waren die Zeit der »Stagflation«, einer

Kombination aus Stagnation und Inflation. Während sich in der ersten Hälfte der Achtzigerjahre in den USA und dem ohnehin weniger betroffenen Japan eine wirtschaftliche Erholung abzeichnete, konnten die meisten westeuropäischen Länder ihre Wachstumsprobleme nicht lösen.

Hinzu kam in der ersten Hälfte der Siebzigerjahre ein allmählicher Übergang von festen zu flexiblen Wechselkursen. Das währungspolitische Umfeld verlor damit an Stabilität und bot einen verstärkten Anreiz zu teilweise stark spekulativen Devisengeschäften. In Verbindung mit der schon über ein Jahrzehnt zuvor einsetzenden Liberalisierung des internationalen Kapitalverkehrs kam eine neue Entwicklung in Gang: der von realen Waren- und Dienstleistungsgeschäften weitgehend abgekoppelte Boom internationaler Kapitalströme.

Einen weiteren »Schock« bekamen die Industrieländer durch die Ölkrisen der Jahre 1973 und 1979/80. Die drastischen Preiserhöhungen für Rohöl vonseiten der arabischen Förderländer heizten in den Industriestaaten die Inflation an, dämpften den Konsum und verschärften damit die bereits ausgebrochene Wirtschaftskrise. So-

100562

Um 1970 versuchten die Gewerkschaften in der Bundesrepublik, z. T. massive Lohnerhöhungen durchzusetzen. Während des Streiks der Gewerkschaft ÖTV vom 11. bis 13. 2. 1974 blieben die Frankfurter Omnibusse im Betriebsbahnhof Rebstock stehen.

INFOBOX

Thatcherismus

Margaret Thatcher, seit 1979 britische Premierministerin, vollzog eine radikale Abkehr von der bisherigen nachfrageorientierten Wirtschaftspolitik und der Praxis staatlicher Interventionen, Regulierungen und Subventionen. Die britische Regierung beschränkte rigoros die Staatsausgaben, leitete eine Änderung des Steuersystems, u. a. eine drastische Senkung des Spitzensteuersates, ein und suchte mit ihrer Angebotspolitik das private Investitionskapital zu aktivieren. Zahlreiche staatliche Unternehmen wurden privatisiert. Die Macht der Gewerkschaften wurde stark eingeschränkt.
Diese als »Thatcherismus« bezeichnete Politik erreichte einen erheblichen Rückgang der Inflation und eine längerfristige Belebung der wirtschaftlichen Aktivität; er war allerdings mit einem vorübergehenden Anstieg der Arbeitslosenquote, v. a. bis Mitte der 1980er-Jahre, und mit wachsender sozialer Differenzierung verbunden.

bald die Binnenkonjunktur ins Stocken geriet, verlor auch der Welthandel seine Wachstumsdynamik. Ursache war einerseits eine sinkende Importnachfrage, andererseits der Versuch einiger Länder, ihre Wirtschaft nun wieder stärker nach außen abzuschotten. Da das Welthandelsabkommen GATT die Erhöhung von Zöllen grundsätzlich verbot, griffen diese Länder auf so genannte nichttarifäre Handelshemmnisse zurück: quantitative Importbeschränkungen, restriktive Gesundheits- und Hygienevorschriften für Einfuhrprodukte, diskriminierende technische Normen und Standards. Dieser aufkeimende »Neoprotektionismus« konnte das liberale Welthandelssystem jedoch nicht grundlegend erschüttern.

Gravierender waren die Probleme in der Binnenwirtschaft. Das fast ungebrochene Wachstum der Fünfziger- und Sechzigerjahre hatte vor allem bei den Wirtschaftspolitikern die Überzeugung reifen lassen, das Zeitalter der Wirtschaftskrisen sei endgültig überwunden.

Die permanente Erhöhung staatlicher Sozialleistungen förderte den privaten Konsum, wurde aber auch mit einer steigenden Staatsverschuldung erkauft, die die Kapitalmärkte belastete und zu ständigen Preissteigerungen führte. In Westeuropa – vor allem in Westdeutschland, Frankreich und Italien – konnten die politisch relativ starken Gewerkschaften in den späten Sechziger- und frühen Siebzigerjahren zudem wiederholt kräftige Lohnerhöhungen durchsetzen, die nicht an der gängigen Formel Produktivitätswachstum plus Inflationsausgleich orientiert waren, sondern auf eine Umverteilung von oben nach unten hinausliefen. Diese »Lohnexplosionen« setzten eine Lohn-Preis-Spirale in Gang.

In der zweiten Hälfte der Siebzigerjahre verzeichneten die OECD-Länder Preissteigerungsraten zwischen sechs Prozent (Deutschland) und über 24 Prozent (Großbritannien). Fast alle Regierungen versuchten, die Preisstabilität durch restriktive Maßnahmen (Verknappung der Geldmenge) wiederherzustellen, würgten damit aber die Konjunktur ab. Schnell wurde deshalb wieder der Expansionskurs eingeschlagen, und in der zweiten Hälfte der Siebzigerjahre setzte eine leichte Erholung ein, gepaart mit einer relativen Lohnzurückhaltung der Gewerkschaften. Stimuliert wurde die Nachfrage in den Industrieländern durch die starke Öffnung und Expansion der internationalen Kapitalmärkte. So legten die arabischen Staaten ihre Gewinne aus den Erdölgeschäften entweder in den hoch entwickelten Volkswirtschaften an oder kauften dort Investitions- beziehungsweise Rüstungsgüter. Hinzu kam noch ein weiteres Problem: Mit der Stagflation hatte sich seit Mitte der Siebzigerjahre auch die Arbeitslosigkeit immer mehr ausgebreitet und – schlimmer noch – festgesetzt.

Neoliberale »Rosskur«

Als Hauptursache der Krise wurde zunehmend eine verfehlte Wirtschaftspolitik gesehen. Seit Ende der Siebzigerjahre vollzog sich ein Umbruch vom nachfrageorientierten Keynesianismus hin zum angebotsorientierten Neoliberalismus. Politische Vorreiter waren dabei in Großbritannien Premierministerin Margaret Thatcher und in den USA Präsident Ronald Reagan. Das Konzept der angebotsorientierten Politik basiert im Wesentlichen darauf, verbesserte Investitions- und Produktionsbedingungen für Unternehmen zu schaffen, in erster Linie über eine Kostenentlastung und die Intensivierung des Wettbewerbs. Dies setzt unter anderem den weitestmöglichen Rückzug des Staats aus dem Wirtschaftsgeschehen voraus – durch Privatisierung, durch Deregulierung,

Um 1955 wurde mit diesem Plakat für den Volkswagen geworben – Symbol des deutschen Wirtschaftswunders: Das ungebrochene Wirtschaftwachstum hatte viele glauben lassen, die Zeit der Wirtschaftskrisen sei für immer vorüber.

100563

INFOBOX

Reaganomics

In den USA war der Amtsantritt von Präsident Ronald Reagan 1981 mit einer Wende zur angebotsorientierten Wirtschaftspolitik verbunden. Reagan wollte durch den Abbau von Steuerbelastungen und administrativen Hemmnissen (Deregulierung) Investitionen und Wachstum fördern, durch Kürzung öffentlicher Ausgaben das Haushaltsdefizit begrenzen und durch eine restriktive Geldpolitik die Inflation bekämpfen.
Der Erfolg dieser Wirtschaftspolitik wird nicht einheitlich beurteilt, meist aber angenommen, dass sie die wirtschaftliche Entwicklung in den USA und in den mit ihnen verflochtenen Wirtschaften belebt hat. In welchem Maß das Wirtschaftswachstum und der Rückgang der Arbeitslosigkeit in der 2. Hälfte der 1980er- und Anfang der 1990er-Jahre auf die Reaganomics zurückzuführen sind, lässt sich allerdings nicht eindeutig klären.
Verfehlt wurde das Ziel, durch eine Senkung der Steuersätze einen solchen Wachstumsschub zu erreichen, dass das Steueraufkommen aufgrund der gestiegenen Bemessungsgrundlage sogar zunimmt. Auch eine Begrenzung des Haushaltsdefizits wurde nicht erreicht, im Gegenteil: Obwohl staatliche Ausgaben, etwa die Sozialausgaben, z. T. drastisch verringert wurden, wuchsen das Haushaltsdefizit, nicht zuletzt wegen steigender Rüstungsausgaben, und damit die Staatsverschuldung stark.

das heißt den Abbau von Auflagen innerhalb einzelner Branchen, sowie durch Steuersenkungen und die Reduzierung staatlicher Sozialleistungen.

Die Regierung Reagan nahm zwar Kürzungen bei den Sozialprogrammen vor, erhöhte aber zugleich die Rüstungsausgaben stark, um gegenüber der Sowjetunion Stärke zu demonstrieren. Entgegen der offiziellen Rhetorik liefen die Reaganomics damit de facto auf einen »Militärkeynesianismus« hinaus und trugen wesentlich zur Ausweitung der bestehenden Budgetdefizite bei.

Dessen ungeachtet konnten die USA in der ersten Hälfte der Achtzigerjahre das insgesamt stärkste Wirtschaftswachstum unter den westlichen Industrieländern verzeichnen, gefolgt von Großbritannien, dessen Wirtschaft ebenfalls einer neoliberalen »Rosskur« unterworfen wurde.

Die höchsten Zuwachsraten konnte jedoch aufgrund seiner aggressiven Exportstrategie Japan vorweisen.

In den USA und Westeuropa löste das »asiatische Wunder« eine heftige Diskussion um die eigene, offensichtlich mangelhafte internationale Wettbewerbsfähigkeit aus. Besonders betroffen waren die traditionellen Branchen des verarbeitenden Gewerbes. In den USA kam deshalb die Furcht vor einer Deindustrialisierung des Landes auf. Tatsächlich blieb der Anteil des Industriesektors am Bruttosozialprodukt mit rund 25 Prozent relativ konstant, allein weniger Arbeitskräfte kamen zum Einsatz. Diese fanden neue Beschäftigungsmöglichkeiten im aufblühenden Dienstleistungssektor, sodass die amerikanische Wirtschaft seit Mitte der Achtzigerjahre ein »Beschäftigungswunder« erlebte. Der Rückgang der Erwerbslosigkeit war unter anderem ein Ergebnis der teilweise schmerzhaften, aber wirkungsvollen Reformen, insbesondere der Deregulierungsmaßnahmen. Auch in den meisten westeuropäischen Ländern kamen Regierungen, die eine angebotsorientierte Wirtschaftspolitik verfolgten, an die Macht, erwiesen sich aber als deutlich gemäßigter oder politisch weniger durchsetzungsfähig.

Im Rückblick erscheint die in den frühen Siebzigerjahren ausgebrochene Dauerkrise nicht vorrangig als konjunkturpolitisches Problem, sondern als Strukturkrise, als Beginn des Umbruchs von der klassischen Industrie- zur modernen Dienstleistungs- und Informationsgesellschaft. Die staatliche Wirtschaftspolitik entschied dabei über die Geschwindigkeit, mit der dieser Strukturwandel bewältigt wurde. Die USA, Großbritan-

100562

Afroamerikanischer Schuhputzer in New York: Der Wandel zur Dienstleistungsgesellschaft führte in den USA zu extremen Einkommensunterschieden.

nien und Japan bildeten hierbei die Vorhut, allerdings auch mit dem Ergebnis, dass die Einkommens- und Vermögensschere sich weiter öffnete und sich mehr soziale Kälte in diesen Gesellschaften ausbreitete. In den meisten Ländern Westeuropas wurde der Strukturwandel hinausgezögert – um den Preis schwächeren Wachstums und höherer Arbeitslosigkeit. *Lutz Frühbrodt*

Scheitern programmiert?: Die osteuropäischen Planwirtschaften

Die mittel- und osteuropäischen Planwirtschaften der Sowjetunion, der DDR, Bulgariens, Ungarns, Rumäniens, der ČSSR und Polens erzielten im Zeitraum 1950 bis 1973 im Durchschnitt ein reales Wirtschaftswachstum von fünf Prozent pro Jahr. Zwischen 1973 und 1987 sank das Wachstum auf 1,8 Prozent. Allerdings handelt es sich dabei nur um Schätzungen, weil die Wirtschaftsstatistik der sozialistischen Länder Teile des Dienstleistungssektors nicht erfasste und überdies die Zahlen aus politischen Gründen nach oben korrigiert wurden.

Nach dem Zweiten Weltkrieg wurde das seit Ende der Zwanzigerjahre verfolgte Entwicklungsmodell Stalins zunächst in der Sowjetunion fortgeführt, dann in den »Volksdemokratien« Mittel- und Osteuropas: In der zwangskollektivierten Landwirtschaft erzielte Gewinne wurden fast ausschließlich in den Aufbau der Schwerindustrie investiert. Das solide Wachstum in den ersten beiden Nachkriegsjahrzehnten resultierte indes nicht nur aus dieser Entwicklungsstrategie, sondern war vor allem das Ergebnis eines Aufholprozesses: Die meisten osteuropäischen Länder waren vor dem Zweiten Weltkrieg noch stark agrarisch geprägt, die Kriegsschäden hatten den wirtschaftlichen Rückstand vergrößert. Als problematisch erwies sich jedoch in den Fünfzigerjahren, dass die sozialistischen Staats- und Wirtschaftslenker zu wenig für den privaten Konsum produzieren ließen und so die Verbesserungen im Lebensstandard hinter denen im Westen spürbar zurückblieben. In den Sechzigerjahren wurden die Planwirtschaften dann stärker auf den Konsum ausgerichtet.

Dieser Weg sollte zur Autarkie der einzelnen sozialistischen Volkswirtschaften führen. Als sich dies jedoch

ZITAT

Der ZK-Sekretär für Wirtschaftsfragen der DDR, Günter Mittag, rückblickend über das wirtschaftspolitische Wunschdenken vieler Funktionäre:
Ein Musterbeispiel dafür bot das Auftreten von Harry Tisch, des Vorsitzenden des FDGB ... Er berichtete von beabsichtigter Reduzierung einiger ... Funktionärsstellen. Damit ließen sich keine Millionen einsparen. Und bei Kinderferienlagern ... ging es ohnehin nicht. Damit war für ihn die Frage der (Einsparungen im Bereich der) gesellschaftlichen Konsumtion erledigt.

50

Am 1. 4. 1964 nahm das Erdölverarbeitungswerk Schwedt im Bezirk Frankfurt/Oder als Endpunkt der RGW-Erdölleitung »Freundschaft« den Probebetrieb auf.

als unrealistisch erwies, wurde der bereits 1949 gegründete Rat für gegenseitige Wirtschaftshilfe (RGW) in den Sechzigerjahren wieder belebt. Offizielles RGW-Ziel war die »sozialistische ökonomische Integration«: Die sozioökonomischen Leistungsniveaus der Mitgliedsländer, zu denen auch Kuba, Vietnam und die Mongolei gehörten, sollten bis spätestens 1980 einander angeglichen werden.

Die in Verbindung damit angestrebte umfassende »sozialistische Arbeitsteilung« beschränkte sich jedoch darauf, dass lediglich eine begrenzte Zahl von Produkten – vor allem aus Maschinenbau und Chemie – nur noch in einem RGW-Land hergestellt wurde. Der RGW fungierte so weitgehend als sozialistischer Handelsverbund, in dem Staatsmonopole den streng kontingentierten Ostblockhandel auf der Basis der künstlichen Verrechnungseinheit Transferrubel und damit im Wesentlichen als Tauschgeschäft abwickelten. Der RGW blieb jedoch in hohem Maße vom Westhandel und dabei vor allem von Industrieimporten abhängig. Die daraus resultierenden Handelsdefizite mussten über Kredite in westlichen Währungen finanziert werden, wodurch die Ostblockländer in eine immer tiefere Verschuldung gerieten. Bis 1979 hatte sich ein Schuldenberg von fast 75 Milliarden Dollar angesammelt, mit Polen und der Sowjetunion als Hauptschuldnern an der Spitze.

Die Zahlungsbilanzprobleme der Ostblockländer stellten jedoch mitnichten die einzige Ursache für die in den Siebzigerjahren einsetzende Krise und letztlich das Scheitern des sozialistischen Wirtschaftssystems dar. Zentral war die mangelnde Effizienz der Planwirtschaft, die aufgrund des fehlenden Wettbewerbs zu Kapital- und Materialverschwendung einlud und wegen der geringen Spreizung der Löhne keine ausreichenden Arbeitsanreize bot. Dadurch wurde die Produktion teurer, die Waren und Dienstleistungen wurden aus politischen Gründen meist aber weiter unter den realen Kosten verkauft. Insbesondere bei der Sowjetunion stellten die steigenden Rüstungsausgaben eine zunehmende volkswirtschaftliche Belastung dar. Mitte der Achtzigerjahre machten sie 16 Prozent des Bruttosozialprodukts aus – in den USA sieben Prozent. Zusätzlicher Druck entstand für die Sowjetunion infolge steigender Infrastrukturkosten, da Bodenschätze verstärkt im strukturschwachen Sibirien und in Vorderasien abgebaut werden mussten.

Lutz Frühbrodt

Die Suche nach dem dritten Weg: Die Wirtschaft der Entwicklungsländer

Die sehr heterogene Gruppe der insgesamt weit über hundert Entwicklungsländer erzielte nach Schätzungen der Weltbank im Zeitraum 1950 bis 1975 im Durchschnitt eine jährlich reale Pro-Kopf-Steigerung ihres Bruttosozialprodukts von rund drei Prozent. Zwischen 1975 und 1985 sank dieses Wachstum jedoch auf durchschnittlich 1,8 Prozent pro Jahr. Während die offiziellen Arbeitslosenquoten der Entwicklungsländer im Zeitraum von 1960 bis 1985 zwischen fünf und zehn Prozent schwankten, dürfte die tatsächliche Quote eher zwischen zwanzig und dreißig Prozent gelegen haben. Demnach lebte Ende der Siebzigerjahre immer noch ein Drittel der Bevölkerung dieser Länder in Armut. Innerhalb der meisten Entwicklungsländer war die Verteilung der Einkommen und des Vermögens noch sehr viel ungleichmäßiger als in den OECD-Ländern.

Obwohl am Ende der Achtzigerjahre drei Viertel der Weltbevölkerung in Entwicklungsländern lebte, erwirtschafteten diese nur dreißig Prozent des Welteinkommens, was die tiefe Wohlstandskluft zwischen Industrie- und Entwicklungsländern verdeutlicht. Gleichwohl vollzog sich aber innerhalb der Dritten Welt eine Ausdifferenzierung, die wesentlich auf die jeweilige Entwicklungsstrategie (z. B. Geburtenkontrolle) zurückzuführen war.

Nachdem die meisten Kolonialgebiete bis 1965 ihre staatliche Unabhängigkeit erreicht hatten, pflegte das Gros der neuen Staaten weiterhin intensive Wirtschaftsbeziehungen zu seinen ehemaligen Mutterländern. Die OECD-Länder unterstützten und unterstützen die Entwicklungsländer zwar finanziell, ihre Entwicklungshilfe blieb aber weit hinter dem zurück, wozu sie sich Mitte der Siebzigerjahre im Rahmen der UNO verpflichtet hatten. Mit der finanziellen Unterstützung sollten die stark agrarisch geprägten Entwicklungsländer Investitionsgüter kaufen und so ihre Industrialisierung vorantreiben. Das Konzept gilt inzwischen jedoch als weitgehend gescheitert. Eine Ursache besteht darin, dass den Entwicklungsländern eine im »Norden« erprobte

ZITAT

Der schwedische Volkswirtschaftler Karl Gunnar Myrdal über das in Entwicklungsländern vorherrschende Staatsvertrauen in Wirtschaftsfragen:
Wir können nicht nur beobachten, dass weit über die Hälfte der Menschheit, die in Armut und Elend lebt, anfängt, in großem Umfang eine Politik zu verfolgen, in der der Staat die Verantwortung für wirtschaftliche Entwicklung übernimmt, sondern auch, dass ihnen dieses Vorgehen von allen Forschern und Staatsmännern der fortgeschrittenen Länder… dringend angeraten wird.

100562

Vietnamesische Näherinnen in einer Textilfabrik: Auch die sozialistisch orientierten Entwicklungsländer wie die Sozialistische Republik Vietnam haben immer für den Export in den kapitalistischen Westen produziert.

Entwicklung vorgegeben wird, die aufgrund eines anderen Wirtschaftsprofils und anderer kultureller Bedingungen nicht ohne weiteres auf den »Süden« übertragbar ist.

Einige Länder versuchten dagegen, ihre Entwicklung mithilfe eines sozialistischen Wirtschaftssystems zu beschleunigen. Das bedeutendste Beispiel für einen weitgehend eigenständigen Weg bildet hierbei die Volksrepublik China. Andere Länder wie etwa Kuba, Vietnam und einige afrikanische Staaten orientierten sich stärker am sowjetischen Modell. Sie konnten zum Teil zwar Systeme der sozialen Sicherung errichten, produzierten aber in ökonomischer Hinsicht langfristig katastrophale Ergebnisse. Das 1947 von Großbritannien unabhängig gewordene Indien näherte sich außenpolitisch Moskau an und forcierte ähnlich wie die Sowjetunion den Aufbau staatlicher Schwerindustrien. In den Sechziger- und Siebzigerjahren gelang es Indien dann jedoch weitgehend, durch eine »grüne Revolution« in der Landwirtschaft sich fortan selbstständig mit Nahrungsmitteln zu versorgen.

Entwicklungshilfe oder Neokolonialismus? Die Stadt Rourkela im indischen Bundesstaat Orissa entstand mit dem ab 1956 mit deutscher Hilfe errichteten Stahlwerk.

100662

160

Zunächst stellten die ostasiatischen Schwellenländer Billigprodukte her. Später verbesserten sie die Qualität und entwickelten Markenprodukte (Kassettenrekorderproduktion bei Samsung in Südkorea).

Fortschreitende Verschuldung

Die meisten Entwicklungsländer wollten einen eigenen, dritten Weg zwischen Markt- und Planwirtschaft einschlagen. In der Praxis lief dies auf ein hohes Maß an Staatsinterventionismus hinaus. Vielerorts etablierten sich aber Diktaturen, die letztlich mehr Interesse an der Selbstbereicherung als am Allgemeinwohl hatten. Auf der außenwirtschaftlichen Ebene wollten viele der blockfreien Entwicklungsländer nach dem Vorbild der Öl exportierenden Länder Rohstoffkartelle oder zumindest internationale Sicherungssysteme für ihre Produkte wie Zucker, Kaffee, Kupfer, Holz oder Eisenerz errichten, um Preisstabilität zu gewährleisten. Solche Zusammenschlüsse sollten einen integralen Bestandteil der von den Entwicklungsländern in den Siebzigerjahren immer nachdrücklicher geforderten neuen Weltwirtschaftsordnung bilden. Die Industrieländer blockten dies jedoch ab, sodass die Rohstoffpreise kontinuierlich verfielen und 1986 ihren historischen Tiefpunkt seit 1945 erreichten. Die Entwicklungsländer mussten deshalb umso mehr Rohstoffe und landwirtschaftliche Güter exportieren, um ihre vornehmlich aus Industriegütern bestehenden Importe finanzieren zu können.

Seit den späten Sechzigerjahren suchte eine Reihe vor allem lateinamerikanischer Länder sich möglichst vollständig von den Mechanismen der Weltwirtschaft abzukoppeln. Sie wollten die Einfuhr von Investitionsgütern (Maschinen, Anlagen) aus den Industrieländern drastisch reduzieren und eine eigene arbeitsintensive Investitionsgüterindustrie aufbauen. Das durchschnittliche Wirtschaftswachstum in Lateinamerika von knapp sechs Prozent in den Siebzigerjahren schien ein Beleg für den Erfolg dieses Konzepts zu sein. Finanziert wurden die meist staatlichen Industrieprojekte allerdings mit einer ständig steigenden Verschuldung im Ausland. 1975 betrug diese 65 Milliarden, 1982 333 Milliarden und 1987 bereits 445 Milliarden US-Dollar.

Fehlinvestitionen, wirkungslose Monopolmärkte, mangelnde Haushaltsdisziplin und stark inflationäre Tendenzen hatten die meisten Volkswirtschaften Lateinamerikas bereits Ende der Siebzigerjahre in eine Rezession geworfen, als der drastische Kursanstieg des Dollars in der erste Hälfte der Achtzigerjahre zusätzlichen Druck entstehen ließ. Da der Großteil der Schulden in Dollar zurückgezahlt werden musste, sahen sich die größten Schuldnerstaaten Mexiko und Brasilien 1982/83 gezwungen, die Einstellung ihres Schuldendienstes zu erklären. Infolge der Schuldenkrise mussten die meisten Staaten Lateinamerikas tief greifende Strukturreformen im Geiste der angebotsorientierten Wirtschaftspolitik durchführen, die jedoch langfristig zu mehr Wettbewerbsfähigkeit führten.

Eine vollkommen andere Entwicklungsstrategie verfolgten einige ostasiatische Staaten, zuvorderst die »vier kleinen Tiger« Südkorea, Hongkong, Taiwan und Singa-

Die Organisation für Ernährung und Landwirtschaft der UNO (FAO) unterstützte 1987 in Peru ein Projekt zur Aufforstung. Auch in der Dritten Welt sollen Ökonomie und Ökologie stärker in Einklang gebracht werden.

100563

pur. Diese kleinen, rohstoffarmen Länder setzten nach dem Vorbild Japans auf den Export industrieller Fertigprodukte (z. B. Textilien, Unterhaltungselektronik), während sie ihre eigenen Märkte weitgehend abschotteten. Verbesserungen im Bildungswesen erhöhten die Arbeitsproduktivität. Da das Lohnniveau relativ niedrig gehalten wurde, konnten die ostasiatischen Schwellenländer ihre Produkte billiger anbieten als viele Industriestaaten. Seit den Sechzigerjahren erzielten die »vier kleinen Tiger« streckenweise zweistellige Wachstumsraten – allerdings ausgehend von einer niedrigen Basis. In den Neunzigerjahren sollte das asiatische Erfolgsmodell jedoch einen starken Dämpfer erhalten. *Lutz Frühbrodt*

Bomben auf Hanoi: Der Vietnamkrieg

Zu Beginn der Sechzigerjahre befanden sich die USA in einer tiefen Bewusstseinskrise, nachdem der Ostblock unter Führung der Sowjetunion Sieg um Sieg errungen hatte: Technologisch schien die UdSSR sogar an der westlichen Führungsmacht vorbeigezogen zu sein – man denke an den Start des Sputniks 1957 und den Abschuss eines amerikanischen U-2-Aufklärungsflugzeugs über sowjetischem Gebiet 1960 –, und auch politisch befanden sich die Kommunisten überall auf dem Vormarsch, wie vor allem die kubanische Revolution, der Umsturz unmittelbar vor der amerikanischen »Haustür«, signalisierte. Diese Revolution wurde mit dem Sieg Fidel Castros über den Diktator Fulgencio Batista eingeleitet.

Auch in Asien, vor allem in Indochina, schienen die Verbündeten des Westens inzwischen auf verlorenem Posten zu stehen. Seit Frankreich in Dien Bien Phu im nördlichen Vietnam kapituliert und sich im Gefolge der Genfer Indochinakonferenz von 1954 aus seinem dortigen Kolonialgebiet zurückgezogen hatte, war der kommunistische Norden Vietnams dazu übergegangen, den Süden zu infiltrieren, wobei offenkundig auch militärische Mittel zum Einsatz kamen. Beweise hierfür lieferten die Beschlüsse des III. Parteitags der Lao Dong (Partei der Vietnamesischen Werktätigen), aus der 1976 die Kommunistische Partei Vietnams hervorgehen sollte, vom September 1960, vor allem aber die gleichzeitige

Gründung der südvietnamesischen Nationalen Befreiungsfront (FNL), die sich gemäß ihren programmatischen Aussagen einen besonderen militärischen Arm zulegen wollte. Diese Rolle übernahmen die Guerillakämpfer der Rebellenbewegung Vietcong.

Die amerikanische Regierung unter John F. Kennedy, der 1961 das Erbe Dwight D. Eisenhowers angetreten hatte, beschäftigte sich deshalb von Anbeginn an mit neuen Strategien zur Abwehr der Kommunisten. Diese Strategien basierten zwar nach wie vor auf der Dominotheorie, die von der fortschreitenden Ausbreitung des Kommunismus in Ost- und Südostasien ausging und auf eine Eindämmung oder vielleicht sogar auf ein Zurückdrängen des kommunistischen Einflusses zielte, doch sollten sie das überholte Konzept der massiven Vergeltung durch eine Politik der flexiblen Erwiderung ersetzen.

Militäraktionen unterhalb der Kriegsschwelle

Kaum hatte die neue Abwehrdoktrin das Licht der Welt erblickt, schien sich Vietnam als Experimentierfeld geradezu aufzudrängen. In der Tat verlor Präsident Kennedy keine Zeit und ließ von seinen Beratern den Staley-Taylor-Plan ausarbeiten, der, nach den beiden Hauptautoren benannt, einen sublimited war vorsah, das heißt eine Kriegführung unterhalb der Schwelle zum offenen Krieg. Kennedy erhoffte sich von dieser Strategie eine »Befriedung« Vietnams innerhalb von nur 18 Monaten, also bis spätestens Herbst 1962. Dabei hatte er selbst den Kampf in Indochina sieben Jahre zuvor für aussichtslos erklärt: »Ich bin, offen gestanden«, so beurteilte er die Lage, »davon überzeugt, dass keine noch so große Militärhilfe der USA in Indochina einen Feind besiegen kann, der überall und zur gleichen Zeit nirgends ist, einen Feind des Volks, der gleichzeitig die Sympathie und die heimliche Unterstützung des Volks genießt.«

Kennedys neues Konzept eines jetzt anzupeilenden Sonderkriegs (special war), wie es in der Folgezeit schon bald auch in die Praxis umgesetzt wurde, operierte mit drei Hauptelementen: Erstens wurde die südvietnamesische Dorfbevölkerung, soweit sie in den von Guerillakämpfern infiltrierten Gebieten lebte, auf rund 16 000 stacheldrahtbewehrte »strategische Dörfer« umgesie-

Vietnamkrieg: Das proamerikanische Süd-Vietnam stand nach Ende des Indochinakriegs unter Druck der nordvietnamesischen Kommunisten. Seit 1960 nahmen die Guerillaaktionen der Vietcong in Süd-Vietnam zu, ab 1964 griffen die USA direkt in den Konflikt ein.

delt, um so die Aufständischen daran zu hindern, wie »Fische im Wasser des Volkes zu schwimmen«. Zweitens erreichten die Streitkräfte der südvietnamesischen Regierung bis 1964 eine Stärke von rund 500 000 Mann, wobei die USA sowohl moderne Waffen als auch etwa 25 000 »Berater« zur Verfügung stellten. Drittens entstand im Februar 1962 in Saigon ein besonderes Militärkommando (military assistance command), das nicht nur den Einsatz der »Berater« leiten sollte, sondern auch selbstständige Operationen amerikanischer Einheiten steuerte.

Zwei Arten von Spezialeinheiten erwarben sich in diesem Zusammenhang einen höchst zweifelhaften Ruf, einmal die – nach ihrer Kopfbedeckung so benannten – green berets des amerikanischen Heeres, dann die »Ledernacken«, die von der US-Marine in den Kampf geschickt wurden. Mit ihrem martialischen Gehabe, ihrer selbst gewählten Symbolik wie der Helmaufschrift born to kill, »zum Töten geboren«, und ihrer Brutalität gegen alles, was nach feindlichem Vietcong aussah, bewirkten sie nicht etwa die beabsichtigte Befriedung innerhalb von 18 Monaten, sondern eher das Gegenteil, nämlich den Schulterschluss zahlloser Bauern mit den Kommunisten. Als immer mehr amerikanische »Befriedungsaktionen« ins Leere stießen und schließlich auch noch der sowohl innen- als auch militärpolitisch glücklos operierende Präsident Ngo Dinh Diem am 2. November 1963 ermordet wurde, mussten die USA, deren Präsident Kennedy fast zur gleichen Zeit einem Mordanschlag zum Opfer fiel, eine neue Richtungsentscheidung treffen. Sie lautete: Rückzug aus Vietnam oder militärische Eskalation.

100662

US-Präsident John F. Kennedy erhoffte sich von der Strategie des »sublimited war« die Erledigung des Vietnamproblems innerhalb von etwa 18 Monaten.

Vom »Sonderkrieg« zum »lokalen Krieg«

Schon kurz nach seinem Amtsantritt setzte Kennedys Nachfolger Lyndon B. Johnson im Februar 1964 ein Programm geheimer militärischer Operationen gegen den Staat Nord-Vietnam in Kraft (»Operationsplan 34 A«), das im Gefolge der Aufsehen erregenden Veröffentlichung der geheimen Pentagonpapiere 1971 auch ans Licht der Öffentlichkeit gelangte. Angesichts der »Aggression aus dem Norden« sollte, so diese Dokumente, die bisher flexible Strategie zwar beibehalten, erforderlichenfalls aber auch ausgeweitet werden. Gleichzeitig wurden mit verstärktem Druck die Luftlandestützpunkte und Basen in Da Nang, Saigon und Pleiku ausgebaut, auch die Waffenlieferungen erhöht sowie die militärischen Ausbildungsbemühungen intensiviert – in Nord-Vietnam (durch die UdSSR) übrigens ebenso wie im Süden (durch die USA).

Die Pulverfässer waren gefüllt und standen bereit. Der Funke sprang 1964 über, als es im Golf von Tongking nach geheimen amerikanischen Operationen gegen Nord-Vietnam am 2. August zu einem Feuergefecht zwischen zwei amerikanischen Zerstörern und nordvietnamesischen Torpedobooten kam. Am 5. August folgte, wie Johnson es ausdrückte, die amerikanische »Gegenaktion« in Form von Luftangriffen auf Versorgungslager in Nord-Vietnam. Zu diesem Vergeltungsschlag kam es ohne vorherige Kriegserklärung. Bereits am 7. August stellten sich beide Häuser des Kongresses mit nur zwei Gegenstimmen hinter eine Resolution, die Johnson praktisch uneingeschränkte Vollmacht zur Kriegführung in Vietnam gab. Erst 1970, anlässlich der versuchten Ausweitung des Kriegs nach Kambodscha, wurde diese Generalvollmacht vom Senat widerrufen. Vorerst freilich hatte die Administration Johnson freie Hand für den Übergang vom Sonderkrieg zum örtlich begrenzten Krieg (local limited war), der an drei Fronten geführt wurde, nämlich im Norden gegen die Demokratische Republik Vietnam, im Süden gegen die kommunistisch geführten Guerillakämpfer und dazwischen gegen Nachschubrouten, vor allem den Ho-Chi-Minh-Pfad.

Unter der Parole Rolling Thunder (Rollender Donner) begannen die Militäraktionen ab 1965 voll anzulaufen und zwar entsprechend der Doppelstrategie eines Luftkriegs einerseits und eines Bodenkriegs andererseits. Ziel der Luftangriffe, die auch mit den »fliegenden Festungen« vom Typ B 52 geführt wurden, war es gemäß offizieller Sprachregelung, den Gegner »an den Verhandlungstisch zu bomben«; zynischer drückte es der amerikanische Luftwaffengeneral Curtis E. LeMay aus, der Vietnam »zurück in die Steinzeit bombardieren« wollte. Von Februar 1965 bis Ende Oktober 1968 flog die amerikanische Luftwaffe 107 700 Angriffe und warf dabei 2,5 Millionen Tonnen Bomben ab – mehr als im gesamten Zweiten Weltkrieg. Diese Bombenangriffe richteten sich nicht nur gegen Nachschublager und Militäreinheiten, sondern auch gegen die Zivilbevölkerung. Schon Ende 1968 waren nicht weniger als vierzig Prozent aller Ortschaften Nord-Vietnams in Flammen aufgegangen. Bei den Luftangriffen wurde das schmale Vietnam von Osten her, von der Insel Guam und der siebten Flotte, und von Westen, von Thailand aus, regelrecht in die Zange genommen.

100562

Kennedys Nachfolger Lyndon B. Johnson erhielt am 7. 8. 1964 von beiden Häusern des Kongresses praktisch uneingeschränkte Macht zur Kriegsführung in Vietnam.

Die Bevölkerung in Nord-Vietnam und in den zur Bombardierung freigegebenen Zonen des Südens hatte nur die Möglichkeit, sich immer raffinierter ausgeklügelte Luftschutzbunker zu errichten und die Siedlungen in Wehrdörfer umzuwandeln, in denen nicht nur ge-

100562

Zur Vorbereitung eines Luft- und Bodenkriegs begannen ab 1965 Militäraktionen: US-Soldaten durchkämmen ein Gebiet südöstlich von Saigon auf der Suche nach Vietcong-Partisanen. Für Verstärkung sorgt eine Hubschrauberstaffel.

kämpft, sondern auch produziert, unterrichtet und ärztlich betreut wurde. Zur vollen Entfachung des Bodenkriegs landeten ab Mai 1965 immer neue Kontingente amerikanischer Bodentruppen, die Ende 1968 den Höchststand von 543 000 Mann erreicht hatten und noch von südkoreanischen, thailändischen, australischen und neuseeländischen Verbänden ergänzt wurden. Obwohl auch Süd-Vietnam mittlerweile über eine halbe Million Mann unter Waffen stehen hatte, blieb es am Ende doch bei einer Amerikanisierung des Kriegs, da die US-Stäbe strategisch das Sagen hatten, hauptsächlich mit amerikanischen Waffen gekämpft wurde und auch laufend neue amerikanische Stützpunkte aus dem Boden gestampft wurden, angefangen von Da Nang über Nha Trang und Cam Ranh bis hinunter nach Bien Hoa und hinüber nach Pleiku. Bis 1968 bestand die Haupttaktik dieser amerikanisierten Kriegführung im Aufspüren und Vernichten des Gegners (search and destroy).

Die nordvietnamesischen und die Vietcongverbände beantworteten dieses Vorgehen mit einer Art grüner Kriegführung. Sie war aufs Engste mit der vietnamesischen Erde verbunden: Immer häufiger kämpften ihre Einheiten aus der Deckung der Dschungelgebiete heraus. Auch entstanden zahllose Tunnel, in denen die »Bo Doi« (»Kämpfer«) wegtauchen konnten. Und mehr: Diese Tunnel verunsicherten den Gegner, weil sie mit bambusnadelbewehrten Tigergruben (booby traps) flankiert waren. Darüber hinaus entwickelte sich eine »grüne Logistik«, und zwar vor allem im Bereich des Ho-Chi-Minh-Pfads, mit dessen Ausbau bereits in der zweiten Hälfte der Fünfzigerjahre – also noch viele Jahre vor dem eigentlichen Beginn des Vietnamkriegs – begonnen worden war.

Dieses Wegesystem zur Versorgung der nordvietnamesischen Truppen war im Laufe der Zeit ständig erweitert worden und hatte sich bis zum Kriegsende zu einem Spinnennetz von insgesamt 16 000 Kilometern Länge mit fünf Hauptstraßen und 21 Nebenstraßen verzweigt, wobei die wichtigsten Teile durch Ostlaos und Ostkambodscha verliefen. Die Tarnung des Ho-Chi-Minh-Pfads war so perfekt, dass sein Vorhandensein erst zu Beginn des Vietnamkriegs entdeckt wurde. Sogleich war dieses Wegesystem dann zum Ziel intensivster Bombardements durch die amerikanische Luftwaffe gewählt worden. Hanoi hatte die Parole ausgegeben, dass der Nachschub auf

Die Bombenangriffe richteten sich auch gegen die Zivilbevölkerung. Ende 1968 waren schon 40 Prozent aller Ortschaften Nord-Vietnams zerstört.

100562

100562

US-Infanteristen im Gelände – ab Mai 1965 landeten zur Intensivierung des Bodenkriegs ständig neue amerikanische Truppenkontingente.

dieser Hauptinfiltrationsroute nach Süd-Vietnam »nicht eine Sekunde lang« zum Stillstand kommen dürfe – und in der Tat hielten sich die Kombattanten und Zivilisten mit ihren Lastwagen, Ochsenkarren und Fahrrädern an diese Vorgabe.

Da der Pfad meist uneinsehbar war und die ihn bedeckenden Laubkronen häufig noch dadurch zusätzlich begrünt wurden, dass man mit Orchideen und Schlinggewächsen bepflanzte Töpfe in die Baumkronen hängte, behalfen sich die Amerikaner im Gegenzug mit so genannten Entlaubungsaktionen. Sie versprühten das nach seiner Farbe benannte dioxinhaltige Agent Orange, und so wurde insgesamt eine Waldfläche von der Größe Baden-Württembergs vernichtet. Eine verheerende Begleiterscheinung dieser »schmutzigen« Kriegführung war, dass ungezählte Menschen an Leberkrebs, Epilepsie und Allergien aller Art erkrankten.

Um den Ho-Chi-Minh-Pfad zu blockieren, stießen südvietnamesische Einheiten mit amerikanischer Unterstützung 1970 und 1971 auch nach Ostkambodscha und Ostlaos vor. Doch blieben diese Operationen nicht zuletzt deshalb folgenlos, weil der amerikanische Kongress jetzt weitere Einsätze auf Süd-Vietnam beschränkte. Die vom Pentagon versuchte Ausweitung des Kriegs auf Kambodscha und Laos führte zu verstärkten amerikanischen Antikriegsdemonstrationen, vor allem an den Universitäten. Bei einer dieser Protestaktionen gegen die

Invasion Kambodschas wurden im Mai 1970 an der Kent State University in Ohio vier Studenten von der Nationalgarde erschossen. Ein Aufschrei ging damals durch die amerikanische Öffentlichkeit.

Die Tet-Offensive bringt die Wende

Wie schlecht es um die Siegesaussichten der USA auch nach vier Jahren Krieg noch bestellt war, sollte vor allem nach dem traditionellen Neujahrsfest der Vietnamesen am 30. Januar 1968 deutlich werden: Wie aus heiterem Himmel begann vom folgenden Tage an jener Großangriff der Vietcong, der als Tet-Offensive in die Geschichte eingegangen ist. Sie zog nahezu sämtliche Provinz- und Kreishauptstädte des Südens, vor allem aber Huê und Saigon in Mitleidenschaft. Zwar mussten die Angreifer ihre Offensive, die militärisch zuletzt ohne durchgreifenden Erfolg blieb, mit 38 000 Toten bezahlen, doch wirkte sich das Vorgehen der Vietcong politisch-psychologisch verheerend auf die Moral der Soldaten und der amerikanischen Öffentlichkeit aus. »Der Sieg ist zum Greifen nahe« (victory is 'round the corner), hatte Präsident Johnson die Nation immer wieder glauben machen wollen – und nun hatten sich die Vietcong überall festgesetzt, selbst das Dach der amerikanischen Botschaft hatten sie erklettert. Psychologisch war die Tet-Offensive eine Art Stalingrad für die Amerikaner; in der Tat haben Nord-Vietnam und der Vietcong bis zum Ende des Kriegs die strategische Initiative nie wieder abgeben müssen. Die Tet-Offensive versetzte die amerikanische Öffentlichkeit geradezu in nationale Hysterie.

In diesem Wahljahr 1968 sollte das Ansehen Präsident Johnsons schweren Schaden nehmen. Am 31. März des Jahres gab er seinen Verzicht auf die Präsidentschaftskandidatur bekannt; am 13. Mai begannen in Paris Waffenstillstandsgespräche mit Nord-Vietnam und der Provisorischen Revolutionsregierung Süd-Vietnams. Am 1. November 1968 wurden die Bombenangriffe gegen Ziele in Nord-Vietnam eingestellt.

Amerikanische Flugzeuge versprühten das chemische Entlaubungsmittel Agent Orange über Süd-Vietnam (1966), um den unter einem »grünen Dach« verborgenen Versorgungspfad der nordvietnamesischen Truppen freizulegen.

Die »Vietnamisierung« des Kriegs

Der als Nachfolger Johnsons 1968 neu gewählte Präsident Richard M. Nixon wollte als »Friedenspräsident« in die Geschichte eingehen. Er hatte von Anbeginn an die

100562

Der Ho-Chi-Minh-Pfad nach der »Entlaubung«. Der Einsatz des Herbizids Agent Orange führte zur Zerstörung eines ganzen Ökosystems und kostete zahllose Vietnamesen das Leben oder die Gesundheit.

100562

Devise ausgegeben, dass der Krieg in Vietnam fortan »entamerikanisiert« und gleichzeitig »vietnamisiert« werden müsse. Zu seinem Sicherheitsberater ernannte er den deutschstämmigen Harvard-Politologen und zeitweiligen Berater Kennedys und Johnsons, Henry A. Kissinger, der sich denn auch sogleich als Hauptanwalt der Pariser Verhandlungen profilierte, eine »Kombination von Härte und Diplomatie« forderte und als erster Vertreter der amerikanischen Regierung den Grundsatz vom »ehrenhaften Frieden« – anstelle des bisher stets geforderten militärischen Siegs – verkündet hatte.

Auch das militärische Vorgehen stützte sich jetzt nicht mehr auf die bisherige Leitlinie des search and destroy, sondern wesentlich defensiver auf die Leitlinie clear and hold (Säubern und Halten). Nicht zuletzt aber begann mit dem Amtsantritt Nixons auch der schrittweise Rückzug der amerikanischen Streitkräfte, deren Zahl 1970 noch 428 000 Mann betrug, 1972 aber nur noch 78 000. Als Ausgleich dafür wurde im Gegenzug umso energischer ein forcierter Ausbau der Streitkräfte Süd-Vietnams betrieben. Ausgestattet mit erstklassigen Waffen, sollte die südvietnamesische Armee zeitweilig zur (nach China) zweitgrößten und modernsten Militärmaschinerie Asiens hochgerüstet werden.

Das Debakel der amerikanischen Bombardements

Und was geschah in Nord-Vietnam? Für das aus allen Wunden blutende Land bedeutete die Einstellung des Bombardements eine Atempause und einzigartige Chance zur Neuformierung der Truppen, zur Reorganisation der Industrie sowie zum weiteren Ausbau der Zusammenarbeit mit der Sowjetunion, die mit Rat und Tat, vor allem aber mit modernen Waffen und Flugabwehrraketen zur Stelle war, während die Volksrepublik China zur gleichen Zeit zu ihrem Nachbarn im Süden immer mehr auf Distanz ging. Präsident Nixon folgte sogar einer Einladung der chinesischen Führung und reiste im Februar 1972 nach Peking. Die eigentliche Nagelprobe für Nixons Strategie der Vietnamisierung kam im Jahre 1972, als Nord-Vietnam seine Osteroffensive startete.

Diese Offensive war, wie sich später herausstellen sollte, ein erster Schritt zur endgültigen »Befreiung« des Südens. 1972 trat die Vietnamesische Volksarmee zum ersten Mal als eine modern operierende Armee mit Panzern und Artillerie auf, die den zahlenmäßig und waffentechnisch überlegenen Truppen Saigons herbe Verluste zufügte. Es gelang ihr, der Republik Süd-Vietnam ein Gebiet mit rund 2,5 Millionen Einwohnern zu entreißen, sodass das Regime des südvietnamesischen Präsidenten Nguyen Van Thieu auf Areale um Saigon herum zusammenschrumpfte. Der Erfolg des Nordens machte aber auch unmissverständlich klar, dass Nixons so nachhaltig propagierte »Vietnamisierung« des Kriegs gescheitert war.

In dieser katastrophalen Situation versuchte der Präsident zu retten, was noch zu retten war. Allerdings kam eine erneute Entsendung amerikanischer Bodentruppen nun keinesfalls mehr in Betracht. Als einzige Möglichkeit verblieb folglich die Wiederaufnahme der Bombenangriffe auf Nord-Vietnam, die der Präsident am 18. Dezember 1972 anordnete; sie erreichten ihren Höhepunkt in der Weihnachtswoche desselben Jahres. Erneut durchlitt die nordvietnamesische Stadtbevölkerung das Martyrium pausenloser Bombardierungen.

Schon zuvor, im April desselben Jahres, waren die Luftangriffe auf nordvietnamesische Ziele zeitweilig wieder aufgenommen worden, und am 8. Mai hatte Nixon

ZITAT

General Vo Nguyen Giap entwarf die Konzeption des Guerilla- und Volkskriegs:

Unsere Armee hat bislang immer Hilfsaktionen auf dem Land, in der Produktion oder im Kampf gegen Überschwemmung und Trockenheit durchgeführt. Sie hat streng auf ein korrektes Verhältnis zur Bevölkerung geschaut; hat nie ihre Güter angetastet … So konnte sie die rückhaltlose Unterstützung breitester Massen, selbst in Minderheitsgebieten und katholischen Ortschaften, gewinnen.

überdies die Verminung der Eingänge zu sämtlichen nordvietnamesischen Häfen angeordnet. Diese Maßnahmen fielen mitten in die vertraulichen Gespräche in Paris zwischen Kissinger und dem nordvietnamesischen Bevollmächtigten Le Duc Tho, um den kommunistischen Norden so zu Zugeständnissen zu zwingen. Das neuerliche massive Bombardement der amerikanischen Luftwaffe im November 1972 erwies sich jedoch als Debakel: Mit sowjetischer Unterstützung hatte sich die vietnamesische Flugabwehr mittlerweile so grundlegend modernisiert, dass sogar die strategischen Bomber vom Typ B-52, die mit ihrer Flughöhe von 16 bis 17 Kilometer bisher als unerreichbar galten, in Massen abgeschossen werden konnten.

Allein zwischen dem 18. und dem 30. Dezember 1972 wurden nicht weniger als 33 dieser Bomber vom Himmel geholt. Am 15. Januar 1973 sah sich Nixon gezwungen, die Bombardements einzustellen – diesmal für immer. Das schien nun militärisch geboten, aber auch aus innenpolitischen Gründen. Denn inzwischen machte die Watergate-Affäre dem Präsidenten schwer zu schaffen. Bereits sieben Tage später, nämlich am 22. Januar, paraphierten die Chefunterhändler Le Duc Tho und Henry Kissinger ein Waffenstillstandsabkommen, das am 27. Januar desselben Jahres durch alle vier beteiligten Parteien, die Provisorische Revolutionsregierung Süd-Vietnams (NLF), Saigon, Hanoi und Washington, feierlich unterzeichnet wurde.

Das Waffenstillstandsabkommen von Paris

Die Pariser Vereinbarung ermöglichte den Amerikanern, beim Rückzug aus Vietnam das Gesicht zu wahren, bedeutete aber kaum die Beendigung des Kriegs. Mit Skepsis und Gleichmut wurde die »Friedensnachricht« denn auch von der südvietnamesischen Bevölkerung aufgenommen. »Welcher Krieg ist zu Ende?«, fragte eine besorgte vietnamesische Frau den Reporter eines amerikanischen Fernsehteams, »vielleicht der Krieg der Amerikaner – aber unserer?« Diese Skepsis sollte noch schmerzlich Recht behalten.

Die Pariser Vereinbarung bestätigte erneut die Unabhängigkeit und territoriale Integrität Kambodschas, wie sie bereits die Genfer Indochinakonferenz von 1954 an-

Der Großangriff kommunistischer Verbände am buddhistischen Neujahrsfest (Tet) brachte den nord-vietnamesischen Truppen und den Vietcong die strategische Überlegenheit. Das Bild zeigt US-Infanterie im Einsatz während der schweren Kämpfe um das südvietnamesische Huê.

160

Richard Nixon wollte als amerikanischer »Friedenspräsident« in die Geschichte eingehen.

erkannt hatte (Artikel 1). Beiden Krieg führenden Parteien wurde eingeräumt, ihre Streitkräfte dort zu belassen, wo sie sich zur Zeit des Waffenstillstands befunden hatten (Artikel 3). Damit war auch die Anwesenheit von FNL-Verbänden in den von ihnen »befreiten« Gebieten anerkannt. Ferner sollte das »südvietnamesische Volk« seine politische Zukunft selbst bestimmen können, wobei die friedliche Wiedervereinigung mit dem Norden Schritt für Schritt einzuleiten sei (Artikel 15). Die USA verpflichteten sich, ihre Truppen zurückzuziehen, ihre Militärbasen zu räumen (Artikel 5/6), die Verminung der vietnamesischen Gewässer einzustellen und die verlegten Minen wieder zu räumen. Im Grunde wurde mit diesem Abkommen aus Sicht der USA das Scheitern der Vietnampolitik von vier amerikanischen Präsidenten, Eisenhower, Kennedy, Johnson und Nixon, eingeräumt und gleichzeitig unausgesprochen das Fundament für eine Fortsetzung der Kämpfe gelegt, diesmal allerdings ohne direkte Beteiligung der USA.

Die Tinte der Schriftzüge unter diese Vereinbarung war noch nicht trocken, da begannen seitens beider Kriegsparteien bereits gewaltige Nachschublieferungen an Waffen und Gerätschaft anzurollen, deren Umfang, was Süd-Vietnam anbelangte, sogar die Lieferungen während der Phase der Vietnamisierung noch einmal in den Schatten stellte. Während die sowjetische Logistik für Nord-Vietnam in aller Stille funktionierte, wurden die amerikanischen Lieferungen für Süd-Vietnam sozusagen vor den Augen der Weltöffentlichkeit abgewickelt.

US-Außenminister William P. Rogers unterzeichnet am 27. 1. 1973 im Pariser Hotel »Majestic« das Waffenstillstandsabkommen. Für Vietnam war der Krieg damit aber noch lange nicht beendet.

Die kritische Öffentlichkeit attackierte nun insbesondere auch die »Beratertätigkeit« der Amerikaner, die jetzt neue Dimensionen erreichte, wobei diese »Berater« nicht mehr Uniform, sondern unauffälliges Zivil trugen. Ihre Zahl umfasste seit Mitte 1973 etwa 25 000 Mann. Ihre kommunikativen Stränge liefen fast ausnahmslos bei der Botschaft der Vereinigten Staaten in Saigon zusammen – kein Wunder, dass die dortige Botschaft von Kritikern als Ost-Pentagon bezeichnet wurde, das sich als allemal »gefechtsbereites Zentrum« in nichts vom Hauptquartier der früheren Kriegszeit unterscheide.

Doch war die Effizienz des von den Beratern unterstützten Saigoner Regimes mittlerweile sehr gering. Bei der Ho-Chi-Minh-Offensive vom März und April 1975 brach das Verteidigungssystem Süd-Vietnams dann auch fast wie ein Kartenhaus zusammen. Am 30. April des Jahres rollten nordvietnamesische Panzer in Saigon ein. Sechs Stunden vor ihrem Eintreffen hatte der letzte amerikanische Botschafter die Hauptstadt fluchtartig per Hubschrauber verlassen. Die »Berater« waren schon in den Tagen zuvor ausgeflogen worden – ein gar nicht hoch genug zu veranschlagender Gesichtsverlust für die Weltmacht USA vor der Kulisse Asiens! *Oskar Weggel*

Trauerarbeit und neue Opfer: Die weltpolitische Bedeutung des Vietnamkriegs

Erst am 30. April 1995 veröffentlichte Hanoi erstmals Verlustzahlen aus dem Vietnamkrieg. Danach sind zwischen 1954 und dem 30. April 1975 nicht weniger als drei Millionen vietnamesische Soldaten und Zivilisten getötet worden. 1,1 Millionen Soldaten fielen auf dem Schlachtfeld, 600 000 wurden verwundet und 300 000 gelten bis heute als vermisst. Zu den Toten zählen auch die Guerillakämpfer des Vietcong, die im Rücken der südvietnamesischen Truppen operiert hatten. Da Nord-Vietnam die Zahl der Opfer immer wieder heruntergespielt hatte, um die eigene Bevölkerung nicht zu entmutigen, waren frühere westliche Schätzungen von nur etwa 660 000 gefallenen Nordvietnamesen und Vietcong ausgegangen. Die Zahl der getöteten Zivilisten des Vietnamkriegs belief sich auf etwa zwei Millionen; weitere zwei

Amerikanische Soldaten helfen in der Nähe des südvietnamesischen Dak To einem Verwundeten. Die Zahl der Opfer auf nordvietnamesischer Seite überstieg die Zahl der Opfer aufseiten der Alliierten um ein Vielfaches.

100562

Millionen hatten nur als Invaliden überleben können. Nochmals zwei Millionen waren giftigen Chemikalien ausgesetzt gewesen, sodass es im Gefolge des Vietnamkriegs zur Geburt von rund 500 000 missgebildeten Kindern kam.

Außer dem Zentrum von Hanoi, das aus politischen Rücksichten verschont wurde, waren die großen Städte Nord-Vietnams weitgehend zerstört und sämtliche Provinzhauptstädte in Mitleidenschaft gezogen worden. Auch die Eisenbahnlinien, Straßen, See- und Flughäfen hatten verheerende Bombenschäden erlitten. 68 von siebzig Staatsgütern, 1 600 Wasserstauwerke, mehr als Tausend Deichanlagen, nahezu 3 000 Schulen und 350 Krankenhäuser waren Opfer der Bombenhagel geworden. Im Süden hatte der Krieg 9 000 verwüstete Dörfer (von insgesamt 16 000), zehn Millionen Hektar vergiftetes Kulturland und fünf Millionen Hektar vernichtete Wälder hinterlassen.

Auf alliierter Seite waren 223 748 südvietnamesische und 58 200 amerikanische Soldaten getötet worden. Den 300 000 nordvietnamesischen Vermissten stehen bis heute noch etwa 2 000 vermisste amerikanische Soldaten gegenüber. Die Amerikaner haben den Vietnamkrieg verloren, weil es bei ihnen und ihren Alliierten vor allem an der nötigen Kampfmoral gemangelt und überdies der Willen gefehlt hatte, einen umfassenden Bodenkrieg zu führen. Nord-Vietnam und der Vietcong wussten die Bevölkerung auf ihrer Seite, weil sie ihr die Ziele und Strategien eines Volkskriegs hatten plausibel machen können, weil sie es ferner verstanden, sich den wechselnden Anforderungen des Kriegs flexibel anzupassen – von der reinen Guerilla- bis hin zur offenen Kriegführung – und weil sie sich auf die Sowjetunion als Lieferanten moderner Rüstungsgüter verlassen konnten.

Amerika: Krise des nationalen Selbstverständnisses

Nicht zuletzt aber war die amerikanische Kriegführung ein Opfer des damals nach links gerückten Zeitgeists geworden. Ab Mitte der Sechzigerjahre entwickelte sich in den USA eine Protestbewegung gegen den Vietnamkrieg, die zugleich auf die Bürgerrechtsbewegung einwirkte und in eine allgemeine Auflehnung gegen die bestehende Gesellschaftsordnung überging. Amerikanische Kritiker aus Politik und Publizistik, die den Krieg als Teil eines Globalismus, einer weltweiten Übernahme der Verant-

ZITAT

Der letzte Wunsch Ho Chi Minhs, niedergelegt in seinem Testament:

Mein letzter Wunsch ist, dass unsere ganze Partei, unser ganzes Volk, eng zusammengeschlossen im Kampf, ein friedliches, vereinigtes, unabhängiges, demokratisches, blühendes Vietnam erbaut und damit einen würdigen Beitrag zur Weltrevolution leistet.

INFOBOX

Ein umstrittener Friedensnobelpreis

Le Duc Tho, nordvietnamesischer Hauptunterhändler bei der Pariser Friedenskonferenz, und der amerikanische Sonderbeauftragte Henry Kissinger schlossen am 27. 1. 1973 ein Waffenstillstandsabkommen im Vietnamkrieg. Für ihre diplomatischen Bemühungen in diesem Krieg, der noch nicht beendet war, erhielten beide 1973 den Friedensnobelpreis zugesprochen – die Weltöffentlichkeit reagierte mit Verwunderung. Während Kissinger die Ehrung annahm, lehnte Le Duc Tho die Annahme des Preises ab, da in Süd-Vietnam noch immer kein echter Frieden herrsche. Auch Kissinger gab die Auszeichnung später zurück.

INFOBOX

»Amis raus aus Vietnam«

Die Protestbewegung gegen den Vietnamkrieg war ab Mitte der 1960er-Jahre in den USA entstanden und hatte dann auf die westlichen Staaten Europas übergegriffen. Angesichts der für die vietnamesische Zivilbevölkerung verheerenden Auswirkungen des Krieges und der trotz des ungeheuren logistischen Aufwands militärisch aussichtslosen Lage kam es in den USA zu einer schweren Krise des nationalen Selbstverständnisses – das Land hatte bis dahin noch keinen Krieg verloren!

Als 1973 das Waffenstillstandsabkommen unterzeichnet war, fiel die »Victory Parade«, die traditionell von der Stadt New York für heimkehrende Truppen veranstaltet wird, aus – erst im Frühjahr 1985 wurde sie nachgeholt. Die Veteranen des Vietnamkriegs blieben jahrelang mit ihren traumatischen Erinnerungen allein. Erst Ende der 1970er-Jahre begannen die Medien, die Erfahrung des Vietnamkriegs ernsthaft aufzuarbeiten. Beispiele dafür sind Filme wie »The Deer Hunter« (1978) oder »Apocalypse now« (1979).

wortung im Kampf gegen kommunistische beziehungsweise des Kommunismus verdächtige Kräfte sahen, wiesen darauf hin, dass diese Haltung zu einer Überforderung der amerikanischen Kräfte und letztlich zum Niedergang des amerikanischen Einflusses in der Welt führe.

Die aus der Protestbewegung entstehende neue Linke kritisierte den Vietnamkrieg als Manifestation des internationalen Klassenkampfs der Dritten Welt gegen Kapitalismus und Imperialismus. Angesichts der vor allem für die vietnamesische Zivilbevölkerung verheerenden Auswirkung des Kriegs, der mit zunehmender Härte und Brutalität geführt wurde, und angesichts der trotz ungeheuren technischen Aufwands militärisch aussichtslosen Lage kam es in den USA zu einer schweren Krise des nationalen Selbstverständnisses – forciert auch durch die Veröffentlichung der bereits genannten geheimen Pentagonpapiere, die die Vorgeschichte des amerikanischen Engagements in Indochina aufdeckten. Der Protest gegen den Vietnamkrieg griff auch auf die westlichen Staaten Europas über, besonders auf die Studentenbewegung in der Bundesrepublik Deutschland, und trug zum Ansehensverlust der USA im Ausland bei.

In der Stuttgarter Innenstadt demonstrierten am 15. 11. 1969 Tausende mit roten Fahnen und Ho-Chi-Minh-Transparenten gegen den Krieg in Vietnam.

100562

101171

Über eine Million Menschen wurden nach dem Ende des Vietnamkriegs zwangsweise aus dem ehemaligen Saigon ausgesiedelt (hier die Kathedrale aus der französischen Kolonialzeit).

Vietnam: Politisch verspielter Sieg

Im Zuge der gewaltsamen Revolutionierung der südvietnamesischen Gesellschaft hatte die Provisorische Revolutionsregierung Süd-Vietnams bereits 1975 nach ihrer Machtübernahme Amtsträger und Anhänger der gestürzten Republik Vietnam aus der Verwaltung Süd-Vietnams entfernt und in Umerziehungslager eingewiesen. Die Kommunistische Partei Vietnams wurde die allein maßgebliche Kraft in ganz Vietnam. Neben der Angleichung des südvietnamesischen Wirtschaftssystems an das von Nord-Vietnam vorgegebene System der Planwirtschaft sah sich die Regierung vor die Aufgabe gestellt, den Wiederaufbau der durch den Krieg zerstörten Wirtschaft einzuleiten und ein Millionenheer von Arbeitslosen, demobilisierten Soldaten und anderen Entwurzelten wieder einzugliedern. Die Regierung setzte ein Umsiedlungsprogramm durch, unter anderem die Zwangsansiedlung von über einer Million Bewohnern Saigons, das seit 1976 Ho-Chi-Minh-Stadt hieß, in neuen Wirtschaftszonen.

Hunderttausende Vietnamesen flohen damals über See (Boat people) ins nichtkommunistische Ausland.

1978 ging die vietnamesische Regierung dazu über, eine expansionistische Außenpolitik zu betreiben. Nach Spannungen mit dem von den Roten Khmer regierten Kambodscha ließ Vietnam im Dezember 1978 dort Truppen einmarschieren und setzte Anfang Januar 1979 eine kommunistische Regierung ein. Die vietnamesischen Besatzungstruppen versanken im Sumpf eines zehnjährigen Guerillakriegs. Erst Reformbeschlüsse der vietnamesischen Regierung von 1986 und der freiwillige Rückzug der Truppen aus dem Nachbarland im Jahre 1989 schufen Ansätze für einen zweiten Neubeginn. Die Frage, ob der Vietnamkrieg all die jahrelangen Opfer wert war, da Vietnam mittlerweile ja auf einen – mit sozialistischen Parolen verbrämten – quasikapitalistischen Kurs eingeschwenkt sei, blieb in Vietnam streng tabuisiert.

Oskar Weggel

The killing fields: Kambodscha unter den Roten Khmer

Gerade einmal drei Jahre, acht Monate und zwanzig Tage – vom 17. April 1975 bis zum 7. Januar 1979 – dauerte die Herrschaft der Roten Khmer über Kambodscha. Sie musste aber mit Unterdrückung, Rechtlosigkeit und mit dem Leben von rund 1,7 Millionen Menschen, das heißt rund einem Viertel der damaligen Bevölkerung, bezahlt werden.

Ausgangspunkt für diese Tragödie war ein für Südostasien typischer Stadt-Land-Dualismus, nämlich die tiefe Kluft zwischen der allmächtigen Metropole Phnom Penh und dem nachfolgenden »Rest«. Schon seit der französischen Kolonialherrschaft hatte der Staat eigentlich aus zwei Kambodschas bestanden, nämlich dem Herzland mit der Hauptstadt sowie der Gegend um den Großen See, in dem etwa neunzig Prozent der Bevölkerung lebten, und den Außengebieten, die in jeder Hinsicht »marginalisiert« waren. Im Großraum Phnom Penh konzentrierte sich alles, was an Industrie, moderner Infrastruktur, modern ausgebildetem Personal, Unternehmerschaft, Kapital und Intelligenz vorhanden war.

So entzündete sich denn die Phantasie der Roten Khmer, deren Führer übrigens zumeist in Frankreich studiert hatten, vor allem am überkommenen Stadt-Land-Gegensatz. Kambodschas Elend galt als Ergebnis einer »imperialistisch« gelenkten »Arbeitsteilung« zwischen parasitären städtischen Kollaborateuren auf der einen und jenem Bauerntum auf der anderen Seite, das als wahrer Vertreter des Khmer-Volkes angesehen wurde. Als Ergebnis dieses Missstandes sollten nicht nur die kambodschanischen Städte, sondern auch die Städter als solche liquidiert werden.

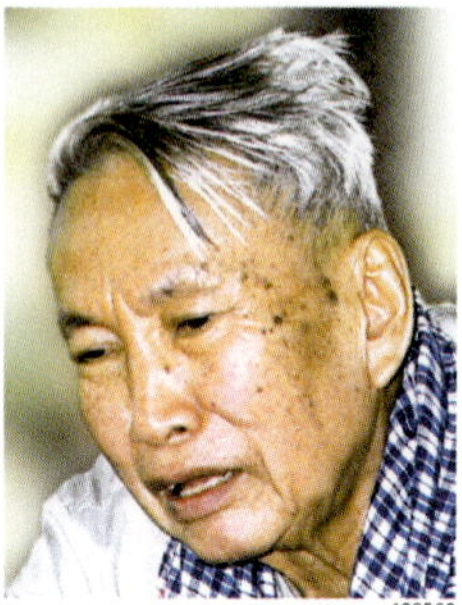

100562

Pol Pot, »Bruder Nr. 1« der Roten Khmer, führte die Probleme Kambodschas auf einen unüberwindlichen Stadt-Land-Konflikt zurück. Deshalb wurden 1,5 bis 2 Mio. Kambodschaner durch die Roten Khmer ermordet. Es überlebten landesweit nur 50 Ärzte und ein Viertel der Lehrer des Landes.

Zurück in die Vergangenheit: Die Schreckensherrschaft der Roten Khmer

Auf dieser ideologischen Basis entstand Anfang 1967 im Hauptbahnhof von Phnom Penh unter Führung des aus Frankreich zurückgekehrten Saloth Sar, der den nom de guerre »Pol Pot« trug, eine Krypto-KP, die nach außen unter der diffusen Bezeichnung »Angkar« (»Organisation«) auftrat und deren Mitglieder von Prinz Norodom Sihanouk als »Khmers Rouges« geschmäht wurden. Mithilfe Nord-Vietnams konnten die Roten Khmer am 17. April 1975 Phnom Penh erobern, woraufhin diese damals rund 3,5 Millionen Einwohner und Flüchtlinge zählende Metropole innerhalb weniger Stunden »mit vorgehaltenem Gewehrlauf« evakuiert wurde.

Überdies rekurrierten die Roten Khmer nach der Abschaffung des öffentlichen Dienstleistungs- und Geldwesens auf eine reine Tausch- und Verteilungswirtschaft, legten die Industriebetriebe und den gesamten Handel lahm, ließen sämtliche Erziehungsanstalten über Volksschulniveau schließen, verboten rundum alle städtischen Berufe, vernichteten die Bibliotheken, schlossen fast alle Krankenhäuser, entwurzelten die Ärzteschaft und eliminierten die moderne Pharmazie. Auf dem flachen Land, wohin sich die gesamte Wirtschaftstätigkeit verlagerte, entstanden zwei Arbeitseinheiten, nämlich bäuerliche Genossenschaften und sogenannte »Einsatzgruppen«, die überwiegend aus vertriebenen Stadtbewohnern bestanden und deren Aufgabe es war, die ländliche Infrastruktur – und hier wiederum (wie schon im alten Angkor) vor allem Bewässerungsanlagen sowie Terrassenfelder – zu schaffen. Vor allem sollten die Reiserträge pro Hektar verdoppelt oder verdreifacht und dadurch Grundlagen für einen neuen Entwicklungstyp geschaffen werden.

Ganz Kambodscha verwandelte sich damals vor allem im Norden und Nordwesten in ein düsteres Arbeitslager und Phnom Penh sowie die Provinzstädte in Geisterorte. Auf dem Lande wurden sämtliche Ansätze individuellen Feldbaus verboten, sogar die Fischernetze als private Produktionsmittel vernichtet und die buddhistischen Mönche, die den Bauern Halt gegeben hatten, systematisch verfolgt. Außerdem wurde die Bevölkerung in drei Kategorien eingeteilt: (1) in Angkar-Mitglieder, (2) in Dorfbewohner, die schon vor der »Befreiung« im April 1975 aufseiten der Roten Khmer gestanden hatten (»Altvolk«) und schließlich (3) in kollaborationsverdächtige »Elemente«, die erst 1975 befreit worden waren und die deshalb als Sympathisanten Sihanouks oder Lon Nols galten (»Neuvolk«). Mitglieder der dritten Gruppe wurden entweder, wie die Inhaber von Beamten-, Offiziers- und Lehrerstellen, sofort exekutiert oder aber mit einer Art Vernichtung durch Arbeit »bestraft«, wobei Schwerstarbeit bei unzureichender Ernährung (rund 250 Gramm Reis pro Tag) als Hauptinstrument diente.

Die gesamte wirtschaftliche Tätigkeit sollte sich nach Ansicht Pol Pots auf die Agrarflächen verlagern, die genossenschaftlich oder von erzwungenen »Einsatztruppen« bearbeitet wurden.

101191

100264

Sogar Fischernetze wurden als private Produktionsmittel während der Herrschaft der Roten Khmer vernichtet (Fischer auf dem Mekong bei Phnom Penh heute).

Angkar-Mitglieder und »Altvolk« erhielten abgestuft zubemessene Nahrungsrationen. Von »klassenloser Gesellschaft« und von »kommunistischer Gleichmacherei« konnte hier also keine Rede sein. Vielmehr galt das Umkehrungsprinzip: Die »Hohen« wurden erniedrigt und Kinder sowie Jugendliche zum Beispiel mit Seniorenaufgaben betraut.

Neben dem »Städte(r)liquidierungsziel« dienten noch weitere Rechtfertigunsgründe für diese Vernichtungs- und Revolutionierungspolitik, nämlich (1) die Angst des Kambodscha der Roten Khmer, vom vietnamesischen Tiger »gefressen« zu werden, (2) das Bedürfnis, an den Lon-Nol-Kollaborateuren Rache zu nehmen, (3) die Unterstützung und Ermunterung durch das damalige »kulturrevolutionäre« China und (4) die Notwendigkeit, mit den Folgen des allzu schnellen Sieges fertig zu werden.

In ihrer Ungeduld verfolgten die Roten Khmer eine Politik des »dreifachen Sofort«: des sofortigen Übergangs zum Sozialismus, der sofortigen Eliminierung der Klassen sowie der sofortigen Umwandlung des sozialen und ideologischen Lebens in Kambodscha. Norodom Sihanouk, der Ende 1975 aus China zurückkehrte, wurde ab April 1976 unter Hausarrest gestellt und verdankte sein Überleben nur der Protektion des chinesischen Ministerpräsidenten Zhou Enlai. Besonders viele Todesopfer gab es unter den nationalen Minderheiten, vor allem den Vietnamesen und den (muslimischen) Cham.

Vietnam greift ein
Radikal waren die Roten Khmer nicht nur in ihrer Innenpolitik, also der Liquidierung, Verdörflichung und Kollektivierung, sondern auch in ihren Maßnahmen gegenüber den als feindlich angesehenen Nachbarn Thailand und vor allem Vietnam. Unter der Parole »Kampuchea Krom heim ins Reich«, (also eigentlich: »Rückeroberung Süd-Vietnams«) rotteten sie die Bevölkerung ganzer vietnamesischer Grenzdörfer aus und lieferten damit den Vietnamesen eine geradezu goldene Gelegenheit zum Angriff und zur »Befreiung« des kambodschanischen Volkes.

Zu diesem Zweck bediente sich Vietnam einer Doppelstrategie, indem es einerseits im Inneren Kambodschas eine Widerstandsfront aufbaute und gleichzeitig seit Januar 1978 auch von außen her militärische Angriffe vorzutragen begann. Für beides waren die Voraussetzungen günstig, da die »Pol Potisten« mit ihrem Radikalismus zur Spaltung des eigenen Landes und der Roten Khmer selbst beigetragen hatten. So waren beispielsweise nicht weniger als rund 18 000 Angehörige und Mitläufer der ureigenen Roten-Khmer-Organisation, der Angkar, als »Handlanger der CIA« oder als »vietnamesische Agenten« angeklagt, gefoltert und ermordet worden – und zwar zumeist im Zentral-KZ von Phom Penh, dem »S-21« oder »Tuol Sleng«-Gefängnis, einem ehemaligen Mädchen-Gymnasium, sowie in Cheung Egk, einem Exekutionsplatz am Rande Phnom Penhs.

Alle diese Maßnahmen fielen auf das Regime zurück: Zwischen 1975 und Ende 1978 gab es nicht weniger als sechs Umsturzversuche gegen Pol Pot, und zwar unter Leitung späterer Spitzenpolitiker vom Rang Heng Samrins oder Hun Sens. Die führenden Mitglieder des Widerstands schlossen sich am 2. Dezember 1978 unter vietnamesischem Protektorat zur »Nationalen Vereinigten Front für die Rettung Kampucheas« zusammen. Nachdem zwölf vietnamesische Divisionen in einem 16tägigen Blitzkrieg die Pol-Pot-Truppen bis in Randgebiete entlang der thailändischen Grenze zurückgeworfen und am 7. Januar 1979 Phnom Penh erobert hatten, bildeten die Mitglieder der neuen Front unter vietnamesischer Anleitung eine Regierung, riefen am 8. Januar 1979 die »Volksrepublik Kampuchea« (VRK) aus und schlossen mit Vietnam einen auf 25 Jahre angelegten Sonderbeziehungsvertrag.

Von nun an gab es zwei Regierungen, die miteinander in einen Legitimationswettbewerb traten: Das Demokratische Kampuchea (DK) suchte sich vor allem durch »pa-

160

Norodom Sihanouk wurde als Staatsoberhaupt 1970 durch General Lon Nol gestürzt. Im chinesischen Exil näherte er sich den Roten Khmer an. Als Pol Pot 1975 das Demokratische Kampuchea ausrief, wurde Sihanouk zum Staatsoberhaupt ernannt, wegen seiner Kritik an den Roten Khmer jedoch abgesetzt und unter Hausarrest gestellt.

160

Soldaten der kambodschanischen Regierungstruppen. Von China unterstützt kämpften die Roten Khmer vom thailändisch-kambodschanischen Grenzgebiet aus jahrelang gegen die Regierung. Ende der 1990er-Jahre lösten sich Teile der Roten Khmer nach internen Machtkämpfen auf, restliche Verbände wurden von Regierungstruppen aufgerieben.

triotischen« Widerstand gegen die »vietnamesischen Expansionisten« hervorzutun, die VRK dagegen durch einen Wiederaufbau des Landes. Aus der »Front« ging die kommunistische Kambodschanische Volkspartei (KVP) hervor, die das Geschehen in Kambodscha bis auf den heutigen Tag beherrscht. Der von ihr geleitete Staat wechselte im Laufe der folgenden Jahre mehrere Male seine Bezeichnung und hieß von 1979 bis 1989 VRK, von 1989 bis 1993 Staat Kambodscha und seit 1993 Königreich Kambodscha.

Das DK Pol Pots – durch diese Herausforderungen zu Gegenantworten gezwungen – verkündete am 21. August 1979 ein neues politisches Programm, in dem unter anderem vom Verzicht auf den sozialistischen Weg, von der Einführung einer freien Marktwirtschaft (!) und von der Gewährung persönlicher Freiheiten (!) die Rede war. Auch erklärte die Angkar am 6. Dezember 1981 ihre Selbstauflösung und begann gleichzeitig ein stürmisches Werben um die beiden anderen, von Prinz Norodom Sihanouk und von Son Sann geführten antivietnamesischen Widerstandskräfte, das am 22. Juni 1982 zum Erfolg führte, nämlich zum Abschluß einer Dreierkoalition in Singapur.

Diese Vernunftehe zahlte sich für die Bewegung Pol Pots aus und brachte ihr plötzlich internationales Ansehen. Aus der Sicht der UNO nämlich wog die Genozidpolitik Pol Pots nun weniger schwer als die Tatsache, dass

Vietnamesische Truppen vor dem Grenzübergang Moc Bai. 1979 wurden die Roten Khmer mithilfe vietnamesischer Truppen gestürzt. Im September 1989 kehrten die letzten 26 000 vietnamesischen Soldaten in ihre Heimat zurück.

160

die VRK-Regierung durch eine auswärtige Okkupationsmacht in den Sattel gehoben worden war, ihre Stellung also ganz den Bajonetten der Vietnamesen verdankte. Da die UNO fortan nur noch den Truppen der Dreierkoalition Hilfe zukommen ließ und da die Pol-Pot-Verbände überdies Waffenhilfe aus China und aus Thailand erhielten, konnte die DK-Guerilla schon bald wieder das ganze Land überziehen.

Bereits 1989 zogen sich die vietnamesischen Truppen frustriert aus Kambodscha zurück und 1992/93 übernahm die UNO (UNTAC) für 18 Monate die Souveränität in Kambodscha, um die Macht 1993 an das neue »Königreich« abzugeben. Der Bürgerkrieg aber war allerdings noch lange nicht zu Ende, sondern er dauerte weitere sechs Jahre: 1996 lief die einstige Nummer 2 der Roten Khmer, Ieng Sary, zu den Regierungstruppen Phnom Penhs über, im Juni 1997 wurde Pol Pot von seinem einstigen Kampfgefährten Ta Mok gefangen genommen und einem Revolutionstribunal der Roten Khmer überstellt. Pol Pot starb am 5. April 1998, und am 6. März 1999 ging mit der Gefangenennahme Ta Moks, des letzten Führers der Roten Khmer, die Ära der Roten Khmer endgültig zu Ende. Kein einziger Überläufer aus ihren Reihen war bereit, sich zu den Verbrechen der Vergangenheit zu bekennen. Man habe von diesen »angeblichen Vorgängen« keine Kenntnis gehabt, hieß es.

Oskar Weggel

Der »Klassenfeind« in der eigenen Partei: Die Kulturrevolution in der Volksrepublik China

Zu den merkwürdigsten Vorgängen in der Geschichte des 20. Jahrhunderts gehört die Große Proletarische Kulturrevolution in China. Sie wurde zwischen 1962 und 1965 vorbereitet, beherrschte zwischen 1966 und 1969 die inneren Verhältnisse, kam 1971 mit dem Wiedererstarken der zuvor demontierten Partei zu einem ersten Abschluss und zog sich mit ihren Ausläufern bis 1976 hin, als Mao starb und seine Anhänger entmachtet wurden.

Die Ursachen der Kulturrevolution sind komplex, lassen sich aber auf einen letzten Faktor zurückführen – auf

Die 1966 von der chinesischen Regierung herausgegebene »Mao-Bibel« enthielt mehr als 400 kurze Zitate aus Reden und Aufsätzen des Parteivorsitzenden. Sie wurde für Massenaktionen der Rotgardisten während der Kulturrevolution gebraucht und verbreitete sich auch in der westlichen Studentenbewegung von 1968.

den Machtwillen und die ideologischen Visionen Mao Zedongs. Maos Stellung war durch das Fiasko des »Großen Sprungs« geschwächt worden. Nach 1961 trat er vornehmlich nur noch in zeremoniellen Funktionen auf. Pragmatische Parteibürokraten wie Liu Shaoqi führten das Land in ruhigere Bahnen zurück. Die Kulturrevolution wäre allerdings nicht möglich gewesen, hätte Mao sich nicht sein Charisma als großer revolutionärer Führer bewahren können. Vermutlich 1965 beschloss der »Große Vorsitzende und Steuermann« – wie er sich bald nennen ließ – die »Massen« gegen die Parteibürokratie ins Feld zu führen, die er für eine erstarrte herrschende Kaste hielt, von den »Revisionisten« in der Sowjetunion kaum zu unterscheiden.

Anders als 1957 bei der Hundert-Blumen-Kampagne riskierte Mao keine Liberalisierung und setzte nicht auf die etablierten Intellektuellen. Er appellierte an die städtische Jugend, an Schüler und Studenten, und achtete darauf, die Bewegung im Banne seiner persönlichen Ausstrahlung zu halten. Mao verfügte dabei nicht über den Parteiapparat. Ihn gerade wollte er im Sinne einer »permanenten Revolution« zerschlagen. Seine Helfer und Werkzeuge waren zunächst einige junge Journalisten und Hochschuldozenten.

Zum typischen Medium der neuen radikalen Öffentlichkeit wurde die Wandzeitung, die sich schnell in ganz China durchsetzte. Am 5. August 1966 gab Mao höchstpersönlich das Startzeichen zum Jugendaufstand: mit einer eigenen Wandzeitung unter dem Titel »Das bürgerliche Hauptquartier bombardieren!«. Darin wandte er sich gegen den »Revisionismus« in der Partei und wollte so seine pragmatischen Widersacher Liu Shaoqi und Deng Xiaoping treffen. Von Anfang an wurden Feinde Maos persönlich angegriffen, zunächst mit Worten, dann auch physisch. Die fanatisierten Schüler und Studenten bildeten Rote Garden. Die Parteiführung war zu dieser Zeit bereits zerschlagen. Das Zentralkomitee hatte praktisch aufgehört zu existieren.

Angehörige der Roten Garden demonstrierten seit 1966 mit roten Fahnen, Spruchbändern und der roten »Mao-Bibel«.

Staatspräsident Liu Shaoqi, der starke Mann in der Partei am Vorabend der Kulturrevolution, wurde als »Verräter und Lakei des Imperialismus« diffamiert, seiner Ämter enthoben, aus der Partei ausgeschlossen und ins Gefängnis geworfen. Dort starb er im November

160

1969 an den Folgen von Misshandlungen. In einigen Provinzen widerstanden die Funktionäre dem Druck der Radikalen, doch in Peking und in Städten wie Schanghai zerfiel der Parteiapparat vollkommen.

Seit 1967 regierten in ganz China Anarchie und Gewalt. Als die Studenten ihre Rolle ausgespielt hatten, mobilisierte Mao Zedong die Arbeiter und Teile der Armee. In Schanghai übernahmen die Radikalen die Stadtregierung und errichteten eine Kommune. Nachdem im August 1967 in Zentralchina bürgerkriegsähnliche Kämpfe zwischen den untereinander verfeindeten Radikalengruppen ausgebrochen waren, zog Mao selbst die Notbremse und beauftragte die Armee mit der Wiederherstellung der Ordnung. Dies erwies sich freilich als überaus schwierig. China kam einstweilen nicht zur Ruhe. Denn die Kulturrevolution hatte die Gesellschaft tiefer aufgewühlt, als Mao dies vermutlich beabsichtigt hatte. Die alten Gleichgewichte waren zerstört und die alten Institutionen beseitigt oder entwertet worden. Überall herrschte Misstrauen.

Mit dem IX. Parteitag vom 1. bis 27. April 1969 beendeten die maoistischen Parteiführer die Kulturrevolution. Die Jahre bis zum Tod Maos 1976 waren eine konfuse Zeit des sprunghaften Wechsels zwischen unterschiedlichen politischen Richtungen, die sich alle auf den

100562

Jiang Qing war die dritte Ehefrau Mao Zedongs und eine führende Figur der chinesischen Kulturrevolution.

INFOBOX

Rote Garden

Aus ganz China strömten Anfang 1966 die Anhänger Mao Zedongs, fanatisierte Schüler und Studenten, die Roten Garden, in Peking zusammen, um Mao, durch die Propaganda zu nahezu gottgleichem Rang erhoben, in Massenaufmärschen zuzujubeln. Diese Garden zerfielen in zahlreiche Richtungen, die sich oft verbissen bekämpften. Was sie neben der Hingabe an den »Großen Vorsitzenden« einte, waren ihre Attacken auf Parteifunktionäre und »bürgerliche«, dem alten Denken verhaftete Lehrer, Künstler und Wissenschaftler. Überall glichen sich die Methoden des Vorgehens: Massenversammlungen, öffentliche Anklagen, Selbstkritik und erzwungene Geständnisse, Demütigungen der Opfer, Folter, Mord. Bereits Ende 1966 war die Presse maoistisch gleichgeschaltet, die Universitäten arbeiteten nicht mehr, Horden von Jugendlichen zerstörten zahllose Kulturschätze des alten China als Relikte des »Feudalismus«.

160

Richard Nixon besuchte 1972 als erster US-Präsident die Volksrepublik China. Nach der Begrüßung durch Ministerpräsident Zhou Enlai schritten beide Politiker die Ehrenformation ab.

alten und inzwischen kränkelnden Mao Zedong beriefen. Ein schlimmes Erbe der Kulturrevolution blieb der Cliquengeist. Nur wenige der hohen Funktionäre vermochten es, sich wie der wendige Zhou Enlai aus den machtpolitisch und ideologisch ausgetragenen Flügelkämpfen herauszuhalten und so den Staat einigermaßen auf Kurs zu halten. Hinter den Kulissen des Richtungsstreits wurden Verwaltung und Partei aber langsam wieder aufgebaut. Am Ende der Ära Mao Zedong, das mit dem Sturz von Maos Weggefährten aus den Tagen der Kulturrevolution, Lin Biao, 1971 eingeläutet wurde, stand eine durch unentwegte Kampagnen und die Ideologisierung aller Lebensbereiche zerrüttete Gesellschaft. Die großen Zukunftsmodelle waren inzwischen diskreditiert.

Die Wirtschaft hatte sich von dem Chaos der späten Sechzigerjahre zwar bald erholt, fiel aber mangels neuer Konzepte in das Muster des ersten Fünfjahresplans zurück und leistete weniger, als ihr möglich gewesen wäre. Das durchschnittliche Realeinkommen in den Städten wuchs zwischen 1957 und 1978 fast überhaupt nicht, das auf dem Lande um die niedrige Rate von unter zwei Prozent pro Jahr. In den Fabriken fehlte es an Arbeitsdisziplin. Viele Kader hatten weiterhin Angst vor den »Massen«, und die ehemaligen Roten Garden fühlten sich von der Führung missbraucht und im Stich gelassen. Hunderttausende waren nun zwangsweise für viele Jahre aufs

ZITAT

Als die Roten Garden auf die Straße gingen, gab Lin Biao die Parole aus:

Mit eurem Elan und eurer Begeisterung müsst ihr Himmel und Erde umstürzen und einen Orkan entfesseln! Ihr müsst den Kapitalisten ihre dekadente Ruhe nehmen und die Proletarier zum Kampf aufwiegeln!

Noch heute hängt ein Porträt Mao Zedongs am Eingang zur Verbotenen Stadt. Ausländische Touristen und ihr chinesischer Führer zur Zeit der SARS-Gefahr 2003 mit Atemschutzmasken auf dem Platz des Himmlischen Friedens in Peking.

100562

Land verbannt worden; wer den Weg zurück in die Stadt fand, lebte dort in Illegalität und Arbeitslosigkeit. Auch die Intellektuellen blieben eingeschüchtert und vermochten wenig kreative Impulse zu geben. Schließlich war auf dem Land keine Lösung für das drückende Problem von Bevölkerungswachstum und Unterbeschäftigung in Sicht.

Das erste Zeichen der Normalisierung nach dem Ende der Kulturrevolution wurde von der internationalen Politik gesetzt: Als der amerikanische Präsident Richard M. Nixon am 15. Juli 1971 seine bevorstehende Reise in die Volksrepublik China ankündigte, war eine der größten diplomatischen Sensationen der Nachkriegszeit perfekt. Für Nixon ergab sich die Annäherung konsequent aus seiner Politik der Entspannung gegenüber der Sowjetunion. Das Bemühen um eine Überwindung der Gegnerschaft zu »Rotchina«, einem Erbe des Kalten Kriegs, konnte die Position der USA nur stärken. So eröffneten sich neue Bewegungsspielräume, ohne einen anderen Preis als die Empörung Taiwans.

Der Volksrepublik ihrerseits musste beinahe jedes Mittel recht sein, um aus der gefährlichen Isolierung herauszukommen. Mao selbst hatte die diplomatische Kehrtwende veranlasst. Dabei musste er einige Mühe aufwenden, um seinen verblüfften Anhängern plausibel zu machen, dass man sich notgedrungen dem »Imperialismus« zugewandt habe, um dem viel schlimmeren sowjetischen »Sozialimperialismus« ein Schnippchen zu schlagen. Nixons Chinareise fand im Februar 1972 statt. Obwohl zwischen den beiden Ländern erst zu Jahresbeginn 1979 Botschafter ausgetauscht wurden, entschlossen sich die meisten Verbündeten der USA, ihre Beziehungen zu China umgehend zu normalisieren.

Der außenpolitische Pragmatismus Chinas signalisierte keineswegs, dass sich auch in den inneren Verhältnissen moderate Kräfte durchgesetzt hätten. Ein erstes deutliches Anzeichen des Umbruchs war die Sitzung des Nationalen Volkskongresses vom Januar 1975, auf der

INFOBOX

Revolutionsoper

Das Theaterspiel hat in China eine lange Tradition, wobei die Pekingoper die bekannteste der mehr als 300 chinesischen Theaterformen ist.

Während der chinesischen Kulturrevolution übte Maos Frau Jiang Qing, eine ehemalige Filmschauspielerin, die Kontrolle über die chinesische Kulturpolitik aus und verbot die traditionelle Oper, da sie angeblich »feudale Propaganda« enthielt. An ihrer Stelle förderte Jiang die so genannte Revolutionsoper, eine Verbindung von klassischer Form mit revolutionärem Inhalt.

In den neuen Opern variierten vorwiegend Szenen des Klassenkampfes bzw. der erfolgreichen Auseinandersetzung mit den Gegnern des Sozialismus, so zur Zeit der chinesischen Revolution oder innerhalb sozialistischer Volkskommunen. Mit großem Pathos wurde das Heldentum der führenden Mitglieder der Kommunistischen Partei thematisiert und der Sieg der kommunistischen Idee propagiert. Nach dem politischen Führungswechsel von 1976 lebte die traditionelle Oper wieder auf.

Premierminister Zhou Enlai ein Programm der »Vier Modernisierungen« vorlegte, das die chinesische Wirtschaft ankurbeln sollte. Bei diesem Versuch, der vorherigen »Rhetorik der Revolution« eine »Programmatik der Reform« entgegenzusetzen, wurde Zhou von Deng Xiaoping unterstützt. Deng war vom Beginn der Fünfzigerjahre an bis zu seiner Entmachtung 1967 dem innersten Führungskreis der KPCh zugehörig. Im Jahre 1973 setzte Zhou Dengs Rehabilitierung und seine Wiederberufung als Vizepremier durch. Einstweilen verhinderten allerdings die verbliebenen Radikalen in der Parteiführung die Verwirklichung einer konsequenten Reformpolitik.

Von Mao Zedong zu Deng Xiaoping

Nach Maos Tod am 9. September 1976 wurden die Kräfte, die sich um Maos Witwe Jiang Qing scharten (»Viererbande«), verhaftet. Gleichzeitig stieg Hua Guofeng, der Urheber dieser Maßnahme, zum KP-Chef auf. Sein kurzer Höhenflug diente als Schirm zur Konsolidierung einer tieferen Bewegung, die am Ende zur Stärkung einer pragmatischen Mitte innerhalb der Parteispitze führte. Deren Kandidat war Deng Xiaoping, der nach Zhou Enlais Tod im Januar desselben Jahres abermals seine Ämter verloren hatte.

INFOBOX

Die »Viererbande«

Jiang Qing, die Frau Mao Zedongs, war seit 1966 eine der treibenden Kräfte der Kulturrevolution, in deren Rahmen es zu blutigen Auseinandersetzungen zwischen Anhängern und Gegnern der Politik Maos kam. Als Verfechterin radikalideologischer Positionen bekämpfte sie den Wiederaufstieg des pragmatisch ausgerichteten Deng Xiaoping.

Nach Maos Tod 1976 wendete sich das Blatt und es konnten offene Rechnungen beglichen werden: Der Flügel um Deng Xiaoping entschied Maos Nachfolge für sich und ließ umgehend Jiang Qing sowie drei ihrer Anhänger – Wang Hongwen, Zhang Chunqiao, Yao Wenyuan –, die »Viererbande«, aus der Partei ausschließen und verhaften. Wegen »konterrevolutionärer Verbrechen«, Sabotage der Produktion und Verfälschung der Lehre Maos – dies mit dem angeblichen Ziel, die Macht zu übernehmen – wurde Maos Witwe 1981 zum Tode verurteilt, später aber zu lebenslanger Haft begnadigt. Die übrigen Mitglieder der »Viererbande« wurden ähnlich hart bestraft.

100476

Die Gedenkhalle für Mao Zedong beherrscht die Mitte des Platzes des Himmlischen Friedens. Der Leichnam des Gründers der Volksrepublik China ist hier öffentlich aufgebahrt.

Dieses Mal währte Dengs Entmachtung indes nicht lange. Schon im Juli 1977 kehrte er auf die politische Bühne zurück. Auf dem 3. Plenum des 11. Zentralkomitees im Dezember 1978, einer der großen, die Weichen für die Zukunft stellenden Versammlungen in der Geschichte der Volksrepublik, erhielt Deng die Zustimmung des Zentralkomitees zu einer Politik der »kontrollierten Liberalisierung«. Er war von nun an die dominierende politische Persönlichkeit in China, wenn er auch niemals über die Machtfülle Mao Zedongs verfügte.

Auf dem XII. Parteitag der KPCh im September 1982 setzte sich Dengs Linie dann endgültig durch. Er strebte selbst nicht die höchsten Ämter an. Drei Tendenzen waren seit 1976/77 in Erscheinung getreten: Einmal war die Partei der Cliquenkämpfe und der ideologischen Phrasendrescherei, die die letzten Jahre der Ära Mao bestimmt hatten, mehr als überdrüssig. Auf der Basis dieser Grundstimmung konnte Deng Xiaoping allmählich einen breiten Konsens zugunsten pragmatischer Reformen herbeiführen. Sodann wurde eine Art Vergangenheitsbewältigung geleistet: Man setzte Überlebende der Säuberungen wieder in verantwortliche Funktionen ein, ehrte die Opfer des Terrors und entlastete sie von ungerecht-

Jiang Qing, die Witwe Mao Zedongs, musste sich im November 1980 als Mitglied der »Viererbande« vor einem Sondergericht in Peking für »konterrevolutionäre Verbrechen« während der Kulturrevolution verantworten.

100562

fertigten Vorwürfen. Gleichzeitig wurde die Bewertung der Parteigeschichte einer Revision unterzogen. Auch Maos eigene Leistungen, vor allem bezogen auf die Zeit nach 1957, blieben von offizieller Kritik nicht verschont.

Seit 1976 trat eine öffentlich agierende Demokratiebewegung in Erscheinung. Ein mutiger junger Mann, Wei Jingsheng, forderte »als fünfte Modernisierung« die Demokratie. Im März 1979 verhaftet, trat er einen langen Weg durch Gefängnisse und Straflager an. Die Reformen begannen, aber sie sollten nach dem Willen der Parteiführung nicht durch politische Freiheiten gestört werden. *Jürgen Osterhammel*

Pragmatische Reformen und demokratische Herausforderungen: China in der Ära Deng Xiaopings

Mao Zedong hatte mit der Großen Proletarischen Kulturrevolution in seinen späten Jahren das Gegenteil von dem erreicht, was er bezweckte: Statt den Chinesen den Geist des fortwährenden Umsturzes der Verhältnisse erfolgreich einzuimpfen, hinterließ er ein Land, das der ständigen Kampagnen, der pausenlosen Propaganda, der Cliquenkämpfe und Bevormundung privater Lebensgestaltung durch den Staat überdrüssig geworden war. Nach Jahrzehnten der Revolution war China revolutionsmüde geworden. Zu denjenigen, die dies erkannten, gehörten selbst einige der Revolutionäre der frühen Zeit, an ihrer Spitze Deng Xiaoping, ein Mitstreiter Mao Zedongs seit 1933.

Deng Xiaopings Reformen wurden nicht durch Massenproteste erzwungen, sondern von oben »verordnet«, aber es kann kein Zweifel daran bestehen, dass die Mehrheit der Chinesen eine Rückkehr der politischen Führung zu Mäßigung und zu den Grundfragen der Nation erwartete. Die KP erkannte, dass die Ziele wichtiger waren als die Mittel. Wenn politische Stabilität, wirtschaftliche Entwicklung und eine starke internationale Stellung nicht mit revolutionären Methoden erreicht werden konnten, dann musste man es auf pragmatischem Wege versuchen.

Die Reformen begannen 1979 und hatten das Land im Jahr der schweren Krise, als in Peking im Frühjahr 1989 Hunderttausende auf die Straße gingen, bereits hinreichend gegen innere Zerfallstendenzen immunisiert. Und doch, bis zur Mitte der Neunzigerjahre blieben viele der großen Überlebensprobleme ungelöst: Das Bevölkerungswachstum konnte nicht genügend gebremst werden, die Umweltzerstörung hatte teilweise katastrophale Ausmaße angenommen, und Millionen von Menschen fanden trotz expandierender Wirtschaft keine Beschäftigung. Dennoch hatten sich die Lebensbedingungen der meisten Chinesen gegenüber der maoistischen Epoche deutlich verbessert. Das Leben in China hatte sich in den zwei Jahrzehnten nach Maos Tod im Jahr 1976 so tief greifend geändert, dass sich im übertragenen Sinne von einer »zweiten Revolution« sprechen lässt – einer Wirtschaftsrevolution, vorerst ohne politische Konsequenzen.

100562

Deng Xiaoping erkannte die Wichtigkeit von Reformen, um den wirtschaftlichen und politischen Stand sowie die internationalen Beziehungen Chinas zu verbessern.

Der Umbau der ländlichen Gesellschaft

Die wichtigsten Reformen Deng Xiaopings wurden bereits im Dezember 1978 formuliert. Sie zielten auf verhältnismäßig einfache Korrekturen an der Wirtschaftsverfassung, wie sie im Kern bereits seit dem ersten Fünfjahresplan (1953–57) bestanden hatte. Nun sollte

100001

Ein chinesischer Bauer mit einem Wasserbüffel – die Zulassung von privatem Wirtschaften in der Landwirtschaft brachte erhebliche Verbesserungen bei der Versorgung mit Nahrungsmitteln.

unter anderem gelten: mehr Gewicht für den Marktmechanismus bei Weiterexistenz eines planwirtschaftlichen Rahmens; eine geringere Betonung des gleichmacherischen Egalitarismus; die höhere Bewertung von fachlicher Kompetenz gegenüber politischer Linientreue sowie die Einbindung Chinas in die Weltwirtschaft. Eine der folgenreichsten Reformentscheidungen führte zur »Dekollektivierung« der Landwirtschaft. Danach wurde seit Dezember 1979 schrittweise ein System der »Produktionsverantwortung des Einzelhaushalts« eingeführt. Den Haushalten wurde nun ehemaliges Kollektivland zugeteilt, das sie nach eigenem Gutdünken bestellen konnten. 1985 wurde das Verfahren weiter liberalisiert, und Mitte der Neunzigerjahre vollzog sich der Handel mit landwirtschaftlichen Produkten schließlich überwiegend über private Händler und nach den Regeln von Angebot und Nachfrage.

In den Städten wurde zum ersten Mal seit 1957 wieder der Direktverkauf von Agrarprodukten durch die Bauern aus dem Umland zugelassen. Die Versorgung verbesserte sich schnell. Individuelles Gewinnstreben, jahrzehntelang als Gegensatz von sozialistisch korrektem Verhalten verpönt, wurde nun nachdrücklich propagiert.

»Reich werden ist ruhmreich« hieß einer der neuen Slogans, den viele Bauern begierig aufgriffen.

Die neue Agrarverfassung zeigte aber auch bald ihre Schattenseiten: Mit neuen Chancen zum Reichwerden gingen neue Möglichkeiten der Verarmung einher. Die Einkommensunterschiede innerhalb der Dorfbevölkerung wuchsen nun enorm. Da die Wohlfahrtseinrichtungen der Genossenschaften und Kommunen abgebaut wurden, blieb den Alten, Kranken und Schwachen wie vor 1949 oft nur die Familie als Notanker. In den Achtzigerjahren kam es erstmals auch zum Aufbau ländlicher Kleinindustrien. Zur Zeit der Kampagne des »Großen Sprungs nach vorn« hatte man überstürzte und letztlich gescheiterte Experimente mit einer dörflichen Stahlindustrie unternommen. Nunmehr führte die Öffnung unternehmerischer Spielräume für Privatleute dazu, dass überall auf dem Land mechanisierte Werkstätten und kleine Industriebetriebe entstanden. Erst mit diesen Reformen verlor das chinesische Dorf seinen traditionellen, rein bäuerlichen Charakter.

Die chinesische Agrarreform sollte vor allem die Ernährung der Bevölkerung verbessern. Daran, dass dies innerhalb weniger Jahre weitgehend gelang, lässt sich ihr Erfolg am besten abschätzen. Dennoch blieben noch Mitte der Neunzigerjahre Millionen von Bauern unterversorgt. Auf der anderen Seite stieg der Nahrungsmittel- und vor allem der Fleischkonsum der reicher werdenden Stadtbevölkerung beträchtlich an. Abwanderungswellen in die Städte führten in manchen ländlichen Gebieten sogar zu einem Mangel an Arbeitskräften.

Modernisierung von Wirtschaft und Lebensstil in den Städten

Die Reformprinzipien, die für das ländliche China galten, übertrug man auch auf die Städte. Nun wurde Privatinitiative in Handel, Dienstleistungen und Kleingewerbe geduldet und immer mehr auch aktiv gefördert. Überall entstanden private Läden und Restaurants, und die Beschäftigung von Angestellten wurde nicht länger pauschal als »kapitalistische Ausbeutung« verteufelt. Das Konsumgüterangebot belebte sich in dem Maße, wie auch die durchschnittlichen Einkommen stiegen. So wuchsen die Einkommensunterschiede und wurden öf-

ZITAT

Aus der vorläufigen Satzung des am 28. 5. 1989 neu gegründeten »Autonomen Verbands der Hauptstadt Peking«:

Die Organisation soll in den volkseigenen und kollektiven Betrieben das Recht haben, legale und wirksame Maßnahmen zur Kontrolle der Rechtspersonen zu ergreifen, um zu gewährleisten, dass die Arbeiter tatsächlich die Eigentümer des Betriebes sind; in allen anderen Betrieben sind durch Verhandlungen mit den Eigentümern oder andere gesetzliche Maßnahmen die Interessen der Arbeiter zu sichern.

fentlich sichtbar. Zudem entschloss man sich, Unternehmerfamilien aus der Zeit vor 1949 zu rehabilitieren und Auslandschinesen zur Investition im Mutterland zu ermutigen. Seit der Mitte der Achtzigerjahre prägten neuer Reichtum und Luxuskonsum das Bild der großen Städte.

Auf allen Gebieten wurde nun das Leistungsprinzip propagiert. Prüfungserfolge und nicht länger die angemessene soziale Herkunft entschieden über das Fortkommen in einem ganz auf Wettbewerb abgestellten Erziehungssystem. Die Reformer erleichterten auch den freiwilligen Wechsel von Arbeitsplatz und Wohnort. Alle diese Veränderungen waren nicht vorrangig durch eine neu entdeckte ideologische Vorliebe der Führung für den Liberalismus motiviert, sondern schlicht durch die Notwendigkeit, qualifizierte Techniker heranzubilden und die Zugänge zum Arbeitsmarkt aus Gründen ökonomischer Effizienz flexibler zu gestalten. Trotz der Ermunterung privaten Unternehmertums befanden sich die größten Industriebetriebe des Landes aber weiterhin in staatlichem Besitz. Die städtischen Arbeiter und Angestellten blieben mehrheitlich Bedienstete des Staates. Große und oft technisch veraltete Industriekombinate erwiesen sich weiterhin als Schwachpunkt der Wirt-

INFOBOX

Aufbau einer sozialistischen Zivilisation

In der Peking-Rundschau erschienen am 28.9.1986 Leitprinzipien der chinesischen KP für den Aufbau einer sozialistischen Zivilisation: »Die grundlegende Aufgabe beim Aufbau der sozialistischen geistigen Zivilisation besteht darin, den Menschen dazu zu verhelfen, gebildete, selbstdisziplinierte Bürger mit hoher Moral und hohen Idealen zu werden, das ideologische und moralische Niveau sowie das wissenschaftliche Bildungsniveau der ganzen chinesischen Nation zu heben. ... Gleichzeitig müssen wir die unterschiedlichsten Maßnahmen ergreifen, um den Kadern und den breiten Massen, vor allem der Jugend, zu helfen, die marxistische Weltanschauung, die gesellschaftlichen Entwicklungsgesetze und die glänzende Geschichte und revolutionäre Tradition unserer Nation noch besser zu verstehen sowie die schweren Leiden unserer Nation und den ruhmreichen Kampf gegen den Imperialismus und Feudalismus in den über hundert Jahren vor der Gründung der Volksrepublik ... zu begreifen, damit Nationalstolz, Selbstrespekt und Selbstvertrauen der Nation erhöht werden.«

160

Eine Bäuerin aus Mao Zedongs ehemaligem Musterdorf Dazhai präsentiert stolz die von ihrer Familie erwirtschafteten Überschüsse (1985).

schaftsstruktur und standen den Reformvorhaben beständig im Weg. Ohne staatliche Subventionen hätten die meisten dieser Kombinate dem Wettbewerb kaum standgehalten. Die Volksrepublik China öffnete sich dem Kapitalismus, wurde aber keineswegs zu einem kapitalistischen Land.

Öffnung nach außen und Weltmachtambitionen

Zu den international bemerkenswertesten Neuerungen der Reformperiode gehörte die Öffnung des chinesischen Marktes für westliche Unternehmen. Während der Sechziger- und Siebzigerjahre folgte China einem Kurs des »Vertrauens auf die eigene Kraft«, also einer Entwicklung mit nur unwesentlichem Bezug zur Weltwirtschaft. Vor allem verzichtete man damals auf ausländische Anleihen und Direktinvestitionen. Umgekehrt galt seit Oktober 1949 ein amerikanisches Embargo gegen die Volksrepublik, das sie von allen auch nur entfernt militärisch relevanten Importen aus dem Westen abschnitt. Dies änderte sich, nachdem die USA den Handel mit China 1979 erheblich erleichtert hatten.

Zur gleichen Zeit schuf Peking die ersten »Sonderwirtschaftszonen«. Die bekannteste Zone dieser Art wurde das der britischen Kronkolonie Hongkong benachbarte Shenzhen. In diesen Wirtschaftsenklaven genossen ausländische Investoren Steuer- und Zollvergünstigungen; die örtlichen Behörden stellten die Infrastruktur und oft auch geschulte Arbeitskräfte zur Verfügung. Dabei

In der Sonderwirtschaftszone in Shenzhen wird mithilfe ausländischen Kapitals die Modernisierung der Industrie vorangetrieben. Diese Chinesinnen arbeiten in einer vom japanischen Konzern Sanyo errichteten Radiofabrik.

160

sollten niedrige Lohnkosten die »Kapitalisten« anlocken, nicht zuletzt auch auslandschinesische Unternehmer. Der Vorteil dieser marktwirtschaftlichen Experimente lag für die KP darin, dass sich die Sonderzonen vom restlichen China abschotten ließen. Die Nutzung von Auslandskapital, unter Mao Zedong noch als »Ausverkauf« an den Imperialismus gegeißelt, wurde nun zu einem Eckpfeiler der chinesischen Entwicklungsstrategie.

Ebenfalls seit 1979 zeigte die Volksrepublik China Interesse an Entwicklungshilfe durch internationale Organisationen und nationale Regierungen sowie an Zuwendungen seitens der Weltbank. Ihre Auslandsverschuldung blieb in der Folgezeit aber weit unter derjenigen anderer großer Empfängerländer wie zum Beispiel Mexiko oder Indonesien. Auch der Tourismus kam nun in Schwung und wurde zu einem wichtigen Devisenbringer für das Land: Schon 1988 besuchten 31 Millionen Touristen die Volksrepublik China, die meisten davon waren Auslandschinesen.

Außenpolitisch machte Peking zumindest symbolisch seinen Anspruch auf eine Großmachtrolle deutlich: 1964 gelang chinesischen Wissenschaftlern der erste erfolgreiche Atombombentest, im Jahr der Aufnahme in die UNO (1971) übernahm Peking von Taiwan dessen Sitz in der UNO-Vollversammlung und wurde ständiges Mitglied im Sicherheitsrat der Weltorganisation. In den Achtzigerjahren versuchte China, eine Rolle im »strategischen Dreieck« mit der UdSSR und den USA zu spielen. Diese

Karte stach so richtig freilich erst, als 1989 anlässlich des Besuchs von Michail Gorbatschow in Peking die Normalisierung der Beziehungen mit der Sowjetunion vereinbart wurde. Seither galt das Hauptbemühen der chinesischen Außenpolitik dem Ziel, dem Übergewicht der letzten verbliebenen Supermacht USA entgegenzuwirken.

Die »revolutionäre Volksdiplomatie« der Ära Mao kam dabei als Richtlinie freilich nicht mehr in Betracht. Peking griff zu weniger heldenhaften Methoden, etwa zu Waffenlieferungen an die Islamische Republik Iran. Das Verhältnis zu den USA war und blieb zwiespältig: Einerseits war man voll der Bewunderung für das einzige Land der Welt, das dem eigenen als ebenbürtig galt, andererseits liebte man die von Stolz getragene Geste der Abwehr gegen amerikanische Versuche, über das Thema »Menschenrechte« Druck auszuüben.

Demokratische Herausforderungen an die Parteidiktatur

Die spektakulären Reformexperimente seit 1979 wurden ähnlich wie die Politik der Fünfzigerjahre von einer vergleichsweise einmütigen politischen Führung beschlossen und ins Werk gesetzt. So gelang es, ein Herrschafts-

Die Große Mauer ist eine der Hauptattraktionen des chinesischen Tourismus, dessen Förderung seit 1979 angestrebt wurde.

50558

system, wie es in etwa dem vor der Kulturrevolution entsprach, in das späte 20. Jahrhundert hinüberzuretten. In den Neunzigerjahren war die Volksrepublik der einzige von einer kommunistischen Partei einigermaßen geordnet regierte Staat der Welt. Die schwerste Krise der nachmaoistischen Zeit braute sich 1988 zusammen, hervorgerufen unter anderem durch unerfüllbare Konsumerwartungen, wie sie erst durch den Aufschwung der vorangegangenen Jahre geweckt worden waren, durch Erfahrungen mit der neuen Härte »kapitalistischer« Verhältnisse und eine Inflation, die auf den Lebensstandard mancher Bevölkerungskreise drückte. Solches verband

160

Deng Xiaoping und der sowjetische Staats- und Parteichef Michail Gorbatschow 1989 im Gespräch. Das Treffen führte nach den gespannten Beziehungen der vorangegangenen Jahre zu einer vorsichtigen Annäherung beider Staaten.

160

An den Kundgebungen auf dem Tian'anmen-Platz im Frühjahr 1989 in Peking nahmen zeitweise über eine Million Menschen teil. Die Demonstranten bekräftigten mit Drachenbannern und Transparenten ihre Forderung nach mehr Freiheit und Demokratie.

sich und schuf ein explosives Gemisch, als der Tod des beliebten, 1987 aus dem Amt entlassenen ehemaligen Parteiführers Hu Yaobang am 15. April 1989 den symbolischen Anstoß zu öffentlichen Forderungen nach Demokratisierung gab.

Im Mai desselben Jahres kam es in Peking und in vielen anderen Städten zu Demonstrationen von einem Umfang, wie man ihn seit 1925 nicht mehr erlebt hatte. Mehr als eine Million Menschen gingen allein in Peking auf die Straße. Sie forderten Korrekturen am Regime und den Rücktritt von Spitzenpolitikern. Gorbatschow, der auf dem Höhepunkt dieser Bewegung der Pekinger Führung einen schon seit langem geplanten Staatsbesuch abstattete, wurde von den Studenten jubelnd als großer politischer Reformer gefeiert. Unter den Kameraaugen der internationalen Medien hielten während der zweiten Maihälfte etwa 3000 Studenten den Platz vor dem Tor des Himmlischen Friedens (Tian'anmen-Platz) besetzt. Sie widerstanden den Räumungsversuchen von Polizei und Militär.

Das bedeutete eine nie da gewesene Herausforderung für die an Gehorsam gewöhnte Staatsmacht. In der Nacht vom 3. auf den 4. Juni 1989 griffen schwer bewaffnete Armeeverbände entschlossen an und verursachten ein entsetzliches Blutbad. Den Einsatzbefehl hatte Deng Xiaoping persönlich gegeben. Die Angaben über die Anzahl der Toten bei diesem Massaker schwanken um die Zahl 3000.

s. ZEIT Aspekte
Deng Xiaoping
S. 577

Das demokratische Aufbegehren der Studenten und der Bevölkerung war in dieser Nacht so gründlich niedergeschlagen worden, dass in den folgenden Jahren Friedhofsruhe einkehrte. Teilweise erfolgreiche Versuche, die wirtschaftlichen Ursachen der Krise von 1989 zu beheben, dämpften zusätzlich den Protestwillen in der städtischen Bevölkerung. Hinzu kam, dass die Wortführer der Demokratiebewegung von 1989 kaum Programme entwickelt hatten, die sich konkret auf China bezogen und hätten umgesetzt werden können. Die Weltöffentlichkeit ächtete das Verhalten der chinesischen KP. Doch die durch das Massaker ausgelöste Isolierung Chinas währte nicht lange. Angesichts der Verlockungen des Chinageschäfts nahmen die Proteste schnell einen bloß rituellen Charakter an. Als Deng Xiaoping am 19. Februar 1997 im Alter von 92 Jahren starb, hatte die politische Ordnung, die er aus den Trümmern des Maoismus gerettet hatte, manche innere und äußere Herausforderung bestanden. Krisenfest war diese Ordnung indessen nicht.

Jürgen Osterhammel

Auf ewig geteilt? – Nord- und Süd-Korea

Nach dem Koreakrieg konzentrierte sich die herrschende Partei der Arbeit Koreas (PdAK) unter der Führung Kim Il Sungs auf den raschen Wiederaufbau des Landes mit sowjetischer und chinesischer Hilfe. Seine innerparteilichen Gegner und Konkurrenten schaltete Kim Il Sung durch ›Säuberungen‹ in der Partei auf dem Weg zur unumschränkten Alleinherrschaft aus.

Auf den machtpolitisch-ideologischen Konflikt zwischen China und der Sowjetunion reagierte Kim Il Sung mit seiner nationalistischen »Juche«-Ideologie (»Eigenständigkeitsideologie«), die eine größere politische Unabhängigkeit, wirtschaftliche Selbstständigkeit und »nationale Selbstverteidigung« propagierte und in den Rang einer (quasireligiösen) Staatsdoktrin erhoben wurde.

Eine Straße im Zentrum der südkoreanischen Millionenstadt Pusan: Vom Agrarstaat hat sich Süd-Korea zu einem Industrieland gewandelt.

Nach Verabschiedung einer neuen Verfassung 1972 übernahm Kim Il Sung das Amt des Staatspräsidenten. Um Kim Il Sung (tituliert als »Großer Führer«) entwickelte sich ein maßloser, das gesamte öffentliche Leben erfassender Personenkult, der sich später auch auf sei-

100264

nen (seit 1979/80 als Nachfolger designierten) Sohn Kim Jong Il (»Geliebter Führer«) ausweitete.

Außenpolitisch und wirtschaftlich stützte sich Nord-Korea stark auf die Sowjetunion: 1961 schlossen beide Länder einen Vertrag über Freundschaft, Zusammenarbeit und gegenseitigen Beistand, 1967 ein neues Verteidigungs- und Wirtschaftsabkommen. Auch in China, mit dem es 1961 ebenfalls einen Freundschaftsvertrag geschlossen hatte, fand Nord-Korea einen Rückhalt. Es suchte durch eine geschickte »Schaukelpolitik« zwischen beiden einen eigenen Kurs zu steuern. Ihren Kurs verfolgte die Führung des Landes auch nach dem Zusammenbruch des Ostblocks und dem Zerfall der Sowjetunion weiter. Jetzt aber kam nur noch von China, dem nunmehr wichtigsten Bündnispartner, nennenswerte (aber reduzierte) Wirtschaftshilfe. Diese reichte jedoch nicht aus, um die Folgen der in den 1990er-Jahren eingetretenen Naturkatastrophen und Ernteausfällen auszugleichen. Nach eigenen Angaben starben bis 1999 rund 220 000 Menschen, westliche Schätzungen sprechen von rund zwei Millionen Toten. Das fast hermetisch abgeschlossene Nord-Korea musste ausländische Hilfe – auch von den kapitalistischen Staaten – annehmen, um die Zahl der Opfer nicht steigen zu lassen.

Süd-Korea

Nach dem Koreakrieg hatte sich Südkorea eng an die USA angelehnt. 1954 trat ein Verteidigungsbündnis in Kraft, das Südkorea fest in das amerikanische Bündnissystem einband, amerikanische Finanzhilfen unterstützten den Aufbau der Wirtschaft. Der seit 1952 autoritär regierende Präsident Syngman Rhee wurde nach seiner dritten, stark manipulierten Wiederwahl im März 1960 durch Studentenunruhen zum Rücktritt gezwungen. Die Neuwahlen Ende Juli 1960 brachten den Sieg der oppositionellen Demokratischen Partei: Im August 1960 wurde Yun Posun Staatspräsident, im selben Monat Chang Myun Ministerpräsident. Damit hatte sich die »Zweite Republik« etabliert, nach der ersten von 1948.

Aber schon am 16. Mai 1961 stürzte eine Militärjunta die Regierung und beseitigte die demokratischen Institutionen. General Park Chung Hee übernahm im Juli 1961 die Macht – zunächst als Vorsitzender des im Mai

1961 errichteten »Obersten Rates für Nationalen Aufbau« und nach seinem Ausscheiden aus dem aktiven Militärdienst 1963 als Staatspräsident. Damit begann die »Dritte Republik«. Er stärkte die autoritären Strukturen durch mehrere Verfassungsänderungen und bediente sich zur Absicherung seiner Herrschaft des 1961 neu geschaffenen Geheimdienstes »Korean Central Intelligence Agency«, KCIA.

Außenpolitisch nahm Südkorea 1965 diplomatische Beziehungen zur ehemaligen Kolonialmacht Japan auf und unterstützte die USA im Vietnamkrieg mit rund 50 000 Soldaten. Nach der Ermordung Park Chung Hees im Oktober 1979 wurde Choi Kyu Ha neuer Staatspräsident, aber bereits im August 1980 durch General Chun Doo Hwan zum Staatspräsidenten wieder abgelöst. Chun Doo Hwan versuchte, die Opposition auszuschalten, unter anderem 1980 durch ein Todesurteil gegen den Oppositionsführer Kim Dae Jung, der später unter internationalem Druck begnadigt wurde.

Nach schweren Unruhen 1987 sah sich die Regierung gezwungen, mit der Wiedereinführung der Direktwahl

100264

Seit den 1960er-Jahren wurde um Kim Il Sung, das 1994 verstorbene Staatsoberhaupt Nord-Koreas, ein Personenkult aufgebaut – Wandbild in Pjöngjang.

100562

Im Februar 2003 wurde die erste Landverbindung zwischen Nord- und Süd-Korea seit dem Koreakrieg offiziell eröffnet. Etwa 500 südkoreanische Politiker und Geschäftsleute sowie einige ausländische Diplomaten fuhren in Bussen durch die 4 km breite demilitarisierte Zone zwischen beiden Ländern.

des Präsidenten eine zentrale Forderung der Opposition zu erfüllen. Aufgrund der Spaltung des Oppositionslagers – mit Kim Young Sam und Kim Dae Jung waren aufseiten der Opposition zwei Präsidentschaftskandidaten angetreten – konnte sich bei den Präsidentschaftswahlen im Dezember 1987 Roh Tae Woo von der regierenden Demokratischen Gerechtigkeitspartei durchsetzen.

1990 schlossen sich die Regierungspartei, die bisherige oppositionelle Partei für Wiedervereinigung und Demokratie unter Kim Young Sam und die Neue Demokratisch-Republikanische Partei des früheren Ministerpräsidenten und Geheimdienstchefs Kim Jong Pil zur Demokratisch-Liberalen Partei (DLP) zusammen, die jedoch 1995 zerbrach. Die Präsidentschaftswahlen im Dezember 1992 gewann Kim Young Sam; sein wesentliches Vermächtnis bestand in der Ausschaltung des politischen Einflusses des Militärs: Ende 1995 wurden die früheren Präsidenten Roh Tae Woo und Chun Doo Hwan verhaftet und 1996 in einem Hochverratsprozess verurteilt. Beide wurden aber schon Ende 1997 begnadigt und freigelassen. *

Aufstieg und Krise durch die »Seifenblasenwirtschaft«: Japan

Das Jahrzehnt von 1961 bis 1970 sollte eine Epoche der »Verdoppelung des Volkseinkommens« werden, das hatte die japanische Regierung propagiert. Eine ganze Nation konzentrierte ihre Kräfte auf die wirtschaftliche Entwicklung. Hinter hohen protektionistischen Mauern aus Zöllen und Abgaben entwickelte sich erst die Leichtindustrie (Textilien, optische Geräte), dann die Schwerindustrie (Stahl, Schiffbau) zu internationaler Konkurrenzfähigkeit. 1965 hatte Japan bei Gütern der Schwerindustrie bereits das Niveau Westdeutschlands und Großbritanniens erreicht, 1967/68 war das Ziel der Verdoppelung des Volkseinkommens erreicht.

Zu Beginn der Siebzigerjahre hatten japanische Produkte auf vielen Weltmärkten die Konkurrenz ausgeschaltet: Hohe Stückzahlen, niedrige Lohnkosten, beste Qualität und bald auch erstklassige Technologie ließen Japans Unternehmen zur Weltspitze aufsteigen. Hohe Investitionsraten bei billigem Kapital aus den gewaltigen privaten Spareinlagen, die Bereitschaft, überall auf der Welt zu lernen und große Summen für ausländisches Know-how auszugeben, taten ein Übriges. Japans Unternehmen setzten Patente und Lizenzen aus aller Welt ein, intensivierten aber zugleich die eigenen Forschungsanstrengungen, sodass gegen Mitte der Siebzigerjahre bereits von einem eigenen japanischen industriellen Know-how gesprochen werden kann. Symbol für diese Leistungen ist der Superschnellzug »Shinkansen«, der schon 1964 mit fast 300 Stundenkilometern zwischen Tokio und Osaka verkehrte.

Als 1964 die Olympischen Spiele in Tokio veranstaltet wurden, konnte die Welt feststellen, wie schnell sich die japanische Wirtschaft von den Schäden des Kriegs erholt hatte. 1968 erwirtschaftete Japan ein höheres Bruttosozialprodukt als die Bundesrepublik Deutschland und war damit hinter den USA zur zweitgrößten Wirtschaftsmacht des Westens aufgerückt. Die Politik hatte die Entwicklungsanstrengungen der japanischen Wirtschaft mit Rahmenplanungen (Devisenkontrollen, Kreditzuweisungen) begleitet; jedoch ist der Eindruck falsch, dass Japans legendäres MITI (Ministry of International Trade and Industry, Wirtschaftsministerium) die japanischen Unternehmen als strategisches Superministerium angeleitet hätte. Die japanische Autoindustrie expandierte sogar gegen den ausdrücklichen Rat des MITI. Schließlich darf nicht vergessen werden, dass die rasche wirtschaftliche Entwicklung auch durch eine schnell steigende Binnennachfrage getragen wurde: Die drei »C« ließen die Elektroindustrie boomen, jeder wollte einen car, cooler, color-TV (Auto, Klimagerät, Farbfernseher).

Distanz zu den USA und Grenzen des Wachstums

Die Politik hatte aber auch zugelassen, dass im Zuge der rasanten Wirtschaftsentwicklungen ungeheure Umweltschäden angerichtet wurden: Über Japans Städten hingen stickige Smogwolken, Gewässer waren stark belastet, es kam zu schweren Umweltvergiftungen, die beispielsweise die so genannte Minamata-Krankheit oder das Yokkaichi-Asthma nach sich zogen. Ende der Siebzigerjahre aber waren auch diese Schäden beseitigt, wenn auch die vielen Opfer der Umweltschäden bis heute noch nicht vollständig entschädigt sind. Die Siebzigerjahre setzten Japan aber auch anderen, diesmal äußeren Belastungen aus: Zwei große Ölschocks – die künstliche

Der Schnellzug »Shinkansen« – hier vor dem Fuji, dem höchsten Berg Japans – verkehrte am 1. 10. 1964 erstmals zwischen Tokio und Osaka. Im Jahr 2004 wurde ein Vertrag mit China geschlossen, nach dem japanische Firmen in China ein etwa 2 000 km umfassendes Schnellbahnstreckennetz realisieren sollen.

100495

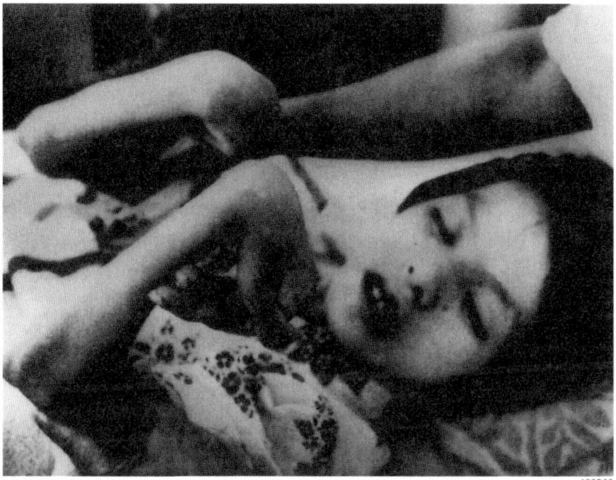

100562

Das Mädchen mit gelähmten Händen war eines der über 20 000 Opfer der Minamata-Katastrophe. In den 1950er-Jahren waren quecksilberhaltige Abwässer in die Minamata-Bucht eingeleitet worden. Durch den Verzehr von vergiftetem Fisch starben Hunderte von Menschen, andere erlitten schwere Schäden des Nervensystems.

Verknappung von Öllieferungen 1972 und 1979 – brachten Japans energiehungrige Industrien in Bedrängnis; die japanische Regierung reagierte mit einem forcierten Ausbau der Kernenergie.

1972 nahmen die USA ohne Abstimmung mit Japan, ihrem wichtigsten Verbündeten in Asien, diplomatische Beziehungen zu China auf; die japanische Regierung war blamiert. Offiziell hatte man die amerikanische Vietnampolitik treu gestützt, wenn auch die japanische Bevölkerung mehrheitlich den amerikanischen Krieg in Vietnam verurteilte. Jetzt fühlte sich die japanische Politik von den USA verraten, es begann eine langsame, aber erkennbare Abkühlung zwischen Washington und Tokio, das seinerseits Ende 1972 diplomatische Beziehungen zu China aufnahm. 1978 schlossen Japan und China – gegen den Willen der USA – sogar einen Friedens- und Freundschaftsvertrag. Die Beziehungen zu den USA gründeten zwar unverändert auf dem bilateralen Sicherheitsvertrag und auf gemeinsamen außenpolitischen Interessen, aber sie wurden zunehmend getrübt durch Handelsreibereien, denn immer wieder warfen die USA japanischen Unternehmen unfairen Wettbewerb vor.

Die Achtzigerjahre werden in die Geschichtsschreibung als das Jahrzehnt der bubble economy (»Seifenblasenwirtschaft«) eingehen. In einem schier unendlichen Boom weitete sich die japanische Wirtschaft aus, Japans

160

Der Nikkei-Index wird seit 1971 täglich von der Nihon Keizai Shimbun (»Japanische Wirtschaftszeitung«) berechnet. Er ist Asiens bedeutendster Aktienindex.

Unternehmen erzielten immer neue Exporterfolge, die Binnennachfrage boomte und der Yen – die japanische Währung – war künstlich unterbewertet gegenüber dem US-Dollar und förderte so die Ausfuhren.

Das Ende des Booms kündigte sich 1985 an: Im so genannten Plaza-Abkommen – nach dem Plaza-Hotel in New York – kamen die Staaten der G-7-Gruppe überein, den Yen endlich frei auf den internationalen Devisenmärkten zu handeln; in der Folge schoss der Yen gegenüber dem US-Dollar steil nach oben, von anfangs 180 Yen auf zeitweise neunzig Yen für einen Dollar. Damit verteuerten sich die japanischen Exporte enorm, und die japanischen Unternehmen verloren wichtige Marktanteile, zum Beispiel an koreanische Konkurrenten. Durch

Rationalisierungsmaßnahmen, Produktionsverlagerungen in das (billigere) Ausland und aggressive Exportstrategien überstanden die großen japanischen Unternehmen die Krise, aber viele Klein- und Mittelbetriebe mussten schließen. Ende der Achtzigerjahre wurden dann aber auch die Großen getroffen, allen voran die Banken: Die »Seifenblase« platzte.

Krisen in Wirtschaft und Politik

Jahrelang hatten Japans Großbanken Grundstückswerte als Sicherheiten für Riesenkredite ausgereicht, ab 1987 zeigte sich aber, dass die Grundstückswerte grotesk überbewertet waren. Sie waren zum angenommenen Preis nicht am Markt abzusetzen, und so fehlte den verschuldeten Unternehmen das Geld, um Kredite zu verzinsen und zu tilgen. Die Banken saßen über Nacht auf gewaltigen Summen so genannter fauler Kredite, die nicht bedient wurden. Zugleich brachen die Aktienmärkte ein, innerhalb weniger Tage verlor der Aktienmarkt von Tokio über die Hälfte seines Wertes – der Nikkei-Index sackte von 39000 Punkten auf 15000 Punkte ab; Japans Banken hatten nicht nur in Japan Riesensummen fauler Kredite angehäuft, sondern waren auch durch leichtsinnige Geschäfte in Südostasien in die

In Tokio lebt ungefähr ein Viertel der Gesamtbevölkerung Japans. Die Wirtschaft der Stadt ist hoch entwickelt, Schwerpunkte sind der internationale Handel und die Hochtechnologie. Wegen des hohen Lohnniveaus lagern Tokioter Firmen schon seit den 1970er-Jahren die Produktion u. a. nach Südostasien aus.

100001

folgende Asienkrise gezogen worden. Die Achtzigerjahre waren die verlustreichsten Jahre für Japans Banken und Unternehmen; bis heute ist die genaue Höhe der Verluste nicht bekannt; Schätzungen von umgerechnet mehreren Billionen D-Mark sind sicher nicht zu hoch gegriffen.

Die Siebziger- und Achtzigerjahre waren auch Krisenepochen in der japanischen Politik. Die japanische Demokratie hatte nach dem Zweiten Weltkrieg mit einem Korruptionsskandal begonnen, und die Tradition politischer Bestechlichkeit setzte sich ungebrochen fort: Zahllose Politiker mussten zurücktreten, weil sie Bestechungsgelder aus der Wirtschaft angenommen hatten. 1976 wurde sogar ein Regierungschef wegen passiver Bestechung verhaftet: Tanaka Kakuei hatte vom amerikanischen Flugzeugbauer Lockheed drei Millionen Dollar erhalten, damit Lockheed die innerjapanische Fluglinie ausrüsten durfte. Solange die japanische Wirtschaft boomte, ging die japanische Öffentlichkeit mit Zynismus und Gleichgültigkeit über die Korruptionsaffären der politischen Klasse hinweg; mit Beginn der Wirtschaftskrise aber verschärfte sich die Kritik an solchen Auswüchsen: Die Achtzigerjahre signalisierten einen Umschwung in der Politik, der dann Mitte der Neunzigerjahre vollzogen wurde: Japans Politik wurde »sauber«. Der Ausklang der Achtzigerjahre markiert durch ein einzelnes Ereignis auch das Ende der Nachkriegszeit: 1989 starb Kaiser Hirohito, nach seiner Throndevise »Shōwa« wird er jetzt offiziell Shōwa-Tenno genannt. Selten hat es eine unglücklicher gewählte Devise gegeben: »Shōwa« bedeutet »erleuchteter Friede«, und unter dieser Devise hat Japan seine blutigsten Kriege geführt. *Manfred Pohl*

Unabhängig, aber auch demokratisch? – Indonesien und Philippinen

Die südostasiatischen Staaten Indonesien und Philippinen erlangten beide nach dem Zweiten Weltkrieg ihre Unabhängigkeit. Den versuchten Zugriff der ehemaligen Kolonialmacht Niederlande konnte Indonesien mit internationaler Hilfe abwehren. Die Philippinen mussten 1946 ein Militärabkommen mit den USA abschließen und diesen auf 99 Jahre Stützpunkte verpachten.

Indonesien: Von der »Gelenkten Demokratie« zur »Neuen Ordnung«

Nach einer bis Mitte der 1950er-Jahre dauernden demokratischen Phase entwickelte sich in Indonesien unter seinem ersten Staatspräsidenten Sukarno ein zunehmend autoritärer werdendes Regime. Die bis etwa 1965 dauernde Phase der »Gelenkten Demokratie« wurde schließlich abgelöst durch Suhartos »Neue Ordnung«. Beide Präsidenten stützten sich auf die Armee, legitimiert wurde die Herrschaft durch ein von der Regierungspartei Sekbar Gologan Karya (Golkar) beherrschtes Dreiparteiensystem.

1955 fanden auf der Basis des Wahlgesetzes von 1950 die Wahlen zu einer verfassunggebenden Nationalversammlung statt. Sukarnos Nationalistische Partei, die Kommunistische Partei und die muslimische Nahdatul Ulama (»Partei der Religionslehrer«, NU) gingen aus den Wahlen als die stärksten Parteien hervor. Angesichts der zentrifugalen Tendenzen der verschiedenen Regionen und deren Streben nach Unabhängigkeit war der indonesische Staat schnell infrage gestellt. Aufstände auf Padang (Sumatra), Celebes und den Molukken 1957 führten Sukarno zu dem Schluss, dass eine Demokratie nach westlichen Vorstellungen nicht funktioniere. Er überschritt daher bedenkenlos seine Befugnisse. 1959 löste er die verfassungebende Versammlung auf und setzte die Verfassung von 1945 wieder in Kraft. Die Oppositionsparteien wurden verboten und das parlamentarische System durch die »Gelenkte Demokratie« ersetzt, in der Sukarno die alleinige Regierungsverantwortung übernahm.

100562

Achmed Sukarno herrschte mehr als 30 Jahre lang in Indonesien. Er errichtete ein zunehmend korruptes, stark auf seine Person zugeschnittenes Regierungssystem.

In einem »politischen Manifest« verkündete er als innenpolitisches Ziel die Verwirklichung eines ›indonesischen Sozialismus‹, dessen Leitgedanken er unter dem Schlagwort »Nasakom« - ein Kurzwort für Nationalismus, Religion und Kommunismus - zusammenfasste. Das Parlament ersetzte er durch eine Versammlung, in der neben dem Militär nur noch die ihn unterstützenden Kräfte PNI, PKI und NU vertreten waren. Innenpolitisch stützte sich Sukarno, dabei vom Militär misstrauisch beobachtet, auf die Kommunisten.

Die Rivalität zwischen Militär und Kommunisten entlud sich 1965 in einem kommunistischen Aufstand, den das Militär unter General Suharto brutal niederschlug. Zugleich wurden bei dieser Gelegenheit viele Angehörige der als kommunistenfreundlich geltenden chinesischen Minderheit umgebracht. Damit waren die Kommunisten als politischer Faktor weitgehend ausgeschaltet. Sukarnos Rolle in diesem Aufstand wurde nie geklärt, doch musste er in der Folgezeit einen großen Teil seiner politischen Funktionen an General Suharto abgeben. 1966 verlor er das Amt des Ministerpräsidenten und 1967 schließlich auch das Amt des Staatspräsidenten.

Außenpolitisch hatte sich Indonesien zu einem der führenden blockfreien Staaten der Dritten Welt entwickelt, doch näherte es sich unter Sukarno immer mehr der UdSSR und China an. Der eingeleitete antiwestliche Kurs erreichte seinen Höhepunkt, als Indonesien wegen der Gründung des Staates Malaysia 1965 aus der UNO austrat. Indonesien erhob Ansprüche auf Teile des malaysischen Staatsgebiets und lehnte den 1963 entstandenen neuen Staat ab. 1963 gelang es Indonesien jedoch, das bis dahin im Auftrag der UNO von den Niederlanden verwaltete West-Neuguinea (Papua) einzugliedern.

Polizisten fliehen am 13. 11. 1994 vor Steine werfenden Demonstranten: Mehr als tausend Menschen protestierten in der Hauptstadt Dili gegen die anhaltende Präsenz indonesischer Truppen auf der Insel Ost-Timor.

100562

Suharto, der 1966 vom Volkskongress zum provisorischen Staatspräsidenten und 1968 zum Präsidenten der Republik Indonesien gewählt worden war, verfolgte eine antikommunistische, bündnisfreie Außenpolitik. Mit den Nachbarstaaten suchte er ein gutnachbarliches Verhältnis zu erreichen und trat 1966 auch wieder in die UNO ein. 1975 griffen indonesische Truppen in den Bürgerkrieg im portugiesischen Ost-Timor ein und sorgten – gegen internationale Proteste – für den Anschluss des Landes an Indonesien. Die Militäraktion kostete rund 200 000 Todesopfer, führte aber nicht zu Befriedung, da die Bevölkerung sich immer wieder gegen die indonesische Herrschaft empörte. Unter anderem kam es 1991 in der Hauptstadt Dili zu blutigen Auseinandersetzungen; erst nach starkem internationalem Druck stimmte Indonesien 1999 einer UNO-Verwaltung für das Land zu und entließ es 2002 in die Unabhängigkeit.

Innenpolitisch stützte sich Suharto weiterhin stark auf das Militär und entwickelte ein auf sich zugeschnittenes Machtsystem. In seiner »Neuen Ordnung« dominierte die Regierungspartei Golkar das parlamentarische System, ab 1971 gewann sie regelmäßig die Wahlen. Ihre Abgeordneten im Parlament wurden durch die vom Präsidenten ernannten Abgeordneten, meistens aus dem Militär, verstärkt, sodass Suharto den Gesetzgebungsprozess vollständig beherrschte. Auch Suharto wurde in den Präsidentschaftswahlen immer wieder (bis 1998) gewählt.

Die Islamisierung der Gesellschaft seit den frühen 1970er-Jahren registrierte Suharto zwar, unterstützte sie aber nicht. Die muslimischen Parteien verbot er 1973 und ersetzte sie durch die »Partai Persatuan Pembangunan« (PPP, »Vereinigte Entwicklungspartei«). Ein Kurswechsel war erst ab Mitte der 1980er-Jahre zu bemerken. Suharto wandte sich einer orthodoxen indonesischen Variante des Islam zu. Nun wurden unter anderem staatliche Islamuniversitäten und Moscheen gebaut und die Verbreitung des Islam an den Schulen wurde finanziert. In einem Bildungsgesetz wurde der obligatorische Religionsunterricht festgeschrieben und die Stellung der islamischen Gerichte in Familienrechtsfragen deutlich gestärkt. Mit diesem Schwenk versuchte Suharto seine Herrschaft zu sichern und zu legitimieren. Sein Sturz

100562

Der 1965 erstmals gewählte Präsident Ferdinand Marcos trieb die »Philippinisierung« des Landes voran. Nach inneren Unruhen schlug er einen zunehmend diktatorischen Kurs ein.

160

Corazón Aquino, Witwe des ermordeten Oppositionspolitikers Benigno Aquino, führte die Opposition unter der Diktatur Ferdinand Marcos' zum Sieg. 1986–92 war sie Präsidentin der Philippinen.

1998 wurde indessen von den islamischen Gruppierungen wesentlich mitgetragen.

Die Philippinen: Herrschaft auf »unbestimmte Zeit«

Auch auf den Philippinen entwickelte sich ein autoritäres Regime. Einen Aufstand der prokommunistischen Hukbalahap 1949 schlug das Militär mit amerikanischer Hilfe nieder. Verteidigungsminister Ramón Magsaysay, der dabei eine besondere Rolle gespielt und Armee und Polizei reorganisiert hatte, wurde 1953 zum Staatspräsidenten gewählt. Seine Bemühungen um gesellschaftliche Reformen scheiterten. Vergeblich bemühte sich in der ersten Hälfte der1960er-Jahre auch Präsident Diosdado Macapagal darum, die in Staat und Wirtschaft überhand nehmende Korruption einzuschränken. Die seit 1944 bestehende Devisenzwangswirtschaft wurde aufgehoben und damit die bestehende Stagnation der einheimischen Wirtschaft überwunden.

Im November 1965 wurde Ferdinand Marcos als Kandidat der Nationalistischen Partei zum Staatspräsidenten gewählt. 1969 wieder gewählt, ließ er sich 1973 auf »unbestimmte Zeit« wählen. Angesichts der im Innern herrschenden und sich verschärfenden ethnischen, sozialen und religiösen Spannungen regierte er zunehmend autoritärer und schlug einen diktatorischen Kurs ein. Nach inneren Unruhen verhängte Marcos 1972 das Kriesgrecht und setzte nach einer manipulierten Volksabstimmung ein Jahr später eine neue Verfassung durch. Sie sah zwar ein parlamentarisches Regierungssystem vor, blieb aber aufgrund des weiter fortgeltenden Kriegsrechts in ihren wesentlichen Teilen außer Kraft. 1976 schließlich wurde sie durch ein Präsidialsystem abgelöst.

Trotz begonnener Reformen, wie zum Beispiel der 1972 eingeleiteten Bodenreform und dem Verbot der Privatarmeen, blieb der überwiegende Teil der Bevölkerung unzufrieden. Gegen die Herrschaft der Familie Marcos, seine Frau Imelda hatte den Spitznamen »eiserner Schmetterling«, war starker Widerstand spürbar. Vor allem die muslimischen Moro im Süden des Landes auf den Suluinseln kämpften gemeinsam mit der verbotenen maoistischen KP und ihrer »New People's Army«.

Auch die bürgerliche Opposition formierte sich unter Benigno Aquino. Unter ihrem Druck hob Marcos

50

Im Jahr 1990 kündigten die Philippinen das 1947 geschlossene Stützpunktabkommen mit den USA, mit dem sich die USA die Hoheitsrechte über 23 Militärstützpunkte gesichert hatte (der US-Marinestützpunkt Mariveles auf den Philippinen im Zweiten Weltkrieg).

schließlich im Dezember 1980 das Kriegsrecht auf. Nachdem im April 1981 einige Verfassungsänderungen verabschiedet worden waren, wurde Marcos im Juni bei den Präsidentschaftswahlen wieder gewählt. Im Februar 1982 schließlich schloss sich die zersplitterte Opposition in der von Aquino geführten Philippine Democratic Party zusammen. In ihr vereinigten sich rund achtzig Prozent der oppositionellen Kräfte. Die Ermordung Aquinos kurz nach seiner Rückkehr aus dem amerikanischen Exil im August 1983 löste ein schwere innenpolitische Krise aus.

Marcos musste aufgrund der Proteste und Demonstrationen vorgezogene Parlamentswahlen ausschreiben, bei denen die Opposition ein Drittel der Mandate erreichen konnte. Die weiterhin anhaltenden Proteste gegen seine Herrschaft zwangen ihn 1986 schließlich auch zu vorgezogenen Präsidentschaftswahlen. Die offensichtlichen Manipulationen und Unregelmäßigkeiten berücksichtigte das von den Anhängern Marcos' mehrheitlich gestellte Parlament nicht und proklamierte ihn zum Präsidenten. Die folgenden Proteste in der Bevölkerung mit einer Kampagne des zivilen Ungehorsams hatten gravierende wirtschaftliche Folgen. Auch die USA verweigerten Marcos jetzt ihre Unterstützung. Schließlich zwang ihn im Februar 1986 das Militär zum Rücktritt. Er verzichtet zugunsten der rechtmäßig gewählten Präsidentin Corazón Aquino, der Witwe des ermordeten Oppositionsführers, auf das Präsidentenamt und ging ins Exil.

Klaus M. Lange

Im Besitz der Kongresspartei: Indien

Mit der Verfassung von 1950 wurde Indien als »Indische Union« eine nach föderativen Gesichtspunkten gegliederte Republik. Zwischen 1956 und 1960 wurden die innerstaatlichen Grenzen nach sprachlichen Gesichtspunkten neu festgelegt; man hatte dazu einen Vorschlag Mahatma Gandhis aus dem Jahr 1920 aufgegriffen, der für die Landesverbände der Congress Party diese Regelung durchgesetzt hatte. Während Französisch-Indien auf dem Verhandlungsweg bis 1954 in das indische Staatsgebiet eingefügt werden konnte, besetzten 1961 indische Truppen Portugiesisch-Indien, da Portugal sich weigerte, seine indischen Besitzungen aufzugeben. Zu Veränderungen in der territorialen Struktur kam es noch einmal 1975, als das indische Schutzgebiet Sikkim als 22. Bundesstaat in die Union aufgenommen wurde, und schließlich 1987, als das Unionsterritorium Goa zum Bundesstaat wurde und die neuen Bundesstaaten Arunachal Pradesh und Mizoram gegründet wurden.

Auf nationaler Ebene ebenso wie in den meisten Bundesstaaten war der aus dem 1885 gegründeten All-India National Congress hervorgegangene Indian National Congress (INC) bis in die 1970er-Jahre hinein unangefochten die weitaus stärkste politische Kraft. Seine in den 1930er-Jahren kräftig verbreiterte soziale Basis war im Krieg intakt geblieben und bewährte sich auch bei den Wahlen von 1946. Da er in den überwiegend muslimischen Gebieten kaum vertreten war, war er auch von der

Teilung Indiens nicht betroffen. Der britische »transfer of power« in Indien erfolgte an den INC, der sich damit als staatstragende, aber auch als »staatsgetragene Partei« (Dietmar Rothermund) erwies.

Mahatma Gandhis Vorschlag, im Zuge der Unabhängigkeit den INC aufzulösen und statt dessen die Gründung neuer politischer Parteien zu betreiben, fand keine Beachtung. Da der INC die meisten Bundesstaaten beherrschte und die Wahlen zum Unionsparlament und zu den Landesparlamenten immer gleichzeitig stattfanden, herrschte ein Gleichklang zwischen Bundes- und Landesregierungen. Differenzen zwischen ihnen konnten auf der Parteiebene ausgetragen und gelöst werden. Erst Premierministerin Indira Gandhi löste diese enge Verbindung auf.

Bestimmt von sozialistischen Grundvorstellungen, suchten Ministerpräsident Jawaharlal Nehru und seine Nachfolger im Amt, besonders seine Tochter Indira Gandhi, im Rahmen von Fünfjahresplänen die wirtschaftliche Unterentwicklung Indiens zu beheben und die von einem explosiven Bevölkerungswachstum begleitete soziale Not vor allem auf dem Lande zu bekämpfen. Mit der Verstaatlichung der Banken 1969 intensivierte Indira Gandhi den sozialistischen Kurs, spaltete dabei aber den INC.

In den Wahlen von 1971 errang der von ihr geführte »neue« Indische Nationalkongress einen hohen Wahlsieg,

160

Die Außenpolitik Jawaharlal Nehrus hatte Indien zu einem führenden Mitglied der blockfreien Staaten gemacht. Das Foto zeigt Nehru mit Josip Tito und Gamal Nasser 1956 auf der Insel Brioni.

vor allem da es ihr gelungen war, der Wahl einen plebiszitären Charakter zu geben. Die Anfechtung ihrer Wiederwahl als Abgeordnete des indischen Unterhauses 1971, die gerichtlich zwar zu ihren Gunsten entschieden wurde, politisch aber ihren Gegnern als Mittel zu ihrem Sturz dienen sollte, veranlasste sie 1975, den Notstand auszurufen, das Land mit diktatorischen Vollmachten zu regieren, die meisten Oppositionspolitiker zu verhaften und die 1976 fälligen Wahlen zu verschieben. Als sie 1977 überraschend Wahlen anberaumte, erlitt sie eine schwere Niederlage. Ihre Partei gab ihre führende Stellung an die Janata Party ab.

Indien: Führungsmacht der Blockfreien

Außenpolitisch leitete Nehru eine Politik der »Blockfreiheit« ein, um die Unabhängigkeit seines Landes, vor allem angesichts des Ost-West-Konflikts, zu wahren; er verband diese Maxime mit dem Gedanken der Koexistenz von Staaten mit unterschiedlichen Gesellschaftssystemen. Zusammen mit Indonesien, Ägypten und Jugoslawien entwickelte sich Indien zu einem der tonangebenden Staaten der Dritten Welt, was 1955 vor allem auf der Bandungkonferenz sichtbar wurde und in die Bewegung der blockfreien Staaten mündete.

Da die indische Nationalbewegung ihren Einsatz für die Unabhängigkeit Indiens zugleich als Kampf für die nationale Selbstbestimmung aller abhängigen Völker betrachtete, setzte sich das unabhängige Indien für die Entkolonialisierung der in kolonialer Abhängigkeit von europäischen Mächten lebenden Nationen ein. Nach anfänglicher Zurückhaltung entwickelte sich ein »gutes Einvernehmen« mit China auf der Grundlage der fünf Grundsätze (»pancha shila«) der Koexistenz, die im Vertrag über den tibetischen Grenzverkehr von 1954 verankert worden waren. Auf der Bandungkonferenz versuchte die Regierung Nehru, China noch einmal auf diese Prinzipien festzulegen. Im Gegensatz zu seinem distanzierten, nicht konfliktfreien Verhältnis zu den USA, die seit 1954 Pakistan Rüstungshilfe leisteten, begründete Nehru ein freundschaftliches Verhältnis seines Landes zur UdSSR.

Im Punjab fordert die Partei der Sikhs Autonomie. 1983 kam es nach einem Terroranschlag zu blutigen Auseinandersetzungen, der Goldene Tempel von Amritsar wurde von extremistischen Sikhs besetzt. Nach der Erstürmung im Juni 1984 durch die indische Armee wurde der Tempel wieder für die Öffentlichkeit zugänglich.

Als Indien seit etwa 1957/58 stärker von der Wirtschaftshilfe der westlichen Industriestaaten abhängig

393

wurde, verbesserten sich die Beziehungen zu den USA. Die Spannungen zwischen China und Indien wuchsen hingegen angesichts chinesischer Gebietsansprüche entlang der gemeinsamen Grenze. Im Zuge der Invasion chinesischer Streitkräfte in das umstrittene Grenzgebiet - vor allem in Ladakh - erlitt Indien 1962 eine militärische Niederlage. Die westliche Staatenwelt, besonders die USA, leisteten im Gegenzug Militärhilfe, ebenso die UdSSR. Nach dem Krieg mit Pakistan um Kaschmir 1965 verzichteten 1966 beide Mächte auf weitere Gewaltanwendung.

In der ersten Phase der Regierungszeit Indira Gandhis (1966–77), die im Prinzip an der Politik der Blockfreiheit in den internationalen Beziehungen festhielt, hatte jedoch die Erringung einer regionalen Vormachtstellung Indiens im südasiatischen Raum Vorrang vor der global orientierten Vermittlungspolitik Nehrus. Gestärkt durch den Freundschaftsvertrag mit der UdSSR 1971, erzwang Indien im selben Jahr in einem Krieg gegen Pakistan die staatliche Verselbstständigung Ostpakistans als Bangladesh.

Auf das ehemalige Fürstentum Kaschmir erheben Indien und Pakistan gleichermaßen Anspruch (hier ein Blick auf das obere Industal in Kaschmir). Für Indien geht es hierbei u. a. um die Sicherung der Verkehrswege in das Hochtal von Kaschmir.

50568

Eine kurze Oppositionszeit

Nach dem Wahlsieg der Janata Party übernahm Morarji Ranchhodji Desai 1977 als Premierminister die Führung des Landes und stellte die Regierungstätigkeit wieder in den Rahmen parlamentarisch-demokratischer Normen. Schwere Flügelkämpfe innerhalb des Regierungslagers ließen seine Regierung jedoch die parlamentarische Basis verlieren; 1979 trat Desai zurück. Der Zwist unter den Führern der Janata Party begünstigte den Wiederaufstieg Indira Gandhis. In einem von ihr erneut maßgeblich beeinflussten Spaltungsprozess der Kongresspartei übernahm sie die Führung des von ihr beherrschten Flügels, der als INC (I) beziehungsweise »Congress (I)« (I für Indira) bei den allgemeinen Wahlen von 1980 eine Zweidrittelmehrheit im Parlament errang.

Militante separatistische Bewegungen und religiös-ethnische Spannungen bewirkten auch in den 1980er- und 1990er-Jahren eine instabile innenpolitische Situation. Besonders in Punjab kam es wiederholt zu gewalttätigen Auseinandersetzungen mit den nach staatlicher Autonomie strebenden Sikhs. Seinen Höhepunkt erreichte dieser Konflikt mit der Besetzung des Goldenen Tempels von Amritsar, dem Nationalheiligtum der Sikhs im Juni 1984. Wenige Monate später, am 31. Oktober 1984, wurde Indira Gandhi durch zwei ihrer Sikh-Leibwächter ermordet.

Die Amtsnachfolge trat ihr Sohn Rajiv an, dessen Kongresspartei bei den Wahlen im Dezember 1984 eine Zweidrittelmehrheit im Unionsparlament erreichte. Rajiv Gandhi konnte zu Beginn seiner Regierungszeit Erfolge verzeichnen: Er schloss mit den Führern der Sikhs im Punjab im Juli 1985 ein Abkommen (»Punjab Accord«), das diesen in wesentlichen Punkten entgegenkam und zur Befriedung des Bundeslandes beitrug. Ebenso traf er eine Vereinbarung mit der Protestbewegung des Bundeslandes Assam (»Asom Gana Parishad«), die dann nach einem Wahlerfolg 1986 die Landesregierung dort bildete. Ein Fehlschlag war jedoch das Abkommen mit Sri Lanka vom Juli 1987, das zur Entsendung der »Indian Peace Keeping Force« führte. Diese sollte die bislang von indischer Seite unterstützten tamilischen Rebellen entwaffnen, die für die Sezession des Nordteils der Insel kämpften. Die indischen Soldaten wurden jedoch in die Kämpfe verwickelt und zur ungeliebten Besatzungsmacht.

Innenpolitisch wurde Rajiv Gandhi zum Verhängnis, dass er sich mit seinem erfolgreichen Finanzminister Vishwanath Pratap Singh überwarf, den er zunächst auf den Posten des Verteidigungsministers versetzte und dann ganz aus der Regierung und der Kongresspartei verdrängte. Singh stellte sich mit seiner neuen Partei Janata Dal (JD) an die Spitze der Opposition und bewirkte, dass Gandhi die Wahlen im November 1989 verlor. Die Kongresspartei blieb zwar stärkste Partei, wollte aber keine Koalition bilden. Daraufhin wurde Singh Premierminister einer Minderheitsregierung, die von der Bharatiya Janata Party (BJP) einerseits und den Kommunisten andererseits von außen unterstützt wurde.

Im Oktober 1990 führte der Präsident der BJP, Lal Krishna Advani, eine spektakuläre Prozession quer durch Nordindien, die die alte Moschee (Babri Masjid) von Ayodhya zum Ziel hatte. Diese Moschee war vom Großmogul Babur angeblich an der Stelle der Geburtsstätte des legendären Gottkönigs Rama (Ramjanmabhumi) errichtet worden, an der zuvor ein Tempel gestanden hatte. Die Anhänger der BJP wollten hier wieder einen Rama-Tempel errichten. Der Streit hatte seit Jahren die Gerichte beschäftigt, nun eskalierte er durch Advanis Prozession. Singh ließ Advani kurz vor Ayodhya verhaften und brachte damit zugleich seine eigene Regierung zu Fall, die nun nicht mehr von der BJP unterstützt wurde.

Seine Nachfolge als Premierminister trat im November 1990 Chandra Shekar (Janata Party) an, dessen Minderheitsregierung von der Kongresspartei unterstützt wurde. Diese beendete ihre Unterstützung im März 1991, weil sie sich Chancen auf einen Erfolg bei Neuwahlen ausrechnete. Im Wahlkampf wurde Rajiv Gandhi am 21. Mai 1991 durch ein von der tamilischen Guerillaorganisation Liberation Tigers of Tamil Eelam (LTTE) verübtes Bombenattentat ermordet. *

Auf den Spuren der Mudjahedin: Afghanistan

In Afghanistan hatten schon im 19. Jahrhundert britische Kolonialtruppen vergeblich versucht, die Kontrolle über die Stammesgebiete der Paschtunen zu erlangen, um die Grenze zu Britisch-Indien zu sichern. Zwischen 1887 und 1895 bestimmten Großbritannien und Russland die Grenzen Afghanistans; das Land sollte als Puffer zwischen ihnen dienen. Erst mit dieser Festlegung begann die Staatswerdung Afghanistans. Erster Herrscher des neuen Staates wurde Abd ur-Rahman, der als »eiserner Emir« mit harter Hand regierte und jede Opposition im Keim erstickte. Nach dem Tod seines Sohnes 1919 brachen Thronstreitigkeiten aus, die Aman Ullah, der Enkel Abd ur-Rahmans, für sich entschied. Er erließ 1923 eine konstitutionelle Verfassung nach dem Vorbild der Türkei und suchte den Einfluss der religiösen Eliten zurückzudrängen. Seine forcierte Modernisierungs- und Reformpolitik nach westlich-europäischem Vorbild führte zu seinem Sturz, wurde aber von seinen Nachfolgern Nadir Schah und Sahir Schah fortgesetzt. Keiner der Herrscher war indessen stark genug, die paschtunischen Stämme zu befrieden, die sich als unabhängige Machtfaktoren jederzeit gegen die Staatsgewalt erheben konnten.

Die Stabilität Afghanistans hing erheblich vom Wohlwollen der religösen und politischen Führer ab. Familiäre Bindungen und Stammeszugehörigkeit waren für die Herrschaft entscheidend, daher waren die Nachfolger Aman Ullahs, vor allem Nadir Schah, darauf bedacht, die eigene Familie in die Herrschaft einzubinden und das Wohlwollen der Paschtunen zu gewinnen. Nadir Schah erhob die Loya Jirga, das Parlament der paschtunischen Stämme, zur formal höchsten Rechtsinstanz. Nach seinem Tod 1933 wurde sein Sohn Sahir Schah zu seinem Nachfolger erklärt.

Nach dem Zweiten Weltkrieg gelang es Afghanistan, zwischen den Machtblöcken eine unabhängige Stellung zu bewahren und von beiden Seiten Militär- und Entwicklungshilfe zu erhalten. Da es zwischen Afghanistan und Pakistan wegen der Paschtunengebiete in Pakistan immer wieder zu Konflikten kam, brauchte das Land gute Beziehungen zur Sowjetunion, um seinen Außenhandel abwickeln zu können. Im Konfliktfall pflegte Pakistan nämlich die Grenzen zu schließen und Afghanistan den Zugang zum Hafen Karatschi zu verweigern.

1964 erließ Sahir Schah eine neue konstitutionelle Verfassung, die den Herrschaftsanspruch seiner Familie festschrieb, aber zugleich auch die Mitgliedschaft in einer politischen Partei für die königliche Familie verbot.

Russische Panzer in Afghanistan: 1978 schloss Afghanistan einen Beistandspakt mit der Sowjetunion, aufgrund dessen nach inneren Unruhen 1979 sowjetische Truppen im Land einmarschierten.

160

Wirtschaftlicher Stillstand Ende der 1960er-Jahre und eine Dürreperiode zwischen 1969 und 1972 führten zu massiver Kritik an der Herrschaft Sahir Schahs, der schließlich durch einen Militärputsch 1973 vertrieben wurde. Der neue Machthaber, Mohammed Daud Chan, löste das Parlament auf, setzte die Verfassung außer Kraft und rief die Republik aus. Er vereinigte in sich die Ämter des Staatsoberhaupts, Regierungschefs, Außen- und Verteidigungsministers. Gegen sein diktatorisches Regime putschte 1978 erneut das Militär in Verbindung mit einem von der Demokratischen Volkspartei gelenkten Aufstand. Jetzt übernahm ein Revolutionsrat unter der Führung des neuen Staatspräsidenten Nur Mohammed Taraki die Macht.

Die neue Regierung, in der – nach der Ausschaltung des stellvertretenden Staatspräsidenten Babrak Karmal, der auf den Botschafterposten nach Prag abgeschoben wurde, – Außenminister Hafisollah Amin zum wichtigsten Mann nach Staatspräsident Taraki aufrückte, schloss im Dezember 1978 einen weitgehenden Beistandspakt mit der Sowjetunion. Die Machtkämpfe innerhalb der Regierungspartei, das harte Vorgehen gegen die Opposition (Bombardierung vieler Dörfer) und vor allem die Anfang 1979 begonnene Landreform zogen einen landesweiten Widerstand gegen das Regime nach sich. De facto mündete der Widerstand in einen Bürgerkrieg, in dessen Verlauf auch zahlreiche sowjetische Berater ihr Leben verloren.

Die UdSSR interveniert
Nach internen Auseinandersetzungen wurde im September 1979 Staatspräsident Taraki abgesetzt, neuer Staatspräsident wurde Außenminister Hafisollah Amin. Die Sowjetunion, die sich durch die Politik des westlichen Bündnisses eingekreist fühlte und in Afghanistan den Machtverlust der kommunistischen Demokratischen Volkspartei befürchtete, entschloss sich zur Intervention. Ende 1979 marschierten unter weltweitem Protest sowjetische Truppen in Afghanistan ein. Angeblich waren sie aufgrund des Beistandspakts von 1978 gerufen worden, Amin kam dabei um das Leben. Neuer Staatspräsident wurde Babrak Karmal.

Die neue Regierung versuchte mit sowjetischer Hilfe die politisch uneinheitliche muslimische Guerillabewegung der Mudjahedin zu unterdrücken und auszuschalten. Diese operierten, von den USA mit Waffenlieferungen unterstützt, von Pakistan aus. Trotz massiver sowjetischer Unterstützung der Regierungstruppen konnten die Rebellen nicht in die Defensive gezwungen werden. Die Sowjetunion drohte in Afghanistan eine empfindliche Niederlage zu erfahren, fast 14 000 sowjetische Soldaten waren gefallen. Die neue Kremlführung unter Michail Gorbatschow suchte nach Wegen, wie sie sich aus Afghanistan zurückziehen könnte. In dieser Situation wurde Karmal 1986 durch Mohammed Nadschibullah ersetzt, der mit einer Politik »der nationalen Aussöhnung« Afghanistan befrieden und die Intervention beenden wollte.

Weltpolitisch hatte die sowjetische Intervention zu einer tiefen Krise zwischen den beiden Machtblöcken geführt. Der Westen hatte unterstellt, die UdSSR wolle sich auf diese Weise den Zugang zum Indischen Ozean sichern und setze die zaristische Politik der Süderweiterung des russischen Reichs fort. Zahlreiche Staaten der Dritten Welt hatten sich von der Sowjetunion abgewandt, zum Teil unterstützten sie die Mudjahedin. 1988 schlossen Afghanistan und Pakistan – ohne die Widerstandsbewegungen – einen Friedensvertrag, den die UdSSR und die USA als Garantiemächte mit unterzeichneten. Ab 15. Mai 1988

100562

Mohammed Nadschibullah wurde nach der sowjetischen Invasion Afghanistans 1980 Chef der Geheimpolizei und war verantwortlich für Zehntausende von Verhaftungen, Folterungen und Hinrichtungen. 1986 wurde er vierter Präsident der Afghanischen Demokratischen Volksrepublik.

begann der Rückzug der sowjetischen Truppen, der im Februar 1989 abgeschlossen war.

Damit war der Bürgerkrieg gleichsam »afghanisiert«. Die sieben antikommunistischen Widerstandsorganisationen bildeten im Februar 1989 im pakistanischen Peshawar eine Exilregierung und setzten den Kampf gegen die Regierung Nadschibullah fort. Unter dem Druck des Widerstands gab die kommunistische Regierungspartei schließlich im Juni 1990 ihr Machtmonopol auf und benannte sich gleichzeitig in »Heimatpartei« um.

Klaus M. Lange

Zwischen Militärdiktatur und Demokratie: Lateinamerika

In den Sechzigerjahren hatten sich die hoch gesteckten Ziele der Regierungen, ihre Länder an das Entwicklungsniveau der Ersten Welt heranzuführen, als Fehlschlag erwiesen. Nicht ohne Irritation blickte man auf diese wie auch auf die kommunistische Welt. Beide Staatenkonstellationen konnten ein kräftiges Wachstum vorweisen, zeigten Selbstbewusstsein und setzten dieses mit neuer Tatkraft um - auf den Weltmärkten und in der Weltpolitik.

Das epochale Ereignis der kubanischen Revolution entfachte in Lateinamerika kontroverse Diskussionen über Plan- und Marktwirtschaft, warf die Frage nach der inneren und äußeren Sicherheit neu auf und thematisierte die ungelösten Probleme der Agrarreform. Inspiriert von der kubanischen Guerilla machten in mehreren Ländern Lateinamerikas nun auch kleine, zum bewaffneten Kampf entschlossene Gruppen auf sich aufmerksam.

Als Reaktion auf den Sieg Fidel Castros in Kuba bot Präsident John F. Kennedy den lateinamerikanischen Ländern eine Allianz für den Fortschritt (Alliance for Progress) an, ein Hilfsprogramm zur wirtschaftlichen Belebung und Stärkung demokratischer Strukturen. Ursprünglich auf zwanzig Milliarden Dollar angesetzt, sollte es die Länder auch zur Agrarreform und effektiveren Besteuerung hoher Einkommen anspornen. Doch tatsächlich bewirkte das Hilfsprogramm nur wenig, in-

Der Sieg der kubanischen Revolution unter Fidel Castro 1959 strahlte auf die gesamte Region aus.

tensivierte aber folgenreich die bilateralen Kontakte mit den USA, und zwar auf Regierungs- und Verwaltungsebene sowie zwischen den Streitkräften.

Was von Kennedy ursprünglich als Stärkung demokratischer Strukturen gedacht war, reduzierte sich am Ende weitgehend auf das gemeinsame Interesse an der Abwehr revolutionärer Bewegungen. Diese neue Solidarität stärkte das Selbstbewusstsein der nationalen Streitkräfte ganz ungemein. Zusehends reklamierten die Militärs eine Universalkompetenz zur Lösung aller »nationalen Probleme« und putschten sich schließlich an die Macht. Dieser neue Typus der Militärherrschaft bestimmte nun lang anhaltend die Geschicke in Brasilien (1964–85), Peru (1968–80) und Uruguay (1973–85) - am kürzesten in Argentinien (1976–83) und am längsten in Chile (1973–90).

Der blutige Militärputsch in Chile

Am 11. September 1973 kam es in Chile zu einem Putsch gegen Salvador Allende Gossens, den ersten aus freien Präsidentschaftswahlen hervorgegangenen marxistischen Staatschef der Welt. Angeführt wurde der Putsch von General Augusto Pinochet Ugarte. Die neuen Machthaber gingen mit einer weltweites Aufsehen erregenden Brutalität vor: Nach organisierten Hatzen trieb man die Anhänger Allendes zu Tausenden im Nationalstadion von Santiago zusammen, und es kam in der Folge zu Massenerschießungen, Scheinhinrichtungen sowie systematischer Folter.

Werner Tübkes »Chilenisches Requiem« (1974; Leipzig, Museum der Bildenden Künste) nimmt in Anlehnung an die christliche Pietà zu dem blutigen Putsch in Chile von 1973 Stellung, bei dem die sozialrevolutionäre Regierung Salvador Allende Gossens' gestürzt worden war.

100880

INFOBOX

Die Kirche – Anwalt der Armen

Nach Berechnungen der Weltbank lebten in den Jahren 1989/90 zwischen einem Viertel und einem Drittel der Menschen Lateinamerikas in Armut. Schon früher hatte die Kirche der Lösung der Armutsprobleme erklärtermaßen Vorrang eingeräumt. Auf der III. Vollversammlung des lateinamerikanischen Episkopats in Puebla (Mexiko) hieß es in dem Schlussdokument vom 13. 2. 1979:

»Wir bestätigen die Notwendigkeit der Umkehr der gesamten Kirche im Sinne einer vorrangigen Option für die Armen mit Blickrichtung auf deren umfassende Befreiung.... Wir stellen fest, dass das Engagement für die Armen seitens der nationalen Episkopate und zahlreicher Kreise von Laien, Ordensmännern, Ordensfrauen und Priestern tief greifender und realistischer geworden ist. Dieses im Entstehen begriffene, jedoch reale Zeugnis veranlasste die lateinamerikanische Kirche dazu, die schweren Ungerechtigkeiten anzuklagen, die aus den Mechanismen der Unterdrückten herrühren.«

Immer wieder ist gefragt worden, warum Allende scheiterte und seine Entmachtung in derartiger Brutalität erfolgte – in einem Land mit ausgeprägt demokratischen Traditionen. Das Linksbündnis (Unidad Popular), die Machtbasis des Präsidenten, war eine Koalition aus sechs verschiedenen Parteien, von denen jede eine eigene Strategie verfolgte. Da ein Zusammengehen mit den Christdemokraten nicht zustande kam, verfügte Allende über keine parlamentarische Mehrheit. Seinem umfassenden Sozialisierungsprogramm fehlte so die demokratische Legitimität. Gravierende wirtschaftliche Probleme und bürgerkriegsähnliche Auseinandersetzungen zwischen rechts- und linksradikalen Gruppen taten ein Übriges. Die neuen Machthaber mit Pinochet an der Spitze setzten mittels Ausnahmerecht ihre Ziele durch: Abschaffung der demokratischen Institutionen, Zerschlagung der Linken im Interesse der »nationalen Sicherheit« und kapitalistische Neuordnung der Wirtschaft.

Die Ablösung der Militärdiktaturen

In den Achtzigerjahren befanden sich die lateinamerikanischen Militärs auf dem Rückzug. Vor allem in Argentinien war die Bilanz der Militärs erschreckend: Die

101310

Die von etwa 2 500 Menschen bewohnten Falklandinseln (Satellitenaufnahme der beiden Hauptinseln) gehören geographisch zu Südamerika. Die Inselgruppe ist britische Kronkolonie, wird aber von Argentinien seit 1833 beansprucht. 1982 begann Argentinien deshalb einen Krieg gegen Großbritannien.

Generäle ruinierten die Wirtschaft, zettelten im Zusammenwirken mit paramilitärischen »Todesschwadronen« einen schmutzigen Krieg gegen Guerillaeinheiten an, der in der Ermordung von schätzungsweise 10 000 bis 20 000 argentinischen Bürgern gipfelte. Mit ihrer spektakulären Besetzung der Falklandinseln (1982) stürzten sie das Land in einen Krieg gegen Großbritannien, scheiterten aber kläglich und waren danach politisch und moralisch am Ende.

Insgesamt hatte der schleichende Autoritätsverlust der Militärmachthaber vor allem damit zu tun, dass sich in breiten Teilen der Bevölkerung eine positivere Einschätzung gegenüber demokratisch legitimierten Regierungen durchsetzte. Unter dem Schirm der katholischen Kirche machten vielerlei Selbsthilfe- und Menschenrechtsorganisationen, Komitees für freie Wahlen und ähnliche private Initiativen auf sich aufmerksam. Sie sprachen Themen wie Folter, Kerkerhaft, Armut sowie die Entrechtung ethnischer Randgruppen an und trugen ihre Belange in die Öffentlichkeit. Weltweites Aufsehen erregte der Aufschrei der argentinischen »Mütter der Plaza del Mayo«, die schon während der Diktatur Anklage gegen das spurlose Verschwinden ihrer Söhne erhoben. Solche Gruppierungen handelten auch politisch, denn sie taten sich oftmals zusammen mit Vertretern der klassischen Opposition - den unabhängigen Gewerkschaften und demokratischen Parteien. So kam es zu großen Massenkundgebungen, die zum Beispiel in den Achtzigerjahren in Brasilien und Chile den Charakter einer regelrechten Volksbewegung annahmen.

Doch kein Volksaufstand brachte die Militärs zu Fall. Ihr Rückzug in die Kasernen war meist ausgehandelt und zog freie Wahlen nach sich. Als sich in Chile der Christdemokrat Patricio Aylwin Azócar gegen einen Kandidaten der Militärs durchsetzte und am 11. März 1990 in den Präsidentenpalast einzog, war der Prozess der Ablösung der Militärdiktaturen im Wesentlichen abgeschlossen, jedenfalls in den größeren Ländern Lateinamerikas.

Neue ökonomische und politische Herausforderungen
Dieser politische Wandel darf nicht darüber hinwegtäuschen, dass es unter einer bereinigten Oberfläche neu brodelte. Anfang der Achtzigerjahre erfasste die lateinamerikanischen

Mexikanische Polizeibeamte begleiten 2003 den wegen Völkermordes angeklagten argentinischen Exoffizier Ricardo Miguel Cavallo (Mitte) bei seiner Auslieferung an Spanien. Ihm wird die Verschleppung und Folter von 337 Regimegegnern angelastet, von denen 227 während der Diktatur spurlos verschwanden. In Argentinien ist er durch ein Amnestiegesetz vor Strafverfolgung geschützt.

100562

amerikanischen Länder eine große Schuldenkrise. Das in den Siebzigerjahren niedrige Zinsniveau auf den internationalen Kapitalmärkten hatte die Auslandsverschuldung in die Höhe getrieben. Als die Zinsen später kräftig anzogen, kamen die Regierungen in Zahlungsschwierigkeiten. Zur Begleichung der Schulden mussten Exportüberschüsse in erheblichem Umfang erwirtschaftet werden. Viele Länder mussten sich für zahlungsunfähig erklären: In Mexiko zum Beispiel kündigte Präsident López Portillo im August 1982 die Einstellung des Schuldendienstes an.

Die meisten Regierungen reagierten auf die Schuldenkrise mit rigorosen Sparprogrammen. Die Schuldenkrise markiert einen tiefen Einschnitt in der Geschichte Lateinamerikas, denn die Sanierungskonzepte erzwangen die Abkehr von der lateinamerikanischen Entwicklungsstrategie der Importsubstitution zugunsten einer stärker exportorientierten Einbindung in den Weltmarkt. Das führte nach Jahren schwerer Einbrüche zu einer gewissen Gesundung der Volkswirtschaften und in manchen Ländern zu neuen beachtlichen Wachstumsraten. Aber der Sozialabbau, eine der schnellen Antworten der

Durch die hohe Auslandsverschuldung löste der Anstieg der Zinsen in vielen lateinamerikanischen Ländern eine Schuldenkrise aus. Exportsteigerungen sollen zur Sanierung der Volkswirtschaften führen.

100264

160

Anhänger der Sandinistischen Nationalen Befreiungsfront (FSLN) feiern im Juli 1999 in Managua den 20. Jahrestag ihres Sieges über den Diktator Somoza nach einem langjährigen Guerillakrieg. Die Sandinisten regierten das Land bis zu ihrer Wahlniederlage im Frühjahr 1990.

Regierungen auf die Schuldenkrise, senkte den Lebensstandard der Bevölkerung.

Die Stimme der Guerilleros war in den Achtzigerjahren nicht verstummt. Sie erhob sich noch in vielen lateinamerikanischen Ländern, auch in den zentralamerikanischen Staaten Honduras, El Salvador, Guatemala und Nicaragua. In dem letztgenannten Land war es 1979 der Sandinistischen Nationalen Befreiungsfront (Frente Sandinista de Liberación Nacional, FSLN) mit breiter Unterstützung gelungen, die Macht zu erobern. Die Revolutionäre gaben sich gemäßigt-reformistisch und erlagen nicht der Versuchung, eine Diktatur zu errichten.

160

Die Regierung der Sandinisten war vom Bürgerkrieg gegen die Contra-Rebellen gekennzeichnet – Soldaten der antisandinistischen Contras beim Exerzieren im Lager »Jorge Salazar« an der Grenze zwischen Nicaragua und Honduras.

Doch eine Demokratie nach westlichem Vorbild konnte man die neue Gesellschaftsordnung auch nicht nennen.

Den USA war das Regime ein Dorn im Auge; sie fürchteten, die gesamte Region könne sich destabilisieren. Deshalb entschlossen sie sich zu massiver Wirtschafts- und Militärhilfe für die antisandinistischen Contras, die ihre Basen in Honduras und Costa Rica hatten. Solcher Hilfen durften sich auch die korrupten nicaraguanischen Nachbarstaaten erfreuen, in denen Guerillaeinheiten den Regimen in unterschiedlicher Schärfe zusetzten. Allerdings verband die Regierung Reagan diese Hilfen mit der deutlichen Aufforderung an die dortigen Machthaber, demokratische Wahlen abzuhalten und die Menschenrechte einzuhalten. So leitete Washington absichtsvoll die Aufrüstung einer ganzen Region ein. Jahrelang tobten nun schwere Kämpfe, und Flüchtlingsströme überzogen grenzüberschreitend den zentralamerikanischen Isthmus. Am Ende stand eine bedrückende Bilanz: 200 000 überwiegend zivile Kriegsopfer, zwei bis drei Millionen Flüchtlinge, dazu die verheerenden Folgeschäden für Wirtschaft und Infrastruktur.

Die Regierung Reagan stufte die Revolutionäre als Kommunisten ein, und ein »zweites Kuba« kam für sie nicht infrage. Tatsächlich erhielt das sandinistische Regime in der Folge der Eskalation massive Militärhilfe seitens der Sowjetunion. Bemühungen vieler Regierungen der 1948 innerhalb der UNO gegründeten OAS (Organization of American States) und auch westeuropäischer Länder, Zentralamerika aus dem Ost-West-Konflikt herauszuhalten, fruchteten zunächst nicht. Erst als dieser sich aufzulösen begann, war George Bush, seit 1989 Reagans Nachfolger im Amt, bereit, die Unterstützung der Contra-Rebellen einzustellen. Seine Bedingung lautete: Freie Wahlen unter internationaler Aufsicht. UNO und OAS entsandten eine unabhängige Beobachtergruppe. Aus den Wahlen 1990 ging zur Überraschung aller Violeta Barrios de Chamorro, die Kandidatin der nicaraguanischen Opposition, als Siegerin gegen den Staatschef Daniel Ortega Saavedra hervor.

Lateinamerika wächst zusammen
In Nicaragua war der entscheidende Schritt für einen Friedens- und Versöhnungsprozess damit getan. In den Neunzigerjahren legten auch die Guerilleros in El Salvador und Guatemala die Waffen nieder. Die Wahlbeobachtung in Nicaragua sollte Schule machen und hat danach auch anderswo auf dem Subkontinent zur Entspannung beziehungsweise Demokratisierung beigetragen. Die Instrumente der Interventionspolitik durch die OAS, UNO und andere Zusammenschlüsse konnten inzwischen durch gezielte Sanktions- und Embargomaß-

160

Sandinistische Soldaten warten vor einem Wahllokal. Die nicaraguanischen Präsidentschaftswahlen vom Februar 1990 fanden unter internationaler Beobachtung, u. a. durch die Vereinten Nationen, statt.

nahmen verfeinert werden – ein Hoffnungsschimmer für die Zukunft.

Auch ökonomisch sind neue Zeiten angebrochen: Die neue Ausrichtung der nationalen Volkswirtschaften, angestoßen durch das Bemühen zur Überwindung der Schuldenkrise zu Beginn der Achtzigerjahre, führte in den Neunzigerjahren zur Bildung wirtschaftlicher Großräume. 1994 trat das Nordamerikanische Freihandelsabkommen NAFTA (North American Free-Trade Agreement) in Kraft, das für die USA, Kanada und Mexiko einen gemeinsamen Wirtschaftsraum schafft. Und schon 1991 hatten Brasilien, Argentinien, Uruguay und Paraguay das ehrgeizige Projekt Gemeinsamer Markt im südlichen Lateinamerika (Mercado Común del Cono Sur, Mercosur) beschlossen. Es zielt auf die schrittweise Integration der nationalen Volkswirtschaften. Vielleicht beschreiten die Länder Lateinamerikas nun einen Weg, der sie befähigt, den kommenden nationalen, kontinentalen und globalen Problemen wirksam begegnen zu können. *Jochen Gaile*

Hochmut der Weißen, Entrechtung der Schwarzen: Die Apartheid in Südafrika

Im »Hafengebiet von Kapstadt wimmelte es von bewaffneter Polizei und aufgeregten Beamten in Zivil. Wir mussten, immer noch aneinander gekettet, im Laderaum der alten Holzfähre stehen, was schwierig war, da das Schiff in der Dünung vor der Küste auf- und abschwankte. Ein kleines Bullauge über uns war die einzige Lichtquelle. Das Bullauge diente aber auch noch einem anderen Zweck: Die Wärter machten sich einen Spaß daraus, auf uns herunterzuurinieren. Es war noch hell, als wir an Deck geführt wurden und zum ersten Mal die Insel sahen. Grün und schön war sie, und auf den ersten Blick sah sie eher wie ein Erholungsort als wie ein Gefängnis aus ... Wir wurden von einer Gruppe stämmiger weißer Wärter in Empfang genommen, die ausriefen: »Dies ist die Insel. Hier werdet ihr sterben.«

Das Gefängnis auf Robben Island, in dem Nelson Mandela 1964–82 gefangen war, wurde 1997 zum Nationaldenkmal erklärt.

Mit diesen Worten wird in der Autobiographie »Der lange Weg zur Freiheit« der Beginn einer 27-jährigen Haft geschildert. Der Betroffene heißt: Nelson Mandela. Er war einer der Führer des Widerstands gegen die Po-

litik der Rassentrennung, der so genannten Apartheid. Zusammen mit der Führungsspitze der wichtigsten Organisation der schwarzen Bevölkerungsmehrheit Südafrikas, des African National Congress (ANC), hatte man ihn 1964 zu lebenslanger Haft verurteilt. Was hatte diesen schwarzen Rechtsanwalt, einen Angehörigen des Adels seines Herkunftsvolks, der Tembu, dazu bewogen, große Risiken auf sich zu nehmen und im Untergrund den bewaffneten Kampf zu organisieren?

Wie alle Schwarzen hatte auch Mandela die vielen Erfahrungen der Ungleichbehandlung der Rassen machen müssen. 1940 war der damals 22-Jährige aus seinem ländlichen Herkunftsgebiet nach Johannesburg gekommen, in das industrielle Zentrum Südafrikas und das »Mekka« des Goldbergbaus. Er hatte sich zunächst eine Zeit lang mit Jobs durchgeschlagen, als Aufseher in einer Mine und

Nelson Mandela in den Anfangsjahren seiner 27-jährigen Gefängnishaft auf Robben Island

160

INFOBOX

Die »Freiheits-Charta«

Vertreter des ANC und anderer Organisationen, die für ein demokratisches Südafrika eintraten, verabschiedeten am 25./26. 6. 1955 die so genannte Freiheits-Charta, ein Bekenntnis für allgemeine Menschen- und Bürgerrechte.
Diese Charta beginnt mit den Worten:
»Wir, Volk Südafrikas, erklären für unser Land und die Welt:
dass Südafrika allen denen gehört, die darin leben, Schwarzen und Weißen, und dass keine Regierung gerechterweise Autorität für sich in Anspruch nehmen kann, die nicht auf dem Willen des ganzen Volkes beruht;
dass unser Land niemals blühend oder frei sein kann, bis unser ganzes Volk brüderlich zusammenlebt und gleiche Rechte und Möglichkeiten genießt;
dass nur ein demokratischer Staat, der auf dem Willen des ganzen Volkes beruht, allen ihr angestammtes Recht ohne Unterschied der Hautfarbe, der Rasse, des Geschlechts oder der Religion sichern kann ...«.

als Bürobote in einer Anwaltskanzlei. Der tagtägliche Augenschein sollte ihm die Lebensbedingungen der Mehrheit der Bevölkerung überdeutlich machen: In gesichtslosen Schlafstädten weit außerhalb des Stadtzentrums, in viel zu kleinen Häusern ohne Wasser- oder Stromanschluss oder in überfüllten Slums wohnend, musste sie für karge Löhne arbeiten und war Hunderten von gesetzlichen Bestimmungen und Einschränkungen unterworfen, die nur für die Bewohner mit schwarzer Hautfarbe galten.

Mandela, der später studierte und dann den Beruf des Rechtsanwalts ausübte, durfte sich so wenig wie alle anderen schwarzen Südafrikaner aussuchen, wo er wohnen wollte; auch ihm war es untersagt, nachts die Wohngebiete der Weißen zu betreten. Diese Erfahrungen hatten ihn zur politischen Arbeit geführt – Erfahrungen, die er schon vor der Einführung der Apartheid im Jahre 1948 sammeln konnte. Denn eine Politik der Rassentrennung, der Privilegierung der Minderheit auf Kosten der Mehrheit, hatte es in Südafrika schon lange vorher gegeben.

Die Kontinuität der Rassentrennung

Der Rassismus entstand in Südafrika nicht erst mit dem Aufstieg des Faschismus in Europa, sondern bereits im frühen 19. Jahrhundert. Und die Praxis einer Rassentrennungspolitik wurde nicht erst 1948 neu eingeführt, als die National Party (NP) einen Wahlsieg errang und die Apartheid nun zum Regierungsprogramm erhob, sondern bestimmte schon seit dem frühen 20. Jahrhundert die Politik des Landes. Drei Jahre nach der 1910 begründeten Südafrikanischen Union wurde mit dem Native Lands Act eines der zentralen Gesetze verabschiedet, ohne das die spätere Apartheid kaum denkbar gewesen wäre. Schwarze durften danach kein Land erwerben – außer in eigens dafür ausgewiesenen Stammesgebieten. Diese Spielart der territorialen Rassentrennung wurde schließlich in mehreren Stufen in die spätere Homelandpolitik überführt.

ZITAT

Bericht eines Augenzeugen über den 16. 6. 1976 in Soweto: *Die Polizei feuerte in die Luft und befahl den Schülern auseinander zu gehen. Die Kinder erwiderten mit Steinen, die sie auf die Polizisten warfen; die Polizei schoss daraufhin scharf: Die ersten vier Schüler wurden getötet, darunter ein Dreizehnjähriger. Durch dieses Ereignis wurden die Unruhen ausgelöst; innerhalb von Minuten wurden Autos, Streifenwagen und Geschäftsfahrzeuge mit Steinen beworfen, beschädigt und verbrannt, das Werk der aufständischen Oberschüler.*

Alle südafrikanischen Regierungen seit 1910 hatten sich darum bemüht, dem Wähler zu vermitteln, dass sie dem »Kaffer« seinen Platz schon zuweisen wollten, nämlich ganz unten. Der viel gepriesene, an der Gründung des Völkerbunds und der UNO beteiligte südafrikanische Politiker Jan Smuts hatte sich bereits 1917 für eine Politik der Rassentrennung stark gemacht, was seinem internationalen Ansehen übrigens keinen Abbruch tat – warum auch? Weder die Briten in ihren Kolonien noch die französischen oder portugiesischen Kolonialherren praktizierten etwas anderes als die weißen Südafrikaner. Das Land stieß bis in die Sechzigerjahre mit seiner Apartheidpolitik kaum auf internationale Kritik, weil es sich wenig anders verhielt als die übrigen weißen Mächte. Außerdem verfügte die Südafrikanische Union wegen des Reichtums an Edelmetallen über eine starke Machtposition: Gold, Platin, Diamanten und das im Kalten Krieg immer wichtiger werdende Uran stärkten Südafrikas Stellung auf den Weltmärkten.

Doch betrachten wir den Apartheidstaat Südafrika etwas genauer: Schon vor 1948 galt die Rassentrennung auch im Bereich der Politik. Nur in der Kapprovinz hatte eine sehr begrenzte Zahl von Schwarzen das Wahlrecht (bis 1936). In den übrigen Provinzen waren sie politisch vollkommen entmündigt. Auch die spezifische Politik der Rassentrennung in den Städten war keineswegs neu; sie setzte schon in den Zwanzigerjahren ein, als die urbanen Zentren per Gesetz als Gebiete der Weißen deklariert wurden, in denen den Schwarzen kein dauerhaftes Wohnrecht zustehen dürfe. Das Verbot von Mischehen erhielt erstmals in den Dreißigerjahren Gesetzeskraft.

Die Apartheid, die die Regierung unter Premierminister Daniel Malan 1948 offiziell zur politisch-gesellschaftlichen Doktrin erhob, war zunächst einmal nur eine Verschärfung all dieser schon viel länger bestehenden Bestimmungen der Rassentrennung. Diese waren allerdings in den Vierzigerjahren laxer gehandhabt worden als zuvor, da die Weißen Südafrikas im Zweiten Weltkrieg auf das Wohlverhalten der schwarzen Mehrheit besonders angewiesen waren.

Der Sieg der National Party 1948 war eine Reaktion auf diese liberale Handhabung, aber auch auf die durch den Krieg ausgelösten sozialen Veränderungen, als deren bedeutendste die massive Zuwanderung von Schwarzen in die Städte zu sehen ist. Dort übertraf die Zahl der Schwarzen nun erstmals die der Weißen. Außerdem hatten schwarze Südafrikaner wegen der kriegsbedingten Knappheit an weißen Arbeitskräften, die in Nordafrika unter britischem Kommando kämpften, Zugang zu Berufen, die zuvor durch die job reservation den Weißen vorbehalten waren. 1948 folgte die Mehrheit der weißen Wähler den Versprechungen der NP, mit dem »Flickwerk« der Rassengesetzgebung endlich aufzuräumen und es durch ein in sich stimmiges System zu ersetzen.

Während der Apartheid diente die zu Johannesburg gehörige Millionenstadt Soweto als Township zur Unterbringung der schwarzen Bevölkerung.

50558

Bis zur getrennten Zuweisung von Parkbänken und Bussen reichte die Separierung der vermeintlichen »Rassen« im öffentlichen und privaten Bereich.

160

Die Ideologie der Apartheid

Was unterschied nun, abgesehen von der größeren Radikalität und der rigiden bürokratischen Umsetzung, die Apartheid von früheren Formen der südafrikanischen Rassentrennung? War die neue Doktrin letztlich nur »alter Wein in neuen Schläuchen«? Apartheid heißt dem Wortsinn nach zunächst nichts anderes als Trennung; gemeint war freilich von Beginn an die Rassentrennung, denn das Wort war ursprünglich nur die afrikaanse Übersetzung des englischen Worts segregation, mit dem bis dahin die gültige Praxis in Südafrika bezeichnet wurde. Die burischen Nationalisten brachten diese Übersetzung in Umlauf, um so zu unterstreichen, dass sie ihre Politik als etwas Neues betrachteten. Sie entwickelten einen ganzen Wust neuer Erklärungs- und Rechtfertigungsmuster für ihre Doktrin der Apartheid, die sie für legitim, ja »gottgewollt« hielten, die sich aber vom in allen damaligen Kolonien anzutreffenden Siedlerrassismus grundsätzlich nicht unterschied.

Im Rahmen geschichtsphilosophischer Begründung wurden die Völker und Kulturen der Welt auf einer Entwicklungsskala angeordnet, wobei die überlegene technisch-industrielle Zivilisation Europas ganz oben, die afrikanische Zivilisation als »Barbarei« ganz unten angesiedelt waren. Daraus leitete man ein Prinzip der Treuhandschaft ab: Die Schwarzen seien wie Kinder, so argumentierten die Ideologen; sie seien nicht in der Lage, sich selbst aus dem Zustand der Barbarei emporzuentwickeln, bedürften folglich der wohlwollenden Hilfe der zivilisierten Weißen.

Ethnologen hatten demgegenüber seit dem frühen 20. Jahrhundert großen Wert auf die Feststellung gelegt, dass die schwarzen Afrikaner sehr wohl über eine Zivilisation verfügten, die allerdings ganz anders strukturiert und aufgebaut sei als die der Weißen. Zudem bilde jede der Zivilisationen oder Kulturen ein in sich geschlossenes Ganzes, bei dem jede Komponente auf die übrigen abgestimmt sei. Verändere man auch nur eine dieser

INFOBOX

Der Kulturnationalismus der Buren

Eine der wichtigsten Antriebskräfte zur Errichtung der Apartheid war der Nationalismus der Buren, die etwa drei Fünftel der weißen Bevölkerung Südafrikas ausmachten. Burische Intellektuelle gründeten 1914 die National Party, in der sie die afrikaanssprachigen Weißen sammelten. Der ökonomische Abstieg vieler Buren führte der Partei weitere Mitglieder zu. Die Buren verstanden sich als eigenes Volk mit eigener Kultur und eigener Geschichte. Die englischsprachigen Weißen, die in der Wirtschaft den Ton angaben, galten als den Buren feindlich gesinnte «Kapitalisten« und wurden in eine historische Kontinuität mit dem britischen Imperialismus zur Zeit des Burenkriegs (1899–1902) gestellt. Historische Ereignisse wie der Große Treck des 19. Jh. wurden zu mythischen Ereignissen einer von Gott geleiteten Schicksalsgemeinschaft hochstilisiert. Der Kulturnationalismus der Buren fand im 1949 eröffneten Voortrekker-Denkmal nahe Pretoria eine sakrale Weihestätte.

INFOBOX

Kampf gegen die Apartheid

Albert Luthuli (1898–1967), der der Familie des Zuluchiefs (Zuluhäuptlings) von Groutville entstammte, wurde 1960 in Anerkennung seines gewaltlosen Widerstands gegen die Apartheidpolitik als erster Afrikaner mit dem Friedensnobelpreis ausgezeichnet.

1935 ernannte die südafrikanische Regierung Albert – mit Zulunamen Mwumbi »Dauerregen« – Luthuli zum Chief in Groutville, setzte ihn jedoch im November 1952 ab, weil er den Protest des African National Congress (ANC) gegen die Apartheid unterstützte. Als Präsident des ANC (seit 1952) trat Luthuli für Gewaltfreiheit ein. Seiner Überzeugung nach »führt der Weg zur Freiheit (nicht über den Krieg, sondern) über das Kreuz«. 1956 wurde er wegen Hochverrats inhaftiert, musste jedoch 1957 freigelassen werden. Mit dem Verbot des ANC wurde Luthuli 1960 zu einer Haftstrafe verurteilt, später mit einem Bann belegt, der u. a. seinen Zwangsaufenthalt in Groutville verfügte.

Komponenten, so drohe die ganze Kultur zu zerfallen. Die Verstädterung mit all ihren Folgen von Verelendung, wachsender Kriminalität und Verfall der Familien schien diese Behauptung auch zu stützen. Man könne folglich die wertvollen afrikanischen Kulturen nur dann erhalten, wenn man sie vor den verderblichen Einflüssen der europäischen Zivilisation nachhaltig schütze. Das bedeutete den Erhalt traditioneller Institutionen, die Verhinderung von Verstädterung, die Festschreibung einer agrarischen Wirtschaftsweise.

Dem gesellten sich theologische Erklärungsmuster hinzu: Die Tatsache, dass es so viele Völker auf der Welt gebe, sei der Beleg dafür, dass Gott dies so gewollt habe. Deswegen dürfe der Mensch daran nicht rühren, sondern müsse den Erhalt dieser Schöpferordnung vielmehr als seine Aufgabe begreifen. Hinter dieser Annahme verbarg sich die Sorge der afrikaanssprachigen weißen Nationalisten um den Erhalt der eigenen Burennation.

Die Sichtweise von der gottgewollten Vielfalt der Völker ließ sich in einem nachfolgenden Argumentationsschritt weiter ausbauen, indem man nämlich nicht mehr nur pauschal von einem Gegensatz zwischen der weißen und der schwarzen Rasse sprach, sondern darüber hinausgehend die Schwarzen nach ethnologischen Kriterien in eine Vielzahl von »Stämmen« aufspaltete. Angesichts der um sich greifenden Verstädterung war dies ein realitätsfernes Unterfangen, da diese »Stämme« längst in voller Auflösung begriffen waren. Die Apartheidpolitiker meinten darum allen Ernstes, Südafrika als ein Land beschreiben zu können, in dem letztlich nur Minderheiten lebten, da die Afrikaner als einheitliche Gruppe nicht mehr fassbar waren.

Zutritt nur für Weiße!
Ziel der Apartheid war die Rassentrennung, und Grundlage dieser Trennung das Gesetz über die Registrierung der Bevölkerung (Population Registration Act). Dieses Gesetz aus dem Jahre 1950 bestimmte, dass jeder Südafrikaner durch (weiße) Beamte einer von vier Rassen zugeordnet werden solle, der Rasse der Weißen, der Schwarzen, der »Asiaten« (Inder) und der coloureds

100562

Albert Luthuli wurde 1952 Präsident des ANC. Er war einer der prominentesten schwarzen Politiker Afrikas im Kampf gegen die Apartheid.

(Farbige). Zu Letzteren rechnete man alle diejenigen, die den drei anderen Gruppen nicht angehörten. Dieses Gesetz eröffnete breiten Spielraum für Bürokratenwillkür und Korruption. Denn die Kriterien für die Zuordnung zu einer der vier Rassen ergaben sich nicht aus zweifelsfrei überprüfbaren, das heißt wissenschaftlich haltbaren Maßstäben, sondern aus dem subjektiven Eindruck des jeweiligen Beamten.

Ein klar strukturiertes Programm der Apartheid hat es aber im Grunde niemals gegeben. Der Eindruck des Planvollen wurde vor allem durch die Geschwindigkeit hervorgerufen, mit der die Regierung Malan die Apartheidgesetze verabschiedete. Alles, was zuvor noch im Entscheidungsspielraum untergeordneter Behörden gelegen hatte, wurde nun gesetzlich reglementiert: Die Beamten erhielten klare Anweisungen, was zu tun sei und wie sie die Gesetze und Verordnungen auszuführen hätten. So engte eine ständig steigende Zahl legislativer Akte die ohnehin schon eingeschränkten Handlungsspielräume der afrikanischen Bevölkerung noch weiter ein. Von der Zuordnung jedes einzelnen Individuums zu einer Rasse über das Mischehenverbot und die Ausweisung getrennter Wohngebiete in den Städten durch den Group Areas Act bis hin zur Reservierung von Parkbänken, Stränden, Eingängen in Geschäfte und Ämter für die einzelnen »Rassen« wurde alles getrennt –, das öffentliche und das private Leben gleichermaßen.

Auch im Bereich der freien Wahl des Arbeitsplatzes für Schwarzafrikaner galten starke Reglementierungen. Die Grundlage dafür bildeten zum Beispiel die Passgesetze aus dem Jahre 1952. Damit wollte der Staat die Kontrolle über die Wanderbewegungen zwischen Stadt und Land gewinnen. Denn so wichtig dem Apartheidstaat einerseits die Beschaffung billiger Arbeitskräfte in ausreichender Zahl war, so sehr war ihm andererseits daran gelegen, die Schwarzen von den Städten fernzuhalten. Auch die Reservierung von Facharbeiterstellen für Weiße schmälerte die Aufstiegschancen aller anderen und beeinträchtigte die gesellschaftliche Mobilität. Rassentrennung bedeutete darum keineswegs nur die geographisch-räumliche Trennung, sondern zielte auch auf eine soziale Blockade für Schwarze und war insgesamt ein System von Sicherungen der Privilegien für Weiße.

Die Einrichtung so genannter Homelands sollte in den 1960er-Jahren den Widerstand der schwarzen Bevölkerung brechen. Vier Homelands wurden 1976–81 formal unabhängig, international aber nicht anerkannt.

Auch die Schulen waren im Apartheidstaat getrennt. 1953 nahm die Regierung ihr Ziel der Schaffung eines getrennten Bildungssystems für die Schwarzen in Angriff und verabschiedete den Bantu Education Act. Dieses Gesetz war darauf ausgerichtet, den Schwarzen nur rudimentäre Kenntnisse zu vermitteln, um ihre soziale Mobilität zu beschränken und sie dauerhaft auf den Status ungelernter Arbeitskräfte festzulegen. Der Minister für Eingeborenenfragen und spätere (1958–66) Premierminister Hendrik Verwoerd gestand offen ein, dass der Education Act den schwarzen Südafrikanern den Weg ins westliche Bildungssystem versperren sollte.

Das Apartheiderziehungssystem zielte zudem darauf ab, die ethnische Einteilung in Stämme zu verfestigen, obwohl die ethnisch-kulturellen Unterschiede in den townships, den Randbereichen der großen Städte, eine sehr untergeordnete Rolle spielten. Die staatlichen Ausgaben für die Schulen der Schwarzen betrugen nur einen Bruchteil dessen, was für die weißen Schüler ausgegeben wurde. Dementsprechend waren die Zustände dort. Viele Lehrer waren selbst kaum über einen Grundschulabschluss hinausgekommen und versuchten ihre fehlende Kompetenz auszugleichen, indem sie in den heillos überfüllten Klassenräumen durch Prügel »Disziplin« herzustellen suchten.

100497

Ananasernte auf einer südafrikanischen Plantage: Der Bedarf der südafrikanischen Wirtschaft an billigen Arbeitskräften in Landwirtschaft und Industrie stand z. T. in Widerspruch zu der Ideologie der Apartheid.

Schon während des Zweiten Weltkriegs meldete sich Widerstand seitens der Schwarzen gegen die Politik der Rassentrennung. Erstmals fand damals die Vorstellung Gehör, die Schwarzen seien das eigentliche Volk Südafrikas, die Nation. Als die NP daran ging, den Apartheidstaat aufzubauen, setzte sich im ANC diese neue Sichtweise durch und äußerte sich in ersten großen Protestaktionen gegen die Politik der Regierung. Damals gelang es dem ANC, seine schmale, auf die schwarze Elite beschränkte Basis zu durchbrechen und dauerhaft Verbindungen zur städtischen Arbeiterschaft sowie zur ländlichen Bevölkerung aufzubauen.

Die Massenkampagnen der Fünfzigerjahre, als der ANC nach dem Vorbild Mahatma Gandhis mit gewaltlosen Aktionen die Passgesetze und andere Apartheidmaßnahmen bekämpfte, führten ihm neue Mitglieder zu. Innerhalb eines kurzen Zeitraums wuchs seine Mitgliederzahl von weniger als tausend auf über 100 000 an. Wortführer wie der charismatische Zuluhäuptling Albert Luthuli, ein überzeugter Pazifist und christlicher Laienprediger, gaben der Bewegung ein neues Gesicht.

1955 legten der ANC und eine Reihe anderer Organisationen mit der Freiheits-Charta ein Grundsatzprogramm vor, das eine Alternative zur Apartheid aufzeigte: eine Massendemokratie mit individuellen Menschenrechten anstelle einer rassistischen Privilegiengesellschaft. Die Reaktion des Staats war entsprechend nervös; es folgten Verhaftungen und eine zunehmende Kriminalisierung der Oppositionsbewegungen. Diese Repressionen gipfelten 1960 im Verbot des ANC und des Pan African Congress (PAC), einer Abspaltung vom ANC mit radikaleren Zielen.

Von getrennten Parkbänken zu getrennten Staaten
Gegen Ende der Fünfzigerjahre nahm die NP-Regierung eine schwer wiegende Änderung im Apartheidkonzept vor. Damals begann eine Welle der Unabhängigkeitserklärungen über den afrikanischen Kontinent zu rollen. Angesichts dieses Prozesses der Entkolonialisierung lief Südafrika Gefahr, als Relikt eines überlebten Kolonialismus übrig zu bleiben und auch außenpolitisch Legitimationsprobleme zu bekommen. Premierminister Verwoerd fand die Lösung darin, dem internationalen Trend scheinbar zu folgen und Teile des Landes in die Unabhängigkeit zu entlassen.

Für die Schwarzen wurden nun eigens Territorien, so genannte homelands, gebildet, deren Kerngebiete aus den 1913 erstmals festgeschriebenen, ethnisch definierten native reserves bestanden und in denen »traditionelle« afrikanische Herrschaftsordnungen erhalten bleiben sollten – Traditionen freilich, wie sie die Weißen verstanden, denn die Schwarzen wurden nicht gefragt. Bei diesen aus nicht zusammenhängenden Landstücken bestehenden homelands handelte es sich aber tatsächlich um politisch und ökonomisch lebensunfähige Kleinstaaten, die in vollständiger Abhängigkeit von Südafrika gehalten wurden. Alle Schwarzen, auch die in den Gettos der townships, mussten entsprechend den südafrikanischen Passgesetzen einem homeland angehören, vor allem auch solche Personen, die sich zum Beispiel aus Erwerbsgründen außerhalb dieser Territorien aufhielten.

Man hat die Homelandpolitik bisweilen auch als »große Apartheid« bezeichnet, im Unterschied zu der bis dahin gültigen »kleinen Apartheid«, der diskriminierenden Regulierung des Alltagslebens. Ziel dieser Politik war es letztlich, einen weißen Nationalstaat Südafrika zu schaffen, der 87 Prozent des Gesamtterritoriums umfasste, in dem aber nur die Weißen, coloureds und Inder legal leben sollten, welche insgesamt weniger als zwanzig Prozent der Gesamtbevölkerung ausmachten. Alle Industriegebiete, die Großstädte und kommerziellen landwirtschaftlichen Regionen gehörten zum »weißen Südafrika«. Die Schwarzen, die oft schon in der dritten oder vierten Generation in den Städten lebten, wurden so zu Bürgern eines ethnisch definierten homeland, von dem sie nicht mehr als den Namen kannten. Im »weißen Südafrika« war ihnen der Status als Gastarbeiter im eigenen Land beschieden.

Um das Ziel eines »weißen Südafrika« zu erreichen, versuchte die Regierung, mit einer Reihe weiterer Gesetze und Verordnungen die Zuwanderung von Schwarzen in die Städte zu stoppen. Doch dieses Unterfangen erwies sich als Fehlschlag, denn die expandierende südafrikanische Wirtschaft war seit den Sechzigerjahren mehr denn je auf die billigen schwarzen Arbeitskräfte angewiesen. Diese Politik war denn auch faktisch ein stetiges Neuaushandeln von Kompromissen zwischen wirtschaftlichen Erfordernissen und ideologischen Vorgaben. Der daraus resultierende Widerspruch zwischen den öffentlich verkündeten Zielen und der tatsächlichen Politik schuf ein dauerhaftes Legitimationsproblem, das längerfristig die Grundlagen der Apartheid aufweichen musste. *Christoph Marx*

In der Sackgasse: Südafrika vor dem Ende der Apartheid

Nach dem tödlichen Anschlag auf Verwoerd 1966 verlor die Politik der Apartheid selbst bei den Politikern, die sie betrieben, offenkundig an Überzeugungskraft. Zudem veränderte sich die soziale Basis der NP in den Sechzigerjahren stark. Viele Afrikaans sprechende Weiße hatten nämlich den gesellschaftlichen Aufstieg geschafft und vertraten nunmehr ein liberales, zunehmend von der Hautfarbe unabhängiges Leistungsprinzip. Damit brachte sich diese neue afrikaanse Bourgeoisie geradezu zwangsläufig in einen Interessengegensatz zu denjenigen, die ihre Stel-

160

Seit den 1970er-Jahren entstanden erstmals unabhängige und starke Gewerkschaften in Südafrika, die sich bald in einflussreichen Dachverbänden zusammenschlossen (Demonstration von Textilarbeitern in Durban für die Gründung einer eigenen Gewerkschaft).

lung der staatlichen Protektion durch die job reservation verdankten, also den Weißen in den Minen, der staatlichen Bürokratie und der subventionierten Landwirtschaft. Solche sich verschärfenden Widersprüche hatten selbstverständlich ihre Auswirkungen auf die NP und die von ihr gestellte Regierung. Denn das von ihr selbst geschaffene Bild einer in sich geschlossenen burischen Nation wurde durch die Realitäten immer deutlicher Lügen gestraft.

Der neue Premierminister Johannes Vorster versuchte, die auseinander strebenden Interessengruppen zusammenzuhalten. Unter den gegebenen Umständen musste jeder Versuch, eine politisch-programmatische Richtung einzuschlagen, die eine oder andere Gruppe der Wählerklientel der NP verprellen und damit ihre Machtbasis schwächen. Resultat war ein deutliches Erlahmen der Apartheidpolitik. Vorster führte zwar die begonnenen Projekte Verwoerds fort, doch entwarf seine Regierung keine wegweisenden Zielsetzungen mehr. Stattdessen begann sie sich mit dem Erreichten zufrieden zu geben und dabei eine Politik des relativ flexiblen Umgangs mit dem Status quo zu betreiben.

Vorster war in Bereichen zu Konzessionen bereit, die für ihn von geringerer Bedeutung waren. Im Sport

100562

Der Gründer des »Black Consciousness Movement« (BCM), Steve Biko, starb am 12. 9. 1977 in einer Gefängniszelle, nachdem er trotz schwerer, während eines Polizeiverhörs erlittener Kopfverletzungen mit einem Lieferwagen 1 200 km weit nach Pretoria gebracht worden war.

machte er Zugeständnisse an die zunehmend kritischer werdende Weltöffentlichkeit, um so Boykottmaßnahmen zuvorzukommen. Doch für manchen innerhalb seiner Partei war selbst das schon zu viel. 1969 kam es zu einer ersten Spaltung der NP, als sich eine Gruppe erzkonservativer Politiker als Wiederhergestellte Nationale Partei konstituierte und fortan die Regierung Vorster des Verrats bezichtigte.

Zu Vorsters Politik der Bestandssicherung gehörte seit den späten Sechzigerjahren der Ausbau des Sicherheits- und Polizeistaats. Je mehr die Apartheidgesetze auf Widerstand stießen, desto drakonischer wurden die polizeistaatlichen Maßnahmen, die diesen Widerstand brechen sollten. Die Doktrin dieser Politik war der Antikommunismus, der durch das Gesetz zur Unterdrückung des Kommunismus von 1950 schon lange staatliche Politik war und unter Premierminister Vorster, der sich schon als Justizminister um die Zerschlagung der Untergrundstrukturen des ANC und anderer oppositioneller Organisationen verdient gemacht hatte, fröhliche Urständ feierte. Der Antikommunismus bot zudem eine Grundlage, auf der sich die auseinander strebenden Interessengruppen seiner Partei zusammenfinden konnten.

Inzwischen war in den townships Südafrikas eine neue Generation herangewachsen, die sich im Rahmen der Ideologie des black consciousness (schwarzes Bewusstsein) in kleinen Gruppen zusammenfand. Ihr führender Kopf war Steve Biko. Sein Ziel war es, die schwarzen Afrikaner von Minderwertigkeitskomplexen und verinnerlichten Abhängigkeiten zu befreien. Schwarze, so erklärte er, sollten ihr Schicksal in die eigenen Hände nehmen, sie sollten wieder Stolz auf ihre Kultur, ihre Hautfarbe, ihr Afrikanersein entwickeln. Die Black-Consciousness-Bewegung, so unklar ihre Vorstellungen in vielen Punkten auch blieb, legte stets Wert darauf, dass sie die Weißen nicht grundsätzlich ablehnte, sondern nur die mentale, psychische und materielle Abhängigkeit von ihnen abschütteln wollte. Die Mitarbeit von Weißen in schwarzen Widerstandsbewegungen sollte deshalb unterbunden werden. Unterstützung fand Biko vor allem unter Schülern und Studenten.

Mitte der Siebzigerjahre war die Lage in den townships explosiv. Die Einflüsse der Black-Consciousness-Bewegung hatten sich inzwischen bemerkbar gemacht. Ein Übriges taten die wirtschaftliche Not und die mise-

In den 1980er-Jahren wuchs der internationale Druck auf Südafrika. Viele Prominente demonstrierten etwa im August 1985 in Washington gegen die Apartheidpolitik. In der Mitte Paul Newman und der ehemalige Präsidentschaftskandidat Jesse Jackson, ganz rechts der Schauspieler Tony Randall.

160

rablen Lebensperspektiven der jungen Schwarzen. Am 16. Juni 1976 blieben Tausende von Schülern in Soweto, der größten township Johannesburgs, dem Unterricht fern und gingen auf die Straße, um gegen die Einführung von Afrikaans als Unterrichtssprache zu demonstrieren, da dies ihre Chancen auf einen erfolgreichen Schulabschluss erheblich mindern würde; denn nur die wenigsten waren dieser Sprache mächtig. Die Polizei reagierte mit großer Brutalität, schoss auf die wehrlose Menge und tötete innerhalb weniger Tage viele der halbwüchsigen Demonstranten; die Zahlen schwanken zwischen 160 und etwa tausend Toten. Der Aufstand wuchs sich jedoch zu einem Schwelbrand aus; »Soweto« wurde zum Mythos unter den Schwarzen, zu einem Sinnbild für Widerstand und die Macht des Volks. Insofern markierte dieser 16. Juni 1976 eine Zeitenwende.

Nach der Niederschlagung des Aufstands von Soweto flüchteten Hunderte von Schülern ins Ausland, wo sie sich dem ANC anschlossen. Dadurch konnte diese Organisation erstmals wieder Einfluss auf die Geschehnisse in Südafrika nehmen. Denn der ANC fand nun willige Rekruten für einen bewaffneten Kampf, der zu Beginn der Achtzigerjahre dann tatsächlich einsetzte, auch wenn er sich im Wesentlichen auf symbolische Aktionen beschränkte, die den Staat nie ernsthaft gefährdeten. Aber diese Aktionen führten bald zur weiteren Mobilisierung von Schwarzen, und dies ließ neue Massenorganisationen entstehen. Dabei ging der Hauptwiderstand von der Bevölkerung im Land selbst aus, der Exil-ANC profitierte jedoch davon.

100562

In der Universität Witwatersrand wandten sich 1988 Studenten verschiedener Hautfarbe gemeinsam gegen die Apartheid und erinnerten anlässlich des 28. Jahrestages des Massakers von Sharpeville an die Opfer des rassistischen Systems.

160

Der südafrikanische Präsident Pieter Willem Botha auf einer Wahlveranstaltung im Oktober 1988. Erstmals durften Wähler aller »Rassen« an einer Wahl teilnehmen – ausgeschlossen Homelandbewohner. 75 Prozent der schwarzen Wahlberechtigten boykottierten die Wahlen.

Eine neue Kraft im Kampf um die Freiheit war die erstarkende schwarze Gewerkschaftsbewegung. Ihr Aufstieg war geradezu atemberaubend: Waren 1972 lediglich 14 000 Betriebszugehörige gewerkschaftlich organisiert, so 1979 schon 85 000 und 1986 über eine Million. Die Ausdifferenzierung der südafrikanischen Wirtschaft mit einer Knappheit gut ausgebildeter Arbeitskräfte gaben ihr ein wirtschaftliches und zunehmend auch ein politisches Gewicht. Deutliches Zeichen für die gewandelte Machtbalance war die Tatsache, dass die vormals eher repressiv vorgehende Regierung Vorster die in den frühen Siebzigerjahren neu entstehenden schwarzen Gewerkschaften nun gewähren ließ. Anfang der Achtzigerjahre begann die Phase der Zusammenschlüsse zu Dachverbänden, was die Macht der organisierten Opposition weiter stärkte, auch wenn es hierbei stets bei einer Konkurrenz mehrerer Verbände blieb.

Inzwischen hatten der Verfall der Goldpreise, die Auswirkungen der Ölkrise von 1973, der Zusammenbruch der weißen Herrschaft in den benachbarten portugiesischen Kolonien Angola und Moçambique sowie der bewaffnete Kampf in Namibia und im heutigen Simbabwe das Vertrauen in die Regierung noch zusätzlich erschüttert. 1978 wurde Pieter Willem Botha der Nachfolger des zurückgetretenen Premierministers Vorster. Er betrieb eine Politik behutsamer Reformen, indem er 1983 die Inder und die coloureds als Juniorpartner in das politische System aufnahm. Sie erhielten jeweils eigene

Letzte Anstrengungen des Apartheidsystems zur Sicherung seiner Macht: Im Februar 1988 belegte die südafrikanische Regierung 17 Organisationen der Schwarzen mit dem Bann und untersagte ihnen damit jede politische Tätigkeit.

160

Parlamente mit begrenzten Befugnissen; Botha selbst wurde nach der neuen Verfassung, die 1984 in Kraft trat und ihn zum Staatspräsidenten machte, mit weit reichenden Vollmachten ausgestattet.

An die Abschaffung der Apartheid dachte Botha allerdings nicht, auch wenn er einige Gesetze, wie das Mischehenverbot und – unter erheblichem innen- und außenpolitischen Druck – 1987 die Passgesetze aufhob. Seine begrenzten Reformen brachten keine Ruhe in die townships, dafür aber eine Spaltung seiner Partei. Diese neue Konservative Partei, die an den Vorstellungen Verwoerds festhielt, entwickelte sich in den folgenden Jahren zu einer immer größeren Gefahr für Botha, der daraufhin seine Reformen weiter drosselte, um nicht noch mehr Wähler zu verlieren.

Die schwarze Mehrheit blieb von der politischen Mitsprache ausgeschlossen, auf Widerstand reagierte der Staat zunehmend brutaler. Mit Bothas Aufstieg rückte die Armee neben der Polizei zum zentralen Ordnungsfaktor in Südafrika auf und begann immer unverblümter, die politische Richtung zu bestimmen. Die Ausrufung des Ausnahmezustands im Jahr 1986, die permanenten Unruhen in den Siedlungen der Schwarzen, die Politisierung der schwarzen Bevölkerung, Konsumentenboykotte und internationale Sanktionen zeigten den reformwilligen Kräften, dass der Apartheidstaat in eine Sackgasse geraten war, aus der nur noch eine Kehrtwende heraushalf. Erst das Abtreten Bothas im Jahre 1989 brachte die Chance zu einem Neuanfang. Sein Nachfolger Frederik de Klerk wusste sie zu nutzen. *Christoph Marx*

Das Ende des Ost-West-Konflikts

Mauer und Stacheldraht verschwinden: Die Auflösung des Ostblocks

Die Konferenz über Sicherheit und Zusammenarbeit in Europa (KSZE), die 1975 mit der feierlichen Unterzeichnung der Schlussakte von Helsinki beendet worden war, bildete nicht nur den vorläufigen Höhepunkt der weltweiten Entspannungsbemühungen, sondern auch eine Wendemarke in den Ost-West-Beziehungen. Für die Sowjetunion war maßgeblich, dass der Westen mit Unterzeichnung der Schlussakte die bestehenden Grenzen in Europa anerkannt und damit die sowjetischen Nachkriegsgewinne auch ohne Friedensvertrag mit Deutschland sanktioniert hatte. Im Gegenzug gestand die Kremlführung für ihren Herrschaftsbereich die Einhaltung der Menschenrechte zu. Verglichen mit der Festschreibung des Status quo in Europa erschien ihr dies als ein geringes Übel.

Während die USA damals noch unter dem Vietnamtrauma litten, begann die Sowjetführung eine neue Offensive in der Dritten Welt. In Afrika, namentlich in Angola und Äthiopien, verbarg sie ihr Engagement noch hinter Militärberatern und Soldaten des verbündeten Kuba. In Afghanistan jedoch, wo nahezu zeitgleich zur antiwestlichen Revolution in Iran das prosowjetische Regime gestürzt worden war, ließ Moskau eigene Truppen eingreifen. Damit endete um die Jahreswende 1978/79 abrupt die Entspannungsperiode und der Kalte Krieg brach in alter Schärfe wieder aus.

Wandel in den Achtzigerjahren

In London und Washington traten mit Premierministerin Margaret Thatcher und Präsident Ronald Reagan 1979 und 1981 konservative Regierungen ins Amt und erhöhten den Druck auf Moskau. Der Sieg der sowjetfreundlichen Sandinisten in Nicaragua (1979) drohte das Land zu einem »zweiten Kuba« vor den Toren der USA zu machen. Überdies hatte die Sowjetunion schon 1978 damit begonnen, die modernen Mittelstreckenraketen vom Typ

SS 20 mit der Zielrichtung auf Westeuropa zu installieren. Daraufhin kündigte die NATO mit ihrem Doppelbeschluss vom 12. Dezember 1979 für 1983 die Stationierung amerikanischer Pershing-II-Raketen und Cruisemissiles in Europa an, wenn Verhandlungen über den Abbau entsprechender sowjetischer Waffen scheitern sollten.

Mit Beginn der Stationierung westlicher Mittelstreckenraketen Ende 1983 zog sich die sowjetische Führung aus den Verhandlungen über diese Raketen und über die strategischen Nuklearwaffen zurück. Sie hatte sich inzwischen jedoch in eine Sackgasse manövriert, weil sie der technologischen Herausforderung eines erneuten Rüstungswettlaufs mit den USA wirtschaftlich nicht mehr gewachsen war. Der 1985 neu gewählte Generalsekretär des ZK der KPdSU Michail Gorbatschow zog die Konsequenzen aus dieser Einsicht: Er rief die sowjetischen Truppen 1988/89 aus Afghanistan zurück und schlug radikale Abrüstungsverhandlungen vor.

Unterdessen hatte sich in den Ländern Osteuropas gezeigt, dass die historische Vielfalt der kulturellen und ethnischen Räume auch unter kommunistischer Herrschaft nicht verloren gegangen war. Gegen die Einebnungsversuche marxistisch-leninistischer Dogmatiker hatten Teile der intellektuellen Eliten dort eine lebendige Erinnerung an nationale Traditionen bewahrt und pflegten sie entweder in der isolierten Existenz eines Dissidententums oder in Verbindung mit den Bräuchen der

Während der Entspannungsphase in den 1970er-Jahren wurde der sowjetische Rohstoffreichtum durch wachsenden Handel zur wichtigen Devisenquelle. Das Bild zeigt die Verlegung einer Pipeline nach Westeuropa bei der sibirischen Erdgaslagerstätte Urengoj.

100562

100562

Lech Wałęsa (2. von links), hier auf einer Kundgebung 1980, zählt zu den Symbolfiguren des Kampfes gegen den Kommunismus. Bei den ersten freien Wahlen in Polen 1990 ging er mit dem Gewerkschaftsbund »Solidarność« als Sieger aus den Wahlen hervor und wurde Staatspräsident.

einfachen Bevölkerungsschichten. Nach 1975 bildeten sich im Osten auch »Helsinki-Gruppen«, die unter Berufung auf die KSZE-Schlussakte die Einhaltung der Menschenrechte überwachten oder anmahnten.

In Ungarn war unter János Kádár nahezu unbemerkt ein wirtschaftlicher Reformkommunismus eingeleitet worden, der über das ältere jugoslawische Modell der »Selbstverwaltung« unter Josip Tito hinausging. Polen wiederum übernahm die politische Vorreiterrolle bei der Überwindung der doktrinären Erstarrung des Ostblocks. Die 1980 gegründete unabhängige Gewerkschaftsbewegung Solidarność ertrotzte kurzfristig ein Streikrecht und forderte eine »Finnlandisierung« Polens, verlangte also von der Sowjetunion die Nichteinmischung in die inneren Angelegenheiten des Landes.

Zwar wurde die Bewegung im folgenden Jahr durch Wojciech Jaruzelski in ihrem phänomenalen Aufstieg gebremst und durch Verhängung des Kriegsrechts in Polen 1981 in den Untergrund abgedrängt. Ihrer Popularität über die Grenzen hinweg tat dies allerdings keinen Abbruch – im Gegenteil, der freiheitliche Aufbruch erfuhr durch zwei Besuche des 1978 neu gewähl-

100264

Blick auf die Kathedrale des 1748–64 von dem italienisch-russischen Baumeister Bartolomeo Francesco Graf Rastrelli erbauten Smolnyjklosters in Sankt Petersburg. 1991 erhielt die russische Stadt, die 1914 in Petrograd und 1924 in Leningrad umbenannt wurde, ihren alten Namen zurück.

ten polnischen Papstes Johannes Paul II. in seinem Heimatland zusätzlichen Auftrieb. Wenngleich dieser religiöse Impuls in den anderen osteuropäischen Staaten nicht annähernd so stark ausfiel, strahlte von Polen nun doch ein allgemeines Signal zur nationalen Selbstbesinnung aus.

Das Wendejahr 1989

Unterschiedliche Formen des Protests mündeten in der zweiten Hälfte der Achtzigerjahre in ein erstaunlich paralleles politisches Handeln. In allen mittel- und osteuropäischen Hauptstädten traten 1989 entschlossene und mutige Persönlichkeiten auf. Sie waren zuvor oft unnachsichtig verfolgt, aus Lehrämtern vertrieben, ins Gefängnis geworfen oder zur Arbeit als Klempner, Heizer, Bauarbeiter und Milchmann gezwungen worden; andere hatte man ins Exil gedrängt, zur inneren Emigration genötigt oder zur Publikation eigener Werke im Westen veranlasst. In der DDR und der Tschechoslowakei gab es wegen der relativ gesicherten Versorgungslage keine breite Volksopposition wie etwa in Polen, wo Arbeiter streikten, eine reiche »Samisdat«-Literatur blühte und die Kirche über eine schier unerschütterliche Autorität verfügte. Ungeachtet dessen verkündeten überall einzelne Vordenker die Ziele einer neuen Zeit: die Wiedergewinnung der eigenen, nationalen Geschichte, den Neuaufbau einer freien Gesellschaft, die Zulassung privaten Wirtschaftens und die Wiederbelebung kirchlicher Traditionen. Aber erst im Herbst 1989 setzten sich die Motoren des Wandels gegen die Bremser durch.

In der Sowjetunion begann die Erosion der Macht der Kommunistischen Partei mit dem Amtsantritt Gorbatschows 1985. »Weniger Ausgaben für die Rüstung, mehr für den zivilen Aufbau des Landes!« – so lautete seine Devise. Die sowjetische Militärpräsenz in Osteuropa hielt er zwar nicht für entbehrlich, wohl aber für reduzierbar. Sein Ziel war die neue Verbindlichkeit der Formel von den »verschiedenen Wegen« zum Sozialismus.

INFOBOX

Katyn

Der Name der russischen Ortschaft Katyn steht symbolhaft für die historischen, politischen und moralischen Belastungen im russisch-polnischen Verhältnis. Zugleich wurde er in den 1980er-Jahren zum Testfall für die so genannte Entlügung der Geschichtschreibung. Die Ermordung von etwa 4 400 polnischen Offizieren in den Wäldern bei Katyn im April/Mai 1940 und von mehreren Tausend Offizieren in weiteren Internierungslagern nach der sowjetischen Besatzung Ostpolens im September 1939 blieb über vier Jahrzehnte ein Tabu.

Bis Mitte der 1980er-Jahre wurde die Version aufrechterhalten, die Opfer seien 1941 durch die deutschen Besatzer umgebracht worden. Die Stalin'sche Liquidierungspolitik gegenüber den bürgerlichen Führungsschichten Polens konnte erst im Zuge der »Glasnost«-Politik Michail Gorbatschows seit 1987 öffentlich diskutiert werden. Im selben Jahr setzten Wojciech Jaruzelski und Gorbatschow eine Historikerkommission ein, die sich mit dem »weißen Flecken« in den beiderseitigen Beziehungen befassen sollte.

Im April 1990 gestand Moskau offiziell die Verantwortung sowjetischer Stellen für die Morde ein. Im Oktober 1992 übergab der russische Präsident Boris Jelzin in Warschau Moskauer Politbürodokumente, welche die Verantwortung Stalins und des Volkskommissars für Staatssicherheit, Lawrentij Berija, belegen.

Mit seinem Bekenntnis zur Offenheit (Glasnost) ermunterte er überdies zu einer Auseinandersetzung mit der jeweiligen Nationalgeschichte, was in der Regel zulasten der Sowjetunion ausfiel. Die Polen fragten nun offen nach den im Zweiten Weltkrieg von den Sowjets in einem Wald bei Katyn (Russland) erschossenen polnischen Offizieren, die Ungarn nach den ermordeten Helden des Aufstands von 1956, die Balten nach den Deportationen von 1940.

Die Menschen in Osteuropa nahmen den Juni 1989 als doppelten Wendepunkt wahr: Einerseits läuteten die Wahlen in Polen, in deren Folge Tadeusz Mazowiecki zum ersten nicht kommunistischen Ministerpräsidenten Polens nach dem Zweiten Weltkrieg gewählt wurde, den Abgesang des Kommunismus in Europa ein, andererseits weckte das Massaker auf dem Platz des Himmlischen Friedens in Peking selbst bei Anhängern systemkonformer Reformen Zweifel an der Möglichkeit eines friedlichen Wandels des Weltkommunismus.

Zerfall der europäischen Nachkriegsordnung

Von der Wucht der nun folgenden Ereignisse in Osteuropa wurde Gorbatschow nicht minder überrascht als alle anderen Regierungen in Ost und West. Innerhalb weniger Monate zerfiel die europäische Nachkriegsordnung. Nicht mehr Moskau, die »heilige Stadt« des Weltkommunismus, sondern Warschau und Danzig, Budapest, Prag, Sofia, Ostberlin und Leipzig, Temesvar und Bukarest waren die Zentren eines neuen Lebensge-

160

Friedliche Demonstration vor der Botschaft in Prag der Bundesrepublik Deutschland im Herbst 1989. Die auf das Botschaftsgelände geflüchteten DDR-Bürger erreichten später ihre Ausreise nach Westdeutschland.

1989 begann der Fall des Eisernen Vorhangs.

fühls. Auch das Schicksal der Sowjetunion selbst entschied sich in den Hauptstädten ihrer Republiken – in Riga und Reval (Tallinn), Kiew und Wilna, Chişinău und Minsk.

Im Westen verfolgten die Menschen das atemberaubende Geschehen mit ungläubigem Staunen. Die Anzeichen eines schleichenden wirtschaftlichen Niedergangs und politischer Destabilisierung in den Ländern des »real existierenden Sozialismus« hatten sie zuvor kaum wahrgenommen. Die überalterte Kremlführung hielten sie für einen Hort der Stabilität und die geopolitische Überdehnung der sowjetischen Außenpolitik als das leidige Attribut einer Supermacht. Gorbatschows neuen Kurs begrüßten viele begeistert.

Ein Soldat der tschechoslowakischen Grenztruppen demontiert im Spätherbst 1989 ein Stück vom Stacheldraht an der Grenze zu Österreich bei Bratislava. Mit der Entmachtung der Prager Kommunisten war der Eiserne Vorhang politisch bedeutungslos geworden.

100562

An der Nahtstelle des Ost-West-Konflikts, der Grenze zum Westen, drängten 1989 nun die Menschen auf Reiseerleichterung und Ausreisemöglichkeiten. Die Botschaft der Bundesrepublik Deutschland in Prag verwandelte sich in ein Massenlager ausreisewilliger DDR-Bürger. Als die ungarische Regierung dem Andrang der Flüchtlinge aus dem ostdeutschen »Bruderstaat« nachgab und die Grenze zu Österreich öffnete, destabilisierte sie zugleich die Regierung in Ostberlin. Diese öffnete nach dramatischen internen Auseinandersetzungen am späten Abend des 9. November 1989 die Berliner Mauer. Damit brach der Damm, der die sozialistischen Staaten

Europas nach innen und außen abgeschirmt hatte. Nach den beiden Weltkriegen erlebte der Kontinent den dritten, diesmal in Friedenszeiten entstandenen Epochenbruch im 20. Jahrhundert - die Auflösung der Ordnung von Jalta und damit das Ende der »Pax Sovietica« für den Osten Europas. *Nikolaus Katzer*

Solidarność!: Polens Weg zur parlamentarischen Demokratie

Nach drastischen Preiserhöhungen wurde Polen im Sommer 1980 von einer landesweiten Streikbewegung erfasst. Nachdem 17000 Arbeiter der Danziger Leninwerft in den Ausstand getreten waren, legten auch die Beschäftigten in den anderen Küstenstädten, im oberschlesischen Industrierevier und in den großen Kombinaten des Landes innerhalb weniger Tage die Arbeit nieder. Ein überbetriebliches Streikkomitee unter Führung des Mitglieds der unabhängigen Gewerkschaftsbewegung, des Elektrikers Lech Wałęsa, wurde beauftragt, die Forderungen der Arbeiter gegenüber der Regierung zu vertreten. Die Vereinbarungen, die am 30. August in Stettin, tags darauf in Danzig - von dem stellvertretenden Ministerpräsidenten Mieczysław Jagielski und Wałęsa - sowie am 2. September 1980 zwischen der Regierung und den oberschlesischen Bergarbeitern in Jastrzębie unterzeichnet wurden, dokumentierten ein weitgehendes Einlenken der Staatsmacht: Neue, unabhängige und sich selbst verwaltende Gewerkschaften wurden anerkannt, ferner das Streikrecht sowie der Zugang zu den Massenmedien eingeräumt und Verbesserungen im sozialen Bereich in Aussicht gestellt.

Von der Gründung der Solidarność zur Verhängung des Kriegsrechts

Nach diesem Einlenken der Staatsmacht konstituierte sich noch im September desselben Jahres die unabhängige Gewerkschaftsorganisation Solidarność (Solidarität) und wählte Lech Wałęsa zu ihrem Vorsitzenden. Sodann wurde mit der staatlichen Anerkennung dieser von der Polnischen Vereinigten Arbeiterpartei (PZPR) unabhängigen und selbst verwalteten Gewerkschaft am

24. Oktober 1980 der entscheidende Schritt zur Preisgabe des Organisationsmonopols über die Arbeiterschaft getan. Innerhalb weniger Wochen verlor die PZPR die direkte Kontrolle über mehr als neunzig Prozent der organisierten Arbeiter und damit ihre Legitimationsbasis als führende Kraft beim Aufbau des Sozialismus in Polen. Im November 1980 waren von den 16 Millionen Werktätigen Polens inzwischen rund zehn Millionen der Solidarność beigetreten. Unter den Mitgliedern befanden sich auch über eine Million Mitglieder der PZPR. Der Erfolg der neuen Gewerkschaftsbewegung wurde durch die Lähmung des alten Partei- und Staatsapparats entschieden gefördert. Zwar war Anfang September 1980 Parteichef Edward Gierek durch Stanisław Kania abgelöst und aus den Reihen der Partei eine Erneuerung gefordert worden, aber weder die PZPR noch die Regierung konnten fortan ein überzeugendes Reformprogramm entwickeln. Ministerpräsident Józef Pińkowski, erst im August ernannt, trat schon im Februar 1981 zurück. Sein Nachfolger wurde General Wojciech Jaruzelski, stellvertretender Ministerpräsident der als liberal geltende Mieczysław Rakowski.

Der Mordanschlag auf Papst Johannes Paul II. in Rom, der Tod des Primas von Polen und Erzbischofs von Warschau-Gnesen Stefan Kardinal Wyszyński und ein Warnbrief der sowjetischen Parteiführung an die Führung der Polnischen Vereinigten Arbeiterpartei führten seit Frühsommer des Jahres 1981 zu einer weiteren De-

Die Solidarität von Arbeitern und Intellektuellen sowie das Gefühl der moralischen Unterstützung durch den Papst verliehen der Gewerkschaftsbewegung Solidarność ihre politische Durchschlagskraft. Das Foto entstand im August 1980 am Tor der bestreikten Danziger Leninwerft.

100562

stabilisierung der Lage. Ein Jahr nach der Unterzeichnung der Vereinbarungen von Danzig, Stettin und Jastrzębie trat am 5. September 1981 in Danzig der erste Landeskongress der Solidarność zusammen. Mit einer Aufsehen erregenden »Botschaft an die Arbeiter Osteuropas« und der Forderung nach freien Parlamentswahlen mit unabhängigen Kandidaten hatte eine neue kritische Phase in den Beziehungen zwischen Solidarność und Polnischer Vereinigter Arbeiterpartei begonnen.

Im Oktober 1981 übernahm Jaruzelski auch das Amt des Ersten Sekretärs des Zentralkomitees der PZPR. Immer offener drohte die Parteiführung nun mit einem gesetzlichen Streikverbot. Das politische Klima verschärfte sich in den Novemberwochen zusehends. Im Dezember kündigte die Gewerkschaftsführung in Danzig an, sie werde für den Fall, dass der Regierung in der für den 15. und 16. Dezember einberufenen Sitzung des Parlaments (Sejm) Sondervollmachten erteilt würden, einen nationalen Protesttag veranstalten. Gleichzeitig verlangte sie eine Volksabstimmung über das Vertrauen in die Regierung innerhalb der nächsten zwei Monate. Am 13. Dezember 1981 verhängte General Jaruzelski über Polen das Kriegsrecht, um damit eine vermeintlich drohende Invasion sowjetischer Truppen zu verhindern, und setzte einen von ihm geleiteten Militärrat der Nationalen Errettung (WRON) ein. Wałęsa und andere Mitglieder der Solidarność sowie eine große Zahl von Intellektuellen und Aktivisten der Gewerkschaft und anderer Verbände wurden interniert, aber auch ehemalige Staats- und Parteifunktionäre, unter anderem der Exparteisekretär Gierek. In einer Rundfunkansprache rechtfertigte Jaruzelski die Verhängung des Kriegsrechts und die damit verbundenen Maßnahmen mit Umsturzplänen der Solidarność, deren Verwirklichung, wie er erklärte, »Anarchie, Willkür und Chaos« sowie einen Bürgerkrieg heraufbeschworen hätte.

100562

Im Dezember 1981 verhängte der polnische Ministerpräsident Wojciech Jaruzelski das Kriegsrecht (bis 1983) in Polen und verbot die Gewerkschaft Solidarność.

Keine Normalisierung: Die Jahre 1982 bis 1987

Auch nach der Aufhebung des Kriegsrechts im Juli 1983 blieb die Position Jaruzelskis unangetastet. Seine Macht als Erster Parteisekretär (1981–89) und Ministerpräsident (1981–85) wie auch als Vorsitzender des Staatsrats

INFOBOX

Exponent der Freiheit

Lech Wałęsa, 1943 geboren, war als gelernter Elektriker seit 1967 auf der Danziger Leninwerft tätig und 1977/78 Gründungsmitglied der illegalen »Freien Gewerkschaft des Küstengebiets«. Im Zuge der großen Streikbewegung 1980 trat er als Vorsitzender des Streikkomitees der Leninwerft in Danzig an die Spitze eines überbetrieblichen Streikkomitees und und setzte bei Verhandlungen mit der kommunistischen Regierung im Danziger Abkommen zentrale politische Forderungen durch. Im September 1980 wählte ihn die neu gegründete Gewerkschaftsorganisation Solidarność zu ihrem Vorsitzenden.

1983 erhielt Wałęsa »als Exponent der aktiven Sehnsucht nach Frieden und Freiheit« den Friedensnobelpreis. Mit 74 Prozent der Stimmen wurde er 1990 zum polnischen Staatspräsidenten gewählt; er amtierte bis 1995.

und damit formelles Staatsoberhaupt (1985–89) konnte von keinem Konkurrenten infrage gestellt werden. Groß waren die Vollmachten für die Sondereinheiten der Miliz und den Sicherheitsdienst. Die Umstände der Entführung und Ermordung des oppositionellen Priesters Jerzy Popiełuszko im Herbst 1984 führten dazu, dass Jaruzelski danach selbst die oberste Verantwortung und Kontrolle über den Sicherheitsapparat übernahm. Der Prozess gegen die Mörder wurde in Polen zu einer eindrucksvollen Demonstration der gestiegenen Macht der öffentlichen Meinung.

Die polnische Regierung hatte im Februar 1982 eine Wirtschafts- und Preisreform eingeleitet, die aber nicht zu einer spürbaren Verbesserung der wirtschaftlichen Lage führte. Die meisten Arbeiter waren von Anfang an skeptisch gegenüber den Erfolgsaussichten einer Wirtschaftspolitik ohne Dialog mit unabhängigen Gewerkschaftern und boykottierten durch ihre Passivität die Umsetzung der Reform – mit der Verabschiedung eines neuen Gewerkschaftsgesetzes am 8. Oktober 1982 wurde daraufhin die Solidarność verboten. Neue Gewerkschaften, auf Betriebsebene von der PZPR ins Leben gerufen, suchten nach einem Profil, das ihre Unabhängigkeit von Partei und Betriebsleitung unterstreichen sollte, und übten vehement Kritik an der staatlichen Wirtschafts- und Sozialpolitik. Damit wurden auch sie praktisch zu Gegnern der polnischen Wirtschaftsreform. Angesichts der Einschränkungen politischer, gewerkschaftlicher, wissenschaftlicher, gesellschaftlicher und kultureller Freiheiten blieb die katholische Kirche die einzige Institution, die einem breiten Spektrum politischer Aktivitäten Raum gewähren konnte.

Jaruzelski hatte bis zum X. Parteitag der PZPR im Juni/Juli 1986 seine Position gegenüber innerparteilichen Gegnern seines »mittleren Kurses« in der Innenpolitik ausgebaut. Der Parteitag sprach sich für eine umfassende politische Amnestie aus. Politische Opposition sollte nicht grundsätzlich verboten sein, sich aber in den von der Partei vorgegebenen Formen äußern. Diese um Ausgleich bedachte Politik fand ihren Niederschlag in der überraschenden Freilassung aller politischen Gefangenen. Noch im Dezember desselben Jahres berief Jaruzelski einen »Konsultativrat beim Vorsitzenden des Staatsrats« ein. Darunter waren auch Persönlichkeiten, die von der demokratischen Opposition respektiert wurden, wenngleich sie von dieser kein Mandat besaßen. Dabei wirkte sich der Amtsantritt Michail Gorbatschows positiv auf Polen aus.

Beim Streik der Arbeiter der Danziger Leninwerft im Juli/August 1980 wurde der Werftarbeiter Lech Wałęsa zur Symbolfigur der polnischen Opposition.

100562

Lech Wałęsa forderte nun Reformen nach sowjetischem Vorbild. Doch das von der Regierung vorgestellte Programm wirtschaftlicher und politischer Reformen wurde in einem Referendum am 29. November 1987 von der Mehrheit der Bevölkerung abgelehnt. Nach dieser politischen Niederlage sowie neuen Streiks im Frühjahr und Sommer 1988 setzte sich in der Warschauer Führung die Einsicht durch, dass ohne direkte Einbeziehung der demokratischen Oppositionsbewegung kein Ausweg aus der schweren Wirtschafts- und Vertrauenskrise zu finden war.

Vom »Runden Tisch« zur parlamentarischen Demokratie
Ende August 1988 kam es zur ersten Begegnung zwischen dem inzwischen schon legendären Gewerkschaftsführer Wałęsa und Innenminister Czesław Kiszczak. Überraschend war dieser einem Angebot der Opposition gefolgt, das den Vorschlag für Gespräche am »Runden Tisch« zwischen Regierung und Opposition enthielt. Doch nach der Regierungsübernahme durch Mieczysław Rakowski im September 1988 drohten die Vorbereitungen für den Runden Tisch zu scheitern. Die neue Regierung wollte sich auf eine radikale Wirtschaftsreform konzentrieren und zeigte wenig Bereitschaft, vordringlich die Frage des gewerkschaftlichen Pluralismus zu behandeln.

Der Meinungsumschwung kam unmittelbar nach einem Fernsehduell zwischen dem Vorsitzenden des offiziellen Gewerkschaftsbundes OPZZ, dem Politbüromit-

160

Am Grab von Jerzy Popiełuszjo in Warschau stand während des Prozesses im Februar 1985 gegen seine Mörder als Symbol für den Fundort der Leiche ein Lada, der von drei Puppen, die die Mörder symbolisieren, umstanden war.

glied Alfred Miodowicz, und Wałęsa am 30. November 1988, das Letzterer für sich entschied. Nach innerparteilichen Auseinandersetzungen fand am 6. Februar 1989 das erste Treffen am Runden Tisch statt. 32 Vertreter der PZPR, der Blockparteien und der staatlichen Gewerkschaften sowie 25 Vertreter der Opposition nahmen als Verhandlungspartner teil. Bis zum 5. April wurde über einen »historischen Kompromiss« verhandelt, der das Machtmonopol der PZPR endgültig beseitigen sollte.

Das Abschlusskommuniqué des Runden Tisches umfasste alle Bereiche des öffentlichen Lebens. Das Protokoll über politische Reformen sah die schrittweise Einführung des Prinzips der vollen Volkssouveränität vor. Das im Juni neu zu wählende Parlament wurde darauf verpflichtet, eine neue demokratische Verfassung und ein neues demokratisches Wahlrecht auszuarbeiten. Das Protokoll über den Gewerkschaftspluralismus bekannte sich zu den Gesellschaftlichen Vereinbarungen von Ende August/Anfang September 1980, zur allgemeinen Deklaration der Menschenrechte und zur Konvention der Internationalen Arbeitsorganisation (IAO).

Das Protokoll zur Wirtschafts- und Sozialpolitik sah vor: Verbesserung der Marktversorgung sowie der Lebensbedingungen der Bevölkerung, innere und später auch äußere Konvertibilität des Złoty, Kopplung der Löhne an die Inflation mit achtzigprozentigem Inflationsausgleich, Einschränkung der Arbeitsplatzgarantie, Entwicklung der Marktwirtschaft, verfassungsmäßige Garantie der staatlichen, genossenschaftlichen und privaten Eigentumsformen und eine Neuregelung des Schuldendienstes. Mit der Anerkennung des Mehrparteiensystems, des Prinzips freier Wahlen und der parlamentarischen Demokratie, des Gewerkschaftspluralismus, der Unabhängigkeit der Gerichte, der weltanschaulichen Neutralität des Staates und des Erziehungssystems sowie der Marktwirtschaft befand sich Polen nun in einer Phase permanenter Umwälzung, in deren Verlauf die bisher regierenden Kommunisten innerhalb von zwei bis vier Jahren die Macht abgeben sollten.

Das Wahlvolk beschleunigte am 4. Juni 1989 und in den Stichwahlen am 18. Juni jedoch unerwartet den Systemwandel. Die Freiheit der Wahl war durch eine am

ZITAT

Der ehemalige polnische Ministerpräsident Mieczysław Rakowski schreibt in seinem Buch »Es begann in Polen« über die Konstituierung des »Runden Tisches« im Frühjahr 1989:

Wir nahmen die Beratungen mit der Absicht auf, aktuelle und strategische Ziele zu erreichen und Probleme zu lösen. Zu den aktuellen zählten: die Wiederzulassung der »Solidarność«, die Vorbereitung vorgezogener Parlamentswahlen, die Einrichtung eines Oberhauses, das heißt des Senats, die Zustimmung der regierenden politischen Gruppierungen zu radikalen Wirtschaftsreformen und eine gemeinsame Wahlplattform ...

50558

In den Sejm, das polnische Parlament in Warschau, zogen 1989 nach langer Zeit wieder Nichtkommunisten ein.

Runden Tisch vereinbarte Mandatsaufteilung eingeschränkt worden, die allerdings nur für die Parlamentswahlen im Juni 1989 gelten sollte. Danach entfielen aufgrund festgesetzter Quotierung 65 Prozent der Sitze im Sejm auf die bisherige Regierungskoalition. Die Wahlen zum neu geschaffenen Senat (hundert Sitze), einer Art Länderkammer (Woiwodschaftskammer), waren jedoch völlig frei.

Pluralisierung des politischen Spektrums und liberale Wirtschaftspolitik

Bei den ersten »halbfreien Wahlen« nach dem Zweiten Weltkrieg eroberte Solidarność sämtliche 161 Sitze (35 Prozent) des Sejm, über die frei entschieden werden konnte. Auf die bisherige Regierungskoalition aus der Arbeiterpartei (PZPR) sowie auf Bauernpartei (PSL) und Demokratische Partei (SD) kamen insgesamt 299 Sitze. Im Senat entfielen auf das Bürgerkomitee 99 der hundert Sitze. Über das Ausmaß der Niederlage waren die bisher regierenden Kommunisten völlig überrascht. Jaruzelski musste eingestehen: »Die führende Rolle der PZPR, rechnerisch verstanden, ist Geschichte.« Wie knapp die Mehrheitsverhältnisse geworden waren, verdeutlichte die Präsidentschaftswahl: Jaruzelski wurde am 19. Juli 1989 mit nur einer Stimme Mehrheit zum Staatsoberhaupt gewählt. Um »Präsident aller Polen« zu sein, gab er nach seiner Wahl alle Parteiämter auf. Der ursprünglich mit der Regierungsbildung beauftragte ehemalige Innenminister Kiszczak brachte keine Regierung mehr zustande.

Daraufhin wurde der vom Bürgerkomitee, der PSL und SD vorgeschlagene katholische Publizist und Solidarność-Berater Tadeusz Mazowiecki am 24. August mit überwältigender Mehrheit zum Ministerpräsidenten gewählt. Am 13. September 1989 stellte er sein Kabinett mit Ministern aus Bürgerkomitee, PSL, SD sowie vier PZPR-Ministern (Inneres, Verteidigung, Außenhandel, Transport) vor. Die für die Machtverteilung entscheidenden Schlüsselministerien Inneres und Verteidigung wurden nach einer Übergangszeit im Juli 1990 von Nichtkommunisten übernommen. Es war das erklärte Ziel der Regierung Mazowiecki, die Grundlagen für einen demokratischen Rechtsstaat und die Marktwirtschaft zu schaffen. Aus dem Staatsnamen wurde durch eine Verfassungsänderung noch im Jahre 1989 die Bezeichnung

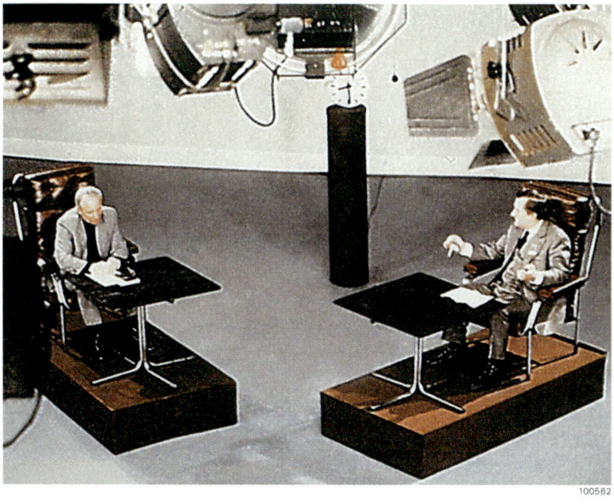

100562

Das live übertragene Fernsehduell am 30. 11. 1988 bietet Lech Wałęsa zum ersten Mal seit der Verhängung des Kriegsrechtes 1981 die Möglichkeit, seinen politischen Standpunkt zu verteidigen. Er fordert vor allem den Gewerkschaftspluralismus. Das Echo in der Bevölkerung ist positiv.

»Volksrepublik« gestrichen, ebenso der Führungsanspruch der Kommunistischen Partei.

Nach der Regierungsübernahme ergriff der neue Finanzminister und stellvertretende Ministerpräsident Leszek Balcerowicz erste einschneidende Maßnahmen zur Einführung der Marktwirtschaft. Entgegen den widersprüchlichen Ergebnissen des Runden Tisches zu Wirtschaftsfragen forcierte er eine drastische Stabilitätspolitik zur Bekämpfung der Hyperinflation und entschied sich für eine Politik des raschen Übergangs in die Marktwirtschaft. Anfang 1990 setzte eine durchgreifende Liberalisierung der Preise ein, verknüpft mit einer Liberalisierung des Außenhandels.

Doch die negativen Effekte der Übergangsrezession wurden schon bald erkennbar. Der drastische Rückgang der Industrieproduktion, der Reallöhne und die beginnende Arbeitslosigkeit ließen die Unterstützung für die Regierung Mazowiecki bröckeln und rückten die wirtschafts- und finanzpolitische »Schocktherapie« ins Zwielicht. Der Gewerkschaftsvorsitzende Wałęsa forderte eine Beschleunigung der politischen Reformen und eine Korrektur der liberalen Wirtschaftspolitik. Nun begann

Der Runde Tisch in Warschau aus Vertretern von Regierung und Opposition wurde zum Modell und Sinnbild für den friedlichen Systemwechsel in anderen kommunistischen Staaten Europas. Die Aufnahme zeigt das erste Treffen am 6. 2. 1989.

160

160

Die Parlamentswahlen im Juni 1989 wurden mit großer Spannung verfolgt, da sich die Möglichkeit einer demokratischen Abwahl der seit über 40 Jahren regierenden Kommunisten abzeichnete. Das Bild zeigt die Veröffentlichung erster Wahlergebnisse in Warschau.

der lang andauernde »Krieg an der Spitze« der Solidarność-Elite: Der Wałęsa-Flügel, der eine rasche Parteienbildung befürwortete, rief die Mitte-Rechts-Partei »Zentrumsallianz« (PC) ins Leben. Der Mazowiecki-Flügel in der Solidarność gründete daraufhin die »Bürgerbewegung Demokratische Aktion« (ROAD).

Ursprünglich sollte die Zeit der vom Runden Tisch eingeleiteten begrenzten Demokratisierung als Erstes durch tatsächlich freie Parlamentswahlen beendet werden. Als Schlusspunkt dieses Demokratisierungsprozesses war dann die Wahl eines neuen Staatspräsidenten vorgesehen. Doch mit zunehmender Polarisierung im politischen Spektrum drängte es vor allem Lech Wałęsa ins Zentrum der Macht. So wurden die Präsidentschaftswahlen vorverlegt, nachdem die Amtszeit des amtierenden Präsidenten Jaruzelski auf dessen Bittschreiben durch das Parlament verkürzt worden war. Er wolle »die natürlichen politischen Prozesse nicht verzögern«, ließ er verlauten. Eigentlich galten Wałęsa und Mazowiecki als einzige aussichtsreiche Präsidentschaftsanwärter, bis unter den vier weiteren Kandidaten der bis dahin gänzlich unbekannte Auslandspole Stanisław Tymiński in der Gunst der Wähler rasch aufholte.

Im ersten Wahlgang am 25. November erhielt Ministerpräsident Mazowiecki bei einer Wahlbeteiligung von etwa sechzig Prozent nur 18 Prozent der abgegebenen Stimmen, Wałęsa knapp vierzig und Tymiński 23 Prozent. Der überraschend hohe Stimmenanteil für Tymiń-

Tadeusz Mazowiecki wurde im Spätsommer 1989 der erste nicht kommunistische Regierungschef im Einflussbereich der Sowjetunion. Das Bild zeigt ihn nach seiner Wahl am 24. 8.

160

ski, der vor allem in ländlichen und kleinstädtischen Gebieten, in wirtschaftlichen Krisenregionen und bei jungen Menschen mit seinen Versprechungen Anklang fand, wurde als Niederlage für das gesamte neue Establishment interpretiert. Im zweiten Wahlgang am 9. Dezember siegte Wałęsa erwartungsgemäß mit 74 Prozent der Stimmen. Als Konsequenz aus seinem schlechten Abschneiden bei den Präsidentschaftswahlen erklärte Mazowiecki seinen Rücktritt als Ministerpräsident und kündigte die Gründung einer eigenen Partei unter dem Namen »Demokratische Union« (UD) an.

Dieter Bingen

Auf dem Weg nach Westen: Polen während der Präsidentschaft Lech Wałęsas

Nach der Vereidigung zum ersten frei gewählten Präsidenten der Republik Polen beauftragte Wałęsa den jungen Danziger Unternehmer Jan Krzysztof Bielecki mit der Regierungsbildung. Der zweite aus der Solidarność-Bewegung kommende Regierungschef Polens, zugleich Gründungsmitglied des Liberal-Demokratischen Kongresses (KLD), wurde am 4. Januar 1991 mit großer Mehrheit zum Ministerpräsidenten gewählt. Die wichtigen Ressorts in seiner Regierung blieben bei den bisherigen Amtsinhabern. Ursprünglich sollte Bielecki nur ein Übergangskabinett bilden. Denn noch immer standen freie und demokratische Parlamentswahlen aus.

100562

Leszek (Lech) Wałęsa erhielt 1983 den Friedensnobelpreis.

Nach langen politischen Auseinandersetzungen wurde ein Wahlrecht für die Parlamentswahlen verabschiedet, das das Verhältniswahlrecht mit Merkmalen des Persönlichkeitswahlrechts verband und sich als eines der weltweit kompliziertesten entpuppte. Der Urnengang fand am 27. Oktober 1991 statt. Dabei war die Zersplitterung des neuen Sejm durch die Wahlordnung vorprogrammiert: Von den sechzig landesweit, regional oder lokal angetretenen Parteien oder Listenverbindungen zogen 29 ins Parlament ein, davon elf Parteien mit nur einem Abgeordneten. Der Sejm wählte den Rechtsanwalt und konservativen Politiker Jan Olszewski zum Chef einer Mitte-Rechts-Regierung. Ende Mai 1992 wurde dem Parlament eine Entschließung zur Veröffentlichung der Geheimdienstakten vorgelegt, die dem politischen Missbrauch, der Erpressung und der Denunziation Tür und Tor öffnete. Daraufhin bat Präsident Wałęsa den Sejm um Abwahl des Premiers, die Anfang Juni 1992 erfolgte.

Nach dem erfolglosen Versuch des jungen Bauernpolitikers Waldemar Pawlak, eine Regierung zu bilden, stand ab Juli 1992 die Posener Juristin Hanna Suchocka aus der Demokratischen Union (UD) an der Spitze einer

Der »Vertrag über gute Nachbarschaft und freundliche Zusammenarbeit« eröffnete 1991 ein neues Kapitel in den deutsch-polnischen Beziehungen. Das Bild zeigt Helmut Kohl und den polnischen Ministerpräsidenten Jan Krzysztof Bielecki bei der Unterzeichnung in Bonn am 17. 9. 1991.

100562

Koalitionsregierung aus mehreren Solidarność-Nachfolgeparteien ohne Beteiligung der Solidarność-Gewerkschaftsfraktion. Auch die Regierung Suchocka verfügte über keine parlamentarische Mehrheit. Im Januar 1993 verabschiedete das Parlament ein restriktives Abtreibungsgesetz, das die Gesellschaft polarisierte und den Zusammenhalt der Regierungskoalition stark strapazierte. Schließlich scheiterte Suchocka wie ihre Vorgänger im Amt am parteipolitisch stark zersplitterten Sejm und an den unterschiedlichen Interessen der eigenen Koalition: Mit einer Stimme Mehrheit wurde Ende Mai 1993 ein Misstrauensantrag der Solidarność-Gewerkschaftsfraktion angenommen.

Präsident Lech Wałęsa löste daraufhin das Parlament auf und schrieb Neuwahlen zum 19. September 1993 aus, die auf der Grundlage eines neuen Wahlgesetzes stattfinden sollten. Es wurde eine Fünfprozentklausel (beziehungsweise Achtprozentklausel für Wahlbündnisse) eingeführt. Der große Sieger der Herbstwahlen war das »Bündnis der Demokratischen Linken« (SLD). Als zweiter Sieger ging die Bauernpartei (PSL) aus den Parlamentswahlen hervor.

160

Der ehemalige Landwirt Waldemar Pawlak, seit 1991 Vorsitzender der Polnischen Volkspartei, war von Oktober 1993 bis März 1995 Ministerpräsident einer glücklos agierenden Koalitionsregierung.

Die neue Regierungskoalition aus SLD und PSL verfügte im Sejm aufgrund des neuen Wahlrechts über eine Mehrheit von knapp zwei Dritteln der Sitze, nämlich 303 von 460 Abgeordneten. Aber auch bei den Wahlen zum Senat, der nach dem Mehrheitswahlrecht gewählt wurde, errangen SLD und PSL immerhin 73 von hundert Sitzen. Die beabsichtigte disziplinierende Wirkung des Wahlrechts wurde zwar erzielt: Statt 29 Parteien und Gruppen waren nur noch sechs Parteien und vier Abgeordnete der deutschen Minderheit im Parlament vertreten. Aber die Solidarność-Gewerkschaft und die Mitterechts-Parteien aus der Solidarność-Tradition konnten wegen ihrer Zersplitterung nun nicht mehr ins Parlament einziehen, obwohl sie insgesamt einen Stimmenanteil von über zwanzig Prozent auf sich vereinigten (ohne Liberale).

Der PSL-SLD-Koalitionsregierung stand Ministerpräsident Waldemar Pawlak vor. Größere Konflikte innerhalb dieses Bündnisses entzündeten sich schon vor Abschluss der Koalitionsverhandlungen an den wirtschafts- und finanzpolitischen Grundsatzfragen. Der

Der Danziger Werft, der Wiege der Solidarność, gelang im Gegensatz zur Stettiner Konkurrenz die marktwirtschaftliche Umstrukturierung nicht. Das Bild zeigt Arbeiter bei einer gewerkschaftlichen Protestveranstaltung gegen die Anmeldung des Konkurses der Werft 1996.

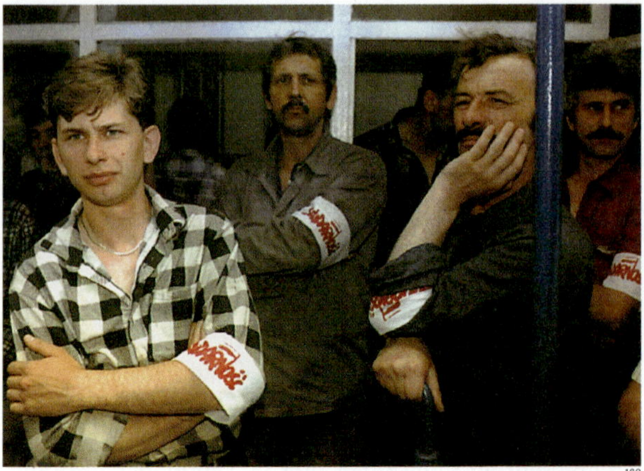

160

Agrarlobbyismus der Bauernpartei blockierte nicht nur eine Strukturreformpolitik in der Landwirtschaft, die PSL verzögerte auch monatelang das Programm der Massenprivatisierung (PPP), das von der liberal gestimmten SLD favorisiert wurde. Wirtschaftspolitisch agierte die Regierung Pawlak zögerlich – sie profitierte von den Finanz- und Wirtschaftsreformen des inzwischen als Vater des »polnischen Wirtschaftswunders« apostrophierten Leszek Balcerowicz. Seine »Schocktherapie« hatte die Ausrichtung Polens auf die Marktwirtschaft immerhin nicht mehr revidierbar gemacht. Das beachtliche Wirtschaftswachstum seit 1992 wurde von der Privatwirtschaft getragen.

Eng verbunden mit den Auseinandersetzungen um die Kompetenzen des Präsidenten blieb die Diskussion um die neue Verfassung des Landes. Die wachsenden Konflikte zwischen den Koalitionspartnern SLD und PSL wegen personalpolitischer Differenzen, der Verlust der Reformdynamik, zum Beispiel durch Verzögerungen bei der Privatisierung, Staatsinterventionismus und den Abbruch der Verwaltungsreform, wie auch der Ansehensverlust von Ministerpräsident Pawlak veranlassten Präsident Wałęsa zu einer direkten Intervention, aufgrund deren sich die regierende Koalition von Pawlak löste und am 1. März 1995 der Sejmmarschall (Parlamentspräsident) Józef Oleksy (SLD) zum Ministerpräsidenten gewählt wurde.

Danach dominierte der Wahlkampf für die Präsidentschaftswahlen die polnische Innenpolitik. Als größter Herausforderer Wałęsas hatte sich der SLD-Vorsitzende Aleksander Kwaśniewski profiliert, der sich in einer Stichwahl am 19. November 1995 gegen Wałęsa durchsetzte. *Dieter Bingen*

Im Zeichen von Glasnost und Perestroika: Der Beginn der Ära Gorbatschow in der Sowjetunion

Außerordentliche Umstände bescherten Michail Sergejewitsch Gorbatschow, dem letzten Generalsekretär der KPdSU und Präsidenten der Sowjetunion, lebhafte weltweite Aufmerksamkeit. Mancher westliche Zeitgenosse sah in ihm eine Schicksalsfigur und wollte sein politisches Wirken gar als »Wunder« begreifen. Seit den letzten Lebensjahren Leonid Breschnews lag über der Sowjetunion ein Schleier der Lähmung und Erstarrung. Breschnews langes Leiden und seine Altersgebrechen waren symptomatisch für ein System, dessen gesamte Führung überaltert war. Von Krankheit gezeichnet und zu entschlossener Reform unfähig erwiesen sich auch seine betagten Nachfolger – Jurij Andropow und Konstantin Tschernenko.

Als im März 1985, nach dem Tod des Letzteren, bereits die dritte Wahl eines Generalsekretärs der KPdSU seit 1982 anstand, erschien ein Generationswechsel unerlässlich. Das Politbüro entschied sich aber erst gegen erhebliche innere Widerstände knapp für Gorbatschow – eine vermeintlich längerfristige Lösung. Die relative Jugend inmitten einer Altherrenriege verschaffte Gorbatschow im eigenen Land und international schnell beträchtliche Sympathien. Sein ungezwungenes, dynamisches Auftreten stand in scharfem Kontrast zum Stillstand der jüngsten Vergangenheit und weckte hohe Erwartungen.

Erklärtes Ziel des Aufsteigers aus dem nördlichen Kaukasus, der in den Fünfzigerjahren ein Jurastudium absolviert hatte, in den Sechzigerjahren im Jugendverband Komsomol und in der Partei aufgestiegen war und im folgenden Jahrzehnt ein wirtschaftswissenschaftliches

Fernstudium zur Spezialisierung in der Agrarökonomie nutzte, war zunächst die Stabilisierung des Systems durch einen »erneuerten Sozialismus«. Allerdings herrschte noch wenig Klarheit darüber, wie Gorbatschow den Großmachtstatus der UdSSR konkret wahren wollte.

Nach etwa zwei Jahren hatte er die Führung personell so weit umgestaltet, dass er seiner Politik neue Akzente zu geben wagte. Die dadurch ausgelösten Geschehnisse entwickelten eine solche Eigendynamik, dass sie die Sowjetunion grundlegend veränderten und den Initiator dabei in kürzester Frist zum Getriebenen dieser Geschehnisse machten. Es lag in der Natur der sowjetischen Staatsverfassung, dass der Wandel nur von oben erfolgen konnte.

100562

Die von Michail Sergejewitsch Gorbatschow 1985 begonnene Reformpolitik zielte auf eine grundlegende wirtschaftliche und gesellschaftliche Erneuerung der Sowjetunion.

INFOBOX

Initiator einer weltgeschichtlichen Wende

»Männer machen Geschichte«, so das Diktum des nationalkonservativen preußischen Historikers Heinrich von Treitschke. Die These lässt sich mit Gewinn am Beispiel Michail Gorbatschows diskutieren. Gorbatschow, 1985 Herr des sowjetrussischen Imperiums geworden, verkündete alsbald sein geradezu revolutionäres Programm, das er mithilfe der Schlagwörter »Glasnost« (Transparenz, Öffentlichkeit) und »Perestroika« (Umbau) den Menschen nahe zu bringen versuchte. Viele andere, die vor ihm – historisch zu früh – Ähnliches gefordert hatten, waren in Straflagern verschwunden.

Als Ventile für den Dampfkessel, den die Sowjetunion darstellte, gedacht, schienen Glasnost und Perestroika zunächst ihre Funktion zu erfüllen, doch Gorbatschows Politik entfaltete eine von ihm nicht beabsichtigte Dynamik: Sie führte schließlich 1991 zur Auflösung des Sowjetreichs und zum Verbot der KPdSU.

»Als wir anfingen, wussten wir nicht, wie groß die Probleme waren, denen wir gegenüberstanden«, bekannte Gorbatschow und machte mit dem Plural deutlich, dass er als Einzelner nicht handlungsfähig gewesen wäre. Gleichwohl war er – gegen heftige Widerstände des alten Machtapparats (die Panzer vor der Basiliuskathedrale in Moskau fuhren im August 1991 im Rahmen des Putschversuchs gegen Gorbatschow auf) – der charismatische Initiator einer weltgeschichtlichen Wende, die das Ende des Kalten Krieges und die Wiedervereinigung Deutschlands mit sich brachte.

Nicht zufällig sollte dafür jene Generation von Funktionären verantwortlich zeichnen, die in den Fünfzigerjahren das reformkommunistische »Tauwetter« unter Chruschtschow als Zwanzigjährige erlebt hatten. Nach dessen Sturz 1964 durchliefen sie sowjettypische Karrieren und verkörperten selbst das System der »Nomenklatura«, der vom Volk abgehobenen Führungselite in Partei, Staat, Wirtschaft und Kultur. Diese »Kinder des 20. Parteitags« traten nun an, das Land in einem zweiten Anlauf zu modernisieren und ihm den Weg ins nächste Jahrhundert zu ebnen.

Glasnost – Das neue Prinzip der Offenheit

Binnen zweier Jahre gelang es Gorbatschows Führungsmannschaft, das Personal an den Schaltstellen der Macht, im Parteisekretariat und an der Spitze der ZK-Abteilungen auszutauschen. Ins Zentralkomitee (ZK)

In Moskau wird der sowjetische Dissident und Friedensnobelpreisträger Andrej Sacharow nach seiner Rückkehr aus der Verbannung 1986 von Journalisten interviewt.

160

zogen neue Kräfte ein, die die Erinnerung an die Zeit Breschnews vergessen machen sollten. Selbst die Parteiorgane der Provinz konnten mit unverbrauchten Führungspersonen ausgestattet werden. Mehrheitlich hatten auch die altgedienten Mitglieder der Regierung ihre Posten zu räumen.

Zeit, sich geruhsam in den gewonnenen Ämtern einzurichten, blieb den Aufsteigern aber nicht: Partei- und Staatsapparat mussten sich neuerdings öffentlicher Kritik und Kontrolle stellen. Anders als in der Vergangenheit beschränkten sich die Zeitungen nämlich nicht mehr darauf, eine ritualisierte Klage über Korruption, Trägheit und Unfähigkeit des Partei- und Staatsapparats zu führen. In den Leserbriefspalten häuften sich stattdessen unverblümte Angriffe gegen die Privilegien der Funktionäre und Rufe nach schonungsloser Abrechnung.

Gegen die Einwände von Altkommunisten verteidigte Gorbatschow dieses Prinzip der Offenheit, dessen russische Bezeichnung »Glasnost« in alle Welt ging und zum Synonym für ein neues Verhältnis zur Wahrheit wurde. Vor dem Plenum des ZK bezeichnete Gorbatschow im Januar 1987 die Demokratie als so notwendig »wie die Luft zum Atmen«. Er versprach sich davon eine heilsame Wirkung für Partei, Staat und Gesellschaft gleichermaßen.

Alsbald sah sich auch der einfache Sowjetbürger in seiner Ruhe »gestört«. Ununterbrochen erinnerten ihn die Medien an die gewöhnlichen Verfehlungen des Alltags: Unpünktlichkeit und Schlendrian am Arbeitsplatz, Amtsmissbrauch, Korruption, Diebstahl und Zerstörung von Betriebseigentum, Verschwendung von kostbaren Rohstoffen. Mit seiner Kampagne gegen den weit verbreiteten Alkoholismus handelte sich Gorbatschow den Spotttitel eines »Mineralsekretärs« ein und spürte erstmals die Hemmnisse, die einem raschen Wandel von überkommenen Gewohnheiten und Verhaltensweisen entgegenstanden.

Jeder einzelne Missstand war nur durch ein ganzes Bündel von Begleitmaßnahmen zu beheben. Beispielsweise antworteten viele auf die Beschränkung des staatlichen Spirituosenverkaufs mit Schwarzbrennerei. Dem Staat gingen auf diese Weise Milliarden von Rubeln an Alkoholsteuer verloren. Eine wirksame Bekämpfung der Trunksucht erforderte mehr als eine Beschränkung des Angebots und Appelle an die Vernunft. Betroffene bedurften medizinischer Betreuung und ihre Familien größerer Wohnungen. Das Freizeitangebot musste erweitert

ZEITTAFEL

Die Ära Gorbatschow in der UdSSR

März 1985	Gorbatschow wird Generalsekretär
November 1985	Treffen Gorbatschow-Reagan in Genf
Januar 1986	Erklärung Gorbatschows zur Abrüstung und Beseitigung aller Kernwaffen bis zum Jahr 2000
Oktober 1986	Treffen Gorbatschow-Reagan in Reykjavik
Januar 1987	Grundsatzreferat Gorbatschows vor dem ZK-Plenum über »Glasnost« und »Perestroika«
Februar 1987	Vorschlag eines Abkommens über den Abbau der Mittelstreckenwaffen in Europa
April 1987	Vorschlag zum Verbot aller chemischen Waffen und Einbeziehung von Mittelstreckenwaffen kürzerer Reichweite in Abrüstungsverhandlungen
Februar 1989	Beendigung des sowjetischen Truppenrückzugs aus Afghanistan
Februar 1990	Verzicht der KPdSU auf ihr Machtmonopol
März 1990	Unabhängigkeitserklärung Litauens
	Wahl Gorbatschows zum Präsidenten der UdSSR
August 1991	Putschversuch in Moskau
Dezember 1991	Gründung der Gemeinschaft Unabhängiger Staaten (GUS)

werden, und die Verhältnisse am Arbeitsplatz waren zu verbessern.

Es erschien schlüssig, in der prekären wirtschaftlichen und sozialen Lage, in der sich die Sowjetunion damals befand, auf Aufklärung und Einsicht zu setzen. Doch verschärfte die offene Anprangerung von Mängeln die Lage der Partei- und Staatsführung, weil die Bevölkerung die Bereitschaft zur Reform nicht honorierte, sondern die Vertreter des Systems für das bislang verschwiegene Ausmaß der Zerrüttung unmittelbar verantwortlich machte.

Die Sowjetgesellschaft in Bewegung

Zunehmend erwies sich Glasnost als Motor des Wandels in der Sowjetunion. Von Gorbatschow lediglich als Begleitakkord für die Erneuerung von Partei, Staat und Wirtschaft verstanden, wurde diese Losung zum Fahnenwort des Aufbruchs.

Je mehr die Zensur die Zügel lockerte, desto unverblümter wurde der Blick auf das Erbe von sieben Jahrzehnten kommunistischer Herrschaft gerichtet. Es begann mit Enthüllungen über die Verbrechen der Stalin-

INFOBOX

Tschernobyl

Am 26. 4. 1986 ereignete sich im Kernkraftwerk Tschernobyl der bisher folgenschwerste Reaktorunfall der Geschichte. Während eines Tests an den Turbogeneratoren des Blocks 4 kam es infolge eines sekundenschnellen, nicht mehr beeinflussbaren Leistungsanstiegs zu mehreren Dampfexplosionen und Bränden, die den Reaktor vollkommen zerstörten. Als Gründe für den schweren Verlauf des Unfalls wurden später Bedienungsfehler und Verstöße gegen die Betriebsvorschriften sowie die Bauart des Reaktors und mangelhafte Sicherheitseinrichtungen genannt.

Der Schaden war immens: Etwa 240 Personen – Reaktorpersonal, Feuerwehrleute, Hubschrauberpiloten – waren einer Strahlendosis mit tödlichen oder schwer gesundheitsschädigenden Folgen ausgesetzt. 116 000 Menschen wurden nach dem Unglück evakuiert. Durch die Ausbreitung der freigesetzten radioaktiven Stoffe in der Atmosphäre wurden in den Tagen nach dem Reaktorunfall auch große Teile West- und Nordeuropas stark belastet – auch in Deutschland riet man der Bevölkerung, zunächst auf frische Milch oder Gemüse zu verzichten.

s. ZEIT Aspekte Alexander Solschenizyn S. 585

100563

Durch ein Experiment der Bedienungsmannschaft eines der vier Reaktorblöcke des Kernkraftwerkes Tschernobyl wurde eine unkontrollierte Kettenreaktion in Gang gesetzt, in deren Folge nach einer Explosion etwa 10 Prozent des radioaktiven Inventars in die Luft gelangten und sich über Europa verteilten. Das Foto vom 26. 4. 1986 zeigt das Ausmaß der Zerstörungen.

zeit. Bald machten die journalistischen Inquisitoren nicht einmal mehr vor den letzten Heiligtümern der Parteigeschichte halt, vor Lenin und dem »Roten Oktober« von 1917, weil sich nämlich die Frage nach den Ursachen und Alternativen des Stalinismus stellte.

Ebenso erinnerten die Werke wieder entdeckter vorrevolutionärer, frühsowjetischer und exilierter beziehungsweise emigrierter Schriftsteller, Dichter, Philosophen und Publizisten fortwährend an Zeiten größerer Liberalität. Boris Pasternaks Bürgerkriegsepos »Doktor Schiwago« fand endlich den Weg zum russischen Leser. Es folgte »Der Archipel Gulag« Aleksandr Solschenizyns, der den Sowjetkommunismus schärfer als andere kritisiert hatte. Bei der Lektüre von Biographien russi-

100619

Szene aus dem 1979 gedrehten Spielfilm »Stalker« von Andrej Tarkowskij. Der Film des bekannten russischen Regisseurs wurde erst 1987 freigegeben.

scher Zaren und ihrer besten Berater, selbst beim Studium verfemter Klassiker des Sozialismus oder von Werken »vergessener« Revolutionshelden wie Leo Trotzkij und Nikolaj Bucharin stellte sich der Wunsch nach grundlegenden Reformen ein. Die Alternativen des Landes schienen sich durch das Studium seiner Vergangenheit aufzutun. Die offene Geschichtsbetrachtung denunzierte das Regime und demontierte nicht unwesentlich seine Grundlagen.

Trotzdem hoffte Gorbatschow weiterhin auf eine »Epoche des Vertrauens« zwischen Bevölkerung und reformwilliger Regierung. Er ließ den Regimekritiker Andrej Sacharow und andere Dissidenten aus Verbannung und Lagerhaft heimkehren. Unterdessen liefen immer neue Schreckensmeldungen über die Wirklichkeit in Betrieben, Gefängnissen, Krankenhäusern und Wohnkomplexen um. Kriminalität, Bandenwesen und Bestechungsfälle verunsicherten die Bevölkerung und nährten die Furcht vor Anarchie und Bürgerkrieg. Verheerend für den nahezu unerschütterlichen Glauben an das unbegrenzt Machbare wirkten sich die erstmaligen Berichte über die Schädigung ganzer Landstriche durch den Raubbau an der Natur aus. Eine niedrige Lebenserwartung und eine hohe Säuglingssterblichkeit waren der Preis des Fortschritts gewesen.

Den Todesstoß versetzte der Technikgläubigkeit die Atomreaktorkatastrophe von Tschernobyl am 26. April 1986. Obwohl eine Explosion das Reaktorgebäude zerstörte, gewaltige Mengen radioaktiver Substanzen über der Sowjetunion – Weißrussland, Ukraine, Russland – und zahlreichen anderen europäischen Staaten niedergingen und Hunderte von Ortschaften evakuiert werden mussten, versuchten die Behörden zunächst, das Geschehen zu verharmlosen. Doch konnten sie nicht verhindern, dass die Sowjetzivilisation den Nimbus der Unverwundbarkeit verlor. An vorderster Front der Ost-West-Konkurrenz, im Bereich der Hochtechnologie, hatte die Regierung die Kontrolle verloren. Nun gab es kein Zurück mehr hinter das Bekenntnis zur Aufrichtigkeit, zumal der halbe europäische Kontinent betroffen war.

Danach wurde es immer schwieriger, unter der Intelligenz Anhänger für eine »Demokratisierung« im Rahmen des bestehenden Systems zu werben. Stattdessen forderte der Friedensnobelpreisträger Sacharow bis zu seinem Tod im Jahr 1989 größere demokratische Rechte im Sinne von mehr Pluralismus und Freiheit. Unerschrockene Herausgeber machten aus biederen sowjetischen Zeitschriften Sprachrohre für eine konsequente Liberalisierung und drängten Gorbatschow, entweder seine Reformwilligkeit deutlicher zu bekunden oder zurückzutreten. Den Parteiorganen liefen die Abonnenten davon, und neue Blätter überschwemmten den Markt. Die traditionsreiche Prawda sank nach vorübergehendem Verbot zu einem drittklassigen Blatt herab, da sich ihre hölzernen Formeln nun an der lebendigen Alltagssprache anderer Zeitungen messen lassen musste. Aus dem Untergrund traten Autoren hervor, die ihre Schriften im Selbstverlag (Samisdat) ohne offizielle Druckgenehmigung und an der Zensur vorbei erscheinen ließen.

Gorbatschow hatte die Dämme der öffentlichen Debatte nicht in der gewünschten Weise sichern können und kam nicht umhin, weitere Zugeständnisse zu machen. Unter dem Schlagwort »Perestroika« (Umbau) kündigte er eine Umorientierung von Wirtschaft und Gesellschaft an. Der Austausch von Kadern nach 1985 hatte offenkundig nicht ausgereicht, das System durchgreifend zu beleben.

ZITAT

In seiner berühmten Rede »Wir brauchen die Demokratie wie die Luft zum Atmen« auf dem ZK-Plenum der KPdSU vom 27. 1. 1987 erklärte Gorbatschow:

Die Atmosphäre der Offenheit und Demokratie hat der Arbeiterklasse, der Bauernschaft, unserer Intelligenz, allen gesunden Kräften die Möglichkeit gegeben, das Haupt hoch zu erheben … Wir brauchen einfach Offenheit, Kritik und Selbstkritik. Das sind die wichtigsten Züge der sozialistischen Lebensweise.

1990 musste er eingestehen, dass er bei seinem Amtsantritt den Umfang der notwendigen Reformen nicht habe absehen können: »Als wir anfingen, wussten wir nicht, wie groß die Probleme waren, denen wir gegenüberstanden.« In der Tat lernten viele Funktionäre in den sechs Jahren bis zum Untergang der Sowjetunion erstmals die Vielschichtigkeit der Probleme des Landes kennen, das diese Parteielite so selbstverständlich regierte.

100562

Als Außenminister der Sowjetunion beteiligte sich der aus Georgien stammende Eduard Schewardnadse maßgeblich an der außenpolitischen Umsetzung der von Gorbatschow eingeleiteten Politik der Perestroika.

Die Überwindung des Einparteiensystems

Nach dem Interregnum unter Breschnews Nachfolgern ging es für Gorbatschow darum, die lähmende Atmosphäre, die von den stark überalterten Kadern ausging, zu überwinden und die Organe von Partei und Staat auf Reformen einzustellen. Für diese Aufgabe wählte er die Schlagworte »Restrukturierung« und »Demokratisierung«. Zwischen 1985 und 1987 tauschte er das Personal an den Schaltstellen der Macht in Moskau und in den Provinzstädten aus. Trotzdem kam die Perestroika wieder ins Stocken, weil er zwischen einem linken und einem rechten Flügel in der Partei vermitteln musste. Gegen das Beharrungsvermögen einer in Jahrzehnten verfestigten Bürokratie kamen junge Aufsteiger nur schwer an.

Um die Basis für seine Politik zu erweitern, schürte Gorbatschow nun selbst die Flügelkämpfe und verschärfte die innerparteiliche Polarisierung. Auf dem Oktober-Plenum des ZK im Jahre 1987 musste er jedoch einen Rückschlag in Kauf nehmen: Der forscheste unter den Reformern, Boris Nikolajewitsch Jelzin, preschte mit einem offenen Angriff gegen Jegor Ligatschow vor, den Wortführer der Konservativen. Im Interesse der Parteieinheit sprang Gorbatschow nun dem Bedrängten bei und duldete anschließend sogar den Parteiausschluss Jelzins. Trotz heftiger Attacken der Parteipresse ging Jelzin aus dem Streit doch als moralischer Sieger hervor. Gorbatschows Reformeifer hingegen geriet in Zweifel. Gerüchte über seinen bevorstehenden Sturz und die Wiedereinführung der Zensur machten die Runde.

Bei den Wahlen zu der von Gorbatschow gewünschten Sonderkonferenz der Partei 1988 siegten die Konservativen. Der Generalsekretär versuchte daraufhin, sich außerhalb der Partei eine weitere Legitimationsbasis zu schaffen. Er schlug einen »Kongress der Volksdeputierten« vor und erinnerte an die Rätetradition der frühen Sowjetzeit. Die 2250 Mitglieder sollten in geheimer Abstimmung unter alternativen Kandidaten gewählt werden. Zwischen den seltenen Sitzungsperioden des übergroßen Parlaments führte ein Präsidium die Geschäfte, dessen Vorsitzender in der Rolle des Staatsoberhaupts auftrat. Gorbatschow dachte dabei nun an seine Person und wurde zum Vorsitzenden des Präsidiums des Obersten Sowjets gewählt.

Das Besondere an Gorbatschows Vorstoß war die stillschweigende Botschaft, dass auch für die KPdSU das Thema »freie Wahlen« auf der Tagesordnung stand. Der Generalsekretär versuchte zusätzlich Boden zu gewinnen, indem er den Begriff eines »sozialistischen Rechtsstaats« in die Debatte warf. Obwohl eine Gewaltenteilung ausgeklammert blieb, verlor die Partei zunehmend ihre Aura als oberste Berufungsinstanz im Staat.

Doch nun verfing sich Gorbatschow in den Fallstricken seines Doppelamtes: Als halbwegs demokratisch berufenes Staatsoberhaupt wollte er in Behörden und Verwaltungen das Leistungsprinzip durchsetzen und das Verantwortungsgefühl stärken. Er riskierte dafür sogar eine Kraftprobe mit seinen Gegnern, als er im Herbst 1988 den Militärbezirk Moskau in Alarmbereitschaft versetzen ließ. Als Führer der Kaderpartei kam er nicht umhin, wenigstens ihre Grundregeln zu beachten. Er musste sich, wie ein Zeitgenosse treffend bemerkte, entscheiden, ob er Luther oder der Papst sein wollte.

Der Niedergang der KPdSU

Je mehr die Organe von Partei und Staat sich in diesem Konflikt gegenseitig neutralisierten, desto selbstbewusster stießen unabhängige Vereinigungen in die frei werdenden politischen Räume. Ihre Tätigkeit war zunächst auf die Lösung regionaler und lokaler sozialer sowie ökologischer Probleme gerichtet, wie etwa die Verschmutzung des Baikalsees, die Sicherheit eines Atomkraftwerks oder die Erhaltung einer mittelalterlichen Kirche. Ab 1987 nahmen einige dieser »informellen« Zusammenschlüsse politische Züge an, als sie vorgaben, die Perestroika in demokratischere Bahnen lenken zu wollen. Einige gründeten 1988 eine Demokratische Union, um Gorbatschows Rätegedanken konsequenter zu verfolgen.

ZITAT

Hedrick Smith, Autor des Bestsellers »Die Russen« (1976), schrieb über die alltäglichen Erfahrungen des Kunden im Sowjetsystem:
Sowjetische Verkäufer behandeln ihre Kunden mit arroganter Gleichgültigkeit. Es gibt einfach keine Dienstleistungskultur. Zum Teil entsteht diese Arroganz aus der Situation von Angebot und Nachfrage. Die chronische Warenknappheit macht die Sowjetunion zum Verkäufermarkt; der Käufer ist nichts als der Bittsteller.

Eine vielgliedrige russische Bürgerrechtsbewegung war inzwischen auf den Plan getreten und nahm Gorbatschow nicht nur beim Wort, sondern überholte seine ursprünglich kühnen Ansätze.

Die Liberalisierung nutzten jedoch nicht nur demokratische Gruppen. Radikale Wortführer schürten nationale, soziale, religiöse wie politische Leidenschaften und versuchten, im wachsenden Machtvakuum, das die zurückweichende KPdSU hinterließ, Fuß zu fassen. In dieser Atmosphäre konnte sich Toleranz nur schwer entfalten. So entwickelte sich aus der Gruppe Pamjat (Gedenken), die zunächst für die Rettung von Moskauer Gotteshäusern eingetreten war, eine antidemokratische, nationalistische und antisemitische Organisation, die zwar öffentliches Aufsehen erregte, bei Wahlen aber nur wenig Zuspruch fand.

Der Niedergang der KPdSU mit ihren vormals 19 Millionen Mitgliedern beschleunigte sich, als informelle Gruppen Verabredungen mit Reformern in der Partei trafen, die auf die Bildung von »Volksfronten« zielten. In den Republiken wechselten führende Funktionäre die Seiten und stellten sich fortan an die Spitze von Autonomie- und Unabhängigkeitsbewegungen. Bei Direktwahlen büßten die Kommunisten ihre beherrschende Stellung ein, obwohl Gorbatschow auf dem XXVIII. (und letzten) Parteitag der KPdSU im Juli 1990 die Festlegung auf einen »humanen, demokratischen Sozialismus« durchgesetzt hatte. Der gleichzeitige Verzicht auf

Boris Jelzin und seine Frau Nina auf dem Weg zum Wahllokal. Bei der ersten demokratischen Präsidentenwahl in Russland im Juni 1991 lag Jelzin mit 57,4 Prozent der abgegebenen Stimmen weit vor seinem Gegenkandidaten Ryschkow, der nur 17,3 Prozent erhielt.

100562

160

Nicht nur die Versorgung mit Genussmitteln, sondern auch die mit Lebensmitteln entwickelte sich zu einem ständigen Problem in der zerfallenden Sowjetunion.

das Machtmonopol der KPdSU, das die Verfassung bislang festgeschrieben hatte, besiegelte nur, was ohnehin schon Wirklichkeit geworden war.

In Russland entstand in Ansätzen ein pluralistisches Parteiensystem mit liberalen, konservativen und nationalistischen Programmen. Interessengruppen schlossen sich in Bauern-, Bergarbeiter- oder Unternehmerparteien zusammen. Andere, wie die Konstitutionellen Demokraten oder die Monarchisten, gaben vor, an vorrevolutionäre Traditionen anzuknüpfen. Als im März 1989 der »Kongress der Volksdeputierten« gewählt worden war, konnte er die ihm von Gorbatschow zugedachte Rolle nicht ausfüllen. Die große Mehrheit der Deputierten bekannte sich zwar zur Perestroika und wählte einen überwiegend loyalen Obersten Sowjet, in den nicht einmal der Wahlsieger von Moskau, Gorbatschows Widersacher Jelzin, einzog. Doch nutzte die starke liberale Minderheit von 300 Abgeordneten den Kongress als Bühne, den Abgesang der Parteiherrschaft zu betreiben. Ein Deputierter vermerkte: »Die größte Leistung des Kongresses war die Entmystifizierung der Sowjetmacht.« Bei den folgenden Kommunalwahlen verbuchten die Anhänger einer über die Perestroika hinausgehenden Reform bereits ein Drittel der Stimmen.

Jelzin gewann nun kontinuierlich Sympathien hinzu und übertraf Gorbatschows Popularität inzwischen um Längen. Als er 1991 zum ersten demokratischen Präsidenten Russlands gewählt worden war, besaß er bereits eine Machtfülle, die es ihm erlaubte, dem Rivalen den größten Teil des Herrschaftsgebiets zu entreißen. Der sowjetische Präsident wurde zum Fremdkörper in Moskau.

Nikolaus Katzer

Reformpolitik in der Krise: Die Sowjetunion vor der Auflösung

Gorbatschow hatte die Wirtschaftsreform als Herzstück der Perestroika betrachtet. Ihr Erfolg wurde nicht daran gemessen, ob es sich dabei um eine »sozialistische Marktwirtschaft« oder um eine »Plan-Markt-Wirtschaft« handelte. Entscheidend war, ob die Grundversorgung der Menschen mit Lebensmitteln und anderen Gütern des täglichen Bedarfs gesichert werden konnte. Tatsächlich entschied Gorbatschow jeweils ad hoc und ohne im Besitz eines langfristigen Konzepts zu sein. Gegen die Auflösungserscheinungen in allen Bereichen der Wirtschaft half diese Methode nicht weiter.

Schrittweise wuchs die Einsicht, dass nicht nur der Apparat einer Erneuerung bedurfte, sondern auch die Einstellungen und Verhaltensweisen der Sowjetmenschen verändert werden mussten. Dies stieß auf Widerstände. Ein Anknüpfen an Erfahrungen der »Neuen Ökonomischen Politik« (NEP) der Zwanzigerjahre verbot sich schon deshalb, weil es eine unabhängige Bauernschaft nicht mehr gab. Dezentralisierung, Eigenverantwortung der Betriebe, materielle Anreize zur Leistungssteigerung, die Einführung moderner Maschinen, eine realistische Preisgestaltung und die Zulassung begrenzten Privatbesitzes konnten theoretisch die Auswüchse der Planwirtschaft mildern. Aber die abrupte und gleichzeitig nur sporadische Einführung dieser Maßnahmen stiftete Verwirrung.

Zu spät erkannte Gorbatschow, dass ein Aufschwung des Wirtschaftslebens ohne frühzeitige politische Zugeständnisse kaum zu erreichen war. Marktwirtschaft, Privatbesitz und Demokratie bedurften sorgfältiger Abwägung. Wenngleich die Perestroika mehr wagte als alle vorausgehenden Reformen, gesundeten Unternehmen nicht allein dadurch, dass sie seit 1987 die Preise frei aushandeln durften und sich ohne staatliche Eingriffe selbst finanzieren sollten. Immerhin war es westlichen Unternehmern nun gestattet, mit sowjetischen Partnern Gemeinschaftsunternehmen (Jointventures) zu gründen.

Bei aller Betriebsamkeit fehlte insgesamt der Mut, einen kühnen Schritt nach vorn zu tun. Stattdessen blieben über neunzig Prozent der Betriebe in staatlicher Hand und unter der Kontrolle von Parteigremien. Ein Binnenmarkt mit freien Preisen blieb daher Illusion. Vergeblich warteten Kolchosarbeiter auf die Chance, sich als freie Bauern in rechtlich gesicherten Verhältnissen niederzulassen. Ebenso wenig wurden die großen genossenschaftlichen Betriebe in die Selbstständigkeit entlassen.

So trieb die Perestroika nach 1989 nicht einer Erneuerung, sondern dem Zusammenbruch entgegen. Ab 1990 verschärfte sich die Versorgungslage, weil Felder nicht rechtzeitig abgeerntet wurden oder die Erträge auf dem Transport verdarben. Da die Regale der staatlichen Läden leer blieben, musste sich die Bevölkerung zu Höchstpreisen auf den gut bestückten Kolchosmärkten eindecken. In der Presse kursierte das Schreckgespenst einer bevorstehenden Hungersnot. Aus dem Ausland trafen Hilfsgüter und Spenden ein. Spätestens von diesem Zeitpunkt an war der Traum einer systemimmanenten Überwindung der Krise ausgeträumt. Der Rubel verlor täglich an Wert – nicht zuletzt deshalb, weil er ohne Deckung nachgedruckt wurde, um ausstehende Löhne zu zahlen.

Da die Möglichkeiten einer ebenso entschlossenen wie kontrollierten Abkehr von der Zentralverwaltungswirt-

160

Die amerikanische PepsiCo, eine der weltweit größten Getränke- und Gastronomiefirmen, und die sowjetische Gesellschaft Stolichnaja Wodka beschlossen 1990 die Zusammenarbeit beider Unternehmen. In New York trafen sich Don Kenal, Präsident von PepsiCo (rechts), und Jewgenij Sorotenkin als Vertreter der sowjetischen Seite.

schaft ungenutzt verstrichen waren, sah sich Gorbatschow immer radikaleren Forderungen ausgesetzt. Im Oktober 1990 verlangte eine Gruppe von Wirtschaftsfachleuten die Einführung der Marktwirtschaft über einen »500-Tage-Plan«, also in knapp anderthalb Jahren. Die Autoren dieser Forderung bewiesen wenig Realitätssinn, konnten aber für sich beanspruchen, wenigstens ein Gesamtkonzept zu verfolgen. Sie wollten den Währungsüberhang durch den Verkauf staatlicher Vermögenswerte abbauen und die Privatisierung vorantreiben. Besonders umstritten war die Übertragung der Steuerhoheit und der Verfügungsgewalt über die natürlichen Ressourcen an die Republiken, die auch eine Boden- und Preisreform in freier Entscheidung einleiten sollten. Solche Überlegungen stärkten die Souveränitätsbestrebungen und untergruben die vertikalen Kommandoabläufe in der Sowjetunion.

Gorbatschow gab deshalb seine ursprüngliche Unterstützung für den radikalen Plan wieder auf. Damit rettete er freilich weder die Perestroika noch seine Glaubwürdigkeit. Die »Geister«, die er gerufen hatte, wurde er nun nicht mehr los. Unterdessen waren auch einzelne Regionen dazu übergegangen, »freie Wirtschaftszonen« einzurichten und aus der Not eines unterbrochenen unionsweiten Warenaustausches die Tugend dezentraler Marktbeziehungen zu machen. Im Gebiet von Leningrad entstanden Firmen mit bis zu hundertprozentiger ausländischer Beteiligung; sie durchbrachen zugleich das staatliche Außenhandelsmonopol. Neue Banken vergaben Kredite und erleichterten damit die Gründung von Gewerbebetrieben.

Überflügelt wurde die zaudernde Wirtschaftspolitik Gorbatschows auf Unionsebene nicht zuletzt auch von seinem politischen Konkurrenten Boris Jelzin, der in Russland die Preise freigab, im Rüstungsbereich drastische Kürzungen vornahm, Subventionen abbaute, Staatsbetriebe privatisierte und die Aufteilung der Ländereien von Kolchosen und Sowchosen an Beschäftigte legalisierte.

Gorbatschows Abkehr vom Kalten Krieg

Gorbatschow war überzeugt, dass die Sowjetunion einer Atempause im Konkurrenzkampf mit dem Westen bedurfte, um sich wirtschaftlich von den Folgen des jahrzehntelangen Wettrüstens zu erholen und eine neue technologische Offensive einleiten zu können. Dem »Lenin der Gegenwart«, wie Gorbatschow auch genannt worden ist, schwebte eine Art Stillhalteabkommen mit dem Westen vor, weil die Wirtschaftskrise nicht nur den Weltmachtstatus, sondern auch die Existenz der Sowjetunion insgesamt gefährdete. Für den einseitigen Rückzug von der Front des Kalten Krieges bot Gorbatschow außerordentliche Zugeständnisse an. Erstmals seit der Kubakrise von 1962 wich die Sowjetunion vor den Westmächten zurück. Ungewöhnlich war dabei, dass dieser Rückzug offen eingestanden und sogar zum Ziel erklärt wurde.

160

Gorbatschow im Gespräch mit Kolchosarbeitern, denen es noch nicht erlaubt war, sich als freie Bauern niederzulassen. Die Krise in der Landwirtschaft brachte die Sowjetunion an den Rand einer Hungersnot.

Der Pragmatiker Gorbatschow konnte den konservativen Ideologen der Außenpolitik unstrittige Fakten präsentieren. Seit den Sechzigerjahren standen die Rüstungsausgaben in keinem vernünftigen Verhältnis mehr zu einer hinlänglich notwendigen Verteidigungsanstrengung. Auch die Presse stellte nun freizügig die Überrüstung der UdSSR infrage. Statt eine viel zu große Armee mit immer neuen Waffensystemen auszustatten, sollten die Ressourcen besser der wirtschaftlichen und technischen Entwicklung des Landes zugeführt werden. Erstmals wurde auch zugegeben, dass der Rüstungsetat etwa ein Viertel des Bruttosozialprodukts verschlang.

Gorbatschow stellte die sowjetische Doktrin infrage, nach der der Atomkrieg einer Seite Vorteile verschaffen könne. Vielmehr veranlasste ihn die Einsicht in das atomare Patt zu der außerordentlichen Bemerkung, es gebe ein gemeinsames Interesse der Großmächte an der Verhinderung eines Nuklearkrieges. Dies befähigte ihn, zum Vorreiter sowjetisch-amerikanischer Kernwaffenverhandlungen zu werden. Gorbatschows »neues Denken« räumte auch mit der alten Doktrin auf, die Außenpolitik sei eine Form des Klassenkampfes auf internationaler Bühne. Deshalb bekannte er sich öffentlich zu allgemein gültigen »humanitären Werten«. Nicht minder folgenreich war sein Bekenntnis zum »gemeinsamen europäischen Haus« – einer Metapher, die wie selbstverständlich die bestehenden Systemgrenzen in Europa negierte.

Ende 1985 einigte sich Gorbatschow mit dem amerikanischen Präsidenten Ronald Reagan in Genf auf re-

160

Reger Andrang herrschte auf den freien Märkten, wo Bauern aus dem Umland der Städte ihre Produkte verkauften. Die Versorgungskrise trieb die Preise für Lebensmittel in die Höhe.

160

Ein Moskauer Passant studiert die Umtauschkurse des Rubels im Verhältnis zum US-Dollar und zur Deutschen Mark. Links stehen die Werte für den Kauf, rechts für den Verkauf des Rubels. Im Januar 1995 fiel die russische Währung erstmals unter die psychologisch wichtige Grenze von 4000 Rubeln für einen US-Dollar.

gelmäßige Begegnungen. Damit gab es erstmals seit Jahrzehnten eine realistische Hoffnung auf wesentliche Rüstungsbeschränkungen. Den Reigen Epoche machender Vereinbarungen eröffnete die Schlussakte der »Konferenz über vertrauens- und sicherheitsbildende Maßnahmen und Abrüstung in Europa« (KVAE) vom September 1986, die im Januar 1987 in Kraft trat. Künftig sollten die Armeen aller Unterzeichnerstaaten wechselseitigen Kontrollen unterliegen, Manöverbeobachter ausgetauscht und Truppenbewegungen angekündigt werden.

Geradezu sensationell war die Bereitschaft der Sowjetunion, einer Reduzierung der strategischen Atomwaffen und einem vollständigen Abbau von Mittelstrecken-

Ronald Reagan und Michail Gorbatschow unter den Flaggen ihrer beiden Staaten auf dem Genfer Gipfeltreffen 1985

100562

raketen in Europa (START-Verhandlungen beziehungsweise INF-Vertrag vom 8. Dezember 1987) zuzustimmen, bevor die USA auf das Hochtechnologieprojekt der »Strategischen Verteidigungsinitiative« (SDI) verzichtet hatten. Es folgten 1988/89 der Abzug sowjetischer Truppen aus Afghanistan und im Dezember 1988 die Ankündigung Gorbatschows, die sowjetischen Streitkräfte einseitig um 500 000 Mann zu verringern. Vorläufiger Schlussstein im ansehnlichen Gebäude des Abrüstungsarchitekten Gorbatschow war das »Wunder von Wien«: In der österreichischen Hauptstadt konnte ein Vertrag über die Begrenzung der konventionellen Streitkräfte in Europa (KSE-Vertrag) ausgehandelt werden, den die Partner am 19. November 1990 in Paris besiegelten.

Diese abrüstungspolitischen Erfolge wurden aber überwiegend im Westen gefeiert. Hier stieß die Beendigung des Kalten Krieges auf ein breites Echo. Nur im Ausland wurde Gorbatschow von Wogen der Sympathie getragen, und hier feierte er seine größten Triumphe. Für seine Verdienste um den Abbau des Ost-West-Konflikts erhielt er 1990 sogar den Friedensnobelpreis.

Im eigenen Land hingegen erntete er mehr Ablehnung und Verleumdung als Zustimmung. Viele mochten es nach 1990 nicht verschmerzen, dass die »ruhmreiche Geschichte« der Sowjetarmee zu Ende sein sollte und beklagten den »Ausverkauf russischer Interessen«. Sowjetische Soldaten mussten aus den osteuropäischen Staaten und einigen Sowjetrepubliken abziehen. Eine gewaltige Militärmaschinerie von knapp vier Millionen Mann wurde zu großen Teilen funktionslos. Tausende von Offizieren, Unteroffizieren und Mannschaftsdienstgraden verloren binnen kürzester Frist ihre Berufs- und Lebensperspektive, die ihnen eine vormals unerschütterliche Institution der Sowjetzivilisation geboten hatte. Nun mischten sich herrenlose Verbände in offene oder schwelende Nationalitätenkonflikte ein oder betrieben Waffenschiebereien.

Für diese Aspekte interessierte sich aber nur eine Minderheit in der sowjetischen Bevölkerung. Überwiegend achtete man mehr darauf, ob die Perestroika den Alltag der Menschen verbesserte. Die Bürger maßen Gorbatschows Verdienste allein an den greifbaren innenpolitischen Erfolgen. Da diese ausblieben, war dem letzten Sowjetführer der Ruhm im eigenen Haus versagt.

Ein Putsch als Anfang vom Ende

Seit Herbst 1990 herrschte in der Sowjetunion ein labiler innerer Zustand vor, der auf eine Entscheidung der Machtfrage zulief. Nach der Absage an die liberalen Wirtschaftspläne befand sich Gorbatschow wieder in der Gesellschaft der Altkader der Partei. Unter dem Druck von KGB, Armee und »militärisch-industriellem-Komplex« entließ er mehrere reformfreudige Minister. Außenminister Eduard Schewardnadse warnte vor einer Diktatur und trat selbst zurück. In Litauen und Lettland schritt das Militär blutig gegen Demonstranten ein und

100562

Im Juni 1989 statteten der sowjetische Staats- und Parteichef Gorbatschow und sein Außenminister Schewardnadse der Bundesrepublik Deutschland einen Besuch ab. Auf dem Bild werden Gorbatschow und seine Frau Raissa von einer begeisterten Menschenmenge auf dem Bonner Marktplatz begrüßt.

schürte damit die Furcht vor einem ähnlichen Vorgehen anderswo. Jelzin mobilisierte in Moskau mehrfach über hunderttausend Menschen, um so Gorbatschows Rücktritt zu erzwingen. Streiks in sibirischen Kohlegruben und in belorussischen Fabriken folgten.

Bei dem Versuch, die letzten Bastionen der Parteiherrschaft zu halten, hatte Gorbatschow seine führende Rolle als Reformer inzwischen verloren. Meist wurde in den Medien schon über weiter reichende Konzepte debattiert, wenn der Generalsekretär seine eigenen Pläne vorlegte. Den rapiden Ansehensverlust bei der eigenen Bevölkerung hatte auch seine Wahl zum Präsidenten der UdSSR am 15. März 1990 durch den nur teilweise demokratisch legitimierten »Kongress der Volksdeputierten« nicht aufhalten können. Nun wurde die Auseinandersetzung um einen neuen Unionsvertrag zur entscheidenden Kraftprobe, die nicht nur über Gorbatschows persönliches Schicksal, sondern auch über die Zukunft der Sowjetunion entscheiden würde.

Am 12. Juni 1991 siegte Jelzin bereits im ersten Wahlgang gegen alle Bewerber um das Präsidentenamt der »Russischen Föderation«. Wegweisend war dabei, dass dies mit einem antikommunistischen Programm gelungen war. Nun setzte Jelzin durch, dass der neue Unionsvertrag mit stark dezentralistischen Elementen am 20. August von den Republiken unterzeichnet werden sollte.

Gorbatschows Regierung befand sich endgültig in der Defensive und ließ sich zu einem Verzweiflungsakt verleiten: Mithilfe des KGB fädelten ausgerechnet jene Amtsträger am 19. August einen Putsch ein, die Gorbatschow zuvor in die Regierung berufen hatte. Ein hastig in dessen Abwesenheit von seinem Stellvertreter Gennadij Janajew, Innenminister Boris Pugo, Verteidigungsminister Dmitrij Jasow, KGB-Chef Wladimir Krjutschkow und Premierminister Valentin Pawlow ins Leben gerufenes »Notstandskomitee« versuchte vergeblich, die Macht zurückzuerobern.

Stattdessen nutzte Jelzin den Ausnahmezustand, um die Gegner der Partei- und Sowjetherrschaft um sich zu scharen und große Teile der Armee zum Überlaufen zu bewegen. Moskau, die Hauptstadt der Sowjetunion, wechselte unter die russische Fahne, auch wenn Gorbatschow noch einmal aus dem Urlaub in seine Ämter zu-

160

Sturz eines Lenindenkmals nach 1985 in der Sowjetunion

rückkehren konnte. Das »Weiße Haus«, Sitz der russischen Regierung, wurde zum Hauptquartier des Widerstands. Der Staatsstreich zur Rettung der Union scheiterte nicht zuletzt am Widerstand der Bevölkerung in Moskau und Petersburg, aber er diskreditierte den Präsidenten der Union vollends und beschleunigte sein Ende. Die Putschisten wurden zur Aufgabe gezwungen. Als Gorbatschow vor dem russischen Parlament erschien, schlug ihm der Ruf entgegen, die KPdSU sei »ein kriminelles Unternehmen«.

Jelzin unterzeichnete ostentativ ein vorbereitetes Dekret, das die Kommunistische Partei in Russland verbot. In den folgenden Monaten degradierte er den sowjetischen Präsidenten zum Konkursverwalter der Sowjetunion. Er selbst stellte sich nun an die Spitze der Reformer. Am 25. Dezember 1991 verlas Gorbatschow vor laufenden Kameras seine Abschiedsrede – die Sowjetunion hatte sich mit der Gründung eines Staatenbundes aus Russland, der Ukraine und Weißrussland am 8. Dezember 1991 und der Erweiterung dieses Bundes am 21. Dezember desselben Jahres zur »Gemeinschaft Unabhängiger Staaten« (GUS) aufgelöst.

Nikolaus Katzer

s. ZEIT Aspekte Michail Gorbatschow S. 597

Los von Moskau! – Der Zerfall der Sowjetunion und die Gründung der GUS

Jahrzehntelang hatte die politische Führung der UdSSR geleugnet, dass es auf dem Territorium der Sowjetunion ein Nationalitätenproblem gebe. Die nationale Frage galt seit den Zwanzigerjahren offiziell als »gelöst«. Die Verfassung der UdSSR von 1924 betonte die Wirtschaftseinheit des Gesamtstaats und sprach vom »Sowjetvolk«, in das die über hundert Ethnien wie in einer Familie verschmolzen seien. Verbindendes Element aller Sowjetbürger sei die Aufgabe, gemeinsam den Kommunismus aufzubauen. Dieses Grundgesetz ging von der »freiwilligen Vereinigung gleichberechtigter Völker« aus und räumte den Republiken das Recht zum »freien Austritt aus dem Bundesstaat« ein. Einklagbar war dieser Verfassungstitel freilich nicht und politisch gegenüber der Moskauer Zentralgewalt auch nicht durchsetzbar, solange diese durch den allmächtigen Parteiapparat und dessen führende Rolle in Staat und Gesellschaft allen Anfechtungen trotzen konnte.

Das Plakat des litauischen Demonstranten erinnert an das Versprechen Lenins, mit dem er Litauen 1920 die nationalstaatliche Eigenständigkeit »auf ewig« zugestand. Die Unabhängigkeit fand allerdings schon zu Beginn des Zweiten Weltkrieges mit der Besetzung durch sowjetische Truppen unter Stalin ihr vorläufiges Ende.

160

INFOBOX

Der Gipfel von Reykjavík
Auf sowjetische Initiative hin fand am 11. und 12. 10. 1986 in der isländischen Hauptstadt das zweite Gipfeltreffen zwischen dem amerikanischen Präsidenten Ronald Reagan und Michail Gorbatschow statt. Während der Verhandlungen konnte über viele Fragen grundsätzliches Einvernehmen erzielt werden. Dennoch scheiterte der Gipfel, da Reagan auf das umstrittene Programm eines weltraumgestützten Abwehrsystems (SDI) nicht verzichten wollte.
In seinen »Erinnerungen« hält Gorbatschow den Augenblick fest, als er nach den Verhandlungen zur Pressekonferenz schritt und die versammelten Journalisten der Weltpresse ihn voller Sorge über den Ausgang des Gipfels anblickten: »Eine tiefe Erregung ergriff mich, mehr noch: In den Gesichtern dieser Menschen vor mir spiegelte sich gleichsam das gesamte Menschengeschlecht, das auf eine Entscheidung über sein Schicksal wartet.« In seinen Ausführungen vor der Presse verstand er es, die abgebrochenen Verhandlungen als Durchbruch darzustellen und erntete dafür stürmischen Beifall.

So nimmt es nicht wunder, dass es zu keinem Zeitpunkt gelang, die beschworene Gleichberechtigung aller Bewohner und Völker des Sowjetimperiums einzulösen. Vielmehr brach immer wieder das Bestreben der jeweiligen Führungsspitze im Zentrum durch, die Randvölker in einen russisch beherrschten Einheitsstaat einzubinden. In den teilweise künstlich geschaffenen 15 Unionsrepubliken (SSR), zwanzig Autonomen Republiken (ASSR), acht Autonomen Gebieten und zehn Autonomen Kreisen herrschte niemals Selbstbestimmung. Zwar hatte die Nationalitätenpolitik Moskaus die Entwicklung nationaler Identitäten teilweise erst möglich gemacht, dann aber die Pflege der unterschiedlichen Kulturen stark eingeschränkt oder sogar verboten. Der in der Verfassung verankerte Föderalismus stand nur auf dem Papier. Die Wirtschaftspolitik zwang die Republiken in eine erdrückende Abhängigkeit vom russischen Zentrum. So förderte beispielsweise Aserbaidschan Erdöl für die Union, produzierte Usbekistan Baumwolle, lieferten Georgien und Moldawien Wein und Branntwein. Viele Völkerschaften blieben in einem Vorstadium der Nationsbildung stehen.

Nur wenige Unionsrepubliken hatten im Verlauf ihrer Geschichte eine Phase der Unabhängigkeit erlebt. Zum

Estland gab als erste Unionsrepublik im November 1988 eine formelle Souveränitätserklärung ab. Die Bevölkerung unterstützte die Forderung nach Unabhängigkeit mit Demonstrationen – hier 1990 vor dem Parlamentsgebäude.

160

Beispiel blickten Armenien und Georgien auf eine alte und reiche nationale Vergangenheit zurück. Nach der Revolution von 1917 und dem Zerfall des russischen Reiches genossen beide Länder für kurze Zeit Eigenstaatlichkeit. Bei den baltischen Völkern hatte sich das Nationalbewusstsein zwar erst Ende des 19. Jahrhunderts herausgebildet, doch waren sie in der Zwischenkriegszeit unabhängig gewesen. Das ukrainische Nationalgefühl war ebenso jung wie ausgeprägt, zeigte sich auf dem Territorium der Ukrainischen SSR aber unterschiedlich stark. Noch schwieriger war das Eigenbewusstsein der Weißrussen zu bestimmen. Schließlich schickten sich die Bewohner der muslimischen Republiken Zentralasiens erst an, nationale Einheiten zu bilden. Als besonders demütigend empfanden viele Nationalitäten die willkürliche Grenzziehung unter Stalin, dessen Prinzip des divide et impera (»teile und herrsche«) eine Vielzahl von künstlich abgetrennten Gebilden geschaffen hatte.

»Völkerfrühling« in den Unionsrepubliken unter Gorbatschow

Nationale Vertreter der Republiken und Territorien führten nach den ersten Lockerungen unter Michail Gorbatschow bittere Klage über diese jahrzehntelange Politik der Zentralgewalt, die den Völkern und Völkerschaften Ausbeutung, Russifizierung und Überfremdung, schlimmstenfalls Deportation und Zwangsassimilation gebracht hatte. Der »Völkerfrühling« im Osten

Europas am Ende des 20. Jahrhunderts mündete deshalb in eine »Explosion des Ethnischen«. Nationale Feindseligkeiten brachen auf dem Territorium der UdSSR selbst dort auf, wo sie vormals nie existiert hatten, und zerstörten die erzwungene Pax Sovietica. Da sich unter das historisch begründete Aufbegehren der Völker auch Unzufriedenheit über die aktuelle wirtschaftliche Misere und über die religiöse Unterdrückung mischte, eskalierten die regionalen Konflikte schließlich zur Staatskrise.

Während Gorbatschow weiterhin an den »Sowjetpatriotismus« appellierte, drängten die selbstbewussten Nationen des Baltikums, des Transkaukasus und Zentralasiens zur Unabhängigkeit. Im September 1989 beschäftigte sich das Plenum des ZK der KPdSU erstmals mit dem Nationalitätenproblem, doch nun konnte die Entwicklung nicht mehr aufgehalten werden. Es ging längst nicht mehr um eine »Vervollkommnung« der Beziehungen zwischen den Unionsvölkern oder um eine Rückstufung des Russischen von einer »zweiten Muttersprache« zur bloßen Verkehrssprache. Die Existenz der Union selbst stand inzwischen auf dem Spiel.

Einzelne Völker verlangten eine Revision der Binnengrenzen. Andere forderten die Annullierung völkerrechtswidriger Verträge, die ihnen unter Stalin mit Gewalt aufgezwungen worden waren. Wieder andere, wie etwa die Krimtataren, forderten ihre Rehabilitierung – sie waren 1944 unter dem Vorwurf der Kollaboration mit den Deutschen verfolgt und deportiert worden – und wollten in ihre angestammte Heimat zurückkehren.

160

Im Dezember 1989 stimmten die Delegierten der litauischen KP der Loslösung von der KPdSU zu. Die Abspaltung regionaler kommunistischer Parteiorganisationen brachte die Sowjetrepubliken der staatlichen Unabhängigkeit ein Stück näher.

100562

Der weitaus überwiegende Teil der Balten empfand die Annektion ihrer Heimat durch die Sowjetunion während des Zweiten Weltkriegs als Akt des Unrechts. Daran änderte sich auch über Jahrzehnte nichts. Am 23. 8. 1989 protestierten sie mit einer 600 km langen Menschenkette, die durch alle drei Länder, Estland, Lettland und Litauen, führte.

Das kleine Estland wagte schon 1988 den ersten Schritt zur Unabhängigkeit. Litauen vollzog den zweiten Schritt im März 1990, als es jedweder Form der Mitgliedschaft in der Union eine Absage erteilte. Die Republiken Lettland, Moldawien, Georgien, Armenien, die Ukraine und Weißrussland folgten diesem Beispiel. Nun wurde bereits die Aufstellung nationaler Streitkräfte erörtert. Schon im Januar 1989 hatten sich Vertreter der nationalen Bewegungen des Baltikums, der Ukraine, Weißrusslands, Georgiens und Armeniens in der litauischen Hauptstadt Wilna getroffen und den weiteren Verbleib ihrer Völker im Unionsverband für »unannehmbar« erklärt.

Im Unterschied zu anderen Regionen verfolgten die baltischen Republiken von Beginn an eine gewaltlose Politik, die sich auf Rechtsstandpunkte berief. Sie verwiesen auf die Ungültigkeit des Hitler-Stalin-Pakts von 1939, aufgrund dessen sie dem sowjetischen Staatsverband einverleibt worden waren. Im Juni 1988 räumte das estnische Parlament den Gesetzen der Republik Vorrang vor denen der Union ein. Gegen diesen Legalismus erwies sich die Moskauer Führung noch machtloser als gegenüber der Gewalt, die sich bei anderen Konfliktherden entlud. Hier konnte sie unter Verweis auf eine notwen-

INFOBOX

Gemeinschaft Unabhängiger Staaten

Zur Gemeinschaft Unabhängiger Staaten (GUS) gehören zwölf souveräne Republiken: Armenien, Aserbaidschan, Georgien, Kasachstan, Kirgistan, Moldawien, Russland (Russische Föderation), Tadschikistan, Turkmenistan, Ukraine, Usbekistan und Weißrussland.

Die am 21. 12. 1991 verabschiedete Deklaration von Alma-Ata bestimmte als »Grundsätze und Ziele« der GUS u. a.: »Beziehungen der Freundschaft, der guten Nachbarschaft und der gegenseitig vorteilhaften Zusammenarbeit« auf der Basis der »historischen Wurzeln«, die Anerkennung und Achtung der staatlichen Souveränität und des Rechts auf Selbstbestimmung, das Prinzip der Nichteinmischung in die inneren Angelegenheiten, die gegenseitige Respektierung der territorialen Integrität und der Unverletzlichkeit der bestehenden Grenzen, Verzicht auf gegenseitige Gewaltanwendung oder -androhung, die Wahrung der Menschen- und Bürgerrechte sowie der Rechte der nationalen Minderheiten.

dige »Befriedung« militärisch eingreifen. Dort aber hätte der Einsatz von Panzern, wie er etwa im April 1989 in Tiflis gegen Demonstranten für die Unabhängigkeit befohlen wurde, das Ansehen der Perestroika ruiniert.

Nirgendwo sonst musste Gorbatschow die Hoffnung, die einheimischen Nationalbewegungen könnten der Erneuerung der Union dienlich sein, so früh begraben wie in den baltischen Staaten. Anfang 1990 befand er sich in einer Zwangslage: Den Staaten Ostmitteleuropas hatte

100562

Eine entsetzte Frau vor den Ruinen eines Hauses im tschetschenischen Grosny. Im Dezember 1994 waren russische Truppen in Tschetschenien einmarschiert, um die Sezessionsbestrebungen der nordkaukasischen Republik zu unterbinden.

ZITAT

Anlässlich seines Rücktritts am 25.12. 1991 blickte Gorbatschow auf die vergangenen Jahre zurück: *Wir öffneten uns der Welt und verzichteten auf die Einmischung in fremde Angelegenheiten sowie auf den Einsatz von Truppen außerhalb unseres Landes. Und man antwortete uns mit Vertrauen, Solidarität und Respekt. Wir wurden zu einer der wichtigsten Stützen bei der Umgestaltung der modernen Zivilisation auf friedlicher und demokratischer Basis.*

er bereits das zugestanden, was er innerhalb der UdSSR nun verweigern wollte. Nachdem die Kommunistische Partei Litauens im Dezember 1989 die Abspaltung von der KPdSU beschlossen und damit die Einheit der Gesamtpartei, eine Säule der Sowjetherrschaft, untergraben hatte, versuchte Gorbatschow in Wilna, wo mehr als 200 000 Menschen für die Unabhängigkeit Litauens demonstrierten, vergeblich den fahrenden Zug aufzuhalten. Im Februar 1990 gewann die Nationalbewegung Sajudis die örtlichen Sowjetwahlen. Ihr Führer, Vytautas Landsbergis, wurde zum Präsidenten gewählt. Am 11. März des Jahres erklärte der »Oberste Sowjet« des Landes Litauen für unabhängig.

Ethnische Konflikte und das Ringen um eine erneuerte Union

Dadurch geriet die Russische Sozialistische Föderative Sowjetrepublik (RSFSR), die mit Abstand größte Teilrepublik der Union, in Zugzwang und forderte ebenfalls die Eigenständigkeit. Am 12. Juni 1990 erklärte Russland seine Souveränität, verließ jedoch den Unionsverband nicht. Seither besaß die Zentralgewalt der Sowjetunion

INFOBOX

Die Rückkehr der Religion

Überall in Russland und in den Nachfolgestaaten der Sowjetunion wurden zweckentfremdete Kirchengebäude und Moscheen wieder ihrer eigentlichen Bestimmung zugeführt. Verfallene Gotteshäuser wurden wieder aufgebaut und sorgfältig restauriert. Nach und nach erhielten hohe kirchliche Feste wieder den Rang von staatlichen Feiertagen. Das Fernsehen übertrug Gottesdienste, bei denen Repräsentanten von Kirche und Staat gemeinsam auftraten. Taufen, kirchliche Trauungen und Begräbnisse kehrten ins Alltagsleben zurück. An die Stelle des entleerten kommunistischen Weltbildes schien nahtlos die Religion zu treten und ein neues Gemeinschaftsgefühl zu stiften.

Doch die vermeintliche Rechristianisierung Russlands erschöpfte sich in äußerlichen Ritualen. 70 Jahre atheistischer Propaganda und mehrere Wellen grausamer Verfolgung hatten weite Teile der Bevölkerung dem orthodoxen Glauben entfremdet. Nun war auch die Geistlichkeit oftmals der Kritik ausgesetzt, denn mit ihrer zwiespältigen Haltung gegenüber dem Sowjetstaat verweigerte sich die Amtskirche einer kritischen Auseinandersetzung.

100562

Ein russischer Soldat bewacht eine mit Stacheldraht verstärkte Straßensperre in Grosny.

faktisch kein definierbares Territorium mehr. Sie residierte zwar in Moskau, doch die Stadt verstand sich nunmehr zunehmend wieder als Hauptstadt Russlands. Dieser Vorgang offenbarte die ganze Komplexität des Sowjetimperiums: Die Randrepubliken erbten regionale ethnische Konflikte, die sie jetzt in Eigenregie lösen mussten. Die Desintegration erfasste nun auch die Republiken selbst.

Im Transkaukasus führten seit 1988 Armenier und Aserbaidschaner einen blutigen Krieg um die mehrheitlich armenische Enklave Bergkarabach, die seit den Zwanzigerjahren administrativ Aserbaidschan zugeschlagen worden war. Weit über 20 000 Menschen fielen den Kämpfen zum Opfer. Während armenische Demonstranten Bergkarabach zum »Prüfstein der Perestroika« erklärten, entwickelte sich der Konflikt zum »moralischen Tschernobyl« für die Moskauer Zentralregierung, da sie an der Grenzziehung festhielt. Gorbatschow schlug offene Feindseligkeit entgegen, als er Armenien nach dem verheerenden Erdbeben vom Dezember 1988 besuchte, obwohl Moskau dort traditionell als Schutzmacht gegen die Türkei geachtet war.

Tatsächlich brachen die ethnischen Konflikte einer Naturkatastrophe gleich über die Sowjetunion herein,

Beim Putschversuch konservativer kommunistischer Politiker und Militärs unter Vizepräsident Janajew fuhren am 19. 8. 1991 Panzer auf dem Roten Platz in Moskau auf.

die einerseits als Schiedsrichter gefordert war, andererseits bei jeder Revision bestehender Verhältnisse eine Kettenreaktion in anderen Republiken befürchten musste. In Moskau spielten die Behörden auf Zeit und hofften, die Gemüter würden sich von selbst beruhigen. Doch das Gegenteil trat ein – die Gewalt eskalierte und richtete sich bald auch gegen die Russen vor Ort, die in den Grenzen des Riesenreichs nun erstmals die Erfahrungen einer Minderheit machen mussten. Nun erfuhren sie am eigenen Leib, worüber bisher lediglich Angehörige anderer Ethnien geklagt hatten: Diskriminierung, Flucht, Vertreibung.

Erste Meldungen über blutige antirussische Ausschreitungen kamen im Dezember 1986 aus Alma-Ata, der Hauptstadt der Kasachischen SSR. Ursache war die Ablösung des kasachischen Parteichefs durch einen Russen. Auch Georgien wurde Schauplatz heftiger Unruhen, da die Minderheit der Osseten »gleiche Rechte« forderte und der erste frei gewählte Präsident des Landes, Swiad Gamsachurdia, durch sein autoritäres Gebaren die Bevölkerung polarisierte. In der ASSR Abchasien betrieb eine Unabhängigkeitsbewegung die Abspaltung von Georgien. Jene Gebietseinheit hatte einst Stalin geschaffen, um Georgien zu schwächen. Umgekehrt schrieben die georgischen Nationalisten nicht mehr nur die Unversehrtheit der Republikgrenzen auf ihre Fahnen, sondern verlangten den Austritt aus der Union.

Ein »Krieg der Gesetze« zwischen dem sowjetischen Zentrum und den Republiken war unausweichlich geworden. Der Zerfallsprozess griff auch auf Russland über. Einzelne Autonome Republiken und Kreise erklärten sich für souverän. An der Wolga bekundeten die Tataren ihre Absicht, den russischen Staatsverband zu verlassen. In Tschetschenien führten russische Truppen einen mehrjährigen blutigen Krieg, um ein sezessions-

160

Nach dem Rücktritt des sowjetischen Präsidenten Michail Gorbatschow am 25. 12. 1991 wurde über dem Kreml die russische Trikolore statt der sowjetischen Flagge gehisst. Dieser Akt führte symbolisch den endgültigen Zerfall der Sowjetunion vor Augen.

williges kleines Volk gewaltsam am Austritt zu hindern. In Transnistrien am Dnjestr wiederum kämpften reguläre russische Verbände für eine Abtrennung der Region von der Republik Moldawien. Unbeschadet dessen blieb Russland nach Größe, Struktur und Ressourcen eine Sowjetunion im Kleinen – ein Vielvölkerreich und übermächtiger Nachbar der abtrünnigen Republiken.

Gorbatschow musste sich in den Gang der Ereignisse fügen, nachdem weder die verbliebenen Unionsorgane KGB und Armee noch die Truppen des Innenministeriums den Willen der Randvölker zur Loslösung von Moskau hatten brechen können. Sein Ziel, »ein starkes Zentrum« mit »starken Republiken« zu versöhnen, erwies sich als zu hoch gesteckt. Wegen der offenkundigen Neigung der Sowjetführung, Gewalt anzuwenden, gerieten die Vertragsentwürfe für eine erneuerte Union, die das Gründungsdokument von 1922 ersetzen sollten, ins Zwielicht.

Eine letzte Möglichkeit des Ausgleichs bot ein Entwurf, der am 20. August 1991 unterzeichnet werden sollte. In ihm fehlte die Verpflichtung auf den Sozialismus als bindende Gesellschaftsform. Des Weiteren sollte die Stellung der Unionsmitglieder in einer »erneuerten Föderation gleichberechtigter Sowjetrepubliken« ge-

In Aserbaidschan erhofft man sich hohe Gewinne aus der Erschließung der Erdölvorkommen des Kaspischen Meeres – hier eine Bohrinsel vor der Hauptstadt Baku – und damit zunehmende wirtschaftliche Unabhängigkeit von Russland. An der Erdölförderung sind mehrere westliche Unternehmen beteiligt.

100562

INFOBOX

Neue Zeiten, neue Namen
In den Jahrzehnten der Sowjetherrschaft diente die Umbenennung von Städten dem Ziel, den Machtanspruch der Partei zu festigen. Auch wurden nationalsprachliche Bezeichnungen russifiziert oder sowjetisiert, um abweichende Identitäten auszulöschen. Häufig erhielten Städte die Namen von Theoretikern des Kommunismus, von Parteiführern, Militärs oder Schriftstellern, um die Einheit des Systems, der Kultur und des Reiches zu demonstrieren. Den Übervätern der Sowjetunion blieben »Heldenstädte« wie Leningrad und Stalingrad vorbehalten.
Seit Ende der 1980er-Jahre kam es im Zuge einer Rückbesinnung auf nationale und vorrevolutionäre Traditionen zu vielen Rückbenennungen. So wurde Leningrad wieder zu Sankt Petersburg, Gorkij zu Nischnij Nowgorod, Kujbyschew zu Samara und Swerdlowsk zu Jekaterinburg (alle in Russland).

stärkt werden. Sogar die Steuereinnahmen wären demnach dem Zentrum weitgehend entzogen worden. Immerhin schickten sich neun Republiken an, unter diesen Bedingungen beizutreten. Neben Russland waren dies Weißrussland, die Ukraine, Aserbaidschan, Kasachstan, Usbekistan, Kirgistan, Turkmenistan und Tadschikistan.

Das Ende der Sowjetunion
Bevor jedoch eine Vereinbarung erzielt werden konnte, vereitelte der Putschversuch vom 19. August 1991 alle weiteren Verhandlungen. Obwohl die Putschisten angetreten waren, die Union zu retten, beschleunigten sie deren endgültigen Zerfall. Die Führer der regionalen Kommunistischen Parteien, die entgegen ihrer ursprünglich moskautreuen Haltung Zugeständnisse an die Unabhängigkeitsbewegungen gemacht hatten, büßten nun vollends ihre Glaubwürdigkeit ein. Fortan gaben mehrheitlich nichtkommunistische Republikparlamente den Ton an und erteilten dem Modell der »Nationalkommunisten« für ein gewandeltes Bündnis mit Russland eine Absage. Damit erwiesen sich die zwischen 1988 und 1990 abgegebenen Souveränitätserklärungen, die zwischenzeitlich vom Obersten Sowjet der Sowjetunion annulliert worden waren, als das letzte Wort.

Nichts hielt den Verbund noch zusammen, weder der einheitliche Wirtschaftsraum noch die Überzeugung, ei-

Die politische Neuorientierung Russlands wurde von massiven wirtschaftlichen Problemen begleitet. Wachsende Inflationsraten und Versorgungskrisen trafen besonders ältere Menschen.

100562

ner zentralen Schlichtungsinstanz für ethnische Konflikte zu bedürfen. Die Mittel der Vergangenheit – Armee, KGB, Rubelwährung und das Russische als die allen gemeinsame Verkehrssprache – versagten ihren Dienst. Schließlich erschienen auch dem im Juni 1991 gewählten russischen Präsidenten Boris Jelzin die Nachteile einer Auflösung der Union berechenbarer als die Kosten einer gewaltsamen Rettung. Ein neuer Bund konnte erst nach der Beseitigung des alten wiedererstehen.

Fast auf den Tag genau 69 Jahre nach Gründung der Sowjetunion endete ihre Geschichte mit dem Rücktritt Gorbatschows am 25. Dezember 1991. Die sowjetische Flagge über dem Kreml wurde eingeholt und durch die russische Trikolore ersetzt. Die Union war an ihrem Beginn aus einem Krieg hervorgegangen und ging nun ohne gewaltsame Einwirkung zugrunde. Einige der zentralen Institutionen der Sowjetunion führten zu diesem Zeitpunkt ohnehin nur noch ein Schattendasein. Jetzt erwiesen sie sich als vollkommen überflüssig. Die Auswirkungen von »Glasnost« auf Osteuropa hatten auf das Mutterland zurückgeschlagen und den Kommunismus auch dort überwunden. In das Arbeitszimmer des zurückgetretenen sowjetischen Präsidenten Gorbatschow zog nun Russlands Präsident Jelzin ein.

Unter seiner Regie war am 8. Dezember 1991 in der weißrussischen Hauptstadt Minsk ein ostslawischer Dreibund aus den Staaten Russland, Ukraine und Weißrussland gegründet worden. Noch vor Jahresende schlossen sich diesem Bund mit Ausnahme Georgiens und der drei baltischen Staaten alle ehemaligen Sowjetrepubliken an. Daraus sprach der Wunsch, bei der Bewältigung des Übergangs in eine Zeit der Ungewissheit und Instabilität nicht allein zu stehen. Zugleich war die neue »Gemeinschaft Unabhängiger Staaten« (GUS) Ausdruck der fortbestehenden engen wirtschaftlichen und sicherheitspolitischen Verflechtungen der Randstaaten mit Russland. Ein völliger Bruch war kaum möglich oder hätte die Unabhängigkeit der neuen Staaten mit unkalkulierbaren Risiken belastet.

Die Gemeinschaft Unabhängiger Staaten (GUS)
Die Gründungsurkunde der GUS legte fest, dass die Zusammenarbeit der Mitgliedstaaten auf dem Prinzip der Gleichberechtigung beruhen solle. Die Gemeinschaft sei

160

Nach dem gescheiterten Putsch im August 1991 landeten die Moskauer Rädelsführer auf der Anklagebank.

»weder ein Staat noch ein überstaatliches Gebilde«. Die Mitglieder der GUS garantierten die Erfüllung der internationalen Verpflichtungen der früheren UdSSR und verpflichteten sich, einen gemeinsamen Wirtschaftsraum zu entwickeln, die Außen- und Verteidigungspolitik zu koordinieren und auf verschiedenen weiteren Gebieten wie Umweltschutz, Luftverkehr, Bekämpfung organisierter Kriminalität oder Migrationspolitik zusammenzuarbeiten. Die Mitglieder der Gemeinschaft vereinbarten auch die Schaffung eines gemeinsamen Kommandos über die »militärisch-strategischen Streitkräfte« und eine »singuläre Kontrolle der Kernwaffen«.

Die Beziehungen zwischen einzelnen GUS-Staaten waren fortan oftmals gekennzeichnet von starken Spannungen – besonders zwischen Russland und der Ukraine (wegen der Aufteilung der sowjetischen Schwarzmeerflotte und wegen der staatlichen Zugehörigkeit der Krim), zwischen Russland und Georgien (wegen der russischen Nationalitätenpolitik in Transkaukasien) sowie zwischen Aserbaidschan und Armenien (wegen des armenischen Anspruchs auf Bergkarabach). Mit einem Vertrag über kollektive Sicherheit wurde 1994 der Versuch unternommen, gemeinsame Sicherheitsstrukturen aufzubauen. Aber Russlands Bemühen, als Ordnungsmacht in der GUS aufzutreten, erweckte immer wieder das Misstrauen einiger Mitgliedstaaten.

So erreichte die GUS als Nachfolgeorganisation der UdSSR auch nicht annähernd den Integrationsgrad ihrer Vorgängerin und konnte nicht zum Motor der Wiedergeburt eines östlichen Imperiums werden. Wechselnde Allianzen einzelner Mitgliedstaaten untereinander waren nun attraktiver als die Wiederbelebung einer Großunion, die erneut nationale und regionale Identitäten gefährden konnte. Weder der viel beschworene »innere Kern« der GUS, der Zweibund Russlands mit Weißrussland, noch die Vierergemeinschaft dieser beiden Staaten mit Kasachstan und Kirgistan kamen über die Erprobungsphase hinaus.

Nach der Auflösung der Sowjetunion 1991 entstanden zahlreiche Nachfolgestaaten.

Ohne Beteiligung Moskaus strebten weiterhin die zentralasiatischen Republiken eine engere Kooperation untereinander an. Auch Aserbaidschan und Georgien vertieften ihre Beziehungen. Die Ukraine wiederum baute die Zusammenarbeit mit den transkaukasischen Repu-

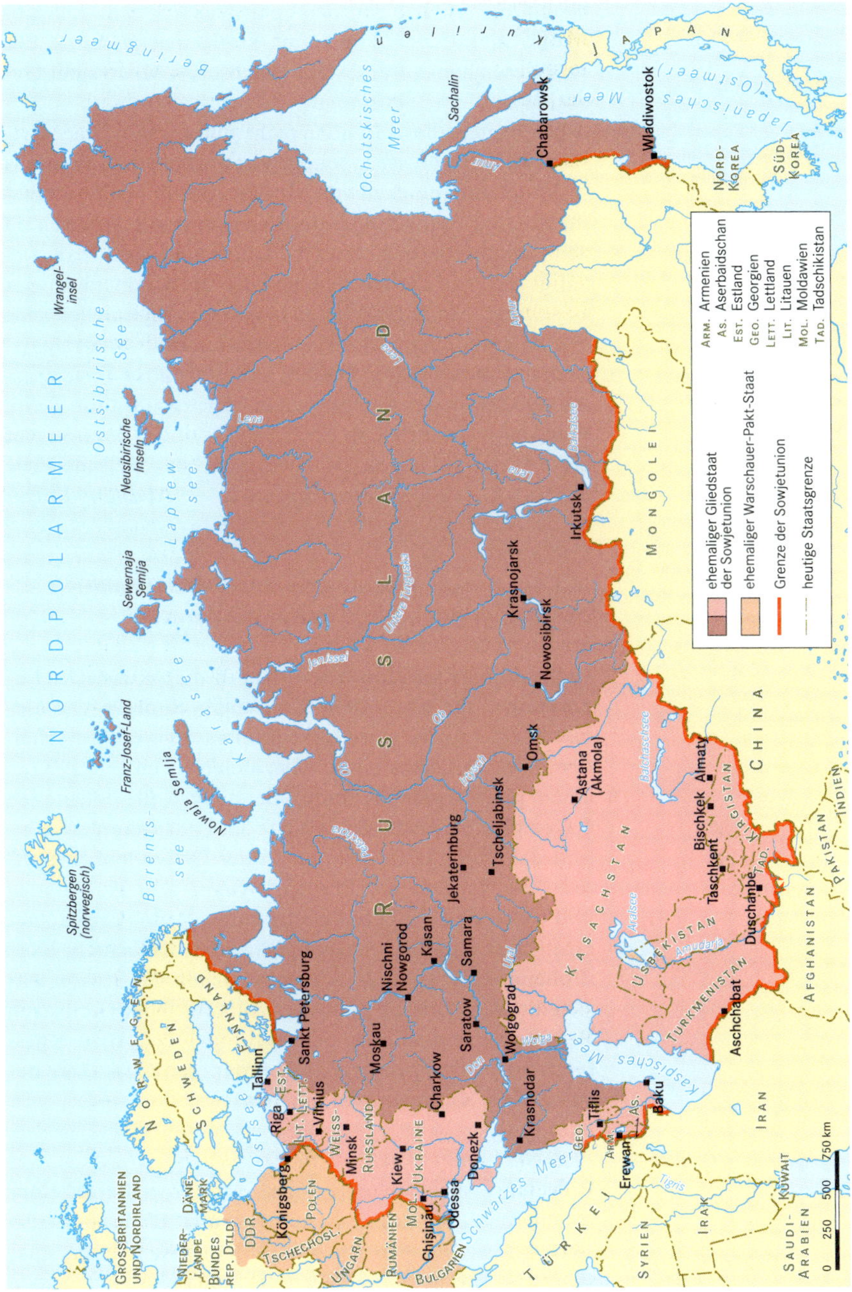
ehemaliger Gliedstaat der Sowjetunion
ehemaliger Warschauer-Pakt-Staat
Grenze der Sowjetunion
heutige Staatsgrenze
ARM. Armenien
AS. Aserbaidschan
EST. Estland
GEO. Georgien
LETT. Lettland
LIT. Litauen
MOL. Moldawien
TAD. Tadschikistan
NORDPOLARMEER
RUSSLAND
KASACHSTAN
USBEKISTAN
TURKMENISTAN
KIRGISTAN
MONGOLEI
CHINA
JAPAN
NORD-KOREA
SÜD-KOREA
AFGHANISTAN
PAKISTAN
INDIEN
IRAN
IRAK
SYRIEN
TÜRKEI
KUWAIT
SAUDI-ARABIEN
NORWEGEN
SCHWEDEN
FINNLAND
GROSSBRITANNIEN UND NORDIRLAND
DÄNEMARK
NIEDERLANDE
BUNDESREP. DTLD.
DDR
POLEN
TSCHECHOSL.
UNGARN
RUMÄNIEN
BULGARIEN
WEISSRUSSLAND
UKRAINE
Spitzbergen (norwegisch)
Franz-Josef-Land
Nowaja Semlja
Sewernaja Semlja
Neusibirische Inseln
Wrangelinsel
Sachalin
Kurilen
Barentssee
Karasee
Laptewsee
Ostsibirische See
Beringmeer
Ochotskisches Meer
Japanisches Meer (Ostmeer)
Ostsee
Schwarzes Meer
Kaspisches Meer
Aralsee
Balchaschsee
Baikalsee
Lena
Jenissei
Untere Tunguska
Ob
Irtysch
Petschora
Wolga
Don
Ural
Amur
Amudarja
Tigris
Tallinn
Riga
Vilnius
Königsberg
Minsk
Kiew
Chişinău
Odessa
Charkow
Donezk
Sankt Petersburg
Moskau
Nischni Nowgorod
Kasan
Samara
Saratow
Wolgograd
Krasnodar
Tiflis
Erewan
Baku
Aschchabat
Duschanbe
Taschkent
Bischkek
Almaty
Astana (Akmola)
Jekaterinburg
Tscheljabinsk
Omsk
Nowosibirsk
Krasnojarsk
Irkutsk
Chabarowsk
Wladiwostok
0 250 500 750 km

bliken aus, ebenso mit den zentralasiatischen. Am Horizont bahnte sich somit eine antirussische Achse der energiereichen Anrainer des Kaspischen Meeres mit Georgien und der Ukraine an.

So hegten diese Länder nicht nur gemeinsame wirtschaftliche Interessen, sondern bestärkten sich ebenfalls in der Unabhängigkeit von Moskau, das in mehreren dieser Staaten Armeebasen unterhielt und mit Truppen an der Grenzsicherung, etwa zu China und dem Iran, beteiligt war. Für die Ukraine bot sich die Möglichkeit, der einseitigen Abhängigkeit von russischen Energielieferungen zu entkommen. Aserbaidschan und die zentralasiatischen Förderstaaten hofften auf alternative Liefertrassen außerhalb des südrussischen Territoriums, die sie im Verbund mit westlichen Erdölgesellschaften bauten. Auf diese Weise gelang es der GUS nicht, das legitime Erbe der Sowjetunion anzutreten. *Nikolaus Katzer*

Auf der Suche nach einer neuen Reichstradition: Die Gründung der Russischen Föderation

In die Reichstradition trat hingegen die »Russische Föderation«, die zwar den Rang einer Supermacht einbüßte, im eurasischen Halbkontinent aber der entscheidende Machtfaktor blieb. Dies äußerte sich seit 1992 in einem patriotischen Konsens, der nahezu alle politischen Lager und Strömungen erfasste und zur inneren Stabilität der Föderation beitrug. In der Öffentlichkeit stieß die Debatte über die Fragen »Wohin geht Russland?« und »Wer sind wir?« auf ein lebhaftes Echo. Ungeachtet erbitterter Auseinandersetzungen über Reformen, trotz drohender Hungersnot und eines Zerfalls des Staates war sich die Mehrheit einig, dass es Aufgabe jeder russischen Regierung sein müsse, den Weltmachtanspruch Russlands zu verteidigen und den besonderen Charakter der russischen Kultur hervorzuheben.

Plädoyers für eine moralische Erneuerung
Präsident Jelzin machte sich zum Wortführer einer neuen Reichsideologie. In seiner Antrittsrede als russischer Präsident vom 10. Juli 1991 prophezeite er, dass sich Russland nach der gegenwärtigen Schwächeperiode

Das russisch-orthodoxe Osterfest durfte 1991 erstmals seit Jahren wieder öffentlich in Russland zelebriert werden. Die festliche Osterprozession fand vor der Moskauer Basiliuskathedrale statt.

100562

wieder »von den Knien erheben« werde. Die Russische Föderation war nach Ansicht ihrer Anhänger wegen der gewaltigen Ausdehnung des Territoriums und des Reichtums an Bodenschätzen zur Größe berufen. Ihr fiel nach dem Zerfall der Sowjetunion die Verfügungsgewalt über den größten Teil der Erbmasse zu. In absehbarer Zukunft werde der zwangsläufig erforderliche Integrationsprozess einen neuen Staatenbund hervorbringen.

Allerdings dachten nur wenige an eine Wiederherstellung der Sowjetunion. In der nostalgischen Rückbesinnung auf die russische Geschichte dominierte der Reichsgedanke der Zarenzeit, dem sowohl der Atheismus als auch die revolutionäre Zielsetzung fehlte, die in der UdSSR gepflegt worden waren. In den Jahren der Perestroika war die jahrzehntelang unterdrückte, teils grausam verfolgte, teils in engen Grenzen geduldete orthodoxe Kirche unter fast triumphalen Umständen in das öffentliche Leben zurückgekehrt. Der Staat erstattete Gotteshäuser, Kultgerät und Kunstschätze zurück, und die großen christlichen Feiertage Ostern und Weihnachten wurden wieder von einer wachsenden Zahl gläubiger Christen begangen.

Das Gesetz über die Glaubens- und Gewissensfreiheit von 1990 gestattete allen Religionen und Konfessionen die freie Ausübung des Gottesdienstes und der Seelsorge. Eine Renaissance erlebte auch der Islam innerhalb und

160

Staatsmacht und Kirche in Russland suchen in Anknüpfung an vorrevolutionäre Traditionen engen Kontakt. Das Bild zeigt Boris Jelzin, damals noch Volksdeputierter, und den russischen Parlamentspräsidenten Gawril Popow bei einem Gedenkgottesdienst für eine während der Revolution zerstörte Kirche im November 1990 auf dem Roten Platz.

außerhalb Russlands. Besonders regen Zulauf verzeichneten verschiedene Sektenbewegungen, die nach der Entzauberung der leninistischen Ideologie in das geistige Vakuum gestoßen waren.

Den hohen Anspruch, führende Kraft der moralischen Erneuerung Russlands zu sein, konnte die orthodoxe Kirche schon deshalb nur unzureichend erfüllen, weil sich viele Würdenträger allzu rasch den neuen Machthabern - zunächst Gorbatschow, dann Jelzin - angedient hatten, ohne die unrühmlichen Seiten der eigenen Vergangenheit, etwa die Verstrickung in das Kontrollnetz des KGB, aufgearbeitet zu haben. So beklagte Anfang 1992 der Metropolit von Smolensk, Kyrill, vor einer Versammlung von 5000 Offizieren den Untergang der Sowjetunion als einen »Zerfall des Vaterlandes« und einer »jahrhundertealten Gemeinschaft der Völker«. Diese unkritische Rückschau durch einen hohen geistlichen Würdenträger schadete dem Ansehen der Kirche und widersprach im Übrigen dem Anliegen vieler Bürger des neuen Russland, sich ernsthaft mit der kommunistischen Vergangenheit auseinander zu setzen und nachweisbare Verbrechen geahndet zu sehen.

Der Glaube an den Sonderweg Russlands

Zu den Wesenszügen der russischen Patrioten gehörte bald auch die Ansicht, Russland sei keinem anderen europäischen Land vergleichbar. Deshalb könne auch das westliche Modell einer marktwirtschaftlichen Demokratie nicht einfach übernommen werden. Vielmehr müsse nach einem tief in der eigenen Tradition verwurzelten »russischen Weg« gesucht werden: Ein starker Staat war auch früher als eine Art Großunternehmer und »Oberaufseher« aufgetreten und hatte garantiert, dass die Wirtschaft in sozial verträglichen Bahnen verlief.

Der »Sonderweg« Russlands schien noch aus anderen Gründen gerechtfertigt: Da die Bewohner der Russischen Föderation keine ethnisch homogene Nation wie zum Beispiel die Franzosen oder die Polen bilden, musste das »Staatsvolk« bei Gründung der Präsidialrepublik 1991 auf ganz eigene Weise benannt werden. Neben den über achtzig Prozent ethnischen Russen gehören der Russischen Föderation andersstämmige Völker wie etwa die Tschetschenen, die Russlanddeutschen oder die

Kosaken in traditioneller Kleidung bei einem Treffen in Krasnodar. Viele Kosaken nehmen für sich in Anspruch, eine eigene Ethnie innerhalb der Russischen Föderation zu bilden.

100562

Tataren an. Deshalb wurde die Staatsbezeichnung Russische Föderation (Rossijskaja Federazija) nicht vom Begriff der ethnischen Russen (russkie), sondern vom alten Reichsbegriff Rossija abgeleitet.

Die russische Nation umfasst demzufolge alle Staatsbürger und soll als politische Gemeinschaft unteilbar sein. Als entsprechend begrenzt war die Bedeutung politischer Parteien gedacht, die angeblich stets nur partikulare Interessen, nicht aber »das Ganze« verkörpern. Davon ging bereits die frühere Vorstellung eines eigenen »Sowjetvolks« aus. Beide Konzepte einer überethnischen Nation sind problematisch, weil sie das Selbstbestimmungsrecht der Völker relativieren. Die neue Reichsideologie setzte mehr oder weniger ausgeprägt voraus, dass Moskau auch das »zweite Russland«, die Russen außerhalb der Föderation, vertritt und Verantwortung für deren Siedlungsgebiete übernimmt.

Die russische Außenpolitik legte sich nicht von vornherein auf bestimmte Allianzen fest. Weder die Demokratien des Westens noch die aufstrebenden Staaten im asiatisch-pazifischen Raum oder im Nahen Osten erfuhren dabei exklusive Beachtung. Beim Versuch, Russland als Dreh- und Angelpunkt in der eurasischen Region auszugeben, dem Alliierte schon durch die Anziehungskraft dieses Gravitationszentrums zuströmen würden, lief die russische Diplomatie Gefahr, in die Isolation zu geraten. Vor allem die Nachbarstaaten befürchteten, dass Moskau, wenn es das »nahe Ausland« als eine unmittelbar russische Interessensphäre betrachtete, »revisionistische Ziele« verfolge. Davon zeugte beispielsweise der anhaltende Streit um eine Rückgabe der Stadt Sewastopol durch die Ukraine oder der zähe Widerstand gegen die Osterweiterung der NATO.

Nicht immer war eindeutig erkennbar, ob eine solche Außenpolitik lediglich der Besänftigung innenpolitischer Konflikte dienen sollte. Jedenfalls wurde so die Neigung geschürt, die Misere des Landes dem Ausland oder gar ominösen »Verschwörungen« anzulasten. Über solche Bedrohungsvorstellungen schrieb der stellvertretende Chefredakteur einer angesehenen Moskauer Wochenschrift: »Am Ende dieses Jahrhunderts sehen sich die Russen noch immer von Feinden umgeben: von ›Imperialisten‹, ›Freimaurern‹, dem ›Judentum‹, den ›Nicht-Russen‹ oder den neuen Privatunternehmern.«

Wider das symbolische Erbe der revolutionären Vergangenheit

Nicht vollends von der Tragfähigkeit der neuen Reichsideologie überzeugt, ließ Präsident Jelzin 1996 einen hoch dotierten Wettbewerb ausschreiben, dessen Ziel es war, eine »neue russische Nationalidee« zu formulieren. Vielfach belächelt, stieß die »Fünf-Millionen-Idee« gleichwohl auf ein lebhaftes Echo. Angesichts zahlreicher kurioser, mystischer oder grotesker Beiträge zeigte das ungewöhnliche Unterfangen vor allem eines: die Vielfalt des Denkens und die Aussichtslosigkeit eines Versuchs, auf Knopfdruck verbindliche Ideen zu produzieren. Bei dieser Suche nach sich selbst erinnerte vieles an die »Zeit

160

Demokratie will gelernt sein: Wie für diese alte Frau waren freie demokratische Wahlen für die russische Bevölkerung zunächst ungewohnt.

der Wirren« nach 1917, als Russland mit alternativen Wegen aus den Trümmern des untergegangenen Zarenreiches experimentierte. Schon damals hatte sich vieles als reines Gedankenspiel erwiesen, das mit den Realitäten des Landes kaum in Einklang zu bringen war.

Der Zerstörung alter Mythen folgte die Einführung neuer: Anstelle der sowjetischen Nationalhymne intonierten russische Ensembles eine Weise aus Michail Glinkas 1836 komponierter Oper »Ein Leben für den Zaren« – allerdings ohne Worte. Der doppelköpfige Adler ersetzte das kommunistische Emblem von »Hammer und Sichel«, die Farben Weiß-Blau-Rot lösten das alleinige Rot ab. Nach Revolutionären benannte Städte, Straßen, Plätze, Fabriken, Kindergärten und Schulen erhielten ihre früheren Namen zurück oder vollkommen neue. Um das Leninmausoleum, die zu Sowjetzeiten von unzähligen Menschen besuchte Pilgerstätte, entbrannte ein bizarrer Streit: Sollte der einbalsamierte Leichnam des Staatsgründers der UdSSR auf gewöhnliche Art bestattet werden, gar mit kirchlichem Zeremoniell? An die Stelle des Leninkults trat nun das Spektakel um die bei Jekaterinburg aufgefundenen Gebeine des letzten Zaren Nikolaus II. und seiner Familienangehörigen.

Nur die von den Postkommunisten beherrschte Duma, das Parlament, meldete Widerspruch gegen Dekrete Jelzins an, das symbolische Erbe der revolutionären Vergangenheit preiszugeben. Hinter der Fassade des Streits um scheinbare Äußerlichkeiten leuchtete aber die

160

Boris Jelzin nannte die Beisetzung der sterblichen Überreste der Zarenfamilie in Sankt Petersburg ein »Symbol für die Aussöhnung des russischen Volkes«. Am Trauergottesdienst im Juni 1998 nahmen neben Jelzin zahlreiche russische Politiker, offizielle Vertreter aus dem Ausland sowie etwa 50 Familienmitglieder der Romanow-Dynastie teil.

eine Erkenntnis durch: Unter dem kritischen Rückblick der ernüchterten Zeitgenossen schmolz das entzauberte Sowjetimperium auf seinen historischen Kern zusammen und wartete auf seine Einordnung in die tausendjährige Geschichte des Territoriums, das man gewohnt ist, Russland zu nennen. *Nikolaus Katzer*

Gulasch zu Marktpreisen: Ungarn auf dem Weg zur Demokratie

Ende der Siebzigerjahre offenbarten sich in der Ungarischen Volksrepublik, die seit den politischen Liberalisierungsmaßnahmen und wirtschaftlichen Reformen der Sechzigerjahre oftmals als Land des »Gulaschkommunismus« bezeichnet wurde, zunehmende ökonomische Probleme. Um jedoch an der Politik des steigenden Lebensniveaus, mit der sich die kommunistische Führung unter Parteichef János Kádár jahrzehntelang die Loyalität der Bevölkerung erkauft hatte, festhalten zu können, versuchte die Regierung in den Achtzigerjahren, die mangelhafte Produktivität der Planwirtschaft durch verlockend günstige Kredite aus dem Westen zu kompensieren. Diese Politik leitete einen rasanten Verschuldungsprozess ein, der 1984/85 bedrohliche Ausmaße annahm.

Als die Vorgaben für ein wirtschaftliches Dynamisierungsprogramm nicht erfüllt werden konnten, geriet der Kádár-Zirkel an der Spitze der kommunistischen Ungarischen Sozialistischen Arbeiterpartei (MSzMP) mehr und mehr in die öffentliche Kritik. Im Juni 1987 publizierten der Partei angehörende Reformökonomen, die von den Politikern Imre Pozsgay und Rezső Nyers protegiert wurden, die Studie »Wende und Reform«. Ihre Krisenanalyse führte zu dem Schluss, dass die Wirtschaftsordnung nach dem Prinzip des sich selbst regulierenden Marktes radikal verändert, die Bevölkerung aktiv in das Wirtschaftsleben einbezogen und die Macht der Partei begrenzt werden müsse. Im selben Monat des Jahres forderten Mitglieder der radikalliberalen Gruppierung Demokratische Opposition in ihrer illegalen, nicht zur Genehmigung vorgelegten Publikation »Gesellschaftsvertrag« den Rücktritt von Parteichef Kádár.

Kurze Zeit später legte auch die Parteiführung eine Konzeption zur Überwindung der Wirtschaftskrise und der Schuldenfalle vor. Ihr Programm der wirtschaftlich-gesellschaftlichen Entfaltung, das unter der Federführung des jungen Parteiökonomen Miklós Németh ausgearbeitet worden war, sah eine radikale Sparpolitik, die Ankurbelung der Westexporte, das Ende der Vollbeschäftigungspolitik sowie einen grundlegenden Umbau der Wirtschaftsordnung vor. Wie in der Studie »Wende und Reform« gefordert, sollten die ökonomischen Prozesse in Zukunft im Wesentlichen durch den Markt koordiniert werden. Die Annahme dieses Programms, das mit Rücksicht auf Parteichef Kádár und seine »alte Garde« in ein betont sozialistisches Vokabular gehüllt war, bedeutete trotz des Festhaltens an der »Dominanz des gesellschaftlichen Eigentums« einen ersten grundlegenden Schritt in Richtung auf eine Transformation des Wirtschaftssystems.

ZITAT

Aus dem Gründungsaufruf des Ungarischen Demokratischen Forums (September 1987):
Unsere Nation hat kein gemeinsames Zukunftsbild... Im gegenwärtigen System der politischen und gesellschaftlichen Organisationen ist die Artikulation eigenständiger und unabhängiger Ansichten nicht garantiert. Deshalb wurde vorgeschlagen, das Ungarische Demokratische Forum zu bilden, das ein Forum der permanenten und öffentlichen Diskussion sein könnte.

»Sozialistischer Pluralismus« unter Károly Grósz

Als Mitte 1987 Károly Grósz Ministerpräsident wurde, geriet auch das politische System in Bewegung. Unter Grósz bildete sich ein neues Selbstverständnis der Regierung heraus. Der Ministerrat spielte seitdem nicht mehr die Rolle eines willfährigen Handlangers der Partei, sondern bemühte sich zunehmend um eine selbstständige Umsetzung der politischen Grundsatzbeschlüsse. Gleichzeitig initiierte Grósz auch eine Stärkung der Gesetzgebungskompetenz des Parlaments, das zuvor eine völlig untergeordnete Rolle gespielt hatte. Anfang 1988 beschloss die politische Führung darüber hinaus, nach Jahrzehnten des paternalistischen Bevormundungs- und Fürsorgestaats die politischen Rechte der Bevölkerung zu erweitern sowie Vereinigungen und Versammlungen im Rahmen des Einparteiensystems zuzulassen.

Ermöglicht wurden diese Schritte durch die Politik des sowjetischen KP-Chefs Gorbatschow, der den »sozialistischen Bruderländern« nun einen »eigenen Weg zum Sozialismus« eingeräumt hatte. In diesen Monaten offenbarte sich allerdings, dass die geplanten Veränderungen unter dem 76-jährigen altersstarren Kádár nicht zu verwirklichen waren. Allen Symptomen zum Trotz

160

Károly Grósz bemühte sich als Nachfolger von Kádár um den Aufbau der Marktwirtschaft in Ungarn, die Liberalisierung des Einparteiensystems und die innere Reform der Kommunistischen Partei. Ebenso wie der sowjetische Parteichef Gorbatschow wurde er allerdings von den Entwicklungen überrollt, die er selbst eingeleitet hatte.

leugnete der Parteichef jegliche Krise und klammerte sich an die »sozialistischen Errungenschaften« der vergangenen Jahrzehnte. Sein Ansehen als liberaler Reformer von einst begann schnell zu verblassen, und der Ruf nach seiner Ablösung wurde auch innerhalb der Partei immer lauter.

Um die personellen Fragen zu klären und die geplanten Kursänderungen in Richtung auf »sozialistischen Pluralismus« und »sozialistische Marktwirtschaft« zu bekräftigen, initiierten die radikalen Kräfte um Ministerpräsident Grósz für Mai 1988 eine Parteikonferenz. In deren dramatischem Verlauf sah sich Kádár schließlich gezwungen, sein Amt als Generalsekretär der Partei an Grósz abzutreten. Kádár konnte jetzt auch die völlige Entmachtung der »alten Garde« im Politbüro nicht mehr verhindern. In das oberste Parteigremium gelangten neben mehreren Gefolgsleuten des Regierungs- und nunmehrigen Parteichefs auch drei Politiker, die den weiteren Lauf der Ereignisse maßgeblich beeinflussen sollten: Rezső Nyers, Miklós Németh und Imre Pozsgay.

Innenpolitisch löste die Propagierung des »sozialistischen Pluralismus« und die Diskussion über das geplante Vereinigungs- und Versammlungsgesetz in den Sommer- und Herbstmonaten des Jahres 1988 einen dynamischen Pluralisierungsprozess aus. Es kam zu mehreren Massendemonstrationen – so etwa gegen die Unterdrückung der ungarischen Minderheit in Rumänien. Auch zirkulierte nun eine Vielzahl parteiunabhängiger Publikatio-

Die Trauerfeier für den einstigen Ministerpräsidenten Imre Nagy und seine Mitstreiter auf dem Budapester Heldenplatz am 16. 6. 1989 war ein Höhepunkt des ungarischen Systemwechsels.

160

nen, und es kam zur Gründung unabhängiger Gewerkschaften sowie zahlloser gesellschaftlicher Vereinigungen. Von besonderer Bedeutung war, dass jetzt auch politische Organisationen entstanden oder mit ihren Forderungen an die Öffentlichkeit traten.

Das Ungarische Demokratische Forum (MDF), das bereits 1987 unter dem Schirm der Patriotischen Volksfront ins Leben gerufen worden war, profilierte sich nun verstärkt als Organisation der konservativ-nationalen Opposition. Die »aufsässige Jugend«, die Anfang 1988 den illegalen Bund der Jungen Demokraten (FIDESz) gebildet hatte, machte mit provokanten Aktionen auf sich aufmerksam, und die liberal-urbanen »Andersdenkenden« organisierten sich im Bund der Freien Demokraten (SzDSz). Im November 1988 reaktivierten sich außerdem die Parteien aus der Zeit vor 1948/49, so die Partei der unabhängigen Kleinlandwirte (FKGP), die Ungarische Sozialdemokratische Partei (MSzDP) und die Christlich-Demokratische Volkspartei (KDNP).

Auf dem Weg zum politischen Systemwechsel

Gegenüber diesen Bewegungen, die offen und ungeschminkt bürgerliche Zielsetzungen propagierten, verfolgte die Parteiführung eine widersprüchliche Politik. So verweigerte sie der Opposition einerseits die offizielle Anerkennung und hielt am »sozialistischen Pluralismus« innerhalb des Einparteiensystems fest, ergriff aber andererseits mit Rücksicht auf die internationale Öffentlichkeit und auf westliche Kreditgeber keine polizeistaatlichen Maßnahmen mehr. Im Zentralkomitee der MSzMP forderten nun erstmals auch einzelne Politiker, darunter Rezső Nyers, Imre Pozsgay, Gyula Horn, damals Staatssekretär im Außenministerium, und Akademiepräsident Iván Berend, die Opposition zu legalisieren, also ein Mehrparteiensystem offiziell zuzulassen.

In der Wirtschaftspolitik stand die Diskussion um die Verabschiedung des »Gesetzes über die Wirtschaftsgesellschaften« im Mittelpunkt, das zum Jahresanfang 1989 die Bildung von kapitalistischen Unternehmensformen wie Aktiengesellschaften und Gesellschaften mit beschränkter Haftung erlaubte. Vor einem konsequenten Abbau der Produktions- und Verbrauchersubventionen schreckte Grósz trotz des anwachsenden Schuldenbergs allerdings zurück.

In dieser innen- wie wirtschaftspolitisch gespannten Lage übernahm Miklós Németh Ende November 1988 die Regierungsgeschäfte. Der neue Ministerpräsident, der anfangs als ein »Mann von Grósz« galt, gab sehr schnell

INFOBOX

Das Erbe des Volksaufstands von 1956

Die Trauerfeier für den einstigen Ministerpräsidenten Imre Nagy und seine Mitstreiter auf dem Budapester Heldenplatz am 16. 6. 1989 bildete einen spektakulären Höhepunkt des ungarischen Systemwechsels. Die Veranstaltung, an der Hunderttausende teilnahmen, bedeutete nicht nur die Rehablitierung der 1958 als »Konterrevolutionäre« hingerichteten Politiker. Sie war zugleich eine Demonstration für die nationale Unabhängigkeit, die parlamentarische Demokratie und das Mehrparteiensystem – die zentralen Forderungen der Volkserhebung von 1956. Die Ehrenwache von Vertretern der Opposition und der Regierung brachte darüber hinaus den Willen beider Seiten zum Ausdruck, den politischen Wandel gewaltlos durchzuführen.

Der Trauerakt, der zugleich die Niederschlagung durch sowjetische Truppen anklagte, wurde von der Moskauer Führung kommentarlos hingenommen. Ein klares Zeichen der Versöhnung setzte erst der russische Präsident Boris Jelzin bei seinem Staatsbesuch in Ungarn im November 1992, als er die Intervention als »untilgbaren Schandfleck des sowjetischen Regimes« bezeichnete und erklärte, dass es »keine Rückkehr zum Kommunismus« mehr geben werde.

seine Bereitschaft zu erkennen, über die liberalen Wirtschaftsreformen hinausgehend in Ungarn auch radikale politische Veränderungen einzuleiten. So beschloss man nicht nur weitere, in Richtung Marktwirtschaft weisende Maßnahmen, sondern bereitete auch die Einführung eines Verfassungsgerichts und des Rechts zur Volksabstimmung vor. Außerdem wurden das Versammlungs- und Vereinigungsgesetz verabschiedet. Letzteres sah auch die Möglichkeit der Bildung von Parteien vor. Deren offizielle Legalisierung sollte allerdings bis zur Schaffung eines Parteiengesetzes zurückgestellt werden.

Die regierende Staatspartei, die sich in der Frage des Parteienpluralismus und wegen ideologisch orthodoxer Äußerungen von Parteichef Grósz zunehmend polarisiert hatte, geriet Ende Januar 1989 an den Rand einer Spaltung. Nachdem eine Kommission des Zentralkomitees unter der Leitung von Iván Berend zu dem Ergebnis gekommen war, dass es sich bei den Geschehnissen vom Herbst 1956 nicht um eine »Konterrevolution«, sondern um einen »Volksaufstand« und »nationalen Unabhängigkeitskampf« gehandelt habe, verkündete Imre Pozsgay diese Neuinterpretation ohne Rücksprache mit der Parteiführung. Seine Erklärung erschütterte das ideologische Fundament der Partei schwer und löste heftige Debatten aus.

Um den Zerfall der Partei zu verhindern, ließ Generalsekretär Grósz Mitte Februar das Zentralkomitee einberufen. Hier wurde in der »56er-Frage« mit der For-

160

Imre Pozsgay, der sich bereits unter Kádár für die Demokratisierung innerhalb des Einparteiensystems eingesetzt hatte, stellte sich Ende 1988 an die Spitze des politischen Wandels. Anfang der 1990er-Jahre zog er sich aus der Politik zurück, nachdem er mit seinem Plan gescheitert war, Präsident der Republik Ungarn zu werden.

160

Ein klares Zeichen der Versöhnung setzte der russische Präsident Jelzin bei seinem Staatsbesuch im November 1992 (im Bild mit Joszef Antall), als er die Niederschlagung des ungarischen Volksaufstands als »untilgbaren Schandfleck des sowjetischen Regimes« bezeichnete.

mulierung »Volksaufstand, der in eine Konterrevolution umgeschlagen ist« ein Kompromiss gefunden. Darüber hinaus rangen sich die konservativen Kräfte nun auch dazu durch, der Einführung eines Mehrparteiensystems grundsätzlich zuzustimmen.

Wie sich schnell zeigte, war die Parteieinheit damit aber keineswegs wieder hergestellt. Innerhalb der MSzMP bestanden nämlich sehr unterschiedliche Auffassungen über die Beschaffenheit des zukünftigen Mehrparteiensystems und über das Tempo seiner Legalisierung. Während die Konservativen den Übergang möglichst lange verzögern, ihre Macht unter allen Umständen erhalten und nur »dem Sozialismus verpflichtete« Parteien zulassen wollten, forderten die progressiven Kräfte um Pozsgay, Nyers und Németh baldige freie Wahlen und ein unbeschränktes Mehrparteiensystem.

Radikale politische Veränderungen befürwortete auch das Justizministerium unter Kálmán Kulcsár. Seine Konzeption für eine neue ungarische Verfassung basierte auf den Grundsätzen der Rechtsstaatlichkeit, Gewaltenteilung, des Parlamentarismus und der Marktwirtschaft. Im Februar/März 1989 wurde diese Konzeption von der Parteiführung und vom Parlament angenommen.

Die parteiinterne Durchsetzung der Transformer

Nachdem damit die grundlegenden Beschlüsse zur Transformation des politischen Systems gefallen waren, hing ihre Verwirklichung in erster Linie von den Kräfteverhältnissen in der ehemals kommunistischen MSzMP ab. Bereits Mitte Februar 1989 hatten parteiinterne Transformer und Intellektuelle auf Initiative von Imre Pozsgay hin insgeheim begonnen, ihre Kräfte zu sammeln. Am 15. März 1989 propagierten sie während der Feierlichkeiten zum Gedenken an die Revolution von 1848 den konsequenten Übergang zur Marktwirtschaft und parlamentarischen Demokratie.

Parallel zu den Aktivitäten von oben traten im Frühjahr 1989 an der Parteibasis so genannte Reformzirkel auf. Diese Basisbewegung, die ebenfalls einen umfassenden Systemwechsel befürwortete, gewann schnell an Stärke. Im Mai desselben Jahres demonstrierte sie im südungarischen Szeged zusammen mit den Radikalreformern in der Parteispitze ihre wachsende Kraft und legte ihre an der Sozialdemokratie orientierten politischen Positionen offen.

Das offensive Auftreten der parteiinternen Transformer zeigte bald Früchte: Nachdem es bereits im April 1989 gelungen war, mehrere konservative Politiker, darunter auch den Ideologen János Berecz, aus dem Politbüro zu drängen, gingen die Transformer drei Monate später aus einer radikalen Umbildung der Parteiführung als klare Sieger hervor. Die oberste Parteiführung oblag seitdem nicht mehr dem Generalsekretär, sondern lag nun in Händen eines vierköpfigen Präsidiums, dem der ehemalige Ministerpräsident Grósz sowie Nyers, Pozsgay und Németh angehörten. An die Stelle des Politbüros trat ein von den neuen politischen Kräften dominierter Verwaltungsausschuss.

Andreas Schmidt-Schweizer

Der Eiserne Vorhang fällt: Die Institutionalisierung der Neuordnung in Ungarn

Im Zuge des Sieges der Transformer gelang es dem Ministerpräsidenten Németh, die konservativen Mitglieder seines Kabinetts durch jüngere, dem Transformationsprozess aufgeschlossen gegenüberstehende Persönlichkeiten zu ersetzen. So übernahm Gyula Horn nun das Außenministerium, der Ökonom László Békesi das Finanz- und der Historiker Ferenc Glatz das Kultusressort. Zusammen mit den weiter amtierenden Ministern, darunter Kálmán Kulcsár (Justiz), István Horváth (Inneres) und Judit Csehák (Soziales) bildeten sie ein Expertenkabinett, das immer entschiedener in politischer Eigenregie agieren konnte, weil die gewandelte MSzMP im Mai 1989 endgültig auf ihre privilegierte Stellung in Staat und Gesellschaft verzichtet hatte.

Wirtschaftspolitisch bemühte sich Németh in seiner Amtszeit darum, durch einschneidende Sparmaßnahmen den Staatshaushalt zu sanieren. Er verfügte die Einstellung des Kraftwerksprojekts bei Nagymaros (Nordungarn), kürzte die Militärausgaben, hob die Energiepreise an und leitete Konkursverfahren gegen bankrotte Großbetriebe ein. Den ökonomischen Systemwechsel führte er mit Gesetzen fort, die der Umwandlung von Staatsbetrieben und Genossenschaften in kapitalistische Wirtschaftsgesellschaften dienten.

Zur Vorbereitung des politischen Systemwechsels ließ die Regierung mehrere Gesetzesvorlagen ausarbeiten. Hierzu zählten unter anderem die Entwürfe des Wahl-, Volksabstimmungs- und Parteiengesetzes. Abgesehen vom Referendumsgesetz wurden diese Transformationsgesetze allerdings nicht verabschiedet, sondern bis zum Abschluss der für Sommer 1989 geplanten Ausgleichsverhandlungen mit der Opposition zurückgestellt. Von besonderer politischer Aussagekraft war außerdem, dass die Regierung im Juni an der feierlichen Wiederbestattung des 1958 hingerichteten ungarischen Ministerpräsidenten Imre Nagy teilnahm und die »Konterrevolutionäre« von einst rehabilitierte.

Im Bereich der Kultur- und Bildungspolitik wurde Russisch als obligatorisches Schulfach abgeschafft. Überhaupt löste man die sowjetisch geprägten Strukturen auf und setzte eine Entideologisierung des Unterrichtswesens durch. Ferner wurde ein Ausgleich mit den Kirchen initiiert, jegliche Zensur beendet und vieles andere mehr in Angriff genommen – Maßnahmen allemal, die als eine Art kultureller Reeuropäisierung des Landes galten.

Im Außenressort bemühte sich Gyula Horn erfolgreich um den Abbau der sowjetischen Truppenpräsenz und setzte sich für die konsequente Fortsetzung der Entspannungspolitik ein. Darüber hinaus erreichte er eine

Nachdem bekannt geworden war, dass der Eiserne Vorhang an der ungarischen Westgrenze demontiert wurde, flohen im Sommer 1989 mehrere Tausend DDR-Bürger über Ungarn in den Westen. Diese Aufnahme entstand bei Mörbisch im Burgenland und zeigt das von den Flüchtlingen niedergetretene Gras.

100562

Normalisierung des lange gespannten Verhältnisses zum Vatikan und zu Israel. Der Besuch des amerikanischen Präsidenten George Bush im Juli 1989 verdeutlichte, welch großes internationales Ansehen Ungarn durch seine Diplomatie und Politik inzwischen errungen hatte.

Die Öffnung der ungarischen Grenze

Die spektakulärste Maßnahme während der Amtszeit von Ministerpräsident Németh war sicherlich die Öffnung der ungarischen Grenze für DDR-Flüchtlinge am 10./11. September 1989. Die Vorgeschichte dazu begann bereits im Oktober 1987: Damals empfahl das Oberkommando der ungarischen Grenztruppen in einem geheimen Bericht, den wenig effektiven und innenpolitisch angesichts der Reisefreiheit der Ungarn bedeutungslosen Eisernen Vorhang an der österreichischen Grenze abzubauen. Weil sich das Kádár-Regime derart radikalen Maßnahmen versperrte, wurde dieses Vorhaben erst Ende 1988/Anfang 1989 neuerlich aufgegriffen. Da mit einem sowjetischen Eingreifen nicht mehr zu rechnen war, beschloss das Politbüro, den Eisernen Vorhang abtragen zu lassen. Die Abbauarbeiten, die am 2. Mai begannen, schritten schnell fort. Als sich Außenminister Horn und sein österreichischer Amtskollege Alois Mock im Juni 1989 zum »historischen Drahtdurchschneiden« an der Grenze trafen, war der Eiserne Vorhang bereits größtenteils beseitigt.

Die Demontage hatte fortan bedeutende Konsequenzen. Denn in den Sommerwochen versuchten nun Tausende von DDR-Bürgern über Ungarn in den Westen zu gelangen. Die Entscheidung, die DDR-Bürger nur zurückzuhalten, ohne von der Schusswaffe Gebrauch zu machen, und sie nicht mehr in die DDR zurückzuschicken, verschärfte die äußerst prekäre Situation an der Grenze noch zusätzlich. Schließlich blieb der ungarischen Führung, die mit einer groß angelegten Deportationsaktion ihren Ruf ruiniert hätte, keine andere Möglichkeit mehr, als die Grenzen zu öffnen. So viel stand schon vorher fest: Eine scharfe Reaktion hatte sie nur

ZITAT

Aus dem Bericht des Oberkommandierenden der ungarischen Grenztruppen, Generalmajor János Székely, im Oktober 1987:

Die Führung der Grenztruppen des Innenministeriums sieht nach der Analyse der gesellschaftlichen und politischen Situation und nach vielseitigen fachlichen Erwägungen die Lösung des Grenzsicherungsproblems im Abbau der elektronischen Signalanlage.

INFOBOX

Der Abbau der Grenzanlagen

Die Beschlussvorlage des Innenministeriums für das Politbüro, die sich mit der Neuorganisation des ungarischen Grenzschutzes beschäftigte, hob u. a. hervor, dass die Signalanlagen bei der Ergreifung von Grenzflüchtlingen nur eine untergeordnete Rolle spielten. Grenzverletzer würden in bis zu 90 Prozent der Fälle bereits von Patrouillen im Vorfeld der Anlagen aufgegriffen.

Auch das wichtige ökonomische Motiv für die Demontage des Eisernen Vorhangs verschwieg die Vorlage nicht: Es sei zu erwarten, dass der politische Beschluss zum Abbau der elektronischen Signalanlage die Entwicklung der wirtschaftlichen und fremdenverkehrsmäßigen Beziehungen zu Österreich und anderen westlichen Ländern günstig beeinflussen werde.

von der DDR, der Tschechoslowakei und von Rumänien zu erwarten – Moskau aber schwieg.

Die Institutionalisierung der neuen politischen Ordnung
Währenddessen fand in Budapest ein anderes bedeutendes Ereignis statt – gemeint sind die Ausgleichsgespräche zwischen den Machthabern, den Massenorganisationen und dem Oppositionellen Runden Tisch, zu dem sich neun wichtige Parteien und Organisationen zusammengeschlossen hatten. Nach fünfmonatigen Vorverhandlungen des zuletzt erfolgreichen Kampfes der Opposition um ihre Gleichberechtigung trat Mitte Juni 1989 erstmals der Nationale Runde Tisch zusammen.

Da die grundsätzlichen Entscheidungen zugunsten einer parlamentarischen Demokratie bereits gefallen waren und sich die Herrschenden mittlerweile für baldige freie Wahlen ausgesprochen hatten, ging es bei den Gesprächen vor allem um die konkrete institutionelle Ausgestaltung der politischen Ordnung und um die Modalitäten der ersten freien Parlamentswahlen. Dabei waren alle drei Seiten bestrebt, Regelungen durchzusetzen, die sich auf ihre zukünftige politische Stellung günstig

Der Neusiedler See ist das Zentrum eines grenzübergreifenden Naturschutzgebietes, das 1994 von Ungarn und Österreich ins Leben gerufen wurde. Über den flachen Steppensee waren viele DDR-Bürger in den Westen geflüchtet.

237

160

DDR-Flüchtlinge vor der Botschaft der Bundesrepublik Deutschland in Budapest

auswirken konnten. Besonders kontrovers wurde die Zukunft des Parteivermögens und der Arbeitermiliz, der Zeitpunkt und Modus der Präsidentschaftswahlen sowie die Präsenz von Parteiverbänden am Arbeitsplatz erörtert.

Nach Abschluss der Beratungen des Nationalen Runden Tisches im September konnten die Teilnehmer Vereinbarungen aushandeln, in deren Mittelpunkt radikale Verfassungsänderungen, die Reform des Strafrechts sowie die Bestimmungen der Wahl-, Parteien- und Mediengesetze standen. Allerdings hatten die liberalen Parteien (SzDSz und FIDESz) die Unterzeichnung verweigert.

Mit der Proklamation der Republik Ungarn durch Parlamentspräsident Mátyás Zsüros am 23. 10. 1989 und mit der Verabschiedung der Übergangsverfassung am selben Tag fand der Systemwechsel seinen staatsrechtlichen Abschluss (im Bild ungarische Bürger auf dem Kossuth-Platz).

100562

Sie beanstandeten, dass in den besonders strittigen Punkten keine Einigung erzielt worden war. Trotz dieses »Schönheitsfehlers« bildeten die Gesprächsergebnisse schließlich die Grundlage für eine demokratische Totalrevision der Verfassung und für die angesprochenen Gesetze. Den demonstrativen Schlussakt dieser Entwicklungen bildete die Ausrufung der Republik Ungarn am 23. Oktober 1989, dem Jahrestag des Volksaufstandes von 1956.

Bereits zwei Wochen zuvor hatte sich die ehemalige Staatspartei als erste der im Ostblock herrschenden kommunistischen Parteien selbst aufgelöst. Als juristische, nicht aber als politische Nachfolgeorganisation wurde die Ungarische Sozialistische Partei (MSzP) gegründet. Dieser gelang es zwar, einen radikalen Bruch mit der Organisation und Politik ihrer Vorgängerin zu vollziehen. Doch tat sie sich schwer, ein überzeugendes Programm zu erarbeiten und effektive Organisations- und Führungsstrukturen zu schaffen.

Nach der staatsrechtlichen Grundlegung des neuen politischen Systems wurden noch unter der Regie der nunmehr parteilosen Regierung Németh die Parlamentswahlen vorbereitet und ein Verfassungsgericht ins Leben gerufen. Die Absicht der Regierung, mittels einer Direktwahl vor den Parlamentswahlen ihren populären Kandidaten Imre Pozsgay zum Staatspräsidenten zu machen, vereitelte eine von der liberalen Opposition angestrengte Volksabstimmung.

5405

Nach dem Systemwechsel wurden wie überall in Osteuropa die alten Straßennamen wieder eingeführt: Der Budapester »Leninring« heißt nun wieder Theresienring. Die Benennung des »Oktogons« nach dem Jahrestag der russischen Oktoberrevolution hatte sich im Volksmund nie durchgesetzt.

Im Frühjahr 1990 fanden in Ungarn die ersten freien Wahlen zur Nationalversammlung seit 1945 statt. Aus diesen gingen die beiden profiliertesten Oppositionsbewegungen, das nationalkonservative Ungarische Demokratische Forum (MDF) und der liberale Bund Freier Demokraten (SzDSz), als Sieger hervor. Mandate errangen auch die Kleinlandwirte, die Sozialistische Partei (MSzP), die Jungliberalen (FIDESz) und die Christdemokraten (KDNP). Ultralinke und rechtsextreme Organisationen sowie die völlig zerstrittenen Sozialdemokraten scheiterten an der Vierprozenthürde.

Der Wahlsieg der einstigen Regimegegner spiegelte in erster Linie das Verlangen der Bevölkerung nach einem Elitenwechsel und nach besseren Tagen unter bürgerlichem Vorzeichen wider. Den Sozialisten war es nicht gelungen, ihren schlechten Ruf als Nachfolgepartei der Kommunisten abzuschütteln. Zudem war ihr politischer Kredit Anfang 1990 durch die so genannte Dunagate-Affäre schwer erschüttert worden. Damals war bekannt geworden, dass die Staatssicherheit die vormalige Opposition bespitzelt hatte.

Die Politik der national-konservativen Koalition

Die Koalition von Demokratischem Forum, Kleinlandwirten und Christdemokraten unter Führung von Ministerpräsident József Antall, die sich bereits im Wahlkampf abgezeichnet hatte, versuchte seit Mai 1990, das neue politische System zu festigen und den Umbau der Wirt-

160

Gyula Horn erntete als Außenminister geschickt die Lorbeeren für die Grenzöffnung von 1989. Mit dem Wahlsieg seiner Partei wurde er 1994 Ministerpräsident. Das Bild zeigt ihn im gleichen Jahr beim IV. Parteitag der Sozialisten am Rednerpult.

ZITAT

Der Reformkommunist Imre Pozsgay äußerte sich in Interviews im April und im November 1988 zur politischen Neuordnung Ungarns:
Ohne eine Gesellschaft, die sich von unten, aus den Initiativen der Staatsbürger heraus aufbaut, können wir die Sorgen unseres Landes und unserer Nation nicht überwinden.
Ich glaube, dass die Einführung des Mehrparteiensystems unumgänglich ist... Ich denke dabei nicht an ein Mehrparteiensystem, wie es in Polen existiert, sondern vielmehr an ein solches wie in Österreich.

schaftsordnung voranzutreiben. Eine Vereinbarung mit den Freien Demokraten stattete die Exekutive mit besonderen Kompetenzen aus und sicherte dem Liberalen Árpád Göncz das Präsidentenamt.

Einer der ersten innenpolitischen Schritte der Regierung Antall war die Verabschiedung des ganz auf Dezentralisierung angelegten Gesetzes über die kommunale Selbstverwaltung. Bei den Kommunalwahlen im Herbst 1990 erlitt die Koalition allerdings eine herbe Niederlage. In den Städten siegten die Liberalen, auf dem Land zu achtzig Prozent unabhängige Kandidaten, die früher zumeist Funktionäre der MSzMP gewesen waren.

Konfrontiert wurde die Regierung Antall im Oktober 1990 außerdem mit einer landesweiten Protestaktion gegen drastische Benzinpreiserhöhungen (»Taxiblockade«). Gegen rechtsradikale Tendenzen, oft auch innerhalb der eigenen Koalition, trat Ministerpräsident Antall nur zögerlich auf. Sein Bemühen, die meist oppositionell orientierten Medien stärker zu kontrollieren, führte zu einer Polarisierung der Öffentlichkeit (»Medienkrieg«) und fügte dem Ansehen der Regierung weiteren Schaden zu.

Wirtschaftspolitisch vertrat die Regierung das Konzept einer langsamen, staatlich kontrollierten Privatisierung und hielt am System einer ausgeprägten sozialen Unterstützung fest. Während der anderthalb Jahre anhaltenden Privatisierungsdebatte bestand sie – trotz der Reprivatisierungsbestrebungen der Kleinlandwirte – auf

160

Nach vier Jahren politischer Isolation hatten die Sozialisten im Mai 1994 wieder Grund zum Jubeln, wie hier links in der Parteizentrale nach der Bekanntgabe des Wahlergebnisses (zweiter von links der Geschäftsführer Imre Szekeres).

Anhänger der Ungarischen Sozialistischen Partei nehmen im Mai 1994 an einer Wahlkundgebung in Budapest teil.

160

einer wertmäßigen Teilentschädigung für einst verstaatlichtes Eigentum mittels Gutscheinen und konnte sich nach einem Kompromiss bezüglich der Landwirtschaft (dort faktisch Rückerstattung) auch tatsächlich durchsetzen. Die Anziehungskraft Ungarns für ausländisches Kapital wurde durch diese Debatte freilich nur geringfügig geschmälert.

In der Außenpolitik konzentrierte sich die Regierung zuerst auf die Abwicklung des sowjetischen Truppenabzugs, den noch Außenminister Horn mit Moskau ausgehandelt hatte, sowie auf den Ausstieg aus dem Warschauer Pakt. Außerdem versuchte sie, jedoch ohne großen Erfolg, eine Zusammenarbeit der Visegrád-Staaten (Ungarn, Polen, Tschechoslowakei) zu erreichen. Im Hinblick auf die Westintegration des Landes gelang es der Regierung, ein Assoziierungsabkommen mit der Europäischen Union (EU) abzuschließen und sich der NATO anzunähern. Am 8. Februar 1994 trat Ungarn dem NATO-Programm »Partnerschaft für den Frieden« bei und stellte am 1. April desselben Jahres den Antrag auf Vollmitgliedschaft in der EU.

Trotz des Zusammenschrumpfens der Regierungsmehrheit auf eine Stimme, hervorgerufen durch die Spaltung der Partei der Kleinlandwirte und eine starke Abwanderung von MDF-Abgeordneten, und trotz des Todes des Ministerpräsidenten im Dezember 1993 vollendete die Koalition unter Péter Boross die Legislaturperiode.

Am 1. 7. 1991 unterzeichnete die Sowjetunion in Budapest den Auflösungsbeschluss des Warschauer Pakts.

Die Rückkehr der Sozialisten

Nach vier Jahren national-konservativer Regierung errang die Ungarische Sozialistische Partei bei den Parlamentswahlen im Mai 1994 mit der absoluten Mehrheit der Mandate einen sensationellen Wahlsieg. Der Grund für diesen Erfolg lag in erster Linie in der Enttäuschung der Wähler über die anhaltend schwierigen Lebensverhältnisse sowie über das teils arrogante, teils amateurhafte Auftreten der unerfahrenen bürgerlichen Politiker. Die Sozialisten hingegen hatten sich überzeugend als sozialdemokratische Alternative verkaufen können. Die Tatsache, dass sie trotz ihrer absoluten Mehrheit eine »Koalition von Feuer und Wasser« mit dem Bund Freier Demokraten eingingen, war nicht zuletzt auf westliche Erwartungen und westlichen Druck zurückzuführen.

In der Wirtschaftspolitik verfolgte die Regierung von Ministerpräsident Gyula Horn mit einer Serie von schmerzlichen Preiserhöhungen und dem Abbau sozialstaatlicher Leistungen einen radikalen, neoliberalen Sparkurs, der im klaren Widerspruch zu den Wahlversprechungen der Partei stand. Der Privatisierungsprozess wurde nun wesentlich beschleunigt, allerdings begleitet von Skandalen über die Verschleuderung öffentlicher Gelder.

Außenpolitisch war die Regierung trotz der hinhaltenden und vertröstenden Politik des Westens besonders um eine schnelle Integration in die EU und in die NATO bemüht (Beitritt März 1999). Darüber hinaus suchte sie die Aussöhnung mit Ländern, in denen starke ungarische Minderheiten leben. Im Hinblick auf die Innenpolitik wurde die Regierung aufgrund des rapiden Anwachsens der organisierten Kriminalität und der ineffektiven Polizeiarbeit vor große Herausforderungen gestellt.

Trotz der genannten negativen Erscheinungen befand sich Ungarn Mitte der Neunzigerjahre auf einem Erfolg versprechenden Weg im Zeichen der europäisch-atlantischen Integration und der Konsolidierung des Systemwechsels. *Andreas Schmidt-Schweizer*

Von der »geistig-moralischen Wende« zur »Wiedervereinigung«: Die Anfangsjahre der Ära Kohl

Am 1. Oktober 1982 war mit den Stimmen der CDU/CSU- und der FDP-Fraktion ein neuer Kanzler gewählt worden. »Ich stelle fest«, hatte Bundestagspräsident Richard Stücklen im Tonfall der Leidenschaftslosigkeit verkündet, die ihm das Amt in dieser Situation abverlangte, »der Abgeordnete Dr. Helmut Kohl ist zum Bundeskanzler der Bundesrepublik Deutschland gewählt.« Der Gewählte, seit längerem Parteivorsitzender der CDU und Vorsitzender der CDU/CSU-Bundestagsfraktion, hatte sich bei dieser Abstimmung mit einem konstruktiven Misstrauensvotum gegen Bundeskanzler Helmut Schmidt (SPD) durchgesetzt.

Möglich war seine Wahl geworden, weil die FDP die Seiten gewechselt hatte. Vormals war sie Juniorpartner in der von Kanzler Schmidt geführten Regierung. Unter dem Eindruck der schweren Konjunktur- und Wachstumskrise seit 1979/80, miserabler Ergebnisse bei Landtagswahlen und schwindender Autorität des Kanzlers in dessen eigener Partei waren die führenden Köpfe der FDP, Otto Graf Lambsdorff und Hans-Dietrich Genscher, auf Distanz zur SPD gegangen, hatten eine »ideologische Wende« eingeleitet und so den Koalitionswechsel vorbereitet.

In seiner Regierungserklärung forderte Kohl einen »historischen Neuanfang«, eine »geistig-moralische Wende« und eine »Politik der Erneuerung«. Auf einen Nenner gebracht, zielte die neue christlich-liberale Programmatik auf ein »weg von mehr Staat, hin zu mehr Markt«, verbunden mit einer Stärkung von persönlicher Leistung, Eigeninitiative und Verantwortung. Die ersten Sparmaßnahmen der neuen Regierung traten schon am 1. Januar 1983 in Kraft und betrafen das Kindergeld sowie die Renten- und Arbeitslosenversicherung. Andere Sofortmaßnahmen zielten auf eine steuerliche Entlastung der Unternehmer.

Von Bundestagswahl zu Bundestagswahl – Schwindende Wählergunst

Die anfänglich breite Unterstützung, die den Christlich-Liberalen zuteil wurde, lässt sich auch an den Ergebnissen der vorgezogenen Bundestagswahl vom 6. März 1983 ablesen. In den Regierungsparteien konnte man sich am Wahlabend die Hände reiben: mit 55,8 Prozent der Stimmen (Union: 48,8 Prozent; FDP: 7,0 Prozent) war nun für stabile Machtverhältnisse gesorgt.

Erstmals zogen jetzt auch die Grünen in den Bundestag ein. Die junge Partei der Grünen war aus ökologisch-pazifistischen, zudem basisdemokratisch gestimmten und von postmaterialistischen Werten geleiteten Unterströmungen der bundesdeutschen Gesellschaft hervorgegangen. Zusammen mit den Gewerkschaften und dem linken Flügel der Sozialdemokratie trugen diese Kräfte auch die breite Friedensbewegung der Achtzigerjahre.

Kohl ging mit seinem Wirtschaftsminister Otto Graf Lambsdorff (FDP) und Finanzminister Gerhard Stoltenberg (CDU) neue Wege und hatte der Sozialpolitik eine »Atempause« verschrieben, wie er mit Rücksicht auf den Arbeitnehmerflügel seiner Partei verharmlosend formulierte. Doch in den Reihen der Gewerkschaften und der SPD kam nun die Rede vom »Sozialabbau« und von einer »massiven Umverteilung von unten nach oben« auf. Tatsächlich war es der neuen Regierung aber binnen kurzem gelungen, eine Aufbruchstimmung zu erzeugen, die im Zusammenwirken mit maßvollen Lohnabschlüssen für eine Belebung der Konjunktur sorgte.

Solche Effekte schlugen sich schon ab 1983 in einem neuerlichen Wachstum des Bruttosozialprodukts nieder. Dank einer restriktiven Haushaltspolitik nahm nun auch die öffentliche Verschuldung deutlich ab, und die Inflation konnte gänzlich beseitigt werden. Die Exportindustrie boomte, und dank sinkender Rohölpreise auf den Weltmärkten legte auch die Kaufkraft wieder zu. Ende der 1980er-Jahre war die Bundesrepublik zum weltweit größten Exporteur von Industrieprodukten aufgestiegen. Aber gleichzeitig blieben viele Probleme, die mit dem Wandel von der Industrie- zur Dienstleistungsgesellschaft einhergingen, ungelöst. Die Folgen dieser Sorglosigkeit zeigten sich in konstant hohen Arbeitslosenzahlen.

Viele Sozialdemokraten taten sich zunächst schwer, den Bonner Machtwechsel zu verwinden, und empfanden die Abwahl ihres rhetorisch brillanten und weltläufigen Kanzlers durch den in den Medien gern als provinziell und ungelenk dargestellten »Pfälzer« Helmut Kohl als Demütigung. Immer wieder war es auch zu

Bundeskanzler Helmut Kohl empfängt im September 1987 SED-Generalsekretär Erich Honecker mit militärischen Ehren.

100562

Peinlichkeiten und Skandalen gekommen. Kohl vergriff sich in seinen Anfangsjahren mehrfach in der Wahl der Worte, zum Beispiel 1984, als er vor der Knesset in Jerusalem im Kontext der NS-Verbrechen von der »Gnade der späten Geburt« sprach. Besonders weite Kreise zog die »Parteispendenaffäre«, in deren Folge im selben Jahr Rainer Barzel sein Amt als Bundestagspräsident aufgeben musste, ebenso Graf Lambsdorff sein Ministeramt.

Bei der Bundestagswahl von 1987 erzielten die Christdemokraten mit 44,3 Prozent der Stimmen ihr schlechtestes Ergebnis seit 1949. Kohl war nun nicht mehr unumstritten. Nach den verlorenen Wahlen zum Berliner Abgeordnetenhaus im Februar 1989 bildete sich um den CDU-Generalsekretär Heiner Geißler, die Bundestagspräsidentin Rita Süssmuth und den Ministerpräsidenten von Baden-Württemberg, Lothar Späth, eine Fronde gegen den Kanzler. Dieser hatte nun über Monate alle Hände voll zu tun, seine Macht zu behaupten.

Kontinuität in der Außenpolitik

Mit Bedacht hatte Kohl in seiner ersten Regierungserklärung die Absicht bekundet, das Verhältnis zu den USA wieder zu festigen. In den letzten Jahren der sozi-

Am Abend des 30. 9. 1989 verkündet Außenminister Hans-Dietrich Genscher den in die Botschaft der Bundesrepublik Deutschland in Prag geflohenen DDR-Bürgern, dass sie ausreisen dürfen.

160

INFOBOX

Schwerter zu Pflugscharen

Anfang der 1980er-Jahre formierte sich in den westlichen Staaten eine Bewegung, die angesichts der weltweiten nuklearen Aufrüstung die Regierungen zu Friedenssicherung durch Rüstungsstopp und Abrüstung aufforderte. In der Bundesrepublik Deutschland entwickelte sich die Friedensbewegung in Reaktion auf den Ende 1979 verabschiedeten NATO-Doppelbeschluss, der für den Fall erfolgloser Verhandlungen mit der UdSSR die Stationierung – überwiegend in der BRD – amerikanischer Mittelstreckenraketen vorsah.

Die nur locker organisierte Friedensbewegung umfasste ein breites Spektrum von Gruppen unterschiedlicher politischer Orientierung. Entscheidend für ihre enorme Breitenwirkung wurden u.a. die vielen lokalen Aktivitäten der örtlichen Friedensgruppen sowie die Tatsache, dass ihre Anhänger nahezu allen sozialen Schichten entstammten. An den großen Demonstrationen in Bonn nahmen 1981 250000 Menschen und 1982 über 300000 Menschen teil.

Kurz vor der Schlussentscheidung über die Raketenstationierung veranstalteten die Gruppen der Friedensbewegung im Oktober 1983 im ganzen Bundesgebiet eine Aktionswoche, an der sich nach Schätzungen der Veranstalter rund drei Millionen beteiligten und deren Abschluss eine Menschenkette von Stuttgart nach Neu-Ulm bildete.

alliberalen Koalition gab es manche Irritation; das Verhältnis war eingetrübt. Die Wiederherstellung eines engen Vertrauensverhältnisse gelang dem Kanzler vor allem durch seine auch gegen heftigsten Widerstand hochgehaltene atlantische Loyalität in der Raketenfrage. Nachdem es zwischen den USA und der UdSSR 1983 zu keiner Einigung über den Abbau sowjetischer SS-20-Raketen gekommen war, stimmte der Bundestag noch im selben Jahr der Stationierung neuer Waffensysteme zu – ein Votum, für das Kohl in seiner Koalition einige Überzeugungsarbeit zu leisten hatte.

Überhaupt lässt sich sagen, dass die deutsche Außenpolitik der Achtzigerjahre wohl durchdacht war und zu einem Gutteil die Handschrift des erfahrenen, schon seit 1974 amtierenden Ressortchefs Genscher trug. Kohl seinerseits verstand es, zu mehreren führenden Staatsmännern dieser Jahre gute persönliche Beziehungen aufzubauen. Dazu gehörte von Anbeginn an der französische Staatspräsident François Mitterrand, am Ende der De-

Im Mai 1993 billigte die Verfassungskommission eine neue Formulierung im Grundgesetz, nach der der Staat die Durchsetzung der Gleichberechtigung von Frauen und Männern fördern muss. Die Aufnahme zeigt die ehemalige Familienministerin Rita Süssmuth (links) und die spätere Familienministerin Renate Schmidt (rechts), die ein Transparent hoch halten.

160

kade auch das sowjetische Staatsoberhaupt Michail Gorbatschow. Fast wie »unter Freunden« ging es zu, als dieser weltgewandt auftretende und eine »neue Offenheit« propagierende mächtigste Repräsentant des Sowjetimperiums im Sommer 1989 als Staatsgast an den Rhein gekommen war.

Solche Erfolge waren möglich, weil sich Kohl ohne »wenn« und »aber« hinter die Ostverträge der Regierung Brandt/Scheel stellte und so auch die Tradition der »kooperativen Deutschlandpolitik« unter Schmidt fortsetzen konnte. Das erbrachte Fortschritte im deutsch-deutschen Reise- und Besucherverkehr und führte in den Jahren 1983/84 zum Abbau der Selbstschussanlagen an der innerdeutschen Grenze. Zuvor hatte die Bundesregierung die Bürgschaft für einen Milliardenkredit übernommen. Gleichviel – ein besonders aktiver Deutschlandpolitiker war Kohl in seinen Anfangsjahren keineswegs.

Den Generalsekretär der SED und Vorsitzenden des Staatsrats der DDR, Erich Honecker, empfing er zwar mit allen protokollarischen Ehren, als dieser 1987 in Bonn weilte, doch die Gespräche fanden in einer Atmosphäre eisiger Freundlichkeiten statt. Er habe den Besuch »in Kauf genommen«, urteilte der Kanzler später. Beim gemeinsamen Essen in der Godesberger Redoute sagte er seinem Gast vor laufenden Kameras schlankweg ins Gesicht: »Die Menschen in Deutschland leiden unter der Trennung. Sie leiden an einer Mauer, die ihnen buchstäblich im Wege steht und die sie abstößt.« Bald sollte diese Mauer ins Rampenlicht der Weltöffentlichkeit treten. *Jochen Gaile*

»Wir sind das Volk!«: Der Fall der Berliner Mauer

Die deutsche Frage, über die Jahrzehnte der Nachkriegszeit hinweg ungelöst, bestimmte 1989/90 Richtung und Ausprägung der Entwicklung im Osten Deutschlands entscheidend mit. Nach dem Mauerfall gewann der politische und gesellschaftliche Umbruch betont nationale Züge und wurde durch das »Ausbluten der DDR« beispiellos dynamisiert. Aber natürlich waren dort zugleich auch Einflussfaktoren wirksam, die im Jahr der »Wende« für fast alle Ostblockstaaten galten.

Die akute Krise des Sozialismus in der DDR

Unter dem Schutz kirchlicher Einrichtungen hatte sich in der DDR eine Art Gegenöffentlichkeit gebildet, die sich all jener Probleme annahm, die von der SED, der herrschenden Staatspartei, ignoriert wurden – nicht zuletzt auch der elementaren Menschenrechte. Ende 1987 und zu Anfang des folgenden Jahres kam es zu einer Verhaftungswelle oppositioneller und ausreisewilliger Bürger. Prominente Regimekritiker mussten das Land verlassen. Freilich hatte sich die SED dabei übernommen: Proteste im In- und Ausland zwangen die Machthaber in Ostberlin noch im selben Jahr zur Freilassung inhaftierter Dissidenten. Auch mussten sie der Rückkehr einiger Zwangsexilierter zustimmen. So offenbarte sich erstmals, dass der Willkür des Regimes Grenzen gesetzt waren.

Michail Gorbatschows Reformkurs setzte in der Sowjetunion eine Reform der erstarrten kommunistischen Gesellschaftsordnung in Gang. Er zielte dabei auf ein Politikverständnis, das die Demokratisierung von Staat und Gesellschaft im Blick hatte und die Reste stalinistischer Strukturen niederreißen sollte. Das wurde in allen Ostblockländern mit viel Beifall bedacht, auch in der DDR. Aber ausgerechnet die Regierung in Ostberlin, Hauptverbündeter der Sowjetunion, verschloss sich diesen Vorhaben und beharrte auf Positionen des doktrinären Sozialismus.

ZITAT

In den 1980er-Jahren wuchs in der DDR die Unzufriedenheit. Eine Friseurin aus Halle (Saale) klagte:

Den ganzen Tag schuften – wofür? Mit dem Geld kann ich ja doch nichts anfangen. Was ich kaufen will, kriege ich nicht. Nichts Modernes, es sei denn im Ex (Exquisitladen, wo Westwaren und Qualitätsprodukte aus DDR-Produktion zu hohen Preisen angeboten wurden). Aber das ist außerhalb meiner Preisklasse. Ich hab nun mal nicht die Privilegien der Bonzen.

Den Machthabern war bewusst, dass die DDR ihre moralische und politische Existenzberechtigung nur im strikten gesellschaftlichen Gegenmodell zum »kapitalistischen« deutschen Weststaat suchen konnte. Durch Gorbatschow wurde diese Legitimität offenkundig untergraben, weil sein Anspruch lautete, vom Westen politisch zu lernen und dessen höhere Lebensweise anzustreben. Dagegen wurde SED-Chef Erich Honecker niemals müde zu betonen, Kapitalismus und Sozialismus vertrügen sich wie Feuer und Wasser. »Die Wohnung zu tapezieren, nur weil der Nachbar dies tue«, das komme für die DDR nicht infrage, erklärte Politbüromitglied Kurt Hager süffisant.

Dabei befand sich die DDR-Wirtschaft auf rasanter Talfahrt: Um die hohe Auslandsverschuldung abzubauen, mussten die Importe gedrosselt und Exporte erhöht werden. Das ging zulasten der Versorgung der Bevölkerung sowie des Erhalts und Ausbaus der Infrastruktur, ruinierte das einst beachtete Bildungs- und Gesundheitssystem und führte zu einseitigen Produktionsschwerpunkten. Ende der Achtzigerjahre stand die Wirtschaft vor dem Bankrott. In der Ära Honecker waren Löhne und Renten zwar kontinuierlich gestiegen, auch hatte man den Wohnungsbau forciert und überhaupt den sozialen Belangen der Bürger stärker als unter Walter Ulbricht Rechnung getragen, aber die Ausgaben dafür überstiegen das volkswirtschaftliche Leistungsvermögen der DDR bei weitem.

100562

Die Aufnahme zeigt ein Chemiewerk in Wolfen bei Bitterfeld. Die Anlagen sind verrottet und verrostet, Tanks lecken, Gase strömen unkontrolliert aus.

Tausende von DDR-Bürgern besetzten im Herbst 1989 das Gelände der deutschen Botschaft in Prag und erreichten schließlich, dass sie in versiegelten Eisenbahnwaggons durch das Gebiet der DDR in die Bundesrepublik Deutschland einreisen durften.

100562

Dazu trug auch bei, dass die Verwaltung und der aufgeblähte Sicherheits- und Kontrollapparat Unsummen verschlangen. Die Wirtschaftslenker waren deshalb gezwungen, ganze Planungsbereiche der Produktion einfach zu ignorieren. Erich Mielke, der das Ministerium für Staatssicherheit (MfS) zu einem gewaltigen Imperium ausgebaut hatte, ließ die Bevölkerung lückenlos überwachen. Mit seinen etwa 90 000 hauptamtlichen sowie beinahe doppelt so vielen Inoffiziellen Mitarbeitern (IM) nahm die Bespitzelung der Bürger groteske Züge an. Das MfS lag wie eine unheilvolle Krake über dem Land.

Immerhin war es aber in den Achtzigerjahren zu spürbar gestiegenen deutsch-deutschen Begegnungen gekommen. 1988 besuchten 6,7 Millionen Bürger der DDR den

INFOBOX

»Wer zu spät kommt …«
Das berühmte, Michail Gorbatschow zugeschriebene Zitat »Wer zu spät kommt, den bestraft das Leben«, ist in der Öffentlichkeit wohl nie so gefallen. Ein Mitschnitt der »Aktuellen Kamera« des DDR-Fernsehens vom 5. 10. 1989 zeigt, wie Erich Honecker Gorbatschow auf dem Flughafen Berlin-Schönefeld zur 40-Jahr-Feier der Deutschen Demokratischen Republik empfängt. Gorbatschow sagte: »Ich glaube, Gefahren warten nur auf jene, die nicht auf das Leben reagieren.« Seinen Memoiren zufolge soll Gorbatschow zwei Tage später zu Honecker in einem Vieraugengespräch gesagt haben: »Das Leben verlangt mutige Entscheidungen. Wer zu spät kommt, den bestraft das Leben.«

Westen Deutschlands, und 5,5 Millionen Bundesbürger reisten im gleichen Zeitraum in den Osten. So nahmen die Kenntnisse über das tatsächliche Leben im jeweils anderen Teil Deutschlands beträchtlich zu. Aber das Wohlstandsgefälle zwischen Ost und West war größer denn je. Darüber tauschten sich die Besucher hunderttausendfach aus, und darüber informierte tagtäglich auch das Westfernsehen.

Im Frühjahr 1989 blickten die Menschen wie gebannt nach Ungarn und Polen, wo nicht für möglich gehaltene politische und gesellschaftliche Veränderungen in Gang gekommen waren. Die ungarische Regierung hatte am 2. Mai mit dem Abbau ihrer Grenzanlagen zu Österreich begonnen. Doch kurz darauf gab es Anlass zu tiefer Empörung: Oppositionsgruppen war es bei den Kommunalwahlen vom 7. Mai gelungen, die Auszählung der Stimmen teilweise zu überwachen. So wurden erstmals ganz konkrete Vorwürfe der Wahlfälschung laut. Noch bewegte diese Ungeheuerlichkeit viele Gemüter, da erreichte die Menschen eine Schreckensmeldung aus dem fernen China: Die dortigen Machthaber hatten am 4. Juni auf dem Pekinger Platz des Himmlischen Friedens unter den Anhängern der dortigen Demokratiebewegung ein furchtbares Massaker angerichtet.

ZITAT

Am Abend des 9. 11. 1989 geschah das Unglaubliche. Politbüromitglied Günter Schabowski verkündete auf einer Pressekonferenz vor laufenden Kameras scheinbar beiläufig, dass die DDR die Grenzen geöffnet habe:
Privatreisen nach dem Ausland können ohne Vorliegen von Voraussetzungen – Reiseanlässe und Verwandtschaftsverhältnisse – beantragt werden. Die Genehmigungen werden kurzfristig erteilt.

Die Bevölkerung stimmt mit den Füßen ab

Der Schock der Bevölkerung darüber saß tief. Denn im eigenen Land standen sowjetische Truppen, denen man zutiefst misstraute. Für Zehntausende reiften Empörung und Angst nun zur Entschlossenheit, ihr ummauertes Gemeinwesen zu verlassen. In den Sommerwochen begannen sich die Botschaften der Bundesrepublik in Prag, Budapest und Warschau wie auch Bonns Ständige Vertretung in Ostberlin mit Flüchtlingen zu füllen. Alle wollten mit behördlicher Unterstützung der Bundesregierung in den Westen. Die Botschaften mussten zeitweise wegen Überfüllung geschlossen werden. Flüchtlinge in großer Zahl begannen auch die grüne Grenze zwischen Ungarn und Österreich zu überschreiten.

Während man im Westen erste Aufnahmelager einrichtete, bemühte sich die Bonner Diplomatie fieberhaft um humanitäre Lösungen des Flüchtlingsproblems. In Prag und Warschau warteten in der zweiten Septemberhälfte Tausende auf ihre Ausreise. Schließlich konnte Außenminister Hans-Dietrich Genscher in Verhandlungen mit seinem Ostberliner Amtskollegen die Ausreise aller Prager und Warschauer Botschaftsflüchtlinge erwirken. In Sonderzügen erreichten sie in den ersten Oktobertagen den Westen. Für etwa 15 000 Menschen war dies das glückliche Ende einer Odyssee.

Die Montagsdemonstrationen im Anschluss an das Friedensgebet in der Leipziger Nikolaikirche entwickelten sich zu machtvollen Kundgebungen. Tausende von Demonstranten nahmen 1989 regelmäßig daran teil.

100563

Die Montagsdemonstrationen und der Sturz Honeckers
Die Flüchtlinge hatten ihre kleinen und am Ende großen Erfolge, mit denen sie der nach dem chinesischen Massaker wie gelähmt wirkenden Protestbewegung indirekt den Rücken stärken konnten. Diese meldete sich im September zurück und gewann eine neue politische Qualität. Am 25. des Monats kam es in Leipzig zur ersten nicht staatlich organisierten Großdemonstration. Dort forderten 8 000 Menschen die Zulassung des Neuen Forums. Diese Gruppierung hatte sich am 9. September konstituiert und war mit einem Gründungsaufruf an die Öffentlichkeit getreten. Darin hieß es: »Wir wollen freie, selbstbewusste Menschen, die doch gemeinschaftsbe-

Friedensgebet in der Leipziger Nikolaikirche im Herbst 1989

100562

100562

Im Zusammenhang mit der Demonstration zum Gedenken an die Ermordung von Karl Liebknecht und Rosa Luxemburg kam es im Januar 1989 zur Verhaftung von Demonstranten, die ein Plakat mit dem Luxemburg-Zitat »Freiheit ist immer die Freiheit der Andersdenkenden« mit sich geführt hatten.

wusst handeln. Wir wollen vor Gewalt geschützt sein und dabei nicht einen Staat von Bütteln und Spitzeln ertragen.« Fast zeitgleich wandten sich auch andere Bürgerbewegungen an die Öffentlichkeit. Auf den in mehreren größeren Städten aufflackernden Protest reagierten die Sicherheitskräfte hilflos und mit brutaler Härte.

Während des Staatsakts zum 40. Jahrestag der Gründung der DDR erklärte Honecker in seiner Festrede: »Vierzig Jahre DDR – das waren vierzig Jahre heroische Arbeit, vierzig Jahre erfolgreicher Kampf für den Aufstieg unserer sozialistischen Republik, für das Wohl des

INFOBOX

Bleiben oder gehen?

1989 erreichte die Flüchtlingsbewegung aus der Deutschen Demokratischen Republik ihren Höhepunkt: Im September drangen Tausende von DDR-Bürgern auf das Gelände der deutschen Botschaft in Prag vor. Nach Tagen bangen Wartens und Campierens im Freien überbrachte Bundesaußenminister Hans-Dietrich Genscher persönlich am Abend des 30. 9. den etwa 6 000 Flüchtlingen vom Balkon der Botschaft aus die Nachricht, dass sie in Sonderzügen der DDR-Reichsbahn über das Gebiet der Deutschen Demokratischen Republik in die Bundesrepublik ausreisen durften. Grenzenloser Jubel brach los. Am 4. 10. folgte mit mehr als 7 600 DDR-Flüchtlingen eine zweite Massenausreise aus Prag: Einen Tag zuvor war der visafreie Verkehr zwischen der Deutschen Demokratischen Republik und der Tschechoslowakei ausgesetzt worden.

INFOBOX

Ein Schicksalstag der Deutschen

Der 9. November ist ein Symboldatum der deutschen Geschichte, in dem sich Verlauf und Zwiespältigkeit des 20. Jh. spiegeln:

Am 9. 11. 1918 kam es im Gefolge der Novemberrevolution zur Abdankung Kaiser Wilhelms II. sowie der meisten Fürsten in den deutschen Ländern.

Mit dem organisierten Novemberpogrom in Deutschland und Österreich in der Nacht vom 9. zum 10. 11. 1938, der »Reichskristallnacht«, leitetete die NS-Führung den Übergang zur offenen Verfolgung der jüdischen Bevölkerung ein, die in die organisierte Massenverfolgung und -ermordung der Juden Europas mündete.

Mit seiner vorzeitig auf einer Pressekonferenz verlesenen Mitteilung zu einer neuen Ausreiseregelung der DDR-Regierung löste das Politbüromitglied der SED Günter Schabowski am frühen Abend des 9. 11. 1989 ungewollt einen breiten Zustrom auf die Grenzübergangsstellen an der Berliner Mauer und bald auch an der innerdeutschen Grenze aus. An den DDR-Grenzübergangsstellen war niemand auf diese Situation vorbereitet, sodass es zur überraschenden und von den an den Übergangsstellen versammelten Massen de facto erzwungenen Öffnung der Grenzen kam. Die friedliche Revolution in der DDR ging in ihre nationaldemokratische Phase über, die bald eine neue deutliche Richtung nahm: die Wiederherstellung der deutschen Einheit.

100582

Sozialistischer Bruderkuss zwischen Michail Gorbatschow und Erich Honecker bei Gorbatschows Ankunft in Berlin anlässlich der Feierlichkeiten zum 40. Gründungstag der DDR Anfang Oktober 1989

Volkes.« Angesichts der tatsächlichen Lage im Lande mussten solche Phrasen wie blanker Hohn wirken. Gorbatschow, Honeckers vornehmster Staatsgast dieser Feier, warnte denn auch viel sagend in Worten, die schnell um die Welt gingen: »Wer zu spät kommt, den bestraft das Leben.«

In den Tagen der Feierlichkeiten agierten die Sicherheitskräfte hochnervös und ließen sich deshalb zu Überreaktionen hinreißen. Wehrlose wurden verprügelt und die Filmrollen der Journalisten beschlagnahmt. Drückender Erklärungszwang lastete inzwischen auf den SED-Machthabern – aber nicht nur wegen dieser Vorfälle. Politbüromitglied Egon Krenz und andere aus dem engsten Führungskreis wollten mit einem Reformprogramm an die Öffentlichkeit treten. Als sie erkannten, dass Honecker darauf nur taktierend einzugehen bereit war, betrieben sie seinen Sturz.

Am 18. Oktober musste Honecker alle seine Ämter niederlegen. Sein Nachfolger wurde Krenz, der im Namen der alten Kräfte noch einmal versuchte, die politische Initiative zurückzugewinnen. Doch in Leipzig und anderswo gingen die Demonstrationen ungebrochen machtvoll weiter. Hunderttausendfach zeigten sich die Menschen nun selbstbewusst. Auf ihren Transparenten stand zu lesen: »Wir wollen raus!«, aber auch: »Wir bleiben hier!«

Der Fall der Berliner Mauer
Der neuen DDR-Führung war klar, dass Reformen unerlässlich sein würden, um wieder Herr der Lage zu werden. Zunächst schien sich alles Bemühen auf die Neuregelung der Reisemöglichkeiten für DDR-Bürger zu konzentrieren. Seit Anfang November flohen täglich mehr als 10 000 Menschen über die Tschechoslowakei in den Westen. Prag übte in jenen Tagen Druck auf die Ostberliner Führung aus und drängte auf eine schnelle Lösung der Ausreisefrage.

Am Nachmittag des 9. November verlas Krenz vor dem Plenum des Zentralkomitees (ZK) den Entwurf einer Verordnung im Vorgriff auf ein neues Reisegesetz. Die Verordnung sollte ursprünglich nur die »ständige Ausreise« neu regeln. In der textlichen Ausführung war der Entwurf aber weiter reichend und bezog alle Privatreisen mit ein. Man ließ das Papier ohne größere Einwände passieren. Offenbar erkannte während der Sitzung niemand die Brisanz der Verordnung. Wie beiläufig wurde sie noch am selben Abend von Politbüromitglied Günter Scha-

ZITAT

Aus der Rede, die Willy Brandt am 9. 11. 1989, am Abend nach der Öffnung der Berliner Mauer, vom Balkon des Rathauses Schöneberg hielt:
Aus dem Krieg und aus der Veruneinigung der Siegermächte erwuchs die Spaltung Europas, Deutschlands und Berlins. Jetzt wächst zusammen, was zusammengehört. Jetzt erleben wir, und ich bin dem Herrgott dankbar dafür, dass ich dies miterleben darf: die Teile Europas wachsen zusammen.

100562

Auch bei den Demonstrationen in Leipzig wurde die Forderung »Gorbi, hilf uns!« in lautstarken Sprechchören und auf Transparenten erhoben.

Noch am Abend und in der Nacht des 9. November strömen viele Tausend DDR-Bürger nach Westberlin (hier am Grenzübergang Sonnenallee) und in die grenznahen Städte der Bundesrepublik.

100562

bowski auf einer Pressekonferenz verlesen. Die Überschrift war inzwischen weggeschnitten worden und an deren Stelle trat der lapidare Schriftzug »Presseerklärung«. Schabowskis Meldung schlug wie eine Bombe ein. Die Tagesschau der ARD brachte sie an erster Stelle und textete dazu die Schlagzeile: »DDR öffnet Grenze.«

Schon am frühen Abend machten in Ostberlin Gerüchte die Runde. Man munkelte, der Grenzübergang an der Bornholmer Straße nach Westberlin sei offen. Die Ostberliner eilten daraufhin zu Hunderten, bald zu Tausenden zu den Grenzübergängen. Gegen 22 Uhr drohte die Lage außer Kontrolle zu geraten. Am Bornholmer Übergang hatten sich inzwischen etwa 20 000 Menschen eingefunden. Sie drängten gegen die Sperrgitter und forderten in Sprechchören den Durchlass nach Westberlin.

Noch vor Mitternacht gab ein Grenzoffizier den Befehl, die Schlagbäume zu öffnen. Schon Minuten später befanden sich Tausende auf Westberliner Seite. »Trabbis« fuhren durch ein Spalier jubelnder Menschen, die sich vor Freude und Rührung umarmten. Andere tanzten ausgelassen auf der Mauerkrone. Bald waren die Straßen der Westberliner City hoffnungslos überfüllt. Die Menschen spürten, dass etwas Bedeutsames eingetreten war.

In den folgenden Tagen und Wochen setzte sich die friedliche Invasion aus dem Osten fort. Allein bis zum Mittag des 12. November wurden rund 4,3 Millionen Visa für Privatreisen erteilt. Wer noch niemals im Westen war, dem gingen angesichts des »kapitalistischen« Warenangebots die Augen über. *Jochen Gaile*

ZEIT ASPEKTE

Das Beste aus der ZEIT zu ausgewählten Themen dieses Bandes.

Prager Frühling

NATO-Doppelbeschluss

Vietnamkrieg

Michail Gorbatschow ...

DIE ZEIT

ZEIT Aspekte

Karl Gunnar Myrdal

Im Kampf gegen Ungleichheit

Für Karl Gunnar Myrdal half das freie Spiel der Kräfte nur den Reichen

Von Yasmin Osman

Der Kampf gegen Ungleichheit zieht sich wie ein roter Faden durch die Biographie des schwedischen Nobelpreisträgers Karl Gunnar Myrdal. Er glaubte nicht, dass die unsichtbare Hand des Marktes die Ungleichgewichte beseitigen könne, auch nicht die Kluft zwischen den armen Staaten der Dritten Welt und den reichen Industrieländern. Karl Gunnar Myrdal (1899–1987) war überzeugt, dass Wohlfahrt national wie international nur dann zu erreichen ist, wenn staatliche Interventionen die Marktprozesse steuern.

Die zehnjährige Tätigkeit als Leiter der Wirtschaftskommission der Vereinten Nationen für Europa sensibilisierte ihn für die Entwicklungsunterschiede in Europa, aber auch für die Armut in Afrika und Asien. Sein Buch »Economic Theory and Underdeveloped Regions« (deutsch: »Ökonomische Theorie und unterentwickelte Regionen«) veröffentlichte er 1957 – in einer Zeit, in der viele ehemalige Kolonien unabhängig wurden und nach passenden Konzepten für ihre Wirtschaftspolitik suchten. Myrdal, ein Vordenker der Entwicklungspolitik, kommt zum Ergebnis, dass die gängigen Wirtschaftstheorien nicht auf die Situation der armen Nationen anwendbar sind.

80519

1974 erhielt der schwedische Ökonom Karl Gunnar Myrdal den Nobelpreis für Wirtschaftswissenschaften.

»Das freie Spiel der Kräfte führt zu Ungleichheit«, widerspricht Myrdal gängigen Lehrmeinungen seiner Zeit. »Das System bewegt sich von sich aus nicht in Richtung auf irgendein Gleichgewicht der Kräfte, sondern im Gegenteil davon weg«, einerseits zu immer größerem Reichtum und andererseits zu zunehmendem Verfall. Ein armer Mensch, beschreibt Myrdal den Teufelskreis, kann sich keine Medizin leisten. Krankheit senkt seine Leistungsfähigkeit, er kann weniger arbeiten und sich dadurch noch weniger Versorgung leisten. Mit die-

Frauen an einem Dorfbrunnen in Indien – Karl Gunnar Myrdal vertrat die Auffassung, dass die traditionellen Modelle der Ökonomie die speziellen sozialen, politischen und agrartechnischen Bedingungen der Entwicklungsländer nicht hinreichend berücksichtigten.

4847

sem Bild erklärt er sowohl wachsende Einkommensunterschiede zwischen Regionen eines Staates als auch zwischen Industrie- und Entwicklungsländern.

Obwohl sich die wirtschaftlichen Unterschiede der Weltregionen sichtbar vergrößerten, bemängelt Myrdal, pochten die Befürworter des Freihandels unvermindert darauf, dass sich Faktorpreise und Einkommen durch Handel angleichen. »Oft stärkt eine Vergrößerung der Märkte zunächst die reichen und progressiven Länder, deren Industrien einen Vorsprung haben.« Die armen Nationen hätten das Nachsehen. Die Entwicklungsländer könnten aber ihre Lage erheblich verbessern, wenn sie mit ihrer Wirtschaftspolitik in die Marktprozesse regulierend eingriffen, die sie bisher in die Armut getrieben haben.

Nach Myrdals Auffassung lassen die bis dato gängigen Wirtschaftstheorien Aspekte außer Acht, die gerade für Entwicklungsländer relevant sind: nichtökonomische Faktoren wie Bevölkerungsentwicklung, die Qualität der Böden oder gesellschaftliche und politische Zusammenhänge. Ohne Demokratie sei es schwer, mehr Gleichheit durchzusetzen. In vielen armen Ländern sei »die natürliche Tendenz zur Ungleichheit dadurch verstärkt worden, dass feudale oder andere bestehende Privilegien durch Institutionen und Machtkonstellationen gesichert werden, die die Reichen schützen und die Armen ausbeuten«.

Das Dilemma der Entwicklungsländer: Um ihre wirtschaftliche Position international zu verbessern, müssen sie zunächst im Innern die Ungleichgewichte zwischen Arm und Reich beseitigen. Myrdal sieht auch keinen Widerspruch zwischen höherer Produktivität und größerer Verteilungsgerechtigkeit. Im Gegenteil, die soziale und gesellschaftliche Verkrustung bremse die Entwicklung in Wirklichkeit stärker als egalitäre Politik. Das Laisser-faire-Prinzip stamme aus Zeiten, in denen der Staat die Privilegien der Reichen schützte.

Investitionen in Entwicklungsländern müssen laut Myrdal einstweilen vor den Kräften des Marktes geschützt werden, weil sie zunächst nicht rentabel sind. Die Federführung für das gesamte Entwicklungskonzept sollte der Staat übernehmen. Unter dem Eindruck wachsender Korruption seitens der Regierungen revidiert Myrdal seine Meinung später und plädiert dafür, Gelder möglichst direkt an Projekte zu verteilen und ihre Verwendung scharf zu kontrollieren.

Wirtschaftspolitisch rät er den jungen Ländern zu Protektionismus und regionaler Kooperation. »Es ist nicht an ihnen – den Armen –, internationale Rücksichten zu nehmen, abgesehen von solchen, die in ihrem eigenen Interesse liegen.«

Den Staaten der Dritten Welt rät er nicht, zu warten, bis eine Weltregierung eine ausgleichende Politik und umfangreiche Verteilungen in Angriff nimmt. Das sei auch nicht notwendig: »Wichtiger als internationale Redistribution ist aber eine Reform derjenigen Geschäftsmethoden, die die reicheren Länder mit ihrer stärkeren Verhandlungsposition den ärmeren Ländern gegenüber anwenden. Diese Reformen betreffen den Markt für ihre Exportprodukte, den Markt, auf dem sie ihre Importe kaufen, und die Organisation des Kapitalmarktes.« Eine Forderung, die ebenso zeitlos wie bislang vergeblich ist: Erst jüngst forderte die Handels- und Entwicklungsorganisation der Vereinten Nationen (UNCTAD) erneut offene Märkte für Waren aus der Dritten Welt. Durch den Protektionismus der Reichen entgingen den Armen jährlich Exporterlöse von 1,3 Milliarden Mark. *25. November 1999*

Prager Frühling

Dann kam die jahrelange Nacht

Eine Erinnerung an den sowjetischen Einmarsch und das Ende des Prager Frühlings

Von Christian Schmidt-Häuer

Kurz vor Mitternacht riss mich ein Anruf aus dem ersten Schlaf seit Tagen. »Stehen Sie auf«, sagte die Ärztin, die nachts in der Telefonzentrale des Hotels arbeitete, »wir sind schon besetzt.« Das klang so mechanisch, als ob sie die Weckliste abhakte. Es war der Ausdruck ihrer selbstgewissen Bitternis. Woche für Woche hatte sie bis in alle Details hören wollen, ob der Prager Frühling die Kommunisten, das System und ganz Europa verändern könne. Und am Ende schüttelte sie jedes Mal den Kopf: »Die Russen werden unser Land doch wieder zu einem Protektorat machen wie vor ihnen die Deutschen.«

Immer fühlt sich Prag im Bann seiner Geschichte, der die eigenen und die fremden Dichter Trauerflor anlegen. Auch in der ersten Stunde des 21. August 1968 war die Metapher längst da. »Die Welt dreht sich bestürzt rückwärts wie die Turmuhr im alten Judenviertel«, schrieb einst Blaise Cendrars. So musste es erscheinen, nachdem die Prager Schriftsteller und Reformkommunisten acht Monate lang gegen Moskau und die eigene Melancholie den Glauben hochgehalten hatten, dass sich die Geschichte nicht wiederholen werde. »Panzer wie in Ungarn 1956 können wir uns gar nicht leisten«, rief der Kinderbuchautor Jan Procházka im März 1968 der erleichtert auflachenden Menge zu, »unsere Stadt bricht ohnehin auseinander.«

Nun rasseln die Panzer durchs nächtliche Land, während die baufälligen Gassen des Golem und des Schwejk gerade ihre späte Ruhe gefunden haben. Nur am Wenzelsplatz fällt grelles Licht aus der Etage der Zeitung Svobodne slovo (Freies Wort). Über den Ticker drängt die bestürzte Welt herein. Sie dreht sich wieder rückwärts.

Der Himmel dröhnt. Wir stürzen auf den Balkon der Redaktion. Militärmaschinen brummen im Tiefflug über Nationalmuseum und Wenzelsplatz. Sie bringen Truppen und Panzer zum Prager Zivilflughafen. Für 21 Jahre wird der Vorrat der Sowjetmacht reichen, dann erst werden der geschundene Alexander Dubček und Václav Havel auf genau diesen Balkon treten und vor 500 000 jubelnden Pragern den Sieg der samtenen Revolution verkünden.

Dazwischen aber in der jahrelangen Nacht, die am 21. August 1968 anbricht, verliert die Tschechoslowakei zum dritten Mal nach 1938 und 1948 einen großen Teil ihrer Elite. Das erste Opfer der in Prag einrollenden Panzer stirbt direkt unter Parteichef Dubčeks Arbeitszimmer vor dem ZK-Gebäude an der Moldau.

Dort sind um 04.20 Uhr, angeführt von einer schwarzen Limousine der Sowjetbotschaft, Panzerwagen vorgefahren. Soldaten in langen Feldmänteln umstellen die Parteizentrale im Laufschritt. T-55-Panzer und Fallschirmjäger stoßen hinzu. Ein Posten, den wir ansprechen, lädt wortlos seine MP durch. Dubček selbst und die anderen Leitfiguren – Smrkovský, Kriegel, Simon, Mlynář –, die seit dem Abend im Arbeitszimmer des Parteichefs geblieben waren, beobachten die Szene hinter den Gardinen. Mlynář fällt sofort ein Bild aus der Kindheit ein. »In der Nacht vor dem Attentat auf den Reichs-

Brennender, mit einem Hakenkreuz bemalter sowjetischer Panzer 1968 während der gewaltsamen Beendigung des Prager Frühlings durch Truppen des Warschauer Pakts – ob Deutsche oder Russen die Besetzer waren, kam für die Tschechen fast auf das Gleiche heraus.

160

protektor Heydrich«, so erzählt er Jahre später, »sah ich durch ein Fenster, wie die gleichen grauen Gespenster in unserer Gasse Haus für Haus durchkämmten.«

Noch bevor sowjetische Offiziere in Dubčeks Arbeitszimmer stürzen und die Parteiführung mit vorgehaltenen Maschinenpistolen »in Schutzhaft« nehmen, wie sie es nennen, stürmt unten die erste Welle entschlossener Demonstranten auf das Gebäude zu. Mit dem Ruf »Russen raus« entern sie einen T-55 und hissen die blau-weißrote Trikolore der ČSSR. Der Panzer dreht sich auf der Stelle, MP-Garben stieben durch die Auspuffwolken in den bleigrauen Himmel. Seit 04.45 Uhr wird in Prag geschossen.

Die Fahne liegt am Boden, ein junger Mann verblutet auf ihr. Das erste Opfer bleibt unbekannt, doch die verfärbte Trikolore wird zur Zeugin der Anklage. Die abziehenden Demonstranten, die nun mit versteinerten Zügen »Faschisten raus« hervorpressen, führen die Fahne über den Wenzelsplatz, vor die damals noch seltenen Fernsehkameras und in die tapferste Schlacht der Tschechen an diesem Tag: in den Kampf um das Rundfunkgebäude.

Dorthin strömen die Prager, seit es hell geworden ist. Ihre einzige Waffe ist das Transistorgerät am Ohr. Was sie mit den Reformkommunisten am meisten verbindet, ist das freie Wort, das die Partei zugelassen hat. Sie bilden eine lebende Mauer um das Funkhaus. Mit Sperren aus Bussen und Baufahrzeugen versuchen sie, den sowjetischen Panzern den Weg zu verstellen. Gegen die eingeklemmten T-55 steuern Lastwagen, überladen mit Demonstranten, gespickt mit ČSSR-Fahnen. Stichflammen schießen aus angebohrten Reservetanks, Munition detoniert, Militärtransporter brennen, Panzer knicken Bäume um und walzen Autos platt. Während Radio Prag weitersendet, drängen sich im abgeschnittenen Straßenzug vor dem Gebäude entnervte Soldaten der Roten Armee und sie verwünschende, verspottende Tschechen auf engstem Raum. Kugeln und Querschläger reißen neue Opfer aus der Menge. Ein alter Mann reicht mir warme Patronenhülsen: »Von unseren Brüdern! Ihr Deutschen seid damals wenigstens als Feinde gekommen.«

Sondereinheiten stürmen die Senderäume über einen Hintereingang. Aber Radio Prag verstummt nur für kurze Zeit. Stationen aus dem Untergrund übernehmen. Sie warnen vor Straßenkämpfen: »Diskutiert, überzeugt! Unsere Waffe muss der gewaltlose Widerstand sein, wie ihn die Welt noch nicht gesehen hat.« Ein Sender empfiehlt: »Olympia steht vor der Tür. Wir haben geeignete Trainingspartner im Lande. Übt Sportarten, die uns jetzt Medaillenchancen eröffnen. Erstens: Wer kann die meisten Klimmzüge an Kanonenrohren machen? Zweitens: Wer kann die meisten Straßenschilder abschrauben, um unsere Brüder auf den rechten Weg zu bringen?«

Die Prager wechseln auch ihre Türschilder aus. Immer mehr Familien heißen »Dubček« oder »Svoboda« und wohnen in gleichnamigen Straßen. Junge Tschechinnen in ihren kürzesten Miniröcken hängen Handtäschchen an MG-Läufe und verlesen den hilflosen, ahnungslosen Soldaten, die sich anfangs nur im Manöver wähnten, russischsprachige Resolutionen von Kleinstbetrieben oder antifaschistischen Widerstandskämpfern. Jugendliche bewerfen die Panzer nicht länger mit Steinen, sondern bemalen sie mit Hakenkreuzen und SS-Runen: »Hitler dankt Breschnew«. Dieser Widerstand währt fünf Tage – fünf Tage, die die Welt bewundert. Dann kehren der verschleppte Parteichef Dubček und der ihm nach Moskau nachgereiste Präsident Svoboda mit dem Normalisierungsdiktat des Kreml zurück. Der Traum von 1968 wird zum Albtraum.

Wieder ist es ein Jahr mit einer Acht am Ende, in dem die magische Stadt aus ihren kurzen Hoffnungen in endlose Verzweiflung treibt. »Und dennoch«, erinnert sich der spätere Kulturminister der freien Tschechoslowakei, Pavel Dostál, »war es die schönste Acht in meinem Leben – auch wenn ich ihretwegen die folgenden zwanzig Jahre als Heizer verbrachte.« So dachten und so denken fast alle Intellektuellen des Prager Frühlings, der Europas Geschichte um zwei Jahrzehnte voraus war.

Doch sie sind allein geblieben. 28 Jahre später, am 21. August 1996, fragte das Fernsehen Prager Bürger, ob ihnen dieses Datum etwas sage. Jeder zweite schüttelte den Kopf: Keine Ahnung. Die Altkommunisten des Moskauer Statthalters Gustáv Husák hatten alles getan, um die Erinnerungen auszuradieren. Und kaum waren nach der samtenen Revolution »die 68er« wie Dubček und

Havel winkend auf den historischen Balkon zurückgekehrt, setzte die neugewählte, liberal-konservative Regierung Klaus den Verdrängungsprozess fort. Auch sie tat alles, »um die Geschichte zu fälschen« (Dostál) und den Prager Frühling als ein innerparteiliches Fraktionsgerangel, einen Machtkampf unter Kommunisten abzutun.

Die Mehrheit der Tschechen ließ das ungerührt geschehen. »Sie schämen sich, 1968 noch einmal den Kommunisten hoffnungsvoll zugejubelt zu haben«, erklärte Präsident Havels wichtigster Ratgeber Jiři Pehe oben auf der Burg. Simon Panek, einer der Studentenführer, die 1989 neben Havel auf dem Balkon standen, meint heute: »Die Bürgerrechtler, die nach dem Frühling weiterkämpften, konnten bei uns keine Helden bleiben, weil sie bewiesen hatten, dass man sich nicht anpassen muss.«

Aber warum sind die Tschechen so skeptisch gegenüber allen Anstößen und Werten, die über den platten Alltag hinausgehen? Warum bleiben sie so gleichgültig oder misstrauisch gegenüber allem, was außerhalb ihrer Staatsgrenzen geschieht?

Das Misstrauen gegenüber Ost und West ist begründet

Ganz einfach: Weil ihre Geschichte ihnen für dieses Misstrauen gegenüber Ost und West, für diesen »Provinzialismus als Perzeption der Welt« genügend Gründe gegeben hat. Nicht erst im Jahre 1968, sondern schon seit 1618 und 1648, 1938 und 1948.

Gewiss, für die Verehrer der Mythen und der Magie, der Metaphysik und der Alchimie war die Goldene Stadt immer der »Mittelpunkt Europas, wo die alten Weltachsen sich schneiden«, wie Robert Musil schrieb. Das andere Prag, das die Böhmen erlebten, war »jahrhundertelang Hochburg gnadenlosen Abenteurertums ... Jeder riss das lebendige Fleisch stückweise heraus«. Milos Marten hat das geschrieben, zwei Jahrzehnte vor dem Einmarsch der Wehrmacht, unter der die Tschechen dann ja nicht besonders zu leiden hatten – wie heute die blonde Herrenfrau Erika Steinbach tönt, die den Bund der Vertriebenen führt.

Das lebendige Fleisch herausgerissen: Die katholischen Habsburger begannen damit. Sie schnitten dem Rektor der ehrwürdigen Karls-Universität, dem Doktor

3046

Prag, die »Goldene Stadt«, Mittelpunkt Europas und Objekt der Begierde – hier der Blick auf die über die Moldau zur Prager Kleinseite führende Karlsbrücke

Johann Jessenius, einem Vorfahren von Kafkas Liebe Milena Jesenska, die Zunge heraus, bevor sie ihn zusammen mit 26 anderen Notablen Böhmens enthaupteten. Die Köpfe ließen sie ein Jahrzehnt in Eisenkörben am Gesims der Altstädter Brücke hängen. Aus dem neuen, schicken Café »Milena« am Altstädter Ring kann man heute die 27 weißen, ins Pflaster eingelassenen Steinkreuzchen sehen – wenn die Touristen nicht achtlos auf ihnen stehen und auf die Pferdedroschken warten. Am 21. Juni 1621 fand hier das furchtbare Golgatha statt, als der Henker Jan Mydlár vier Stunden lang unter Fanfarenklängen Böhmens Elite eliminierte.

Auch das hatte mit einem Achterjahr angefangen, in dem die Prager nicht die Vorsicht des 21. August 1968 an den Tag legten: 1618 verteidigten die böhmischen Stände ihre von den Habsburgern widerrufene religiöse Freiheit und warfen beim Prager Fenstersturz zwei Statthalter von der Burg – womit der 30-jährige Krieg begann. Die beiden Wiener Herren überlebten, das Königreich Böhmen überlebte nicht. Von den protestantischen Nachbarn im Stich gelassen, ging es 1620 in der Schlacht am Weißen Berg unter – für Europa ein Scharmützel, für die Böhmen ein fortdauerndes Trauma. 1648, mit dem Westfälischen Frieden, war das Königreich endgültig ausgelöscht: Finis Bohemiae. Habsburg errichtete die Palais der Sieger, der Liechtensteins und der Wallensteins, setzte die barocken Heiligenfiguren auf die Karlsbrücke, zu denen die unterworfenen Ketzer aufschauen sollten. Die Jesuiten übernahmen Schulwesen und Bücherzensur, wie später die deutschen »Protektoren« und die russischen Statthalter.

»Der Fluch des Weißen Berges brachte die Moldaustadt zum Stillstand in der Zeit«, schrieb der 1978 verstorbene italienische Literaturprofessor Angelo Rippelino. André Breton nannte das die »Prager versteinerten Gleichzeitigkeiten«. Der Prunk der Bauwerke, die zugleich Monstranzen der oktroyierten Glaubensherrschaft waren, hielt die Entfremdung, die Resignation und den Überdruss an den Belehrungen der Welt in dieser Stadt.

Selbst als die tschechische Nation ihre geistige Wiedergeburt erlebte, als sich 1918 der Freiheitstraum in der Ersten Republik doch noch erfüllt zu haben schien, klagte der Schriftsteller Jiři Karásek: »Prag, die tragische Königin. Die Melancholie, von der sie seit drei Jahrhunderten befallen ist, kann nicht geheilt werden.« Karásek irrte sich nicht. Die Weltwirtschaftskrise schmälerte die stolzen Erfolge der Republik Thomas Masaryks. 1938 untergrub das Münchener Abkommen den Prager Glau-

Die Heiligenfiguren auf der Prager Karlsbrücke waren ein unmissverständliches Zeichen der katholischen Herrschaft (Madonna mit den Heiligen Thomas von Aquin und Dominikus, 1708).

ben an die Demokratien. Von ihnen verraten, gaben die Tschechen nach dem Krieg in freien Wahlen die meisten Stimmen den Kommunisten. Die nahmen sich 1948 die ganze Macht von Präsident Beneš, dessen Dekrete zwar die Sudetendeutschen vertrieben, der aber für den Widerstand gegen die Stalinisten zu schwach war.

So mussten die Schriftsteller Vaculik, Kohout, Kundera, Havel und viele andere mehr, die den Prager Frühling auslösten, nicht nur den Aufstand gegen die Partei wagen, sondern auch den Aufbruch aus den düsteren Gassen der fortdauernden Prager Melancholie. Und so haben die Tschechen das humane Pathos der »68er«, ihren »Sozialismus mit menschlichem Antlitz«, im Grunde als ziemlich wesensfremd verdächtigt. Der baldige Rückzug in den Alltag, die scheinbare Überanpassung, das ist ihre Form der Verweigerung gegen die Theatralik der Ideologien, gegen den »Weltgeist« (der nun Globalisierung heißt), gegen die Nachbarn, die ihnen als allzu große, als allzu plumpe Golems erscheinen. Deutsche und Russen gelten in allen Umfragen als die gefährlichsten – seit 1995 mit zunehmender Tendenz.

»Die Deutschen«, sagt der Historiker Jan Křen, »sind von den Tschechen zumeist durch verengte Brillen betrachtet worden. Erst sah man nur Wien, dann nur die Nazis, dann nur die DDR. Jetzt sieht man nur Bayern – und das erscheint uns nun wirklich größer, als es ist.« »Gewiss«, so argumentiert der in Berlin lebende Publizist Jaroslav Šonka, »widersprechen die Beneš-Dekrete der erst 1949 verabschiedeten Menschenrechts-Charta.« Doch die kommunistische Herrschaft habe das Nachdenken darüber schließlich jahrzehntelang unterbunden. »Heute sind die tschechischen Politiker mit Wählern konfrontiert, die noch nicht dazu bereit sind, diese Selbstkritik zuzulassen.« Am 16. August 1968 führte ich mit Alexander Dubček das letzte Interview vor der Invasion. Dabei kam auch das damals geplante Egerländer Sudetentreffen in Schirnding zur Sprache, das Breschnew und Ulbricht den Reformkommunisten als Beispiel für den Bonner Revanchismus vorhielten. Statt eine heftige Tirade loszulassen, sagte der Parteichef sanft: »Es muss doch nicht sein, dass man durch solche Sachen Unruhe schafft.« *20. August 1998*

NATO-Doppelbeschluss

Null-Lösung: im deutschen Interesse

Atomwaffen haben nur eine Funktion: den Gegner vom Kernwaffen-Einsatz abzuschrecken – zur Verteidigung taugen sie nicht

Von Helmut Schmidt

Wenn es zu einem beiderseitigen Verzicht von Mittelstreckenwaffen in Europa kommen sollte, so wäre dies für mich ein großer, wenn auch später persönlicher Triumph. Denn ich war mitverantwortlich für den Doppelbeschluss des Jahres 1979; und ich war allein verantwortlich für den von mir 1980 ausgesprochenen und 1981/82 mehrfach wiederholten Vorschlag einer beiderseitigen Null-Lösung. Heute besteht große Aussicht auf eine Verwirklichung dieser beiderseitigen Null-Lösung. Die Sowjetunion wäre ohne westliche Nachrüstung dazu nicht bereit gewesen. Jetzt aber, wo die beiderseitige Null-Lösung möglich würde, rührt sich im Westen kräftige Opposition dagegen.

Das Problem der Mittelstreckenraketen ist allein durch die Sowjetunion geschaffen worden. Die Sowjets haben in der Mitte der Siebzigerjahre begonnen, ihre neu entwickelten hochmodernen, beweglichen, mit je drei unabhängig zielbaren nuklearen Sprengköpfen ausgestatteten SS-20-Raketen aufzustellen. Präsident Ford und Außenminister Kissinger erkannten schon früh, dass dadurch ein Machtungleichgewicht in Europa zulasten des Westens entstand. Sie trugen dies Ende 1974 Generalsekretär Breschnew und Außenminister Gromyko beim Gipfeltreffen zu Wladiwostok auch vor. Ford wollte das Problem nach seiner von ihm für November 1976 erwarteten Wiederwahl anpacken, und zwar im Rahmen des von ihm angestrebten SALT-II-Vertrages. Ich habe seinerzeit als Bundeskanzler diesem zeitlichen Vorgehen zugestimmt. Statt Gerald Ford wurde jedoch Jimmy Carter Präsident der Vereinigten Staaten; und

Carter weigerte sich, meinem Vorschlag zu entsprechen und die SS-20-Frage im Rahmen von SALT II zu lösen. Er mochte nicht anerkennen, dass die sowjetischen SS-20 eine wachsende militärische und politische Bedrohung der Bundesrepublik Deutschland darstellten.

Durch monatelange vergebliche Gespräche mit der Carter-Administration verärgert, benutzte ich im Herbst 1977 einen Vortrag vor dem Internationalen Institut für Strategische Studien in London, um das Problem in die Öffentlichkeit zu tragen. Im Laufe des Jahres 1978 unternahm das Weiße Haus daraufhin eine Neubewertung seiner Analysen. Zwar blieb Carter dabei, die Mittelstreckenwaffen nicht in das von ihm weiterhin verfolgte SALT-II-Projekt einzubeziehen, aber er kam im Jahre 1979 mit einem eigenen Gegenvorschlag.

Im Januar 1979 trafen sich die Präsidenten Carter und Giscard d'Estaing sowie Premierminister Callaghan und ich zu einem allgemeinen strategischen Meinungsaustausch auf der französischen Karibikinsel Guadeloupe. Dort machte Carter den Vorschlag, die im Aufwuchs befindliche Masse sowjetischer SS-20-Raketen durch Aufstellung amerikanischer Mittelstreckenwaffen auf westeuropäischem Boden, insbesondere auf deutschem Boden, auszubalancieren. Wir drei Westeuropäer traten für eine wesentliche Ergänzung des Carter'schen Vorhabens ein und gewannen dafür seine Zustimmung: gleichzeitig mit den Sowjets über die Mittelstreckenwaffen zu verhandeln. Guadeloupe war die Geburtsstunde jenes »Doppelbeschlusses«, dem die übrigen NATO-Mitgliedsstaaten im Dezember 1979 zustimmten.

100562

Der amerikanische Präsident Jimmy Carter wollte das Problem der SS-20-Raketen nicht in die SALT-II-Verhandlungen einbeziehen.

Dieser Doppelbeschluss enthielt drei Hauptelemente. Zum einen boten wir der Sowjetunion Verhandlungen zur beiderseitigen Begrenzung der Mittelstreckenwaffen an (auf westlicher Seite sollten die Amerikaner die Verhandlungen führen, aber nur in enger Konsultation mit ihren europäischen Verbündeten). Zum anderen begrenzten wir die Verhandlungen auf einen Zeitraum von vier Jahren. Zum Dritten kündigten wir der Sowjetunion von vornherein an, der Westen werde im Falle der Ergebnislosigkeit der Verhandlungen nach Ablauf von vier Jahren 572 amerikanische Mittelstreckenraketen in Europa aufstellen.

Pershing II beim Start: Durch ein nachkorrigierbares Leitsystem des Sprengkopfes ergab sich eine hohe Treffgenauigkeit von etwa 50 Metern. So wurde die Verwendung von Nuklearsprengköpfen mit geringerer Sprengkraft möglich, um ein Ziel zu zerstören.

100562

Tatsächlich sind die Verhandlungen damals nur schwerfällig in Gang gekommen. Der sowjetische Einmarsch in Afghanistan Ende 1979 verhinderte ernsthafte Gespräche zwischen Washington und Moskau; stattdessen trug ich im Sommer 1980 (trotz allerhand Kritik durch die Carter-Administration) Breschnew unseren Vorschlag mit großem Ernst und mit allen Einzelheiten vor. Ich machte auch öffentlich klar, dass in deutschem Interesse ein optimales Ergebnis der Verhandlungen dann erreicht würde, wenn beide Seiten sich auf eine beiderseitige Null-Lösung einigen würden: Abbau aller sowjetischen SS-20-Raketen gegen Nicht-Aufstellung der Doppelbeschlusswaffen.

Die sowjetische Führung unter Breschnew verwarf diese Lösung, erklärte sich aber zu Verhandlungen bereit, obschon sie diese seit dem Doppelbeschluss bis dahin abgelehnt hatte. Die Verhandlungen begannen erst im Laufe des Herbstes 1981, nachdem der inzwischen neugewählte Präsident Reagan offiziell und öffentlich auch seinerseits die beiderseitige Null-Lösung als optimales Verhandlungsergebnis bezeichnet hatte. Trotz großer Anstrengungen des erfahrenen und fähigen amerikanischen Verhandlungsführers Paul Nitze scheiterten die Verhandlungen; ein Kompromissvorschlag Nitzes wurde im Sommer 1982 sowohl vom Kreml wie vom Weißen Haus abgelehnt.

Als im Dezember 1983 die Vierjahresfrist abgelaufen war (ich selbst war im Herbst 1982 aus dem Amte geschieden), war es für alle konsequenten Politiker im Westen, die 1979 dem Doppelbeschluss zugestimmt hatten, selbstverständlich, nunmehr mit der Aufstellung amerikanischer Pershing II und Cruise-Missiles zu beginnen. Die

Durch die Pershing-II-Raketen war der Atomkrieg präziser und damit führbar geworden. Die Hemmschwelle vor dem Einsatz dieser Waffen werde sinken, lauteten die Bedenken von Kritikern – mehr als 250 000 Menschen protestierten in Bonn im Oktober 1981 gegen die Stationierung von nuklearen Mittelstreckenraketen in der Bundesrepublik Deutschland.

100562

Aufstellung begegnete ziemlichem politischem Widerstand; sie wurde jedoch nicht ernsthaft behindert.

Angesichts dieser Vorgeschichte ist es absurd, wenn einige amerikanische Politiker behaupten, die beiderseitige Null-Lösung sei ein »kommunistischer Vorschlag«, den Gorbatschow aus sowjetischem Interesse mache. Die Wahrheit ist: Die Null-Lösung war von Anfang an ein westlicher Vorschlag. Wenn sie im Laufe des Jahres 1987 vereinbart wird, wie ich inständig hoffe, so wird es sich um eine Konzession der Sowjetunion handeln, keineswegs um eine Konzession des Westens.

Auch andere in der innerwestlichen Debatte vorgebrachten Argumente sind abwegig – zum Beispiel der Vorschlag, die Null-Lösung mit der Lösung anderer Abrüstungsprobleme zu verknüpfen, oder gar mit der Lösung der Probleme Afghanistans und Nicaraguas. Wer alle Probleme der Welt auf einmal lösen will, wird überhaupt keines der Probleme lösen können. Solche Vorschläge haben bestenfalls einen Vorzug: Sie zeigen dem sowjetischen Chef, dass der amerikanische Chef nicht völlig freie Hand hat und dass deshalb der Kreml gut daran tut, seinem Verhandlungspartner bei den wichtigen Nebenfragen etwa im Punkte Verifikation entgegenzukommen.

Zwei der vielen Gegenargumente gegen die doppelte Null-Lösung verdienen hier näher untersucht zu werden: der Hinweis auf die Raketen kürzerer Reichweite und die Überlegung, dass sich der Westen der konventionellen Überlegenheit des Ostblocks ausliefere, wenn er seine Mittelstreckenwaffen in Europa abschaffte.

Seit dem Beginn der westlichen Nachrüstung Ende 1983 hat die Sowjetunion zusätzliche Mittelstreckenraketen kürzerer Reichweite installiert, und zwar in großer Nähe zur Bundesrepublik in der Tschechoslowakei und der Deutschen Demokratischen Republik. Sie hat damit ein zusätzliches Ungleichgewicht zu ihren Gunsten geschaffen. Diese zusätzliche Bedrohung muss im Rahmen der gegenwärtigen Verhandlungen über Mittelstreckenraketen beseitigt werden. Doch offenbar ist Gorbatschow bereit, die Null-Lösung auch für Mittelstreckenwaffen kürzerer Reichweiten zu akzeptieren. Wir sollten ihn beim Wort nehmen, anstatt darüber zu jammern.

100562

Cruise Missiles (hier der britischen Royal Navy) sind unbemannte Marschflugkörper mit Sprengkopf, die sich selbst über Radar ins programmierte Ziel steuern. Sie fliegen niedrig und haben eine geringe Hitzeausstrahlung, sodass sie von Radar- und Infrarotsystemen kaum erfasst werden können.

Nun haben einige der strategisch denkenden Generale im Westen (so der US-General Bernard Rogers, Oberbefehlshaber der NATO-Truppen in Europa) und einige der militärisch denkenden Politiker im Westen (so Bundesverteidigungsminister Manfred Wörner) in letzter Zeit öffentlich ihre Überzeugung vorgetragen, dass eine totale Abschaffung der Mittelstreckenwaffen kürzerer Reichweite den Westen der Möglichkeit berauben würde, im Falle eines sowjetischen konventionellen Angriffs zur Verteidigung als erste kriegführende Partei Kernwaffen einzusetzen. Angesichts der zahlenmäßigen Überlegenheit, über welche die Sowjetunion auf dem Felde konventioneller Streitkräfte in Europa verfüge, könne der Westen auf diese Option nicht verzichten. Darum müsse er Mittelstreckenwaffen kürzerer Reichweite behalten, denn nur mit ihrer Hilfe lasse sich die Sowjetunion weiterhin von einem konventionellen Angriff abschrecken.

Die sowjetische Überlegenheit wird übertrieben dargestellt
Das Argument hält näherer Prüfung nicht stand. Zum einen hat die behauptete zahlenmäßige konventionelle Überlegenheit der Sowjetunion in den letzten vierzig

Jahren schon immer bestanden; sie war, bis die Bundeswehr voll aufgestellt war, sogar viel größer. Sie bestand in gleicher Weise auch, als die Sowjetunion mit der SS-20-Aufrüstung begann und der westliche Nachrüstungsbeschluss gefasst wurde.

Zum anderen wird das Ausmaß der heutigen sowjetischen Überlegenheit allgemein übertrieben dargestellt. So ist es absurd, bei der Darstellung des Kräfteverhältnisses die konventionellen Streitkräfte Polens, der Tschechoslowakei und der DDR mitzuzählen. Im Falle eines sowjetischen Angriffs wären diese Streitkräfte sehr unzuverlässige Hilfstruppen. Sie würden sowjetischer Bewachung bedürfen, damit sie nicht ihren eigenen nationalen Instinkten oder Interessen folgen. Aber das ist es nicht allein.

Ich war - auch früher als Verteidigungsminister - wegen der tatsächlich nicht zu leugnenden größeren Zahl sowjetischer konventioneller Truppen niemals wirklich besorgt, weil ich überzeugt war und bin von dem hohen Kampfwert, den die Bundeswehr im Falle eines Angriffs aus dem Osten an den Tag legen würde. Es kommt hinzu, dass die Bundesrepublik wie Frankreich und alle übrigen europäischen Allianzpartner außer Großbritannien niemals dem amerikanischen Beispiel gefolgt ist; wir haben die Wehrpflicht nicht abgeschafft. Vielmehr haben wir durch Beibehaltung der Wehrpflicht große Zahlen schnell mobilisierbarer, militärisch voll ausgebildeter Personalreserven zur Verfügung. Diese Reserven brauchen nicht über den Kanal oder den Atlantik transportiert zu werden.

Die westeuropäischen konventionellen Streitkräfte haben einen hohen Abschreckungswert. Er könnte noch beträchtlich gesteigert werden, wenn die konventionellen französischen, deutschen und Benelux-Streitkräfte integriert würden, wie ich dies aus politischen Gründen zur Förderung des westeuropäischen Einigungsprozesses seit längerer Zeit vorgeschlagen habe. Auf jeden Fall reichen diese Streitkräfte aber heute schon aus, um eine rationale Kremlführung von jedem Gedanken an einen konventionellen Angriff auf Westeuropa abzubringen.

Auch die von General Rogers und anderen vorgebrachte Besorgnis, eine umfassende Null-Lösung, die auch Mittelstreckenwaffen kürzerer Reichweite einschließt, würde der Strategie der »flexible response« den Boden entziehen, halte ich für unbegründet. Einerseits würde der Westen ja immer noch über nukleare Artillerie verfügen, auch über nuklear ausgerüstete Kampfflugzeuge und andere Kernwaffen. Andererseits ist die »flexible response«-Strategie schon seit langem obsolet. Sie entstand als Konsequenz des Nachdenkens eines brillanten amerikanischen Generals, des jüngst verstorbenen Maxwell D. Taylor. Er warf schon Ende der Fünfzigerjahre die Frage auf: »Was tun wir im Verteidigungsfalle, wenn wir in die Lage kommen sollten, den nuklearen Vergeltungsknüppel nicht benutzen zu wollen und benutzen zu können, es sei denn um den Preis der anschließenden Auslöschung der eigenen Existenz?« Taylors Buch »The Uncertain Trumpet« gab einen gewaltigen Denkanstoß. Er überzeugte 1962 den damaligen amerikanischen Verteidigungsminister Robert McNamara davon, dass ein weiteres Festhalten an der nuklearen Vergeltungsstrategie unsinnig, weil selbstmörderisch gewesen wäre – schließlich war die Sowjetunion damals im Begriff, nuklearstrategische Parität mit den Vereinigten Staaten zu erreichen. Die europäischen Verbündeten zögerten lange, McNamara zu folgen. Erst 1967 ließen sie sich auf »flexible response« ein: eine Militärstrategie, die nur schrittweise und selektiv den Übergang von konventioneller Verteidigung auf nukleare und nuklearstrategische Kriegführung vorsah.

Im Jahre 1967 war der Aufbau der Bundeswehr fast beendet, der Albdruck hoffnungsloser konventioneller Unterlegenheit des Westens deshalb schon nicht mehr gerechtfertigt. Wohl aber war die wegen dieses Albdrucks seit 1962 entfaltete »flexible response«-Strategie durchaus geeignet, den Verteidigungskampfwert der Bundeswehr entscheidend zu verkrüppeln. Tatsächlich sahen ja die Militärpläne und Manöver niemals wirkliche Flexibilität vor. Vielmehr ging die NATO-Führung immer von einer schnellen Eskalation aus. Sie unterstellte und übte in ihren Manövern einen frühen Erstgebrauch nuklearer Waffen durch den Westen.

Als ich 1969 Verteidigungsminister wurde, war mir klar, dass die tatsächliche Anwendung dieser Strategie

100562

Im Gegensatz zu den USA wurde in den meisten westeuropäischen Ländern die Wehrpflicht nicht abgeschafft (Fahneneid bundesdeutscher Soldaten).

innerhalb weniger Tage zu millionenfacher Vernichtung menschlichen Lebens in beiden Teilen Deutschlands führen konnte. Ich hielt es für völlig unrealistisch zu glauben, dass im Verteidigungsfall unsere Soldaten weiterhin kämpfen würden, nachdem die ersten nuklearen Waffen auf deutschem Gebiet explodiert sein würden. Die Vorstellung der NATO erschien mir absurd, dass die Bundeswehrsoldaten in diesem Falle den Verteidigungskampf fanatischer und selbstmörderischer fortsetzen würden als die Japaner, die 1945 nach dem Abwurf der beiden Atombomben auf Hiroshima und Nagasaki sofort kapitulierten, obgleich noch kein amerikanischer Soldat die japanischen Hauptinseln betreten hatte.

Gegen eine nukleare Kampfführung

Ich war als damaliger Inhaber der Befehls- und Kommandogewalt fest entschlossen, für den (unwahrscheinlichen) Fall eines sowjetischen konventionellen Angriffs einer westlichen Eskalation in die nukleare Kampfführung keinerlei Beihilfe zu leisten. Es erschien mir allerdings nicht sinnvoll, dies öffentlich auszusprechen; denn es war denkbar, dass ein gewisses Maß an sowjetischer Ungewissheit über die zu erwartende westliche Reaktion abschreckend wirkte.

Heute ist es an der Zeit, die zwanzig Jahre alte »flexible response«-Strategie durch ein neues Konzept zu ersetzen, zum Beispiel durch Bereitstellung ausreichender konventioneller Streitkräfte mittels Integration deutscher, französischer und Benelux-Truppen unter gemeinsamem französischen Oberbefehl. Ein neues Konzept liegt dringlich im aufgeklärten eigenen Interesse auch Frankreichs. François Mitterrand und Jacques Chirac sollten sich einmal bildhaft die Lage Frankreichs vorstellen, die eintreten würde, wenn die Bundeswehr wegen nuklearer Zerstörung Deutschlands den Verteidigungskampf aufgäbe. Die heutige Debatte über die angebliche Unverzichtbarkeit der »flexible response«-Strategie macht es jedenfalls unumgänglich, die tödliche Schwäche dieser in Wahrheit längst ganz unflexibel gewordenen Strategie deutscher Selbstverteidigung öffentlich deutlich zu machen.

Wenn moralisch intakte Idealisten eine nukleare Totalabrüstung der ganzen Welt verlangen, so ist dies

Michail Gorbatschow, damaliger Generalsekretär der KPdSU (rechts), und US-Präsident Ronald Reagan bei einem Gespräch während ihres Gipfeltreffens am 21.11.1985 in Genf/Schweiz. Sowohl Gorbatschow als auch Reagan hatten starke Motive, um bei den Abrüstungsgesprächen zu einem Erfolg zu kommen.

100562

glaubwürdig und ehrenhaft – realistisch ist es nicht. Denn weder die Sowjetunion noch die Vereinigten Staaten, weder China, Frankreich oder England noch die geheimen Nuklearmächte in anderen Kontinenten werden bereit sein, auf die letzte Kernwaffe zu verzichten. Es ist realistisch, auch für die Zukunft mit der Existenz nuklearer Waffen zu rechnen. Es ist ebenso realistisch, für ihre weitgehende Verringerung einzutreten.

»Für den Westen kann die Funktion nuklearer Waffen nur darin liegen, die östliche Seite davon abzuhalten, ihrerseits einen Erstgebrauch sowjetischer Nuklearwaffen ins Auge zu fassen.« Dieser Satz gilt nicht nur für Mittelstreckenwaffen jeder Reichweite, er gilt ebenso für so genannte »strategische« Langstreckenwaffen, für so genannte »taktische« Mittelstreckenwaffen oder für »Gefechtsfeld«-Waffen.

Was wir stattdessen brauchen, um einen Gegner zu entmutigen und von etwaigem begrenztem Angriff abzuschrecken, sei es in Europa oder sonstwo auf der Welt, sind ausreichende konventionelle Streitkräfte. Diese sind in Westeuropa in beinahe befriedigenden Zahlen vorhanden. Wer hingegen den Westdeutschen einredet, das Gebiet der Bundesrepublik sei wirksam nur dann zu verteidigen, wenn der Westen selbst als Erster zu den Atomwaffen greift, der unterminiert – zwar unwillentlich, aber auf die Dauer sehr wirksam – den Verteidigungswillen der Bundesrepublik.

Gegenwärtig ist die Gefahr eines großen Krieges in Europa nicht sehr groß, aber sie ist nicht gleich null. Durch beiderseitige Aufrüstung wird sie jedoch nicht kleiner. Die Geschichte generationenlanger russischer Expansion wird uns vor der Illusion bewahren, die heutige Sowjetunion für einen Wohltäter der Menschheit zu halten. Sie ist morgen wie heute ein gefährlicher, mächtiger, großer Nachbar. Aber sie ist nicht unser Feind (deshalb habe ich als Verteidigungsminister den Gebrauch des Wortes »Feindbild« untersagt). Und die Sowjetunion, zumal unter dem gegenwärtigen Kremlführer Michail Gorbatschow, ist kein kriegslüsterner Staat.

Der neue Generalsekretär bedarf eines Abrüstungserfolges – aus allgemeinen innenpolitischen Gründen, aber vor allem aus wirtschaftlichen Gründen. Seine Reforminitiativen haben greifbare Erleichterungen oder Verbesserungen bisher lediglich für die Intellektuellen und für die in den Medien tätigen Menschen herbeigeführt. Viele Funktionäre in der Partei, der Staatsverwaltung und Wirtschaftsbürokratie fürchten um ihre Ämter und Karrieren. Die Masse der Menschen bleibt einstweilen skeptisch gegenüber den angekündigten ökonomischen Verbesserungen.

Gorbatschow braucht ökonomische Anfangserfolge in relativ kurzer Zeit. Ihm ist klar, dass dies in jedem Falle eine Verringerung der sowjetischen Rüstungslasten voraussetzt. Die Sowjetunion verwendet jedes Jahr etwa 12 bis 14 Prozent ihres Bruttosozialproduktes für militärische Zwecke – einen doppelt so hohen Anteil wie die Vereinigten Staaten, viermal mehr als die Westeuropäer, zwölfmal mehr als die Japaner.

Gegenüber dem sowjetischen Militär und gegenüber seinen Kollegen der Parteiführung eine einseitige Verminderung des sowjetischen Rüstungsaufwandes durchzusetzen, wäre für Gorbatschow ein waghalsiges Manöver. Ihm muss daran liegen, die Verminderung des sowjetischen Rüstungsaufwandes durch beiderseitige Rüstungsverminderung herbeizuführen und zu legitimieren: durch Abrüstungsverträge mit dem Westen.

Gorbatschows Opposition gegen Reagans SDI-Pläne ist ebenfalls nur ökonomisch, keineswegs strategisch begründet. Er muss nicht fürchten, auf diesem Felde mit den Amerikanern nicht gleichziehen zu können; wohl aber muss er fürchten, dass ihn ein Wettlauf auf diesem Felde einen noch höheren Anteil am sowjetischen Bruttosozialprodukt kosten könnte. Er hat also starke ökonomische Motive, das Wettrüsten einzuschränken und nach Möglichkeit den Militäraufwand zu vermindern.

Als Einstieg in den Prozess der Rüstungsverminderung bietet sich Gorbatschow das Feld der Mittelstreckenwaffen an; denn auf diesem Felde gibt es zusätzlich einen starken strategischen Anreiz. Bis in das Jahr 1984 hinein hat die Sowjetunion gehofft, mit ihrer 1974/75 begonnenen SS-20-Rüstung ohne ernsthafte westliche Gegenwehr davonzukommen. Der Kreml hatte gehofft, die westliche Nachrüstung verhindern zu können. Diese Hoffnung hat ebenso getrogen wie die Erwartung, mithilfe der SS-20 Westeuropa - besonders die nicht-nukleare Bundesrepublik Deutschland - politisch unter Druck setzen zu können. Jetzt liegt es im strategischen Interesse der Sowjetunion, die westliche Gegendrohung zu beseitigen. Aus diesem Grunde ist die heutige Sowjetführung sogar bereit, zur Gänze auf ihre gegen Westeuropa gerichteten Mittelstreckenwaffen zu verzichten.

Die Gelegenheit für eine Einigung der Großmächte ist günstig, denn zur gleichen Zeit hat auch Ronald Reagan ein starkes Motiv, zu einem Abrüstungsabkommen mit den Sowjets zu gelangen. Der amerikanische Präsident bedarf angesichts seines innenpolitischen Prestigeverlustes (der auch seine Republikanische Partei und deren Präsidentschaftskandidaten betrifft) dringend eines überzeugenden Erfolges. Einen solchen Erfolg kann er sich wegen des katastrophalen amerikanischen Haushaltsdefizits nicht auf ökonomischem Felde erwarten. Vielmehr bedarf Reagan eines außen- und friedenspolitischen Erfolges, wenn seine Präsidentschaft nicht letztlich als ein Fehlschlag in die amerikanische Geschichte eingehen soll.

Es liegt im westlichen Interesse wie im Interesse der Sowjets, die vorhandenen Militärpotenziale durch Verträge zu verringern. Eine beiderseitige Null-Lösung bei den Mittelstreckenwaffen wäre seit dem Ende des Zweiten Weltkriegs der erste Schritt zu tatsächlicher Abrüstung. Falls dieser Schritt zustande kommt, so werde ich mich für meine Mitwirkung am NATO-Doppelbeschluss und für meine Urheberschaft am Konzept der Null-Lösung gerechtfertigt wissen. Falls er durch westliche Gegenargumente zunichte gemacht werden sollte, so könnten nachträglich jene Recht bekommen, die seinerzeit den Doppelbeschluss abgelehnt haben.

Die Deutschen im Westen wie im Osten müssten tief betroffen und besorgt sein, wenn die Null-Lösung vereitelt würde. Wir wissen beide, dass Verträge der Vertragspartnerschaft bedürfen. Wir wollen beide Partner zum Frieden sein. Wir wollen beide unsere Supermächte im Westen wie im Osten als Partner zum Frieden und nicht als Scharfmacher. *8. Mai 1987*

Richard Nixon

Krieg und Lügen

Watergate allein war nicht der Grund: Warum Richard Nixon als erster und bislang einziger US-Präsident zurücktreten musste

Von Bernd Greiner

»Es ist mir wurscht, wie es gemacht wird. Tut nur, was getan werden muss ... Ich will Ergebnisse. Ich will, dass es gemacht wird, um jeden Preis...

Wir haben es hier mit einem Gegner zu tun, der schlimmer ist als die Kommunisten. [...] Wir werden es ihnen zeigen. [...] Wir müssen dieser Sache nachgehen – es muss geschickt angepackt werden. Schmutzige Wäsche? O. K., aber es muss geschickt angepackt werden. [...] Dafür muss jemand in den Knast gehen. Jemand muss in den Knast, so einfach ist das. [...] Wir werden kämpfen müssen. [...] Für diese Geschichte müssen Leute ans Messer geliefert werden. [...] Hört mal, ich selbst habe schließlich mehr als genug Lügen aufgetischt. [...] Ich glaube auch, dass das völlig in Ordnung ist. [...] Zweitens halte ich viel von schmutzigen Tricks. Ich meine, dass man es tun muss. [...] Es muss vom Weißen Haus aus gesteuert werden. Ohne erwischt zu werden.«

So klingt der Anfang vom Ende einer Präsidentschaft, protokolliert auf heimlich installierten Tonbändern des Weißen Hauses. Es sind Ausschnitte aus Aufnahmen vom 13., 15. und 30. Juni sowie vom 1. Juli und 8. Oktober des Jahres 1971. Zu hören ist Richard Nixon im Gespräch mit seinen engsten Mitarbeitern H. Robert Haldeman und John Ehrlichman und mit Sicherheitsberater Henry Kissinger.

Sie diskutieren über die Pentagonpapiere – eine geheime Studie zu den Ursprüngen und dem Verlauf des Vietnamkrieges zwischen 1961 und 1968, die der »New York Times« zugespielt und im Juni 1971 veröffentlicht worden war. Zu diesem Zeitpunkt ist die Tragweite des Skandals nicht abzusehen. Doch rückblickend lässt sich sagen: Damals wurde eine Dynamik in Gang gesetzt, die den Präsidenten schließlich das Amt kosten sollte.

Das Ende der Geschichte drei Jahre später ist bekannt. Am 9. August 1974 trat Richard Nixon als Präsident zurück – nicht aus freien Stücken, sondern weil die Mehrheit des Kongresses hinter einer Resolution zur Amtsenthebung stand. Dieser einmalige Vorgang in der amerikanischen Geschichte ist bis heute untrennbar mit dem Watergate-Gebäude in Washington, D. C., verknüpft, wo Wahlhelfer Nixons in der Nacht zum 17. Juni 1972 bei dem Versuch ertappt worden waren, in Büros der Demokratischen Partei einzubrechen. Doch war dies nur eine Lappalie, gemessen an der Kette von Skandalen, die Richard Nixons politischen Werdegang von Anfang an gesäumt hatten. Dergleichen auszusitzen, war er gewohnt.

Warum aber bekam die Affäre diese Dimensionen? Warum versagte Nixons bewährtes Krisenmanagement? Und weshalb wählte er eine selbstzerstörerische Taktik, indem er die Justiz behinderte, das Gesetz beugte, am Ende gar die Verfassung brach? Darauf eine Antwort finden zu wollen führt von der Watergate-Affäre zurück just in jenen Sommer des Jahres 1971, und es zeigt sich, dass Watergate zwar zum Anlass für den Rücktritt des Präsidenten wurde, die Gründe aber andere waren.

Nixons Unruhe und Gereiztheit nach der Publikation der Pentagonpapiere am 13. Juni 1971 erscheint zunächst rätselhaft. Schließlich berührten diese Texte seine Amtsführung nicht unmittelbar (er war 1969 Präsident geworden) – sie handelten ausschließlich von den Versäumnissen und Fehlern der Vorgänger John F. Kennedy und Lyndon B. Johnson. Aber jenseits dessen offenbarten die Dokumente ein Muster amerikanischer Kriegspolitik in Vietnam: Der Gang in den Krieg und alle darauf folgenden Entscheidungen waren mit Lügen legitimiert und die Zustimmung der Öffentlichkeit mit vorsätzlicher Täuschung erwirkt worden. Deshalb musste der Präsident befürchten, dass als Nächstes auch Interna aus seiner Regierungszeit an die Presse gelangen könnten – und zwar Beweise, wie er unter Missachtung aller vor der Wahl gegebenen Versprechen den Bombenkrieg in Indochina ausgeweitet und eine weitere Eskalation ins Auge gefasst hatte.

100562

US-Präsident Richard Nixon erläutert während seiner Rede an die Nation vom 30. April 1970 anhand einer Karte die militärischen Aktionen der Amerikaner auf kambodschanischem Gebiet. Entgegen seinen Versprechen fasste er eine Eskalation des Krieges ins Auge.

Die Tonbandaufnahmen des Jahres 1971 sprechen eine klare Sprache. H. R. Haldeman: »Die wollen uns drankriegen.« Richard Nixon: »Warum, weil wir Eskalationspläne haben?« Haldeman: »Vielleicht auch, weil wir den Leuten nicht sagen, was wir eigentlich machen.« – Henry Kissinger: »Was ich, ehrlich gesagt, nie bedacht habe, war, wie weit diese Bastarde gehen würden. [...] Es ist mir nie in den Sinn gekommen, dass Dokumente der Regierung in Massen gestohlen werden würden. [...] Aber die wirklich heiße Ware – darauf hat keiner Zugriff.« Nixon: »Stimmt. Haltet die heiße Ware unter Verschluss. [...] Sie haben doch Ihren Kram gut unter Verschluss, oder? [...] Ich sage nur, dass wir auf Nummer sicher gehen sollen.« Kissinger: »Mr. President, es gibt einen einfachen Grund, warum Sie so hart sein müssen: Wenn nämlich die »New York Times« mit dieser Geschichte durchkommt, dann werden diese Kerle mit Ihnen nächstes Jahr das gleiche Spielchen treiben. Die werden während des Wahlkampfes ganze Aktenschränke voller Material an die Öffentlichkeit bringen [...].« Nixon: »Eben. Und sie werden alles über Menue herauskriegen.«

Menue – das war der Code-Name für die »wirklich heiße Ware«, von der in diesen Gesprächen am 15. und 22. Juni sowie am 1. Juli 1971 die Rede ist. Es sind Protokolle über die Luftangriffe, die seit 1969 heimlich gegen Kambodscha geflogen wurden. Dem Kongress gegenüber hatte man behauptet, die Bomben wären auf Ziele in Vietnam abgeworfen worden. Zu diesem Zweck gefälschte Zielkarten verhinderten kritische Nachfragen. Über das tatsächliche Geschehen wurde in getrennten Unterlagen Buch geführt, auf die selbst Nixons Verteidigungsminister Melvin Laird nach kritischen Bemerkungen keinen Zugriff mehr hatte. Dass man sich dennoch nicht in Sicherheit wiegen konnte, hing an einer Person: Daniel Ellsberg.

Ellsberg war der Mann, der bereits die Pentagonpapiere an die Öffentlichkeit gebracht hatte. Er stand zum damaligen Zeitpunkt nicht mehr in Diensten der Regierung, sondern sah einem Prozess und einer Verurteilung zu möglicherweise 115 Jahren Haft entgegen. Aber im Weißen Haus kannte man seine anhaltende Gefährlichkeit. Einst Mitarbeiter des Verteidigungsministeriums mit der Erlaubnis zur Einsicht in alle Akten, unterhielt er nach wie vor exzellente Kontakte zu Dissidenten im Regierungsapparat – insbesondere zu den fünf ehemaligen Mitgliedern des Nationalen Sicherheitsrates, die aus Protest gegen die Bombardierung Kambodschas 1970/71 zurückgetreten waren. Dass er sich die »wirklich heißen« Menue-Memoranden beschaffen könnte, erschien Nixon und Kissinger durchaus möglich. Und dass er davon öffentlichen Gebrauch machen würde, galt als ausgemacht.

Zu Recht. Denn Ellsberg hatte sich, wie er 2003 in seiner Autobiographie bemerkt, der Aufgabe verschrieben, den von Nixon gepflegten Lug und Betrug auffliegen zu lassen – mit gezielten Indiskretionen, die belegen sollten, dass der Präsident nicht auf Rückzug aus Vietnam gestimmt war, sondern mit der geballten Macht der Luftwaffe den Krieg gewinnen wollte. Wie eine kriegsmüde Öffentlichkeit und zumal die Millionen zählende Antikriegsbewegung auf neuerliche Enthüllungen reagieren würden, konnte man sich leicht ausrechnen. Nixon, in Sorge um seine Wiederwahl, war klar: »Jetzt ist die Kacke am Dampfen.«

Die »Klempner« handelten wie Gangster

Dass Präsidenten keine »Verräter« in den eigenen Reihen dulden, versteht sich von selbst. Nixons Verhalten jedoch wurde von paranoiden Fantasien geleitet. Wiederholt monologisierte er über eine »jüdische Verschwörung« nach dem Muster der Atomspione Rosenberg in den Fünfzigerjahren. »Ellsberg ist ein Jude. Die Juden – die Juden, die sind, die sind zum Spion geboren.«

Um den Abtrünnigen aus dem Verkehr zu ziehen, war ihm jedes Mittel recht, zumal er in diesen Tagen erfahren hatte, dass Ellsberg einem prominenten Kriegsgegner aus der Republikanischen Partei, Senator Mathias, ein wichtiges Dokument seiner Administration zugesteckt hatte: Das National Security Study Memorandum Nr. 1 vom Januar 1969. Ein Mitarbeiter des Weißen Hauses, Charles Colson, erinnert sich an den Arbeitsauftrag des Präsidenten: »Es ist mir wurscht, wie es gemacht wird. Tut nur, was getan werden muss, um diese undichten Stellen zu stopfen. [...] Ich will nicht hören, warum es nicht möglich ist. [...] Ich will keine Ausreden. Ich will Ergebnisse. Ich will, dass es gemacht wird. Um jeden Preis.«

Im Juli 1971 wurde zu diesem Zweck eine Gruppe von »Spezialermittlern« zusammengestellt, die so genannten plumbers. Die »Klempner« sollten nicht allein den Regierungsapparat nach außen abdichten, sondern zugleich Daniel Ellsberg ausspionieren und in der Öffentlichkeit diskreditieren. Howard Hunt, ehemaliger Mitarbeiter der CIA, und G. Gordon Liddy, ein Exagent des FBI, setzten Schlägertrupps auf Ellsberg an und organisierten im September einen Einbruch in die Praxis seines Psychoanalytikers. Das alles waren kleine Gangsterstücke, von denen wohl kaum jemand etwas erfahren hätte, wäre den plumbers nicht ein fataler Fehler unterlaufen.

Dieselben Leute, die mit der »Aktion Ellsberg« betraut waren, begingen in der Nacht zum 17. Juni 1972 einen weiteren Einbruch und wurden von der Polizei auf frischer Tat gestellt – im Watergate-Gebäude. Was sie dort wollten, ist bis heute ein Rätsel. Hatte man die Demokratische Partei in Verdacht, mit weiteren Enthüllungen Ellsbergs in den Wahlkampf ziehen zu wollen?

100562

Blick von der Theodore-Roosevelt-Insel über den Fluss Potomac auf den Watergate-Komplex in Washington, D.C., wo am 17. Juni 1972 fünf Männer versuchten, in das Hauptquartier der Demokratischen Partei einzubrechen.

Ging es um belastendes Material gegen Spitzenpolitiker der Konkurrenz? Oder um Dokumente über illegale Spenden an Nixon? Solange die Beteiligten schweigen und in Archiven sich nichts finden lässt, wird die Spekulation weiter blühen.

Wichtiger als die Motive waren indes die Ängste, die Richard Nixon seitdem hegte. Falls die Verhafteten auspackten, musste er damit rechnen, dass auch alle anderen illegalen Machenschaften der »Klempner« aufgedeckt würden. Und Nixon wäre nicht er selbst gewesen, hätte er nicht zugleich das Szenario des Schlimmsten vor Augen gehabt: einen Ermittler, der dahinter kommt, welche Geheimnisse das Weiße Haus mit aller Macht schützen wollte. In anderen Worten: Buchstäblich über Nacht sah Nixon seine gesamte Kriegspolitik in Gefahr. Und deshalb riskierte er den folgenreichsten Fehltritt seiner Karriere.

Um vergangene Lügen zu decken, wurden neue aufgetischt. Der Einbruch sollte als Tat einiger Verwirrter erscheinen, die zum Weißen Haus keinerlei Verbindung hatten, geschweige denn vom Präsidenten oder seinen Mitarbeitern instruiert worden waren. Den Tonbändern vom 23. Juni 1972 ist zu entnehmen, dass Haldeman vorschlug, den stellvertretenden Direktor der CIA, Vernon Walters, zu überreden, beim geschäftsführenden Leiter des FBI, Patrick Gray, eine Einstellung der Ermittlungen durchzusetzen. Richard Nixon war einverstanden: »Spielt ein hartes Spiel. Die anderen spielen es genauso, und wir werden es ihnen gleichtun.«

Der kriminellen Energie waren kaum Grenzen gesetzt. Das FBI ließ sich zwar nicht ausbremsen. Aber unter Leitung von Nixons Rechtsberater John Dean wurden monatelang falsche Fährten gelegt und Anhörungen in die Länge gezogen. Zur Behinderung von Strafverfolgung und Justiz zählten auch Anstiftungen zum Meineid und die Zahlung von Schweigegeld; allein »Klempner«-Meister Howard Hunt erhielt 154 000 Dollar. Beweismittel wurden unter Hinweis auf das »exekutive Privileg« des Präsidenten in einem Umfang zurückgehalten, dass selbst konservative Juristen von Amtsmissbrauch und dem Bruch der Verfassung sprachen.

160

Von seinen einstigen Vertrauten hielt Richard Nixon nur noch an seinem Außenminister Henry Kissinger fest (Nixon mit Kissinger im Januar 1973).

Selbstherrlichkeit und Selbstblendung gingen Hand in Hand, wie ein Eingriff in den noch laufenden Prozess gegen Daniel Ellsberg zeigt. Im April 1973, unmittelbar vor der Urteilsverkündung, bot Nixon, der drei Monate zuvor seine zweite Amtszeit angetreten hatte, dem vorsitzenden Richter Matthew Byrne den Posten des FBI-Chefs an. Richter Byrne stellte daraufhin den Prozess unter Hinweis auf Verfahrensfehler ein und sprach Ellsberg frei. Ein sicheres Indiz, wie sehr Nixon sich überhoben hatte – und dass er im Gestrüpp der Fußangeln, die andere zu Fall bringen sollten, selbst heillos verfangen war.

Zwischen Frühjahr und Herbst 1973 brach die Verteidigungslinie des Weißen Hauses endgültig zusammen. Mit Archibald Cox war ein Sonderermittler eingesetzt worden, der ebenso rigoros vorging wie Sam Ervin in den Anhörungen eines vom Senat bestellten Sonderausschusses. Auch die Presse war davon überzeugt, dass der Schutz der Institutionen keine Rücksicht auf die Person des Präsidenten duldete. Nachdem der Journalist Seymour Hersh, bekannt durch seine Berichte über das US-Massaker von My Lai, im Januar 1973 eine stark beachtete Watergate-Reportage in der »New York Times« veröffentlicht hatte, konkurrierte das Blatt fortan mit Bob Woodward und Carl Bernstein von der »Washington Post« um den Spitzenplatz im investigativen Journalismus.

Zunehmend unter Druck, versuchte Nixon ausgerechnet die Treuesten der Treuen als Sündenböcke zu opfern (nur Henry Kissinger, inzwischen zum Außenminister avanciert, hielt er die Treue). Sie rächten sich auf ihre Weise. Im Juni und Juli 1973 enthüllten Nixons Vertraute John Dean und Alexander Butterfield vor dem Senat, dass es Tausende von verräterischen Tonbandmitschnitten über die Treffen im Weißen Haus gab; Nixon hatte bei wichtigen Unterredungen, wie es schon unter anderen Präsidenten Usus gewesen war, zu Zwecken der historischen Dokumentation (und für spätere Memoiren) das Band mitlaufen lassen. Der ehemalige Justizminister John Mitchell stellte zudem klar, dass Watergate nur ein Nebenkriegsschauplatz war. Im Kern, sagte Mitchell, ging es bei der Vertuschung dieses Einbruchs darum, frühere und weit brisantere »Storys« unter der Decke zu halten – darunter den Einbruch bei Ellsbergs Psychoanalytiker. Im Grunde war die Präsidentschaft Nixons im Sommer 1973 beendet.

Der Rest des Dramas glich einer Farce. Stabschef Haldeman und Berater Ehrlichman nahmen einen tränenreichen Abschied. In der Nacht des 20. Oktober 1973 feuerte Nixon zuerst seinen Justizminister und Stunden später dessen Stellvertreter, weil sie sich geweigert hatten, Sonderermittler Cox zu entlassen. Erst die Nummer drei im Justizministerium beugte sich dem Wunsch des Präsidenten. Doch im Kampf um die Tonbänder war außer einigen Monaten Aufschub nichts gewonnen. Nixons illusionäre Hoffnung auf ein Wunder in letzter Stunde zerstob, als Anfang August schließlich der »rauchende Colt« auftauchte – die Aufnahme vom 23. Juni 1972 mit den eindeutigen Beweisen für seine Mitwisserschaft, wenn nicht treibende Rolle. Als Nixon am Nachmittag des 8. August angesichts einer möglichen Verurteilung sein Rücktrittsschreiben formulierte, sagte er zu seinem Pressesprecher Ron Ziegler: »Einige der besten Stücke in der Geschichte sind im Gefängnis geschrieben worden. Denken Sie an Lenin oder Gandhi.«

Rückblickend betont auch H. Robert Haldeman, dass Watergate nur der Anlass für Nixons Scheitern war. Die Ursache trägt einen anderen Namen: Vietnam. Weil er den Krieg mit der geballten Macht der Luftwaffe doch noch gewinnen wollte, aber seine Absichten vor einer kriegsmüden Öffentlichkeit verbergen musste, flüchtete der Präsident in eine Politik der Lügen. Auch seine Vorgänger hatten es so gehalten – allerdings war ihnen kein Daniel Ellsberg in die Quere gekommen.

Nach der Veröffentlichung der Pentagonpapiere wähnte sich Nixon in einem zweiten Krieg an der Heimatfront, einem Krieg, in dem der Einsatz aller Mittel gerechtfertigt schien. Hätte er sich behaupten und seine zweite Amtszeit zu Ende bringen können, wären auch die Kämpfe in Vietnam wieder aufgeflammt. In diesem Punkt sind sich Daniel Ellsberg und Nixons letzter Stabschef, General Alexander Haig, einig. Denn niemand im damaligen Washington rechnete damit, dass Nordvietnam das Pariser Friedensabkommen vom Januar 1973 honorieren und Ruhe geben würde. Laut Haig erwog Nixon sogar den Einsatz von Nuklearwaffen. *22. Juli 2004*

Vietnamkrieg

Last Exit Saigon

Mittwoch, 30. April 1975, 11. 30 Uhr: In Vietnam endet der blutigste Krieg der jüngeren Geschichte

Von Dieter Buhl

Zum Schluss bleibt nur »Option IV«, der gefährlichste Ausweg. Der Flughafen Than Son Nhut liegt unter nordvietnamesischem Beschuss, die Landebahnen sind mit Kratern übersäht. Flugzeuge können dort nicht mehr landen. Allein Hubschrauber versprechen noch Rettung. Bei strömendem Regen starten sie von US-Flugzeugträgern im Südchinesischen Meer in Richtung Saigon. Dort warten die letzten verbliebenen Amerikaner und hochrangige Süd-Vietnamesen verzweifelt auf das Knattern der Rotoren. Rette sich, wer kann, heißt jetzt das Kommando der Weltmacht Amerika. Es ist Dienstag, der 29. April 1975.

Während der Nationale Sicherheitsrat im Weißen Haus in Washington per Telefon und Telex über die Evakuierung wacht, herrscht rund um die US-Botschaft in der südvietnamesischen Hauptstadt Panik. Tausende von Menschen drängen sich an den Zäunen. Amerikanische Marinefüsiliere halten die Menge mit schussbereiten Waffen in Schach oder stoßen sie mit Gewehrkolben zurück. Nur wenige Vietnamesen dürfen zum Landeplatz auf dem Dach der Botschaft. Ein paar Generäle und Senatoren, die Chefs der Saigoner Polizei und Feuerwehr können sich in die Helikopter flüchten.

Inzwischen landen die Transporter pausenlos auf den Decks der Evakuierungsarmada. Es herrscht dort gefährliche Enge, und schon werden die ersten Hubschrauber über Bord geschoben, um Platz zu gewinnen. Auch Piloten der südvietnamesischen Armee suchen ihr Heil auf den Schiffen. Todesangst treibt sie, und sie wissen nicht, ob sie Landeerlaubnis erhalten. Aber hat der amerikanische Verteidigungsminister nicht vor ein paar Tagen gewarnt, mindestens eine Million Süd-Vietnamesen seien in Gefahr, von den Kommunisten umgebracht zu werden?

Böse Ahnungen lasten auf Saigon. Gerüchte von Massakern im Norden des Landes ängstigen und lähmen die Stadt. Nur die Kaltblütigsten nutzen die Stunden der Ungewissheit. Sie plündern die amerikanischen Quartiere und stehlen die Autos, die die Yankees zurückgelassen haben. Götterdämmerung in Süd-Vietnam. Sie hat den Präsidenten des sterbenden Staates zum Schießbefehl animiert – auf die flüchtenden Amerikaner.

Dennoch können über tausend US-Bürger und fast 6000 Vietnamesen ausgeflogen werden. Schon 18 Stunden dauert die größte Hubschrauber-Operation der Geschichte. Jetzt wird es auch für Botschafter Graham Martin allerhöchste Zeit, sich in Sicherheit zu bringen. Der Mittwoch dämmert herauf, als der bis dahin so standhafte Diplomat die Flucht antritt. Zur gleichen Zeit gibt Ron Nessen, der Pressechef des Weißen Hauses, den Medien in Washington bekannt: »Die letzten Hubschrauber sind unterwegs« zur Rettungsflotte.

In Vororten Saigons hängen unterdessen bereits die Vietcongfahnen aus den Fenstern. Nahezu kampflos besetzen die Guerillas der kommunistischen Nationalen Befreiungsfront (NLF) und nordvietnamesische Soldaten Straße um Straße. Nur vereinzelt sind Schüsse zu hören. Die Verteidiger resignieren und strecken die Waffen. Viele von ihnen tauschen ihre Uniformen hastig gegen zivile Kleidung. Sie mischen sich unter die Bevölkerung, die den Eroberern ein freudiges Willkommen bereitet.

Eine solche Begrüßung hatte niemand erwartet, selbst die siegesgewissen Kommunisten nicht. Erst Anfang März hatten sie ihre Großoffensive gestartet. Mit 16 Divisionen war der Norden gegen die hoch bewaffnete Armee der Republik Süd-Vietnam vorgestoßen. Blutige Schlachten wurden erwartet, Verteidigung bis zum Äußersten. Aber der Widerstand blieb aus. Schier unaufhaltsam rollte die Eroberungswelle vom Norden heran. Huê, Da Nang, Pleiku, Nha Trang, Bien Hoa – all die berüchtigten Kampfesstätten des vergangenen Jahrzehnts fallen den Angreifern fast ohne Gegenwehr in die Hände.

Um 11.30 Uhr am Mittwoch, dem 30. April, haben die Nord-Vietnamesen die Herzkammer des Feindes

100562

Eine der Szenen aus den Apriltagen 1975, die zum Symbol für die Niederlage Amerikas in Südostasien wurden: Vietnamesen schauen zu, wie US-Hubschrauber Amerikaner evakuieren.

erreicht. T-54-Panzer fahren im Garten des Präsidentenpalastes auf. Kein Schuss fällt, denn die Palastgarde hat sich blitzschnell ergeben. Erst als ein junger Soldat die blau-rote Vietcongfahne mit dem gelben fünfzackigen Stern vom Balkon des weißen Prachtbaus hängt, dröhnen die Panzerkanonen. Aber sie zielen in den Himmel. Ein junger deutscher Journalist ist der einzige westliche Beobachter des letzten Aktes. Börries Gallasch vom »Spiegel« hat in Saigon ausgehalten und erfährt dafür nun den Dank des seit zwei Tagen amtierenden Übergangspräsidenten Duong Van Minh: »Es ist gut, dass Sie da sind, Sie werden Augenzeuge sein, wenn ich meine Macht denen übergebe, die ihrer würdiger sind als ich.« Später, im Saigoner Rundfunkgebäude, stellt der Reporter sein Tonbandgerät für die Aufnahme von Minhs Kapitulationserklärung zur Verfügung; es ist das Einzige, das aufzutreiben ist. So wird Gallasch (der 1981 an den Folgen eines Krebsleidens gestorben ist) zum Notar einer historischen Niederlage.

Sie trifft Saigon weniger hart als erwartet. Die Sieger geben sich milde in Ho-Chi-Minh-Stadt, wie die ehemalige Kapitale des geschlagenen Feindes jetzt zusätzlich heißt. Die Lebendigkeit, der leichtlebige Charme der französisch angehauchten Metropole sind über Nacht verschwunden. Die Asketen aus dem Norden sorgen für Zucht. Statt westlicher Rhythmen plärren nun von morgens bis abends vaterländische Gesänge wie »Vietnam ist wieder eins« aus den Lautsprechern. Bordelle und Bars werden geschlossen, die neuen Herrscher verbergen das Land hinter einem Vorhang des Schweigens.

Die Welt fragt sich, was dahinter vorgehen könnte. Unterdrückung? Rache? Vielfacher Tod? Intensiver noch aber beschäftigt die weltweite Öffentlichkeit das Rätsel, wie es zu dem Desaster kommen konnte, warum die Vereinigten Staaten in Vietnam erstmals eine verheerende Niederlage erlitten.

Heute wissen wir mehr über die Motive des Engagements wie über die Gründe des Scheiterns der USA im fernen Osten. Nicht alle führen zur Verdammnis, doch von Verblendung zeugen sie allemal. Dazu passt Washingtons damalige Fixierung auf Indochina, dem der Kalte Krieg schicksalhaften Rang zuschrieb. Schon Präsident Eisenhower hatte der Krisenbogen Laos, Kambodscha, Vietnam Ende der Fünfzigerjahre schlaflose Nächte bereitet, weil dort vermeintlich die kommunistische Übernahme drohte. Wie mussten die wackeligen Dominos im globalen Machtspiel erst den jugendlich-idealistischen Nachfolger beunruhigen? Hatte er in seiner Inaugurationsrede nicht versprochen, »Wir werden jeden Preis zahlen und jede Bürde tragen«, um überall der Freiheit zum Sieg zu verhelfen? Für John F. Kennedy bot das von Kommunisten bedrängte Süd-Vietnam Gelegenheit, nach dem Scheitern der Invasion in der kubanischen Schweinebucht Entschlossenheit und Siegeswillen zu beweisen. Das geschah auf fatale Weise. Als der Präsident ermordet wurde, standen schon über 16 000 US-Militärberater in dem südostasiatischen Land, waren 78 bereits gefallen.

Süd-Vietnam dominierte von nun an unübersehbar und schmerzhaft Washingtons politische Weltkarte. Es beherrschte die politische Debatte der Amerikaner und wurde als Prüfung für die Durchsetzungskraft der Supermacht verstanden. Auch die später viel gerühmten US-Reporter trugen zum tragischen Missverständnis bei. Sie meldeten, mit der Ermordung des verhassten Präsidenten Ngo Dinh Diem (1963) sei der Weg für eine überlebensfähige Republik Süd-Vietnam und damit auch zum Sieg frei. Doch sie übersahen die entscheidenden Umstände der Konfrontation. Hier die lebenslustigen, auf ihre Familien orientierten, von Klima und Geschichte verwöhnten Südvietnamesen. Dort das ideologisch gehärtete, kampferprobte Volk aus dem armen Norden. Wie Preußen gegen Österreich, Härte gegen Verbindlichkeit, Siegeswille gegen Friedenssehnsucht, Kollektivismus gegen den Wunsch nach privatem Glück standen sich die Mentalitäten gegenüber. Und die USA konnten in diesem Kampf der Kulturen letztlich nicht mehr bieten als ihre militärische Riesenfaust.

Vietnam dominiert Amerikas politische Weltkarte
Hätte Lyndon B. Johnson das Scheitern vorhersehen müssen? Die brillantesten Köpfe aus seiner Umgebung untersuchten Vietnam. Nie zuvor hatte Washington ein Land so geprüft, durchleuchtet, seziert wie dieses. Doch die Ratschläge – ob von Maxwell Taylor, Walt Rostow, Robert McNamara oder anderen strategischen Überfliegern – lauteten immer gleich: Wir schaffen es. Kein Wunder, dass der Präsident den immer noch umstrittenen Angriff nordvietnamesischer Patrouillenboote auf einen US-Zerstörer im Golf von Tonking mit dem Segen des Senats zum Anlass nahm, einen richtigen amerikanischen Krieg zu beginnen. »Flammender Pfeil« und »Rollender Donner« hießen jetzt die militärischen Operationen, die mit gnadenlosen Flächenbombardements Feuer und Verderben über den Norden brachten. Insgesamt fielen mehr als sieben Millionen Tonnen Bomben auf indochinesischen Boden.

Der Krieg made in USA verwandelte Süd-Vietnam in ein Heerlager. Flugbasen und Tiefseehäfen entstanden in atemberaubendem Tempo. Saigon entwickelte sich zu einem gigantischen Vergnügungszentrum, in dem alles zu haben war von Mädchen bis zum Heroin. Riesige PX-Läden wie der im Stadtteil Cholon erfüllten den Soldaten billig jeden Wunsch; sie konnten ein Päckchen Tabak mit Zigarettenpapier für 20 Cent, die Flasche Bourbon für 5 und Champagner für 7 Dollar kaufen. Auch für die Berichterstatter wurde gut gesorgt. Sonderausweise gewährten ihnen Offiziersrang, hellbeige Hosen, olivgrüne Hemden und Tropenstiefel ließen sie beinahe martialisch erscheinen.

Was den Reportern jedoch vorenthalten blieb, war die Wahrheit. Wie immer in modernen Kriegen traf die US-Regierung ihre Entscheidungen weniger nach strategischen Notwendigkeiten als nach innenpolitischen Opportunitäten. Für Amerikas Tausende von Geheimdienstleuten, Diplomaten und PR-Managern in Saigon hieß das, die Lage rosig zu malen. Sie nannten Zahlen

Vorsichtig hält im August 1966 eine vietnamesische Mutter ihr kleines Kind im Arm, das durch einen Napalmangriff schwere Verbrennungen erlitten hat.

100562

und Statistiken, nach denen der Kampf schon so gut wie gewonnen war; sie zeigten Landkarten, auf denen der Feind fast keinen Platz mehr hatte. Doch während Lyndon Johnson unter ungeheuren Kosten auf Feuerkraft setzte und darüber zu Hause sein soziales Experiment der Great Society zuschanden wurde, hoffte Hanoi auf die Weltöffentlichkeit und die Friedensbewegung.

Sie erhielt Auftrieb, als die Kommunisten im Januar 1968 ihre Tet-Offensive begannen. Überall im Lande krochen die Guerillas aus ihren Verstecken. Sie griffen die amerikanische Botschaft an, die Flughäfen und die Hauptquartiere der Armeen. Tagelang wüteten erbitterte Kämpfe. Die Schlacht um eine Stadt im Mekongdelta verführte einen US-Offizier zu dem bezeichnenden Ausspruch: »Wir mussten Ben Tre zerstören, um es zu retten.« Am Ende hatten Nord-Vietnam und der Vietcong Tausende von Kämpfern verloren, aber die Offensive politisch gewonnen. Selbst einer Streitmacht von inzwischen über einer halben Million GIs war es nicht gelungen, die Nervenzentren Süd-Vietnams vor dem Feind zu schützen. Noch schlimmer, die Amerikaner waren weiter denn je von ihrem Ziel entfernt, »die Herzen und Köpfe« der Vietnamesen zu gewinnen, welche die Soldaten aus Iowa und Texas ohnehin nie verstanden. Der Gigant verrannte sich im Dschungel.

So sahen es auch große Teile der amerikanischen Jugend. Sie gingen gegen einen »kolonialistischen Vernichtungskrieg« ihrer Regierung, gegen sinnlose Opfer aus ihren eigenen Reihen, gegen Napalm-Bomben und Agent Orange (das Entlaubungsmittel, unter dessen Spätwirkungen noch heute viele Vietnamesen leiden) auf die Straße. Ihnen folgten viele junge Menschen in Europa. Antiamerikanische Demonstrationen mit vorrevolutionärer Dramatik brachten das Regime Charles de Gaulles an den Rand des Abgrunds. Unter »Ho, Ho, Ho Chi Minh«-Rufen verlangten deutsche Studenten nach dem Abzug der Amerikaner aus Vietnam – und nach einer basisdemokratischen, ethisch rigorosen Bundesrepublik.

Die Unterstützung für den Vietnamkrieg schwand rapide dahin. Was Lyndon Johnson immer wieder zaghaft versucht hatte, strebte deshalb sein Amtsnachfolger mit dem Protestgeschrei im Ohr energisch an: Richard Nixon schickte seinen Sicherheitsberater Henry Kissinger zu Geheimgesprächen mit den Nordvietnamesen nach Paris. Raus aus dem asiatischen Sumpf, und zwar so schnell wir möglich! Diesem Wunsch war auch die Nixon-Doktrin gewidmet, die künftig Amerikas Haltung in Asien bestimmen sollte. Militär- und Wirtschaftshilfe für verbündete Staaten, die vom Kommunismus bedrängt werden, ja, so lautete die Vorgabe, aber die Bodentruppen muss das angegriffene Land selber stellen.

Die Absetzbewegungen kamen keinen Moment zu früh. Sechzig Prozent der Amerikaner verdammten inzwischen das Engagement ihres Landes als unmoralisch, und zwei Drittel hielten es für einen furchtbaren Fehler. Der erste Fernsehkrieg der Geschichte zeigte Wirkung: Die Bilder von leidenden, wütenden, hilflosen Soldaten provozierten Verzweiflung in den Wohnzimmern. Die Enthüllungen über das Verbrechen von My Lai, bei dem GIs mehr als 300 Bewohner ermordet hatten, fachten die Antikriegsstimmung weiter an. Als die »New York Times« schließlich auch noch streng geheime Pentagonpapiere über den Einsatz in Asien veröffentlichte, stand die Nixon-Administration im Abseits.

Nur der Durchbruch bei den Pariser Verhandlungen verhinderte Schlimmeres. Kissinger und sein nordvietnamesischer Gegenpart Le Duc Tho vereinbarten einen Waffenstillstand und »freie Wahlen unter internationaler Aufsicht«. Süd-Vietnam sollte selber über seine Zukunft bestimmen. Mehr aber interessierte die Amerikaner, dass ihre Soldaten und die Kriegsgefangenen in Nord-Vietnam bis Ende März 1973 wieder zu Hause erwartet werden konnten. Das Schicksal der Südvietnamesen schien ohnehin entschieden. Oder sollten sie sich doch an das halten, was ihnen Kennedy kurz vor seiner Ermordung ins Stammbuch geschrieben hatte: »Letzten Endes ist es ihr Krieg. Gewinnen muss ihn das Volk in Vietnam.«

Darauf jedoch deutete nichts hin in dem Land, aus dem die USA geflohen waren. Die »Vietnamisierung« des Krieges erwies sich als Schimäre. Waffen hatte die Supermacht im Übermaß zurückgelassen. Überlebenswille und Kampfesmut aber konnten sie nicht vererben.

160

US-Botschafter Peterson in Vietnam: Inzwischen gibt es diplomatische Beziehungen zwischen Washington und Hanoi.

Unter dem verwirrten, korrupten Regime des Präsidenten Nguyen Van Thieu versank das Volk in Lethargie. Verzweifelt versuchte die Regierung, Widerstand anzufachen. Ausländische Reporter überschüttete sie mit Legenden von den Heldentaten ihrer Soldaten. Dabei war längst absehbar: Kissingers Trick eines »anständigen Abstands« zwischen dem Pariser Verhandlungsbeschluss und dem Untergang des Verbündeten funktionierte nicht. Das Ende nahte rasch, und viele Finger zeigten auf Amerika.

Das Ansehen der westlichen Supermacht sank auf einen Tiefpunkt. Der Watergate-Skandal und Nixons brutale Bombenangriffe auf Kambodscha trugen verschärfend dazu bei, dass nur noch 49 Prozent der Deutschen Vertrauen in die Freundschaft der USA hegten. Die antiamerikanischen Proteste in der Bundesrepublik erleben einen letzten, absurden Höhepunkt, als Friedensbewegte von Ernst Bloch bis zu Dorothee Sölle Ende Januar 1975 einen »Aufruf zur Unterstützung für die Volksbewegung in Süd-Vietnam gegen das Thieu-Regime« unterzeichneten.

Zu jenem Zeitpunkt bewegte die Südvietnamesen eine ganz andere Sorge: zu überleben. Die Kader aus dem Norden zeigten sich nach ihrem Sieg jedoch humaner als erwartet. Als schlimmste Strafe erlebten die Diener des Thieu-Regimes und der Amerikaner die Umerziehungslager, vor denen sich Zehntausende von boat people zu retten versuchten. Auch die kommunistische Mangelwirtschaft nach der Verstaatlichung der wichtigsten Betrieb trieb viele in kleinen Booten auf die hohe See.

Seither hat das vereinigte Vietnam nur für kurze Zeit auf eine wirtschaftliche Blüte hoffen können. Kommunistische Doktrin und Staatsbürokratie machten Reformansätze immer wieder zunichte. Auch das russische Desaster warnte die Herren in Hanoi vor Experimenten. »Individualismus ist der grausame Feind des Sozialismus«, lautete noch vor zwei Jahren das Gebot des damaligen Präsidenten Le Duc Anh. Es dürfte dem tüchtigen Volk von Vietnam bis auf weiteres Fesseln anlegen.

Dem Land, das zu den zehn ärmsten der Welt zählt, wird wohl auch der ehemalige Erzfeind nicht helfen können. Immerhin hat der frühere Vietnamkriegsgegner Clinton vor einiger Zeit das Wirtschaftsembargo gegen Vietnam beendet und diplomatische Beziehungen zu Hanoi aufgenommen. Der Besuch des amerikanischen Verteidigungsministers beim Exfeind schließlich darf fast schon als ein Beweis für Normalität im beiderseitigen Verhältnis gelten.

Der Krieg, in dem eine Million vietnamesischer Soldaten, zwei Millionen Zivilisten und 58 000 GI's ihr Leben ließen, wird jedoch noch lange düstere Schatten werfen. Vietnam bleibt eine Erinnerung an den blutigsten Krieg der jüngeren Geschichte. Im Gedächtnis haften gleichzeitig die Bilder von der panischen Flucht vom Dach der Botschaft als Symbol einer demütigenden Niederlage. Das Sternenbanner aber, das der letzte GI damals sauber gefaltet in einer Papiertüte mit in die Niederlage nahm, hat keinen dauerhaften Schaden genommen. Es weht heute längst wieder so stolz wie vor dem Vietnamkrieg. *27. April 2000*

Die Bonner große Koalition

Hoffnung oder Illusion?

Die Bundesregierung aus SPD und CDU arbeitete eine beachtliche Agenda ab

Von Daniel Koerfer

Der durch die anhaltende Regierungskrise schwer angeschlagene Kanzler spielt seine letzte Karte. Er bietet der anderen großen Volkspartei in der Opposition eine Regierungsbeteiligung an. Einzige Bedingung: Fortsetzung seiner Kanzlerschaft. Streng vertrauliche Sondierungsgespräche beginnen, münden in erste Papiere – bis die Bundestagsfraktion der Opposition die Sache stoppt. Ein Szenario aus dem Spätherbst 2005? Nein, politische Realität Ende 1962, auf dem Höhepunkt der Spiegel-Affäre. Ausgerechnet Konrad Adenauer versuchte sich mithilfe einer großen Koalition mit der SPD an der Macht zu halten, also mithilfe jener Partei, die er in den langen Jahren seiner Kanzlerschaft immer vehement bekämpft hatte.

Am Anfang der demokratischen Neugründung durch die Alliierten war die große Koalition in den Westzonen allerdings fast überall Realität – auf Länderebene. Und fast alle Wirtschaftsressorts lagen damals in den Händen von Sozialdemokraten. Auf Bundesebene aber war es Adenauer, der zusammen mit Ludwig Erhard und dem jungen Franz Josef Strauß auf der legendären Rhöndorfer Konferenz bei gutem Essen und köstlichem Wein – in Zeiten des Mangels nicht unwichtig – im Herbst 1949 in der Union nicht nur die Weichen für die eigene Kanzlerschaft, sondern auch gegen eine große Koalition stellte. Adenauers Hauptargument: In schweren Zeiten müssten dem Wähler Alternativen vor Augen geführt werden, brauche es eine klare Regierung, eine deutlich erkennbare Opposition, kein Wischiwaschi. »Soziale Marktwirtschaft« oder »dirigistische Planwirtschaft«, das waren damals die Alternativen, für die Union und SPD standen.

Die große Koalition ist in der Geschichte des deutschen Parlamentarismus auf Reichs- und Bundesebene ein weißer Elefant geblieben. Überaus rar, aber von viel Spekulation umwoben. Dreimal ist diese seltsame Spezies bislang bei uns gesichtet worden, keine hat eine volle Legislaturperiode überdauert. Die Mutter aller weißen Elefanten zeigte sich kurz im Herbst 1923. Damals rettete eine große Koalition unter Gustav Stresemann tatsächlich in wenigen Monaten das durch Ruhrbesetzung und Reparationslasten, Hyperinflation und Putschversuche von links wie rechts aufs Höchste gefährdete Reich.

Der nächste Auftritt des weißen Elefanten sollte bald folgen, er währte nur kurz, von 1928 bis 1930, unter dem Sozialdemokraten Hermann Müller, dem letzten SPD-Kanzler vor Willy Brandt. Abermals war es eine überaus heterogene, labile große Koalition, die ihre Existenz vor allem der Tatsache verdankte, dass die bis dahin oppositionelle SPD aus den Maiwahlen so gestärkt hervorgegangen war, dass sie nun widerwillig und sehr zum Missvergnügen des Reichspräsidenten Hindenburg Verantwortung übernehmen und bei der Bewältigung der Reparationsfrage bis hin zum Young-Plan mitwirken musste. Kaum war dieses Ziel erreicht, ging die SPD-Reichstagsfraktion ihrem Kanzler von der Fahne – der Anfang vom Ende der Republik.

Herbst 1966. Trommelwirbel und Tusch – die Rückkehr des weißen Elefanten in die politische Manege. Eine Landtagswahl geht für die Regierung aus CDU und FDP mit Pauken und Trompeten verloren – in Nordrhein-Westfalen. Die Schreckensworte jener Tage: Rezession, Arbeitslosigkeit, maroder Staatshaushalt. 600 000 Arbeitslose, drei Milliarden Haushaltsdefizit, das Wachstum der letzten fünf Jahre liegt im Schnitt bei fünf Prozent. Nach den Kategorien von 2005 also eine Minikrise, ein Krislein. Doch die ohnehin angeschlagene Regierung Ludwig Erhards, des Wirtschaftswundermannes und Gutmenschen vom Tegernsee, versinkt 1966 in qualvoll-lähmender Agonie.

So geht die Ära Adenauer zu Ende. Es beginnt die Zeit des Sozialdemokraten Herbert Wehner. Er ist die eigentliche, bis heute kaum erkannte Schlüsselfigur jener Wochen, Monate, Jahre. 1957 hat er dem um das erhoffte Ressort im Kabinett Adenauer geprellten, als Ministerpräsident nach Stuttgart gewechselten Kurt

Georg Kiesinger von der CDU ein kurzes Telegramm geschickt: »Bonn ist ärmer geworden ohne Sie.« Das ist die geheime Gründungsurkunde der großen Koalition. Sie ist sein ureigenes »Projekt«. Durch Teilhabe an der Macht als Juniorpartner der Union Regierungsfähigkeit beweisen vor dem sozialdemokratischen Zugriff auf das Kanzleramt, das ist seine Vision. Was Willy Brandt und Egon Bahr für die Ostpolitik formulieren, münzt Wehner innenpolitisch um: Wandel durch Annäherung – Annäherung an die Union. Und er sendet geduldig die entscheidenden Signale, geheim und öffentlich.

100562

Herbert Wehner war die bis heute kaum erkannte Schlüsselfigur der großen Koalition von 1966.

Seine Bundestagsrede vom 30. Juni 1960, vielleicht die wichtigste seiner seltsamen Karriere, endet nicht von ungefähr so: »Nicht Selbstzerfleischung, sondern Miteinanderwirken im Rahmen des demokratischen Ganzen, wenn auch in sachlicher innenpolitischer Gegnerschaft ... Deutschland kann nicht unheilbar miteinander verfeindete christliche Demokraten und Sozialdemokraten ertragen.«

Wehner brachte, unterstützt von Helmut Schmidt und dem bald darauf schwer erkrankten Fraktionsvorsitzenden Fritz Erler die SPD auf neuen Kurs. Und Wehner trank, trotz seiner Zuckerkrankheit, nun manches Glas mit dem Bundespräsidenten Heinrich Lübke (CDU), von dem er längst wusste, dass er eine große Koalition für überfällig hielt. Er war es, der mit dem CDU-Innenpolitiker Paul Lücke immer wieder zusammensaß, Pläne zur Einführung eines Mehrheitswahlrechts entwarf, mit dem den ebenso lästigen wie überheblichen Liberalen dauerhaft das politische Lebenslicht ausgeblasen werden sollte – immer mit dem einen Ziel vor Augen: große Koalition.

Im Dezember 1966 war es so weit. Das Kabinett unter Kiesinger mit seinen 19 Ressorts, neun davon für die SPD, stand fest. Aber man täusche sich nicht. Das über Jahre hinweg mühsam von ihm vorbereitete Bündnis war in den eigenen Reihen höchst unbeliebt. Willy Brandt, damals Regierender Bürgermeister von Berlin, favorisierte trotz des hauchdünnen Vorsprungs von sechs Mandaten die rechnerisch mögliche kleine Koalition mit der FDP. Wäre der Nebel in Tempelhof nicht so dicht gewesen und er daher rechtzeitig zur entscheidenden SPD-Sitzung in Bonn eingetroffen – wer weiß wie die Geschichte geendet hätte.

Brandt notiert denn auch über das Zustandekommen der »Elefantenhochzeit« in seinen Erinnerungen: »Einige meiner besten Freunde – auch außerhalb der Partei – waren entsetzt.« Von Machtkartell, Proporzdemokratie, Vernichtung der parlamentarischen Demokratie, Anwachsen der außerparlamentarischen Opposition von rechts bis links war bald schon die Rede. Die SPD-Führung fürchtete den Zorn der Basis so sehr, dass sie den Parteitag, auf dem über das ungewöhnliche Regierungsbündnis abgestimmt wurde, um anderthalb Jahre verschob. Dennoch kam es 1968 in Nürnberg zu heftigen Tumulten; Wehner wurden dabei zwei Zähne ausgeschlagen.

Allerdings war es ein ungewöhnlich harmonisches, erfolgreiches Kabinett, sieht man einmal davon ab, dass der einstige Emigrant Brandt und das seinerzeitige NSDAP-Mitglied Kiesinger nicht miteinander harmonierten. Aber die anderen »Achsen« der Koalition neben dem Kanzler und dem neuen Gesamtdeutschen Minister Wehner funktionierten reibungslos. Effizient waren die kühle Kooperation der beiden Fraktionsvorsitzenden Barzel (CDU) und Schmidt (SPD) und die Achse, die Finanzminister Strauß – dem nach der Spiegel-Affäre ein überraschend schnelles Comeback ermöglicht wurde – und Wirtschaftsminister Karl Schiller als »Plisch und Plum« bildeten. Ein kleiner ministerieller Koordinationsausschuss, der »Kressbronner Kreis«, ging sogar an heißen Sommertagen gemeinsam schwimmen; Symbol für die durchweg erstaunlich heitere Grundstimmung. Die Generationserfahrung der Aufbaujahre und Aufbauleistungen nach dem Zweiten Weltkrieg erwies sich jetzt als Kitt, der über alle politischen Gräben hinweg eine Regierung zusammenhielt, die tatsächlich die besten, die führenden Köpfe der beteiligten Parteien versammelte.

Dieses erklärte »Bündnis auf Zeit« arbeitete eine beachtliche Agenda ab: die verfassungsändernden Notstandsgesetze, eine Justizreform, vor allem die rasche Bewältigung der Rezession und Sanierung des Haushalts etwa durch das »Gesetz zur Förderung von Wachstum und Stabilität« und die Einführung der Mittelfristigen Finanzplanung (»Mifrifi«). Aber auch milliardenschwere staatliche Konjunkturprogramme und die Einführung der Mehrwertsteuer gehen auf diese Regierung zurück. Das verabredete Mehrheitswahlrecht scheiterte allerdings ebenso wie das Abstreifen der deutschland- und ostpolitischen Fesseln »Hallsteindoktrin« und »Alleinvertretungsanspruch« – hier lag der Keim für die 1969 folgende sozialliberale Koalition unter Brandt und Scheel. *23. März 2005*

Helmut Schmidt

Macher und Moralist

Politiker mit Vernunft und Augenmaß – ein Gruß zum 80. Geburtstag Helmut Schmidts

Von Theo Sommer

Helmut Schmidt 80? Man sieht ihm die Jahre nicht an, wenn er durch die Korridore der sechsten Etage im Hamburger Pressehaus stapft. In letzter Zeit plagte ihn freilich die Hüfte. Sonst aber ist Helmut Schmidt ganz der alte. Kräftig die Stimme, wach der Verstand, scharf das Urteil. Er reist ausgiebig rund um den Globus – nach Amerika, Japan, China. Wohin er auch kommt, stehen ihm die Türen der Staatenlenker offen; er kennt sich aus in der Welt. Es lohnt sich, ihm zuzuhören, wenn er berichtet. Wie es auch immer ein Vergnügen ist, mit ihm zu diskutieren. Oft sitzt er stumm in der Runde, pafft unverdrossen seine Mentholzigaretten oder schnupft seinen Schmalzler Marke Gletscherprise, schnaubt und schnäuzt sich. Aber dann bringt er die Diskussion ganz plötzlich auf den Kern, formuliert kenntnisreich, präzise und entschieden seine Ansicht.

Im hinteren Teil des Westflügels, wo Helmut Schmidt seit 15 Jahren sein Büro hat, bei seinen Mitarbeiterinnen und Sicherheitsbeamten, heißt er »der Chef«. Die alten Freunde in der Redaktion reden ihn mit »Helmut« an (und, versteht sich in Hamburg, mit »Sie«). Der Rest der Mannschaft nennt ihn »Herr Schmidt«. Dass er in der Zeit vor der »ZEIT« Bundeskanzler war – für die Jüngeren ist es nur noch eine ferne Erinnerung. Und auch den Älteren kommt es zuweilen so vor, als sei er einfach schon immer da und dabeigewesen.

Aber er war es nicht. Ehe er 1983 zur »ZEIT« kam, war Helmut Schmidt 35 Jahre lang Politiker – und nicht nur von Berufs wegen, sondern aus Berufung.

Er ist am 23. Dezember 1918 in Hamburg als Sohn eines Volksschullehrers zur Welt gekommen; besuchte in seiner Heimatstadt die musisch ausgerichtete Lichtwark-Schule; wurde mit Ruderkameraden in die Marine-HJ

160

Sein entschiedenes Handeln als Innensenator während der Flutkatastrophe in Hamburg 1962 brachte Helmut Schmidt große Sympathien ein.

überführt, die ihn bald als »Nörgler« ausstieß; kam dann zum Militär, wo er es bis zum Oberleutnant der Flak brachte; geriet bei Kriegsende in britische Gefangenschaft und wurde im Lager, beeinflusst von Kameraden, zum Sozialdemokraten. In Hamburg studierte er Staatswissenschaften und Volkswirtschaft. Er war Mitbegründer und zeitweise Vorsitzender des Sozialistischen Deutschen Studentenbundes.

In die Politik stieg er unmittelbar nach dem Studium ein. In der Hamburger Behörde für Wirtschaft und Verkehr arbeitete Schmidt unter Karl Schiller. Verkehrsfragen galt zunächst sein Interesse, als er 1953 in den Bundestag gewählt wurde. Bald jedoch mauserte er sich neben Fritz Erler zum Verteidigungsfachmann. Der wortgewandte Streiter wider die Atomrüstung, der er damals war, machte 1958 eine Reserveübung bei der Bundeswehr. Umgehend erhielt er die Quittung: Die SPD-Bundestagsfraktion wählte ihn noch während seiner Wehrübung aus ihrem Vorstand ab. Aber er ließ sich das Wehrthema nicht vergällen; 1961 erschien sein Werk »Verteidigung oder Vergeltung«.

Das ewige Opponieren war er freilich bald leid. So folgte er nach der Bundestagswahl 1961 einem Ruf seiner Vaterstadt und wurde Innensenator. In diese Zeit fiel – im Februar 1962 – das Ereignis, mit dem er sich zum ersten Mal ins Bewusstsein der Bundesbürger hob: die

Hamburger Flutkatastrophe, die größte seit dem Mittelalter, die 300 Menschen das Leben kostete und 75 000 obdachlos machte. Der Innensenator Schmidt riss damals beherzt das Kommando an sich. Seine Popularitätskurve stieg danach steil an. Im Herbst 1965 kehrte er in den Bundestag zurück.

Als 1966 die Große Koalition gebildet wurde, wurde er in der Nachfolge Erlers Fraktionsvorsitzender. »Ein Fraktionsvorsitzender ist einer, ein Minister aber nur einer von 20«, begründete er damals seinen Entschluss. Später kamen, nach dem »Machtwechsel« von 1969, die Ministerjahre. Fast drei Jahre lang leitete Schmidt das Verteidigungsressort, danach beinahe zwei Jahre lang das Finanzministerium, fünf Monate davon zugleich das Wirtschaftsministerium. Es waren Jahre der Vorbereitung auf die Kanzlerschaft. Schmidt hat nie am Zaun des Palais Schaumburg gerüttelt. Wohl hatte er das Amt des Bundeskanzlers über Jahre hinweg anvisiert, doch 1974

100562

Vier Themen prägten die Kanzlerschaft Helmut Schmidts vor allem: Wirtschaftskrise, Ost-West-Verhältnis, Terrorismus und Atomrüstung.

war sein Ehrgeiz der Resignation gewichen: »Ich bin zu alt.« Er fand sich damit ab, dass die Kanzlerschaft an ihm vorbeigehen werde, und begab sich auf die Suche nach einem Führungsposten in der Wirtschaft. Er glaubte, er habe in der Politik das »Ende der Fahnenstange« erreicht. »Mein Sinnen ist nicht mehr auf Avancement gerichtet«, gab er zwei Monate ehe er den Amtseid schwor, Reportern zu Protokoll.

Er war denn im Frühjahr 1974 auch nicht der »Kanzlerkiller«, den manche in ihm sehen wollten. Vielmehr hatte er alles versucht, Willy Brandt zu überreden, trotz der Guillaume-Affäre im Amt zu bleiben; derlei gehöre mannhaft abgeritten. »Ich wollte dieses Amt nicht, ich hatte Angst davor«, bekannte er viel später.

Am 16. Mai 1974 wurde Helmut Schmidt zum fünften Kanzler der Bundesrepublik Deutschland gewählt. Er war 55 Jahre alt. Fast achteinhalb Jahre blieb er im Amt.

Eigentlich hatte Helmut Schmidt Architekt und Städteplaner werden wollen. Aber in der Politik war das Zeitalter der Architektur vorerst zu Ende. Die wesentlichen Elemente der deutschen Außenpolitik standen: der von Adenauer vollzogene Einbau der Bundesrepublik in den Rahmen des europäischen Einigungswerks wie der Atlantischen Allianz; dazu die von Brandt eingeleitete Öffnung nach Osten. Auch im Innern standen die Strukturen: soziale Marktwirtschaft, dynamische Rente, Wehrgesetzgebung, Notstandsgesetze. Es war keine Zeit für Baumeister. Vielmehr musste sich Schmidt ganz aufs Bewahren, Zusammenhalten, Stützen und Stabilisieren verlegen. Krisenmanagement verlangte die Zeit. Diesem Gebot unterwarf sich Schmidt, auch wenn er sich vielleicht eine andere Epoche des Wirkens gewünscht hätte. Geschichte machen? Politiker, die dies wollten, so sagte er einmal, seien regelmäßig gescheitert. Ihm ging es ums Weitermachen. Schon das war ja nicht einfach.

Vier Themen bestimmten Schmidts Kanzlerschaft: die Wirtschaftskrise; das Ost-West-Verhältnis; der Terrorismus; die Atomrüstung. Als ökonomischer Vordenker seiner Partei hatte Schmidt postuliert, eine erfolgreiche Gesellschaftspolitik setze stetiges Wirtschaftswachstum voraus. Doch während seiner Kanzlerschaft blieb das Wachstum zeitweise aus; in manchen Jahren schrumpfte das Bruttosozialprodukt sogar. Die beiden Ölkrisen von 1973/74 und 1979/80 erschütterten die Weltwirtschaft. Überall wuchs die Inflation, ebenso die Arbeitslosigkeit. Die Inflationsrate in Deutschland stieg 1974 auf 7 Prozent (1982 lag sie wieder bei 5,3 Prozent), die Zahl der Arbeitslosen kletterte während Schmidts Amtszeit von 582481 auf 1,82 Millionen. Zugleich stiegen die Neuverschuldung des Bundes (von 2,7 Milliarden Mark 1973 auf 37,2 Milliarden 1982)und seine Gesamtverschuldung (1973: 57,1 Milliarden, 1982: 305 Milliarden). Kein Wunder, dass der Reformgeist erlahmte. Vieles wurde nun unbezahlbar.

Hinzu kamen außenpolitische Verschattungen. Die Entspannungspolitik der frühen Siebziger hatte zwar in Europa einen Modus vivendi gebracht, der 1975 mit der Helsinki-Schlussakte besiegelt wurde. Aber das Wetterleuchten an der Peripherie dauerte an. Ende 1979 warf das sowjetische Afghanistan-Abenteuer einen düsteren Schatten auf die Entspannungspolitik, den die Verhängung des Kriegsrechts in Polen 1980 noch vergrößerte.

Der Terrorismus der Rote Armee Fraktion forderte Schmidt von Anbeginn seiner Kanzlerschaft heraus. November 1974: Mord an dem Berliner Kammergerichtspräsidenten von Drenkmann; Februar 1975: Entführung des Berliner CDU-Vorsitzenden Peter Lorenz und Freipressung von fünf Terroristen; April 1975: Überfall auf die Botschaft der Bundesrepublik in Stockholm; April 1977: Mord an Jürgen Ponto, dem Vorstandsvorsitzenden der Dresdner Bank. Und am 5. September 1977 fuhr Hanns-Martin Schleyer, Präsident der Bundesvereinigung der Deutschen Arbeitgeberverbände, in eine Falle: Terroristen erschossen seinen Chauffeur samt drei Polizisten und entführten Schleyer in einem VW-Bus.

Schmidt hielt Unnachgiebigkeit gegenüber den erpresserischen Forderungen der Terroristen bei aller taktischen Flexibilität und Finesse für den einzigen möglichen Weg. Dies galt erst recht, nachdem am 13. Oktober die Lufthansa-Maschine Landshut mit 86 Passagieren und 5 Besatzungsmitgliedern von einem Palästinenser-Kommando entführt worden war. Der Kanzler war sich sehr wohl bewusst, dass er nicht nur durch Unterlassung, sondern auch durch Handeln schuldig werden könnte. Als er den Befehl zur Erstürmung der Landshut auf dem Flugplatz der somalischen Hauptstadt Mogadischu gab, hegte er keine Illusionen; ihm war klar, dass er ein hohes Risiko einging. Aber das Unternehmen Mogadischu gelang. Seine Vertrauten wurden Zeugen, wie Schmidt Tränen in die Augen stiegen, als »Ben Wisch« die Meldung durchgab: »Die Arbeit ist erledigt.« Wäre das Unternehmen fehlgeschlagen, so hätte ihm niemand seinen sofortigen Rücktritt ausreden können.

Noch lagen jedoch schwere Stunden vor ihm. In der Nacht begingen die verurteilten Terroristen Baader, Raspe und Ensslin in Stammheim Selbstmord. Tags darauf wurde die Leiche Hanns-Martin Schleyers im Kofferraum eines in Mühlhausen abgestellten Wagens aufgefunden. Dem Sieg von Mogadischu folgte die Niederlage von Mühlhausen. Schmidt hatte die Verantwortung auf sich genommen. Er trug schwer daran. Aber vor dem Bundestag sagte er: »Zu dieser Verantwortung stehen wir auch in der Zukunft. Gott helfe uns!« Nie war er populärer, nie sein Ansehen höher.

Damals verschränkten sich die Handlungsstränge. Eine Woche nach der Ermordung Schleyers hielt Helmut Schmidt eine Rede vor dem Londoner International Institute for Strategic Studies, in der er auf die neue Bedrohung Europas durch die sowjetischen Mittelstreckenraketen SS-20 hinwies. Zunächst wollte der Kanzler wohl nur erreichen, dass diese Waffen in die amerikanisch-sowjetischen SALT-Verhandlungen einbezogen wurden, aber dann drängte das Pentagon auf die Postierung neuer US-Mittelstreckenwaffen auf dem europäischen Kontinent. Im Dezember 1979 beschloss die NATO, 108 Pershing II und 464 Cruise Missiles aufzustellen, erklärte aber zugleich ihre Bereitschaft, auf diese Waffen bei entsprechender sowjetischer Gegenleistung in puncto SS-20 teilweise oder ganz zu verzichten. Aus diesem »Doppelbeschluss« entwickelte sich jene Nachrüstungsdebatte, die Deutschland zehn Jahre lang aufwühlte. Den Triumph zehn Jahre nach der Londoner Rede, dass die Mittelstreckenwaffen und die taktischen Atomwaffen auf der Grundlage des Doppelbeschlusses tatsächlich abgeschafft wurden, erlebte Schmidt nicht mehr im Amt.

Schmidts Besorgnis wegen der Bedrohung durch sowjetische Mittelstreckenraketen mündete in einer zehn Jahre währenden Nachrüstungsdebatte, die die Bevölkerung der Bundesrepublik polarisierte.

160

Der Machtwechsel wurde am 1. Oktober 1982 durch ein konstruktives Misstrauensvotum vollzogen, nach einer Phase der Agonie. Die Regierung brachte nichts mehr zustande. Die eigene Partei, der Disziplinierung durch Regierungsverantwortung überdrüssig, versagte ihm in der Wirtschaftspolitik und der Nachrüstungsfrage die Gefolgschaft. Der liberale Koalitionspartner aber liebäugelte nicht nur mit dem Bruch; er trieb darauf hin. Die Gemeinsamkeit der Koalitionäre war erschöpft. Die Kraft des Kanzlers auch. Helmut Schmidt blieb nur, seinen unvermeidlichen Abgang eindrucksvoll zu inszenieren.

Staatliche Sinnstiftung hat er stets abgelehnt

Als er Kanzler wurde, war sein schwarzes Haar noch kaum angegraut; als er aus dem Bundeskanzleramt auszog, war es weiß geworden. Bis heute sehen ihn die Deutschen als einen Staatsmann, der in schwieriger Zeit seine Pflicht tat; der versucht hat, in der Politik einen Begriff von Vernunft, Leidenschaftslosigkeit und Augenmaß aufrechtzuerhalten; der über den Parteien stand, auch der eigenen. Seine Volkstümlichkeit ist bis heute ungebrochen.

Er reist ohne Unterlass und hält unermüdlich Vorträge. Er hat in den vergangenen 16 Jahren acht Bücher geschrieben, die sich alle lange auf den Bestsellerlisten hielten. Memoiren im klassischen Sinne sind nicht dabei (»politische Selbstbespiegelungen sind mir immer suspekt gewesen«); er bietet Erinnerungen, Reflexionen, Bewertungen. Und sein jüngstes Werk hat er, der alle staatliche Sinnstiftung stets hartnäckig ablehnte und das Kanzleramt nie als Kanzel begriff, dem Thema gewidmet, das ihn mehr und mehr umtreibt: der Suche nach einer öffentlichen Moral für unsere Zeit – einer Moral auch, die Menschenpflichten mit Menschenrechten vereint. Daneben hat Helmut Schmidt die Nationalstiftung eingerichtet, deren Arbeit der Gegenwart und Zukunft der Deutschen inmitten ihrer europäischen Nachbarn gilt; die Helmut-und-Loki-Schmidt-Stiftung bewahrt und erschließt seine amtlichen Akten, seine Reden und Interviews, Artikel und Fernsehdokumente für die Historiker.

Und seit dem 1. Mai 1983 ist Helmut Schmidt einer der Herausgeber der »ZEIT«. Den Einfall hatte Gerd Bucerius, der Gründer und damalige Eigentümer der »ZEIT«. Er wollte dem Bundeskanzler a. D. eine Heimstatt und Werkstatt bieten. Von 1985 bis 1989 war Schmidt auch Verleger und Geschäftsführer. So wurde der Politiker, der so oft über die »Wegelagerer« aus den Medien gewettert hatte, auf seine alten Tage zum Zeitungsmann. Seine Artikel finden im Lande und weit über dessen Grenzen hinaus Beachtung. Kaum ein anderer vermag die großen Zusammenhänge der europäischen Integrationspolitik, der Weltwirtschaft, der Globalisierungsproblematik mit gleicher Meisterschaft darzutun.

Im Pressehaus am Speersort hört Helmut Schmidt zu, lässt sich unterbrechen – und genießt den Schlagabtausch. Längst hat er begriffen, dass eine Redaktion kein Ministerium ist, sondern ein pulsierender Organismus, der sich nicht mit Weisungen und Verfügungen steuern lässt. Gewiss, da prallten zwei Welten aufeinander. Seine langen Memoranden zur Lage der »ZEIT« hatten es in sich. Manch einer mokierte sich, wenn Schmidt bei Einstellungsgesprächen die Männer fragte: »Haben Sie gedient?« Umgekehrt musste er sich zuweilen zur Duldsamkeit zwingen, wenn er die eine oder andere im Blatt vertretene Meinung hanebüchen fand. Aber im Laufe der Jahre haben sich der alte Kanzler und die Redaktion aneinander gewöhnt. Sie vertragen sich und respektieren einander.

Und nun wird er 80. »ZEIT«-Redakteure salutieren nicht, nicht einmal die Gedienten. Aber sie rufen ihm – »Helmut«, »Herrn Schmidt«, »dem Chef« – aus vier Stockwerken einen herzlichen Geburtstagsglückwunsch zu: Salute! Danke! Ad multos annos! *16. Oktober 1998*

Charta 77

Freiheit ist unteilbar

Eine Ermutigung und Verteidigung der Unterzeichner der Charta 77

Von Heinrich Böll

Der Tod Jan Patočkas, die schändlichen Umstände, die dazu geführt haben, machen es mir schwer, unsere Freunde frisch weg zu weiterem Widerstand zu ermutigen. Unsere Ermutigung kann ohnehin nur in der ständigen Aufmerksamkeit, in der Wahrnehmung bestehen: sie, die Freunde, müssen ihr Risiko einschätzen und eingehen. Nach den Mißhandlungen an Jelena und Pavel Kohout, nach der Verhaftung Vacláv Havels, nun Patočkas Tod. Es gehört wenig Phantasie dazu, sich vorzustellen, was zu seinem Tod geführt hat: Verhöre, stundenlang, das letzte elf Stunden lang; Belästigungen, Einschüchterungen. Eines Tages werden wir möglicherweise erfahren, wie diese Verhöre abgelaufen sind; und dies an einem Menschen und Denker, dem man, lebte er in einem nichtsozialistischen Land, wahrscheinlich die herablassendwohlwollende lexikalische Kategorie »bürgerlicher Humanist« zugestanden hätte.

Man sollte nicht vergessen, was letzten Endes zu Jan Patočkas Tod geführt hat: es alarmierte ihn, daß man jungen Pop-Musikern den Prozeß androhte (und machte), deren Musik ihm gar nicht »lag«, die er aber frei ausgeübt wissen wollte; da entstand der Einstieg eines Denkers in eine aktuelle Problematik; es würde manchen westlichen Konservativen nicht schlecht anstehen, wenn auch er sich gegen die Verfolgung junger Menschen verwenden würde, deren Aussehen, deren Gebaren, deren Musik und Sprache, deren politische Ansichten ihm nicht »liegen«. Jan Patočka hat diesen »bürgerlichen Humanismus« zu neuen Ehren gebracht. Dieser »weltfremde« Philosoph wurde, nein, nicht zum stummen Symbol, er wurde zum Sprecher einer Bewegung, die auf der Wörtlichkeit des geschriebenen und versprochenen Rechts besteht. Nicht mehr, nicht weniger; kein

100562

Jan Patočka starb am 13. März 1977 im Alter von 69 Jahren nach tagelangen Verhören. Er war einer der Ersten, die sich öffentlich für die als Regimegegner angesehene Band »The Plastic People« einsetzte.

Umsturz, die geschriebene und feierlich verabschiedete Verfassung beim Wort genommen, und wiederum ist der Schwenk auf unsere Hemisphäre notwendig: nicht jeder, der hierzulande auf dem Grundgesetz, auf seinen Grundrechten besteht, ist des Wohlwollens der Behörden und der Politiker bedingungslos sicher. In den USA haben die Neger hundert Jahre, nachdem ihnen Freiheit und Gleichberechtigung verfassungsmäßig zugestanden worden waren, den Kampf darum beginnen müssen. Was zu den mörderischen Verhören mit Jan Patočka geführt hat, weiß man: die Tatsache, daß ein amtierender Außenminister eines westeuropäischen Landes anläßlich eines offiziellen Besuches in Prag Jan Patočka empfangen hat. Nach jahrelangen Protesten, Solidaritätsbekundungen, Ermutigungen durch Autoren und Intellektuelle war damit anläßlich der Charta 77, deren Inhalt im Gespräch Jan Patočkas mit Herrn van der Stoel auf die Ebene gebracht, auf die sie gehört: die politische.

Es gehört zu den fadenscheinigen Argumenten der Prager (der Moskauer, Warschauer, Ostberliner) Führung, wenn sie immer noch von Einmischung in innere Angelegenheiten spricht, wo doch die Abmachungen von Helsinki internationale Abmachungen sind. Der Unterschied zwischen der Charta 77 und den Proklamationen des Prager Frühling besteht ja darin, daß sich die Charta 77 auf die Abmachungen von Helsinki beruft, nicht mehr nur auf einen innertschechischen Reformversuch. Und man sollte doch nicht vergessen, mit welcher Intensität, indem sie Türen und Hintertüren einrannten, gerade die Regierungen auf nach Helsinki gedrängt haben, die sich jetzt weigern, in den Korb 3 auch nur ein paar verwelkte Blümchen zu legen; das entscheidende, der Austausch nicht nur von Meinungen, nicht nur von Zeitungen, der Austausch von Personen, die Ausreisemöglichkeit von Bürgern, die nicht emigrieren wollen, daß sie keine Repressalien zu fürchten hätten, hat ja nicht einmal begonnen: immer noch und immer wieder diese öden Funktionärsdelegationen, die immer noch und immer wieder ihre vorgefaßte Meinung bestätigt finden, diese noch einmal und noch einmal bei ihrer Rückkehr bestätigen und so zu einer permanenten Fehleinschätzung beitragen, nachdem sie die Spesen verbraucht, die Nachtklubs besucht und den Genossen pflichtgemäß auf die Schulter geklopft haben: das Ritual einer mörderischen Langeweile. Daß ein »Staatsbesucher« – schon wegen der notwendigen Sicherheitsmaßnahmen, die ihn zu einer Art Gefangenen machen – nichts, aber auch gar nichts über das besuchte Land erfährt, ist vorausgesetzt, wenn auch Breschnjew immerhin, als er im Hubschrauber zwischen Rhein und Ruhr umherflog, festgestellt hat, wie dichtbesiedelt dieses Land ist, wie fleißig und tüchtig das von oben aussah; immerhin. Er hat's gesehen. Und er mag sich Gedanken darüber gemacht haben, die er möglicherweise für sich behält.

Frei reisen – und wieder zurückkehren dürfen! – nicht an der Grenze den Bannfluch der Ausbürgerung erfahren; was wollen die Menschen mehr: eine Fahrkarte oder einen Flugschein im dritten Korb, ohne daß irgendwelche Funktionäre über Paß und Visum entscheiden, ohne daß ihnen die Ausbürgerung droht. Es ist nach Helsinki keine Einmischung mehr, dieses Recht zu verlangen, und es war keine. Einmischung, daß Herr van der Stoel Jan Patočka empfing. Das Wort vom »Misthaufen« der Geschichte, auf den die Bürgerrechtsvertreter der Charta 77 gehören, hat in Prag nach verschiedenen Fensterstürzen einen makabren Beiklang. Wenn die Prawda oder Rude Pravo sich über Berufsverbote hier auslassen – wozu sie das Recht haben – mischen sie sich auch in unsere Angelegenheiten ein, und sie können sich auf den »Geist von Helsinki« berufen.

Es muß immer wieder noch einmal und wieder einmal darauf hingewiesen werden, daß auch neun Jahre nach der sowjetischen Invasion in Prag keinem einzigen tschechoslowakischen Bürger auch nur andeutungsweise »faschistische« oder »imperialistische« Kooperation nachgewiesen werden konnte; daß bis heute die Unterzeichner des berühmten »Hilferufs« nicht identifiziert werden konnten; daß die »corpora delicti«, die man seinerzeit vorzuweisen wagte, so kümmerlich zurechtgemacht waren, daß kein kriminalistischer Anfänger sie vor Gericht vorzuzeigen wagen würde.

Die Pressekampagne gegen die Urheber der Charta 77 hat eine verfluchte Ähnlichkeit mit den Pressekampagnen in den Jahren 48/50 und in den Jahren 68/69: eines der Opfer der Kampagne von 48/50 hieß Gustáv Husák; er mag sich seiner Freunde Hübl und Kriegel erinnern, jener zwei Versuche in der ČSSR, humane und humanistische Vorstellungen zu verwirklichen, und es mag ihm der Tod Jan Patočkas, den gewiß keiner »gewollt« hat, einen heilsamen Schrecken eingejagt haben, einen Schrecken vor jenen Kräften, die nicht kontrollierbar sind und Entwicklungen herbeiführen, die dann, wenn es zu spät ist, keiner »gewollt« hat; er mag an Jiři Lederer denken, dessen Schicksal es zu sein scheint, in Gefängnissen einer Republik, die er selbst gewollt und mit herbeigeführt hat, sein Leben zu verbringen; an Vacláv Havel mag er denken, an das, was einmal die tschechoslowakische Kultur gewesen ist, die nun nur noch außerhalb der ČSSR Öffentlichkeit hat; diese Kultur lebt, auch in der ČSSR, aber es droht ihr der Atem auszugehen.

Die Dokumente sprechen für sich: Sie haben eine Dramaturgie, aus der sich die Dramen von selbst ergeben und die auf ein weiteres Drama zuzusteuern scheint; der dramatische Verlauf kann vermieden werden, und mag die Geschichte, und mögen die Historiker ihn auch für unvermeidlich halten: das Drama kann verhindert werden; so manche Krokodilsträne wartet schon auf den Augenblick, in dem sie austreten darf, auf den Augenblick, in dem wieder einmal bewiesen wird, daß es Reformansätze in einem sozialistischen Land nicht geben kann; daß Helsinki eine Falle war, der Korb 3 der Abmachungen eine nicht erfüllbare Verlockung, Entspannung eine Täuschung; wenn nur die Geschäfte weitergehen, und sie gehen weiter, kann man auch über Jan Patočkas Tod Tränen vergießen, diesen »bürgerlichen Humanisten«, der in Prag noch einmal jenen Geist zu Ehren brachte, den man hier diffamieren darf, kaum noch zu diffamieren braucht, weil er auszusterben droht, erstickt an Selbstgefälligkeit und Selbstgerechtigkeit.

Es waren die Verfasser der Charta 77, aus deren Text man Jan Patočkas Handschrift erkennen kann, die auf den internationalen Aspekt der Menschenrechte hinwiesen, auf Chile etwa. Die so beliebte und immer wieder affirmierte Unteilbarkeit der Freiheit, der Pressefreiheit, der Menschenrechte, der Freizügigkeit, der Selbstbestimmung wird nur zu gern geteilt: in eine polnische und eine iranische (persische) Freiheit, in eine indonesische, brasilianische und eine tschechoslowakische Freiheit, in eine südkoreanische Freiheit und eine sowjetische; solange man von Unteilbarkeit redet, diese Teilung aber aufrechterhält, nützen verbale Proklamationen wenig. Der Geist der Charta 77 vertritt die Unteilbarkeit.

20. Mai 1977

Deng Xiaoping

Der Erneuerer Chinas

Unter Deng Xiaoping wurde die Volksrepublik wirtschaftlich, geostrategisch und militärisch zur Weltmacht

Von Helmut Schmidt

Der Tod Deng Xiaopings, lange erwartet, hat vielerlei Spekulationen über die Zukunft Chinas verstärkt. Aber kaum jemand ist sich seiner Prognosen sicher.

Als Mao Zedong 1976 starb, hat keiner die stürmische ökonomische Entwicklung Chinas vorausgesehen, die das Riesenreich seit 1978 dank Deng Xiaoping erlebt hat, nämlich ein reales Wachstum um durchschnittlich neun Prozent pro Jahr – das größte Wachstum der Welt. Deng ist ein weiteres Beispiel für die im Kommunismus gegebene Möglichkeit, dass »Männer die Geschichte machen«. Und zugleich dafür, dass eben keineswegs jede Geschichte im Wesentlichen eine Geschichte von Klassenkämpfen ist.

Ich habe Deng 1975 zur Zeit der blauen Ameisen kennen gelernt, als alle Chinesen die Mao-Uniform tragen mussten. Damals war Zhou Enlai, der den deutschen Regierungschef eingeladen hatte, bereits so krank, dass er mich nicht mehr empfangen konnte, und Mao Zedong war wegen eines Schlaganfalls in seiner Sprachfähigkeit weitgehend beeinträchtigt. Deshalb fiel die Hauptlast als Gastgeber auf Deng. Wir sprachen viele Stunden miteinander. Die Sorge vor einem Krieg zwischen China und der Sowjetunion stand im Vordergrund; im Übrigen kamen fast alle Themen der internationalen Politik zur Sprache, auch Fragen und Antworten zur weiteren chinesischen Entwicklung. Deng wich in keinem Punkte von der damaligen offiziellen Parteilinie ab. Ich empfand es als für ihn demütigend, wie dieser mir an Jahren und an Erfahrung überlegene Siebzigjährige, der mir gefühlsmäßig sympathisch war, sich sorgfältig an die aktuell geltenden parteichinesischen Sprachregelungen zu halten hatte. Über seine eigenen politischen oder wirtschaftlichen Vorstellungen fiel kein Wort.

Wenig später hörten wir von Dengs Sturz, es war nicht das erste Mal in seinem Leben; zugleich lasen wir die Berichte von den unsinnigen, ekelhaften Taten der Witwe Maos und ihrer »Viererbande«. Tief erschrocken sah ich für China ein politisches und ökonomisches Chaos voraus. Meine pessimistische Erwartung hat sich jedoch nicht erfüllt. Denn Deng Xiaoping brachte es mit Zähigkeit fertig, in die Führung der Kommunistischen Partei Chinas zurückzukehren, seinen Einfluss dort schrittweise auszubauen und eine schnelle politische Konsolidierung zu erreichen. Aber viel wichtiger noch: Er brachte eine De-facto-Abkehr von den marxistischen und maoistischen Lehren zustande. Schrittweise öffnete er sein Land für private Unternehmen, für Märkte, er begann den Abbau der schwerfälligen, defizitären, riesenhaften Staatsunternehmen (zum Teil als »Kommunen«, zum Teil als Militärkonzerne) und sorgte für marktwirtschaftlichen Außenhandel und für privatwirtschaftliche Investitionen durch Ausländer.

160

Trotz zweier Strafdegradierungen durch Mao gelang es Deng Xiaoping, nach dessen Tod die Führung der KP Chinas zu übernehmen. Er regierte die Volksrepublik China von 1976 bis 1997, ohne jemals die politischen Spitzenämter einzunehmen.

Ich habe Deng binnen fünfzehn Jahren viermal besucht. Beim zweiten Mal, 1984, begann sich sein Erfolg bereits sehr deutlich abzuzeichnen. Er machte sich Sorgen über zukünftig mögliche Arbeitslosigkeit und darüber, wie die Menschen in den bisher agrarisch bestimmten Regionen davon abgehalten werden könnten, in die Städte der fantastisch aufblühenden Küstenregionen abzuwandern. In jenen Tagen nahm er, auf dem Tor zur einstigen Verbotenen Stadt stehend, zur Feier des 35. Jahrestages der Volksrepublik in souveräner Manier eine große, bunte Parade ab; die Hauptrolle spielten viele zivile Gruppen. Aber Deng berief sich in seiner kurzen Ansprache auf den legendären »Gelben Kaiser«.

Er schien mir auf dem Höhepunkt seiner Macht über das Riesenreich angekommen zu sein. Jedoch erwies sich dieser Eindruck bald als falsch. Denn danach hat Deng zwar alle seine Ämter aufgegeben, aber seine Führungsautorität hat bis in die Neunzigerjahre weiter zugenommen – trotz des für das Volk qua Fernsehen erkennbaren Verfalls seiner körperlichen Kräfte. Die konfuzianischen Traditionen sind in China tiefer verankert als die kommunistischen – anders sind die Anerkennung der obersten Entscheidungsmacht eines Neunzigjährigen und der Wille zur Harmonie unter seiner Führung nicht zu verstehen.

Dengs Leistung ist nicht zu verstehen ohne Sun Yatsen, ohne Chiang Kai-shek, Mao Zedong und Zhou Enlai. Gleichwohl erscheint es mir möglich, dass man im 21. Jahrhundert in China rückblickend zum Schluss kommen kann, Deng habe die im Ergebnis entscheidende Leistung der Modernisierung des Riesenreiches vollbracht. Dies um so mehr, als dann die Vorteilhaftigkeit des Vergleichs mit Gorbatschows Versuch zu Perestrojka und Glasnost und dessen katastrophalem Ausgang vor aller Augen liegen wird. Es ist heute freilich noch nicht ausgemacht, dass Dengs grandioses Experiment nach seinem Tode katastrophenfrei fortgeführt werden wird.

Die Tragödie am Tian'anmen-Platz 1989 wirft einen Schatten in die Zukunft. Freilich wird jeder westliche Kritiker sich fragen müssen, ob er genug von der chinesischen Geschichte der letzten drei Jahrtausende weiß, ob genug vom Konfuzianismus, ob er wenigstens genug weiß von Maos gewalttätigen Experimenten und millionenfachen Todesopfern und von den Verbrechen der Roten Garden, um angemessene Maßstäbe an Deng anlegen zu können. Die tief verwurzelte konfuzianische Abneigung gegen Unruhe oder gar Chaos wird er genauso in Anschlag bringen müssen wie die Tatsache, dass seine eigenen westlichen Maßstäbe relativ jungen Datums sind: Die westliche Demokratie gibt es erst seit gut zwei Jahrhunderten, die Sklaverei in den Vereinigten Staaten wurde erst vor anderthalb Jahrhunderten abgeschafft, und in Deutschland liegt Auschwitz gerade erst fünf Jahrzehnte zurück.

Es ist eine westliche Absurdität, einerseits Zehntausende Tote in Tschetschenien lakonisch zur Kenntnis zu nehmen, gleichwohl Jelzin als Demokraten anzusehen, und andererseits mit Abscheu die chinesische Führung moralisch zu verurteilen. Ungezählte Intellektuelle im Westen, die vor einem Vierteljahrhundert enthusiastisch Mao gefeiert haben und dabei seinen Terror nicht wahrnehmen wollten, spielen sich heute, da sie als Erwachsene Politik machen, als moralische Richter über Deng auf.

Dengs Politik war bewusst doppelgleisig. Auf dem einen Gleis die progressive wirtschaftliche Öffnung, welche den Lebensstandard - und die Lebenszeit - der Chinesen schon bis heute gewaltig angehoben hat und zugleich Mittelstand und ökonomische Oberschicht entstehen lässt; auf dem anderen Gleis konservatives Festhalten an der politischen Herrschaftsstruktur durch die Kommunistische Partei (und das Militär). Ob das erste Gleis ohne das zweite möglich gewesen wäre, muss man angesichts des beispielhaften Desasters in der früheren Sowjetunion bezweifeln. Dass mit weiteren Erfolgen auf dem ersten Gleis zwangsläufig das zweite Gleis auf eine gesellschaftliche und politische Öffnung hinauslaufen wird, darf man für möglich halten; jedenfalls ist die Masse der Bürger Chinas schon heute freier als jemals zuvor.

Schon sehr früh im 21. Jahrhundert können Sozialprodukt sowie Ex- und Importleistung Chinas diejenigen Japans überholen; ein Jahrzehnt später kann China auch die USA überholen. Die zukünftige Aggregatgröße Chinas und seine Faktorrolle in der Weltwirtschaft sagen allerdings noch nicht viel über das Volkseinkommen pro

100562

Im Juni 1989 richtete die chinesische Volksbefreiungsarmee unter demonstrierenden Studenten auf dem »Platz am Tor des Himmlischen Friedens« mit Panzern und Schusswaffen ein Blutbad an. Der fotografierte Panzer brannte aus, nachdem er durch eine Barrikade gestoppt werden konnte.

Kopf – China wird noch sehr lange ein Entwicklungsland mit einem relativ niedrigen durchschnittlichen Lebensstandard bleiben, bei großen Wohlstandsunterschieden.

Freilich hängen diese Erwartungen für die zukünftige ökonomische Größenordnung Chinas von einer Reihe von Bedingungen ab.

Erstens: Innenpolitisch kommt es kurzfristig darauf an, dass der Prozess der Nachfolge hinter Deng ohne Konvulsionen verläuft, etwa indem Parteichef Jiang Zemin, immerhin schon in seinem achten Amtsjahr, Ministerpräsident Li Peng und Vizepremier Zhu Rongji in ihren heutigen Ämtern verbleiben. Gleichwohl wird das Parlament (Volkskongress), wo unter seinem Präsidenten Qiao Shi schon heute vielfach kontroverse Abstimmungen und Kritik an Regierenden üblich sind, an Macht gewinnen. Nachdem aber die KPCh ihre grundlegende Ideologie verloren hat, wird das Vakuum – wenn überhaupt – nur gefüllt werden können im Streit zwischen Interessen, Tendenzen und Traditionen. Dabei wird niemand aus den heutigen Generationen noch Autorität herleiten können aus persönlicher Beteiligung am Langen Marsch oder am Kampf gegen die japanische Aggression. Und die nächste Führungsgeneration wird nicht in Moskau, sondern in den USA studiert haben!

Nach Dengs Tod brach kein öffentlicher Machtkampf aus, wie dies nach Maos Tod der Fall gewesen war. Dengs Politik wurde im Grundsatz fortgesetzt.

160

Die konfuzianischen Traditionen sind in China tief verankert

Zweitens: Finanzpolitisch kommt es nicht nur kurzfristig darauf an, die Inflation unter Kontrolle zu halten, nötig sind sehr schwierig zu leistende Steuer- und Haushaltsreformen; die Haushalte des Zentralstaates und der Provinzen müssen ganz von der Notenbank abgekoppelt werden; die Subventionen der allgemein ineffizienten Staatsbetriebe und der Konzerne der Armee müssen verringert werden – weil aber der Abbau dieser Betriebe riesige Massen von Beschäftigten freisetzen wird, kommt er nur zögerlich in Gang.

Drittens: Strukturpolitisch wird entscheidend sein, wie schnell es gelingt, durch die Schaffung einer leistungsfähigen Verkehrsinfrastruktur – Straßen, Eisenbahnen und Wasserwege – und Energieversorgung den binnenländischen Provinzen Anschluss an den industriellen Aufschwung der Küstenregionen zu ermöglichen, um dadurch sowohl riesige Bevölkerungswanderungen als auch politische Konflikte zwischen Binnenland und Küstenprovinzen abzufangen.

Viertens: Die Rechtsordnung bedarf der Straffung und der Ergänzung, sowohl im Bereich der Strafrechtspflege, damit Verbrechen und wuchernde Korruption eingedämmt werden, als auch und vor allem im Bereich des öffentlichen und des Privatrechtes, damit ausländische und inländische Unternehmen und Märkte sich auf ihre Geschäftsgrundlagen und Verträge verlassen können.

Diese vier grundlegenden Bedingungen zu erfüllen bedeutet, vier Herkulesaufgaben zu bewältigen. Es ist durchaus vorstellbar, dass sie etliche Jahre im Sinne Dengs verfolgt werden. Wenn aber das regionale und soziale Gefälle innerhalb Chinas zu schweren innenpolitischen Konflikten oder gar zu einem kataraktartigen Zusammenbruch der KPCh führen sollte, bevor andere politische Strukturen vorbereitet sind, dann könnte doch noch ein ähnliches Chaos entstehen, wie wir es derzeit in Russland erleben.

Es ist allerdings nicht sinnvoll, sich schwarzmalerische Szenarien oder worst cases vorzustellen. Dagegen finde ich mich in meinen relativ optimistischen Erwartungen für Chinas Zukunft immer wieder bestärkt durch die stetig zunehmende Investitionstätigkeit der Auslandschinesen in ihrem angestammten Mutterland. Nur weniger als fünf Prozent aller Chinesen leben außerhalb der Volksrepublik, vornehmlich in Taiwan sowie in allen Staaten Südostasiens und in den USA. Was diese Auslandschinesen seit Dengs Reformen alljährlich an Kapitalexporten in die Volksrepublik zustande bringen, ist außerordentlich eindrucksvoll (notabene ein wesentlicher Faktor des wirtschaftlichen Aufschwungs in China).

Wenn nach Stalinismus und Maoismus nunmehr Dengismus die Tagesordnung in China bestimmen sollte, so wird das bedeuten: autoritäre Führung, schrittweise pragmatisch fortgeführte ökonomische Reform, Marktwirtschaft und Privateigentum – und: chinesischer Nationalismus.

Taiwan ist seit Jahrhunderten ein Teil Chinas. Die von Jiang Zemin verfolgte These »Ein Land – zwei Systeme« muss der Westen akzeptieren. Eine spätere friedliche Lösung der Taiwan-Frage wird weitgehend abhängen vom politischen, ökonomischen und psychologischen Erfolg der Integration Hongkongs. Den Chinesen eignet ein empfindlicher nationaler Stolz. Wer die Geschichte der gewaltsamen und bösartigen europäischen und japanischen Interventionen auf Chinas Boden erwägt, der wird dafür Verständnis haben. Er wird sich auch früherer sowjetisch-chinesischer Konflikte erinnern und deshalb all jene absurd-romantischen Ideen zurückweisen, welche europäische oder atlantische Institutionen – ob als

»Partnership for Peace«, ob als NATO, als atlantisch-russische »Charta«, ob als OSZE oder als was auch immer - im Verbund mit Russland bis an Chinas Grenzen ausdehnen wollen.

Nicht nur wurde China 1945 bei der Gründung der Vereinten Nationen als eine Weltmacht behandelt, sondern China ist tatsächlich ökonomisch, geostrategisch und militärisch - einschließlich atomarer Waffen - eine Weltmacht, die dank Deng Xiaoping außenpolitisch nicht mehr vom Rest der Welt isoliert ist. Chinas weltpolitische Rolle wird im 21. Jahrhundert ungleich größer sein als jemals im 19. oder im 20. Jahrhundert.

Die Staaten in Südostasien, im Fernen Osten und im Pazifik haben längst begonnen, sich darauf einzustellen. Die amerikanische Präsenz in der Region ist ihnen nicht unerwünscht, aber sie würden sich im Falle eines amerikanisch-chinesischen Konfliktes kaum auf die Seite der USA stellen; zwar ist ihnen Amerika machtpolitisch weniger suspekt als China, der Gigant China ist ihnen jedoch geographisch sehr viel näher.

Amerika muss erkennen, dass sich nach dem Ende der bipolaren Weltkonstellation keineswegs eine »neue Weltordnung« ergeben hat, in der etwa die USA als einzige Weltmacht nachgeblieben sind. Vielmehr sollten die USA der Weltmacht China die Achtung entgegenbringen, die einem gewaltigen, gleichberechtigten Partner gebührt, und auf alle ideologischen Bevormundungsversuche gegenüber China verzichten.

Wir Europäer sollten verstehen, dass der Konfuzianismus sehr viel eher unseren moralischen Respekt verdient als jeglicher Raubtierkapitalismus; deswegen müssen wir keineswegs an unseren eigenen Grundrechten, unserer rechtsstaatlichen Demokratie und unserer offenen Gesellschaft zweifeln. Wir sollten jedenfalls erkennen, dass wir als einzelne europäische Staaten gegenüber den wahren Weltmächten keineswegs genug Gewicht haben, um unsere Interessen zur Geltung zu bringen. Die erkennbar werdende Konfiguration der Weltmächte USA, China und Russland (trotz seiner offenbaren Schwächen!) ist - über Robert Schumans und Jean Monnets Motive hinausgehend - ein zusätzlicher Grund für die europäische Integration. *28. Februar 1997*

Alexander Solschenizyn

Heimkehr wohin?

Mit der Rückkehr Solschenizyns ging für Russland eine Epoche zu Ende

Von Karl Schlögel

Moskau ist groß. Moskau hat sieben Bahnhöfe. Täglich sind es Hunderttausende. die unterwegs sind von einem Ende der eurasischen Ebene zum anderen. Im Gewimmel der Bahnhöfe der russischen Metropole kreuzen sich die alten Wege des Reiches und die Routen des neuen Russland. Soldaten aus den Garnisonen, Flüchtlinge aus den Bürgerkriegsgebieten, commis voyageurs, die zwischen Istanbul und Archangelsk pendeln. Familien auf dem Weg zurück in die Sommerfrische bei Verwandten auf dem Dorf. Menschen erschöpft auf dem Weg in die Provinz. Und auf jeden Reisenden entfällt ein Riesenbündel, von dem man sich wundert, dass es bewegt werden kann. An den Bahnhöfen berührt sich das unterirdische Moskau der Metro mit dem oberirdischen Tag für Tag. Ein ganzes Volk auf Wanderschaft. Alltagsarbeit der großen Stadt.

Ein historischer Augenblick wie Alexander Solschenizyns Ankunft am Jaroslawler Bahnhof am Donnerstag, 21. Juli 1994, ist darin nur ein Moment. Eine Sekunde gespannte Unruhe, gereckte Hälse, hervorgerufen vom massiven Aufgebot ausländischer Fernsehleute. Moskauer Würdenträger und Sicherheitskräfte. Zwischenrufe und Blitzlichtgewitter. Dann ist es vorbei.

Viele sind gekommen, aber noch mehr sind zu Hause geblieben. Es hängt vorerst nichts mehr an symbolischen Gesten. Die Zeit der öffentlichen Bekenntnisse und Gesinnungsübungen ist vorbei. Das neue Moskau ehrt den Helden der Sechzigerjahre mit einer Demonstration seiner Gelassenheit, mit der Indifferenz jeder Errungenschaft einer Metropole, die sich durch Krisen, Haupt- und Staatsaktionen oder historische Augenblicke nicht aus der Ruhe bringen lässt. Nichts konnte deutlicher machen, dass der neue Zustand unumkehrbar geworden ist.

Solschenizyn unternimmt im Alter von 76 Jahren die riskanteste Reise seines Lebens – sie geht in die Terra incognita des postsowjetischen Russland. Er hat weit mehr verlassen als nur den sicheren Ort in Vermont. Das sowjetische Russland, das er kannte, gibt es nicht mehr, und das vorsowjetische Russland, um das sein Denken so sehr kreist, ist unwiederbringlich dahin. Das Moskau, aus dem er gewaltsam fortgeschafft wurde, ist Geschichte.

Die Reise geht an einen verwaisten Ort und in eine unübersichtliche Gegenwart. Solschenizyn wird zum Akteur in einem Drama, in dem es keine Regisseure gibt und in dem Propheten, die mehr sein wollen als die Interpreten der wirklichen Bewegung, nur scheitern können. Alles ist möglich: ein russisches Wunder, aber auch eine Katastrophe; ein Prophet, der zum Verhängnis wird, und ein Genius, der das vermittelnde Wort findet, an dem alles hängen kann.

Solschenizyn kam spät, aber er war längst da. Ihm wurde das größte Glück zuteil, das einem Exilschriftsteller widerfahren kann: Er hatte im Land eine Leserschaft gefunden, die seiner würdig war. Die Opfer, die er gebracht hatte, wiederholten sich in den Gefahren und Risiken derer, die Abschriften seiner Bücher herstellten und verbreiteten, die sich die Lesungen seiner Werke, die von Radio Liberty oder der Deutschen Welle veranstaltet wurden, nicht entgehen ließen, die nicht selten für die verbotene Lektüre mit dem Verlust der Arbeit oder Repressalien bezahlt haben.

160

Der russische Schriftsteller und Nobelpreisträger für Literatur Alexander Solschenizyn wird nach seiner Rückkehr in die Heimat am 27. Mai 1994 in Wladiwostok begeistert empfangen.

Die geistige Vorbereitung dessen, was dann »Perestroika« genannt wurde, ist ohne den Gärstoff seiner und anderer Autoren Werke, ohne deren Wagemut und Willen, »nicht in der Lüge zu leben«, kaum denkbar. Wenn nach 1985 alles so rasch ging, dann deshalb, weil es Leute wie ihn gab und das Publikum vorbereitet war. Die berüchtigte »Zeit der Stagnation« war in Wahrheit die Inkubationszeit für alles, was dann in rasendem Tempo nach außen trat. Alles war längst vorher gesagt, nun war es öffentlich geworden. Aber damit hatte sich alles geändert.

Das Leben hat aufgehört, um das Wort zu kreisen. Dichter hören dort, wo es ein Parlament gibt, auf, das Gewissen der Nation sein zu müssen. Ihre Literatur wird nicht mehr danach bemessen, wie sehr sie gegen einen politischen Kanon verstößt, sondern ob sie gut oder schlecht, zeitgemäß oder veraltet ist.

Die Gesellschaft folgt ihrem eigenen Geschmack, nicht unbedingt den Ratschlägen einer wirklichen oder vermeintlichen Elite. Zerfallen ist das Netz von Küchengesprächen und Freundeskreisen, wo es solcher Ersatzöffentlichkeiten nicht mehr bedarf. Das Monopol auf das verbotene Wissen ist gebrochen, seit man das einst Verbotene jeden Abend im Fernsehen besichtigen, seit man es an jeder Straßenecke kaufen kann, Es gibt die Wahl zwischen Tarzan, Nietzsche, Berdjajew, Solschenizyn, Burda-Heften. Und das Publikum entscheidet – wie überall.

Im Zentrum der Gespräche heute steht die Gegenwart. Die sowjetische Welt war einfach, die nachsowjetische ist unübersichtlich. In der sowjetischen Welt gab es das Oben, das für alles verantwortlich gemacht werden konnte – auch für die eigenen Unvollkommenheiten. Heute wäre das kaum mehr als eine billige Ausrede. Das Pathos der Verfolgten von einst ist den Moskauer Kids, die im August 1991 zwischen den Panzern auf Skateboards Slalom fuhren, nicht unbedingt verständlich. Eine Welt liegt zwischen der Generation derer, die sich ihre Illusionen abgearbeitet haben, und jener Jungen, die auf ihrem Recht der Ahnungslosigkeit bestehen und die Ermahnungen der Veteranen nicht mehr hören können.

Man kann die Welt der Lager kennen und das Äußerste geleistet haben im Erzählen der zerstörten Lebensgeschichten: aber all das ist nichts gegen den

Redestrom, der dem Volk in den letzten Jahren von der gelösten Zunge kam. Man kann seine Lebenskraft für das Gedächtnis der Ermordeten aufgezehrt haben, aber das heißt noch nicht, dass man dem Lande heute geben kann, was es braucht: eine Intelligenz, die es aus dem wirtschaftlichen und kulturellen Zusammenbruch herauszuführen vermag. Man muss lange hinhören, um dem Russland, wie es geworden ist, Töne und Texte abzulauschen, in denen es sich zu verständigen sucht. Mit Lektionen und Predigten ist da wenig auszurichten.

Russland hat ungeheuer viel verloren

Über den wirklichen oder auch nur vermuteten Absonderlichkeiten der Heimkehr ins veränderte Russland geht leicht verloren, was die Heimkehr Solschenizyns im Grunde bedeutet. Auf dem Jaroslawler Bahnhof ging die Epoche des sowjetischen Exils zu Ende. In seiner Person kehren die Exilierten zurück – wirklich oder symbolisch.

Das ist ein Vorgang von ungeheurer Tragweite für einen Staat, der in mehreren Schüben Exil und Emigration aus sich herausgeschleudert hat, der in den siebzig Jahren seines Bestehens einen unvorstellbaren Aderlass an schöpferischen Kräften erlitten hat. Diese Zeiten sollen zu Ende sein; sie sind zu Ende. Russland besichtigt heute die unermesslichen menschlichen und intellektuellen Verluste, die ihm durch Flucht und Weggang zugefügt worden sind. Eine Sammlungsbewegung nicht der russischen Erde, sondern des russischen Geistes. der im 20. Jahrhundert um die ganze Welt verstreut wurde, ist im Gange.

Für die meisten kommt die Öffnung des Landes zu spät – sie sind in der Fremde gestorben. Solschenizyn, wie er sagt, zum Sterben nach Russland zurückgekehrt, steht stellvertretend für die vielen, auf die das Licht noch nicht gefallen ist, denen das Glück der Heimkehr nicht gegeben war. Nikolaj Berdjajew, der russische Philosoph, starb 1948 im französischen Exil, der symbolistische Dichter und Philosoph Wjatscheslaw Iwanow in Rom, der russisch-amerikanische Schriftsteller Wladimir Nabokow im schweizerischen Exil. Die russischen Nekropolen in allen Zentren der Welt liefern die Namen derer, deren Lebensfrist vor der des Sowjetstaates abgelaufen war. So liegen sie auf den Friedhöfen von

100563

Die im Januar 1974 aufgenommene Fotografie zeigt den gerade aus der Sowjetunion ausgewiesenen Schriftsteller Alexander Solschenizyn auf einem Spaziergang mit dem bundesdeutschen Schriftsteller Heinrich Böll. Nach seiner Ausbürgerung und Ausweisung lebte Solschenizyn von 1976–1994 in den USA.

Olschany in Prag, auf dem Tegeler russischen Friedhof in Berlin, im estnischen Haapsala ebenso wie in Belgrad oder Paris. Einigen wiederfuhr die Ehre, im Sarg zurückzukehren, wie dem großen Sänger Fjodor Schaljapin, der aus Paris nach Moskau überführt wurde. Andere wurden in russischer Erde verscharrt, nachdem sie von den NKWD-Kommandos in Riga und Kaunas 1940 aufgegriffen worden waren – wie der Religionsphilosoph Lew Karsawin, der im Lager von Inta verschwand.

Im Unterschied zum deutschen Exil, das nach zwölf Jahren tausendjährigen Reiches zurückkehren konnte, wenn es wollte oder die Kraft dazu besaß, wuchs das »Russland jenseits der Grenzen« mit jeder neuen Fluchtwelle, reproduzierte seinen eigenen Kosmos, hatte seinen Nachwuchs, seine Schulen und Zeitungen, seine Klubs und seinen Klatsch.

Anders als im 19. Jahrhundert, als die Aristokratie eine eigentümliche Form der Flucht aus den düsteren Zuständen in die mondänen Kur- und Badeorte West- und Mitteleuropas kultivierte – und dort oft auch hängen blieb, und anders als jene konspirativen Zirkel der russischen Intelligenzija, die sich in Zürich, Genf, London, Paris und Leipzig organisiert hatten, ist die russische Diaspora nach der Oktoberrevolution und vor allem nach dem Zusammenbruch der weißen Bewegung im Bürgerkrieg ein Massenphänomen gewesen und umfasste etwa ein bis zwei Millionen Menschen. Ganze Armeen mit ihrem Tross wurden evakuiert. Ersatz- und Gegenregierungen bildeten sich, eine komplizierte Logistik der Emigration und des Überlebens in der Fremde wurde etabliert. Hunderttausende finden sich wieder in Konstantinopel, in Sofia, Belgrad und Prag. Zehntausende haben sich in den »Limitrophen«, den baltischen Staaten, niedergelassen, um auf »baldige Rückkehr« zu warten. Hunderttausende gehen in »Fernost« über die Grenze und lassen sich in Charbin und Schanghai nieder. Für einen kurzen Augenblick finden sich im Berlin der frühen Zwanzigerjahre fast eine halbe Million russischer Flüchtlinge ein: In Paris werden es wenig später an die hunderttausend sein.

Nur relativ wenige fanden den Weg zurück nach Sowjetrussland, und nicht wenige sind für ihr Heimweh oder ihren Patriotismus später mit Zwangsarbeit bestraft worden. So blieb man in der Fremde, geriet im Zweiten Weltkrieg zwischen die Fronten oder entkam, wenn man Glück hatte, nach Amerika. Die Rote Armee nahm die »Ihrigen« mit, aber meist als Verdächtige. So verschwanden viele nach 1945 aus Prag, Belgrad, sogar Paris in sowjetischen Arbeitslagern. Noch einmal wuchs das »Russland jenseits der Grenzen«, als nach dem Ende des Zweiten Weltkriegs Hunderttausende von sowjetischen Zwangsarbeitern und Kriegsgefangenen, die aus deutscher Hand befreit wurden, es vorzogen, als Displaced persons in die westlichen Zonen und weiter nach Amerika zu gehen. Unermesslich auch der Verlust durch den letzten großen Exodus in den Siebziger- und Achtzigerjahren, als russische Juden und Russlanddeutsche zu Hunderttausenden die Sowjetunion verließen.

Jede dieser Wellen kam einem entsetzlichen Aderlass gleich. Gegangen sind nicht nur »Weißgardisten«, wie bis in die jüngste Zeit der diffamierende sowjetische Terminus für die Emigration lautete. Im Exil fand sich wieder jenes andere Russland, das in Sowjetrussland nicht bleiben konnte oder nicht bleiben wollte, eine Gesellschaft en miniature: Industrielle, Bankiers, Künstler, Schriftsteller, Staatsbeamte, die Führungen der revolutionären ebenso wie der reaktionären Parteien, Angehörige der Adelsfamilien ebenso wie Bauernsoldaten, die mit den »Weißen« gegangen waren. Mit jedem von ihnen ging dem ohnehin am Boden liegenden Land ein Stück Wissen, Erziehung, Kompetenz, Stil und Kultur verloren. Jeder große Exodus war eine Bewegung der Dezimierung der zivilen Kräfte, deren das moderne Russland nach dem Bürgerkrieg so dringend bedurfte. Sie setzte sich fort in den noch ungeheuerlicheren Menschenverlusten der Dreißiger- und Vierzigerjahre, im Gulag und im Zweiten Weltkrieg. Die Sowjetmacht an ihrem Ende – das war nur noch militärische Hochrüstung minus Zivilgesellschaft.

Jetzt, da das Land dabei ist, diese Bürde abzuschütteln, werden die lebensbedrohlichen Zivilitäts- und Modernitätsdefizite in aller Schärfe empfunden. Die Spontaneität und Wucht, mit der die Eingemeindung der Exilierten und Verfemten heute in Moskau erfolgt, bringt die Ahnung von den erlittenen Verlusten in aller Schärfe zum Ausdruck. Es ist weniger Nostalgie im Spiel als das Empfinden des aktuellen Mangels, der durch den Exodus jener Kräfte miterzeugt worden ist. Was stattfindet, ist ein Versuch, die Spaltung der russischen Kultur im 20. Jahrhundert, die auch eine von Kultur im Mutterland und eine in der Diaspora war, zu überwinden. Dass es dabei nicht ohne neue Ideologisierungen, neue Mythenbildungen und neue Legenden abgeht, versteht sich von selbst. Und dass neben den Schriften von Nikolaj Berdjajew und Wladimir Nabokow auch die der russischen Monarcho-Faschisten der frühen Zwanzigerjahre ausliegen, zeigt nur, dass das Erbe der Emigration kein einheitliches ist. Den irreversiblen Verlust zu denken und sich mit ihm abzufinden, fällt schwerer als Wiedergutmachungen der ideologischen Art.

Die russische Emigration ist mit der Sowjetunion zu Ende. Was nun folgt, ist so verschieden – wenn auch nicht weniger bedrohlich – wie das postsowjetische Russland von der Sowjetunion. In den neuen Staaten jenseits der Grenzen der Russischen Föderation leben über zwanzig Millionen – das ist ein »Russland jenseits der Grenzen«, von einer Dimension jenseits aller Exilgeschichte. Nicht weniger folgenreich ist das, was geschieht, wenn aus Emigration Migration geworden ist. Mit der Öffnung der Grenzen und dem wirtschaftlichen

Beständig wuchs im 20. Jh. das Heer der Russen im Exil: Nach einer Gastspielreise setzte sich etwa der Tänzer Rudolf Nurejew (hier bei einer Vorstellung 1975 in Madrid) im Juni 1961 am Pariser Flughafen ab und sah Russland nie wieder.

100264

Verfall ist ein Brain-Drain, ein »Exodus des Gehirns«, in Gang gekommen, der alle Prozesse der Neubildung und Konsolidierung der Eliten, deren Russland heute so dringend bedarf, erneut bedroht.

Viele große Namen der europäischen Moderne

Aber mit der Rückkehr Solschenizyns geht nicht nur für Russland eine Epoche in seinem Verhältnis zur Emigration zu Ende, sondern auch für das Ausland, insbesondere das westliche. Es hat den Flüchtlingen Heimstatt geboten und sie als »lästige Ausländer« von Grenze zu Grenze geschoben. Es hat vom Glanz der exilierten Geister profitiert. Zu den großen Namen der europäischen Moderne rechnen wir selbstverständlich die der Russen im Exil: Diaghilew und Strawinskij, Fokin und Lifar, Horwitz und Rachmaninow, Wassilij Kandinskij und Naum Gabo, der Ökonom Wassilij Leontjew und der Flugzeugkonstrukteur Sikorskij, Sergej Kussewizkij vom Boston Symphony Orchestra und Roman Jakobson vom Prager Kreis, Gelehrte wie Georgij Wernadskij und Georgij Florowskij, die die Russland- und Sowjetunion-Studien in den Vereinigten Staaten mitbegründet haben. Lange Zeit waren die Arbeiten von Sergej Pokopowitsch und Naum Jassny das Beste, was über russisch-sowjetische Wirtschaftsverhältnisse zu lesen war.

Der Ideenhaushalt der europäischen Zwischenkriegszeit ist kaum denkbar ohne die Vermittlungsfunktion und ohne die Position, die die exilierten Russen innehatten – man denke nur an Fjodor Stepun in Deutschland oder Vladimir Weidle und Alexandre Kojève (Koschewnikow) in Frankreich. Genaue Beobachter der Zeit wie Hannah Arendt haben in den russischen Flüchtlingen mit den Nansen-Pässen die Protagonisten der »Vogelfreien des 20. Jahrhunderts« ausgemacht. Aber auch etwas anderes gehört dazu: die Horrorbilder, die man sich von Sowjetrussland machte, und die Phantasien von der »jüdisch-bolschewistischen Verschwörung«, die nicht zuletzt über russische Exilanten zumindest in den deutschen Raum Eingang gefunden haben.

Emigranten wurden die Opfer des realpolitischen Ausgleichs und der Verständigung. Emigranten waren selten gleichberechtigte Partner, denen man zuhörte oder denen man sich verweigerte, sondern eher Figuren, deren man sich nach Belieben bediente, sei es als Bürgen authentischer Erfahrung im Kampf gegen den Bolschewismus, sei es als Repräsentanten weltfremder Restaurationspläne, die der Normalisierung der Beziehungen im Wege stehen, vor allem aber erbitterter Fraktionskämpfe, deren Schärfe im umgekehrten Verhältnis zum realen Gewicht der Exilparteien stand. Emigranten, zumal die russischen, sind zentrale Figuren in der Geistesgeschichte unseres Jahrhunderts.

Das gilt besonders für Deutschland. Weimar-Deutschland und das Sowjetrussland der NEP, der Neuen Ökonomischen Politik, gehörten der gleichen »Zeitheimat« an (Ilja Ehrenburg). Darauf beruht der intensive und selbstverständliche Kontakt auf allen Ebenen der Wirtschaft, Politik, Kultur. Weimar hatte nicht nur seinen amerikanischen Traum, sondern auch sein »Russland-Erlebnis«. Das exilierte Russland stand in Konkurrenz zum Sowjetrussland, das Faszinosum und Schreckbild in einem war. Beide zusammen haben ihren Anteil an der Kultur von Weimar. Jushnijs Theater »Der blaue Vogel« in Berlin, aber erst recht die Gastspiele von Mejerchold, Tairow und der Habima, die Auftritte Majakowskijs und Jessenins oder die Aufführungen der Eisenstein-Filme.

Selbst die emanzipierte Frau der Zwanzigerjahre lässt sich kaum denken ohne den Transfer an Geschmack und Stil, der mit der Flucht der Petersburger Highsociety in Gang gekommen war. Jedenfalls waren die russischen Kolonien in Deutschland ein Ferment dieser Kultur, die nicht deckungsgleich mit den politischen Lagern war. Der unerhörte Reichtum dieser Kultur ist in der Nazizeit aufgerieben und zerstört worden. Auch die Folgen dieses Verlustes sind bis heute zu spüren im unendlichen Einander-fremd-geworden-Sein, besiegelt durch Verfeindung in Krieg und Nachkrieg.

Aber wir müssen nicht in die Vorkriegszeit zurückgehen. Die Exilierung Solschenizyns vor zwanzig Jahren – und zu dieser Zeit noch vieler anderer Schriftsteller und Dissidenten wie Andrej Sinjawskij, Lew Kopelew, Alexander Sinowjew – hat eine Spur im geistigen Antlitz des Westens zurückgelassen. An ihnen und den Turbulenzen, die sie ausgelöst hatten, zeigte sich in gewissem Sinn, was der Westen war.

Erst mit Solschenizyn kehrte wieder ins öffentliche Bewusstsein zurück, was längst bekannt, aber vergessen worden war: dass es noch einen anderen Teil des europäischen Dramas gab, der den Namen Gulag trägt. Mit Solschenizyn kehrt die andere Hälfte der europäischen Geschichte des 20. Jahrhunderts nach Westeuropa, das sich schon daran gewöhnt hatte, sich für das Ganze zu halten, zurück. Solschenizyn hat die Rückkehr Russlands ins europäische Bewusstsein eingeleitet, lange bevor es Mode wurde, davon zu reden, und vielleicht mit Konsequenzen, die gar nicht im Sinne des so sehr auf die Besonderheit Russlands pochenden Autors lagen. Das moderne Europa war mit Solschenizyns Versuch einer künstlerischen Bewältigung des Grauens der sowjetischen Lagerwelt ins europäische Bewusstsein zurückgekehrt, lange bevor die Mauer gefallen war und der Horizont sich wieder geweitet hatte.

Um Solschenizyn entbrannten Gesinnungs- und Bekenntniskämpfe. Bald war er der Kronzeuge des Ewigreaktionären, bald der Vorkämpfer der Freiheit. Solschenizyn öffnete vielen die Augen, aber für viele war er nur der Lieferant von Bildern, wo man selber keine Argumente hatte. Man sprach wenig über den Schriftsteller

Solschenizyn, doch viel über Kommunismus, Totalitarismus, über richtige und falsche Gesinnung, vor allem wenn es um die Begleichung von Rechnungen mit dem innen- und parteipolitischen Gegner ging. Man erwies ihm selten die Ehre, ihn als Schriftsteller ernst zu nehmen.

So wurde der Skandal um Veröffentlichung und Rezeption von Solschenizyns »Archipel Gulag« weniger zum Ausgangspunkt einer Neuvermessung des historischen Raums, weniger zum Anreiz für die längst fällige historische Arbeit, sondern eher zum Ausgangspunkt

Im »Archipel Gulag« (deutsche Erstausgabe von 1974) befasste sich Alexander Solschenizyn mit dem sowjetischen Strafvollzugssystem. Das Werk gab den Anlass zur Ausweisung des Autors.

weitschweifiger und bis heute gepflegter, ideologischer Exerzitien im Stile »Köchin und Menschenfresser«. Der Streit um Solschenizyn wurde zum Katalysator für die Selbstdarstellung der Befindlichkeiten und Befangenheiten einer Intelligenzija, die sich ihrer Sache nicht mehr sicher – oder allzu sicher – war, und gehört in eine Geistesgeschichte der schiefen ideologischen Fronten Nachkriegseuropas, aus deren Schützengräben bis heute so wenige herausgekommen sind. Solschenizyn steht am Anfang der Verwirrung der Fronten, in denen sich Nachkriegs-Westeuropa eingerichtet hatte, auch wenn er selbst sich als der Kämpfer an der Front par excellence verstand.

Viel von dem, was Alexander Solschenizyn auf dem Weg nach Moskau erklärt hat, ist an ein Auditorium gerichtet, das es nicht mehr gibt, und mutet wie Gestikulation an. Es wird sich zeigen, ob Solschenizyn dabei bleibt, was er in den Kontroversen der späten Sechziger- und frühen Siebzigerjahre behauptet hat, dass nämlich »das Volk« jene Kraft sei, das anders als die »Intelligenzler«, für die er nur Verachtung übrig hatte, jener archimedische Punkt einer »Gesundung«, einer »Rückkehr des Atems« und eines gesunden Selbstbewusstseins sei, an dem Russlands Schicksal hängt.

Schon damals hatte der Moskauer, im amerikanischen Exil verstorbene Philosoph Boris Schragin Solschenizyns »neovolkstümlerischen, neobolschewistischen Kult um das Volk« als Konstruktion und als neue Mythenbildung kritisiert und gemahnt, dass er ebenjene ignoriere, die Solschenizyns engagierteste Leser und Anhänger waren: die Intelligenzler, genauer: die neue Mittelklasse.

Mit dem Sowjetkommunismus ist auch Solschenizyns monumentaler Gegenspieler verschwunden. Russland braucht keine Propheten, sondern Meister der Vermittlung und der Kleinarbeit, ein neues Jasnaja Poljana am Ende des 20. Jahrhunderts vielleicht, erweitert um die nützlichen Erfahrungen in amerikanischer Selbstverwaltung, die man in Cavendish/Vermont erwerben konnte.

Ob Alexander Solschenizyn so etwas vorhat, wissen wir nicht. Aber »darüber« wird uns Genaueres der Schriftsteller berichten, wenn er Schriftsteller bleibt und nicht die Flucht in die Politik antritt. *20. Juli 1994*

Michail Gorbatschow

Größe noch im Scheitern

Michail Gorbatschow hat die Welt verändert, aber sein Reich nicht retten können

Von Theo Sommer

Jahrzehntelang war es ziemlich aus der Mode gekommen, über die Rolle der Persönlichkeit in der Geschichte nachzudenken. Was zählte, waren gesellschaftliche Kräfte und Strömungen. Der einzelne als Beweger galt nichts; eine ganze Generation auch der westlichen Intelligenzija sah im handelnden Individuum bloß die »Charaktermaske«. Aber nun, da sich in Moskau die Epoche des Michail Gorbatschow ihrem Ende zuneigt, grübeln allenthalben die Zeitgenossen: Gebührt ihm das Prädikat historischer Größe?

Nicht viele Staatsmänner in unserem Jahrhundert haben sich das Attribut »groß« verdient. Bei einigen spiegelt die »Größe« bloß die Dimension ihrer Schurkerei: Stalin und Hitler ragen in dieser Kategorie heraus. Manche waren groß im Beharren und im Widerstehen: Churchill, Roosevelt, de Gaulle, auch Tito wohl. Andere verrieten Größe im Neubeginnen: in Europa Adenauer, De Gasperi, Schuman, hinter ihnen Jean Monnet; in Asien Gandhi, hinter ihm Nehru. Lenin, Mao Zedong und Ho Tschi-minh gehören in den Rang der Großen, die Beweger waren, Beharrer und Neubeginner – zugleich aber Zerstörer, denn ihre brutale Praxis dementierte und demontierte den menschheitsbeglückenden Anspruch ihrer Ideen.

Was ist Größe? »Die Geschichte liebt es zuweilen, sich auf einmal in einem Menschen zu verdichten, welchem darauf die Welt gehorcht«, sagt Jacob Burckhardt. »Diese großen Individuen sind die Koinzidenz des Allgemeinen und des Besonderen, des Verharrenden und der Bewegung in einer Persönlichkeit.« Größe billigt der Basler Geschichtsphilosoph dem zu, »der rittlings über den Abgrund setzt«. Nietzsche wählt ein verwandtes Bild: Groß seien jene zu nennen, »die eine Art von Brücke über den wüsten Strom des Werdens bilden«.

160

Michail Gorbatschow (hier mit seiner Frau Raissa im Gespräch mit jungen Chinesen) erkannte die Bedeutung einer weltumfassenden Völkergemeinschaft. Bei vielen weckte er die Hoffnung auf Reformen und Liberalisierung.

Nach diesen Maßstäben verdient Michail Gorbatschow das Attribut »groß«. In sechs Jahren hat er die Welt so verändert, dass sie kaum noch wiederzuerkennen ist. Das Maß seines Gelingens lässt sich an diesem Wandel ablesen, den seine Politik bewirkt hat. Sein Scheitern hat dieser Erfolg jedoch nicht verhindern können. Die Welt hat auf ihn gehört, sein Land nicht. Der große Mann leitete den Strom der Weltgeschichte in eine neue Richtung. Am Ende jedoch, so scheint es, wird er zum Opfer der reißenden Unterströmungen, die er selber - ungewollt, aber unvermeidlich - freigesetzt hatte.

Unbestreitbar ist Michail Gorbatschows Größe auf dem Feld der Weltpolitik. Dort hat er die Scheuklappen seiner kommunistischen Vorgänger abgestreift. Sein »neues Denken« hielt nichts mehr vom »Klassenkampf im Weltmaßstab«; ausdrücklich verabschiedete er sich von der klassenkämpferischen Definition der friedlichen Koexistenz zwischen Staaten mit unterschiedlichen Gesellschaftsformen. Er rückte ab vom Schema der brutalen Zweiteilung unserer Erde, bei der am Ende nur der Lenin'sche Showdown nach der Parole »Wer – wen?« galt: »Soll die Geschichte entscheiden, wer Recht hat!« An die Stelle siegessüchtiger Konfrontation setzte er das Streben nach ersprießlicher Kooperation.

Weltpolitik war für Gorbatschow kein Nullsummenspiel mehr, bei dem der Verlust der einen Seite sich zwangsläufig als Gewinn der anderen darstellte. Er erkannte die Realität einer farbenreichen, mehrdimensionalen Welt und entdeckte für Moskau den epocheprägenden Zwang zur Interdependenz aller Staaten der Völkergemeinschaft. Menschheitsbewusstsein stellte er über Klassenbewusstsein. »Die Völker der Welt ähneln heute einer Gruppe von Bergsteigern, die durch ein Kletterseil miteinander verbunden sind«, schrieb er. »Entweder steigen sie zusammen weiter bis zum Gipfel, oder sie stürzen zusammen in den Abgrund.«

Dies war nicht bloß Propagandagesäusel, wie viele im Westen Gorbatschow lange unterstellten. Dahinter steckte die hellsichtige Erkenntnis, dass die Erfindung der Atomwaffen die Natur der internationalen Politik total verändert hat. Krieg sei die Fortsetzung der Politik mit anderen Mitteln? Unwirsch fegte er das Clausewitz-Diktum beiseite: »Es gehört jetzt in die Bibliotheken.« Heutzutage sei Sicherheit unteilbar, postulierte er: »Entweder es gibt die gleiche Sicherheit für alle oder überhaupt keine.« Mit einem einzigen Satz kehrte er vierzig Jahren sowjetischer Hochrüstung den Rücken: »Versuche, eine militärische Überlegenheit herstellen zu wollen, sind absolut unsinnig.«

»Hinlänglichkeit der militärischen Mittel« lautete stattdessen Gorbatschows Doktrin, nichtaggressive Verteidigung, Entnuklearisierung der Militärpolitik, Beseitigung der Asymmetrien bei Rüstungen und Streitkräften – was ja in erster Linie hieß: Beseitigung sowjetischer Übermacht. Trotz aller Widerstände, die sich dagegen unter seinen Militärs rührten, beließ er es nicht bei Worten. Mit Ronald Reagan verständigte er sich auf den Abbau aller Mittelstreckenraketen, mit George Bush auf eine drastische Entrümpelung der strategischen Arsenale, mit den KSZE-Partnern auf eine einschneidende Verminderung der konventionellen Potenziale.

Gorbatschows Vorstellung eines »Gemeinsamen Europäischen Hauses« wurde oft als einfältig belächelt oder als billiger Einlull-Trick verdächtigt; auch seine KSZE-Politik übrigens. Da schwang die Erinnerung an Breschnjew mit, der die europäische Sicherheitskonferenz nur als Kraftkleber für den bestehenden Zustand aufgefasst hatte: als Garant der sowjetischen Vorherrschaft über Osteuropa wie als Instrument sowjetischer Einmischung in Westeuropa. Aber Gorbatschow meinte es anders. Er setzte die Breschnjew-Doktrin des proletarischen Internationalismus außer Kraft, kraft derer sich Moskau im Ostblock die Rolle des Ordnungshüters anmaßte. Den Völkern billigte er das Recht auf ihre eigene Meinung zu. Den Vorherrschaftsaposteln im eigenen Lande aber schrieb er ins Stammbuch, eines stehe fest: »Man wird sich das Kommandieren abgewöhnen müssen.«

Auch damit machte der Mann im Kreml Ernst. So aber verwandelte sich binnen kurzer Frist das Antlitz Europas. Gorbatschow ließ es geschehen, dass sich die Osteuropäer ihre Freiheit nahmen. Er versperrte den Deutschen nicht den Weg zu ihrer Wiedervereinigung. Er schleifte die Hegemonialbastionen der sowjetischen Vormacht: Warschauer Pakt und Comecon wurden aufgelöst, die Rote Armee zieht sich zurück. Heute fühlt sich niemand mehr von der Sowjetunion bedroht. Sie – oder was immer aus ihr wird – ist nicht länger das Reich des Bösen, der Widersacher der ganzen Menschheit.

Sein Rückzug war nicht feige, sondern heroisch

Dazu hat auch beigetragen, dass Gorbatschow überall in der Dritten Welt, wo während des Kalten Krieges die beiden Supermächte gegeneinander auftraten, davon abgelassen hat, Unruhe und Feindseligkeit zu schüren. Im Gegenteil, er half Frieden stiften: in Mittelamerika, in Angola, Moçambique, Äthiopien und Kambodscha. Auch brach er das blutige Afghanistan-Unternehmen ab und entzog dem Aufwiegler Fidel Castro Moskaus Unterstützung und Segen. Bei der Bewältigung der Kuwaitkrise arbeitete er eng mit den Vereinigten Staaten und den Vereinten Nationen zusammen. Der Widersacher der Welt wurde zum Partner.

Ist Gorbatschow bloß ein »Held des Rückzugs« (Hans Magnus Enzensberger)? Ein Meister des Abbruchs? Ein Getriebener, kein Treibender? Staatsmännische Größe wäre ihm dann schwerlich zu bescheinigen, wiewohl auch im Vollzug des Unabänderlichen Verdienst liegt. Aber er gehorchte ja keineswegs nur widerwillig der Notwendigkeit. Auf dem außenpolitischen Felde gehorchte er der tieferen Einsicht. Kein anderer als er selber hat die Notwendigkeit definiert, der er sich unterwarf, und dem Unabwendbaren die Schleusen geöffnet. Sein Rückzug war nicht feige, sondern heroisch.

Das Ergebnis seines Handelns liegt vor unser aller Augen. Der Kalte Krieg ist beendet. Vierzig Jahre Konfrontation, in denen viele Menschen nur die fürchtenswerte Vorstufe zum Dritten Weltkrieg sahen, sind überwunden. Hinweggerissen sind die trennenden Mauern, Wände, Vorhänge, die Europa und die Welt so lange auseinander gerissen haben. Mag sein, dass dies ein Dreivierteljahrhundert nach der Russischen Revolution in der Luft lag. Doch war es Michail Gorbatschow, der es

So gut ihm Glasnost gelang, so sehr scheiterte Gorbatschow bei der Perestrojka. Der Wirtschaft ging es immer schlechter (Blick in das Moskauer Kaufhaus GUM).

100001

zu Politik verdichtete und in Realität umschmiedete. Als Befreier und Befrieder ist ihm sein herausragender Rang in den Geschichtsbüchern sicher.

Von dem Reformer Gorbatschow lässt sich Gleiches ohne Einschränkung nicht sagen. Was da Würdigung verdient und Respekt, ist der Anstoß mehr als das Ergebnis. Wirklich gelungen ist ihm nur Glasnost, die Öffnung der alten Sowjetunion zu Transparenz und Meinungsfreiheit. Die Perestroika hingegen, die Umgestaltung der Wirtschaft, der staatlichen Verwaltung, des Unionsgefüges, ist gründlich misslungen. Ökonomisch geht es steil bergab; aufwärts zeigt nur die Inflationskurve, die südamerikanische Größenordnungen erreicht hat. Die Administration wabert zwischen Chaos und Anarchie; der diskreditierte Parteiapparat verklammert und bewegt schon lange nichts mehr. Der Umbau der Union aber gerät immer wieder gefährlich nahe an den Explosionspunkt, wo aus der einstigen Supermacht eine Supernova werden könnte.

Das Wort, das Gorbatschow auf die Sowjetunion seit der Oktoberrevolution gemünzt hat, ließe sich auf ihn selber anwenden: »Unbeirrt gingen wir auf die verheißenen Ziele zu – und kamen nie an.« Die Lebensbedingungen verschlechtern sich fortschreitend, musste er einräumen. Er macht sich nichts vor: »Das Volk ist müde durch Unordnung, Mängel und Ungewissheiten«; die Gesellschaft »macht eine abgrundtief düstere Zeit durch«. Aber er hat nichts in Händen außer einem »riesengroßen Vorrat an Glauben«.

Hilflos appelliert er an die Menschen, alles so zu tun, dass die Früchte der Perestroika möglichst schnell greifbar werden – in den Ladenregalen, am Arbeitsplatz, im Alltag. »Die Ernte ist fern, aber sie wird sicher sehr reich ausfallen«, tröstet er die 300 Millionen zwischen Bug und Beringsee. Es ist die alte Vertröstung auf eine »lichte Zukunft«, wie sie nicht anders schon die »Erbauer des Kommunismus« dem Volk anstelle gegenwärtiger Erfüllung boten. Doch der Geist der Kritik, den er selber geweckt hat, nimmt ihm solch billigen Trost nicht mehr ab. Durch Glasnost wird der Fehlschlag der Perestroika erst wirklich bitter.

Warum dieses Versagen im Inneren bei einem Mann, der die Welt verändert hat? Man könnte lakonisch sagen:

weil die Welt leichter zu verändern ist als die Sowjetunion. Aber bei näherem Hinsehen geraten dem forschenden Auge doch eine Reihe genauerer Begründungen in den Blick. Gorbatschow scheiterte an der schieren Größe der Aufgabe. Er verzweifelte an der Last der russischen Geschichte. Sein Elan erstarb am russischen Wesen. Schließlich stolperte er über seine eigenen Halbheiten und Unzulänglichkeiten.

Kein anderes Gemeinwesen hat je ein solches Bündel von Aufgaben zur gleichen Zeit anpacken müssen. Der Übergang von der Diktatur zur Demokratie wäre schon ein volles Programm. Dazu jedoch kommt auch noch die Überführung der alten Planwirtschaft in eine soziale Marktwirtschaft, obendrein die Überwindung des bleiernen Zentralismus der Vergangenheit in einem neuen System bundesstaatlicher, staatenbundlicher oder gemeinschaftlicher, jedenfalls dezentraler Verflochtenheit. Weder die Deutschen nach Hitler noch die Spanier nach Franco hatten alle drei Probleme auf einmal zu lösen.

Die Last des historischen Erbes ist erdrückend. Von Zaren und Kommissaren übernahm Gorbatschow eine fünffache Bürde: den Despotismus der Autokraten; die Selbstherrlichkeit der Bürokraten; das brutale Walten der Geheimpolizei; ein riesiges stehendes Heer; endlich das Brodeln der Minderheiten im russischen Vielvölkergefängnis.

Diese Gewichte der Geschichte hängen an ihm. In seiner Nobelpreisrede sprach er unverhohlen davon. Wenn er über Wirrnis und Unordnung klagt, hört es sich so an, als wüsste er sich in einer Tradition tragischer Vergeblichkeit. Hatte nicht schon der Mönch Nestor zu Beginn des 12. Jahrhunderts in seiner Chronik lamentiert: »Unser Land ist groß und reich, aber es ist keine Ordnung in ihm«?

»Russland zu reformieren«, pflegte Franz Josef Strauß zu spötteln, »gleicht dem Vorhaben, Schneebälle zu rösten.« Peter der Große, von dem Jacob Burckhardt sagt, er habe seine Untertanen aus Orientalen zu Europäern gemacht, hat Russland verwandelt – wirklich zu erneuern vermochte er es nicht. Auch die beiden großen Reformer des ausgehenden 19. und beginnenden 20. Jahrhunderts, Witte und Stolypin, kamen über Ansätze nicht hinaus. Dem Zaren waren sie zu viel, dem Volk zu wenig. Zwischen konservativem und radikalem Extremismus wurden ihre Reformen rasch zuschanden. Gorbatschow hat beider Schicksal studiert, ehe er ans Ruder kam. Ihn bedrückt die Erinnerung daran, dass Russland sich stets nur unter Schmerzen erneuert hat, »weil es nicht den Weg der Evolution durch Reformen zu gehen vermochte«.

Von Wirtschaft verstand Gorbatschow nichts

Immer wieder hat er gepredigt: »Wir müssen uns ändern, dann werden wir auch besser leben.« Wie alle seine Vorgänger konnte jedoch auch er nicht den

Wie mancher Vorgänger mit Reformideen, so vermochte auch Gorbatschow die Last der russischen Geschichte nicht abzuschütteln – Sitzstatue Peters des Großen von Michail Schemjakin (1991; Peter-und-Pauls-Festung, Sankt Petersburg).

Abgrund überbrücken, der in der Seele der Russen seit jeher zwischen gottergebener Trägheit und unbezähmbarer Aufmüpfigkeit klafft. Ein Teil des Volkes ist durch Stalins Terror nachhaltig entpolitisiert, ein Teil sieht sich durch die Perestroika zum Eilmarsch in die neue Wirklichkeit aufgerufen. Manche stehen vorsichtig abseits und harren der Dinge, die da kommen sollen, andere tun es Oblomow nach, dem Romanhelden Gontscharows, der vor lauter Pläneschmieden nie dazu kam, frisch zur Tat zu schreiten.

Nun mögen die Bilder des Russen, die einheimische und fremde Autoren im 19. Jahrhundert entworfen haben, im verstädterten, gebildeten, weltoffenen Russland von heute durch die Entwicklung entkräftet sein. Doch stimmt vielleicht noch immer die Beobachtung des Franzosen Astolphe de Custine: »Übrigens reicht in Russland der absoluteste Wille nicht hin, um das Gute zu schaffen.«

Nicht zuletzt aber ist der Reformer Gorbatschow an seinen eigenen Halbherzigkeiten gescheitert – und an einer entscheidenden Unzulänglichkeit.

Die entscheidende Unzulänglichkeit lag auf dem Feld der Wirtschaft. Von Ökonomie verstand Gorbatschow nichts. Sein erstes Buch »Perestroika« widmete ganze 25 von 344 Seiten wirtschaftlichen Problemen – und dabei bewegte der Autor sich auf dem Fußgänger-Niveau des Ideologen. Henry Kissinger erklärte er, dank des sozialistischen Systems und der Planwirtschaft würden sich die Sowjets mit der Umstrukturierung ihrer Wirtschaft viel leichter tun als unter den Bedingungen der Privatwirtschaft. Bis vor kurzem wollte er kein Privateigentum an Grund und Boden zulassen.

Die Halbherzigkeiten wurzelten paradoxerweise in Gorbatschows Stärken. Als Taktiker von hohen Graden lavierte er manchmal so lange, bis seine strategischen Vorteile verspielt waren. Es ließe sich von ihm sagen, was von dem zaristischen Innenminister Plehwe gesagt worden ist: Er sei nicht so sehr besorgt gewesen über den Wandel an sich als vielmehr darüber, dass er die Kontrolle darüber verlieren könne. Als Mann der Mitte unterschätzte er erst die Kräfte der Reformgruppe, dann die Kraft der Reaktion – und er habe, so höhnte der

Ogonjok-Chefredakteur, immer beides zugleich sein wollen: Pinochet und Allende. Als Jurist aber, der auf Formen und Instanzen, Protokoll und Prozeduren hält, verkannte er im August wie jetzt im Dezember, dass der Strom der Entwicklung mit Anwalts-Einwänden nicht zu bremsen war; das urmarxistische Gespür für die revolutionäre Situation war ihm verloren gegangen.

Michail Gorbatschow trat im März 1986 mit dem Vorsatz an, die Sowjetunion auf allen Gebieten des politischen, wirtschaftlichen und gesellschaftlichen Lebens von Grund auf umzugestalten. Er machte sich damals mit Elan an die Herkules-Aufgabe der Rundumerneuerung. Freilich: Er wusste, wo er in den Wald hineinging, aber er hatte keine Ahnung, wo er aus dem Wald herauskommen wollte oder herauskommen werde. Er wusste, was er anfing. Was daraus folgen würde, konnte er nicht abschätzen. Tut ihm Unrecht, wer vermutet, dass er die tatsächlich eingetretenen Folgen auch gar nicht gewollt hätte – damals jedenfalls nicht oder so nicht gewollt hätte?

Er begann als Sozialist. »Wir werden uns auf einen besseren Sozialismus hinbewegen, nicht weg von ihm«, schrieb er in seinem Buch »Perestroika«. Keine Abkehr vom Sozialismus – das war noch nach dem Putsch vom 19. August 1991 sein Refrain. Vor allen Dingen begann er als Mann der Partei – nur ein Parteimann hatte überhaupt die Chance, die Reform anzubahnen. Sein Problem wurde freilich mehr und mehr, dass kein Parteimann hoffen durfte, die Reform zu vollenden. Lange Zeit glaubte Gorbatschow auch, die Kommunistische Partei ließe sich erneuern. »Aber als ein Resultat des Augustputsches«, so bekennt er in seiner jüngsten Schrift »Der Staatsstreich«, »habe ich diese Hoffnung begraben.«

Gleichwohl gibt sich Gorbatschow noch immer als »überzeugter Anhänger der sozialistischen Idee« aus und warnt vor »Hexenjagd« und »Kreuzzug« gegen die ehemalige Staatsideologie und ihre Anhänger. Er betonte zwar, dass Sozialismus und Demokratie zusammengehören. Dies hinderte ihn allerdings nicht, sich immer wieder auf Lenin zu berufen. Ganz kann er bis zum heutigen Tag nicht aus der alten Haut, so gern man

100562

Im August 1991 versuchten konservative Politiker mit einem Teil des Militärs einen Putsch, drei Tage stand Gorbatschow unter Hausarrest. Boris Jelzin gelang es, den Putsch zu brechen. Am 25. Dezember 1991 trat Gorbatschow vom Amt des Präsidenten der Sowjetunion zurück (Panzer vor der Basilius-Kathedrale in Moskau, August 1991).

ihm auch seine Bekenntnisse zum parlamentarischen Pluralismus abnimmt. Vielleicht liegt die Erklärung dafür in seinem schlichten Satz: »Wir haben alle in kommunistischen Windeln gelegen.«

Und Michail Gorbatschow ist durch und durch großrussischer Zentralist. Er schlägt sich für das Überleben des sowjetischen Unionsstaates in gründlich erneuerter Gestalt, für eine einheitliche Armee, einen einheitlichen Markt, eine Union Souveräner Staaten. Vor einem Jahr polterte er: »im Zentrum muss ein Zentrum bleiben«, da dürfe man »um den Tod nicht weichen, wie vor Moskau, wie vor Stalingrad«. Neulich spitzte er diese These im französischen Fernsehen zu einem sonnenköniglichen »Le centre c'est moi« zu. Da sprach noch einmal der Großrusse – machtverliebt, entwicklungsblind, ziemlich abgehoben. Nur dem Zentrum wollte er weiterdienen, und in zentraler Funktion, nicht als »Hochzeitsgeneral«, als Ehrengast auf der Vermählungsfeier der Jelzin-Gemeinschaft.

Allerdings stellte er sich in einem Interview mit »Time« auch nicht wie ein Staatsmann dar, der drauf und dran ist, wutschnaubend aus dem Amt zu stürmen und hinter sich die Tür zuzuschlagen. »Mein hauptsächlicher Lebenszweck ist erreicht«, sagte er den amerikanischen Reportern. »Ich lebe in Frieden mit mir selbst. Ich habe solche Erfahrungen durchlebt, dass ich mich völlig frei fühle. Zur gleichen Zeit empfinde ich jedoch, dass das Kapital, das ich angehäuft habe, voll für die Freiheit meines Landes und für die internationale Politik eingesetzt werden sollte. Und ich fühle mich stark genug zum Weitermachen.«

Die Urheber geschichtsmächtiger Bewegungen sind selten die Vollender; das hat schon Burckhardt erkannt. Sie werden verschlungen, da das neue Stadium schon seine eigenen Leute bereit hält. Dieses Schicksal mag Michail Gorbatschow blühen. Die Macht fließt ab von ihm.

Nicht aber die Größe. Sie drückt sich auf der Weltbühne darin aus, dass Gorbatschow neue Verhältnisse des Daseins begründet hat – wenn die Menschheit Glück hat, auf lange Zeit. Zugleich manifestiert sie sich in den Reformanstößen, die er seinem eigenen Lande gab, in der Zerschlagung erst des kommunistischen Wahrheitsmonopols, dann des kommunistischen Führungsanspruches, schließlich – unbeabsichtigt? – der Kommunistischen Partei. Doch an konkreten Reformen reifte bisher nur weniges zur Vollendung, und vieles liegt im Argen. Gorbatschow wird die nächste Etappe nicht anführen. Ohne ihn freilich wäre sie nicht möglich gewesen.

Rund um den Erdball zerbrechen sich die Kommentatoren den Kopf über den Bauernsohn aus Priwolnoje. Ein Ikarus, der zu hoch hinaus wollte? Ein Herkules, dessen Kräfte erlahmten? Am treffendsten und gerechtesten erscheint doch das Urteil des »New York Times«-Kommentators Leslie Gelb: »Selbst wenn Gorbatschow nicht der Josua ist, der sein Volk ins Gelobte Land führte, so ist er doch der Moses, der es aus der Sklaverei befreite.« *20. Dezember 1991*